中止犯の理論的構造

Die theoretische Struktur über den Rücktritt vom Versuch

野澤 充 [著]
Mitsuru NOZAWA

成文堂

はしがき

　本書は、「中止犯(中止未遂)」という法制度の存在意義と、それに関する議論のあり方を、歴史的・比較法的観点から理論的に明らかにするものである。より具体的に言うならば、──もちろん他の問題点についての指摘・検討も行っているものの、最も重要なものとしては──「なぜ未遂犯についてだけ『中止犯』という優遇制度が定められていて、なぜそれが既遂犯を含めた犯罪行為全体に対する制度となっていないのか」という問題に答えることにより、未遂犯と中止犯の理論的な関係構造を明らかにするものである。その大部分は、筆者の博士号請求論文「中止犯論の歴史的展開──日独の比較法的考察──」をまとめ、さらに大幅に加筆・修正するなどしたものである。

　本書における指摘内容は、──目の前にその事実がありながら、なぜか誰も触れようとしない奇妙な事実をそのまま率直に述べただけ、という意味で──はだかの王様を指して「あの王様ははだかです」と述べたような程度のものである。だが事実を掘り起こし、事実を指摘することの重みを知る者にとっては、その内容は価値あるものとなっているはずである。自説を主張しようと躍起になる前に、まずは虚心坦懐に丹念に事実を拾い上げることの重要性を自覚すべきではないかと考えるのである。

　中止犯(中止未遂)に関するモノグラフィーは既に日本でも何冊か出されているが、いずれもその表題においては「中止未遂」という単語が使われている。本書の表題においてこの「中止未遂」という単語を使用せず、あえて「中止犯」という単語を使用したのは、その検討の対象が、「未遂犯ではない(未遂犯が成立していない)中止犯」であるフランス型の未遂犯・中止犯規定での「中止犯」を含んでいるからである。日本の現行法のみを対象にすれば「中止未遂」という表現で足りるが、未遂犯が成立していない中止犯を議論の射程に含む以上、そのような限定的な表現を避けることになった。

　大学院に入り、現在まで研究生活を続け、そして本書の出版にまで至ることができたのは、当然のことながら、多くの方々に支えられたおかげである。

　まず、学部時代のゼミの担当教授であり、大学院においても主指導教授であ

った生田勝義先生には、もはやそれに見合うだけの感謝の言葉を見つけることができない。私は学部ゼミで2年、大学院で6年、計8年にもわたり生田先生の御指導を受けた。これだけの指導を受けたにもかかわらず、私は、いまだに生田先生に御心配をおかけすることの多い不肖の弟子なのである。生田先生の著書のはしがきに次のようにある。「……私の大学院時代の恩師である故瀧川春雄先生がよく次のような話をされた。「学者には資料型と思弁型がある。両方を備えるのが望ましいが、なかなか難しいものだ。」と。この分類でいくと、私はどうやら思弁型にとどまるようである。森を見ないでは安心して木を見る気になれない。現象の中に隠されている法則や本質は何かと考え込んでしまう。研究仲間や学生には迷惑な話だが、性分だから仕方がない。役割分担と考えてご寛恕賜れれば幸いである。……」(生田勝義『行為原理と刑事違法論』(2002年) 6頁以下) この部分を校正しながら、私は——例えば不真正不作為犯に関して丁寧な歴史研究の業績もある (同『行為原理と刑事違法論』105頁以下を参照) 生田先生が思弁型に「とどまる」という点については異論があったものの——心の中で「私は資料型にとどまるようだ」と思ったものであった。森を見ることができるのは、森を見ることのできる視力のある人にのみ許されたことである。大局的視野でものを見る視力も、また進むべき道を示す指針となるような徹底した思索に基づく哲学的思想もない私にできることは、目の前の木をとりあえず1本1本丁寧に描写していくことであった。それを数多く繰り返せば、森の全体像も何となく見えてくるのではないかと思ったのである。生田先生は、私の描写した木をご覧になりながら、常に次に進むべき方向を示してくださった。森の中で迷子にならずに済んだのは、生田先生あってのことである。

　また、もう一人の指導教授である松宮孝明先生に対しても、やはりそれにふさわしいだけの感謝する言葉が同様に見つからない。松宮先生との邂逅は、大学4回生の12月頃に、とある面談で対話したのが始まりだったと記憶している。その際に「卒論を書いているか」と聞かれ、私は「書いています」と答え、さらに「何のテーマで書いているのか」と尋ねられて、「予備罪の中止について書いています」と答えた。すると松宮先生は「予備罪の中止という論点は、法律の条文による不都合の側面が大きい。立法者意思は調べたかね」と尋ねてきたので、私は「調べていません」と答えた。即座に松宮先生は、「じゃあダメだね」とおっしゃられた。私は面談が終わったその足で図書館に向か

い、松宮先生に参考文献として教えて頂いた倉富勇三郎他監修『刑法沿革綜覧』（1923年）を借り出して、1頁1頁内容を見ながら、何とか立法者意思を探り出すことにした。思えば、私の歴史研究というアプローチの第一歩が、これであった。我々が行っているのは、法律解釈論である。そしてそのことは、我々の学問的内容が、何もないところからの勝手な独自の見解に基づくものなどでは決してなく、（当然のことながら）「法律の条文」に基づいて、それを対象としてなされなければならないことを意味している。そしてその「法律の条文」がどのようにしてそのような内容をもつことになったのか。これを知らずに、法律解釈などを行っても、それは皮相なものにとどまるであろう。立法者意思を知ることの重要性、歴史研究というアプローチの重要性を私に御教示して下さった松宮先生は、私が大学院に入って以降も、その他数々の示唆を私に与えてくださった。私がここまでこれたのも、松宮先生あってのことである。

その他にも、立命館大学の他の先生方、立命館大学大学院での先輩方、同輩、後輩たち、そして神奈川大学の各先生方など、数多くの方々の直接的・間接的な支えによって、ここまで来ることができた。刑法読書会その他の各研究会、刑法学会での他大学の多くの先生方から受けた御教示・御助言も、私の狭い視野を開かせ、新たな知見へと導いてくださるものであった。私を物的・精神的に支えてくださった、ここに全て挙げることのできないほどの多くの方々に、感謝とお礼の言葉を述べておきたい。

そして2010年度に、筆者はバイロイト大学法経学部（Bayreuth Universität, Rechts- und Wirtschaftswissenschaftliche Fakultät）において客員研究員（Gastwissenschaftler）として、1年間の在外研究を許された。在外研究の許可を出していただいた神奈川大学および受け入れ先であるバイロイト大学、とりわけ受け入れ担当教員であるクリスチャン・イェーガー教授（Herr Prof. Dr. Christian Jäger）、そして受け入れ手続きの際にいろいろと御世話をして頂いた秘書のリンクラインさん（Frau Birgit Ringlein）、助手のガウル氏（Herr Michael Gaul）、ハゼロフ氏（Herr Clemens Haseloff）、ツァプフ氏（Herr Daniel Zapf）らに、ここで感謝の言葉を述べておきたい。

また当地バイロイトでは、他にも周囲の（日本人を含む）多くの方々（とりわけJapanstammtischの参加者の方々）に精神的・物的に支えられながら研究を続けることができている。ここで感謝の言葉を述べることにしたい。

本書のもととなった博士号請求論文「中止犯論の歴史的展開――日独の比較法的考察――」に対しては、2004年10月に第2回天野和夫賞（卓越した研究成果をもって立命館大学大学院法学研究科において課程博士の学位を取得した者）が授与された。故天野和夫元立命館大学総長・学長の御令室である天野芳子様に、一冊の著書へとまとめることが遅くなってしまったことをお詫びするとともに、ここで深く感謝の意を表する次第である。

　また、今回の出版に際しては、「神奈川大学法学研究叢書26」として、神奈川大学法学研究所から出版助成を頂くことができた。安達和志法学研究所長に厚くお礼を申し上げたい。

　そして、本書の刊行を快くお引受けくださった成文堂の土子三男様および編集の労を取って下さった篠﨑雄彦様にも、この場を借りてお礼を申し上げたい。

　最後に、歴史研究といえども、全く色あせないということはあり得ない。新たに追加された資料に基づく場合はもとより、同じ資料による場合でも、その資料から輪郭線を描き出す者の視点が異なれば、異なる図式が描かれ得ることになる。その異なる図式を重ね合わせることで、理論的な真実がやがて立体的に見えてくることになる。このような積み重ねによって、理論は深化していくのである（この点に関して、井上和治「共犯者による捜査・訴追協力と減免の措置の付与（1）」法学協会雑誌123巻6号（2006年）1161頁以下を参照）。考えてみれば、例えば、本書が導く結論のうちの一つ（根拠論と体系的位置づけ論の分離）とほぼ同様の結論を導く論文は既に25年前に存在していた（城下裕二「中止未遂における必要的減免について――「根拠」と「体系的位置づけ」」北大法学論集36巻4号（1986年）173頁以下）。本書は、その論文の導く結論が理論的に正しいことを、歴史的観点からも裏付けることになった。まさにここに、「理論の積み重ね」があったことになる。

　本書が数十年の時を経た後に、さらなる理論的な深化の礎となるであろうことを切に望むものである。

2011年2月

バイロイト大学の個人研究室にて

野澤　充

目　次

はしがき
初出一覧

序　論

第 1 章　中止犯の歴史研究の意義その 1 ――制度の存在由来―― …3
第 2 章　中止犯の歴史研究の意義その 2 ――日本における議論の混乱の整理―― ……8

第 1 部　日本における中止犯論の歴史的展開

第 1 章　明治13年刑法典と明治40年刑法典の中止規定 …21
第 2 章　明治13年刑法典の中止規定 …24
　第 1 節　明治13年刑法典制定までの経緯 …24
　第 2 節　明治13年刑法典の規定に関する学説と判例 …33
第 3 章　明治40年刑法典の中止規定 …58
　第 1 節　明治40年刑法典制定までの経緯 …58
　第 2 節　明治40年刑法典制定以後の状況 …68
第 4 章　日本における中止犯論のまとめ …174
　第 1 節　日本における中止犯論の歴史的特徴 …174
　第 2 節　日本における中止犯論の展望 …178

第 2 部　ドイツにおける中止犯論の歴史的展開

第 1 章　ローマ古代法時代から中世期に至るまで …187
　第 1 節　ローマ刑法およびゲルマン刑法 …187
　第 2 節　フランク時代以降 …192
　第 3 節　中世中期以降 …194

第 4 節　まとめ …………………………………………………… *199*
第 2 章　継受法時代以降、16世紀から18世紀まで ………………… *201*
第 3 章　19世紀、ライヒ刑法典制定まで（領邦国家法時代）…… *210*
　　第 1 節　バイエルンとヴュルテンベルク——南ドイツの変転—— …… *210*
　　第 2 節　ヘッセン——限定主観説の固持—— …………………… *237*
　　第 3 節　ザクセン、ハノーファー、バーデン——未終了未遂への限定—— …*248*
　　第 4 節　ドイツ領邦国家における一般的な傾向 ……………… *263*
　　第 5 節　プロイセン——フランス型の未遂犯形式の採用—— …… *267*
　　第 6 節　ライヒ刑法典制定まで ………………………………… *293*
第 4 章　ライヒ刑法典制定以後 ……………………………………… *308*
　　第 1 節　第 2 次世界大戦までの議論動向 ……………………… *308*
　　第 2 節　刑法改正草案の変遷 …………………………………… *320*
　　第 3 節　第 2 次世界大戦後の判例の動向 ……………………… *342*

結　論

第 1 章　ドイツにおける中止犯論の展開のまとめ ………………… *353*
第 2 章　日本における中止犯論の展開のまとめ …………………… *367*
第 3 章　今後の日本の中止犯論のあるべき方向 …………………… *373*
　　第 1 節　「中止犯の根拠論」の意義 ……………………………… *373*
　　第 2 節　「法律説」の法的効果の正確な理解 …………………… *375*
　　第 3 節　「刑事政策説」の定義内容の正確な理解 ……………… *390*
　　第 4 節　「中止犯の根拠論」と「中止犯の法的性格論（体系的位置づけ論）」
　　　　　　の分離 ………………………………………………………… *397*
　　第 5 節　あるべき中止犯論の議論形式 ………………………… *402*

補論　予備罪の中止について
——予備罪に対する中止犯規定の類推適用の可否——

第 1 章　はじめに ……………………………………………………… *409*
第 2 章　日本における学説および判例の概観 ……………………… *410*

第1節　学説および判例 ……………………………………………*410*
　　第2節　学説の問題点 ………………………………………………*413*
第3章　ドイツにおける考え方 …………………………………………*433*
　　第1節　ドイツにおける学説 ………………………………………*433*
　　第2節　ドイツにおける判例 ………………………………………*440*
第4章　結　論 ……………………………………………………………*450*

おわりに──立法論のための指針── ………………………………*454*

参考資料1　日本の刑法典・刑法草案における中止犯規定の変遷 ………*459*
参考資料2　ドイツ・フランスの刑法典・刑法草案における未遂犯・中止犯規定の
　　　　　　参考条文対訳集 …………………………………………………*466*
参考資料3　中止犯関連日本語文献一覧 …………………………………*510*
参考資料4　中止犯関連ドイツ語文献一覧 ………………………………*524*
参考資料5　中止犯関連日本判例一覧 ……………………………………*538*

初出一覧

序　論
　第 1 章、第 2 章
　　「中止犯論の歴史的展開（一）」立命館法学280号（2002年）34頁―48頁
　　（ただし一部は「日本の中止犯論の問題点とあるべき議論形式について――「刑事政策説」および「法律説」の内容・意義・法的効果に関連して」神奈川法学38巻 2・3 合併号（2006年）117頁―121頁から）

第 1 部　日本における中止犯論の歴史的展開
　第 1 章、第 2 章
　　「中止犯論の歴史的展開（一）」立命館法学280号（2002年）48頁―94頁
　第 3 章、第 4 章
　　「中止犯論の歴史的展開（2）」立命館法学281号（2002年）31頁―75頁
　　「中止犯論の歴史的展開（3）」立命館法学282号（2002年）91頁―150頁
　　（ただし第 3 章第 2 節（3）の後半部分および第 3 章第 2 節（4）の後半部分は書き下ろし）

第 2 部　ドイツにおける中止犯論の歴史的展開
　第 1 章、第 2 章、第 3 章第 1 節
　　「中止犯論の歴史的展開（4）」立命館法学288号（2003年）148頁―207頁
　第 3 章第 2 節〜第 6 節、第 4 章第 1 節
　　「中止犯論の歴史的展開（5・完)」立命館法学291号（2004年）113頁―187頁
　　（ただし第 3 章第 5 節の後半部分の一部および第 4 章第 1 節の後半部分は書き下ろし）
　第 4 章第 2 節
　　書き下ろし
　第 4 章第 3 節
　　「中止犯論の歴史的展開（5・完)」立命館法学291号（2004年）187頁―199頁

結　論
　第 1 章、第 2 章、第 3 章
　　「日本の中止犯論の問題点とあるべき議論形式について――「刑事政策説」および「法律説」の内容・意義・法的効果に関連して」神奈川法学38巻 2・3 合併号（2006年）121頁―167頁

（ただし一部は「中止犯論の歴史的展開（5・完）」立命館法学291号（2004年）199頁―216頁、および「中止犯の理論的構造について」刑法雑誌49巻2・3合併号（2010年）31頁―50頁から）

補　論
　第1章、第2章、第3章、第4章
　「予備罪の中止について――予備罪に対する中止犯規定の類推適用の可否」立命館法学327・328合併号（生田勝義・大河純夫先生退職記念号）（2010年）586頁―629頁
　（ただし第2章第2節（1）は書き下ろし）

おわりに――立法論のための指針
　書き下ろし

参考資料1
　「中止犯論の歴史的展開（3）」立命館法学282号（2002年）151頁―156頁
参考資料2、参考資料3、参考資料4、参考資料5
　書き下ろし

※いずれの部分についても、本書にまとめるにあたって、大幅な加筆・修正を行った。また本書にまとめる際に、結果として記述が重複することになった個所がある。御容赦頂きたい。
※また、引用した条文や文献内の表現も、できるだけ原文のまま引用した。このため、「コト」「トキ」「トモ」といった変体仮名文字がそのまま引用されている箇所や、一般的な綴りとは異なる綴りで表記されている箇所がある。御承知おき頂きたい。

序　論

第1章　中止犯の歴史研究の意義その1
―― 制度の存在由来 ――

　「中止未遂および行為による悔悟に関するモノグラフィーは、その出版について、まずもってその理由づけを必要とはしない。――その学問的な必要性を否定する専門家はいないだろうからである。」[1]
　19世紀末に中止未遂（中止犯）[2]に関するモノグラフィーを執筆したヘルツォークは、前書きの中でこのように述べた。実際にこの後もドイツにおいては中止未遂論に関し多くの議論がなされ、多数のモノグラフィーや論文が存在する。しかしその一方で、主にドイツにおける刑法理論を継受してきたはずの日本においては、中止未遂論はむしろ傍論に属するものと考えられ[3]、議論の中心とされることは、以前にはさほど多くはなかったように思われる[4]。一般的な未遂論を論ずる際に、いわば片手間程度に論じられるだけのものでしかない側面が強かったわけである。
　しかしドイツでは前述のヘルツォークの言葉のとおり、中止未遂は重要な問題点として古くから議論されている。ケムジースにより「刑法学者にとっての、まことに世話のやける子供 (ein wahres Sorgenkind der Kriminalisten)」[5]という有名な言葉で表現され、また最近でも「ロングラン映画 (Dauerbrenner)」[6]

（1）　Reinhold Herzog, Rücktritt vom Versuch und thätige Reue, 1889, S. V
（2）　「中止犯」という単語と「中止未遂」という単語の指し示す内容は、現行の日本刑法典43条但書のように、「中止」の場合にも「未遂」の成立が認められるような規定形式を前提とすれば、差異はないことになる。しかし例えば現在のフランス刑法典121-5条のように、「中止」の場合には「未遂」の成立がそもそも無くなってしまうような規定形式を前提とするならば、「中止未遂」という言葉はふさわしいものとはいえなくなる。この点については後述第1部第1章参照。
（3）　平野龍一「中止犯」『刑事法講座第二巻』（1952年）403頁、金澤真理「中止未遂における刑事政策説の意義について（一）」法学（東北大学）63巻（1999年）656頁。
（4）　中止未遂のみを議論の対象とする日本のモノグラフィーとしては、香川達夫『中止未遂の法的性格』（1963年）、黒木忍『中止未遂の諸問題』（1989年）、山中敬一『中止未遂の研究』（2001年）、町田行男『中止未遂の理論』（2005年）、金澤真理『中止未遂の本質』（2006年）がある。
（5）　Herbert Kemsies, Die tätige Reue als Schuldaufhebungsgrund, 1929, S. 9.
（6）　Michael Peter Müller, Die geschichtliche Entwicklung des Rücktritts vom Versuch bis zum Inkrafttreten des neuen StGB-AT 1975, 1995, S. 15.

とまで評されるほど、中止犯論は解決困難で、昔から議論されつづけてきた中心論点なのである。

　日本の現行刑法はドイツ刑法学の強い影響の下に作られたものであり、また日本の刑法理論もそのほとんどがドイツの刑法理論を継受したものであるはずなのに、このように日本とドイツでは、中止犯論に対する議論の温度差が明らかに存在する。この理由は一体何によるものであろうか。

　ドイツでは中止犯という法制度についての歴史的由来を踏まえた上で、その当時の刑法典の条文解釈を行い、そこから理論を形成していったが故に、その理論形成の段階で中止犯のもつ特殊な問題性に正面から取り組まざるを得なかった。またドイツでは、判例において具体的事案が抱える問題に直面し、その問題解決と刑法理論体系の調和を図る必要に迫られながら、理論形成が行われた。そのようなドイツの議論の経緯に対して日本では、そもそもまず前提として、中止犯という制度の由来について正面から考察されることがほとんどなかった。このような違いが両者の温度差の原因であると考えられる。日本においては、むしろドイツの議論の枠組みだけを形式的に継受することに終始し、その議論の背景までも検討することはなおざりにされていたのである。その証拠に日本においては、中止未遂という制度に対する認識不足ないしは誤解が根深く存在している。

　すなわち、中止未遂の成否が問題となる場合において、その直接の検討の対象となるのは、犯罪行為そのものではなく、犯罪行為後の中止行為である。しかもこの犯罪行為の後に存在する中止行為は、その直前までの犯罪行為を否定する形で行われるものである。一般的にはこのような犯罪行為後の事後的事情というのは、犯罪論そのものの中で議論されるのではなく、量刑段階の酌量減軽事由（66条）として取り扱われるものといえる。だが日本およびドイツの現行法は、そのような単なる酌量減軽事由としてではなく、中止未遂の規定を別個に設けた。つまり中止未遂を、未遂犯罪を情状酌量したものの中に含めることなく、わざわざそれ自体独立の、しかも未遂犯に特化した形での類型として設けた点について、まさに中止未遂という制度の独自の存在意義があったはずなのである[7]。なぜ（既遂犯を含めた犯罪全般に対してではなくて）未遂犯のみを対

（7）　この点につき、城下裕二「中止未遂の減免根拠をめぐる近時の理論動向」渡部保夫先生古稀記念『誤判救済と刑事司法の課題』（2000年）569頁以下、とくに583頁および590頁注50を参照。

象として、中止犯という、事後的行為に対する特別な優遇規定が置かれているのか。この疑問が解決されないのであれば、中止犯そのものについても理解はおぼつかないものとならざるを得ないはずである。だが現在、日本においてこの点が明確に意識されて議論されることは少ない。このような形で制度の存在意義を理解すること無くして議論を進めようとするのは、重大な誤りにもつながりかねないものである。

　そして現に、制度の存在意義が理解されなかったが故に、中止未遂という制度の内容について誤解が生じる結果にも至っている。それが最も端的に現れる例の1つとして、例えば行為者が警察官等に対し自分が犯人であることを隠蔽しようとした点から、中止未遂の成立を否定しようとする一部の判例の考え方が挙げられる。すなわちこれは結局として中止未遂制度を自首制度（42条）と混同するものである[8]。このような自首制度との混同は、とりわけ日本の判例においてたびたび見られる現象である。例えば最高裁昭和32年9月10日決定は、殺人の際に被告人が「事態をそのままにしておけば、当然犯人は自己であることが直に発覚することを怖れ、」「ことさらに便所の戸や高窓を開いたり等して外部からの侵入者の犯行であるかのように偽装することに努めた」場合に、「前記のような被告人の偽装行為に徴しても」任意性のあるものとはいえない、として、自らの犯行であることを隠蔽しようとした事実を中止未遂否定理由の1つとして挙げている[9]。さらに大阪高判昭和44年10月17日判決は、同じく殺人行為後に被害者を救助するために行為者が自動車で被害者を病院に運

---

(8) 自首減軽の理由については、まず第一に改悛による非難の減少、第二に国家機関をして可及的に真正の犯人を速知させるという政策的趣旨（すなわち捜査および処罰を容易ならしめ、結果的に無実の者の処罰を防止し、さらに予備罪については事を未然に防ぐという趣旨）の2つが挙げられるが、解釈論としての重点は後者にあるものとされている。その理由としては、「捜査機関に発覚する前に」自首する、という手続的な事情が要件とされていること、また主観的な悔悟が要件とされていないので、改悛による非難の減少は必ずしもなくてもよいとされていることが挙げられている。団藤重光編『注釈刑法（2）のII』（1969年）438頁以下〔田宮裕執筆〕参照。このように自首制度は「捜査機関の便宜」という点が決定的なのであるが、中止犯においてはそのようなことは全く関係するものではないのである。

(9) 最決昭和32年9月10日刑集11巻9号2202頁。本判決を解説したものとして、足立勝義・最高裁判所判例解説刑法篇 昭和32年度版（1957年）437頁、伊達秋雄・法律のひろば11巻2号（1958年）52頁、同・法学セミナー23号（1958年）80頁、香川達夫・警察研究30巻5号（1959年）98頁、井上正治・法律のひろば18巻4号（1965年）48頁、平田友三・研修354号（1977年）83頁、中谷瑾子・刑法判例百選I総論（1978年）165頁、同・刑法判例百選I総論（第二版）（1984年）152頁。

んだ後に、「犯人は自分ではなく、被害者が誰か判らないが他の者に刺されていたと嘘言を弄していたこと及び病院に到着する直前に兇器を川に投げ捨てて犯跡を隠蔽しようとしたことは動かし得ない事実であって、……救助の万全の行動を採ったものとはいいがたく、単に被害者を病院へ運ぶという一応の努力をしたに過ぎない」として、犯行を自分が行ったものとして打ち明けなかったことを中止未遂を否定する直接の論拠とした[10]。このような「自己の行った犯罪であるという点について打ち明けること」を中止未遂の要件とする[11]ような考え方[12]は、「犯罪を中止する」という中止犯の定義内容以上のものを事実上行為者に要求しているとも考えられ、犯人が進んで捜査官憲に対して自己の犯罪事実を告げることを要件とする自首制度との混同があるのではないかと考えられるのである。

以上のように、中止犯という制度の独自性・特殊性は日本において必ずしも理解されてきたとはいいがたい。前述のような誤解の根本的な原因としては、日本がこれまでドイツ等からの刑法理論の継受を行い、かつ中止犯規定を立法する際に、中止犯制度と酌量減軽等の他の事後事情を考慮する制度との違いを、その歴史的由来という観点から明確に意識して継受し、立法したわけではなかったことが影響していると考えられる。そしてこれまでの議論において

---

(10) 判タ244号290頁。本判決を解説したものとして、荒川雅行・刑法判例百選Ⅰ総論（第三版）（1991年）148頁、同・刑法判例百選Ⅰ総論（第四版）（1997年）144頁。このように犯行を自分が行ったものとして打ち明けなかったことを考慮して中止犯の成立を検討した判例として他には、東京高判昭和30年3月22日高刑裁特2巻6号172頁＝東高刑時報6巻3号69頁（上記最判昭和32年9月10日決定の原審）、東京地判昭和37年3月17日下刑集4巻3・4合併号224頁＝判時298号32頁、宮崎地裁都城支部判決昭和59年1月25日判タ525号302頁（当該判決の解説として河村博・研修436号（1984年）51頁参照）、大阪地判昭和59年6月21日判タ537号256頁などがある。

(11) この要件を「真摯性」の要件として中止犯の要件に加える考え方もある。判例としては、本文中に挙げた大阪高判昭和44年10月17日判決が、明確に「真摯な努力をしたものと認めるに足りない」としている。この「真摯性」の要件については荒川・前掲論文（注10）144頁参照。なお本文中にも記述したように、先に示した最高裁昭和32年9月10日決定は自己の犯跡を隠蔽しようとした事実を「任意性要件」を否定する要因とするのに対し、大阪高判昭和44年10月17日判決は同様の事実を「この程度の行動」は結果発生防止のためのものとは認められない、として「中止行為要件」を否定する要因としている。この点も、中止犯の存在意義についての誤解を原因とする大きな混乱があることの証しなのではないだろうか。

(12) 米山哲夫「中止未遂と償いの思想」早稲田大学大学院法研論集29号（1983年）325頁以下は、「自分の犯した犯罪の発覚、そしてそれによって科せられるべき様々な不利益を嫌わない態度が、犯人自身の結果防止行為によって示されるということなのではなかろうか」として、明確に中止犯と自首制度を同視する見解を採る。

も、そのような中止未遂の制度の由来が明確に意識された上で、中止未遂の解釈論全体に対して投影させる目的をもって議論がなされたことはなかったように思われる[13]。中止未遂の議論ないし問題点を解決するためには、まず前提としてその制度としての由来を明確にさせておく必要があるのではなかろうか。これらがまず明らかにされてこそ、中止未遂という制度がはらむ根源的な問題が浮き彫りになり、なおかつ現行刑法の規定を解釈する上でのあるべき指針が示されることになるのではないだろうか[14]。これが中止犯論の歴史研究を行う意義の第一点である。

---

[13] 中止犯の歴史について扱った日本の文献としては、香川・前掲書（注4）1頁以下、野村稔『未遂犯の研究』3頁以下、中野正剛「未遂犯思想の形成史」国学院法政論叢第15輯（1994年）144頁以下、同「明治（前期）における我が国の未遂論について（一）-（六）」国学院法政論叢第11-13輯（1990-92年）、第17-19輯（1996-98年）（同『明治時代の未遂論について』（2001年）所収）、山中・前掲書（注4）109頁以下、金澤・前掲書（注4）36頁以下等がある。

[14] この点について、そもそも法律解釈論というものは、法律の条文をふまえた上で現在直面している問題を解決するために行うものであるとして、その歴史的由来に対する考察を重視しない考え方もあるかもしれない。しかし、現在まで存続している、ある法制度は、何らかの理由を以ってそこに存在するようになったのである。そしてそのような法制度に対して、時代の変化と共に、その時代に即した形での解釈・理論形成が行われるものなのである。だとするならば、そもそもの論点の対象・問題意識を掘り起こして明らかにすることは、現在我々が取り組んでいる同じ論点に対して新たな視点を提供することにもなり、なおかつその議論の変遷を追うことは、論点の対象・問題意識の変遷を追うことになり、加えて現在の議論の打開策を切り開くことにもつながるものなのである。前述のように法律の文言のみに依拠して目的論的に解釈する考え方は「客観説」と呼ばれ、それに対して法律解釈論が立法者意思に決定的に拘束されるとする考え方は「主観説」と呼ばれる（Engisch, 後掲書 S. 110参照）が、現在の日本では「主観説」的な考え方を軽視する解釈論が多く見られるといえる。「客観説」的な考え方ももちろん必要であり、そしてその上で「主観説」的な考え方をも重視しなければならないのである。「主観説」的な考え方を軽視した解釈論は、根無し草の様相を呈することになろう。なおこの点に関して、Karl Engisch, Einführung in das juristische Denken, 9. Aufl., 1997, S. 106ff. を参照。

第 2 章　中止犯の歴史研究の意義その 2
——日本における議論の混乱の整理——

　前章で述べたように、日本では中止未遂制度の歴史的由来がほとんど考察されてこなかった。そしてそれに加えて、もともとドイツでは条文解釈と連動した形で中止犯の理論・学説が形成されてきたのであるにもかかわらず、日本ではそのような解釈理論の意義内容を理解しないままに、単に形式的に同じような議論の枠組みだけが先行してしまい、結果的に条文解釈とは遊離した形での議論が行われることになってしまっている。

　すなわち現在日本の学説においては、中止未遂について、一般的には「中止未遂の減免根拠」論ないしは「中止未遂の法的性格」論が議論されることが多い。その中では、いわゆる「刑事政策説」[15]と、犯罪論体系の中でその法律効

---

(15)　この「刑事政策説」という学説が一般的に示す内容・定義に関して、現在日本では様々な内容が盛り込まれて用いられることが多い。しかし、このように異なる内容を混同したままに「刑事政策説」という学説の検討を行うことは、検討の対象を誤り、ひいては誤解へと至りかねないものであるため、検討の前提として、この「刑事政策説」という学説の内容をある程度明確にしておく必要があるかと思われる。現在の日本において「刑事政策説」という単語が指し示す内容として考えられているものとして、以下の 3 つが考えられる。
①「（一身的）刑罰消滅（減軽）事由説」として「刑事政策説」という単語が用いられる場合。すなわち、法律説と対置して「刑事政策説」という単語が用いられる際には、実質的にこの内容を指し示して用いられていることが日本では多い。しかしこれは事実上、体系的位置づけ論における主張そのものに他ならず、また「刑事政策」という単語が必ずしもそのような体系的位置づけに関連した表現内容になっていないことからも、この単語のこのような用法は誤解を招くものであるといわざるを得ない。
②「自止の奨励説」「黄金の橋説」としての刑事政策説。「行為者にとにかく結果を発生させしめないことが中止犯の意義である」という、いわば純粋な根拠論であるといえる。また、「とにかく（どんな理由からでもよいから）結果を発生させしめない」という考え方から、中止犯の成立のために任意性について特定の心理状態のみを限定して要求することはしない考え方（＝限定主観説ではない考え方）と結びつきやすい。刑事政策説の主張者の代表格とも言えるリスト等が活躍した、19 世紀の時代においては、刑事政策説の内容はむしろこのような純粋な形であったと考えられる。
③「理論的に裏づけられない立法裁量的・特別的規定である」という意味での、刑事政策説。刑事政策説がこのような内容を伴う場合には、中止犯規定は全くの特別規定・例外規定であることになり、例えば 1871 年ライヒ刑法典 46 条のように中止犯規定の対象が文言上「Täter」とされているときには、この 46 条は狭義の共犯が自ら中止行為を行った場合については適用できなかった

果を考察する「法律説」とが対比して論ぜられるのが一般的である[16]。まず19世紀末以降にドイツで有力に主張されていた「刑事政策説」を取り上げて、これを日本とドイツの法文の違い[17]や中止未遂の規定を知らない者には犯罪防止効果は期待できないことなどを理由として否定し、それから犯罪論体系の中で中止の効果を考慮する「法律説」を挙げて、これを肯定的に捉えて採用するか、もしくはこの「法律説」を採用はするものの、いったん生じた未遂の違法性・有責性が事後行為により減少することの説明が困難であることやその法律効果の一身専属性の説明に窮することなどから、結局として「法律説」と「刑事政策説」の両者を組み合わせて説明する、という手法がとられることが多い[18]。

また、法律説内部でも違法減少（消滅）説と責任減少（消滅）説の争いがあ

ことになる。同様に日本の明治40年刑法典43条においても、未遂犯を規定する43条本文を前提として43条但書が規定されているので、「犯罪の実行に着手してこれを遂げなかった者」ではない狭義の共犯に対しては43条但書の中止犯規定は直接適用できないことになる。そしてさらに、中止犯規定は量刑裁量にもとづいて定められたものであるにすぎず、位置づけとしては酌量減軽規定と趣旨は全く同じであることになり、本来必要な規定でもなかったことになる。

以上の３つの内容のうち、本書では原則として「刑事政策説」は、最も純粋かつ本来の形である②説の内容を主に指すものとする。③説の内容を指し示す場合には、その旨適宜注記する（ただし、③説のように捉えるのであれば、（立法裁量によって）中止犯の規定が置かれることによって初めて中止犯制度は成立し得るものなのであり、犯罪論におけるその理論的根拠はそもそも存在しないことになってしまう。しかし後述するように、これは全くの誤りであって、中止犯制度は未遂犯処罰の考え方が生じることに対応して必然的に生まれたものなのである。それは立法者の裁量によって初めて認められるような制度なのではなく、未遂犯処罰における理論的構造から必然的に導かれた、まさに犯罪論に基づく制度なのである。この点については後述第２部第１章、結論第１章参照）。①説の内容については、根本的に異なる次元の内容を指し示すものであると考えるので、「刑事政策説」という言葉ではなく、「（一身的）刑罰消滅（減軽）事由説」という言葉を用いることにする（ただし、日本の議論状況を指摘する場合には、「混同している」事実も踏まえて「刑事政策説」という単語を用いることにする）。

(16)　城下裕二「中止未遂における必要的減免について─「根拠」と「体系的位置づけ」─」北大法学論集36巻４号（1986年）173頁以下を参照。

(17)　すなわちドイツでは中止未遂は「未遂としては罰しない（Wegen Versuchs wird nicht bestraft）」として不処罰になるのに対し、日本では必要的減免の効果を受けるに過ぎないこと、また減軽および免除という二段階の効果は刑事政策という根拠からは説明困難であることなどである。

(18)　「刑事政策説」と「違法減少（消滅）説」をあわせて主張するものとして平野龍一『刑法総論II』（1975年）333頁、西原春夫『刑法総論上巻〔改訂版〕』（1998年）333頁、福田平『全訂刑法総論〔第四版〕』（2004年）232頁、大谷實『刑法講義総論〔新版第3版〕』（2009年）389頁など。「刑事政策説」と「責任減少（消滅）説」をあわせて主張するものとして荘子邦雄『刑法総論〔第三版〕』（1996年）430頁、前田雅英『刑法総論講義［第4版］』（2006年）159頁、内藤謙『刑法講義総論（下）II』（2002年）1289頁など。

る。これはまさに中止犯論の体系的位置づけにかかわる問題である。この体系的位置づけの議論も、ドイツでは条文解釈に基づいて争われたものであった[19]。しかしこの議論に関しても、最近の日本では両者を組み合わせて中止未遂の法的性格とし、「違法・責任減少（消滅）説」、さらには「総合説」という形での主張を行うものまで見受けられる[20]。

　しかし以上のような現在の日本の中止犯論における議論状況の問題点は、やはりまさにこのような議論状況そのものが示しているといえる。ある論点に関して、A説とB説が対立している状況があったならば、A説を採用することによって導かれる結論とB説を採用することによって導かれる結論は異なるのが通常であり、「両者をあわせた学説」というものはあり得ないはずである[21]。にもかかわらず、この「中止未遂の減免根拠」ないし「中止未遂の法的性格」論においては、「刑事政策説」と「違法減少（消滅）説」と「責任減少（消滅）説」という、対立すべきとされる学説を「あわせた学説」が主張されるようになっているのである。しかしこのような形で法律説と刑事政策説の併用ということが可能であったならば、そもそも19世紀以降のドイツにおいて存在したといわれている刑事政策説と法律説との対立は何だったのかという疑問が

---

(19) Karl Binding, Das bedingte Verbrechen, GS Bd. 68, 1906, S. 23 ; Kemsies, a. a. O..
(20) 「違法減少（消滅）説」と「責任減少（消滅）説」をあわせた「違法・責任減少（消滅）説」を主張するものとして平場安治『刑法総論講義』(1961年) 140頁（ただし「第一義的に違法性を減少または消滅せしめる事由だと考えただ補充的に責任の点を考えればよい」として、あくまで違法減少が主たるものであるとする）、佐伯千仭『四訂刑法講義（総論）』(1981年) 323頁、川端博『刑法総論講義第2版』(2006年) 476頁、内田文昭『刑法概要中巻（犯罪論2）』(1999年) 391頁（ただし内田文昭も違法減少を主たる法的性格とし、「尤も、違法減少に伴う責任減少とは別個に、責任減少がさらに生じうることは否定できない」とされる）、井田良「中止犯」現代刑事法3巻5号 (2001年) 98頁、同・『刑法総論の理論構造』(2005年) 283頁など。さらに「刑事政策説」「違法減少（消滅）説」「責任減少（消滅）説」の全てをあわせて主張するもの（「総合説」と呼ばれる。山中敬一『刑法総論』(2008年) 752頁参照）として植松正『再訂刑法概論Ⅰ総論』(1974年) 324頁、藤木英雄『刑法講義総論』(1975年) 262頁、大塚仁『刑法概説（総論）〔第四版〕』(2008年) 257頁以下、林幹人『刑法総論』(2000年) 374頁、板倉宏『刑法総論』(2004年) 133頁など。
(21) 学説において「折衷説」という概念は存在するが、その「折衷説」というのは、両極端な説の中間的な結論を導くためのものであって、「両極端の学説の内容を両方ともあわせ持った内容をもつもの」ではない。折衷説はその内容からして、「あいいれない二つのものから良い点を少しずつ取って、別のものを作る」（『新明解国語辞典第六版』(2005年) 820頁）ものであるから、「別のものであること」が必要なのであり、なおかつ折衷的な結論を必要としているという事実から、既に存在している両極端の学説それぞれと対立関係にある内容および結論をもたねばならないのである。その意味で、「あわせた学説」は「折衷説」の名にも値しない。

残る。リストが「後戻りのための黄金の橋（eine goldene Brücke zum Rück-zuge）[22]」という有名な表現で提示した「刑事政策説」は、ツァハリエ、ルーデン等によって主張されたいわゆる「前期法律説」[23]と対立的に主張されたと現在では認識されており、実際、日本に現在この対立軸が残されているのは、当時のこのドイツでの刑法の議論の影響によるものなのである[24]。だとすればこのような「法律説と刑事政策説の併用」ということが単純に可能なのかどうかという点について、両説の歴史的意義を踏まえた上での検討が必要不可欠である。この検討なくして両説の併用を唱え、「あわせた学説」を主張することは、それぞれの学説の本来の歴史的な意義および内容を蔑ろにすることになる[25]。

　もちろん、もしかりにこのような「あわせた学説」を主張することにより、何らかの全く新しい結論が導かれているのであれば、それはそれで意義のあることかもしれない。しかし、それほど決定的に有意義な、新しい結論が導かれているようには見受けられない[26]。否、それどころかこれらの学説に関していえば、そもそもの前提として、「この『中止未遂の減免根拠』ないし『中止未遂の法的性格』論を、なぜ議論しなければならないのか」という、「議論の存在意義」自体が、明確に自覚されていないものとしか思われない。「何のために、このような議論をしなければいけないのか」ということがわからないままに、それまでの中止犯論において日本で伝統的になされてきた議論枠組の中で、ただどの説を採り、ないしはどのように組み合わせるかについて「私はこう考える」と述べているに過ぎないのである[27]。その証拠に、中止犯論の冒

---

(22) Franz v. Liszt, Lehrbuch des deutschen Strafrechts, 2. durchaus umgearbeitete Aufl., 1884, S. 192.
(23) 前期法律説については、小野清一郎「刑法総則草案と中止犯」『刑罰の本質について・その他』（1955年）所収277頁以下、木村亀二「中止未遂の概念」『刑法の基本概念』（1948年）所収274頁以下、香川・前掲書（注4）40頁以下、城下・前掲論文（注16）181頁以下参照。
(24) 香川・前掲書（注4）40頁以下、斉藤誠二「中止未遂の法的性格をめぐって（1）」筑波法政9号（1986年）2頁。
(25) 団藤重光編『注釈刑法（2）のⅡ』（1969年）475頁〔香川達夫執筆〕においても、とくに刑事政策説および違法減少説・責任減少説の全てを包摂して法的性格とする総合説に対して、「こうなるとなんのために法的性格を把握するのかその意味がうしなわれる」と批判する。
(26) むしろ、あわせた二つの学説の欠点が総合されて、いわゆる「『難点』の『相乗的効果』」（香川達夫『刑法講義〔総論〕第三版』（1995年）308頁参照）がもたらされてしまっているようにも思われる。
(27) 特に後述するように、「刑事政策説」の内容を正確に理解しないままに否定し、もしくは採

頭でこのような「中止未遂の減免根拠」ないし「法的性格」論について触れた上で、それに何の意味があるのか、そして中止犯論の具体的帰結のどの部分に影響するのかという点にまで明確に示すものはほとんどない[28]。中止犯論について触れる際に、他の学説が触れているのと同程度に、惰性的に従前の議論枠組みに基づいて、特にそれがどのような意味を持つのかを考慮することなく、自説をただ述べているに過ぎないのである。だがここでは、「議論の存在意義」自体をはっきりと見据えた上で、「刑事政策によるものである」とか、「違法が減少する」とかを主張することで具体的に中止犯論の結論にどのような影響が現れるのか、そしてそれらは「合わせて」主張可能なものなのかなどについて、明確に示さねばならない。議論の存在意義を理解しないままに、犯罪論体系そのものからの単なる演繹で中止犯の「根拠」ないし「法的性格」を述べても意味はないのである。

このような観点からすれば、やはりここでも、中止犯論の体系的位置づけに関する議論の歴史的意義を検討しなければ、上述のような併用が許されるものなのかどうかは明らかにされ得ないであろう[29]。このような検討の必要性を

用したり、「法律説」を採用したとしても正犯者のみが中止したときに狭義の共犯者にその中止の効果が及ぶことはない、などという根本的に誤った「法律説」の理解を前提としたりする場合には、「中止未遂の減免根拠」ないし「法的性格」を議論することは、中止犯の具体的な成立範囲・内容にかかわる部分が事実上骨抜きにされることになるので、全く空虚な議論となってしまう。

(28) 中止犯論の具体的要件ないし帰結に関連づけて説明する考え方も一部にはみられる。しかしそれらは、本来論理関係にたたない２つの学説を、「この説を採れば、この論点ではこの説に結びつきやすい」として無理に結び付けている印象が強い。例えば、任意性の主観説・客観説の対立を、違法減少説を採用するか責任減少説を採用するかの対立に結びつける考え方もある（川端・前掲書（注20）478頁）が、前者の対立は任意性の判断基準を行為者基準で行うか一般人基準で行うかという問題に過ぎず、その中止犯の法的効果（体系的位置づけ論）と必ずしも論理関係に立つわけではない。また、責任減少説を採用した場合には「中止行為をしたときは、それが成功せず結果が発生してしまった場合も、同じ取り扱い（筆者注：中止犯として認める）をするのが一貫するであろう」（平野・前掲書（注18）333頁）といわれることもある。しかし既遂犯に対して中止犯規定を準用（類推適用）することは、そもそも法規定が予定していないことである（平野・前掲書（注18）334頁）だけでなく、「中止犯」という概念の生成過程を見てもあり得ないことと言わざるを得ない（野澤充「中止犯論の歴史的展開（５・完）」立命館法学291号199頁以下および同211頁注２、後述本書結論第１章参照）。このようなことは、本文中にも述べたような「議論の存在意義」が自覚されず、何をポイントとして議論していけばよいかを決定づける基準が分からないために、やむを得ずに犯罪論体系から無理に演繹的に結論を導こうとしたことの結果と思われるのである。

(29) 当然のことながら、同様の検討の必要性は、既出の「総合説」に対しても存在する。

無視するならば、犯罪論体系における複数の段階での効果を、歴史研究に裏打ちされた理論的分析なしに認めることになるという点で、犯罪論体系の段階的構成および分析的思考の放棄につながり、体系化の努力の欠如と批判されることにもなるであろう[30]。

また最近になって、日本の学説の議論において、「新しい刑事政策説」と呼ばれるものが登場し始めたことが注目される[31]。それは、積極的特別予防の必要性の減少・喪失に着目したり[32]、既遂結果を惹起するような危険の消滅に着目したり[33]、さらには被害者保護・損害回復の観点から中止犯を捉えるもの[34]である。これらの新しい刑事政策説は、それぞれ現状の中止未遂論における問題点を認識した上で展開されたものといえる。しかし、これらの新しい刑事政策説が、従来の刑事政策説と対比した上で、どこがどのように異なるのか、どのような関係に立つのかという点は、いまだそれほど明らかでないように思われる。すなわち、現在新しく現れてきた考え方をも含めて、これまでの議論を歴史的な観点から総整理することが、各学説の意義や問題意識を浮き彫りにさせるという点でも重要であり、また今後の議論のためにも必要なのである。

そしてこのような議論の混乱状況は単に学説にとどまるものではなく、判例にも現れている。前述のような自首規定との混同もさることながら、判例において問題なのは、具体的事案に対して中止未遂の成立を検討する際の基準について、全く統一性が見られないという点である。すなわち、とりわけ任意性の要件に関して、客観説的基準によるものと見られるような判例もあれば、むしろ限定主観説的な基準を考慮して結論を導いたものと考えられるような判例も存在するのである。具体的には、強姦に着手したが付近を通過する電車の明かりで被害者の出血を見て驚愕して止めた場合[35]、および放火の時刻が遅くて

---

(30) 山中・前掲書（注20）752頁。
(31) この「新しい刑事政策説」について、城下・前掲論文（注7）569頁以下参照。
(32) 伊東研祐「積極的特別予防と責任非難―中止犯の法的性格をめぐる議論を出発点に」香川達夫博士古稀祝賀『刑事法学の課題と展望』(1996年) 265頁以下。
(33) 山口厚『刑法総論［第2版］』(2007年) 279頁以下、同『問題探究刑法総論』(1998年) 219頁以下。
(34) 髙橋則夫『刑法における損害回復の思想』(1997年) 20頁以下。
(35) 最判昭和24年7月9日刑集3巻8号1174頁（当該判決の解説として香川達夫・判例研究（東京大学判例研究会）3巻3号 (1949年) 131頁、吉田常次郎・刑法雑誌1巻2号 (1950年) 360

発火が夜明け後に発覚するおそれがあるのでその露見を怖れて媒介物を取り除いて火を消し止めた場合(36)に、両方とも客観説的な判断基準から、中止犯の成立が否定されている。また、被害者が頭から血を流して苦しんでいるので驚きかつ恐怖して殺害の続行が出来なかった場合に、同じく最高裁は「被告人の良心の回復又は悔悟の念に出でたものであることは原判決の認定しないところである」として限定主観説的な基準を持ち出しながらも、同時に被害者の上記の状況を目撃して「これ以上更に殺害行為を続行し母に痛苦を与えることは自己当初の意図にも反するところであるから、所論のように被告人において更に殺害行為を継続するのがむしろ一般の通例であるというわけにはいかない」とした上で、客観説的な基準から中止犯を認めなかった(37)。そして下級審において中止犯が認められた事例は、二児の母親を殺そうとしたが被害者のうめき声でその二児が目を覚まして泣きだし、殺しては子供が可哀想だと考え、かつ大変なことをしたという反省の気持ちからそれを中止した場合に、「反省悔悟した被告人自らの意思により任意に犯罪の実行を中止したもの」としたもの(38)、妻と無理心中しようとして腰紐で首を絞めたが、何でもいうことをきくと哀願されて殺さなかった場合に、「同女に対する愛情の念から任意に止めたもの」としたもの(39)、強盗を企てた者に被害者が「これだけしかない」といって現金190円くらいを差し出して涙を流したのを見てあわれみの情を覚えて犯行を思い止まり、差し出された現金を奪わなかった場合を中止未遂としたもの(40)など、何らかの形で「反省、悔悟、哀れみ」のような感情を考慮して中止未遂の成立を認めている(41)。

頁、藤井紀雄・法学セミナー増刊セミナー法学全集5刑法Ⅰ（1973年）215頁を参照）。本判決では「強姦の遂行に障礙となるべき客観性ある事情」に基づくものであることから、任意性が否定された。
(36) 大判昭和12年9月21日刑集16巻1303頁。本判決では、「犯罪ノ發覚ヲ恐ルルコトハ経験上一般ニ犯罪ノ遂行ヲ妨クルノ事情タリ得ヘキモノナル」ことから、任意性が否定された。
(37) 最決昭和32年9月10日刑集11巻9号2202頁。
(38) 福岡高判昭和29年5月29日高刑判特26号93頁。
(39) 大阪高判昭和33年6月10日高刑判特5巻7号270頁。
(40) 福岡高判昭和35年7月20日下刑集2巻7・8合併号994頁。
(41) 最近の下級審判例においても、「憐憫の情を催し」（名古屋高裁平成2年1月25日判タ739号243頁）、「被害者がうめき声をあげたので、我に返るとともに可愛そうになり」（名古屋高裁平成2年7月17日判タ739号243頁）、「憐憫の情に基づく」（東京地裁平成7年10月24日判時1596号125頁）、「大変なことをした」「悪いことをした」（東京地裁平成8年3月28日判時1596号125頁）等と内面的な心情が考慮された上で中止の任意性が認められている。

すなわち結論として以上のような判例について、最高裁は中止犯を否定するために客観説の基準を用い、一方で下級審判例において中止犯の成立を肯定した場合には、そのほとんどが悔悟、憐憫、哀れみなどの心情を考慮して（すなわち限定主観説の基準から）任意性を肯定したものと指摘されている⁽⁴²⁾。このように実際上、結論に導かれた形で判断基準が選択されているとするならば、そもそも提示された判断基準が果たしてその判例としての実効性をもつものであるかどうかの段階から疑問となる。これは判例における議論の混乱が如実に現れている場面といえるであろう。

　また、このように「判例において中止未遂の成立が肯定される場合が、実質上限定主観説の基準により悔悟、憐憫、哀れみなどの心情を考慮して認められた場合に限られている」という事実そのものも、本来ならば議論の対象とされなければならないものである。すなわち、日本の現行刑法典においては、中止犯の成立要件の中の任意性要件について、「自己の意思により」中止すれば成立するとしているのであり、特定の主観的事情が限定的に要求されているわけではない。フォイエルバッハが起草した1813年バイエルン刑法典58条のように、「良心、同情、または処罰に対する怖れによっても（aus Gewissensregung, Mitleid oder auch Furcht vor Strafe）」⁽⁴³⁾のような任意性の内容を特定のものに限定する文言が存在しないのである。この結果として、条文の文言をそのまま解釈するならば、悪い動機から中止した場合、例えば単に犯罪の実行を後日に延期したに過ぎない場合⁽⁴⁴⁾や、近年ドイツで激しい議論の対象とされている構

---

(42)　中谷瑾子「中止犯」『刑法判例百選Ⅰ総論（第二版）』(1984年) 153頁、井田・前掲論文103頁。なお現行の明治40年刑法典の下で、大審院において中止未遂が肯定された判例で公刊物に登載のある3件の判例のうち、大判大正15年12月14日法律新聞2661号15頁および大判昭和2年7月4日大審院裁判例2巻刑事判例17頁は、それぞれ「大変ナコトヲシテ仕舞ッタト思ヒ」、「頓ニ悔悟シ」中止している。大審院においても、任意性を肯定する際には限定主観説の判断基準を用いていたといえるであろう。

(43)　1813年バイエルン刑法典のこの文言が、中止犯の任意性に関して限定主観説を採用する制定法の条文の最も代表的なものである。

(44)　このような場合にも中止犯が認められるべきかどうかは争われていた。前述の1813年バイエルン刑法典58条では、その2項にわざわざこのような場合も障礙未遂と同様に扱う旨の規定が置かれていた。1871年ライヒ刑法典の下でのかつてのドイツの通説は、このような場合にも中止犯を認めた。Reinhard Frank, Das Strafgesetzbuch für das Deutsche Reich, 1931, 18. Aufl., S. 98；Liszt/Schmidt, Lehrbuch des Deutschen Strafrechts, 26. Aufl., 1932, S. 317. これに対して、ビンディンクは中止を認めなかった。Karl Binding, Grundriss des Deutschen Strafrechts, Allgemeiner Teil, 8. Auflage, 1913, S. 139.

成要件外の目的達成の場合(45)においても、本来ならば任意性は認められるはずである。にもかかわらず解釈によって任意性の内容が限定され、中止犯の成立範囲が限定的に絞られて運用されているのであれば、これは被告人にとって不利益な形で条文の文言以上の内容を解釈するものであり、罪刑法定主義違反との批判を免れ得ないのではないだろうか(46)。しかしこの点に関する議論は日本においては、任意性についての条文文言が同じであるが故にドイツと同様の問題を抱えるはずであるにもかかわらず、あまり問題視されていない。これなども、日本が議論の枠組みだけを継受し、条文解釈とは遊離した形での議論を続けてきたことの一つの証しといえるであろう。

　以上のように日本における中止犯論に関して、明らかな議論の混乱が存在する。これらを再整理するために、それぞれの学説が当時の中止犯規定の条文を解釈した結果として、どのような内容で、どういう目的をもって主張されていたのかということを歴史的観点から時代を追って検討することは、今後の議論の混迷の度合いを深めないためにも、絶対に必要であると考える。現在の日本における中止犯論の混乱状況の根本的原因は、中止犯という法律制度の存在由来が日本において正しく認識されていないことにあると言わざるを得ないのである。「そもそも『中止犯制度』とはどのような理論的背景に基づく制度であったのか」、「『中止犯の減免根拠』ないし『法的性格』論は、どのような経緯で議論されるようになってきたのか」、さらには「『刑事政策説』や『法律説』は本来どのような内容をもつものであったのか、それが主張された趣旨はどのような点にあったのか」ということについて、日本、およびその日本の刑法学

---

(45) 具体的な事例としては、懲戒目的で未必の殺意を持って被害者を刺したが、1回刺したことにより懲戒の目的が達成されたと行為者が感じたが故にそれ以上の行為を行わなかった事例（BGH1993年5月19日大法廷決定、BGHSt 39, 221＝JZ 1993, 894（Anm. C. Roxin）＝MDR 1993, 776＝NJW 1993, 2061＝NStZ 1993, 433＝StV 1993, 408、当該判決の紹介として鈴木彰雄「中止未遂」比較法雑誌27巻4号（1994年）223頁以下参照）、スーパーマーケットの襲撃後に、逃走の際に追跡してきた店長に対して未必の殺意で5発発砲し、店長が追跡を止めたので銃撃を中止した事例（BGH1989年9月20日判決、JZ 1990, 246＝NJW 1990, 522＝NStZ 1990, 77＝NStZ 1990, 433（Anm. I. Puppe）＝StV 1990, 108＝NStE Nr. 32 zu §24 StGB）などが挙げられる。なお、近年のドイツにおけるこの問題を扱った文献としては、金澤真理「中止未遂の成否――ドイツ連邦通常裁判所刑事部大法廷決定 BGHSt 39, 221を手がかりとして――」東北法学14号（1996年）1頁以下、山中・前掲書（注4）223頁以下。

(46) 実際にドイツでは、規範的な観点から任意性を限定的にしか認めない考え方に対し、ラックナーがこのような批判を行っている。Karl Lackner, Strafgesetzbuch mit Erläuterungen, 22., neubearbeitete Aufl., 1997, §24 Rdn. 18 ; ders., Anmerkung, NStZ 1988, S. 405f.

が多くの刑法上の学問的成果を継受したドイツの中止犯論の、これまでの歴史的展開を振り返って再確認する必要があると考えられるのである。そこで、まず日本における中止犯論の流れを、主に西欧法学が継受された明治期以降について検討し、ついで中止犯論だけでなく日本の刑法学全体について多大な影響を与えたドイツにおける中止犯論の歴史的展開を追うことで、中止犯という法制度の本来的な意義を明らかにし、今後の解釈論の指針を示したいと考える。

第 1 部

日本における中止犯論の歴史的展開

第1章　明治13年刑法典と明治40年刑法典の中止規定[1]

　現行の明治40年刑法典において、中止未遂規定は、43条の未遂犯規定に対する但書として「……ただし、自己の意思により犯罪を中止したときは、その刑を減軽し、又は免除する。」[2]という未遂犯規定に付随した形式で設けられている。一方これに対し、これ以前に施行されていた明治13年刑法典における中止犯規定は、次のような形式で112条に規定されていた。

　　「罪ヲ犯サントシテ已ニ其事ヲ行フト雖モ犯人意外ノ障礙若クハ舛錯ニ因リ未タ遂ケサル時ハ已ニ遂ケタル者ノ刑ニ一等又ハ二等ヲ減ス」

この規定は、中止犯を直接に規定したものではなく、未遂犯を規定したものとして設けられた。この文言中の「犯人意外ノ障礙若クハ舛錯ニ因リ」という部分から、逆に「意内」、すなわち自分の意思によるものは未遂犯にならない、という形式で中止犯に対する取り扱いを規定したものとされているわけである。

　この明治13年刑法典と明治40年刑法典のそれぞれの中止犯規定の相違点としては、次のような点が挙げられる。

　①実行未遂と着手未遂の文言上における区別。明治13年刑法典においては着手未遂にあたる「障礙」と実行未遂にあたる「舛錯」とを文言上において並列して区別し、未遂においてはこの2つの概念が存在することを認めていた。これに対して明治40年刑法典においては、未遂犯規定（43条本文）にも中止犯規定（43条但書）にもこの着手未遂と実行未遂の区別に関する文言はない。しか

---

(1) 明治13年刑法典は明治15年1月1日施行、明治40年刑法典は明治41年10月1日施行なので、それぞれ明治15年刑法典、明治41年刑法典と呼ばれることもあるが、本書では公布時によりそれぞれ明治13年刑法典、明治40年刑法典と呼ぶことにする。
(2) この規定は平成7年の刑法典の現代用語化に関する改正により、現代語に改められたものである。改正以前、すなわち明治40年制定当時の文言は次のとおりである。
　「……但自己ノ意思ニ因リ之ヲ止メタルトキハ其刑ヲ減軽又ハ免除ス」
　以下、明治40年刑法典制定時の議論との文言上の整合性から、特に明治40年刑法典の文言を引用する際には、この旧規定の文言を引用する。

しこの両者の未遂概念上の区別が存することについては明治40年刑法典の解釈としても争いはなく[3]、また明治13年刑法典において両者の区別を文言に明示したのも、その制定過程において両者を条文上も分離していたことの名残といえるものである[4]。

②中止犯と認められた場合の効果。明治13年刑法典においては「犯人意外ノ障礙若クハ舛錯ニ因リ」結果が生じなかった場合が未遂犯として処罰を受けるのであり、犯人自らの意思により結果が生じなかった場合には、中止犯は未遂犯としても処罰を受けず、不処罰となるという法律効果をもっていた[5]。これに対し、明治40年刑法典においては「其刑ヲ減軽又ハ免除ス」として、中止犯の法律効果を通常の未遂の法律効果である任意的減軽よりもさらに寛大な、必要的減免という法律効果を与えることとした。

そしてこの②とも関連するのであるが、明治13年刑法典と明治40年刑法典の最も重要な規定の差異として、③未遂犯と中止犯の理論的構造の差が挙げられる。すなわち、明治13年刑法典においては、中止は未遂犯のいわば消極的な概念要素とされ、中止犯が成立する場合にはそれはもはや未遂犯ではありえないものであった。すなわち、「未遂犯」の成立のためには「中止犯でないこと」がそもそもの要件として要求されたわけである[6]。これに対して、明治40年刑法典においては、中止未遂は未遂犯として成立し、その一種としての処罰がなされるという具合に、あくまでも未遂犯の一態様として中止未遂が規定されることとなった。

この明治13年刑法典と明治40年刑法典の理論的構造の差は、そのそれぞれの刑法典の成立における沿革と大きく関連している。明治13年刑法典は当時の日本の立法の全般について大きく影響を与えたフランスの刑法学を主に参考として、当時法律顧問としてフランスから招かれていたボアソナードの助言により

---

(3) 団藤重光『刑法綱要総論〔第三版〕』(1990年) 356頁、小野清一郎「刑法総則草案と中止犯」『刑罰の本質について・その他』(1955年) 所収284頁など。
(4) 後述第2章第1節。
(5) ただし解釈論上、その不処罰となる未遂行為の中に既に既遂に達する犯罪が含まれている場合(これを一般的には「加重未遂」と呼ぶ、後述第2章第1節)には、その既遂犯の限りにおいて処罰された。宮城浩蔵『刑法正義上巻』(1893年、復刻版1984年) 349頁以下。また立法者も同様の意図があったようである。後述第2章第1節。
(6) よって、未遂犯の成立を前提とする「中止未遂」という用語法は、明治13年刑法典には適切なものではないといえる。

作成されたものである[7]。一方、明治40年刑法典は建て前としては多くの刑法典を比較検討して作成したものではある[8]ものの、その基本思想にはドイツ刑法学の色彩が色濃く現れている[9]。そしてこのフランス型刑法からドイツ型刑法への移行は、中止犯の形式にも如実に現れていると言える。すなわち、明治13年刑法典が影響を受けた1810年フランス刑法典においては中止犯は未遂犯の消極的概念徴表として規定されている[10]のであり、明治40年刑法典が影響を受けた1871年ドイツライヒ刑法典においては中止未遂は未遂犯の一類型として規定されているのである[11]。

　では、日本において具体的にどのような過程を経て中止犯規定が立法されていったのであろうか。時系列に従い、まず明治13年刑法典からその経緯を見ていくことにする。

---

(7) 後述第2章第1節。ボアソナードの経歴・業績等については、大久保泰甫『日本近代法の父ボワソナアド』（1977年）、小野清一郎「舊刑法とボアソナードの刑法学」『刑罰の本質について・その他』（1955年）所収425頁以下、中野正剛「明治（前期）に於ける我が国の未遂論について（一）、（二）」国学院法政論叢第11輯（1990年）33頁以下・同第12輯（1991年）27頁以下、澤登俊雄「ボアソナードと明治初期の刑法理論」吉川経夫他編著『刑法理論史の総合的研究』（1994年）1頁以下、白取祐司「ボワソナードとフランス刑事法の継受」法律時報71巻4号（1999年）96頁以下等を参照。

(8) 内田文昭＝山火正則＝吉井蒼生夫編著『刑法〔明治40年〕（2）日本立法資料全集21巻』（1993年）9頁以下参照。

(9) 佐伯千仭『四訂刑法講義（総論）』（1981年）40頁以下、中山研一『刑法総論』（1982年）38頁、平野龍一『刑法　総論Ⅰ』（1972年）17頁、小早川欣吾『明治法制史論公法之部下巻』（1944年）1201頁など。

(10) 香川達夫『中止未遂の法的性格』（1963年）11頁。

(11) 後述第3章以下。

第2章　明治13年刑法典の中止規定

第1節　明治13年刑法典制定までの経緯[12]

　日本では明治維新を契機として、それまでの封建的な武家社会における刑事法からの転換をはかる必要に迫られることとなった。当時の明治政府は暫定的に徳川幕府の刑事規定を踏襲した[13]のちに、復古主義的な思想の下で律令形式の刑律を作成した[14]。これが明治元年の「仮刑律」、明治3年の「新律綱領」そして明治6年の「改定律例」である[15]。しかしこれらの刑事法規は前近代的・復古主義的な色彩を色濃く残すものであり[16]、そのような律令的法制度から欧米的な法制度への転換が再びはかられることになる。「刑法モ亦洋律ニ因ルヘシ」[17]という井上毅の意見書にも現れるような近代的な刑事法典の制定は、司法省に法制局を置いた明治8年（1875年）頃から活発化するのであ

---

(12)　旧刑法典の制定過程については、新井勉「旧刑法の編纂」法学論叢98巻1号（1975年）54頁以下、同98巻4号（1976年）98頁以下、西原春夫＝吉井蒼生夫＝藤田正＝新倉修編著『旧刑法〔明治13年〕（1）日本立法資料全集29巻』（1994年）21頁以下、鶴田徹『元老院議官鶴田皓』（増補改訂版、1999年）149頁以下、小野・前掲「舊刑法とボアソナードの刑法学」425頁以下を参照。

(13)　石井紫郎編『日本近代法史講義』（1972年）113頁以下、井ヶ田良治・山中永之佑・石川一三夫共著『日本近代法史』（1982年）50頁、山中永之佑『日本近代法論』（1994年）115頁、『日本近代刑事法令集上巻』司法資料別冊第17号（1945年）1頁以下。江戸時代における刑事規定においては、未遂犯は一般的な規定を持たず、カズイスティックな処罰規定が設けられていた。中止犯については、刑の執行を受けたとしても、一定年限を経過した場合には必ず赦免すべきことが公事方御定書の中に規定されており、これは通常の未遂犯よりも寛大な処置を示すものであった。高柳真三『徳川時代刑法の概観』司法省調査部、司法資料別冊第9号（1942年）52頁、野村稔『未遂犯の研究』（1984年）36頁。

(14)　佐伯千仭・小林好信「刑法学史」鵜飼信成他編『講座日本近代法発達史11』（1967年）210頁以下、小早川・前掲書979頁以下、石井編・前掲書114頁以下。

(15)　これらの刑律における未遂犯規定および中止規定については、前掲『日本近代刑事法令集上巻・中巻』（1945年）、野村・前掲38頁以下、香川・前掲書1頁を参照。

(16)　牧健二『日本法制史概論完成版』（1948年）463頁、小早川・前掲書984頁、石井編・前掲書117頁。

(17)　西原ほか編著・前掲『旧刑法（1）』6頁、25頁参照。

る(18)。

　当初司法省は日本人編纂委員だけで編纂を試み、ボアソナードからは刑法講義の指導や助言を仰ぐのみにしようとしていたが、その後この方針は明治9年（1876年）の中頃に修正され、ボアソナードが起草する原案を基礎にしたボアソナードによる陳述・説明の後、日本人編纂委員が質疑討論を行い、それを基に再びボアソナードが修正案を起草するという形式を採用した(19)。この結果、この時点での刑法草案は、当然1810年フランス刑法典の強い影響を受けると同時に、ボアソナードの問題意識が前面に出てくることとなった。そしてこのことはとりわけ未遂犯について、1810年フランス刑法典とボアソナード草案との極めて大きな違いとなって現れることになる。

　1810年フランス刑法典は、その制定当時には第2条において、「外部的行為によって表明され、実行の着手をともなうあらゆる重罪の未遂は、偶然の、または行為者の意思とは独立した事情によってのみ、中断され、またはその結果が欠けてしまった場合には、重罪と同様にみなされる」と規定していた(20)。すなわち1810年フランス刑法典においては、未遂犯はその進行の段階を検討されることもなく、しかも重罪において未遂犯は全て既遂犯と同等に処罰されていたわけである。その後、1832年4月28日の法律により当該規定が改正され、「実行の着手によって表明されたあらゆる重罪の未遂は、行為者の意思とは独立した事情によってのみ、中断され、またはその結果が欠けてしまった場合には、重罪と同様にみなされる」という文言に修正された(21)が、進行段階を考

---

(18)　石井編・前掲書120頁、小早川・前掲書999頁。
(19)　西原ほか編著・前掲『旧刑法（1）』27頁以下、同・『旧刑法〔明治13年〕（2―Ⅰ）日本立法資料全集30巻』（1995年）3頁、同・『旧刑法〔明治13年〕（3―Ⅰ）日本立法資料全集32巻』（1996年）12頁以下。
(20)　1810年フランス刑法典の制定時の2条の規定のフランス語原文の文言は以下のとおりである。
　　Art. 2 Toute tentative de crime qui aura été manifestée par des actes extérieurs et suivie d'un commencement d'exécution, si elle n'a été suspendue ou n'a manqué son effet que par des circonstances fortuites ou indépendantes de la volonté de l'auteur, est considérée comme le crime même.
　　これについては末道康之『フランス刑法における未遂犯論』（1998年）51頁も参照。なお、1810年フランス刑法典については、江口三角「フランス刑法小史　第2章」愛媛大学紀要（社会科学）3巻1号（1958年）50頁以下、特に未遂犯に関しては江口三角「フランス刑法における未遂犯」愛媛大学紀要（社会科学）5巻3号（第一分冊）（法学）（1966年）1頁以下、青木人志「フランスにおける未遂規定の成立」一橋論叢103巻1号（1990年）80頁以下などを参照。

慮せず、また重罪において未遂犯と既遂犯を同等に処罰するという点では変わることはなかった[22]。これに対しボアソナードは日本の立法における未遂犯について、段階に応じて刑の軽重を決めるということを特に配慮していたようである。すなわち、ボアソナードは編纂作業に並行して編纂委員に対して行われたフランス刑法の講義[23]において、上記のフランス刑法典の未遂犯に対する取り扱いを「立法家ノ誤リナリ」「何トナレハ悪事ヲ為サントシテ其非ヲ改メ悔悟スレハ固ヨリ其遅速ニ拘ラス何時ニテモ直チニ中止スルヲ以〔テ〕道理上ニ適セリト為ス然ラハ其罪ノ軽重ニ於テモ矢張其遅速ノ度ニ隨テ罰スヘキナリ」としているのである[24]。そして実際にボアソナードから出された粗案には着手未遂および実行未遂の規定が置かれ、それぞれ減軽されており、さらに重ねて中止犯に関する規定も置かれていた[25]。そしてボアソナードと日本人編纂委員との議論の末に、「日本刑法草案」（4編478条）が完成され、明治10年（1877年）11月30日に司法卿から太政官に上申された[26]。その未遂犯規定は、中

---

(21) この1832年の改正後のフランス刑法典2条の規定のフランス語原文の文言は以下のとおりである。

　Art. 2 Toute tentative de crime qui aura été manifestée par un commencement d'exécution, si elle n'a été suspendue ou si elle n'a manqué son effet que par des circonstances indépendantes de la volonté de son auteur, est considérée comme le crime même.

　これについては末道・前掲書52頁も参照。1832年4月28日の法律でこのように未遂犯規定の文言が修正された経緯については、青木人志「フランスにおける未遂規定の成立」一橋論叢103巻1号（1990年）80頁以下、とくに94頁以下を参照。

(22) ちなみにこれは現在の1992年フランス刑法典においてもほぼ同様の規定形式となっている。1992年フランス刑法典の未遂犯規定は以下のとおり。

　Art. 121-5 La tentative est constituée dès lors que, manifestée par un commencement d'exécution, elle n'a été suspendue ou n'a manqué son effet qu'en raison de circonstances indépendantes de la volonté de son auteur.

　（第121-5条　実行の着手によって表明され、行為者の意思とは独立した事情を理由にしてのみ、中断され、またはその結果が欠けてしまったときに、未遂が構成される。）

(23) この講義を筆記したものが「仏国刑法会議筆記」（西原ほか編著・前掲『旧刑法（1）』資料6、166頁以下）である。同・前掲『旧刑法（1）』8頁。

(24) 西原ほか編著・前掲『旧刑法（1）』245頁。さらに同・前掲『旧刑法（3－Ⅰ）』8頁参照。また、ボアソナードは明治7年4月から司法省法学校においても、1810年フランス刑法典をその講義対象とする刑法講義を行っている（西原ほか編著・前掲『旧刑法（1）』17頁参照）が、この講義を筆記した『〔法国〕刑法撮要』（ボアソナード述・井上操筆記、1877年・復刻1991年）の263頁以下においても、「是レ蓋シ法ノ缺典ナリ」（265頁）として、進行段階ごとに犯罪の取り扱いを異にすべきことを主張している。

(25) 西原ほか編著・前掲『旧刑法（3－Ⅰ）』355頁。

(26) 西原ほか編著・前掲『旧刑法（1）』29頁。

止犯に関する限りを抜粋すれば、次のようなものであった[27]。

　　第125条
　重罪ヲ犯サントシテ已ニ其事ヲ行ヒ未タ遂ケサルノ際本犯意外ノ障礙ニ因リ之ヲ中止シタル時ハ已ニ行テ事ヲ遂ケタル者ノ刑ニ二等又ハ三等ヲ減ス
　　第126条
　重罪ヲ犯サントシテ已ニ其所為ヲ盡スト雖モ事後意外ノ舛錯ニ因リ其目的ヲ遂ケサル時ハ已ニ遂ケタル者ノ刑ニ一等又ハ二等ヲ減ス
　　第127条
　重罪ヲ犯サントシテ已ニ其事ヲ行ヒ又ハ所為ヲ盡スト雖モ本犯ノ真心悔悟ニ因テ自ラ之ヲ遂ケサル時ハ止タ現ニ加ヘタル毀傷損害ノ罪ヲ論ス

すなわち125条は着手未遂に、126条は実行未遂に、127条は中止犯に関するものであり、未遂犯は総じて減軽され、さらに犯罪の進行の度合いが少ない着手未遂は実行未遂よりも減軽されていた。そして中止犯の場合には実際に加えられた「毀傷損害」の罪によって処罰される、すなわち元々の犯罪は不処罰とされ、その中に含まれている既遂に達した犯罪を以て処罰することとしたのである。このように中止犯が既遂に達した犯罪をその内部に含んでいる場合を「加重的未遂（qualifizierter Versuch）」と呼ぶが[28]、「日本刑法草案」の中止犯規定

---

(27)　西原春夫＝吉井蒼生夫＝藤田正＝新倉修編著『旧刑法〔明治13年〕（2―II）日本立法資料全集31巻』（1995年）817頁、818頁。

(28)　この「qualifizierter Versuch」に対する訳語としての「加重的未遂」という訳語は、小野・前掲「刑法総則草案と中止犯」290頁以下において用いられたのが初めてのようである（『刑罰の本質について・その他』（1955年）所収であるが、初出は『豊島博士追悼論文及遺稿集』（1933年）71頁以下である）。解りにくい訳語ではあるが、「内部に含まれた既遂犯に対して未遂犯が加重した状態にある」という意味でこのような訳語が当てられたものと考えられる。なお、元々の「qualifizierter Versuch」というフレーズはフォイエルバッハによって初めて用いられたものであるとされているが（Mezger, Strafrecht, 3. Aufl., 1949, S. 407 ; Berner, Lehrbuch des deutschen Strafrechtes, 18. Aufl., 1898, S. 158 Fn. 1 ; Feuerbach, Lehrbuch des gemeinen in Deutschland gültigen Peinlichen Rechts, Mitvielen Anmerkungen und Zusatzparagraphen von Mittermaier, 14. Aufl., 1847, S. 79）、このフレーズ自体を「あまり適切なものではない（wenig glücklich）」とする論者もいる。Vgl. Maurach/Gössel/Zipf, Strafrecht Allgemeiner Teil, Band 2, 1978, S. 51. リストはその教科書の第2版（1884年）においてはこの「qualifizierter Versuch」という呼び名を「誤った方向に導くもの（Irreleitend）」と評価しており、第10版（1900年）およびエバハルト・シュミットが補訂した第26版（1932年）では「わずかにしか特徴づけないもの（wenig bezeichnend）」としている。v. Liszt, Lehrbuch des Deutschen Strafrechts, 2. Aufl., 1884, S. 194, Fn. 11 ; ders, 10. Aufl., 1900, S. 194, Liszt/Schmidt, Lehrbuch des Deutschen Strafrechts, 26. Aufl., 1932, S. 319. これらの点に関して、「加重的未遂」という言葉における、本来の「加重的（qualifiziert）」ということの意味について、後述第2部第3章第1節（1）バイエルンの項目を参照。なお、「加重的未遂」については小野・前掲書290頁以下の他、香川・前掲書131頁以下、虫明満『包括一罪の研究』（1992年）289頁以下参照。

は、この加重的未遂の場合において、内部に含まれた既遂犯を処罰するという法律効果を明文化する形式を採用したのである。

しかしこのボアソナードと日本人編纂委員による「日本刑法草案」の未遂犯規定には、重大な問題が存在していた。すなわち、125条および126条においては行為者の「意外ノ」事情によって結果が発生しなかった場合に、それぞれ着手未遂ないし実行未遂として処断されるのに対し、127条においては「本犯ノ真心悔悟ニ因テ自ラ之ヲ遂ケサル時」にのみ、中止犯として、内部に含まれた既遂犯だけが処罰されることになるわけである。よって「真心悔悟によらずに自らの意思によって中止した場合」[29]に、125条から127条までのいずれの条文にも該当しないという、法適用上の間隙が生じるのである。

この点に関して、ボアソナード自身はどのように考えていたのであろうか。ボアソナードと日本人編纂委員との間の議論の中にはこの「悔悟」による任意性の限定の趣旨については特に明示的には触れられることがない[30]。しかしこの中止犯に関する規定の文言は、日本人編纂委員との議論をしていた明治10年頃の時点から、その後明治13年刑法典が施行された後に明治18年（1885年）に修正・補筆して再びボアソナードが刑法改正案を提出した時点に至るまで、フランス語の文言としては全く変化がない[31]。なおかつその規定の中の任意

---

[29] 具体例としては、処罰を怖れて犯罪を止めた場合、利益の観点から犯罪を止めた場合、犯罪の実行をただ単に延期したに過ぎない場合、そして近年ドイツにおいて問題とされた、構成要件外の行為者の目的が達成されたが故にそれ以後の行為を中止した場合などが考えられる。前述序論第2章。

[30] 西原ほか編著・前掲『旧刑法（3-Ⅰ）』366頁、367頁。その中ではボアソナード自身も「悔悟により中止した場合にこの中止犯とする」「結果が発生したらこの条の真心悔悟とは為し得ず、既遂犯となる」等と述べているが、もしこの部分におけるボアソナードの発言が「volontairement」という単語を用いて行われたものであり、その単語が「真心悔悟により」と訳されて記述されている場合には、日本人編纂委員の側に重大な誤解が存在していたことになる。後述注31、注41参照。この（日本人編纂委員の誤訳によると思われる）ボアソナードの見解のずれは、後述注33の『刑法草按注解』においてはっきりと現れている。そしてこの『旧刑法（3-Ⅰ）』366頁においても、特にこの中止動機を限定する点につき議論もされず、触れられているわけでもない。しかし、この点について後述注41参照。

[31] 西原ほか編著・前掲『旧刑法（2-Ⅱ）』468頁（「元老院上呈仏文刑法草案」）、595頁（「手稿仏文刑法草案」）。Gustave Boissonade, Projet révisé de Code Pénal pour l'Empire du Japon accompagné d'un commentaire, 1886, 復刻版1988, pp. 404-420. ボアソナードによるフランス語原文の中止犯規定（明治10年の日本刑法草案の127条に対応する）は、以下の通り。

127. Si l'auteur d'un crime s'est volontairement arrêté au cours de l'exécution, ou si, tous les actes d'exécution ayant été accomplis, il en a volontairement fait manquer les effets, il n'est puni que pour le mal effectivement produit par l'infraction.

性に関する文言[32]の意味は、日本人編纂委員が訳したような「真心悔悟ニ因テ」というような悔悟に限定する趣旨の内容ではなくて、単純に「自発的に」「自分から」という程度の意味しか持っていなかった。そして明治10年の「日本刑法草案」の注釈書として明治13年頃までにボアソナードによって執筆された『刑法草按注解』[33]においては、「右ノ場合（筆者注：自ら中止した場合）ニ於テ其悔悟ニヨリテセルカ刑罰ヲ恐レテセルカヲ区別スルヲ要セズ何レノ理由ニ出ツルトモ法律ノ目的ハ既ニ達シ社会ノ損害モ亦少キヲ以テ犯人ニ仁恵ヲ与ヘテ可ナリ」[34]として、中止犯はその動機を特に限定せずにその恩恵を与えてよい旨のことが記述されている。また、ボアソナードはオルトランを恩師の一人として持つのである[35]が、オルトランは行為者が任意に中止した場合には中止に導いた行為者の内部的な動機はいかなるものであっても構わないとしており[36]、このことは当時のフランスにおける学説において支配的であったようである[37]。

そしてさらにこれらのことを裏付けるかのような記述が、後の明治13年刑法典施行後に著された宮城浩蔵の『刑法正義』（1893〔明治26〕年）の中に現れている。すなわち宮城浩蔵は、ボアソナードによる仏文の草案の中止犯規定（127

　（127条　重罪の行為者が任意に実行の途中で中止した場合、または全ての実行行為がなされた際にその者が任意に結果を不発生にした場合には、その者はその侵害により実際に生じた害悪によってのみ罰せられる。）
　上記の3つのいずれの文献においてもこの全く同じ文言が規定されていることから、明治10年頃から明治18年に至るまで、ボアソナード自身の見解は全く変化していなかったことがうかがえる。
(32)　前述注31で紹介した規定の中の「volontairement」という副詞が、中止犯の任意性に関する文言である。
(33)　この資料の解題について詳しくは吉井蒼生夫＝藤田正＝新倉修編著『刑法草按注解（上）日本立法資料全集8巻』（1992年）33頁以下参照。
(34)　吉井ほか編著・前掲書362頁。
(35)　大久保・前掲書39頁、小野清一郎「刑法学小史」前掲『刑罰の本質について・その他』（1955年）所収410頁参照。
(36)　末道・前掲書137頁。ヲルトラン著、井上正一訳『仏国刑法原論第一帙下巻』（1888年）は、オルトランのEléments de droit pénal ; pénalité, juridictions, procédure, 5ᵉ éd., par M. Albert Desjardins, t. 1, 1886を日本語訳したものといわれている（西村捨也編著『明治時代法律書解題』（1968年）187頁参照）が、その日本語訳の383頁（原書ではnº991, pp. 448 et suiv.）にも、「此中止ヲ為シタルノ意思ノ原因如何ナルヲ穿鑿セサルヘシ其原因ハ悔悟ナルカ若クハ深慮ナルカ若クハ思考ノ豫察セシメタル危険ノ厭忌ナルカ又ハ懲罰ノ恐怖ナルヘキカ誰カ能ク現世界ニ於テ人ノ心衷ヲ探索シ得ルモノアランヤ」として、中止の動機を問わない旨の記述がある。
(37)　末道・前掲書139頁。

条）を、「重罪ノ本犯執行中自己ノ意欲ニテ中止スルカ又ハ総テ其執行ニ関スル行為ヲ終成セシモ本犯ノ意欲ニテ実効ヲ虧欠セシメタルトキハ其罪ニ因テ実際生シタル害ニ付テノミ罰セラル可シ」(38)と訳した上で、このボアソナード草案を修正してできた「日本刑法草案」とを比較し、次のように述べている。

> 「仏文にては中止の原因の何たるを問はざれども日本文草案は之に制限を加へて唯真心悔悟なる原因によりて中止したる場合に於て、其現に生じたる損害に付き罰することとせり。其制限を加へたるは別に深意あるにあらず。日本文草案起草者以為く、仏文草案によれば中止犯は中止の原因の如何を問はず、総て目的たる犯罪に付きては無罪にして唯現に生じたる損害あれば、其損害に付きて之を罰するのみなるを以て甚泛きに過ぎ実に危険に堪へずと。故に犯人をして真心悔悟に出でて中止したる時のみは之を無罪とし、若し現に生じたる損害あれば損害のみ之を罰し、其他如何なる原因に出でて中止するも有罪なりと為し、以て大に中止犯の無罪の場合を制限せり。然れども此起草者は大に誤りたる者にして、今日より之を見れば笑止に堪えず。夫れ真心悔悟は人間の心意内の現象にして、有形上よりは之を知了すべからざる者なり。……故に真心悔悟に因て云々と規定し、中止犯には中止の原因の真心悔悟たることを要すと為すと雖も、無形的なる真心悔悟は何に由て之を証明すべきや。……凡そ法律の要求する所は唯犯罪なる行為を中止するに在りて、其原因の如何は固より問ふ所に非ざるなり。之を察せずして仏文草案を変更したるは実に不当と謂わざる可からざるなり。」(39)

すなわち日本人起草者は、中止の原因を問うことのないボアソナードのフランス語の草案は広きに失するとして、中止犯を真心悔悟により中止した者に限定したが、これを宮城浩蔵は「誤り」であるとしたのである。それは「真心悔悟」は外部的にはこれを知ることができず、その証明など為し得ないということを理由としたものであった(40)。そしてそのような解釈論の側面からも、ボアソナードの任意性に関する文言について中止犯の動機を限定するように解釈するのは不自然であったことがうかがえる。

　以上の点から、ボアソナードは中止犯に関してその動機を限定せず、自ら中止したことだけで足りると考えていたのに対し、日本人編纂委員は意図的に

---

(38) 宮城・前掲書351頁。
(39) 宮城・前掲書351頁、352頁。
(40) 前述のオルトランが中止の動機を問題としなかったのも、人間の内心面を探ることは不可能であるとしたから（ヲルトラン著、井上正一訳・前掲書383頁）であり、ベルナーもほぼ同様の、立証の不可能性という理由から、中止犯の成立に関して特定の中止動機を要件とすることに対して否定的であった。Berner, a. a. O., S. 150.

か、もしくは単純に誤訳したのかは不明であるものの[41]、中止犯の成立を「真心悔悟」による場合に限定した。そして、そのままの内容で明治10年 (1877年) 11月には「日本刑法草案」が完成することとなった。

さらにその後、この「日本刑法草案」は、明治11年 (1878年) 1月14日に元老院内に刑法草案審査局が設けられ[42]、その中で再度検討されることになる。しかし、「刑法草案修正稿本第一稿」、「刑法審査修正第二稿」を経て、確定稿となる「刑法審査修正案」に至り、これが後に元老院での検討を経て明治13年刑法典として成立する[43]過程において、「日本刑法草案」の127条に存在していたはずの中止犯規定は「刑法草案修正稿本第一稿」から既に削除され[44]、

---

(41) 宮城・前掲書351頁によればそれは意図的なものであった、とされているが、この宮城浩蔵の『刑法正義上巻』において、どの文献・資料から編纂委員が意図的に限定したことを知ることができるのかは記述されていない。ただこの点に関し、ボアソナードから出された草案の中止犯規定における「volontairement」という文言の訳として、当初は「本心ヨリ」（「日本刑法教師元稿不定按 第一巻」西原ほか編著・前掲『旧刑法 (2-I)』5頁、「日本帝国刑法草案」同・前掲『旧刑法 (2-I)』146頁、そしてボアソナードの粗案原文訳として同・前掲『旧刑法 (3-I)』355頁) という訳が当てられていた。これに対し、ごく初期の草案作成の段階 (明治9年5月以降、明治10年日本刑法草案成立までの間) において、ボアソナードがその規定の趣旨を説明する際に、たまたま悔悟があるような場合を具体例として例示した (西原ほか編著・前掲『旧刑法 (3-I)』366頁 (「日本刑法草案会議筆記」) 参照。すなわち、毒を飲ませた後で「其悪事ナルヲ知リ」消毒薬を与えた場合、人を殺そうとして肩を切り付けたが、その流血の激しいのを見て「惻怛ノ情ヲ生シ」これを中止した場合)。この意をふまえて「日本刑法草按 第一稿」(西原ほか編著・前掲『旧刑法 (2-I)』232頁、その解題については同書17頁以下参照) において、「真心悔悟ニ依リ」という文言が用いられることになった (西原ほか編著・前掲『旧刑法 (2-I)』246頁、同・前掲『旧刑法 (3-I)』366頁)。このことから、①ボアソナードが事例を解りやすくするために悔悟のある場合のみを具体例としたこと、②当初は「volontairement」を「本心から」という程度の意味で (むしろ正確に) 訳出していたのが、ボアソナードの話を聞いた日本人編纂委員が、中止犯の趣旨をより明確にした条文の文言とするために「volontairement」を「真心悔悟ニ依リ」と限定的に訳したことの2つによって、ボアソナードの本来の意図と日本文草案のずれ、および日本文草案の中止動機の限定とそれによる法適用の間隙が発生したのではないかと考えられる。完全な誤訳があったとはいえないが、見解のすれ違いがあったものと考えられるのである。なお、この法適用の間隙について、日本人編纂委員がどのように考えていたのかは不明である。

(42) 西原ほか編著・前掲『旧刑法 (1)』30頁、早稲田大学鶴田文書研究會編『刑法審査修正關係諸案』(1984年) 193頁。

(43) 西原ほか編著・前掲『旧刑法 (1)』31頁、32頁、野村・前掲書56頁以下。前掲『刑法審査修正關係諸案』において、「刑法草案修正稿本第一稿」とほぼ同内容のものとして「刑法草案修正稿本」(同書39頁以下) が、またその前段階の検討としての「刑法再訂本第一編」(同書1頁以下)、「司法省ヨリ廻送 刑法修正案」(同書21頁以下) の全文が挙げられている。同書191頁以下参照。

(44) 前掲『刑法審査修正關係諸案』によれば、「刑法再訂本第一編」の段階で既に中止犯規定が削除されている。すなわち、明治11年 (1878年) 5月頃には既に削除されることが決まっていた

その後も復活することがないままに終わり[45]、結果的に1810年フランス刑法典同様、未遂犯の消極的概念要素として中止犯が規定されることになった。これはどのような意図によるものなのであろうか。

この点に関して、刑法草案審査局による『刑法審査修正案註解第一編』の中の未遂犯規定である112条の注釈において、次のような記述がある。

「且ツ司法省上申ノ法案ニ於テハ本犯ノ眞心悔悟ニ因テ自ラ其罪ヲ遂ケサル時、及ヒ事物ノ性質施用ノ方法ニ於テ害ヲ為スノ理ナク若クハ害ヲ為スト雖モ本犯ノ目的ヲ遂ク可キ理ナキトキハ未遂犯罪ヲ以テ論セス止タ現ニ加ヘタル毀傷損害ノ罪ヲ論スト未遂犯罪ノ變例ヲ二條ニ分チ記載セシト雖モ本條（筆者注：112条＝未遂犯の規定条文）意外ノ障礙若クハ舛錯ニ因テ未タ遂ケサルトキハト記載スルニ於テハ其眞心悔悟ニ因テ自ラ其罪ヲ遂ケサル者ハ未遂犯罪ノ性質ニ非サルコト言外ニ判然セリ故ニ其所為ノ更ニ害ヲ遺サ、ルトキハ其罪ヲ論セサルコト言ヲ待タス若シ又害ヲ加ヘタル後悔悟シテ自カラ其罪ヲ遂ケサル者ハ其加ヘタル害ニ就キ各其刑名アル本條ニ依リ処分スルヲ得ルヲ以テ此ノ真心悔悟ニ因テ云々ノ條ハ削除シタル者ナリ……」[46]

すなわち刑法草案審査局内での検討において、未遂犯の規定において中止犯を消極的概念要素として規定した以上、「真心悔悟」による場合は未遂犯にもならないのは当然であるから重ねて規定をおく必要はなく、また加重的未遂の場合においても内部に含まれた既遂犯罪を処罰するのは解釈として当然に導かれるとされたが故に、中止犯の規定は全面的に削除されたのであった[47]。明治

ことになる。
(45) 野村・前掲書57頁。明治法制経済史研究所編『元老院會議筆記前期第八巻』53頁以下、69頁以下、108頁以下によれば、刑法草案審査局での検討後に送られた元老院でも、第一読会から第三読会まで、中止犯の規定形式に関して修正・異論が唱えられることはなかった。
(46) 鶴田皓旧蔵『刑法審査修正案註解第一編寫本』112条の注釈の第4段落からの抜粋である。
(47) 野村・前掲書58頁。ロエスレルも、この日本刑法草案においてボアソナードが作成したような詳細な未遂犯規定を定めることに対し、「……復疑問ヲ生ズルノ基タレバ、始メヨリ之ヲ避ケタル方可ナルベシト余ハ信ズルナリ」と述べ、規定を簡素化すべきという意見を出している。ロエスレル起稿「日本刑法草案第一篇総則に対する意見」伊藤博文公編『秘書類纂　法制關係資料上巻』（1934年）所収613頁。この中止犯規定の削除により、結果的とはいえ、明治10年の日本刑法草案に存在したような中止犯規定と未遂犯規定の法適用の間隙は解消されることとなった。だがこの中止犯規定の削除は、本文中に述べた法適用の間隙の解消そのものをねらいとしていたわけではなかった。すなわちこの『刑法審査修正案註解第一編』の解釈によれば、明治13年刑法典の規定において、加重的未遂の場合におけるような内部に含まれる既遂犯が存在しなかった場合には、たとえ真心悔悟によらずに中止したとしても無罪となるはずであるが、その点については明言をしていない。それゆえに、中止犯規定の任意性の内容の解釈に関して後々論争を招くことになる。後述第2章第2節（1）。

13年刑法典の立法者意思としては、中止犯規定を明文を以って置いておく必要性はないものと判断されたのである。

このようにして明治13年刑法典は成立し、1810年フランス刑法典と同様に未遂犯の消極的概念要素としての中止犯規定の形式が採用された。しかしこの明治13年刑法典成立の直後から、再び刑法を改正しようとする動きが見られるようになる[48]。そして明治40年刑法典ではこのフランス型の中止犯の規定形式はドイツ型の中止未遂の規定形式にとって代わられることになる。それはこの明治13年刑法典の規定の解釈論において、どのような議論があり、どのような問題点が存在すると考えられたからなのであろうか。この点を明らかにするために、明治13年刑法典に対する学説の解釈および判例を次に概観する。

第2節　明治13年刑法典の規定に関する学説と判例

(1)　学　説

明治13年刑法典の公布以降、当該刑法典の解釈論としての刑法理論書・注釈書が当時の学者・実務家などにより多く出されている[49]。そのごく初期の文献においては、中止犯について何ら語られる所の無かったものもある[50]。しかし後になるにつれ、中止犯についても具体的かつ詳細な検討が行われるようになる。それらの解釈論を、とりわけ理解を促す便宜の点、および議論の発展を浮き彫りにさせる必要性の点から、論点ごとに、時系列を追う形で検討していくことにする。

a)　任意性の内容について

前述のように任意性に関して、「日本刑法草案」の立法段階では未遂犯規定内で「意外ノ障礙（ないし舛錯）」が要求され、中止犯規定内では「真心悔悟」が要求されることにより、任意性の内容にズレが生じていたものの、明治13年

---

[48]　西原ほか編著・前掲『旧刑法（1）』36頁、倉富勇三郎・平沼騏一郎・花井卓蔵監修、高橋治俊・小谷二郎編、松尾浩也増補解題『増補刑法沿革綜覧』(1990年) 236頁。
[49]　明治13年刑法典以降の日本の総合的な刑法学史については、佐伯・小林・前掲「刑法学史」210頁以下、小野・前掲「刑法学小史」409頁以下を参照。
[50]　長井正海『刑法註釈』(1880〔明治13〕年) 64頁以下、村田保『刑法註釈（再版）』(1881〔明治14〕年) 第二巻59頁以下、立野胤政『改正増補刑法註解』(1882〔明治15〕年) 126頁以下、高木豊三『校訂　刑法義解（第一編）』(1882〔明治15〕年) 321頁以下においては、未遂犯については記述されているものの、中止犯については何ら触れられていない。

刑法典では中止犯規定が全面削除されたことにより、結果的にはこのようなズレは解消し、任意性は「真心悔悟」の場合に限られないことになった。

しかし初期の一部の学説においては、なお中止犯を「真心悔悟」に関連するものとして捉える見解があった。井上操は、犯人が自ら「悔悟シ、顧慮スル所アリテ」結果を発生させなかったときは処罰しない、なぜならば害が発生することなく、また「悔悟自止スル」場合にはその過ちを償うに足るべきものであるから、とした[51]。小笠原美治も中止犯を「真心悔悟ニ因テ自ラ之レヲ遂ケサル者」とし[52]、堀田正忠も中止犯を「真心悔悟ニ因」るものとしている[53]。これらの見解は、日本刑法草案が中止犯の規定を明文でおいていたことを挙げて[54]、それが削除された現在において、加重的未遂の場合における現に発生した害をどのように扱うか、という検討を行っていた。このことから、おそらく彼らは日本刑法草案127条の文言から、中止犯の任意性の内容を同様に解することとしたものと思われる。

だが、任意性の内容を明治13年刑法典においても「真心悔悟」に限定するこのような考え方は、その後、明確に否定されていくことになる。井上操らが前述のような見解を示す以前にも、既に織田純一郎が「如何ナル譯ニテ止マルニモセヨ」として、中止犯の中止動機は問われないものとしていた[55]。井上操らの見解が示された後に、明確に理由づけをも行って任意性の内容を限定する考え方を最初に否定したのは、宮城浩蔵である。宮城浩蔵は明治20年の段階で既に「其自止スル所以犯罪ヲ悔悟シ或ハ刑ヲ恐レ或ハ発覚ヲ恐レタル等其原因ノ何タルヲ問ハス」として、中止するに至った際の中止動機は問題としないとした[56]。そしてその理由として、「是レ未タ内部ニ関スル所為ニシテ其果シテ

---

(51) 井上操『刑法述義第一編（下）』（1883〔明治16〕年）1305頁。
(52) 小笠原美治『刑法註釈』（1883〔明治16〕年）334頁。
(53) 堀田正忠『刑法釈義第壹篇』（1884〔明治17〕年）991頁。ただし、同984頁には「犯人自ラ其効ヲ停止シタルトキハ法律之ヲ罰スルヲ得サルナリ」とあり、そもそも「悔悟」を要求することと単純に自発的なものでも足りるとすることの区別ができていなかった疑いもある。このような傾向は井上操、小笠原美治にも共通してうかがえる。
(54) 井上操・前掲書1306頁、小笠原・前掲書334頁、堀田・前掲書988頁。
(55) 織田純一郎『刑法註釈』（1882〔明治15〕年）141頁、142頁。
(56) 宮城浩蔵『刑法講義（四版）第一巻』（1887〔明治20〕年）652頁。なお、宮城浩蔵の刑法理論については、澤登俊雄「宮城浩蔵の刑法理論」吉川経夫他編著『刑法理論史の総合的研究』（1994）23頁以下、中野正剛「明治（前期）に於ける我が国の未遂論について（三）、（四）」国学院法政論叢第13輯（1992年）21頁以下・同第17輯（1996年）29頁以下参照。

罪ヲ犯スノ意ナルヤ否ヤハ他ヨリ覗ヒ知ル能ハサル「ナレハナリ若シ悔悟セサルカ或ハ刑ヲ恐レサルカ或ハ発覚ヲ恐レサル時ハ必ス遂ケタルナラントノ想像ヲ以テ罰スルヲ得サルナリ」という、内心的な動機はうかがい知ることができず、想像により処罰することにもなりかねない点、および社会的な害悪が少なかった点を挙げていた(57)。そしてこの点については前述のように、明治26年の『刑法正義』においても同様であった(58)。

その後は旧刑法の下において、任意性の内容を限定する旨の見解は示されていない。井上正一は良心の誘導によるものか畏怖によるものかを問わず自ら中止した場合は中止犯であるとし(59)、江木衷も「犯人カ之ヲ中止シタルノ原因趣旨ノ如何ヲ問フコトナシ」として、学者が往々にして悔悟の念に出た中止でなければ中止犯ではないとするのは、そのような考えを採用した立法を持つ国もあるものの、日本刑法が「意外の」と断言してこのような誤見を排除しているのは妥当である、とまで述べている(60)。富井政章も「自止ノ原因如何ハ之

---

(57) 宮城・前掲『刑法講義〔四版〕第一巻』652頁以下。
(58) 宮城・前掲『刑法正義上巻』352頁。
(59) 井上正一『日本刑法講義』(1887〔明治20〕年)159頁。井上正一の刑法理論については、澤登俊雄「井上正一の刑法理論」前掲『刑法理論史の総合的研究』51頁以下、中野正剛「明治(前期)に於ける我が国の未遂論について(五)、(六・完)」国学院法論叢第18輯(1997年)53頁以下・同第19輯(1998年)53頁以下参照。
(60) 江木衷『改正増補現行刑法汎論〔第三版〕』(1888〔明治21〕年)205頁。同じく江木衷『現行刑法原論〔再版〕』(1894〔明治27〕年)94頁以下においても同様である。そして江木衷は中止犯制度の根拠につき「法律上ノ理由」と「政略上ノ理由」の2つを挙げ、そのうちの「法律上ノ理由」、すなわち自己の意思により所為を中止した場合にはその所為は未遂犯としての性質を(法律上)失うということを、中止犯制度の根拠の1つであるだけでなく、「中止ノ趣旨如何ヲ問ハサル所以」でもある、としている。江木・前掲『改正増補現行刑法汎論〔第三版〕』205頁以下。確かに中止した場合に未遂犯としての性質が失われるとするならば、どんな理由であれ中止すれば未遂犯の性質を失わせることができる以上、中止の動機を問わない理由となるかもしれない。そしてそれは、本来の未遂犯概念および中止犯概念の由来(生成過程)から考察してみても、犯罪の客観面(犯罪結果)が存在せず、かつ犯罪の主観面が失われた状態が中止犯であるとするならば、どのような動機からであれ、犯罪の主観面が失われている以上は中止犯を認めるべきだ、という考え方に結びつくことになるといえる。しかし現在の日本のドイツ型の規定形式に基づけば、任意性の要件というのは中止犯の場合にも未遂犯が成立していることを前提とした上で、さらにその中止犯の成立範囲を画する要件として検討されるものとなっているのであって、「中止犯の場合に未遂犯は成立しているのかいないのか」という「中止と未遂の関係構造」とは分離されて検討可能な1つの論点となっているものと言える。このような観点から言えば、現在の議論としては両者の論点は分けて考察すべきことになるものと言える。なお江木衷の刑法理論については、木田純一・吉川経夫「江木衷の刑法理論」前掲『刑法理論史の総合的研究』67頁以下、小林好信「江木衷の刑法理論」大阪学院大学法学研究8巻2号(1983年)1頁以下、佐々木和夫「江木衷の刑法理論と旧刑法の改正」専修大学法学研究所紀要18号『刑事法の諸問題Ⅳ』

ヲ問フヲ要セス」と述べて、中止犯を悔悟を促す目的であるとするのは誤りであると指摘している[61]。磯部四郎は「自己ノ悔悟若クハ其他ノ事故ニ因リ自ラ犯罪ノ所為ヲ制止シタルトキハ」中止犯である、として「其他ノ事故」の中に悔悟以外の動機の場合を含めて解釈しているようである[62]。岡田朝太郎は中止犯を無罪とする理由を検討する中で、次のように述べる。すなわち中止犯は「犯人ノ悔悟ヲ促ス政策ニ非ス」、なぜならもし悔悟を促す政策ならばそれ以外の「畏懼哀憐等」からの中止犯を罰することになるからである。我が国を初めとして文明国の多数が中止犯を罰しないのは、犯人に自ら制止させる目的のものである。自止を促す目的により無罪とする日本刑法においては、中止の原因を区別しない、と[63]。すなわち規定の上からも単に自止を促すことを目的としたものである以上、その中止の原因は問題とならない、としているのである。小疇傳は「自働的動機」に基づく場合を任意的な中止とし、フランクの公式とほぼ同じ内容の基準をその任意性判断の基準として示している。その上で「自働的動機ハ道徳的タルコトヲ要セス」として、目的の財物の価値が低かったので窃取や詐欺を中止した場合も任意的な中止であるとしている[64]。

以上のように、初期の一部の学説には任意性の内容を「真心悔悟」のように限定的に捉える見解も存在したが、後にはこのような見解は廃れ、単に自発的な中止でさえあればよいとする見解が大勢を占めることになる。これはフランスないしドイツからの学問的な継受の進行により、「真心悔悟」による中止と単なる自発的中止の区別が明確に行われるようになり、そして条文解釈としても「意外ノ」という文言が悔悟を要求するものとは解釈し得なかったことによるものと考えられる。そして注目すべきは、このように任意性の内容を限定し

(1993年)93頁以下参照。
(61) 富井政章『刑法論綱』(1889〔明治22〕年)105頁以下。富井政章の刑法理論については、小林好信「富井政章の刑法理論」前掲『刑法理論史の総合的研究』84頁以下参照。
(62) 磯部四郎『改正増補刑法講義上巻』(1893〔明治26〕年)1047頁。
(63) 岡田朝太郎『日本刑法論(総則之部)〔改訂増補三版〕』(1895〔明治28〕年)293頁以下。岡田朝太郎はここで後述の明治19年12月15日判決を引用する。また、同じく岡田朝太郎『刑法講義〔訂正三版〕』(1906〔明治39〕年)321頁においてもほぼ同様である。岡田朝太郎の刑法理論については、小林好信「岡田朝太郎の刑法理論」前掲『刑法理論史の総合的研究』177頁以下参照。
(64) 小疇傳『日本刑法論』(1904〔明治37〕年)242頁以下。同じく小疇傳「中止犯」法政新誌7巻5号(70号)(1903〔明治36〕年)37頁、小疇傳『大審院判決引照批評日本刑法論総則〔訂正増補〕』(1906〔明治39〕年)322頁においても同様である。小疇傳の刑法理論については、宮澤浩一「小疇伝の刑法学」前掲『刑法理論史の総合的研究』214頁以下参照。

ない理由について、宮城浩蔵が『刑法正義』において主張していたような「立証の不可能性」という点[65]は主張されなくなり、代わりに自止を促して社会を保護するという政策的側面が強調されるようになる点である[66]。これは1871年ドイツライヒ刑法典の解釈論として、ドイツで刑事政策説が通説的地位を占めていた[67]ことから、その解釈論の影響を受けたことによるもの[68]とも考えられる[68a]。だがむしろそれよりも重要なのは、「刑事政策説」という中止犯の根拠論に関わる学説が、任意性の成立範囲に影響するものだった点である。すなわち「自止の奨励」という刑事政策説を前提とするならば、「どのような動機に基づくものであってもよいから自止させる」ことが重要となるのであり、したがって要求される任意性の内容は限定されないことになるのである。逆に言えば、根拠論が議論される意義はまさにこの任意性に関わる点にあったとも考えられるのである[69]。

---

(65) 宮城・前掲『刑法正義上巻』352頁。
(66) このような「自止の奨励」「社会の利益」を強調して、そのことを任意性の内容を限定しないことと関連づけるのは、井上正一・前掲159頁、岡田・前掲『日本刑法論（総則之部）〔改訂増補三版〕』293頁以下。また宮城浩蔵も『刑法正義上巻』の前に出された『刑法講義（四版）第一巻』においては、任意性の内容を限定しない理由を前述のように内心的動機の立証不可能性と社会的害悪の僅少性に求めているものの、中止犯制度の根拠論については、その理由を「自止ノ誘導」「犯罪豫防」に求めている。宮城・前掲『刑法講義（四版）第一巻』653頁。同様に任意性の内容とは関連づけないまでも、「自止の奨励」「社会の利益」を中止犯において強調するものとして江木・前掲『改正増補現行刑法汎論〔第三版〕』205頁以下（ただし前述のように江木衷は「法律上の理由」を任意性の内容と関連づける）、富井・前掲書105頁、小疇・前掲『日本刑法論』239頁。
(67) 香川・前掲書45頁。
(68) 例えば、江木衷の刑法理論はベルナーの理論に多く依拠したものといわれている（小野・前掲「刑法学小史」412頁、佐々木・前掲論文114頁以下、「江木法学士著刑法汎論」法学協会雑誌41号（1887年）52頁以下、穂積陳重「江木法学士新著刑法汎論ノ批評」法学協会雑誌42号（1887年）52頁以下、また江木衷自らによるものとして江木衷「刑法汎論ニ關スル穂積教授ノ批評ニ答フ」法学協会雑誌43号（1887年）54頁以下）。また、小疇傳の刑法理論はリストにほぼ全面的に依拠したものであった（小野・前掲「刑法学小史」416頁、宮澤・前掲「小疇伝の刑法学」『刑法理論史の総合的研究』221頁。これについては後述する）。このように明治20年代以降、急速にフランス刑法理論からドイツ刑法理論への移行が進行していくこととなった。内藤謙「刑法理論の歴史的概観」前掲『刑法理論史の総合的研究』688頁。
(68a) なお、フランスにおいても中止犯の根拠論に関しては、昔も今も刑事政策説の考え方が通説とされているようである。末道・前掲書133頁以下参照。
(69) 明治40年刑法典成立後の大正時代以降に、刑事政策説を否定し、主観主義・規範主義的な考え方を前提とした上で、任意性に関して限定主観説を採用したり（宮本英脩『刑法大綱』（1935〔昭和10〕年）184頁）、「一般人」という基準を用いることで事実上任意性の成立範囲を規範的に限定したりする考え方（牧野英一『日本刑法』（1918〔大正7〕年）162頁）が現れる。こ

b）加重的未遂の場合における対処

明治10年の「日本刑法草案」の立法段階では、中止犯規定である127条において「止タ現ニ加ヘタル毀傷損害ノ罪ヲ論ス」という法律効果が規定されていたため、加重的未遂の場合には現に発生した既遂犯として処罰されることが明文化されていた。しかし、明治13年刑法典においてこの規定は削除されてしまった。このことにより、この「削除された」という事実を以ってもはや現に発生した既遂犯を処罰できないとするか、ないしは127条の考え方はなおも存在するものとして同様の処罰を可能とするかについて、争われることとなった。

しかし学説のほとんどがこの点について、127条の考え方が明治13年刑法典においても維持されているとして、現に発生した既遂犯の処罰を可能なものとしていた。織田純一郎[70]に始まり、井上操[71]、堀田正忠[72]、高木豊三[73]、宮城浩蔵[74]、井上正一[75]、江木衷[76]、林正太郎らによる『日本刑法博議』[77]、磯部四郎[78]、岡田朝太郎[79]、古賀廉造[80]、小疇傳[81]まで、理論構成に若干の違

　れなどは、根拠論が任意性の要件に深く関わる議論であったことを示しているように思われる。後述第1部第3章（2）。
- (70) 織田・前掲書142頁。
- (71) 井上操・前掲書1306頁以下。井上操は日本刑法草案127条について、「今此法文ナシト雖モ、亦此意ニ解スヘシ……大罪中ニハ、自ラ小罪ヲ包含スルカ故ニ、其大罪ヲ除ケハ、小罪自ラ現ルヘシ……之ヲ罰セサルヘカラサルナリ」と、規定がなくても同様に処罰が可能であるとしている。
- (72) 堀田・前掲書988頁以下、991頁。
- (73) 高木豊三『刑法講義録』（1886〔明治19〕年）488頁以下。高木豊三は、明治13年刑法典の112条に「意外ノ」とあるのだから、「意外」でないものは未遂犯にもならないことは推知可能であるが故に、立法者は中止犯規定を削除したのだとする。
- (74) 宮城・前掲『刑法講義（四版）第一巻』654頁、同・前掲『刑法正義上巻』352頁。宮城浩蔵も高木豊三と同様に、127条の規定を削除したとしても現に生じた損害について罰するのは「瞭然たる」が故に、この規定が削除されたのは疑いもない、としている。
- (75) 井上正一・前掲書160頁。
- (76) 江木・前掲『改正増補現行刑法汎論〔第三版〕』204頁以下、同・前掲『現行刑法原論〔再版〕』94頁。
- (77) 林正太郎・水内喜治・平松福三郎・豊田鉦三郎『日本刑法博議』（1889〔明治22〕年）656頁。
- (78) 磯部・前掲書1049頁以下、1064頁以下。磯部四郎は現行刑法に規定はないものの、初めから殺意を持って手足を切りつけた場合は、初めから手足を切る意思のみを持っていた場合よりも情状が重いものとみなしてよいが故に、殺意を持って手足を切りつけて止めた場合と手足を切る意思のみを持っていた場合は同視してよいとする。そしてこの処罰も規定がないよりはあったほうが良いので、立法者が草案127条を削除したのは「遺憾」であるとしている。
- (79) 岡田・前掲『日本刑法論（総則之部）〔改訂増補三版〕』294頁以下。岡田朝太郎は他の学説とは若干理論構成が異なる。富井政章のように内部に含まれた既遂犯は処罰し得ないとする考え

いが見られる場合があるものの、全て現に発生した既遂犯によって処罰できると解していた。

これに対して、現に生じた既遂犯として処罰することはできないとする見解を採るのが、富井政章である。富井政章は『刑法論綱』の中で、中止犯は「意外ノ障礙舛錯共ニ之ナキヲ以テ未遂犯ニ非ス」(82)とした上で、日本刑法草案の127条が削除された以上は「其削除ノ理由如何ヲ問ハス原理上……無罪ト判決スルノ外ナキナリ」(83)とある。また「現今我邦十中八九ノ学者ハ恰モ右草案條

―――――――――――

　　 に対して、「事実犯意アル場合アリ」として批判し、具体例として屋内窃盗において屋内に侵入後に中止した場合に、家宅侵入の犯意がないとはいえないだろうと指摘する一方で、「當然生スベキ結果ニ對シテハ常ニ犯意アリ故意アリトイフニ至リテハ謬見恕ス可ラサルモノアリ」として、現に生じた結果についての既遂犯を当然に処罰することはこれも許されないとして、具体的に発生した結果について犯意の有無を再度検討することが必要であるとしている。
(80) 古賀廉造『刑法新論〔増補訂正三版〕』(1899〔明治32〕年) 209頁。古賀廉造は「凡ソ人ヲ殺害セント欲スル者ハ必ス殴打ノ意思ト殺害ノ意思トヲ併有セスンハアラス何トナレハ殴打ノ所為ハ殺害ヲ行フニ必要避ク可カラサル所ノモノナル」からである、として現に生じた既遂犯で処罰できるとする。しかし、このように解釈すれば現に生じた結果を明治13年刑法典でも処罰できるものの、「一旦解釈ノ道ヲ誤ルトキハ或ハ中止犯ヲ不問ニ付セントスルノ恐ナキコト能ハス是ニ於テカ新刑法草案ニハ明ラカニ此場合ヲ規定シ」ているとして、明治28年草案第60条「犯罪ノ實行ニ著手シ自己ノ意思ニ因リ之ヲ止メタルトキハ現ニ生シタル結果ニ従テ之ヲ罰ス」を引用している。ここに、明治40年刑法典の立法過程において中止犯規定の明文化による加重の未遂の場合の取り扱いの明確化が必要とされていたことがうかがえる。なお古賀廉造の刑法理論については、中義勝・浅田和茂「古賀廉造の刑法理論」前掲『刑法理論史の総合的研究』109頁以下参照。
(81) 小疇・前掲『日本刑法論』250頁。同・前掲『大審院判決引照批評日本刑法論総則〔訂正増補〕』329頁以下。小疇傳は「フオイエルバッハ氏以来此ノ種ノ未遂ヲ稱シテ變態ノ未遂 qualifizieten Versuch ト稱スルモ用字適當ナラス」として、「qualifizieter Versuch」に日本で最初の訳語を与えた。
(82) 富井・前掲書111頁。
(83) 富井・前掲書112頁。富井政章は具体例として①銃を発砲して当たらなかったか、もしくは負傷させただけの場合、②殺意を以って切りつけて、死に至らない間に突然悔悟の情から実行を中止した場合、③毒殺の目的で毒薬を施用し、死に至らない前に消毒薬を施用した場合の3つを挙げ、この内の①と②を両方とも112条の舛錯により結果を欠いた未遂犯とする。②のような事例を舛錯による未遂犯とするのは富井政章のみであり、この点において富井政章は他の学説に比べて舛錯による未遂犯の成立範囲が広いものとも思えるが、富井政章は「(一刀二刀ヲ以テハ死ニ到サ、ルノ意思事実ニ於テ確然タルトキハ格別)」(108頁)として、②の事例においては一刀の下に殺害する意図であったことを前提としている。このことから富井政章の考え方は、実際上、意図した切りつける回数が不明確な場合には舛錯による未遂犯の成否が確定できないと批判される (岡田・前掲『日本刑法論 (総則之部)〔改訂増補三版〕』292頁)。以上により、富井政章が実際に中止犯として無罪とするのは③の事例においてのみである点に注意を要する。また、小笠原・前掲書334頁、堀田・前掲書988頁以下のように、草案127条に従って現に生じた既遂犯として処罰するという説と、(無罪とする説ではなくて) 舛錯による主たる犯罪の未遂犯であるとする説とを対置させるものもある。

文ノ現存スルト同シク殺人ノ未遂ニ問ハスシテ結果ヲ罰ス可キノ説ヲ主唱セリ」として、明治13年刑法典の解釈論として、宮城浩蔵のように加重的未遂の場合に内部に含まれた既遂犯を処罰する見解が大多数であるとしつつ、この見解を「大謬見」であり、「現行法ノ解釈トシテハ斯カル見解ヲ下スヲ以テ不當」であるとしている[84]。このことから明治13年刑法典の解釈として、日本刑法草案の127条が削除された点を重視して、加重的未遂の場合には既遂となった犯罪についても処罰は出来ず、無罪となる、とする考え方があったことが解る。しかし富井政章はこの加重的未遂の場合の結論の不都合を積極的に肯定していたわけでなく、「聞ク現行刑法ノ改正近キニ在リト然ラハ右草案第百二十七條ハ法律ノ効力ヲ有スル正條ト為ルヘキヲ信ス其日ニ至ラハ大半解釈者ノ説ニ從フヘシ」[85]としていた。

　以上のように、加重的未遂の場合の現に生じた既遂犯の処罰の可否について、学説のほとんどがこれを肯定する結論を導いていたものの、この論点自体は非常に重要な問題点として扱われていたことがわかる。その重要さを示す証拠に、これらの明治13年刑法典に関する刑法理論書・注釈書の中で、中止犯に触れた文献は全てこの加重的未遂の場合の取り扱いについて言及しているのである[86]。これらの議論が発生した全ての原因は、刑法草案審査局における中止犯規定の削除であった。加重的未遂の場合においても内部に含まれた既遂犯罪を処罰するのは解釈として当然に導かれると判断されて削除したものの、結局としてそのような帰結を導く点に関しても、理論的な争いが発生してしまうことになったのである。このような議論に基づいて、後の明治40年刑法典を立法する過程において、草案段階から中止犯規定が追加される結果がもたらされたものと考えられる[87]。

---

[84]　富井・前掲書107頁以下。このような富井政章の解釈について、小野清一郎は「甚だ疑はしい解釈である」と述べる。小野・前掲「刑法学小史」411頁。
[85]　富井・前掲書108頁。この点からも、加重的未遂の場合に関する処遇を明確にするために、明治40年刑法典の立法過程において中止犯規定が必要と考えられていたことがうかがえる。
[86]　小笠原・前掲書334頁はこの論点について言及するものの、「之レカ可否ヲ決スルヲ好マス」として、態度決定を保留している。
[87]　明治23年草案において、既に第105条として中止犯規定が新しく追加されている。それ以降の草案においても、中止犯に関する規定の部分が削除されることはなかった。後述第3章第1節。

c）　中止犯制度の根拠論

「どのような理由から中止犯は刑罰上の優遇を受けるのか」という根拠論に関して、初期の文献において触れるものはほとんどない。この点について最初に触れたのは、宮城浩蔵である。

宮城浩蔵は『刑法講義（四版）第一巻』において中止犯制度の根拠論につき、「自止ノ着手未遂ヲ罰セサル時ハ自止ノ誘導トナリ犯罪豫防ノ一助トナル可キナリ」として、「自止ノ誘導」「犯罪豫防」という政策的な理由を中止犯制度の根拠として挙げている(88)。

井上正一は、任意性の内容を問わずに中止犯を不処罰とするのは、「是レ其犯人ニ利益ヲ與フルト同時ニ社会ニ大益アルニ由ル」として、「自止の奨励」と「社会の利益」を任意性の内容を限定しない理由と関連づけて、中止犯制度の根拠としている(89)。

江木衷は、中止犯制度の根拠には「法律上ノ理由」と「政略上ノ理由」の２つがあるとする(90)。まず「法律上ノ理由」として、「凡ソ自己ノ意思ヲ以テ所為ノ執行ヲ中止スルトキハ其所為ハ未遂犯タル性質ヲ失ヒ従テ又其罪ヲ問フコトヲ得サルナリ」、なぜなら中止犯の場合にはその犯罪の故意は一部が外形に出たものの、まだ実行していない部分についてはこれを取り消すことが可能であり、犯人が自ら中止した時は「犯罪ノ真意ハ未タ外形ニ顕出スルコトナキモノナレハナリ」として、前期法律説的な発想から、法律上、未遂としての行為の性質が失われるとするのである(91)。そして「政略上ノ理由」として、「犯人カ自ラ其犯罪ノ結果ヲ発生スルコトヲ妨止スル以上ハ可成其結果ヲ防止スルハ甚タ好ミスヘキコトニシテ常ニ法律ノ希望スル所ナリ若シ中止ノ犯罪ト雖モ尚ホ之ヲ罰スヘキモノトセハ凡百ノ犯罪盡ク其悪結果ヲ見サレハ即チ止マラサルニ至ルヘシ」と述べて、「自止の奨励」を中止犯制度のもう１つの根拠としているのである(92)。

---

(88)　宮城・前掲『刑法講義（四版）第一巻』653頁。同・前掲『刑法正義上巻』においては、このような根拠論については触れられていない。
(89)　井上正一・前掲書160頁。
(90)　江木・前掲『改正増補現行刑法汎論〔第三版〕』205頁以下。
(91)　前述のように、江木衷はこの「法律上ノ理由」を中止犯制度の根拠論であると同時に、中止犯成否の検討に際して任意性の内容を問題としないことの理由でもあるとしている。江木・前掲『改正増補現行刑法汎論〔第三版〕』206頁参照。
(92)　江木・前掲『改正増補現行刑法汎論〔第三版〕』206頁以下。

このような「法律上の根拠」と「政策上の根拠」とを列挙する考え方は、現在の日本の学説における法律説と刑事政策説を併用する考え方にも通ずるものとも考えられるかもしれない。だが注意すべき点は、江木衷が「法律上ノ理由」を「法律カ中止犯ヲ不問ニ附スルノ理由」[93]とし、「政略上ノ理由」を「立法者カ中止犯ノ罪ヲ問ハサル理由」[94]としている点である。すなわち、「法律上ノ理由」とは当時の現行法の解釈として中止犯を犯罪として問うことができない理由、つまり条文解釈論としての中止犯不可罰の理由なのである。当時の明治13年刑法典112条の解釈としては、その条文上、未遂犯成立のためには「意外ノ障礙若クハ舛錯」によることが必要であったために、当然に自己の意思による場合には法律上未遂犯にもなり得ない。そしてその法律条文の解釈論に基づく理由を、江木衷はここで述べたのである。これに対して、「政略上ノ理由」とは当時の現行法の立法者が中止犯を犯罪として問おうとしなかった理由、つまり中止犯不可罰についての、立法の前提（ないし背景）としての理論的根拠論なのである[95]。このような条文解釈論と背景的理論との区別がなされてそれぞれに理由づけが行われていることからすれば、このような考え方を現在の日本の学説における法律説と刑事政策説を併用する考え方と単純に同視することは、議論を見誤ることになると思われる。

富井政章は、中止犯不処罰の根拠を「是畢竟自止ヲ促スノ目的ニ出テタルモノトス社会ハ事ノ未タ遂ケサルニ罰シテ之ヲ遂クルノ念ヲ起サシムルヨリハ寧ロ不問ニ附シテ可成害ヲ未発ニ防止スルヲ得策トス」として、「自止の奨励」と「社会の利益」を中止犯不処罰の根拠としている[96]。

林正太郎らによる『日本刑法博議』において、中止犯不処罰の根拠は、中止犯を「不問ニ附スルニ於テ犯行ノ中止ヲ誘導スルノ利益アリ若シ中止スルモ尚

---

(93) 江木・前掲『改正増補現行刑法汎論〔第三版〕』206頁。
(94) 江木・前掲『改正増補現行刑法汎論〔第三版〕』207頁。
(95) これと同様に、条文解釈論と背景的理論の区別という観点から中止犯制度の根拠論を論ずるものとして、岡田・前掲『日本刑法論（総則之部）〔改訂増補三版〕』293頁以下がある。岡田朝太郎の根拠論については後述。なお、前述のように江木衷の刑法理論はベルナーの理論に依拠したものといわれているが、この中止犯制度の根拠論についてベルナーも江木衷と全く同様の記述・構成をとっており、江木衷は彼の理論を元にして中止犯の理論構成をしたものと思われる。Berner, a. a. O., 18. Aufl., S. 150 ; ders, Lehrbuch des Deutschen Strafrechtes, 1. Aufl., 1857, S. 156.
(96) 富井・前掲書105頁。

既遂ト全刑ニ處スモノトセハ或ハ自暴自棄ノ心ヲ生シ敢テ其罪ヲ遂クルノ弊ナキ能ハス故ニ之レヲ不問ニ附シ可成害悪ノ発生セラレタル┐ヲ期セサルヲ得ス」として、「中止の誘導」という政策的な根拠を挙げている。しかしその一方で、「或ハ此自止ヲ誘導スル一点ノ理由ヲ以テ法意ヲ説クモノアリト雖圧已ニ余輩ノ論述セシ如ク此ノ理由タル既生ノ犯罪ヲ消滅セシムルノ効力アルモノニアラス故ニ余輩ハ之ヲ以テ唯附随ノ理由ト為スニ過キサルナリ」と述べて、法律の解釈論として既に発生した犯罪を消滅させているという中止犯の不処罰根拠論を主要な根拠とし[97]、政策的根拠は付随的なものに過ぎないとしているのである[98]。江木衷の考え方に対するのと同様に、このような考え方を現在の日本の学説と同視できるかもしれないが、前述のようにあくまで法律的根拠は当時の現行法の条文の解釈論として導かれているのである。「中止犯は未遂犯とはならない」という規定形式であったからこそ当然に、根拠論に関して法律説的構成がとられ、政策的配慮を二次的なものとなし得たのだといえる。中止犯が未遂犯の成立を前提としている現行の明治40年刑法典を前提にしては、このような法律的根拠論は当然に導かれるものでは決してなく、このような当時の考え方と現在の法律説・刑事政策説併用説とを単純に同視することはできないものといえる。

　磯部四郎は自止の不処罰の根拠について、「中止の奨励」という考え方もある、確かにこの考え方も一理あるが、私見では「犯者自止ノ未遂犯ヲ罰セサルハ菅ニ社會ノ利益上ヨリ来ルニアラス社會ハ之ヲ罰スルノ権利ヲ有セスト論決シテ毫モ疑ハサルナリ」としている。すなわち犯罪はそもそも意思のみを罰するものではない。自ら制止して害を社会に加えず、また（そのことにより社会に）加えるべき危険もなくなってしまった場合には、どうしてこれを罰することができるのか。「社會ハ背徳加害ノ所為又ハ加害シ得ヘキノ危険アルノ所為ニアラサレハ之ヲ罰スルノ権利ヲ有セサル」のが刑法上の原理であり、その犯罪を

---

(97)　すなわちこれらの記述の前の部分において、「盖シ未遂犯ノ自止ノ場合ハ未タ犯罪ノ發生セサル以前ニ於テ變心シ自ラ犯行ノ所為ヲ中止スルモノナレハ之レヲ未遂犯トナスヘカラサルヤ勿論ナリ又欠効犯ノ場合ト雖圧其結果ノ生セサル以前ニ變心シ其効果ヲ中止スルニ於テハ……自ラ其所為ヲ取消シタル以上ハ最早外形ノ害悪生スル┐ナキヲ以テ之ヲ其目的トナセシ罪ノ未遂トナスヘカラサルヤ理ノ然ル所ナレハナリ」（林ほか・前掲『日本刑法博議』656頁以下）と述べられているのである。

(98)　林ほか・前掲『日本刑法博議』657頁以下。

遂げようとするまでの意思は憎むべきものではあるが、自ら制止して犯罪を遂げなかった以上は処罰し得ない。「是レ社會ハ之ヲ罰スルノ権利ヲ有セストス云フ所以ナリ」、とするのである。そして法律がこれらの所為を罰するという明文をもたなかったのは、この考えによるものであろう、と述べている[99]。結局として磯部四郎は「中止の奨励」という刑事政策的根拠によらず、もともと社会が処罰する権利を持たないのだという、フランスの社会契約論にも似た発想から、中止犯の不処罰を根拠づけた。そして法律が中止犯を罰するという明文をもたないのは「前述ノ理論ヲ立法者ノ是認シタルニ由ルト云フモ誣言ナラサルヘシ」[100]として、条文解釈として中止犯が法律上未遂にもならないことの背後に、このような立法者の意思があったと考えていたようである。

岡田朝太郎は「中止犯ヲ無罪トスル理由如何」として、これを「解釈論ト立法論トヲ区別シテ論セサル可ラス」と述べて、解釈論と立法論[101]を区別して論ずる必要があると指摘する[102]。そして、①「解釋論トシテハ」中止犯は犯人が自ら着手又は実行の所為を中断し、若しくは結果の発生を防止した者であり、「之ヲ罰スル明文ナシ明文無キヲ以テ無罪ナリ而シテ其中止シタル原因ノ如何ヲ論スヘキ明文ナキカ故ニ常ニ無罪ナリ」として、法律上処罰する明文がない以上、その条文の解釈論としては当然に無罪であるとした。その次にこのように法律上処罰の明文がないことの背景として、②「然ラハ立法者カ中止犯ヲ無罪トシタル理由如何」として、岡田朝太郎はそのような立法に至った背景的理論について検討する。その中で、中止犯は悔悟を促すための政策であるという考え方を批判し、もしそうならば「畏懼哀憐等総テ悔悟ニ出テサル中止犯ヲ罰スルノ已ムヲ得サルニ至ラン」として、条文上悔悟による場合以外にも中止犯が認められていることと合致しなくなることを指摘する。その上で「我國ヲ初メ文明國多数ノ刑法ノ中止犯ヲ罰セサルハ全ク犯人ヲシテ自ラ制止セシム

---

(99) 磯部・前掲書1047頁以下。
(100) 磯部・前掲書1049頁。
(101) ここでいう「立法論」とは、岡田朝太郎が「然ラハ立法者カ中止犯ヲ無罪トシタル理由如何」(岡田・前掲『日本刑法論(総則之部)〔改訂増補三版〕』293頁)という表現を用いていることからもうかがえるように、通常使われる「現在の法律では対処しきれない法律問題が発生した場合に、その問題に対処するために新たな法律規定を設けるよう提案すること」という意味ではなくて、「現存の法律規定が立法者によって設けられた理由そのもの(＝立法者意思)」という意味であると考えられるので、注意を要する。
(102) 岡田・前掲『日本刑法論(総則之部)〔改訂増補三版〕』293頁。

ル目的ニ出ツ」として、中止犯の不処罰根拠を「自止の奨励」という政策的なものとして捉え、このことを「我刑法ノ如キハ中止ノ原因ヲ区別セス悔悟シテ止ミタルト否トヲ問ハス全然犯罪ノ企ヲ廃棄シタルト一時之ヲ見合セタルニ論ナク常ニ無罪ナリ」[103]と、条文が任意性の内容を限定していないことと関連づけて説明している[104]。このようにして、岡田朝太郎も解釈論として法律が中止犯を処罰する条文を置いていないことを中止犯不処罰の「条文解釈論としての根拠」とし、さらにその上で、ではなぜ立法者がこれを不処罰としたのか、という点で刑事政策的な考え方を中止犯不処罰の「背景理論としての根拠」としているのである[105]。

小疇傳は中止犯不処罰の根拠論に関して、江木衷や岡田朝太郎と同様に法律的根拠[106]と刑事政策的根拠を列挙して説明する。しかし小疇傳は、以上に述べてきたようなそれまでの根拠論と比べて、この法律的根拠と刑事政策的根拠の取り扱い方を全く異にしている。それまでの江木衷や岡田朝太郎などは、一方を「条文解釈論としての根拠」とし、一方を「背景理論としての根拠」とすることで、この両者を次元の異なるものとして扱うことにより、両者を対立させることなく不処罰の根拠としていた。しかし小疇傳はこのような条文解釈論と背景理論との区別を全く行うことなく、単に中止犯不処罰の根拠論として「法律的根拠」と「刑事政略」を列挙して、両者を相容れることなく対立する学説として扱ったのである[107]。法律説と刑事政策説の関係についてのこのよ

(103) この文章の直後に岡田朝太郎は明治19年12月15日判決を引用する。後述第２章第２節（２）。
(104) 岡田・前掲『日本刑法論（総則之部）〔改訂増補三版〕』293頁以下。
(105) また、同じく岡田・前掲『刑法講義〔訂正三版〕』321頁においても、条文解釈論と背景的理論とに明確に論述を書き分けるわけではないものの、「之ヲ罰スル明文ナシ」という解釈を前提に、「無罪ヲ擔保トシテ成ル可ク害ヲ遂ケサラシメントスル政策ナリ」として、政策を「背景理論としての根拠」として挙げている。
(106) 小疇傳の文献においては、「Reshtsgrunde」（Rechtsgründe の誤植と思われる）が「法律的基本」と訳出されている。小疇・前掲『日本刑法論』238頁、同・前掲『大審院判決引照批評日本刑法論総則〔訂正増補〕』317頁。
(107) 小疇・前掲『日本刑法論』237頁以下、同・前掲『大審院判決引照批評日本刑法論総則〔訂正増補〕』316頁以下。すなわち小疇傳は、中止犯の取り扱いにつき「第一　中止犯ヲ處罰セサル主義」と「第二　中止犯ヲモ處罰スル主義」の２種類に分けた上で、「第一　中止犯ヲ處罰セサル主義」の根拠論として、ミッターマイヤー（犯意不十分ナリ）、ヘルツォーク・ビンディンク（未遂犯ハ犯人カ任意ニ中止セサルコトヲ條件トシテ處罰セラル）、ツァハリエ・ルーデン・ケストリン・ヘルシュナー・ベルナー・ブーリ・ランマッシュ（犯意ハ既往ニ遡リテ消滅ス又ハ行為ヨリ減却ス）、ヒューゴー＝マイヤー（具體的危險ハ消滅シ且ツ同時ニ……實害ヲ生セシメントノ意思モ減却スル）等の法律説（Rechtsgründe）を挙げた上で、「中止犯ヲ處罰セサル眞ノ理由

うな理解は、まさに現在の日本におけるそれと変わる所のないものと言える。そしてこのような議論の立て方をした上で小疇傳は、中止犯不処罰の根拠として、法律説ではなく刑事政策説を採ると述べ(108)、これを前提にして「中止犯ヲ處罰セストノ主義ヲ繼承シタル現時各國法制ニ於テモ此カ規定上自カラ二個ノ区別アルカ如シ」とする。すなわち、任意的な中止によらないことを処罰すべき未遂の要件とする明治13年刑法典の形式を「積極的ニ規定スルモノ」とし、任意的な中止を未遂犯の不処罰の原因とする1871年ライヒ刑法典の形式を「消極的ニ規定スルモノ」として、条文形式の違いを（不処罰根拠の解釈論と全く結びつけることなく）単なる法制上の違いとして分類したのである(109)。

　このような小疇傳の中止犯不処罰の根拠論の理解は、ドイツ刑法学、とりわけリストの強い影響によるものであった。小疇傳の著作はリストの教科書にほぼ全面的に依拠しており(110)、この結果として、非常にドイツ刑法学の色彩の強いものであった。しかしリストの教科書は1871年ライヒ刑法典の制定後に出されたものであり(111)、フランスの影響の強い日本の明治13年刑法典の下において、そのリストによる議論枠組みの意義が本当の意味で十分に理解された上で日本に展開されたのかは、疑わしいところがあると考えられるのである。す

ハ行為者ノ中止ヲ奨励スル為ニ設ケラレタル刑事政略上ノ理由ニ過キサルナリ凡ソ犯意アル行為カ豫備ノ程度ヨリ着手ノ程度ニ進ミタル瞬間ニ於テ既ニ未遂ヲ罰スヘキ法律上ノ理由ハ完備スルモノニシテ一旦處罰スヘキ未遂ノ程度ニ達シタル事實ハ如何ナル理由ニ依ルモ到底之ヲ消滅スルコトヲ得ス然レハ法律ノ特ニ中止ノ場合ニ於テ未遂ヲ處罰セサルハ刑事政策上ノ理由ニ基キ犯人ニ中止ヲ促カス為メナリト云ハサルヘカラス」と述べて、中止犯不処罰の根拠として、法律説ではなくて刑事政策説を採る、と主張したのである。この2つの学説を対立する学説として扱ったのは、日本では小疇傳が最初であった。

(108)　小疇・前掲『日本刑法論』239頁、同・前掲『大審院判決引照批評日本刑法論総則〔訂正増補〕』318頁。

(109)　小疇・前掲『日本刑法論』239頁以下、同・前掲『大審院判決引照批評日本刑法論総則〔訂正増補〕』318頁以下。この「積極」「消極」の言葉は、香川・前掲書18頁において用いられている「積極性」「消極性」という言葉とは正反対の対象に対して用いられていることに注意を要する。小疇傳が「積極」としたフランス刑法の形式は香川・前掲書18頁では「消極」とされ、小疇傳が「消極」の範疇に入れるバイエルン刑法は香川・前掲書18頁では「積極」とされている。

(110)　小野・前掲「刑法学小史」416頁、宮澤・前掲「小疇伝の刑法学」『刑法理論史の総合的研究』221頁。

(111)　リストの教科書の初版は1881年に出された。その後、全面改訂され題名も新たにした第2版が1884年に出される。Vgl. v. Liszt, Das deutsche Reichsstrafrecht auf Grund des Reichsstrafgesetzbuchs und der übrigen strafrechtlichen Reichsgesetze, 1881, S. V ; ders., Lehrbuch des Deutschen Strafrechts, 2. Aufl., 1884, S. III. 第1版も第2版も当然のことながら、1871年ライヒ刑法典の解釈を内容とするものである。

なわちリストも、1871年ライヒ刑法典の未遂の概念規定（43条）を前提にして、「不処罰となる予備行為と可罰的な未遂の間の限界線を越える瞬間において、未遂に規定された刑罰が科せられることになる。この事実はもはや変更することも、『後戻りした後で取り消す』ことも、取り除くこともできないものである」(112)と述べ、その上で「そうではあるがしかし立法は、刑事政策的な根拠から、既に処罰されるべきであった行為者に後退のための黄金の橋を建設し得る。立法は任意的な中止を刑罰消滅事由としたことによって、それを行った（刑法典46条）」(113)としたのである。つまり、実行の着手により犯罪を実行する意思を外部的に示し、なおかつ結果が生じなかった場合には、中止犯であろうとなかろうと「未遂」となるライヒ刑法典43条の文言の下では、その条文解釈に基づく根拠論として「中止犯の場合には法律上未遂が成立していない」という法律説を採ることが明文上困難となった。そのために「法律の条文（とりわけ未遂犯規定）上、中止犯は未遂の範疇外にあり、それを処罰する規定が不存在である以上、条文解釈論として中止犯は不処罰となる」という「条文解釈としての根拠論」は、ライヒ刑法典においては43条およびそれに対応した46条が明文でおかれたことにより、それを主張することがほぼ不可能となってしまい(114)、「背景理論としての根拠論」たる刑事政策説のみが中止犯不処罰の根拠論として残っていったと考えられるのである(115)。このような流れを前提にすれば、小疇傳が中止犯不処罰の根拠論として法律説と刑事政策説とを対比させ、両者を対立する見解として扱ったことは、ドイツにおける中止犯論の立法・学説の議論背景を十分に理解したものであったとは言いがたい(115a)側面

---

(112) v. Liszt, Lehrbuch des Deutschen Strafrechts, 2. Aufl., 1884, S. 192.
(113) v. Liszt, Lehrbuch des Deutschen Strafrechts, 2. Aufl., 1884, S. 192.
(114) もちろん一部の学説（ベルナーやビンディンクなど）は、1871年ライヒ刑法典成立後においても、中止犯に関して法律説を解釈論として主張した。後述第2部第4章第1節参照。
(115) この点に関しては、後述第2部第4章第1節、結論第1節参照。当然のことながら、刑事政策説を中止犯不処罰の根拠とする考え方は、フランスのように中止犯でないことを未遂犯成立の要件とする法制の下でも、十分可能である。現にフランスでは刑事政策的考慮を中止犯不可罰の根拠として考える見解が通説的地位を占めていた（末道・前掲書134頁）のであり、またフランスの影響から同じく中止犯でないことを未遂犯成立の要件としていた1851年プロイセン刑法典の時代においても、例えばベルナーは中止犯不処罰の根拠として「法的根拠（Rechtsgrund）」と「政策的根拠（Politischer Grund）」の2つを挙げていた。Berner, a. a. O., 1. Aufl., 1857, S. 156.
(115a) 現に、前掲の小疇傳の記述の中で、「……凡ソ犯意アル行為カ豫備ノ程度ヨリ着手ノ程度ニ進ミタル瞬間ニ於テ既ニ未遂ヲ罰スヘキ法律上ノ理由ハ完備スルモノニシテ……」とあるが、1871年ライヒ刑法典のような規定形式であればともかく、当時の明治13年刑法典のような規定形

があるように思われるのである(116)。

以上により中止犯制度の根拠論に関して、①（特に立法の背景にある「自止の奨励」という理論上の観点から）刑事政策的根拠に基づくものであることを指摘する見解が多い(117)こと、しかしその一方で②「条文解釈論としての根拠」と「背景理論としての根拠」を分類した上で法律説を前者の根拠、刑事政策説を後者の根拠とする見解があったこと、そして③現在の日本における法律説と刑事政策説の関係についての理解は、小疇傳によるドイツ刑法学への依拠――ただしそれはドイツの中止犯論の立法・学説の議論背景を正確に踏まえたものではなかった――を端緒としていること、などが判明した。とりわけ②については、法律説と刑事政策説が本来的には対立するものではなく、また同じ根拠論であるとはいえ、そもそもアプローチの方法・観点を全く異にしている学説であったことが如実に示されていると思われる(118)。そしてこのことは、日本において主張されてきた「法律説」の、本来的な意味に関して考察する上でも非常に重要であると思われる。

d) 日本における「法律説」の本来的な意味

現在の日本の学説においては、「法律説」という学説は中止犯の根拠論・法

式ではこのように解することはできなかった（「中止犯ではないこと」が未遂犯成立のための法律上の要件として要求されていた）のである。
(116) 確かに19世紀ドイツにおいて前期法律説と刑事政策説の争いがあったといわれている（香川・前掲書39頁以下）。しかしこの争いは、主として立法論における論争であった。すなわち、「なぜ法律がそのように中止犯を不処罰とするのか」という理論的根拠に関して、「中止により犯罪意思が遡って廃棄される（Annullationstheorie、廃棄説）」「犯罪意思が確定的ではないと認められる（Infirmitätstheorie、不確実説）」「全体的に観察すれば犯罪を既遂に至らしめる意思による行為を欠く（Nullitätstheorie、無効説）」、そして「自止の奨励（刑事政策説）」という考え方（基本理念）が出されて争われたのである（前期法律説の各日本語訳は、小野・前掲『刑法総則草案と中止犯』『刑罰の本質について・その他』（1955年）277頁以下、初出『豊島博士追悼論文及遺稿集』（1933年）76頁に基づいた）。その前者３つが理論上の体系的な観点から、中止犯ではないことが未遂犯の成立要件である法制を必要的前提としていたのにひきかえ、後者は必ずしもそうではなかった。そして「前期法律説」と総称される学説も、その内部において、その背景となる理論としてそれぞれ「廃棄説」「不確実説」「無効説」という内容の異なる考え方を持っていたのである。このように、前期法律説は「条文解釈論としての根拠」だけでなく、中止犯制度の「背景理論としての根拠」をも含むものだったのである。
(117) 金澤真理「中止未遂の体系的位置づけに関する覚書―刑事政策説批判を出発点として―」東北法学第16号（1998年）83頁以下においても、ほぼ同様の結論が示されている。
(118) 城下裕二「中止未遂における必要的減免について―「根拠」と「体系的位置づけ」―」北大法学論集36巻4号（1986年）203頁以下においても、法律説と刑事政策説がその議論の次元を異にするものであることが、適切にも示されている。

的性格論に関わるものとして議論されている。序論でも述べたように、刑事政策説と法律説を対比した上で、そのどちらか一方ないしは両方を以って中止犯の根拠としているのである(119)。しかしこれまでの検討において、日本においても、本来的にそもそも両者は同じ観点からの解答として得られた学説ではなかったことが明らかになる。すなわち法律説は、中止犯ではないことを未遂犯の要件とする当時の明治13年刑法典の法律解釈として、条文上当然に導かれる不処罰の根拠であった。中止犯についての取り扱いを直接には規定する条文がないものの、未遂犯の規定において「中止犯であれば未遂犯ですらもない」が故に中止犯は不処罰となる、という条文の構造をそのまま指摘し、文理解釈により中止犯の不可罰性を導きだす「条文解釈論としての根拠」であったわけなのである。これに対し、刑事政策説は「ではなぜ法律がそのように中止犯を不処罰としたのか」という、背景的理論からの不処罰の根拠だったのである。法律説と刑事政策説は、そもそもの根拠論としてのアプローチの方法が全く異なるものだったのである(120)。

このことから「条文解釈論としての根拠」である法律説は、中止犯であることが未遂犯としての成立要件を欠かしめる、すなわち未遂犯の可罰類型の該当性を失わせる法制を前提としたものであったということができる。実際、明治13年刑法典の下でのこのような解釈論としての法律説は全て、条文において中止犯ではないことを未遂犯が成立要件としている、ということを指摘していた(121)。これは中止犯であることによって、未遂犯としての可罰類型性が欠けることになるという、条文の文言に基づくそのままの事実を示している。そして本来的には、「法律説」という学説が指し示すものは、それで十分であると

---

(119) 城下・前掲論文173頁以下。城下裕二はこの論文の中で、ドイツにおいて中止未遂規定の根拠論と体系的位置づけ論とを異なる次元の問題として区別する問題設定が採られていることを示した上で、日本における中止未遂規定の本質を考察する際にも同様の視点が必要であることを、適切にも指摘する。同・前掲論文203頁以下参照。

(120) 「条文」と「理論」というアプローチの出発点がそもそも異なっていたからこそ、江木衷や岡田朝太郎はこの両方のアプローチをもって根拠論とすることができたのである。

(121) 江木・前掲『改正増補現行刑法汎論〔第三版〕』206頁、同・前掲『現行刑法原論〔再版〕』95頁、岡田・前掲『日本刑法論（総則之部）〔改訂増補三版〕』293頁、同・前掲『刑法講義〔訂正三版〕』321頁、林ほか・前掲『日本刑法博議』656頁以下。そして法律説と刑事政策説とを対置させた小疇傳も、法律説について「中止犯ハ罪ノ構成要件ノ一ヲ缺除ストノ理由ヲ以テ之ヲ説明セリ」としていた。小疇・前掲『日本刑法論』238頁、同・前掲『大審院判決引照批評日本刑法論総則〔訂正増補〕』317頁。

すらもいえるのである。すなわち「法律説」とは、「なぜ中止犯が不処罰になるのか」ということの理由を直接に示す学説ではなくて、「条文上、中止犯が未遂犯との関係においてどのような形式で規定されることになるのか」という中止と未遂の関係構造を示す学説なのである。昔の法律説は、どのような背景的理論によって理由づけされたものであれ、「――だから、中止は未遂の範疇に入らず、よって不処罰である」という論理展開を行っていた[122]。つまり「――だから」の部分は「法律説」であるかどうかの定義には関係がなく、「中止は未遂の範疇に入らず」という部分のみが「法律説」であるかどうかについて決定的だったのである[123]。

　1851年プロイセン刑法典および日本の明治13年刑法典は、中止犯の場合には未遂犯は成立していないという条文の規定形式であった。しかし中止犯の場合も未遂犯が成立していることを前提にする1871年ドイツライヒ刑法典および日本の明治40年刑法典が成立することにより、中止犯の根拠論は、中止犯の場合も未遂犯が成立しているという規定を前提として議論しなければならなくなった。これにより、ドイツの通説は中止未遂を体系的に刑罰消滅事由として位置づけた[124]。「条文解釈としての根拠論」である法律説は、ライヒ刑法典43条および46条の明文を以って、その行き場を失うことになったのである。一方で

---

(122)　江木・前掲『改正増補現行刑法汎論〔第三版〕』206頁、林ほか・前掲『日本刑法博議』657頁、岡田・前掲『日本刑法論（総則之部）〔改訂増補三版〕』293頁以下。また小疇傅も、前述のように「法律的基本」（法律説）を、その不処罰の理由づけの理論において4種類に分類した上で、「以上何レモ中止犯ヲ處罰セサル理由ヲ法律的基本ニ求メ中止犯ハ罪ノ構成要件ノ一ヲ缺除ストノ理由ヲ以テ之ヲ説明セリ」としており、中止不処罰の背景的理論の問題と、それが法律説であるかどうかの問題を区別している。小疇・前掲『日本刑法論』238頁、同・前掲『大審院判決引照批評日本刑法論総則〔訂正増補〕』317頁。またドイツにおける前期法律説も、「前期法律説」という括られ方をするものの、その中止不処罰の背景的理論においては「廃棄説」「不確実説」「無効説」という異なる内容をもっていたのである。香川・前掲書46頁注5および48頁以下。また、中止犯が未遂犯の範疇に入らない規定形式を採用しているフランスにおいても、刑事政策説が通説的地位を占めている（末道・前掲書134頁）のであり、やはり「背景理論としての根拠」の議論と「条文解釈論としての根拠」の議論とは別次元の問題なのであるといえる。
(123)　もちろん法律説において、中止不処罰の背景的理論は「中止が未遂の範疇に入らない」ことを説明しようとするものなのであるから、法律説に結びつきやすい内容のものとなりやすい（例えば「犯罪意思が遡って消滅する」など）。だが本文に述べたように、何が議論されているのかに関して考えてみれば、法律説はその定義として、やはり中止不処罰の背景的理論そのものとは異なる次元の内容を主張するものと言わざるを得ない。
(124)　v. Liszt, Lehrbuch des Deutschen Strafrechts, 2. Aufl., 1884, S. 192 ; Robert v. Hippel, Deutsches Strafrecht, 2. Band, 1930, S. 410.

「背景理論としての根拠論」はそのまま、中止犯不処罰の根拠論として残り、刑事政策説が主張されたのである。

これに対して、日本ではこのような議論背景を意識することなく、ドイツ刑法学の理論的継受が行われた。刑事政策説と法律説は議論の観点を異にする理論であったにもかかわらず、最初の段階で「条文解釈論としての根拠」の議論と「背景理論としての根拠」の議論が混同されて日本に取り入れられた。このことは、明治40年刑法典制定の後しばらくは、ドイツの理論状況にならって作られたその刑法典の規定形式、およびドイツの刑法理論の多大な影響から、刑事政策説が圧倒的多数説を占めることにより、問題として表面化しなかった[125]。しかしこの混同は、やがて戦後になってから、大きな意味を持つことになる[126]。

(2) 判　例

それでは明治13年刑法典の下での判例は、中止犯に関してどのような判断を下していたのであろうか。文献内に採録されたものも含めて、中止犯に関わる旧刑法典時代の判例を可能な限り挙げていくことにする。

(DA1) 大判明治17年4月19日（刑録明治17年4月326頁）
　　謀殺未遂の判決を受けた被告人が、当該謀殺について、「被告人カ〔被害者〕ヲ殺サントシ其事ヲ遂ケサリシハ全ク悛改ノ意ニ出テ中止シタルモノニシテ意外ノ障礙若クハ舛錯ニ因リ之ヲ遂ケサルニ非ス……」として、中止犯である旨の上告を行った。しかし、大審院はこれを上告理由に当たらないものとして棄却した。

(DA2) 大判明治19年11月15日
　　（岡田・前掲『日本刑法論（総則之部）〔改訂増補三版〕』290頁に、「人ヲ殺サントシテ斬付ケ其未タ死セサル内ニ自ラ中止シタル場合ハ中止犯ナリヤ缺効犯ナリヤ判決例並ニ學説ノ多數ハ中止犯ナリト論決ス」として、当該判決の日付が引用されているものの、事例の記載はなく、判例集からも発見できなかった。）

(DA3) 大判明治19年12月15日（『日本刑法博議』665頁以下、岡田・前掲『日本刑法論（総則之部）〔改訂増補三版〕』294頁）

---

(125)　後述第1部第3章第2節（2）。
(126)　後述第1部第3章第2節（2）参照。戦前においても、大場茂馬のように現在の併合説に近い見解を採る者がいた（後述第1部第3章第2節（2）参照）。このことは、「条文解釈論としての根拠」と「背景理論としての根拠」の混同が、刑事政策説の圧倒的支配の下でも継続していたことを示唆している。

「原裁判ノ事實ヲ閱スルニ〔被害者〕カ寢室ニ至リ携フル處ノ短刀ヲ以テ〔被害者〕ノ咽喉部ヲ刺シタルニ〔被害者〕カ高聲ヲ發シタルニ驚キ自ラ中止シ、コトヲ果サスシテ云々ト認メアル理由ニ依レハ被告自ラノ意中ヨリ犯罪ヲ中止シタルモノニシテ意外ノ障礙若クハ舛錯ニ依リ目的ヲ遂ケサル事實ニ非サル﹇明確ナリ已ニ被告自ラノ意思ニ依リ犯罪ヲ止メタル事実明カナル上ハ其中止ノ真心悔悟ニ出テタルヤ将タ被害者ノ発聲ヲ聞キ哀情ヲ起セシニ出テタルヤ否ヤノ意思如何又其刺傷ノ度數ノ如キハ犯罪ニ影響スル處ナキニ依リ明示スルノ必要ナシ是ヲ以テ原裁判ハ毫モ事實不備ト云フヲ得ス故ニ上告ノ効ナキモノト判定ス（原裁判所ハ豫メ謀テ人ヲ毆打創傷シタルモノトシテ處斷セシモノナリ）」[127]

すなわち、被害者の叫び声を聞いて殺害行為を中止した者に対し、自らの意思により中止した以上、その中止の動機等は問題とならずに、中止犯となると判示したのである[128]。また本判決の原審において、咽喉部を刺した行為について、謀殺の中止犯の内部に含まれた殴打創傷罪で処断していることが注目される。

(DA4) 大判明治20年1月29日（『日本刑法博議』666頁、岡田・前掲『日本刑法論（総則之部）〔改訂増補三版〕』290頁）

「刑法第百十二條ノ所謂未遂犯トハ罪ヲ犯サントシテ已ニ其施行ニ着手スルモ未タ其事ヲ行ヒ了ラサル前犯人意外ノ情況ニ因リ障礙セラレ其目的ヲ遂ケ得サル場合ト已ニ其事ヲ行ヒ終リタリト雖モ意外ノ舛錯ニ因リ遂ケ得サリシ場合ヲ謂フモノニシテ彼ノ罪ヲ犯サントシテ已ニ其事ヲ行ヒ始メタルモ未タ之レヲ行ヒ盡サヽルニ一方テ自ラ其事ヲ中止シタルハ意外ノ障礙ニ因リ遂ケ得サルモノニアラサレハ該條ノ所謂未遂犯ニアラサルナリ故ニ（中略）唯現ニ生レタル創傷ノ罪ヲ問フヘキモノトス」[129]

すなわち、自ら中止した者は刑法典112条による未遂犯ではなく、ただ現に生じた創傷の罪が問われる、として、加重的未遂の場合に内部に含まれた既遂犯として処罰できる旨を明らかにしたのである[130]。

(DA5) 大判明治20年第444号（刑録明治20年133頁）

本判決の事例の概要は以下のとおり。「被告人は自分の妻が他の男性と浮気していることを知り、浮気の現場を確認してこれを殺そうと決意した。当分帰宅し

----

[127] 『日本刑法博議』665頁以下からの抜粋である。おそらく判決文からの引用であると思われる。

[128] 岡田・前掲『日本刑法論（総則之部）〔改訂増補三版〕』294頁においても、中止犯の根拠論に関する個所において、自止した者は中止の原因を区別することなく中止犯とされる、としてこの判例が引用される。

[129] これも同じく、『日本刑法博議』666頁からの抜粋である。

[130] 岡田・前掲『日本刑法論（総則之部）〔改訂増補三版〕』290頁においては、判例（DA2）と列挙して、「人ヲ殺サントシテ斬付ケ其未タ死セサル内ニ自ラ中止シタル場合ハ中止犯ナリヤ缺効犯ナリヤ判決例並ニ學説ノ多數ハ中止犯ナリト論決ス」として、当該判決の日付が引用されている。

ない旨を妻に知らせておいて、短刀を購入して不意に午前3時頃に帰宅して自宅の様子をうかがうと、寝屋に人の声がするのを聴いて浮気の現場であると思い込み、突然侵入して右手で用意していた短刀を持って浮気相手の男性と思われる者を刺した。だが相手が驚く様子もないので、もう一度刺した所、その叫び声が子供の声であったので驚き、妻を起こして明かりをつけさせると、その相手は自分の娘であった。被告人は狼狽して、自首した。」

　原審の宇都宮軽罪裁判所は、人違いという舛錯によって殺意を中止したものなので、謀殺未遂として処断されるものであるが、「姦夫」を「姦所」で殺害する意図であったので、77条2項[131]に従って、311条および313条により減刑される[132]べき重罪犯であるから、重罪裁判所の管轄の事件であると宣告した。これに対し被告人は、被害者によって刑の区別が無い以上、人違いによってもその目的の人を殺害した場合と同一の刑に処せられる[133]のであり、たとえ人違いにより中止した場合でも、意外の障礙若しくは舛錯によりその目的を遂げなかった場合と同一視すべきではない、として上告した。

　これに対して大審院は次のように判示した。「……中止犯トハ犯罪ヲ決行シ了ラサル以前ニ在テ犯人自ラ之ヲ遂行スルヲ止ムルノ謂ニシテ犯人ノ真心悔悟ニ出ルト被害者ノ発聲ヲ聞キ哀情ヲ生スルニ出ルト又ハ其目的人即チ被害者ノ人違ナルニ因ルトヲ問ハス苟モ犯人自己ノ意思ヨリ出テ其行為ヲ中止シタル場合ハ総テ中止犯ニシテ彼ノ犯人意外ノ障碍若クハ舛錯ニ依リ其目的ヲ遂ケ得サル場合トハ決テ同視ス可カラサルナリ……」そして本件については、「……意外ノ障碍ニ依リ遂ケ得サルニアラス被告自ラノ意思ヲ以テ其行為ヲ中止シタル事實ナル「明カナリ然リ而シテ被告カ現ニ加ヘタル被害者ノ負傷ハ……刑法第三百一條（筆者注：殴打創傷罪）ニ該當スル軽罪ナルニ原裁判所カ之ヲ謀殺未遂罪ナリトシ管轄違ヒノ言渡シヲ為タルハ上告ノ論旨ノ如ク破毀ノ原由アル不法ノ裁判ナリト判定ス」すなわち自己の意思により中止した者は、どのような理由から中止したものであっても全て中止犯であり、未遂犯とはならないとしたのである。また本判決は、中止犯となった場合に、現に発生した限度での既遂犯として処罰することも示した。

（DA 6）　大判明治21年1月25日

　（この判例も前述の判例（DA 2）と同じく、岡田・前掲『日本刑法論（総則之部）〔改訂増補三版〕』296頁に当該判決の日付が引用されていた。すなわち「中止犯ノ場合

---

[131]　現行明治40年刑法典38条2項と同内容の条文である。
[132]　明治13年刑法典311条は、夫が妻の姦通を知り、姦通の現場で直ちに姦夫または姦婦を殺傷した場合に、その罪に減刑を施す旨の規定であった。313条はその減刑の程度として、「二等又ハ三等ヲ減ス」と規定していた。
[133]　明治13年刑法典298条は、「謀殺故殺ヲ行ヒ誤テ他人ヲ殺シタル者ハ仍ホ謀殺故殺ヲ以テ論ス」という、謀殺故殺に関して客体の錯誤は故意を阻却しない旨の明文規定であった。

ニ既ニ生シタル結果ヲ一罪トシテ罰スルコトヲ得ルヤ」として、これを肯定し、日本刑法草案127条の明文がなくとも同様に処罰できるとする見解をとるものとして当該判決が引用されるものの、事例の記載はなく、判例集からも発見できなかった。)
(DA7) 大判明治24年10月5日（刑録明治24年自10月至12月28頁）

　紙幣偽造罪（明治13年刑法典186条第1項前段）につき、紙幣偽造行為後にそれ以上の偽造行為を中止し、行使も中止したとしても、既に紙幣偽造罪は成立しているので中止犯とはならないとされた。

(DA8) 大判明治25年12月1日（刑録明治25年自11月至12月73頁）

　貨幣偽造未遂罪（明治13年刑法典186条第1項後段）の事案について、偽造行為を断念したという事実認定がない上に、「又縦令中止シタルモノトスルモ已ニ銀貨及ヒ白銅貨等ノ偽造ニ着手シタル以上其罪ノ構成シタル]ハ勿論ニ付刑法第百八十六條第一項末段ノ制裁ヲ受クヘキハ當然ナリ」、すなわち「貨幣偽造罪ハ其偽造ニ着手シタルキハ即チ其罪ヲ構成シタルモノニシテ縦令爾後之ヲ中止スルモ中止犯ヲ以テ論スヘキモノニアラス」として中止犯を認めなかった。これは事実認定上、中止の事実がないとして中止犯が否定されてはいるが、傍論的に「明治13年刑法典186条第1項後段は独立未遂犯規定であり、中止犯規定の適用が排除されること」が示されている点が注目される。

(DA9) 大判明治29年4月10日（刑録別冊明治29年4月39頁）

　放火罪について、被告人は中止犯である可能性があるのに原審はその検討を行っていないとの上告がなされたが、原審の事実認定上「他人ニ於テ之ヲ消止メタリトノ事實ヲ認メタル判旨ナルコト自ラ明瞭」なので、上告の論旨は理由が無いとして退けた。

(DA10) 大判明治29年8月18日（刑録別冊明治29年自7月至8月197頁）

　詐欺取財罪について、「其騙取ヲ遂ケサルカ為メ刑法百十二條ヲ適用スルニハ犯人意外ノ障礙若クハ舛錯ニ因リ遂ケサリシ事實ナカラサルヘカラス然ルニ原判決事實理由ニハ……如何ナル事實ニ因リテ騙取ヲ遂ケサリシカ之ヲ明示セス直チニ詐欺取財ノ未遂ナリトシテ……適用處斷シタルハ判決ニ理由ヲ附セサルノ違法ヲ免カレスシテ上告ハ其理由アリトス」として、どのような事実により結果を遂げなかったのかの明示がない（＝中止犯の可能性がある）ので、違法の判決であるとして原判決が破毀された。この判決は、明治13年刑法典の未遂犯規定の条文形式から当然に、未遂犯成立の要件として「中止犯ではないこと」の立証が要求されていたということの証しといえるであろう[(134)]。

(DA11) 大判明治32年10月23日（刑録5輯9巻81頁、小疇・前掲『大審院判決引照批

[(134)] この判決から、現在の明治40年刑法典の規定に比べて、明治13年刑法典の規定においては未遂犯成立のための要件が加重されていたことがわかる。なお、このように中止犯を未遂犯の範疇に含めるか否かによって発生する、中止犯であることについての挙証責任の転換に関しては、ドイツにおいても過去に問題とされていた。詳しくは後述第2部参照。

評日本刑法論総則〔訂正増補〕』323頁）

「……凡ソ中止犯ハ自己ノ意思ヲ以テ之レヲ中止スルヲ要ス然ルニ原院カ被告ノ所為ヲ中止犯ト認メタル事實ハ佐久間正親カ被告ニ對シヌル證言ニ因リ請求スルトキハ勾留セラルヽ恐アリト認定シタルヨリ被告ハ犯罪中止ノ念ヲ發シ該訴ヲ取下ケタルモノニシテ被告カ犯罪ヲ中止シタルハ全ク佐久間正親ノ注意ニヨリ畏懼ノ念ヲ生シタルニ基キシコトハ著明ノ事實ナリトス既ニ此中止カ畏懼ノ為メ止ムヲ得サルニ出テ而シテ其畏懼ノ念カ正親ノ注意ニ基キタルモノトセハ其注意ハ即チ意外ノ障礙ニシテ其中止ノ任意ニアラサルコトハ知ルヘキナリ然レハ則本件詐欺取財ノ點ハ未遂犯ヲ構成スヘキモノニシテ中止犯ヲ以テ論スヘカラサルモノナルニ原判決茲ニ出テス之レヲ中止犯ト誤認シ處罰セサリシハ附帯上告論旨ノ如ク擬律錯誤ノ裁判タルヲ免カレサルモノトス」(135)

すなわち他人の注意によって畏懼の念を生じて中止した場合には中止犯ではなくて未遂犯である、と大審院は判断した。これに対して小疇傳は、「本文ニ所謂自働的動機ニ基ク中止ナルトキハ仮令畏懼ノ念アルモ中止犯ナリ」(136)と述べて、たとえ畏懼の念があったとしても、自働的動機に基づいて中止した場合には中止犯である、として畏懼の念の有無と任意性の成否は連動しないと批評した。

(DA12) 大判明治36年12月21日（刑録9輯1905頁）

詐欺取財の未遂罪に関して、被告側が、中止犯である事実は明確である、として上告したものの、大審院は「被告カ犯罪ヲ中止シタル事實ハ原判決ニ認メアラサレハ後段論旨ハ事實認定ノ批難ニ歸シ上告ノ理由ト為ラス」(137)として、上告理由とはならないとした。

(DA13) 大判明治37年2月15日（刑録10輯269頁）

自殺教唆図利罪（明治13年刑法典321条）の未遂について、正犯たる被教唆者が苦痛を覚えて溺死できず、自殺を中止した以上、「自己ノ意思ニ基キ溺死ヲ中止シタルニ過キサルモノ」であり、原審がこの点につき溺死の中止ではなくて意外の舛錯に基づく未遂とし、かつ被教唆者の溺死未遂が教唆者たる被告の責任にいかなる責任を及ぼすものかについて何ら理由を示さず自殺教唆未遂としたのは、不法の判決である、と被告が上告した。しかし大審院は、溺死の方法を尽くしたものの予期したようにたやすく死ぬことができなかったのは意外の舛錯に当た

---

(135) 刑録5輯9巻84頁以下。なおこの判決の原審において、「詐欺取財ヲ為スニ因リ私書ヲ變造行使シタル場合」（明治13年刑法典390条2項）について、詐欺取財罪は中止犯になるとしながら、内部に含まれた既遂犯である私書変造行使罪につき有罪判決が下されていた点が注目される。被告人からの上告は、この点についても争おうとするものであった。刑録5輯9巻81頁以下参照。

(136) 小疇・前掲『大審院判決引照批評日本刑法論総則〔訂正増補〕』323頁。小疇傳は、この判決の冒頭に挙げられている「他人ノ注意ニ因リ畏懼ノ念ヲ生シテ犯罪ヲ中止シタルハ中止犯ニ非スシテ未遂犯ナリ」という判決要旨を引用した上で、この批評を行っている。

(137) 刑録9輯1932頁。

り、被教唆者が任意に中止したものではない、とし、被教唆者の自殺が未遂である以上は被告に対してその未遂罪を以って処罰するとの理由を説明すれば判決理由として足りる、とした。

(DA14) 大判明治37年9月9日（刑録10輯1669頁、小疇・前掲『大審院判決引照批評日本刑法論総則〔訂正増補〕』319頁）

「原院判示ノ如ク被告カ〔被害者〕ノ地所ヲ騙取セント欲シ種種手段ヲ講シタル上……其地所ヲ自己所有名義ニ書替ヲ求ムル旨ノ民事訴訟ヲ岐阜地方裁判所ニ提起シタル以上ハ實行ノ着手アリ其詐欺取財未遂罪ノ成立スルヤ論ヲ俟タス……〔被害者〕告訴ノ事實ノ如キハ被告カ犯罪行為ヲ實行シタルモ偶々意外ノ障礙ニヨリ目的ヲ達セサリシコトヲ示ス為メニ之ヲ判文ニ舉ケタルニ過キス而シテ意外ノ障礙ニヨリ目的ヲ達セサリシ事實ハ犯罪構成ノ事實即チ罪トナルヘキ事實ニアラサルヲ以テ之ニ對シ一々證據ヲ明示スルヲ要スルモノニアラス故ニ原判決ハ相當ニシテ上告論旨ハ其理由ナシ」(138)

すなわち実行の着手がある以上は詐欺取財未遂罪が成立するのは議論の余地がなく、また「意外ノ障礙ニヨリ目的ヲ達セサリシ事實」は犯罪構成事実そのものではないので証拠を要しないと大審院は判断したのである。しかし小疇傳は、これは「誤見ニシテ實行ノ着手アリタルノミニテハ未タ罰スヘキ未遂ハ成立セス意外ノ障礙舛醋ニ依ル未遂ニ限リ之ヲ處罰スルコトヲ得ルナリ」(139)と述べて、実行の着手のみでは未遂犯は成立せず、意外の障礙舛錯による場合でなければ処罰できないと批評した。この判決内容は判例（DA10）の大審院判決と明らかに食い違うものであり、なおかつ当時の未遂犯規定の条文文言にも明らかに反するものといえる(140)ので、小疇傳の批評は適切なものといえる。

(DA15) 大判明治37年12月13日（刑録10輯2395頁）

---

(138) 刑録10輯1671頁。
(139) 小疇・前掲『大審院判決引照批評日本刑法論総則〔訂正増補〕』319頁。小疇傳は本文中に引用した判決文の「……論ヲ俟タス」の部分までを引用した上で、このような批評を行っている。
(140) 当時の未遂犯規定（112条）は①「罪ヲ犯サントシテ已ニ其事ヲ行フト雖モ」②「意外ノ障礙若クハ舛錯ニ因リ」③「未タ遂ケサル」場合に、未遂犯として処罰すると規定していた。すなわち①は実行の着手を要求し、②は「中止犯ではないこと」を要求し、③は結果の不発生を要求しているのである。そしてこの判例（DA14）のような論拠によれば、この①が立証されればそれだけで未遂犯として処罰できることになる。しかし条文においては、未遂犯の成立のためには②のように「中止犯ではないこと」が要求されていたのであり、この要件を満たすには中止犯ではない旨の立証が必要だったはずなのである（このことは前述の判例（DA10）においても現れている）。このような大審院の判例の変更は、このとき行われていた刑法改正作業が影響したものとも考えられ得る。すなわち、明治33年刑法改正案において、既に未遂犯の成立要件から「中止犯ではないこと」は外されていたのである。後述第3章第1節。なお関連する判例として、上述の③の要件は明治23年刑事訴訟法203条の罪となるべき事実の範囲外であるから証拠により認定する必要はないとする判決がある（大判明治39年11月8日（刑録12輯1201頁）、大判明治42年12月20日（刑録15輯2006頁））。

往来妨害罪（明治13年刑法典162条）につき、第三者の詰責によって以後の行為を中止したとしても、それは「被告等ニ於テ自由任意ニ其行為ヲ中止シタルニハアラスシテ」、全く第三者の詰責によるものであるから、意外の障礙により犯行を遂げられなかったことは明瞭であり、よって詰責が犯行続行を不可能にしたことを明示せずとも、理由不備とはならない、とした。
(DA16) 大判明治42年2月12日[141]（刑録15輯97頁）
　外国紙幣銀行券偽造器械製造罪（外貨偽造法4条）につき、未遂ではなくて中止である旨の上告を行ったが、そのような事実認定はなく、上告理由とはならないとされた。

　以上のような旧刑法時代における中止犯に関する判例から、①任意性の内容に関して、明治10年日本刑法草案127条にあった「真心悔悟」などのような限定を行わず、そのような中止の動機・原因を問題とすることなく、自己の意思から中止した場合には全て中止犯が成立するものとしたこと（判例（DA3）（DA5）、「自己の意思によるものとはいえない」とされたものとして判例（DA11）（DA13）（DA15））[142]、②中止犯が成立した場合であっても、現に生じた損害についてはその罪が問われること（判例（DA3）（DA4）（DA5）、また判例（DA11）の原審）、③未遂犯が成立して有罪とするためには（条文の文言から当然に）「中止犯ではないこと」の立証が要求されていたこと（判例（DA10）、ただし判例（DA14））などがわかる。すなわち判例は、当時の学説における通説とも言うべき立場に沿って判断を下していたということができるのである[143]。しかし、とりわけこの②に関する議論をめぐり、中止犯の明文がないことの理論的不都合はどうしても避けることができなかった。折りしも明治20年代から30年代にかけて、刑法改正の動きは徐々に高まりつつある時期にあった[144]。このような刑法改正の動きの中で、新しい中止犯規定が求められていくことになる。次にこれまでの議論を踏まえて、この明治40年刑法典制定までの経緯を見ていくことにする。

---

[141]　犯罪事実そのものは明治13年刑法典の適用時代に行われたものである。
[142]　判例（DA11）は「畏懼ノ念」が問題となっているようにも思えるが、「他人ノ注意ニ因リ」中止した、ということを考え合わせれば、「自己の意思により」中止したとはいえなかった事例であったと言える。
[143]　前述第2章第2節（1）。
[144]　佐伯・小林・前掲「刑法学史」236頁以下参照。

第3章　明治40年刑法典の中止規定

第1節　明治40年刑法典制定までの経緯

　明治13年刑法典が明治15年（1882年）1月1日に施行されて間もない頃から、多くの刑法改正意見が提出され、議論となりつつも、刑法を改正すべしとの考えが徐々に広まっていった[145]。そして政府内でも、明治15年5月頃から、既に司法省は刑法改正案を作成し[146]、太政官に提出していた[147]。そしてその後も刑法を改正しようとする動きはほとんど止まることがなかった。これは明治13年刑法典の自由主義的性格が急進的に過ぎるものであると当時の政府が考えたことと、犯罪の増加に伴う社会防衛上の必要性に応じられなかったことが原

---

[145] 内田文昭＝山火正則＝吉井蒼生夫編著『刑法〔明治40年〕（1－Ⅰ）日本立法資料全集20巻』（1999年）4頁。これらの刑法改正意見の具体的内容については、同書429頁以下参照。これらの刑法改正意見において、未遂犯ないし中止犯に関して触れた記述は発見できなかった。また明治13年刑法典に対して西欧刑法学者が論評したものを日本語訳した文献が散見される（同書475頁以下参照）が、中止犯に関しては御雇外国人のルードルフ（Otto Rudorff）が「尚望マシキハ悔悟ノ發心ヨリ其實行ヲ思ヒ止マリ或ハ事毫モ未タ發覺セサル前ニ於テ其所為ノ結果ヲ防止シタル未遂犯ヲ罰セサル一事ナリ是レ蓋シ一般ノ安全ノ為メ徳義ノタメニ望マシキ所トス」（同書508頁）として、悔悟による中止犯を不処罰とすべきであると論評したほかは、特に注目すべき記述はない。同書533頁、557頁、583頁、602頁、618頁参照。

[146] この司法省改正案については、内田ほか編著・前掲『刑法（1－Ⅰ）』9頁および65頁以下参照。この司法省改正案作成の段階において、未遂犯規定に関しては何ら修正は加えられていない。同書96頁以下参照。

[147] 西原ほか編著・前掲『旧刑法（1）』36頁、倉富勇三郎・平沼騏一郎・花井卓蔵監修、高橋治俊・小谷二郎編、松尾浩也増補解題『増補刑法沿革綜覧』（1990年）236頁、内田ほか編著・前掲『刑法（1－Ⅰ）』9頁。太政官に属する参事院に提出されたこの改正案は、まず部会議において修正され、その後参事院総会議に付された。この総会議に提出されたものが「参事院総会議提出案」であり、その提出案が参事院において検討・修正されたものが「参事院議決案」である。手塚豊「明治十六年・参事院の刑法改正草案」手塚豊著作集第四巻『明治刑法史の研究（上）』（1984年）所収229頁以下、および内田ほか編著・前掲『刑法（1－Ⅰ）』9頁、167頁以下参照。これらの参事院での改正作業においても、未遂犯規定に関しては何ら修正は加えられなかったようである（手塚・前掲235頁、内田ほか編著・前掲『刑法（1－Ⅰ）』191頁、250頁、297頁以下、417頁参照）。なおこの改正案そのものの最大の眼目は、各種自由刑の大幅な刑期の延長と財産刑の金額の増加にあった。手塚・前掲書223頁。

因であると言われている(148)。これらの刑法改正案においては、未遂犯規定に対する修正は全く行われなかったが、その後ボアソナードによる刑法改正案が明治18年（1885年）に脱稿され(149)、さらにこのボアソナード草案や前述の司法省案をも含めて法律取調委員会で検討された結果、明治23年刑法改正案が作成された(150)。この明治23年刑法草案において未遂犯および中止犯の規定は、以下に挙げるように、明治10年のボアソナードによる「日本刑法草案」に類似する形式を採用した(151)。

　　第102条
　　罪ヲ犯サントシテ已ニ其實行ニ著手スト雖モ犯人意外ノ障礙若クハ舛錯ニ因リ遂ケサルモノハ未遂犯ト為ス
　　第105条
　　罪ヲ行フノ際犯人自ラ中止シ又ハ其所為ヲ盡スモ自ラ効果ヲ缺カシメタルトキハ止タ現ニ生シタル害ニ従テ之ヲ罰ス

すなわち、未遂犯の規定の中において未遂犯は「意外ノ障礙若クハ舛錯」によって結果が発生しなかった場合を指すものとして、中止犯が消極的に規定されている一方で、それとは別に中止犯規定が積極的に105条において規定されているのである。ただ、明治10年の「日本刑法草案」と決定的に異なる点は、中止犯の積極規定（105条）の文言においては、「真心悔悟」などの中止動機の限定がなされていないという点である。

この明治23年草案は審議未了で可決されなかったが、その後明治25年（1892

---

(148)　小野清一郎「舊刑法とボアソナードの刑法學」前掲書所収430頁、石井編・前掲書124頁以下、野村・前掲書67頁以下。

(149)　倉富ほか監修『増補刑法沿革綜覧』236頁。このボアソナードによる改正案およびその注釈が前掲の Boissonade, Projet révisé de Code Pénal pour l'Empire du Japon accompagné d'un commentaire (1886, 復刻版1988) であり、その日本語訳がボアソナード著（森順正ほか訳）『刑法草案註釋』(1886年、復刻版1988年) である。それぞれの未遂犯に関する記述は、Boissonade, op. cit., pp. 404-420、ボアソナード・前掲書526頁以下参照。前述のように、このボアソナードの1886年の改正案においても、中止犯規定（127条）の文言は全く変化しなかった。

(150)　西原ほか編著・前掲『旧刑法（1）』39頁、倉富ほか監修『増補刑法沿革綜覧』236頁、佐伯・小林・前掲「刑法学史」237頁、小早川・前掲書1027頁、野村・前掲書68頁。この明治23年刑法改正案が、明治13年刑法典以後の公にされた改正案としては、最初のものであると思われる。なおその改正案の全文は、倉富ほか監修『増補刑法沿革綜覧』72頁以下、内田文昭＝山火正則＝吉井蒼生夫編著『刑法〔明治40年〕（1－Ⅲ）日本立法資料全集20-3巻』(2009年) 158頁以下参照。また、この明治23年刑法改正案成立までの詳細な経過については、内田文昭＝山火正則＝吉井蒼生夫編著『刑法〔明治40年〕（1－Ⅱ）日本立法資料全集20-2巻』(2009年) 4頁以下を参照。

(151)　倉富ほか監修『増補刑法沿革綜覧』88頁、内田ほか編著・前掲『刑法（1－Ⅲ）』169頁。

年）に刑法改正審査委員会が設置され[152]、再び草案が作成された。この委員会で検討されて作成されたのが、明治28年刑法草案および明治30年刑法草案である。その未遂犯・中止犯規定は両者とも同じ文言であり（但し条数のみ異なる）、それは次のようなものであった[153]。

　　　第59条（明治30年草案は「第58条」）
　　犯罪ノ實行ニ著手シ意外ノ障礙若クハ舛錯ニ因リ之ヲ遂ケサル者ハ其刑ヲ減軽ス
　　未遂罪ヲ罰スル場合ハ各本條ニ於テ之ヲ定ム
　　　第60条（明治30年草案は「第59条」）
　　犯罪ノ實行ニ著手シ自己ノ意思ニ因リ之ヲ止メタルトキハ現ニ生シタル結果ニ従テ之ヲ罰ス

すなわちこの両者の草案においても、文言こそ変更されたものの、明治23年草案と同様に、中止犯が未遂犯の規定において消極的に規定されている一方、積極的な中止犯規定も並列的に規定されていたのである。

　このように処罰の間隙が生じない形式ではあれ、再び積極的な中止犯規定を置くことが求められたのは、なぜであろうか。前述の刑法改正審査委員会の決議録の第53回（明治27年4月11日）に、次のように記述されている[154]。
「中止犯ハ之ヲ罰スル乎否ニ付キ不論罪説ト処罰説トノ二アリ　不論罪説ニ曰ク禍害ノ未発ニ之ヲ防遏スルハ法律ノ企望スル所犯人自ラ其行為ヲ取消スハ法律ノ區メテ勧ムル所ニ在リ若シ中止犯ヲ罰スルトセハ遂ケサルモ罰セラレ遂クルモ罰セラレ罰ハ一ツノミ寧ロ遂行シテ我意ヲ満タスニ如カスト自暴自棄ノ心ヲ起スモノナキ能ハス故ニ之ヲ罰セサルニ如クハナシ而シテ其匪行ノ結果ニ付テハ場合ニ依リ状況ヲ異ニスルモノナルヲ以テ之ヲ罰スヘキ乎否ハ各人ノ解釈ニ一任シテ可ナリト　処罰説ニ曰ク中止犯ノ奨励スヘキハ固ヨリ言ヲ竢タス然レ圧其結果ハ到底之ヲ不問ニ置クヲ得ス而シテ其結果ノ擬律ニ付テハ現今種々議論アルモノニシテ一例ヲ示セハ殺人罪ノ中止犯ノ如キ之ヲ中止シタルカ為メ殺人ノ結果ヲ生セサルモ為メニ被害者創傷ヲ受ケタルトキ謀故殺罪ノ未遂ニ問ハンカ中止シタルヲ以テ擬律ニ限リニアラス之ヲ殴打創傷罪ニ問ハンカ殴打ノ意思ヲ以テセサルヲ如何セン之レ学者間種々ノ異論アル點ナレハ明文ナケレハ

---

(152)　内田ほか編著・前掲『刑法（2）』5頁以下参照。
(153)　内田ほか編著・前掲『刑法（2）』139頁、140頁。なお、刑法改正審査委員会の決議録の第53回（明治27年4月11日）において、既にこれと全く同一の文言の未遂犯・中止犯規定が置かれていた。内田ほか編著・前掲『刑法（2）』97頁参照。
(154)　内田ほか編著・前掲『刑法（2）』97頁以下。

或ハ無罪ヲ主張スルモノナキヲ計リ難シ之レ処罰ノ明文ヲ要スルモノナリト遂ニ第二説ニ決ス」(文中の空白は筆者による)

すなわち中止犯においては不処罰説と処罰説が対立しており、①犯行の中止を奨励するためにも原則として不処罰にしておいて、その中で生じた結果については解釈により対応するという考え方と、②中止犯は奨励すべきものであるが、その中で生じた結果が不問にされることは決してあってはならないという考え方が対立していた。そして②の場合にはその結果をどのようにして処断するかは争いがあり、例えば殺人罪を中止した場合には、殺人未遂罪は中止したので成立せず、傷害罪は傷害罪そのものの故意がなかったのであり、結局不処罰となる可能性がある、これをどうすべきかで激しく議論されていたのである[155]。そしてこの点につき無罪を主張する考え方を排斥する意図で、明文を

---

[155] 前述第2章第2節(1)b)。このような加重的未遂の場合の処遇について、かつてのドイツにおいては、特に中止未遂とその中に含まれる既遂犯の罪数関係が法条競合である場合に関して、罪数関係の点(すなわち法条競合の場合には中止未遂しか成立していないのであって、その中に含まれる既遂犯はそもそも成立していない、ということ)から、含まれた既遂犯も不処罰とする見解が有力に存在したようである。香川・前掲『中止未遂の法的性格』132頁以下。Berner, a. a. O., 18. Aufl., S. 157；Karl Hatzig, Über den Rücktritt vom Versuch und die sogenannte thätige Reue, 1897, S. 40. ベルナーは「終了した(既遂)行為がそれを越える未遂犯罪のそもそもの必要的な構成要素を形成している場合には、未遂と既遂の重なり合いは承認されるべきではない」とし、ハツィヒも「この場合には刑法上そもそも競合が存在するのではなくて、(未遂の)犯罪のみが存在するのであって、他の(既遂の)犯罪はもはや意味をもたないのである」として、法条競合の場合は不処罰とした。これに対しアルフェルトは「どうして、例えば他の者にひどい傷害を負わせた者が、その者の故意がさらに重い、すなわち殺害にまで向けられたものであったが、その死が彼により避けられたことを理由として、身体傷害罪により可罰的とはされるべきでないことになるのであろうか？」(Philipp Allfeld, Lehrbuch des Deutschen Strafrechts, 9. Aufl., 1934, S. 203 Fn. 57)と批判した。リストは当初、内部に含まれる既遂犯の処罰は罪数関係が「観念的競合の場合のみに当てはまり、法条競合に対しては当てはまらない」(v. Liszt, Lehrbuch des Deutschen Strafrechts, 18. Aufl., 1911, S. 218 Fn. 6)としていたが、のちに「これ(未遂行為の中に存在するその他の既遂犯罪の可罰性が失われないこと)はいわゆる観念的競合に対しても、法条競合に対しても当てはまる。かつての版とは〔見解が〕異なる。」(v. Liszt, a. a. O., 21-22. Aufl., 1919, S. 203 Fn.7)と考えを変更した。フランクはFrank, Das Strafgesetzbuch für das Deutsche Reich, 18. Aufl., 1931, S. 100において法条競合の場合にも含まれた既遂犯は可罰的であるとしつつ、「殺人未遂の中止の際に身体傷害が残ったままであるかどうかという問題は、全く以て肯定されるべきではない、なぜなら殺害の故意と傷害の故意とは決して常には結び付けられるものとは限らないからである」(ders, a. a. O., S. 100)としている。しかし現在では法条競合の場合にも内部に含まれた既遂犯の処罰を認めるのが通説のようである。Schönke/ Schröder/ Eser, Strafgesetzbuch Kommentar, 25. Aufl., 1997, §24 Rn. 109；Jescheck/ Weigend, Lehrbuch des Strafrechts Allgemeiner Teil, 5. Aufl., 1996, S. 549；Günter Stratenwerth, Strafrecht Allgemeiner Teil I, 4. Aufl., 2000, S. 291；Karl Lackner, Strafgesetzbuch mit Erläuterungen, 22. Aufl., 1997, §24 Rn. 23.

もって中止犯を規定し、加重的未遂の場合において含まれた既遂犯を処罰すると明示したのである。

さらにその後、明治32年（1899年）3月に刑法改正作業は法典調査会第三部の担当となった(156)。この法典調査会第三部の第二十回（明治32年11月22日）の会合において、都筑委員が「『現ニ生シタル結果ニ従テ之ヲ罰スル』ヲ之ヲ減刑スルカ又ハ之ヲ免除スルコトヲ得ルト云フ主意ニ改正スヘシトノ修正説ヲ提出」(157)した。すなわち「五十八條（筆者注：未遂犯の規定条文）ハ凡テノ未遂犯ヲ総括シ之ヲ罰スルヲ原則トシ唯々之ヲ減軽スルトコトヲ得ルモ（筆者注：「スルコトヲ得ルモ」の誤りと考えられる）本條ハ其ノ例外トシテ『未遂罪中中止犯ノ場合ハ当然之ヲ減軽スルコトト為シ唯々場合ニ依リ之ヲ免罪スルコトモ出来得ルノ主意ニ改ムト云フニ在ルナリ』」(158)とされたのである。そして「採決ノ結果此ノ修正説ヲ採用確定セリ」(159)と、この修正案が採用されることになった。

なぜこのように、中止犯の法律効果が「加重的未遂の場合に内部に含まれた既遂犯罪に限り処罰」から「必要的減免」へと変更されたのであろうか。明治23年草案から明治30年刑法草案まで、中止犯の法律形式・効果に関しては前述のように一貫して、加重的未遂の場合の内部に含まれた既遂犯罪に限り処罰するという内容を別個に規定していたが、通常の未遂犯に関してはそれに対応する形で中止犯でないことを要求していた。すなわち明治23年草案では「犯人意外ノ障礙若クハ舛錯ニ因リ」(160)結果が生じなかったことを要求し、明治28年刑法草案・明治30年刑法草案もそれぞれの未遂犯の一般規定条文の第1項において「意外ノ障礙若クハ舛錯ニ因リ」(161)未遂となったことを要求しており、明治13年刑法典と同様の未遂犯の成立範囲を規定していた。しかしこれに対し、この法典調査会第三部での検討を基に作成された明治33年刑法改正案は、次のように規定していた(162)。

第58条
犯罪ノ實行ニ著手シ之ヲ遂ケサル者ハ其刑ヲ減軽スルコトヲ得

---

(156) 西原ほか編著・前掲『旧刑法（1）』41頁。
(157) 内田ほか編著・前掲『刑法（2）』189頁。
(158) 内田ほか編著・前掲『刑法（2）』189頁。
(159) 内田ほか編著・前掲『刑法（2）』189頁。
(160) 倉富ほか監修『増補刑法沿革綜覧』88頁。
(161) 内田ほか編著・前掲『刑法（2）』139頁。
(162) 内田ほか編著・前掲『刑法（2）』473頁、474頁。

未遂罪ヲ罰スル場合ハ各本條ニ於テ之ヲ定ム
　　第59条
　犯罪ノ實行ニ著手シ自己ノ意思ニ因リ之ヲ止メタルトキハ其刑ヲ減免ス

すなわち「意外ノ障礙若クハ舛錯ニ因リ」という要件が、未遂犯の成立要件から完全に外されてしまったのである。そしてこのことは前述の法典調査会第三部の会議日誌（第二十回）において「五十八條ハ凡テノ未遂犯ヲ総括シ」とあることから、この法典調査会での検討の段階で既にこのような未遂犯規定の形式を採用していたものと思われる[163]。

　これらのことから、次のように考えられる。明治30年刑法草案までは未遂犯の一般規定の中に、なお消極的要素として「中止犯にあたらないこと」が要求されていたのに対し、明治33年刑法改正案はこのような形式を取らず、実行の着手を含む行為を行った全ての未遂犯を処罰することとした。この結果として中止犯も未遂犯の一部であり、その限りでは犯罪として成立している性質のものであることが明確となった[164]。ということは、加重的未遂の場合にのみ内部に含まれていた既遂犯罪で処罰するという中止未遂の法律効果は、ドイツ刑法典のように「未遂としては処罰しない」という法律効果の裏返しとして現れるならばともかく、未遂犯が既に成立していることとの理論的整合性を欠くことになる。このことから、加重的未遂の場合に内部に含まれていた既遂犯罪に限って処罰するというそれまでの中止犯の法律効果が、必要的減免へと変更されたと考えられるのである。逆に言えば日本の現行法においては、加重的未遂の場合に内部に含まれている既遂犯罪として処罰することは、解釈としても原則的には排除されているのである。

---

(163)　このように未遂犯の成立範囲が、それまでは「中止犯」であって「未遂犯」ではないとされた領域にまで拡大された理由は定かではない。未遂犯の一般規定である58条については、法典調査会第三部の第十八回の会議において原案に対して修正案が出され、「熱心ナル討議」があったようである。しかしこの議論の内容については詳細な記載が全くなく、具体的にどのような過程を経て、どのような理由から未遂犯の成立範囲が拡大されたのかは定かではない。だが結果として「遂ニ原案ノ通可決ス」とあることから、法典調査会の原案の時点で既に自己の意思により結果が発生しなかった場合にも未遂犯が成立すると改められていたものと考えられる。内田ほか編著・前掲『刑法（２）』188頁。

(164)　実際、明治33年「刑法改正案」理由書の中止犯規定である第59条には、「前條（筆者注：未遂犯の一般規定）ノ規定ニヨレハ一旦犯罪ノ實行ニ著手シタル後ハ自己ノ意思ニ因リ之ヲ中止シタルトキト雖モ猶ホ未遂罪トナルヲ以テ或ハ已ニ犯罪ノ實行ニ著手シタルモノハ決シテ之ヲ中止スルコトナク常ニ遂行スルノ虞アリ……」とある。「中止犯の場合にも未遂罪となる」という前提が存在することがここからもうかがえる。内田ほか編著・前掲『刑法（２）』520頁。

また、ドイツ刑法典のような「未遂としては処罰しない」という法律効果を採用せずに、「必要的減免」という法律効果を採用したことは、もう一つの意味をもつことになった。それは、量刑における裁判官の裁量範囲の拡大である。すなわち、「未遂としては処罰しない」という法律効果から、逆に加重的未遂の場合に内部に含まれている既遂犯としては処罰する、という法律効果を導くとしても、その場合には処罰の前提となる内部の既遂犯が成立していなければならない。その際には、例えば殺人の実行の着手後に、相手を傷つけることなく自発的に中止した場合には、たとえそれが悪い動機から（例えば構成要件外の目的達成など）中止されたものであったとしても、そもそも内部の既遂犯が成立していない以上、不処罰とせざるを得なくなる。これに対して、法律効果が「必要的減免」である場合には、「何らかの内部の既遂犯として評価できるような結果は生じてはいないものの、規範的観点からは不処罰に値しない者」に対しても、客観的な事実内容に拘束されることなく[165]、裁判官の裁量により刑を科することができるのである。よって、この明治33年刑法改正案の「必要的減免」という法律効果をそのまま受け継いでいる現行の明治40年刑法典においても、そのような裁判官の裁量は認められていると言えるのである。

そしてその後明治34年（1901年）の第15回帝国議会に、さらに修正を加えた明治34年刑法改正案が提出された。そしてその未遂犯規定・中止犯規定は、次のようなものであった[166]。

　　第55条
　　犯罪ノ實行ニ著手シ之ヲ遂ケサル者ハ其刑ヲ減軽スルコトヲ得但自己ノ意思ニ因リ之ヲ止メタルトキハ其刑ヲ減軽又ハ免除ス

すなわち、明治40年刑法典の未遂犯規定・中止犯規定と全く同一の条文が、ここに初めて現れたわけである。

そしてこの刑法改正案をもとに全国裁判所・検事局・弁護士会などに諮問して「刑法再整理案」をまとめ、これをもとに明治35年（1902年）1月25日に、

---

[165] もちろん、前提としての未遂犯の成立のために、客観的要件である「実行の着手」と「結果発生の危険性」が必要とされることについては言うまでもない。

[166] 内田文昭＝山火正則＝吉井蒼生夫編著『刑法〔明治40年〕（3－Ⅰ）日本立法資料全集22巻』（1994年）40頁、倉富ほか監修『増補刑法沿革綜覧』170頁。この明治34年刑法改正案のように、中止犯を但書にするという形式にした理由は定かではない。内田ほか編著・前掲『刑法（3－Ⅰ）』91頁。ただ、中止犯も未遂犯の一部であることはこのことからもより一層明確にされたと言えるであろう。

明治35年刑法改正案が第16帝国議会に提出された。そしてこの改正案は2月に貴族院で修正可決されて衆議院に送付されたが、衆議院での審議が未了のまま、第16帝国議会の会期が尽きてしまった。そして同じ年の12月に第17帝国議会に再び明治35年刑法改正案が提出されるが、議会解散のために審議に入らなかった[167]。この時点までに出された刑法改正案における未遂犯・中止犯規定は、いずれも前述の明治34年刑法改正案と全く同じ文言であり[168]、その理由書においても特に見るべき変化・注目点もない[169]。そして明治36年（1903年）に法典調査会が廃止され[170]、日露戦争により刑法改正作業は一時停滞する。

日露戦争終了後、明治34年刑法改正案と同一の文言を持つ刑法改正案が明治39年（1906年）10月に出され、その年の6月8日に既に設置されていた法律取調委員会において検討された結果、第14回委員総会（明治39年11月28日）の際に花井委員による「本文『減軽スルコトヲ得』トアルヲ『減軽ス』……ノ修正説」が賛成多数により可決され、障礙未遂の法律効果のみが修正された[171]。この結果明治39年（1906年）12月29日に完成した刑法改正案において、未遂犯・中止犯規定は次のような文言になった[172]。

　　第43条
　犯罪ノ實行ニ著手シ之ヲ遂ケサル者ハ其刑ヲ減軽ス但自己ノ意思ニ因リ之ヲ止メ

---

[167] 西原ほか編著・前掲『旧刑法（1）』43頁、内田文昭＝山火正則＝吉井蒼生夫編著『刑法〔明治40年〕（5）日本立法資料全集25巻』（1995年）5頁以下参照。

[168] 明治35年1月の刑法改正案について、内田文昭＝山火正則＝吉井蒼生夫編著『刑法〔明治40年〕（4）日本立法資料全集24巻』（1995年）38頁、倉富ほか監修『増補刑法沿革綜覧』444頁。明治35年2月に衆議院に送付された刑法改正案について、内田ほか編著・前掲『刑法（5）』32頁。第17帝国議会に再び提出された刑法改正案について、内田ほか編著・前掲『刑法（5）』328頁。

[169] 明治35年1月の刑法改正案理由書について、内田ほか編著・前掲『刑法（4）』87頁以下。第17帝国議会に再び提出された刑法改正案の理由書について、内田ほか編著・前掲『刑法（5）』377頁以下。明治34年の「刑法再整理案」においても問題とされず（内田ほか編著・前掲『刑法（3－I）』377頁以下）、会議等の議論においても特に大きな問題があるとはされていない。内田ほか編著・前掲『刑法（4）』358頁、倉富ほか監修『増補刑法沿革綜覧』583頁、902頁以下。

[170] 内田文昭＝山火正則＝吉井蒼生夫編著『刑法〔明治40年〕（6）日本立法資料全集26巻』（1995年）5頁以下参照。

[171] 内田ほか編著・前掲『刑法（6）』180頁以下参照。なお花井委員から同時に出された中止犯を必要的免除にする旨の修正案は、後述のように賛成少数で否決された。

[172] 内田ほか編著・前掲『刑法（6）』263頁（ただし表題は「明治三九年『刑法改正案』」である）、倉富ほか監修『増補刑法沿革綜覧』1563頁。この規定のように未遂犯を必要的減軽にすることは、当時の現行法（明治13年刑法典）の未遂犯規定の法律効果を維持しようとするものであった。内田ほか編著・前掲『刑法（6）』306頁、倉富ほか監修『増補刑法沿革綜覧』2147頁。

タルトキハ其刑ヲ減軽又ハ免除ス

　この案は明治40年刑法改正案として、明治40年（1907年）１月に第23回帝国議会に提出された(173)。しかしこの障礙未遂に関する変更も、明治40年２月６日の貴族院刑法改正案特別委員会において奥山政敬により障礙未遂を必要的減軽にした理由が問われ(174)、さらに同年２月８日の同じく貴族院刑法改正案特別委員会において富井政章から再び任意的減軽に戻す旨の提案があり、採決の結果、賛否同数の末、議長役の村田保副委員長の裁決により任意的減軽へと戻すこととなった(175)。

　貴族院で修正可決された後、明治40年刑法改正案は、同年２月に衆議院に送付される(176)が、衆議院では刑法改正案委員会の中でさらに特別調査委員会を組織してそこでの検討結果を刑法改正案委員会に諮問するという方式を採用した(177)。この特別調査委員会において、望月長夫により障礙未遂の法律効果を再び必要的減軽にすることが提案され、賛成多数で可決した(178)。この検討結果が刑法改正案委員会に報告された(179)が、刑法改正案委員会においてはかなりもめた末に結局否決されて任意的減軽となった(180)。しかし衆議院での第一読会において再び必要的減軽の形式に改められ(181)、最後に両院協議会が開かれて、未遂犯規定は貴族院議決案、すなわち任意的減軽の形式とすると決定され、明治40年刑法典は成立した(182)。

---

(173)　西原ほか編著・前掲『旧刑法（１）』46頁、内田ほか編著・前掲『刑法（６）』10頁、11頁。
(174)　内田ほか編著・前掲『刑法（６）』390頁。ここで奥山政敬は中止犯規定との刑の権衡が失われている点について質問した。これに対し倉富勇三郎は、中止犯においても「随分程度ノ問題デ、例ヘバ自分ノ意思デ罷メタ場合モ餘ホド進ンデ罷メタ場合モアル、又始メニ罷メル場合ガアリマスカラ、自己ノ意思ニ依ッテ罷メタ者ハ之ヲ軽クセヌケレバナラヌカラシテ、此改正案ノ通リ減軽免除ノ通リニ致セバ矢張リ未遂犯ノ現行ノ場合デモ左ホド不都合ハ無カラウト思ヒマス」と答弁した。
(175)　内田ほか編著・前掲『刑法（６）』432頁。
(176)　送付された刑法改正案の未遂犯・中止犯規定については、内田文昭＝山火正則＝吉井蒼生夫編著『刑法〔明治40年〕（７）日本立法資料全集27巻』（1996年）35頁。
(177)　内田ほか編著・前掲『刑法（７）』５頁以下参照。
(178)　内田ほか編著・前掲『刑法（７）』122頁、倉富ほか監修『増補刑法沿革綜覧』1898頁。
(179)　内田ほか編著・前掲『刑法（７）』６頁、７頁にその報告書の内容がある。
(180)　内田ほか編著・前掲『刑法（７）』255頁以下、倉富ほか監修『増補刑法沿革綜覧』2021頁。
(181)　内田ほか編著・前掲『刑法（７）』320頁以下、倉富ほか監修『増補刑法沿革綜覧』1824頁。その衆議院で修正可決された刑法改正案の未遂犯・中止犯規定については、内田ほか編著・前掲『刑法（７）』335頁。
(182)　内田ほか編著・前掲『刑法（７）』362頁以下、倉富ほか監修『増補刑法沿革綜覧』2083頁以

第 3 章　明治40年刑法典の中止規定　67

　このように通常の未遂犯の法律効果についてはかなりの紆余曲折が存在したものの、中止犯に関してその法律効果および法律形式が変更されることは、明治34年刑法改正案以降には一度もなかった。ただ、前述の法律取調委員会の第14回委員総会（明治39年11月28日）において花井卓蔵委員が中止犯の必要的減免という法律効果を必要的免除に変更する旨の提案を行って(183)以降、貴族院修正可決後の衆議院第一読会（明治40年2月22日）(184)および特別調査委員会（明治40年2月27日）(185)において同じく花井卓蔵が、衆議院刑法改正案委員会（明治40年3月8日）(186)において加瀬禧逸が同様の提案を行っているが、いずれも否決されている。これらの点から、中止犯を完全に不処罰にするということには抵抗感が根強く(187)、またこのことは、加重的未遂の場合に内部に含まれる既遂犯罪として処罰することを排除する法律形式が採用されたこととも結果的には整合したものとなったと考えられる。

　そしてもう一つ、中止犯の成立範囲に関して重要な点が存在する。それは前述の貴族院修正可決後の衆議院第一読会（明治40年2月22日）において、花井卓蔵が中止犯の法律効果を必要的減免ではなく、必要的免除にすべきではないのかと質問した(188)ことに対する、政府委員平沼騏一郎の、次に挙げる答弁である(189)。

　「……今度ノ改正案ニ於キマシテハ、中止犯ハ其刑ヲ減免又ハ免除スルコトヲ得、斯ウ云フコトニ相成ツテ居ルノデアリマス、即チ最モ氣ノ毒ナ場合、即チ真ニ悔悟ヲナシテ中止シタト云フヤウナ場合ハ、其刑ヲ全ク免除スルコトガ出来ルノデアル、サリナガラ中止犯ニハイロイロアリマシテ、必シモ悔悟致シタ者バカリデナイ、或ハ怖レテ止メル者モアル、或ハ利益ノ観念カラ中止スル者モアル、是等ノ

　　　下参照。
(183)　内田ほか編著・前掲『刑法（6）』181頁。この提案は結局否決された。
(184)　内田ほか編著・前掲『刑法（7）』55頁、倉富ほか監修『増補刑法沿革綜覧』1781頁。
(185)　内田ほか編著・前掲『刑法（7）』122頁。倉富ほか監修『増補刑法沿革綜覧』1898頁においては、この花井卓蔵の中止犯に関する提案の部分は全て削除されている。なお、花井卓蔵の中止犯に関する見解については、花井卓蔵『増訂刑法俗論』（1922〔大正11〕年）405頁以下を参照。
(186)　内田ほか編著・前掲『刑法（7）』255頁。これも倉富ほか監修『増補刑法沿革綜覧』2021頁においては、加瀬禧逸の中止犯に関する提案そのものが全て削除されている。
(187)　明治40年刑法改正案の理由書においても、「中止犯ヲ無罪トスル法制ノ不當ナルハ論ナキトコロナリ」と述べられている。内田ほか編著・前掲『刑法（6）』306頁、倉富ほか監修『増補刑法沿革綜覧』2147頁。
(188)　内田ほか編著・前掲『刑法（7）』55頁、倉富ほか監修『増補刑法沿革綜覧』1781頁。
(189)　内田ほか編著・前掲『刑法（7）』57頁、倉富ほか監修『増補刑法沿革綜覧』1783頁。

者マデ免除ノ恩典ヲ與ヘル必要ハナイ、斯ウ云フ考カラ致シマシテ、是〔ハ〕裁判官ノ裁量ニ一任致シタノデアリマス、……」

すなわちここにおいて、中止犯は悔悟の場合にのみ、それが認められるものではなく、恐怖により犯罪を止めた者や利益を考慮して止める者も中止犯の範疇に入っているということが、立法者の見解として明確にされているのである。この点から、日本の中止犯規定の要件である任意性に関して、限定主観説は排除する意図があったことがうかがえるのである。これは、明治10年の日本刑法草案以来の中止犯に関する日本人の誤解、即ち中止犯には悔悟を要するという考え方に対する修正が、既に明治23年草案で法律の文言上で悔悟が要求されなかった時点でなされていたとも考えられるものの、明確に示された最初のときであった[190]。そしてその任意性要件を限定しないことと対応して、「悪い動機等から中止した者も中止犯となる」と積極的に述べられることとなったのである。このことは、前述のように中止犯の法律効果が「必要的減免」とされたことと対応するものであったともいえる。すなわち、中止犯の概念（成立範囲）そのものについては、規範的には好ましくない動機からのものも含めて、広く捉えつつ、その量刑においては裁判官の裁量範囲を広く認めて、規範的に好ましくない動機から中止した者を減軽にとどめて処罰することを可能にしていたのである。

第2節　明治40年刑法典制定以後の状況

以上のような経緯を経て明治40年刑法典は制定されたのであるが、その後、中止犯規定に対する解釈論はどのように移り変わっていったのであろうか。まずはこの明治40年刑法典を立法者の見地からその内容に関して明らかにした文献につき検討した後、学説について、現在行われている議論形式が誕生する1955〔昭和30〕年頃までの流れを見ていくことにする。

---

[190]　平沼騏一郎は、前述の明治39年刑法改正案を検討する法律取調委員会の第14回委員総会（明治39年11月28日）において、既に「中止犯ト云ヘドモ中ニハ未遂犯ト区別スベカラザル程度ニ属スルモノアリ」等と述べてはいるが、「悔悟を要しない」「悪い動機から中止しても中止犯となる」ということまでは明確にはしていない。内田ほか編著・前掲『刑法（6）』182頁。

(1) 立法者の見地から

　明治40年刑法典に関して立法者の見地からその内容を示した文献として、田中正身『改正刑法釈義上巻』（1907〔明治40〕年）と南雲庄之助『刑法修正理由』（1907〔明治40〕年）の二つが挙げられる。これらはいずれも、できるだけ著者（編者）の私見を排した形で、明治40年刑法典の成立に際しどのような立法者の意図があったのか、どのような議論が交わされたのかを記述したものである(191)。これらの文献により、立法者の意思を補足的に知ることができる。

　まず『改正刑法釈義上巻』において、その立法趣旨および法文の意義が「釋義」として示されている(192)。中止犯については568頁に記述がある(193)が、それによれば「中止犯ヲ無罪ト為ス法制ノ不當ナルハ論ナキ所ナリ」、しかし中止犯は「社會ニ及ホス害悪少ナク且犯情モ亦憫察ス可キ所アルヲ以テ之ヲ罰スル場合ニモ一般ニ減軽スルモノトシ情状ニ因リ其刑ヲ免除スルコトヲ得セシメ以テ刑ノ適用ニ不權衡ナカラシメタリ若シ此ノ但書ヲ缺クトキハ啻ニ刑ノ不權衡ヲ来タスノミナラス一旦犯罪ノ實行ニ著手シタル後ハ自己ノ意思ニ因リ之ヲ中止シタルトキト雖モ尚ホ未遂犯ト為ルヲ以テ或ハ既ニ犯罪ノ實行ニ著手シタル者ハ決シテ之ヲ中止スルコトナク常ニ遂行スル虞ナシトセス是本法ニ於テ此但書ヲ設ケタル所以ナリ」とされている。すなわち、全くの無罪として（現に結果が発生したような場合でも）不処罰としてしまうのは不当であるが、免除も可能とすることによって未遂犯との刑の権衡を保ち、なおかつ犯罪を既遂に至らしめてしまうことを避ける目的で、「自止の奨励」「社会の保護」を主眼として設けられたことが示されている。

　また中止犯規定に関し、中止犯の法律効果を免除とすべきである旨の異説と、未遂の場合でも多少の結果が発生した場合には処罰し、結果が発生しなかった場合には処罰を免除することになるが、本文において未遂犯は減軽することを得としていずれにせよ処罰することを規定しているのだから、無用の中止犯規定を削除すべきとの異説があったことが述べられている(194)。これに対し

---

(191) 田中正身『改正刑法釈義上巻』（1907〔明治40〕年）凡例1頁、南雲庄之助『刑法修正理由』（1907〔明治40〕年）凡例参照。
(192) 田中・前掲書565頁以下。
(193) なお、この568頁の記述は「刑法改正政府提出案理由書」の中止犯に関する記述個所と全く同じ文面である。内田ほか編著・前掲『刑法（6）』306頁、倉富ほか監修『増補刑法沿革綜覧』2147頁参照。

てまず前者の異説に対しては、中止犯はその程度において欠効犯（＝実行未遂）と変わらない程度のものもあり、実害の点においては未遂犯と変わらないものもある。権衡上これを処罰しない理由がなく、かつ実際の事例においても看過し得ない場合がある。「理論ノ上ニ於テハ多少ノ缺點アリト雖モ刑事政策ノ上ニ於テハ到底之ヲ處罰セサル可ラサル必要アルヲ以テ本條ニ於テハ其刑ヲ減輕スルモ原則トシテハ之ヲ處罰スルノ意義ヲ明確ニシタルモノナリ」として、実害において未遂犯と変わらない場合がある以上、完全に無罪とはし得ないという考えがあったことが示されている(195)。これは、明治13年刑法典において加重的未遂の場合に現に発生した既遂犯について処罰するという考え方が、明治40年刑法典の下でもその処罰の必要性について依然として肯定されたが故に明文化されたものであったといえる。「中止犯は未遂犯ではない」という明治13年刑法典の形式でも、また「未遂犯は成立するが未遂としては罰しない」という1871年ライヒ刑法典の形式でもなくて、「未遂犯が成立してかつ未遂犯として処断する」形式を採用した明治40年刑法典の下では、結果的にその規定形式から、不処罰という法律効果は採り得なかったのである。また後者の異説に対しては、中止犯の概念が今回の改正によって初めて設けられたものではなく、旧刑法の下でも解釈としてそのような概念は存在したのであり、また「此規定ヲ設クルノ趣旨ハ法律上一箇ノ政略ニ過ス」、犯罪の実行に着手した者を全て既遂として処罰するならば犯行を完成させかねない。「故ニ出来得ル限リハ犯罪ノ中止ヲ奨勵センカ為ノ趣旨ナルコト疑ヲ容レス」。着手未遂についてその刑を軽くするのは削除論者も異論がないであろうし、実行未遂についてもこの但書の規定がない場合には「何ヲ以テ處分スルカ之ヲ決スルニ由ナシト云ハサル可カラス」として、中止犯規定を置くことの必要性が述べられている(196)。

『刑法修正理由』においては、刑法起草委員である倉富勇三郎・平沼騏一郎・谷野格の所説がそれぞれ示されている。まず倉富勇三郎の所説として、未遂犯を必要減軽にした理由が述べられた後で、「……尤も中止犯の場合には其刑を免除又は減軽すと規定してあるけれ共、之も矢張程度の問題で、例へ自分の意思で中止した場合とて餘ほど犯行を進めて罷めた場合もある、又始めに罷

---

(194) 田中・前掲書570頁以下。
(195) 田中・前掲書574頁。
(196) 田中・前掲書574頁以下。

める場合もあつて一様でないから其の刑を或は免除し或は減軽するのである、此と同時に未遂犯の犯行の場合は其刑を減軽すと規定するは至極権衡を得たものと云はなければならぬ。」と述べられている(197)。すなわち、加重的未遂の場合に現に発生した侵害を処罰することをも含めて、その犯行の程度にあわせて裁量的に判断することを念頭においた規定にしたことが明確にされているのである。

次に「刑法起草委員の中止犯法制論」として谷野格の所論が述べられている(198)。すなわちまず中止犯の場合に処罰するかどうかについて議論があるとして、「イ、中止犯の場合に於ては之を處罰せざる法制」と「ロ、中止犯の場合に於ても之を處罰する法制」の二つを列挙した上で、後者を刑法改正案は採用したとする。その理由として、ヨーロッパの立法例においては中止犯を不処罰としているが学者はこの不処罰の理由を附するものの「一も見るべきものなし」とする。そして「要するに刑法の目的は公の秩序維持に在るを以て中止犯の如きも之を處罰すると否とは各其場合の事情を参酌して判断すべく法律上豫め之れを一定し得べきものにあらず、然らば中止犯に対して刑を免除すると之を減軽して處罰するとは一に之を判事の裁量に任し刑法に於ては消極的(199)に規定する法制に依り中止犯の場合に於ては……二場合あり得ることを認めるも可なりと信ず」として、中止犯の場合にも処罰を可能なものとし、その判断を裁判官に委ねた旨が示されている。そして旧刑法においては、不処罰主義を採ったことにより未遂犯のみが不処罰となり、現に発生した他の既遂犯は処罰され、また「積極的に規定するの法制」(200)を採用したことにより、自己の意思

---

(197) 南雲・前掲書123頁以下。
(198) 南雲・前掲書125頁以下。なお、谷野格講義『刑法汎論』（早稲田大学出版部蔵版、出版年不明であるが、「刑法改正案」として「第五十五條」「犯罪の實行に着手し之を遂けざる者は其刑を減軽することを得但自己の意思に因り之を止めたるときは其刑を減軽又は免除す」と条文が挙げられていることから、明治34年頃に出版されたものと思われる）の212頁以下においてもほぼ同じ記述がなされている。
(199) この場合の「消極的」に規定する法制とは、中止犯を未遂犯の範疇に含めるドイツ型の中止犯の形式を指す。逆に中止犯ではないことを未遂犯の成立要件とするフランス型の中止犯の形式は「積極的」に規定する法制と呼ばれている。このような呼び方は、小疇・前掲『日本刑法論』239頁以下、同・前掲『大審院判決引照批評日本刑法論総則〔訂正増補〕』318頁以下において用いられているのと同じであり、また谷野所論の当該個所の記述は小疇傳の記述形式に全体的にはほぼ倣う形となっている。香川・前掲書18頁において述べられている「積極」「消極」という言葉とはほぼ正反対に用いられていることに注意を要する。
(200) 前の注でも述べたとおり、この「積極的に規定するの法制」とはフランス型の中止犯の規定

により中止した場合には「その中止の原由が善意なると悪意なると（を）……問はず」中止となり、かつ中止による未遂は法律上未遂ではなく、共犯は法律上の共犯とならなかったということが述べられている。その上で、旧刑法典の中止法制は大体において非難すべき所はないものの、「近時の社會の情勢に適せず」、したがって刑法の目的を達することができないものであるとしている。注目すべきは、共犯に関する指摘である。すなわち、フランス型の中止犯の規定方式であった旧刑法においては、正犯が中止した場合には未遂犯が成立しなかったことにより、その教唆犯および従犯にも法律上犯罪が成立しなかったことになるという指摘である[201]。この点が「社會の情勢に適」しないことであったかどうかは明確ではないものの、旧刑法の法制の下でのこのような共犯の取り扱いに関する問題は、重要であるといえる。

　最後に平沼騏一郎の所論が次のように述べられている。

　　「中止犯を罰せざるは政策に出て学理上の根據を有せず立法論としては中止を（以）て未遂に入れ判官の裁量に依り免刑の事由となすを可とする。」[202]

すなわち中止犯不処罰というのは全く刑事政策的なものであり、学問上理論的な根拠を有しないと指摘しているのである[203]。

　また平沼騏一郎に関しては、明治36、7年ごろに出されたものと思われる『刑法汎論』という旧刑法典をその対象とする文献が存在する。これによれば、「中止犯ハ現行刑法（筆者注：旧刑法典）ノ解釈論トシテハ之ヲ未遂犯中ニ包含セシムルコトヲ得ス然レトモ本人ノ意思ニ基キテ既遂ニ至ラシメサリシ場合ヲ他ノ場合ト区別スルハ学理上ノ根拠ヲ有セス故ニ理論トシテハ中止犯ヲ以テ未遂犯ノ一種トシテ其中ニ包含セシムルヲ至當トス」[204]として、明治13年刑法典の解釈論としては中止犯は未遂犯の範疇外にあるが、理論的にいえば中止犯も未遂犯の範疇に入れるべきであると平沼騏一郎が考えていたことがわかる[205]。

　　　形式を指す。
(201)　後述第3章第2節（2）c）。
(202)　南雲・前掲書132頁。なおこの文章は、後掲の平沼騏一郎講述『刑法汎論』（出版年不明であるが、1903-1904〔明治36-37〕年頃の出版と思われる）194頁以下において、既にほぼ同じ内容が記述されていた。
(203)　なお南雲・前掲書15頁以下において、前述の衆議院第一読会（明治40年2月22日）における平沼騏一郎の答弁内容が「平沼騏一郎氏所説」として掲載されている。
(204)　平沼・前掲書192頁。

以上のことから、明治40年刑法典における改正の主眼は、中止犯を完全に不処罰とすることの回避、とりわけ加重的未遂の場合における現に侵害が発生した場合など、不処罰とするに値しない者に対する処罰規定の明文化という点、および平沼騏一郎が述べているように理論的観点から中止犯を未遂犯の範疇に加えることが意図された点(206)、この二点が大きかったものと考えられる。そして同時に、明確な指摘はないものの、明治13年刑法典の形式から明治40年刑法典の形式へと中止犯規定が変わったことにより、正犯が中止した場合に、中止犯の場合でも未遂犯が成立していることを前提としたために、その中止犯の法律効果が正犯に一身専属的に発生することになり、明治13年刑法典において見られたように法律上未遂犯が消えてしまうことにより教唆犯や従犯にまでその影響が及ぶようなことがなくなった点が重要である(207)。その他の点、とりわけ任意性の内容に関しては、旧刑法時代と変わらず、その動機はどのようなものでもよい、ということが立法者意思としても示されていた(208)。これらの前提を踏まえて、次に学説の流れを、現在のような議論枠組が完成する昭和30年代前半頃まで、再び時系列に沿って論点ごとに追っていくことにする。

(2)　学　説

a)　任意性の内容について

　前述のように、明治40年刑法典の立法者意思としては、中止犯はその任意性の内容に関して、悔悟などの規範的内容のみに限定する趣旨ではなかった。このことは以後の学説においても、一部の例外を除いて、ほぼ踏襲されているものといえる。泉二新熊は「犯人カ任意ニ犯罪ノ實行ヲ中止スルニ至リタル遠因、動機ハ其種類ノ如何ヲ問ハサルヲ以テ通説トス」と述べており(209)、小疇

---

(205)　なお平沼騏一郎はこの文献の中で他に、明治13年刑法典の解釈論としてではあるが、「中止ノ決意ハ如何ナル動機ニ因ルモ可ナリ」として、自発的なものであれば中止犯の動機は問わないこと、加重的未遂の場合に内部に含まれた既遂犯として処罰をすべきであることを述べている。平沼・前掲書193頁以下参照。

(206)　ただし当然のことながら、法典調査会第三部での検討を基に作成された明治33年刑法改正案の時点で既に中止犯が未遂犯の範疇に入れられていることから、このような考え方を平沼騏一郎が最初に主張し始めたものとは、もちろん考えにくい。しかしこのような考え方を起草者（の一人）が明確に持っていたことは重要であると思われる。

(207)　この点につき、後述第3章第2節（2）c)。

(208)　内田ほか編著・前掲『刑法（7）』57頁、倉富ほか監修『増補刑法沿革綜覧』1783頁、南雲・前掲書15頁以下。

傳は刑法改正後においても「任意ナル中止ニ必要ナル自働的動機ハ道徳的タルコトヲ要セス」として、任意性の内容を限定しない点について変わりはないものとした[210]。その後も勝本勘三郎[211]、神谷健夫・神原甚造[212]、大場茂馬[213]、山岡萬之助[214]、富田山壽[215]、牧野英一[216]、久禮田益喜[217]、瀧川幸辰[218]、小野清一郎[219]、草野豹一郎[220]、佐瀬昌三[221]、江家義男[222]、木村亀

---

(209) 泉二新熊『改正日本刑法論〔訂正七版〕』(1909〔明治42〕年) 287頁。同じく泉二新熊『日本刑法論上巻〔訂正第四十版〕』(1927〔昭和2〕年) 527頁においても同様の記述が見られ、また泉二新熊『刑法大要〔全訂増補三十版〕』(1934〔昭和9〕年) 190頁においても「中止ノ原因ハ悔悟ニ限ルモノニ非ス」との記述がある。なお泉二新熊の刑法理論については、内田文昭「泉二新熊の刑法理論（Ⅰ）」前掲『刑法理論史の総合的研究』373頁以下および田宮裕「泉二新熊の刑法理論（Ⅱ）」前掲『刑法理論史の総合的研究』395頁以下を参照。

(210) 小疇傳『新刑法論』(1910〔明治43〕年) 322頁。

(211) 勝本勘三郎『刑法要論 総則』(1913〔大正2〕年) 168頁。なお勝本勘三郎の刑法理論については、中義勝・山中敬一「勝本勘三郎の刑法理論」前掲『刑法理論史の総合的研究』140頁以下を参照。

(212) 神谷健夫・神原甚造『刑法詳論』(1913〔大正2〕年) 326頁以下。

(213) 大場茂馬『刑法総論下巻』(1918〔大正7〕年) 814頁。同じく大場茂馬『刑法要綱〔三版〕』(1918〔大正7〕年) 205頁においてもほぼ同様である。なお大場茂馬の刑法理論については、堀内捷三「大場茂馬の刑法理論」前掲『刑法理論史の総合的研究』232頁以下を参照。

(214) 山岡萬之助『刑法原理〔訂正増補第七版〕』(1918〔大正7〕年) 212頁。

(215) 富田山壽『日本刑法』(1918〔大正7〕年) 317頁。

(216) 牧野英一『日本刑法』(1918〔大正7〕年) 162頁。同じく牧野英一『日本刑法上巻総論〔重訂版〕』(1941〔昭和16〕年) 306頁、同『刑法総論下巻〔全訂版〕』(1966〔昭和41〕年) 628頁以下においてもほぼ同様である。なお牧野英一の刑法理論については、佐藤昌彦『牧野刑法学説の研究』(1981年)、中山研一「牧野英一の刑法理論」前掲『刑法理論史の総合的研究』287頁以下、同じく中山研一『刑法の基本思想』(1979年) 1頁以下、同じく中山研一『刑法諸家の思想と理論』(1995年) 1頁以下等を参照。

(217) 久禮田益喜『日本刑法総論』(1925〔大正14〕年) 258頁以下。同じく久禮田益喜『刑法学概説』(1930〔昭和5〕年) 301頁においてもほぼ同様である。

(218) 瀧川幸辰『刑法講義改訂版』(1930〔昭和5〕年) 155頁。同じく瀧川幸辰『犯罪論序説』(1938〔昭和13〕年) 251頁、同『犯罪論序説』(1947〔昭和22〕年、改訂版) 190頁においてもほぼ同様である。なお瀧川幸辰の刑法理論については、内藤謙「瀧川幸辰の刑法理論」前掲『刑法理論史の総合的研究』537頁以下、中山・前掲『刑法の基本思想』83頁以下を参照。

(219) 小野・前掲「刑法総則草案と中止犯」『豊島博士追悼論文及遺稿集』(1933年) 85頁（小野『刑罰の本質について・その他』(1955年) 所収)。同じく小野清一郎『全訂刑法講義』(1944〔昭和19〕年) 196頁、『新訂刑法講義総論』(1948〔昭和23〕年) 186頁においてもほぼ同様である。なお小野清一郎の刑法理論については、宮澤浩一「小野清一郎の刑法理論」前掲『刑法理論史の総合的研究』475頁以下、中山・前掲『刑法の基本思想』54頁以下を参照。

(220) 草野豹一郎『刑法総則講義第一分冊』(1935〔昭和10〕年) 179頁。同じく草野豹一郎『刑法総則講義第二分冊』(1952〔昭和27〕年) 142頁においてもほぼ同様である。なお草野豹一郎の刑法理論については、真鍋毅「草野豹一郎の刑法理論」前掲『刑法理論史の総合的研究』450頁以下を参照。

(221) 佐瀬昌三『刑法大意（第一分冊)』(1937〔昭和12〕年) 211頁以下。

二(223)、安平政吉(224)、宮崎澄夫(225)、平場安治(226)、平野龍一(227)、団藤重光(228)など、任意性の内容を限定して悔悟等を要求することはしない、とする見解が圧倒的である。明治40年刑法典の中止犯規定の解釈として、任意性の内容を限定して悔悟等を要求するものとしては、宮本英脩(229)、佐伯千仭(230)、植田重正(231)が見られるぐらいである。

　宮本英脩は、任意性の要件は「固より心理学的な意義に於ていふのではなく、これは主観主義の立場からいへば、中止者の動機に対する刑法的立場から見た一種の評価的観察である」(232)として、いかなる場合に中止犯としての特別処分をすべきかどうかの観点から考えるべきとした上で、犯人が中止する事情を「犯罪實行の動機たる事情が不存在なる為めの中止の場合」、「犯罪實行の動機たる事情が具はるも、その實行に伴ふ外部的障礙を豫見した為めの中止の場合」および「犯罪實行の動機たる事情が具はるも、行為者の性情が内部的障礙（悔改、慚愧、恐懼、同情、憐愍、その他これに類する感情）として作用したことによる中止の場合」の三種に分けて、第三の場合のみが「自己の行爲の価値を否定する意識（規範意識）として働いた譯であるから、斯かる場合こそ犯人の反

---

(222) 江家義男『刑法』（1938〔昭和13〕年）87頁。同じく江家義男『刑法講義（総則篇）』（1940〔昭和15〕年）307頁、『新版刑法講話』（1948〔昭和23〕年）96頁においても同様である。
(223) 木村亀二「中止未遂の概念」法学（東北大学）8巻2号（1939〔昭和14〕年）280頁以下（木村亀二『刑法の基本概念』（1948〔昭和23〕年）所収）。なお木村亀二の刑法理論については、西原春夫「木村亀二の刑法理論」前掲『刑法理論史の総合的研究』638頁以下、中山・前掲『刑法の基本思想』27頁以下を参照。
(224) 安平政吉『改正刑法総論』（1950〔昭和25〕年）317頁。
(225) 宮崎澄夫『刑法総論』（1950〔昭和25〕年）136頁。
(226) 瀧川春雄・宮内裕・平場安治『刑法理論学総論』（1950〔昭和25〕年）210頁以下〔平場安治執筆〕。同じく平場安治『刑法総論講義』（1961〔昭和36〕年）141頁においてもほぼ同様である。
(227) 平野龍一「中止犯」『刑事法講座第二巻』（1952〔昭和27〕年）414頁（平野龍一『犯罪論の諸問題（上）総論』（1981年）所収、154頁）。なお平野龍一の刑法理論については、中山・前掲『刑法の基本思想』166頁以下等を参照。
(228) 団藤重光『刑法綱要総論』（1957〔昭和32〕年）271頁。なお団藤重光の刑法理論については、中山・前掲『刑法の基本思想』137頁以下等を参照。
(229) 宮本英脩『刑法大綱』（1935〔昭和10〕年）184頁。なお宮本英脩の刑法理論については、鈴木茂嗣「宮本英脩の刑事法理論」前掲『刑法理論史の総合的研究』425頁以下、中山・前掲『刑法諸家の思想と理論』45頁以下等を参照。
(230) 佐伯千仭『刑法総論』（1943〔昭和18〕年）291頁以下。なお佐伯千仭の刑法理論については、中山・前掲『刑法の基本思想』111頁以下等を参照。
(231) 植田重正『刑法要説（総論）』（1949〔昭和24〕年）211頁以下。
(232) 宮本・前掲書183頁。

規範性は通常の未遂罪の場合に比して軽微なものとして、刑の減軽または免除を與えることが相当」であるとしている[233]。

　佐伯千仭は、「自己の意思に因り」という文言の意味を「心理的に自己の意思によるを以て足るとする説」、「心理的に自己の意思による場合の中、一般社会観念上特に障碍と考へられる事情に基く場合を除いた部分が任意の中止であるとする説」および「廣義の後悔に因つて止めた場合のみが任意の中止といはれ得るといふ説」の三種に分けた上で、これらのいずれを採るべきかは中止犯の必要的免除という特殊な取り扱いと関連させて考えるべきとする。そして刑事政策説はドイツ刑法のように中止犯について刑を全免する法制では意味があるが、中止犯も処罰する日本においては「其の犯罪的企圖を抛棄するに至つた行為者の心情、動機に對する規範的並びに可罰的評価に基くものと解せざるを得ない」として、第三説を支持するのである[234]。植田重正も、このような佐伯千仭とほぼ同様の論理展開により任意性の内容を限定している[235]。

　宮本英脩らのように、中止未遂の法律効果から目的論的に任意性の内容を限定的に解釈する手法は、ドイツにおいて戦後にロクシン等が主張した刑罰目的説[236]から導かれた規範的考察説[237]と同様のものといえる。しかしドイツにおいて現在でもそのように批判されているように、「自己の意思により」という文言の内容は「規範的な動機により」という言葉の内容とは明らかにかけ離れたものであり、そのように読み替えて解釈することは行為者の不利益になる類推であるとして罪刑法定主義違反とのそしりを免れ得ない[238]。日本においても、ここまでの限定をすべきではないとの考えから、宮本英脩らのような考え方は広い支持を得るまでには至らなかったのである。

---

(233)　宮本・前掲書183頁以下。この第三の場合のような意識を宮本英脩は「これを廣義の後悔といつても差支へない」としている。

(234)　佐伯・前掲書291頁以下。

(235)　植田・前掲書211頁以下。

(236)　Claus Roxin, Über den Rücktritt vom unbeendeten Versuch, Festschrift für Ernst Heinitz, 1972, S. 256.

(237)　ドイツにおいては、任意性の要件に関して、心理学的考察説と規範的考察説が対立している。Vgl. Reinhart Maurach/Karl Heinz Gössel/Heinz Zipf, Strafrecht Allgemeiner Teil, Teilband 2, 7. Aufl., 1989, S. 82ff.; Christian Jäger, Das Freiwilligkeitsmerkmal beim Rücktritt vom Versuch, ZStW Bd. 112, 2000, S. 783ff..

(238)　Karl Lackner, Strafgesetzbuch mit Erläuterungen, 22., neubearbeitete Aufl., 1997, §24 Rdn. 18 ; ders., Anmerkung, NStZ 1988, S. 405f.

しかしその他の一般的な学説においても、特に、発見や処罰を恐れて中止した場合(239)などを障礙未遂の範疇に含ませることによって、事実上中止未遂の成立範囲を限定し、規範的観点から肯定できるものだけを中止未遂として認める見解が徐々に広まることになる。

純粋に心理的な観点から自己の意思でやめた場合を全て中止未遂とすることに関して、最初に明確に疑問を投げかけたのは泉二新熊である。彼は「犯人カ人ヲ殺サンカ為メニ兇器ヲ振上ケタル際警官ノ為メニ発見セラレタル場合」において、犯人は一瞬でその実行を遂げ得ることを知っているにもかかわらず、その実行により逮捕される恐れがあるが故に実行を完了せずに逃亡した事例について、「之ヲ以テ任意ノ中止ト認ムルコト能ハサルヘシ」とし、この点からフランクの公式の内、中止未遂に関する部分について、たとえなしうるとしてもなすことを望まない場合というのは外部的障礙による場合もありうることから、「不精密ナリ」と評価した(240)。

その後、中止犯内部の一要件である任意性要件に関して「規範的動機を要求する説」と「単純な自己の意思によるものでよいとする説」を対立させるそれまでの図式に取って代わって、そもそもの障礙未遂と中止未遂の区別基準として①単純に物理的障礙によるもの以外を全て中止未遂とする説、②未遂が後悔によるものである場合を中止未遂とする説、③未遂の原因が犯罪の既遂となることに通常妨害を与えるべき性質のものであれば障礙未遂とする説という三つの説を対立させる図式が、牧野英一により初めて提示されることになる(241)。

---

(239) 泉二・前掲『改正日本刑法論〔訂正七版〕』287頁、勝本・前掲書167頁、大場・前掲『刑法総論下巻』814頁、牧野・前掲『日本刑法』162頁、同じく牧野・前掲『日本刑法上巻総論〔重訂版〕』305頁以下、同・前掲『刑法総論下巻〔全訂版〕』629頁以下、瀧川・前掲『犯罪論序説』251頁および『犯罪論序説(改訂版)』189頁以下(ただし瀧川幸辰はもともと前掲『刑法講義改訂版』155頁においては「犯罪発覚の恐怖」によっても中止未遂となる、としていた)、宮崎・前掲書136頁、平野・前掲論文416頁、草野・前掲『刑法総則講義第一分冊』178頁以下、団藤・前掲書272頁。

(240) 泉二・前掲『改正日本刑法論〔訂正七版〕』287頁。なおフランクは、このような事例に関して、「行為者が既遂の阻止を恐れたという意味で露見を認めた場合には、その中止は任意的なものではない。しかし彼が告発および処罰を予見したが故にのみ、それが彼を中止させるきっかけとなった場合には、彼の中止は任意的なままである」として、結果発生そのものが不可能であることを理由とする場合は任意性を否定する一方で、結果発生は可能だが、その後の処罰を恐れたにすぎない場合は任意性を肯定した。Frank, a. a. O., 18. Aufl., 1931, S. 98.

(241) 牧野・前掲『日本刑法』162頁。牧野英一『改正刑法通義』(明治40年) 95頁以下においても、既に障礙未遂と中止未遂の区別基準に関して三種類の説が挙げられ、結論として同様に③説

そして牧野英一はこの図式を提示した上で③説を採り、巡査が来るのを見て逃げ出した場合において、「巡査ヲ見テ犯罪ノ遂行ヲ止ムルノハ一般ノ現象」であるが故に、このような場合は障礙未遂であるとした[242]。後に牧野はこの自説である③説を修正し、未遂に至る関係が犯罪の既遂となることに通常妨害を与えるべき性質のものであれば障礙未遂とする、とした[243]。これにより原因事実そのものではなくて、その原因から未遂に至るまでの関係を評価の対象とすることで、大判昭和12年3月6日判決の流血に驚いて我にかえり殺人を中止した事案に対して、流血を見て悔悟して中止したのであれば経験上一般ではなく、中止未遂とすべきであり、その一方で流血を見て恐怖心にかられて中止したのであれば経験上一般であり、障礙未遂とすべきと主張したのである[244]。そして発見を恐れた場合でも、「人影を認めて事を止めるということが一般的な事柄である」[245]が故に、障礙未遂であるとしたのである。

このような「悔悟までも要求する説」と「外部的ないし物理的障礙による場合以外に全て中止を認める説」という両極端の説の間に、中間説として「社会一般の通念により判断する」という説を置いた上でそれを採用する、という三分説の図式は、牧野英一以降、非常に多く採用されていくことになる[246]。しかしこのような「社会一般の通念」という漠然とした基準を採用した結果、ある事実に対して「経験上一般に」犯罪を中止するものであるかどうかの判断は実際上その判断者の手に委ねられてしまうことになり、もしこれを法に合致するような規範的な観点から、例えば驚愕して犯行を継続できなかった場合や目的物の価値が予想以上に低かった場合、構成要件外の目的を達成したが故に中止した場合などに中止を認めないものとすれば、その実質的内容は任意性の内

　　　と同じ内容の考え方が主張されているようではあるが、その分類において「後悔を要求する説」が挙げられていない。
(242)　牧野・前掲『日本刑法』162頁。
(243)　牧野・前掲『日本刑法上巻総論〔重訂版〕』305頁以下、同・前掲『刑法総論下巻〔全訂版〕』629頁以下。
(244)　牧野英一「刑事判例研究（四）障礙未遂と中止未遂との区別」『刑法研究第七巻』(1939年) 400頁以下、同・前掲『刑法総論下巻〔全訂版〕』632頁以下。
(245)　牧野・前掲『刑法総論下巻〔全訂版〕』632頁。
(246)　久禮田・前掲『日本刑法総論』258頁以下、同・前掲『刑法学概説』301頁、草野・前掲『刑法総則講義第一分冊』178頁以下、佐瀬・前掲書211頁以下、江家・前掲『刑法講義（総則篇）』306頁以下、瀧川他・前掲『刑法理論学総論』206頁以下〔平場執筆〕、平野・前掲論文412頁等を参照。

容を規範的に限定する考え方に近づくことになる[247]。そうだとすれば、判断基準そのものの曖昧さに加えて、それらの規範的な考え方に対してなされる批判が同様にこれらの中間説に対しても当てはまることになる。

　以上のように、任意性の内容を限定しないことを表向きの前提としつつも、純粋に物理的に妨害されて結果発生できなかった場合だけでなく、内心的に妨害があったと一般的基準から評価できる場合をも中止未遂の範疇から排除し、任意性があるとされる場合を絞ることで、結果として中止未遂の成立範囲を（しかも半ば裁量的・恣意的に）狭くする[248]見解が、大正期から徐々に広まっていったことになる。任意性に関するこれまでの議論を通じて言えば、このような中止犯に対する規範的観点からの限定傾向は、当時に始まったことではなかったことが思い起こされる。明治13年刑法典の制定の際に、日本人起草者はボアソナードの説明を誤解し、「真心悔悟ニ因テ」という文言によって任意性の内容を限定しようとした。この限定は半ば偶然的に回避され、また明治13年刑法典成立後も学問上の研究が進むにつれて、任意性の内容は当時の法律の文言の下では限定されないものであるという見解が広まっていった。しかし不処罰の恩典に値しない者[249]も中止犯の範疇に入る以上、これを何とかしなければい

---

[247]　この点について、Manfred Maiwald, Psychologie und Norm beim Rücktritt vom Versuch, in GS für Heinz Zipf, 1999, S. 255ff.（とくに S. 268ff.）を参照。マイヴァルトは、心理学的考察説の立場に立つ論者が任意性に関する判断基準を具体的に示す際に、「通常の生活観に基づいて（nach der gewöhnlichen Lebensauffassung）」（vgl. RGSt 55, 66）任意性を判断したり、エーザーのように「思慮分別に従って（vernünftigerweise）」（Schönke/Schröder/Eser, a. a. O., 25. Aufl., 1997, §24 Rn. 47）のものであるかどうかを判断基準にしたりする場合には、それは規範的考察以外の何ものでもなくなり、心理学的考察説を前提としたことと矛盾する、と指摘する。

[248]　このような任意性の側面からだけでなく、中止行為において「真摯性」をも要求することによって、中止未遂の成立範囲を絞る見解も存在した。牧野・前掲『刑法総論下巻〔全訂版〕』643頁以下、同・「刑事判例研究（七）中止行為の真摯性」『刑法研究第七巻』（1939年）449頁以下など。

[249]　この「不処罰の恩典に値しない者」としてどのような者が考えられていたのか、という点も重要である。明治30年刑法草案までは中止犯の法律効果は「現ニ生シタル結果ニ従テ之ヲ罰ス」という形式であった。しかし明治33年刑法改正案においては「其刑ヲ減免ス」という形式になった。このことからすなわち、明治30年刑法草案においては殺人の中止未遂の際の傷害のように実際に客観的な害が発生した場合でなければ処罰できず、よって悪い動機から中止しなおかつ何ら客観的な実害を発生させなかった者は不処罰であったのである。これに対し、明治33年刑法改正案においては裁判官に減軽か免除かという選択が委ねられたため、このような者に対しても、減軽したものとはいえ刑罰を科すことができるようになったのである。このように、「不処罰の恩典に値しない者」であるかどうかの判断に関して裁判官の裁量範囲が拡大したことも、規範的観

けない、そこで一律の免除ではなく、減軽と免除の選択ができるようにして、対処することにした。これによって規範的に好ましくない中止者に対しても、「中止犯である」とした上で刑を減軽にとどめることが可能なはずであった(250)。しかし泉二新熊に始まり、牧野英一によって確立した、規範的観点から任意性を（正面からではなくその具体的基準を恣意的なものに変更することで）事実上限定する見解の出現は、やはりどうしても「中止犯」というものは規範的に肯定できるものに限りたいという感覚が根強かったことの現われではないか、と考えられるのである。ではこのような任意性に対する考え方の変遷に対し、中止犯制度の根拠論そのものはどのように変化していったのであろうか。次にこれを見ていくことにする。

b) 中止犯制度の根拠論

前述のように中止犯制度の根拠論に関しては、明治13年刑法典が施行されていた時代においても刑事政策説が有力であった。そしてこの刑事政策説という「背景理論としての根拠」に加えて、「条文解釈論としての根拠」として「条文の文言上、中止犯は未遂犯の範疇外なので処罰できない」という意味での「法律説」が併せて主張されることもあった。この二つの根拠は次元の異なる議論における学説であり、両者が相容れないような性質のものではなかった。このような議論状況に対し、1871年ライヒ刑法典に基づく解釈論としてのドイツ刑法学に強く影響されて、それに引きずられる形でこの「刑事政策説」と「法律説」を対立する学説として初めて位置づけたのが小疇傳であった。そして同じくドイツ刑法学の強い影響の下で、明治40年刑法典が成立する。これにより中止犯制度の根拠論に関して、1871年ライヒ刑法典成立後のドイツにおけるのと同様に、条文解釈の結果としての単純な法律説は根拠論として採ることができなくなった。その後のドイツにおいては、リストによる刑事政策説（「黄金の橋」説）が台頭し、通説化していくことになる。

明治40年刑法典成立後の日本においても、同様に「自止の奨励」という意味での刑事政策説が当初は通説的な立場を占めていた。すなわち、磯部四

点の傾向が根強かったことと関連しているように思われる。この点については、前述第3章第1節参照。
(250) 立法の際のこのような意図は、前述の平沼騏一郎の国会答弁においても如実に現れていたといえる。前述第3章第1節の平沼騏一郎の答弁参照。

郎⁽²⁵¹⁾、束野俊一⁽²⁵²⁾、泉二新熊⁽²⁵³⁾、小疇傳⁽²⁵⁴⁾、勝本勘三郎⁽²⁵⁵⁾、岡田庄作⁽²⁵⁶⁾、山岡萬之助⁽²⁵⁷⁾、富田山壽⁽²⁵⁸⁾、小野清一郎⁽²⁵⁹⁾などは、それぞれ「自止の奨励」「社会への犯罪害悪の回避」を中止犯制度の根拠としていたのであ

(251) 磯部四郎『改正刑法正解』(1907〔明治40〕年) 93頁以下。前述のように磯部四郎は旧刑法下での磯部・前掲『改正増補刑法講義上巻』1047頁以下において、「自止の奨励」という刑事政策的根拠によらず、中止犯はもともと社会が処罰する権利をもたないのであるという、フランスの社会契約論にも似た考え方を主張していた。そして前掲『改正刑法正解』93頁以下においてはこれを具体的にして、「自己ニ因リテ止メタルモノハ社会ニ及ホス害毒少ナク且犯情モ亦憫諒スヘキ所アル」のであり、中止した場合に既遂の刑と同じ刑を受ける可能性がある場合には「決シテ中止スルコトナク常ニ之ヲ遂行スルニ至ルノ虞ナシトセサルヘケレハナリ」として、「社会への害悪の回避」という考え方から中止犯制度の根拠を指摘した。

(252) 束野俊一『改正刑法註釈』(1907〔明治40〕年) 123頁。

(253) 泉二・前掲『改正日本刑法論〔訂正七版〕』(1909〔明治42〕年) 288頁。泉二新熊は、ビンディンクのように中止犯成立のためには犯罪意思を終局的に放棄することを必要とする(=一時的な犯罪実行の延期は中止犯とはならない)考え方もあり、また中止未遂の法律効果の根拠は「犯人ヲシテ自ラ其犯行ノ既遂ニ至ルコトヲ妨止セシメ以テ犯罪ヨリ生スル害悪ヲ避ケントスル政策ニ出テタルモノ」であり、これを貫けばその犯罪意思の終局的放棄を要求するのが立法上適当であるが、解釈論としては他の犯罪を行おうとする意思の留保により現在の実行を中止した場合でも中止未遂となるというべきである、と述べる。同じく泉二・前掲『日本刑法論上巻〔訂正第四十版〕』(1927〔昭和2〕年) 527頁以下においても同様の記述が見られる。

(254) 小疇傳『新刑法論』(1910〔明治43〕年) 406頁以下。小疇傳の記述は、明治13年刑法典時代に書かれた小疇・前掲『日本刑法論』239頁、同・前掲『大審院判決引照批評日本刑法論総則〔訂正増補〕』318頁と全く変わらない。

(255) 勝本・前掲『刑法要論 総則』168頁。

(256) 岡田庄作『刑法原論総論〔増訂改版第四版〕』(1917〔大正6〕年) 342頁。岡田庄作は「中止犯ハ其犯意不十分ナルカ故ニ其刑ヲ減免ストノ説アルモ中止犯ノ處分ハ犯意論ノ支配スヘキ範圍ニアラスシテ刑事政策上ノ理由ニヨリ決セラルヘキモノナリ」とする。なお、同じく岡田庄作『裁判上ノ免刑論』(1920〔大正9〕年) 141頁以下も参照。

(257) 山岡・前掲書213頁。ただし山岡萬之助は中止犯の不処罰を「行為者ヲシテ可成的犯意ヲ翻ヘサシメ因リテ實害ノ発生ヲ減少セントスル趣旨」であるとはするが、「中止未遂ハ犯罪ノ未遂ニ外ナラザルヲ以テ性質上處罰セラルベキモノナリ」、したがってこれを処罰するかどうかは刑事政策上の問題であるとして、刑事政策説を刑罰消減事由説の内容を併せ持った形式で捉えていることがうかがえる。学説のこのような傾向は徐々に強まっていくことになる。

(258) 富田・前掲書319頁。富田山壽は明治40年刑法典の理由書の一節(もしこの中止犯規定の部分がなければ、犯罪の実行に着手した者は自らの意思により中止した場合も未遂犯として処罰されるが故に、常に犯罪を遂行してしまう虞がある旨の指摘箇所)を挙げて、現行法も刑事政策説に基づいているとした上で、「此見地ニ於テ云ヘハ當然中止ハ犯罪不成立ノ原因ニ非スシテ刑罰排除ノ原因ト為ルモノト解ス可ク我刑法カ之ヲ刑ノ減免ノ原因ト為シタルハ固ヨリ當然ノ事ナリ」と述べている。すなわち刑事政策説を採用することと処罰消減事由説を採用することは結びつくものである、としているのである。富田山壽のこのような理解は、刑事政策説と一身的処罰消減事由説の混同が既に始まっていたことの現れであったといえる。

(259) 小野清一郎『刑法講義』(1932〔昭和7〕年) 175頁以下。同じく小野・前掲『全訂刑法講義』194頁以下、前掲『新訂刑法講義総論』(1948〔昭和23〕年) 185頁においてもほぼ同様である。

る。この刑事政策説の圧倒的ともいえる優位は、明治から大正、昭和の初めにかけてまで続くこととなった。

　これに対して、この刑事政策的根拠に加えて法律的根拠をも中止犯規定の根拠とする考えもあった。まず大場茂馬は、中止犯制度の根拠について、ある者は「行為其モノ、實質上ノ理由」に基くものとし、またある者は「刑事政策上ノ理由」に基づくものとするが、「寧ロ行為ノ實質及ヒ刑事政策上ノ理由ハ共ニ法律カ中止犯ヲ認メタル理由ト為スヘキモノ」と主張する[260]。すなわち、「中止犯ノ行為タル之ヲ主観的方面ヨリ考フレハ行為者ハ其自由意思ニ依リ犯罪ノ決意ヲ翻シタルモノナレハ犯罪ノ主観的要素タル故意ハ既ニ存在セサルニ至リタルモノナリ。更ニ之ヲ客観的方面ヨリ察スレハ犯罪ヲ中止シタルモノナレハ犯罪ニ因ル實害若クハ危險ハ最早存在セサルニ至リタルモノナリ」として、「中止犯タル行為ハ普通ノ犯罪ト同一視スヘキ實質ヲ有セサルモノトス」とするのである[261]。もちろんこのような法律説的な理論構成に対しては、既に罰せられるべき行為が成立した後に中止行為があったとしても既に成立した行為はこれを変更することはできないのではないかという批判がある。しかし大場茂馬は「凡ソ一定ノ行為ニ對シ刑法上如何ナル處分ヲ為スヘキ實質ヲ有スルヤハ其行為ノ全部ヲ観テ之カ断案ヲ下スヘキモノニシテ其一部ヲ観テ之ヲ決スヘキモノニ非ス。故ニ一旦刑法上意義ヲ有スル行為成立シタル後ト雖モ其後他ノ情状之ニ加ハラハ之ヲ合シタル全部ニ従ヒ其行為ノ刑法上ノ價値ヲ断定スヘキモノトス」として、未遂行為と中止行為を一括して評価の対象とすべきであると主張するのである[262]。そして窃盗犯人が被害者の取り戻しを拒むため

---

[260]　大場・前掲『刑法総論下巻』（1918〔大正７〕年）806頁。
[261]　大場・前掲『刑法総論下巻』807頁。
[262]　大場・前掲『刑法総論下巻』808頁。このような「未遂行為と中止行為の一括評価」という大場の考え方に近いものとして、清水一成「中止未遂における「自己ノ意思ニ因リ」の意義」上智法学論集29巻２・３号（1986年）235頁以下、金澤真理「中止未遂における刑事政策説の意義について（一）（二・完）」法学（東北大学）63巻（1999年）655頁以下、64巻（2000年）53頁以下（特に64巻78頁以下参照）、同じく金澤真理「中止未遂とその法的性格」刑法雑誌41巻３号（2002年）29頁以下、Dietrich Lang-Hinrichsen, Bemerkungen zum Begriff der „Tat" im Strafrecht, unter besonderer Berücksichtigung der Strafzumessung, des Rücktritts und der tätigen Reue beim Versuch und der Teilnahme（Normativer Tatbegriff）, in Festschrift für Karl Engisch, 1969, S. 353 ff.（本論文の紹介として、刑法読書会「カールエンギッシュ記念論文集の紹介（八）ラング＝ヒンリクセン『刑法における所為概念についての覚書』」（中山研一紹介）法学論叢89巻３号（1971年）58頁以下参照）。　このような全体的考察方法は法律説と結びつくものであるが、このような論理構成を前提とすると、正犯が中止した場合に正犯の中止行為を

に被害者に暴行または脅迫を加えるときは事後強盗罪になるように、中止行為という特別の情状が加わったときは、これを合わせて刑法上の価値を判断すべきであるとする。しかし大場茂馬はこの一方で、「中止犯ハ普通ノ未遂犯ト同一視ス可カラサル實質ヲ有スルニ止マラス尚ホ刑事政策上之ヲ普通ノ未遂犯ト同一視ス可カラサル理由アリ。既ニ著手セラレタル犯罪カ中止セラル丶カ如キハ最モ望マシキ事項ニ属スルモノナレハ之ヲ奨励スルカ為メ中止犯ヲ無罪ト為シ以テ行為者ヲシテ犯罪ヲ完成セサラシムヘク誘導スル動機ヲ與フルノ必要アリ。左レハ中止犯ヲ無罪ト為スノ規定ヲ設クルハ其将ニ攻撃セラレントスル法益ヲシテ侵害ヲ免レシムル所以ニシテ又之ト同時ニ行為者ヲシテ邪道ヲ去テ正道ニ還ラシムル為メノ金橋（golden Brücke）ヲ築造スル所以ナリ」として、自止を奨励する必要があることから刑事政策的根拠をもまた中止犯制度の根拠であると主張するのである(263)。大場茂馬のこのような考え方は、刑事政策説と法律説が対立するものである（すなわち本来的に異なる観点の問題であることを自覚しない）としつつ、両者を併せて考えるべきというアプローチの点で、現在の日本で広く主張される刑事政策説と法律説の併用説に類似しているようにも見える。しかしそもそもの「法律説」の内容について、本来の「中止は未遂の範疇に入らず」という条文上の内容ではなく、前期法律説的な理論構成を前提にして、いわゆる全体的考察説（単一説、一体化説）の論理形式で説明するという内容は、法律説内部の違法減少か責任減少かという争いが含まれていない点も含めて、現在の日本の法律説とは若干その趣きを異にしているとも言える。

　草野豹一郎は、「中止犯に付て、刑の減免乃至行為の不處罰を規定する所以のものは、一面には中止犯を奨励すると云ふ政策的理由——リストの所謂犯人に對する復歸への黄金橋——に基くと同時に、他面行為者の反社會性の微弱であると云ふ本質的理由に基くものと解すべきであらう」と述べた上で、1931〔昭和6〕年に出された刑法改正仮案23条2項（結果が不発生の場合において

　　　未遂行為と一括的に評価する以上、その教唆犯・幇助犯は従属性の観点から「中止未遂の」教唆犯・幇助犯であることになり、中止が一身専属的なものではないことになる（ただしラング＝ヒンリクセンは、ただ単に中止行為と未遂行為を合わせたものを「行為（Tat）」とすべきだとするのではなく、通常の未遂行為部分のみの「行為」とは別に量刑事情としての「拡大された行為」概念を立てるべきだとして、「行為」概念の相対化を試みていることに注意を要する）。後述第3章第2節（2）c）。

(263)　大場・前掲『刑法総論下巻』809頁以下。

の真摯な努力に関する規定）を、「本質的理由」によってのみ説明可能なものとしている(264)。草野豹一郎の見解における「本質的理由」とは、「行為者の反社會性の微弱」ということをその内容としていることから、「法律の条文上中止の場合は未遂が成立しない」とする法律説とはその内容面において一線を画しているといえる(265)ので、このような草野豹一郎の見解は他の併用説とは異なるものとして扱うべきと考える(266)。

そして瀧川幸辰は、「刑の減軽または免除は法律上並びに政策上の考慮に基く。（１）實行の著手は構成要件の概念的中心をめぐる一定範圍の地帯に比すべきものである。圓周においては中心におけるよりも稀薄であり得る。中止未遂は目標に進まずその外廓の程度で脱退したのであるから法律上軽く取扱うべきである。これが法律上の理由。（２）行為者に対して、犯罪を完成するよりも中途から脱退して刑の減軽または免除を受けるのが利益であるという感銘を與へることは犯罪防止の一方法である。これは『既に刑罰に陥つて居る行為者に黄金の懸橋を架けて退却させる』ことを意味する。これが政策的理由」(267)と述べて、法律上の根拠と政策上の根拠の両方を中止犯制度の根拠とする。こ

---

(264) 草野・前掲『刑法総則講義第一分冊』（1935〔昭和10〕年）182頁。同じく草野・前掲『刑法総則講義第二分冊』（1952〔昭和27〕年）145頁、同・『刑法要論』（1956〔昭和31〕年）110頁においてもほぼ同様である。これと同じく「刑事政策」と「反社会的性格の軽微さ」を根拠とするのは、江家・前掲『刑法講義（総則篇）』（1940〔昭和15〕年）305頁、同・前掲『新版刑法講話』（1948〔昭和23〕年）95頁以下。さらにこれらの考え方とほぼ同様に、根拠論として「行為者の反規範性が軽微である」という「實體法的理由」と中止犯の奨励という「政策的理由」を挙げるものとして、小泉英一『改訂刑法要論（総論）』（1943〔昭和18〕年）225頁、斉藤金作『刑法総論（改訂版）』（1955〔昭和30〕年）215頁。

(265) 前述のように、「法律説」とは「条文上中止犯が未遂犯との関係においてどのような形式で規定されることになるのか」についての学説であって、「なぜ中止犯が不処罰になるか」についての学説ではないのである。「行為者の反社會性の微弱」ということは中止制度の根拠にはなるが、その内容から即座に「中止が未遂の範疇に入らないこと」を導き出すものとはいえないのであり、これを条文解釈論としての根拠とすることはできない。

(266) この草野豹一郎の見解の方が、「なぜ中止犯が不処罰になるか」について二つの考え方を合わせて採用している所から、むしろこれこそ「併用説」と呼ばれるべきものと考えられる（ただし本書では混乱を避けるために「併用説」は従来どおりの「法律説と刑事政策説の併用」を意味するものとした）。しかしこのような草野豹一郎の見解は、「刑事政策」という、中止をその動機を問わずに認めやすい見解と、「行為の反社会性の微弱」という、中止を規範的に限定する見解の両方を採用する、ということを意味するので、結局として中止を承認するかどうかについての基準を導き出せず、根拠論の存在意義を失わせることになるものと考えられる。

(267) 瀧川・前掲『犯罪論序説』（1938〔昭和13〕年）248頁以下。同じく瀧川・前掲『犯罪論序説（改訂版）』188頁においてもほぼ同様の内容である。

の瀧川幸辰の見解における「法律上の理由」は、「（目標たる犯罪結果に進まなかったので）法律上軽く取扱うべき」という条文解釈に基づいたものともいえるかもしれない。しかしこれは「中止は未遂の範疇に入らない」という、中止と未遂の関係構造を示す本来の法律説の内容とはそもそも全く異なる内容をもつものである。そしてもし仮に「目標に進まずその外廓の程度で脱退した」という点を、中止が未遂の構造に影響を与える旨の内容として捉えたならば、それは実際上大場茂馬が主張した「行為其モノヽ實質上ノ理由」とほとんど変わらないものといえる。

　以上三つの考え方のうち、大場茂馬と瀧川幸辰の併用説は一見すると現在の法律説に近いものがあるようにも見えるが、次のような点で異なる。すなわち、①現在の併用説のように法律説内部で違法減少かまたは責任減少かを問題にせず、単純に中止犯の場合には法律上、通常の未遂犯と同程度に処罰するための実質性がないが故に減免という優遇的な効果が与えられるとしている点、②現在の併用説があくまでも主たる要因として違法減少説ないしは責任減少説を挙げ、それを補足する形で刑事政策説を補助的に援用するのに対し、この頃の併用説は両者をほぼ同レベルのものとして援用している点、である。しかし条文上未遂犯が成立しているにもかかわらず、「中止は未遂犯の範疇に入らない」とする法律説をとることは、明治40年刑法典の規定の下ではもともと理論的に困難であった[(268)]。このような点から、この当時において刑事政策説と法律説の併用説は広まることがなかった。

　しかし以上に述べた三つの考え方においても共通して支持されていたはずの刑事政策説に対して、やがて明確な批判が唱えられ始めることになる。それは、主観主義の立場から唱えられたものであった。

　まず最初に刑事政策説に疑問を呈したのは、牧野英一であった。牧野英一は1918〔大正7〕年の時点においては、「中止犯ニ付キ特例ヲ認ムルノ趣旨ニ關シテハ、コレ中止ヲ奨勵セントスルニ出ツルモノナリト説クヲ普通トス。予輩ハ寧ロ犯人ノ主観ヲ基礎トシテ之ヲ解ス可キモノト信ス」として刑事政策説を

---

(268)　この点で、大場茂馬が前期法律説的な説明で中止犯の根拠を説明しようとしたのは、根本的に条文から外れるものである。瀧川幸辰の主張する「法律上の理由」は、本来の法律説の内容とはかけ離れたものである。この「法律上の理由」を前期法律説的な説明として捉えるならば、大場茂馬に対するのと同様、条文から外れることになる。

採らないとするものの、自説についてはあまり具体的な内容を示していない[269]。その後牧野英一は1939〔昭和14〕年に出した論文の中で、前述の草野豹一郎の見解[270]を引用した上で、「従来は、その『政策的理由』が特に高調されたのであるが、わたくしは、やはり、その『本質的理由』を基礎として考へたい。犯罪決意の遂行性が徹底化されないといふ點に、その減免の理由があると考へたいのである。草野判事の『本質的理由』といふことは、要するに、中止犯に對する主觀主義的考察といふことになるのである」と述べている[271]。そして1941〔昭和16〕年の時点において、牧野英一は中止犯が現実に結果発生を防止する必要があるか、もしくは結果発生を防止するに足りる行為（努力）をしたことで足りるかについて、「(中止犯の)規定ノ精神ハ、事ヲ中止シタル行為者ノ意思ニ重キヲ置キタルモノト解スヘシ」として後者の立場をとることを明らかにした上で、その注の中で次のように述べる。すなわち、「中止犯ヲ障礙未遂ヨリ區別スルノ理由ニ付テハ學説一様ナラス。客觀説ヲ採ル者ハ此ノ場合ニ於テ犯罪ノ實害ノ発生セサルコトヲ説キ、尚、其ノ不完成ヲ奨勵スル政策的見地ヨリ之ヲ論スルニ對シ、主觀説ヲ採ル者ハ行為者ノ意思ノ性質ヲ其ノ論據トス（大場博士第八〇六頁参照）。若シ單ニ實害ノ発生セサルコトヲ論據トスルニ於テハ、中止ハ之ヲ障礙未遂ト區別スヘキモノニ非ス。其ノ政策上ノ見地又ハ主觀的見地ヲ採ルニ於テハ、結果防止ニ對スル努力ヲ以テ中止ノ利益ヲ許與スルニ十分ナリト考フヘキニ非サルカ」[272]、と。つまり中止犯の根拠を、自止を奨励して犯罪の実害が発生しないようにすることであるとする見解を「客観説」、未遂犯の処罰において重視されるべき行為者の意思の性質に着目する見解を「主観説」とした上で、実害が発生しないという点では障礙未遂も中止も同じであること、および「刑法カ行為者ノ意思ニ重キヲ置キテ未遂ヲ処罰スルノ精神ヲ考へ」て[273]、「主観説」を採る、としたのである。さらに

---

(269) 牧野・前掲『日本刑法』(1918〔大正7〕年) 164頁。
(270) 前掲の草野・『刑法総論講義第一分冊』(1935〔昭和10〕年) 182頁の、「中止犯に付て、刑の減免乃至行為の不處罰を規定する所以のものは、一面には中止犯を奨勵すると云ふ政策的理由――リストの所謂犯人に對する復帰への黄金橋――に基くと同時に、他面行為者の反社會性の微弱であると云ふ本質的理由に基くものと解すべきであろう」という部分が引用されている。
(271) 牧野英一「障礙未遂と中止未遂」『刑法研究第八巻』(1939〔昭和14〕年) 258頁以下（特に275頁以下を参照）（初出は国家試験昭和11年8月1日号）。
(272) 牧野・前掲『日本刑法上巻総論〔重訂版〕』(1941〔昭和16〕年) 316頁。
(273) 牧野・前掲『日本刑法上巻総論〔重訂版〕』316頁。

1949〔昭和24〕年の時点においては、中止犯制度の根拠論に関して「大別して二種」あり、その一つは「成るべく犯罪を中止せしめるように仕向けるためかような規定になつている」という「政策的見解」であり、もう一つは「中止未遂の場合には、行為者の反社會性の強さにおいて障礙未遂とは同視することのできないものがあるから」という「主観主義的見解」である、とする(274)。その上で「政策的見解」がフランスおよびドイツでは通説であるが、それは中止未遂を処罰しない法制の下で可能なものであり、日本の刑法のように中止未遂をなお犯罪として成立するものとする立場においては「これを主張することが困難であろう」と述べて(275)、「主観主義的見解」を採るものとする(276)。

　もう一人、主観主義の立場から刑事政策説を批判したのは宮本英脩であった。宮本英脩は中止犯制度の根拠について、「通説特に客観主義の人々は刑法が中止犯を認めた理由を中止の奨励に歸してゐる結果、一般の通念に従つて特に障礙と考ふべき事情のない限り任意の中止と解し、多く前記第一の場合（筆者注：前述の「犯罪實行の動機たる事情が不存在なる爲めの中止の場合」）をも任意の中止とする。然し前に述べた如く、障礙未遂は中止犯以外の一般の場合なのであるから、障礙未遂の観念から先に定めるのは観察が逆である。又中止の奨励といふ考へ方は、犯人が皆刑法の中止犯の規定を知つてゐること並に獨逸法の如くその刑を全免することを前提とするのでなければ不可能である」と述べて、自止の奨励を中止犯制度の根拠とする考え方は中止犯の成立範囲が広くなりすぎ、また犯人が中止犯規定を知っていること、なおかつ法律効果を免除に限定するものでなければ不可能であると主張する(277)。しかしその一方で、宮本英脩自身の見解がどのような内容のものであるのかは積極的には明確にされていない。

　このような主観主義の立場からの批判の根底には、規範主義的な観点から行為者の反社会性が弱まったことを中止犯の成否に際して重視するという発想が

---

(274)　牧野英一『刑法総論』（1949〔昭和24〕年）361頁。同じく牧野・前掲『刑法総論下巻〔全訂版〕』（1966〔昭和41〕年）642頁においてもほぼ同様である。

(275)　牧野・前掲『刑法総論』361頁。同じく牧野・前掲『刑法総論下巻〔全訂版〕』642頁においてもほぼ同様である。なお、さらに牧野英一は、フランスやドイツの刑法を理解するについてもこの見解の方が合理的であると信ずる、としている（同頁参照）。

(276)　このような「反社会性の減弱」という点を、同様に中止犯規定の根拠とするものとして、市川秀雄『刑法総論』（1955〔昭和30〕年）132頁。

(277)　宮本・前掲『刑法大綱』（1935〔昭和10〕年）184頁以下。

あるように思われる。牧野英一は「単純な自止の奨励で足りるとする説」と「行為者の反社会性の減弱まで要求する説」を対立して位置づけ、後者を採ると述べたのであり、また宮本英脩ももともと任意性の内容に関して限定主観説を採っていたのである(278)。牧野英一も宮本英脩も、そして後述する佐伯千仭や植田重正も、「反規範的意思の軽微」「反社会性の減弱」という点ではその内容的傾向は一致していたのであり、この点でこれらの学説は、中止犯の成立範囲を規範的観点で限定するものとして、現在のドイツにおける「刑罰目的説」「褒賞説」と同列のものといえるであろう。しかし主観主義から発せられたこれらの刑事政策説に対する批判は、個別的な批判（すなわち「欠点」の指摘）としては徐々に広まるものの、そのあからさまに規範的・限定的な中止犯観が好まれなかったためであろうか、その後の理論における主流を形成するまでには至らなかった。しかしやがて刑事政策説への批判を前提に、現行法の解釈論として、全く新しい理論形式が登場することになる。

　その過渡期にあったのが佐伯千仭である。佐伯千仭は中止犯制度の根拠について、1943〔昭和18〕年の段階で次のように述べた。従来の通説によれば「一旦犯罪の世界に踏み込んだ者にもできるだけそれを抛棄させようとする刑事政策的理由（中止の奨励）」によるものとされている。しかしこのような考え方は中止犯について常に刑を全免する法制にあってこそ意味を有し、また行為者はさらにその前提として中止犯の規定を知っていることを必要とするが、我が刑法の解釈としてはこれは採れない。「我刑法上の中止犯はむしろ、其の犯罪的企圖を抛棄するに至つた行為者の心情、動機に對する規範的並びに可罰的評價に基くものと解せざるを得ない。……蓋しそれが説くやうな中止にあつては、行為者は自ら正道に立戻るための努力を示してゐるのであつて、我々は彼については斯かる態度を示さぬ一般未遂罪の犯人よりも性格の危険性、従つて刑罰の必要性低く、或ひは全然處罰の必要なしと評價し得るからである」、と(279)。これは刑事政策説に対しては宮本英脩と同じ論拠で批判し、その上で自説としては牧野英一と同様の論拠によるものであるといえる。佐伯千仭も任意性の内容に関して限定主観説を採る(280)ことから、中止犯を広く認めることになる刑

---

(278) 前述第3章第2節（2）a）。
(279) 佐伯・前掲『刑法総論』（1943〔昭和18〕年）292頁以下。
(280) 佐伯・前掲書292頁以下。

事政策説に対して、規範主義的な観点に基づいて中止犯の成立範囲を制限すべきと批判したのである。また、植田重正も佐伯千仞とほぼ同様の論理展開により「犯人の反規範性を重視して考察する」べきであると主張している[(281)]。

以上までのように戦前・戦中までは、圧倒的多数説としての刑事政策説と、その刑事政策説を批判する「規範主義説」とも言うべき学説が、具体的には中止未遂の成立範囲について広くこれを認めるか、ある程度規範的観点から限定するかで争っていたことになる。しかし戦後になって、全く新しい議論形式が現れることになった。それが、現在議論されている形式とほぼ同様の形での法律説の登場である。ここで登場した法律説には、これまでの法律説と称されたものとは決定的に異なる点があった。それは、刑事政策説を批判し、法律説を採るとした上で、さらにその際に違法性が減少（消滅）するのか、それとも責任が減少（消滅）するのかという議論形式を提示した点である。

初めて現行法の解釈として、この現在でも行われている議論形式を提示し、その上で中止犯制度の一般的な根拠論として法律説を採ったのは、平場安治である[(282)]。平場安治は、宮本英脩と同じ論拠によって刑事政策説を批判し、また前期法律説も今日では「骨董的価値」しかないというマックス・エルンスト・マイヤーの言葉[(283)]を引用した上で、「今日に於ては犯罪は違法有責の行為であるという見地から、中止の減免事由も、違法性を減少又は消滅せしめるか、責任を減少又は消滅せしめるかに帰せられる」として、法律説をさらに違法性減少（消滅）と責任減少（消滅）の二種類に分類する[(284)]。その上で違法性の面からは「計画の危険性の消滅」と「客観的危険状態の消滅」という二つの

---

(281) 植田・前掲『刑法要説（総論）』（1949〔昭和24〕年）213頁。

(282) これ以前にも、中止犯の根拠（法的性格）論として違法性消滅や責任消滅などを検討し採用するものはあった。しかしそれらは、改正刑法仮案の中止犯規定の中の悔悟による場合に対する解釈であったり（小野・前掲「刑法総則草案と中止犯」『豊島博士追悼論文及遺稿集』（1933〔昭和8〕年）78頁（小野『刑罰の本質について・その他』（1955年）所収）、木村亀二「中止未遂と悔悟」佐藤教授退職記念『法及政治の諸問題』（1939〔昭和14〕年）337頁以下（木村亀二『刑法の基本概念』（1948〔昭和23〕年）所収）。泉二新熊『刑法大要〔全訂増補三十版〕』（1934〔昭和9〕年）190頁も参照）、また現行法の解釈であったとしても、悔悟による中止の場合に限定した上での解釈であったり（木村・前掲「中止未遂と悔悟」367頁以下）したものであり、（悔悟によらない場合も含めての）中止犯一般の現行法解釈として導かれたものではなかった。

(283) Max Ernst Mayer, Der allgemeine Teil des deutschen Strafrechts, 2. Aufl., 1923, S. 370 Fn. 7.

(284) 瀧川他・前掲『刑法理論学総論』（1950〔昭和25〕年）208頁〔平場安治執筆〕。同じく平場安治『刑法総論講義』（1961〔昭和36〕年）140頁以下においてもほぼ同様である。

試みが可能であり⁽²⁸⁵⁾、責任の面からは規範的責任論と性格的責任論からの試みが可能であるとしている⁽²⁸⁶⁾。これを前提として平場安治は、「わたくしは違法性に於ても責任に於ても中止犯の刑の減免を理由付けうると考える。たゞ違法問題の責任問題に対する論理的先行性から及び責任に根拠を求める立場を貫けば既遂の中止、不能犯の中止も中止犯の中に入れねばならぬがゆえに、中止犯の理由付けは第一義的に違法性を減少又は消滅せしめる事由だと考える。……すなわち、實行の着手により生じた行為の危険への方向が未だ客観化されない以前に於て中止された場合は主観的違法要素の消滅による計畫の危険性の喪失にまた一度危険状態が客観化された場合はかゝる危険状態の消滅による現實の危険性の喪失に根拠を求むべきであると思われる」と述べて、違法減少説を採るのである⁽²⁸⁷⁾。

同様の議論形式から違法減少説を主張したのが、平野龍一であった。平野龍一は、刑事政策的根拠を一般予防と特別予防に分けた上で、次のように述べる。「しかし、犯罪の成立とこれに対する科刑とを、ばらばらのものと考え、中止犯を単なる政策的理由によって説明するだけでは満足せず、両者を不可分のものと考え、中止犯を、犯罪成立要件のいずれかを阻却消滅するものとして説明しようという努力も存在する。政策説に対し、法律説と呼ばれる。」⁽²⁸⁸⁾すなわち、法律説を、政策説の理論が発展して得られたものとして捉えているのである⁽²⁸⁹⁾。その上で法律説を「責任消滅原由」⁽²⁹⁰⁾と「違法消滅原由」⁽²⁹¹⁾の二

---

(285) 瀧川他・前掲書209頁〔平場執筆〕。平場安治は「計畫の危険性の消滅」から説明するものとしてビンディンクとヘーグラーを挙げ、「客観的危険状態の消滅」から説明するものとしてフランクとバッヘンフェルトを挙げる。

(286) 瀧川他・前掲書209頁以下〔平場執筆〕。平場安治は規範的責任論から説明するものとしてザウアーとケムジースを挙げ、性格的責任論から説明するものとして宮本英脩を挙げる。

(287) 瀧川他・前掲書210頁〔平場執筆〕。これを前提として平場安治は、中止に至った動機を問わないこと、結果発生が不能であったり、その阻止が行為者によってもはやできない場合には中止犯はありえないこと等を導く。

(288) 平野・前掲論文（1952〔昭和27〕年）404頁以下。

(289) 平野・前掲論文405頁においても、「法律説からは、政策的効果を、その反射的効果として包攝することができる。違法消滅説は一般豫防、及び特別豫防の、責任消滅説は特別豫防の。したがつてこの説の方が論理的には進んだものということができる」と述べられている。

(290) 平野龍一はこの責任消滅原由説を採る者として、ザウアー、ケムジース、宮本英脩、佐伯千仭、植田重正を挙げる。平野・前掲論文405頁。

(291) 平野龍一はこの違法消滅原由説を採る者として、ビンディンク、ヘーグラーを挙げる。平野・前掲論文405頁。

種類に分類する。それを前提にして平野龍一は、「中止犯の要件として悔悟を必要とすれば別であるが、そうでないわが法においては責任消滅と解釋することは困難である。違法消滅説はこの點では採用できる。そうしてまた、刑の免除だけではなく、刑の減軽をも認めているのを説明することもできる。違法性は程度を附し得る概念だからである。しかし、違法性が消滅してしまうならば、犯罪自體が不成立となる筈である、しかるにわが法は、犯罪の成立を認め、刑だけを減軽免除するにとどめる。刑の免除を無罪判決だと解する説もないではないが、わが訴訟法のもとでは採用し難い。又刑の免除は一旦犯罪が成立し、後に消滅した場合だという解釈もあるが、わが法では、一貫してこれを採用することができない。わが法のもとでは違法性の消滅を認めることはできないのである。したがつて違法性の減少と政策的理由との二元的な説明をする外はないように思われる」と述べて(292)、中止犯の要件として悔悟が要求されていないこと、および刑の減軽の場合を認めていることから違法減少説を採るものの、刑の免除が犯罪の成立を肯定するものである(293)以上、違法性の消滅は否定せざるを得ず、結果として違法減少説と政策説の併用説を採る(294)。

この現在とほぼ同様の「違法減少か責任減少か」という議論形式を伴う新しい法律説は、このように、違法減少説の側から最初に提示された議論の枠組みであった。そしてまもなく、この同じ議論形式に基づいて、現行の中止犯規定の根拠論として責任減少説が主張されるようになる。

「違法減少か責任減少か」という議論形式を伴う形での法律説を前提に、現行法の中止犯規定の根拠論として責任減少（消滅）説を最初に主張したのは香川達夫である。香川達夫は、刑事政策説(295)および違法性消滅事由説(296)を批判した上で、規範的責任論の立場から責任評価の事後的な変更・消滅を可能な

---

(292) 平野・前掲論文405頁以下。
(293) 刑事訴訟法334条および335条参照。団藤重光『刑法綱要総論第三版』(1979年) 519頁も参照。
(294) なお平野龍一『刑法総論II』(1975〔昭和50〕年) 333頁においては、「違法減少説は、厳格にいえば若干のちがいはあるが、おおむねこの政策説を理論的に表現したものだといってよい」として、違法減少説と政策説が同種のものとして理解されている。
(295) 香川達夫「中止未遂の法的性格」刑法雑誌5巻2号 (1954〔昭和29〕年) 203頁以下（香川・前掲『中止未遂の法的性格』56頁以下に所収）。
(296) 香川・前掲「中止未遂の法的性格」218頁以下（香川・前掲『中止未遂の法的性格』82頁以下に所収）。

ものとして中止未遂の不処罰根拠を責任の消滅に求めるケムジース[297]に大きく依拠しつつ、「たとえ一度は法的義務に違反して犯罪的意思決定をしたのであつても、したがつてために有責の非難がさけられえない場合であつても、行為者自身の主體的な介入によつて、すなわち許されない意識のもとに、換言すれば既に破つた法的義務にふたたび合致しようとする意欲――それが規範の要求に合致するという意味において規範的意識と名づけるならば、そうした規範的意識の具體化としての中止未遂は、たとえ事後的ではあるにせよ積極的・直接的に法的義務の要求に合致した場合と認められるのであり、ために責任の消滅を認めてもいいはずである」と述べて、行為者の意欲すなわち義務に違反した意欲そのものの変化に伴う評価の変動を基礎にして、中止未遂は責任消滅事由である、としたのである[298]。

さらに団藤重光は、その『刑法綱要総論』の中で政策説について、いくつか論拠を挙げて[299]「わが刑法のような規定のもとでは、政策説は論理的に成り立たないとさえいってよいであろう」[300]と批判した上で、「中止犯について刑の必要的減免が認められるのは、おそらく、中止行為に示される行為者の人格的態度が責任を減少させるからである。かような責任の事後的減少という考え方は、人格形成責任を中核とする動的な犯罪理論の構成を前提として、はじめて成り立つであろう」と述べて[301]、人格形成責任の考え方から、中止未遂制度の根拠を責任減少に求めた[302]。

これにより、「責任減少説対違法減少説」という、中止未遂規定の根拠論に関する現在の日本における議論形式が完成することになる。これ以降、日本の中止未遂の根拠に関する議論は、ほとんど全てこの対立図式を前提として行われるのである。実際、この対立図式の影響は大きく、例えば佐伯千仭は、前述

---

(297) Herbert Kemsies, Die tätige Reue als Schuldaufhebungsgrund, 1929.
(298) 香川・前掲「中止未遂の法的性格」228頁（香川・前掲『中止未遂の法的性格』97頁以下に所収）。
(299) 団藤重光は、日本では中止犯をドイツ刑法のように不可罰にせず、必要的減免にしている点から、減免の裁量が事後的なものである以上、事前においてのみ可能な政策的考慮は不可能である、とする。また政策的効果がその規定を知る者にしか働かないとも批判する。
(300) 団藤・前掲『刑法綱要総論』（1957〔昭和32〕年）270頁。
(301) 団藤・前掲『刑法綱要総論』271頁。
(302) このような責任消滅（減少）説について団藤重光は、ドイツではケムジースが説き、日本でも宮本英脩、香川達夫が採るとしている。また団藤重光は、牧野英一の見解（行為者の危険性が消滅する）を「責任消滅説の亜型」としている。団藤・前掲『刑法綱要総論』271頁参照。

のように1943〔昭和18〕年の段階では「蓋しそれが説くやうな中止にあつては、行為者は自ら正道に立戻るための努力を示してゐるのであつて、我々は彼については斯かる態度を示さぬ一般未遂罪の犯人よりも性格の危険性、従つて刑罰の必要性低く、或ひは全然處罰の必要なしと評價し得るからである」として牧野英一のような「規範的並びに可罰的評價」という点のみを根拠としていた(303)が、1968〔昭和43〕年の段階ではこの部分の記述が「けだし、それが説くような中止にあっては、行為者はみずから正道に立ち戻るための努力を示しているのであって、法的には、著手によって一度は生じた違法（法益侵害の危険）および責任が中止行為によって減少または消滅させられることになり、また主観主義的に考えても行為者の反社会的性格（悪性）が消滅または減少するとみうるからである（法律説）。」と変更されるのである(304)。前述のように戦前・戦中までは、明治40年刑法典成立以降の圧倒的多数説である刑事政策説と、それに対抗する形での草野豹一郎や牧野英一などの「反社会性の減弱・消滅」という「規範主義説」の対立が存在していた。しかし戦後になって、まず刑事政策説に対する批判を前提にしつつ、「主観的違法要素の消滅による計畫の危険性の喪失」「危険状態の消滅による現實の危険性の喪失」の点から「違法性減少（消滅）説」という法律説が現れ、そして同じ議論の枠組みに沿った形で、「規範的意識の具體化」または「中止行為に示される行為者の人格的態度」の点から「責任減少（消滅）説」という法律説が現れていったことがうかがえるのである。そしてそれと同時に、違法減少説または責任減少説のいずれかの法律説を唯一、もしくは主たる根拠とする学説が急速に増加し、刑事政策説は否定されるか、ないしはその法律説と合わせて補助的に支持されるに過ぎないものとなっていく(305)。

以上まで見てきたように、この現在行われている法律説を中心とした議論形式は、それほど古くから存在したものではなく、戦後に突如として現れたもの

---

(303) 佐伯・前掲『刑法総論』（1943〔昭和18〕年）292頁以下。
(304) 佐伯千仭『刑法講義（総論）』（1968〔昭和43〕年）323頁。このことから、この1968年の時点では佐伯千仭は、いわゆる規範主義説と法律説の併用説を採ったことになる。
(305) これ以後の学説で刑事政策説のみを中止未遂制度の根拠とするものとしては、木村亀二著・阿部純二増補『刑法総論〔増補版〕』（1978〔昭和53〕年）369頁、中野次雄『刑法総論概要第三版補訂版』（1997〔平成9〕年）132頁がある。また井上正治『刑法学総則』（1951〔昭和26〕年）196頁以下においては、「将来にわたつて違法性や責任性を消減せしめた」ことを指して「刑事政策的理由」の内容としている。

であったことがわかる[306]。しかしなぜそうまでして刑事政策説が否定されなければならなかったのか、そしてそれに対立する考え方として、なぜ本来的に異なる次元の議論に関する学説である「法律説」という考え方が持ち出されたのかは、あまり明確ではない。刑事政策説を否定する理由[307]として、「ドイツ刑法のように中止犯の法律効果が不処罰ではないから」というのであれば、ドイツ刑法においても加重的未遂の場合には内部に含まれた既遂犯として処罰されるのであるから、効果の大きさはドイツとさほど変わらないことになる。またそもそも全面的に不処罰でなければ「自止の奨励」の効果がないとするのも極端である。さらに「犯人が全員、中止犯規定を知っていることを前提としなければならない」というのも、刑事政策説に対する有効な反論とはならない。「自止の奨励」とはあくまでも「自らの犯罪結果の発生を自発的に（どんな理由からでもよいから）回避すること」であって、「犯罪結果発生」が刑法上好ましくないものであるのが当然であるのと同様に、「犯罪結果発生の回避」は刑法上好ましいものとして評価されるということに過ぎず、そのことは「中止規定を知っているかどうか」が関わって影響するものではない[308]。

　ここで、刑事政策説に対する批判が当初、主観主義・規範主義の立場から出されたものであったことが手がかりになるように思われる。すなわち、牧野英一は刑事政策説を批判した上で「反社会性の減弱」という規範主義的な見解を中止犯の根拠とし、任意性に関しても「一般人基準」を持ち出すことによって、事実上、規範的な判断をその任意性判断の基準の中に取り込んでしまった。また宮本英脩は任意性に関して明確に「限定主観説」を採用した。このような中止犯の成立を規範的にみて肯定できるもののみに絞る見解は、「中止犯の意義は自止の奨励であり、行為者に結果を発生させしめないこと」を内容と

---

(306) 事実、団藤重光編『注釈刑法（2）のII』（1969年）474頁〔香川達夫執筆〕において、このような議論形式について「もっとも、わが国の場合、中止未遂の法的性格が、既述したような形で論議されだしたのは、そう古いことではない」と述べられている。

(307) この刑事政策説に対する近年の学説からの批判については、後述結論第3章第3節において、より詳細な検討を行っているので参照されたい。

(308) 例えば自首制度（42条）は「捜査機関の便宜」という政策的趣旨による規定であると解されている（前述序論第1章）が、それは「自首規定を知っているかどうか」が関わるものではない。自首規定を知らない者が自首をしたとしても、自首規定が適用できる条件が存在すればその規定を適用するであろう。ある規定が「政策的」であるということは、「その規定を知っているかどうかにその規定の適用が左右される」ということを意味するわけではないのである。後述結論第3章第3節参照。

する刑事政策説とは相容れにくいものである。なぜならばこのような刑事政策説の帰結として「とにかく（どんな理由・動機からでもよいから）結果を発生させしめないようにする」という考えが導き出されるので、規範的な観点からは許容できない悪い動機から中止した場合、例えばある人間に対する強盗の際に、金銭をより多く持っていそうな人間が通りかかったので、最初の人間に対する強盗行為を中止した場合[309]や、近年ドイツで激しい議論の対象とされている構成要件外の目的達成の場合[310]においても、中止犯が成立することを認めるべきなのである。だが規範的な立場からはこの結論は許容できない。そこで刑事政策説を批判した上で、規範主義的な根拠が持ち出されたと考えられるのである。

　しかしこのような前提に立ったとしても、戦後になってから中止犯制度の根拠論に関して、「違法減少」「責任減少」という体系的位置づけに関わる形で、「法律説」という看板を伴った見解が突如として提示された理由は明らかにはならない。というのもまず第一に、「違法減少」「責任減少」という体系的位置づけ論は、規範主義説などの根拠論とはやはり議論の次元が異なるものなのであり、それ自体、「なぜ違法が減少するのか」「なぜ責任が減少するのか」の説明をさらに必要としている以上、このような見解を提示する意義がどこにあるのかが不明だからである。そして第二に、本来の「法律説」は、明治40年刑法典において中止犯が未遂犯の範疇に含まれていることを前提にした時から、もはや中止犯の根拠論に関する日本の刑法典の解釈としてはかなり困難なものになってしまったはずのものだったからである。明治40年刑法典は明治13年刑法典と異なり、条文上は中止犯の場合にも未遂犯が成立しているものである以上、「法律の条文上、中止犯の場合には未遂犯も成立しておらず、それを処罰する規定が不存在であるので、中止犯は不処罰となる」という法律説の論拠は、もはや採用し難いものだったはずなのである。だがいずれにせよ、このように根拠論において体系的位置づけ論に関わらせた形での説明が行われたことは、結果的に別の点において重要な意味をもつことになる。それが「正犯が中

---

(309)　この事例は、Claus Roxin, Über den Rücktritt vom unbeendeten Versuch, Festschrift für Ernst Heinitz, 1972, S. 262に挙げられている事例である。なお、中止犯の根拠論に関して「刑罰目的説」を採用するロクシンは、このような事例における最初の人間に対する強盗未遂罪について、当然に中止未遂の成立を認めない。この点について、後述結論第3章第4節参照。

(310)　前述序論第2章。

止した場合の、その狭義の共犯の取り扱い」という共犯問題である。次にこの点について扱うことにする。

c）共犯問題（とりわけ一身専属性）[311]について

前述のように、明治13年刑法典は「中止犯ではないこと」を未遂犯の成立要件としていた[312]。つまり中止犯の場合を未遂犯の範疇から外していたのである。これに対し、明治40年刑法典においては、中止犯の場合も未遂犯が成立していることを前提とするようになった[313]。このことは、「正犯が中止した場合の、その教唆犯[314]・従犯[315]の取り扱い」に関して、大きな違いを生むこととなった。

すなわち明治13年刑法典においては、中止犯であれば未遂犯でさえもない以上、正犯者が中止した場合には正犯の未遂行為が存在しないことになり、従属性の観点からその教唆犯・従犯も不処罰となったのである。実際にこのような考え方から、正犯が中止した場合にその教唆犯を不処罰とする旨を明らかにするものとして、江木衷[316]、谷野格[317]、小疇傳[318]、平沼騏一郎[319]、さらに正

---

[311] ここでの「共犯」は、中止効果の「一身専属性」を議論の対象とするので、従属共犯としてのいわゆる「狭義の共犯」を想定することにする。共同正犯、間接正犯の中止に関する検討は別稿に譲ることにする。また中止犯における（狭義の）共犯に関する問題は、大きく分けて二種類の場合を分けて考える必要がある。すなわち①正犯が中止した場合に従属性に基づいてその効果が中止行為に関与していない共犯に及ぶのかどうか、②共犯自身が中止行為を行うことができるのかという問題である。ここではやはり「中止犯の効果の一身専属性」を議論の対象とするので、①を議論の中心とすることにしたい。

[312] 前述第2章第2節参照。

[313] 前述第3章第2節（1）参照。

[314] 明治13年刑法典105条によれば、教唆犯も「正犯」として扱われていた（「人ヲ教唆シテ重罪軽罪ヲ犯サシメタル者ハ亦正犯ト爲ス」）。しかし教唆犯の正犯に対する実行従属性については認められていたようである。宮城浩蔵『刑法講義（四版）第一巻』（1887〔明治20〕年）631頁、江木衷『現行刑法汎論（再版）』（1887〔明治20〕年）156頁以下、江木衷『改正増補現行刑法汎論〔第三版〕』（1888〔明治21〕年）223頁、富井政章『刑法論綱』（1889〔明治22〕年）248頁。

[315] 従犯の正犯に対する実行従属性についても認められていたようである。江木・前掲『現行刑法汎論（再版）』165頁以下、江木・前掲『改正増補現行刑法汎論〔第三版〕』235頁以下。

[316] 江木・前掲『現行刑法汎論（再版）』159頁。江木衷は「教唆者ノ責任ハ正犯ノ犯罪ノ執行ニ着手シタル時ヨリ生スルカ故ニ正犯ニシテ犯罪ヲ中止シタルトキハ教唆者ヲ併セテ無罪ト為スヘク正犯ニシテ未遂ニ止マルトキハ教唆者モ亦未遂犯ヲ以テ罰スルニ過キサルヘシ」と述べる。同じく江木・前掲『改正増補現行刑法汎論〔第三版〕』227頁、江木衷『現行刑法原論（再版）』（1894〔明治27〕年）109頁においても同様である。なお、江木衷は前掲『現行刑法汎論〔再版〕』142頁において「又數人共犯ニ係ル中止犯ハ共犯者中一人ノ中止ニ係ルトキト雖モ尚ホ他ノ共犯者ヲ罰スルコトナシ是レ共犯ハ數人一體ノ共同ニ出タルモノニシテ一人ノ中止進取リ其全體ヲ左右スルニ足ルヘキモノトスルノ原則ニ基タル結果ナリ但シオツペンホツフ氏及ヒ其他ノ學者ハ反

犯が中止した場合にその従犯を不処罰とする旨を明らかにするものとして、江木衷(320)、富井政章(321)、岡田朝太郎(322)、谷野格(323)、小疇傳(324)、平沼騏一郎(325)が挙げられる。そしてこの正犯が中止した場合の共犯の問題点に関して記述した文献の中で、このように共犯に正犯の中止の効果が及ぶことを解釈論で否定する文献は一つも見当たらない。それどころか、このような解釈的結論

對ノ説ニ出テタリ」と述べているものの、江木・前掲『改正増補現行刑法汎論〔第三版〕』においてはこの記述が削除されている。思うに、この記述の「共犯者」が教唆犯・従犯のみを指すのか、共同正犯を指すのか、それとも全体を指すのかが明らかでなかったため、混乱を避けるために削除されたものとも考えられる。

(317) 谷野格講義・前掲『刑法汎論』（早稲田大学出版部蔵版、出版年不明、1901〔明治34〕年頃の出版と思われる）217頁。谷野格は「犯行の中止に因る未遂は之を法律上の未遂と認めず即ち此種の未遂は其性質上罪たる行為にあらざるを以て其共犯は之を法律上の共犯と認むること能はす。換言すれば犯行の中止ありたるときは事實上正犯準正犯（筆者注：教唆犯を指す）又は従犯ありと雖も法律上に於ては之を正犯、準正犯又は従犯として處罰することを得ず」と述べる。

(318) 小疇傳『日本刑法論』（1904〔明治37〕年）248頁。小疇傳は「我現行刑法ニ依レハ犯人カ任意ニ中止シタルトキハ處罰スヘキ行為即チ犯罪ハ存在セス従テ其中止以前ニ於テ此ニ加擔シタル他ノ實行正犯及ヒ教唆者従犯者ハ他人ト共同シテ罪ヲ犯シ又ハ他人ノ犯罪ニ従トシテ加擔シタリト云フコトヲ得サルヲ以テ刑法上共犯者トシテ之ヲ處罰スルコトヲ得サルナリ（刑法第百四條第百五條第百九條參照）」と述べる。同じく小疇傳『大審院判決引照批評日本刑法論総則〔訂正増補〕』（1906〔明治39〕年）327頁においても同様である。

(319) 平沼騏一郎講述・前掲『刑法汎論』（出版年不明、1903—1904〔明治36—37〕年頃の出版と思われる）227頁。平沼騏一郎は「中止ハ現行法ノ解釋トシテハ全ク犯罪ノ成立ヲ阻却シ免刑ノ原因ニアラス故ニ實行正犯カ中止スルトキハ教唆犯又ハ従犯ヲ成立セシメサルモノト論セサルヘカラス」と述べる。

(320) 江木・前掲『改正増補現行刑法汎論〔第三版〕』235頁以下。江木衷は「従犯ノ所為ハ豫備中ノミナラス犯罪ノ執行中ト雖モ存在スルコトナキニアラス然レトモ豫備中ニ屬スルモノハ正犯ニシテ現ニ犯罪ノ執行シタルトキニアラサレハ従犯タルノ責任ナカルヘク只タ豫備ノ所為カ幇助スルモ正犯ニシテ犯罪ヲ中止シタルトキハ其ノ責任ナシ」と述べる（ただし、単に従犯の実行従属性についての記述とも読める。いずれの意図の記述かは不明である）。同じく江木・前掲『現行刑法原論〔再版〕』114頁においても同様である。なお江木・前掲『現行刑法汎論〔再版〕』においては、まだこの後半部分の中止に関する記述が見られない（同書165頁以下参照）。

(321) 富井政章『刑法論綱』（1889〔明治22〕年）267頁。富井政章は「例ヘハ器具ヲ供給シタル後ニ於テ正犯其悔悟ニ因リ實行ヲ中止シタルノキハ従犯モ亦無罪タルヘシ」と述べる。

(322) 岡田朝太郎『日本刑法論（総則之部）〔改訂増補三版〕』（1895〔明治28〕年）1091頁以下。岡田朝太郎は「中止犯ニ付テモ亦同シク従犯ナシ中止犯ハ犯罪ニ非ラス」と述べた上で具体例を挙げ、ある人が政治集会場に爆弾を投げ込もうとしたときに、それを知った他の人が爆弾を給与したものの、結局中止した場合には「助成者モ亦従犯ニ問フ可ラス壯士自身カ中止犯トシテ不問ニ付セラルレバナリ」と述べる。

(323) 谷野・前掲『刑法汎論』217頁。

(324) 小疇・前掲『日本刑法論』248頁。同じく小疇・前掲『大審院判決引照批評日本刑法論総則〔訂正増補〕』327頁においても同様である。

(325) 平沼・前掲『刑法汎論』227頁。

を生む原因である明治13年刑法典の未遂犯の規定形式を、この共犯への影響の観点から、好ましくないものとして否定的に捉える見解すらも見当たらない。これは、このような場合における教唆犯・従犯が、現在のいわゆる「教唆・幇助の未遂」と当罰性の点で同等のものとして捉えられていたからではないかとも考えられる。

　これに対して明治40年刑法典においては、中止犯も未遂犯の範疇にあることが前提とされたため、たとえ正犯が中止したとしても、その正犯の未遂犯は成立していることになった。中止犯は中止未遂として、刑罰消滅事由ないし刑罰減軽事由となったのである。それ故に、その教唆犯や従犯に対して正犯の中止の効果は影響しなくなった。ここで初めて、中止効果の一身専属性という作用が導かれたのである(326)。明治40年刑法典成立後においては、この共犯問題に関して、明確にその効果が一身専属的なものである旨が多く記述されるようになる。すなわち、小疇傳(327)や泉二新熊(328)、岡田庄作(329)、大場茂馬(330)、山岡萬之助(331)、富田山壽(332)、久禮田益喜(333)、牧野英一(334)などが、中止の効

---

(326)　現在の日本ではこのような「中止未遂の効果の一身専属性」ということは、中止犯というものの性質上から当然に導かれることであるかのように受け取られている印象が強い。団藤重光『刑法綱要総論第三版』(1990年) 430頁、前田雅英『刑法総論講義（第3版）』(1998年) 461頁および465頁以下、大谷實『新版刑法講義総論』(2000年) 494頁、濱邦久『未遂〔刑事法重点講座〕理論と実際』(1982年) 228頁以下など。しかし明治13年刑法典の下でのこの問題に関する学説の議論を見ると、これは逆であって、中止犯が一身専属的であることは自明のものではなく、中止犯の理論構成を行った上で導かれるべきものであることが明らかになる。Vgl. v. Liszt/Schmidt, Lehrbuch des Deutschen Strafrechts, 26. Aufl., 1932, S. 318 Fn. 8；Frank, a. a. O., 18. Aufl., 1931, S. 101；Philipp Allfeld, a. a. O., 9. Aufl., 1934, S. 205 Fn. 67.

(327)　小疇・前掲『新刑法論』(1910〔明治43〕年) 417頁。小疇傳は「新刑法ノ規定ニ依レハ中止犯ハ犯罪不成立ニアラスシテ既ニ未遂犯トシテ犯罪ハ成立セルモ任意ナル中止ヲ理由トシテ之ニ科スヘキ刑ヲ減軽又ハ免除スルニ過キスシテ之カ為メ未遂行為ノ犯罪タル性質ニ何等ノ影響ヲ與フルモノニアラス」ということを前提にした上で、「共同正犯中ノ或者カ任意ニ罪ノ實行ヲ中止シ又ハ罪トナルヘキ結果ノ發生ヲ妨止スルモ之カ中止ニ關與セサル他ノ共同正犯及教唆又ハ従犯ハ前ニ犯罪行為ニ加功シタル事實ニ伴フ刑責ヲ免ルルコトヲ得ス」と述べた。小疇傳は明治13年刑法典の下では前述のように正犯が中止した場合にはその効果は共犯に及ぶとしていたのであるから、これは明らかに条文が改正されたことに基づいて解釈を変更したものである。

(328)　泉二・前掲『改正日本刑法論〔訂正七版〕』(1909〔明治42〕年) 292頁以下。同じく泉二・前掲『日本刑法論上巻〔訂正第四十版〕』(1927〔昭和2〕年) 533頁においても同様である。

(329)　岡田・前掲『刑法原論総論〔増訂改版第四版〕』(1917〔大正6〕年) 340頁。

(330)　大場・前掲『刑法総論下巻』(1918〔大正7〕年) 824頁以下。

(331)　山岡・前掲『刑法原理〔訂正増補第七版〕』(1918〔大正7〕年) 213頁以下。

(332)　富田・前掲『日本刑法』(1918〔大正7〕年) 320頁。

(333)　久禮田益喜『日本刑法総論』(1925〔大正14〕年) 263頁。

果は中止した正犯に一身専属的なものであって、その教唆犯や幇助犯に中止の効果は及ばない、とするのである。以上によりこのような一身専属性の効果は、明治40年刑法典の規定により中止も未遂の範疇に含まれることになったことを前提として、「一旦生じた可罰的な状態にある未遂を事後的に不処罰ないし処罰減軽にする」効果をもつもの、すなわち「刑罰消滅事由ないし刑罰減軽事由」であることから導かれるものであったことがわかる。決して中止犯の一般的定義やその性質・内容そのものから自明のものとして当然に導かれるわけではないのである。

　そしてこの共犯の従属性の議論は、やがてマックス・エルンスト・マイヤーにより、その性質に関して段階づけが行われるべきであることが示されるようになる(335)。すなわち今日、日本で言われるところの「要素従属性」の議論が生まれたのである。そしてまさにこの要素従属性の議論の発生により、「違法減少説」と「責任減少説」という体系的位置づけ論が直接に関わる場面が現れるのである。すなわち当時のドイツにおいては、共犯の従属性に関して「極端従属形式」が通説であり、当時のドイツ刑法典の文言においても「極端従属形式」を前提とした文言があった(336)。そしてこの「極端従属形式」を前提とした上で、中止犯の体系的位置づけに関して「違法」ないし「責任」が減少（消滅）するものと考えるのであれば、正犯が中止行為を行った際には、当然にその共犯にその法律効果が及ぶことにならざるを得ないのである。すなわちシュポールは次のように述べる。「不処罰となる中止を犯罪阻却事由と見なした者は、やむなくその共犯もまた不処罰となると説明した。というのも、犯罪要素

---

(334) 牧野・前掲『日本刑法上巻総論〔重訂版〕』(1941〔昭和16〕年) 484頁以下。

(335) Max Ernst Mayer, Der allgemeine Teil des deutschen Strafrechts, 2. unveränderte Aufl., 1923, S. 390. 1915年の初版は参照できなかったが、「unveränderte」とあることから同様の主張であると考えられる。また P. F. Aschrott/Franz von Liszt, Die Reform des Reichsstrafgesetzbuchs, Band I, 1910, S. 355ff. においても、既に M. E. Mayer は、このような共犯の正犯に対する従属性について、段階づけを行うことが可能であると示している。なお、なぜこのような要素従属性という観点から共犯の従属性を緩和することが試みられたのか、その理由については、佐伯千仭「いわゆる共犯の制限された従属形式」（『共犯理論の源流』(1987年) 所収35頁以下）、松宮孝明「非故意行為に対する共犯――「故意への従属性」について――」立命館法学231・232号 (1993年) 241頁以下、同じく松宮孝明「共犯の「従属性」について」立命館法学243・244号 (1995年) 302頁以下、松宮孝明「「行為」概念と犯罪体系」立命館法学271・272号下巻 (2000年) 879頁以下等を参照。

(336) すなわち48条において教唆犯の従属の対象は「... strafbaren Handlung」であり、49条においても幇助犯の従属の対象は単に「... Verbrechens oder Vergehens」とされていた。

の一つ、すなわち責任ないしは違法性が欠ける場合には、そもそも構成要件に該当する、犯罪となる行為は全く存在せず、そして現行法における共犯の強い従属的性質においては、そのような犯罪ではない行為への可罰的な共犯行為は問題にならないからである。」[337] また、クラウトハンマーも次のように述べている。「46条において犯罪阻却事由、とりわけ様々に主張されているような責任阻却事由が問題となる場合には、正犯者の中止の際にその従属性に基づいてその共犯全体が不処罰となるという、正当と認められるべきではない結論が明らかになるであろう。」[338] このように、極端従属形式の下で中止犯の体系的位置づけを違法性ないし責任に係らしめることは、正犯が中止した場合にその共犯に中止の効果が及ぶという結論へと当然に至るのである。

そしてそうであるならば、制限従属形式の下で中止犯の体系的位置づけを違法性に係らしめる場合にも、同様に正犯が中止した場合にはその共犯に中止の効果が及ぶことになる[339]。とりわけドイツでは1943年に法改正がなされて、法律の明文において制限従属形式が採用されることになった[340]。この結果として、もし中止犯の体系的位置づけを違法性に係らしめるものとする学説があれば、その学説においては正犯のみが中止した場合でも当然に共犯にその効果が及ぶことになった[341]。そして、法律の明文において制限従属形式を採用し

---

[337] Ludwig Spohr, Rücktritt und tätige Reue, 1926, S. 70. シュポールはこのことからの当然の帰結として、ビンディンクが、正犯が中止した場合に中止行為をしていない教唆犯や幇助犯にもその効果が及ぶ、としていることを指摘している。Vgl. Karl Binding, Grundriss des Deutschen Strafrechts Allgemeiner Teil, 8. Aufl., 1913, S. 138 ; ders., Das bedingte Verbrechen, GS Bd. 68, 1906, S. 23f..

[338] Karl Krauthammer, Der Rücktritt vom Versuch, 1932, S. 53.

[339] Vgl. Klaus Ulsenheimer, Grundfragen des Rücktritts vom Versuch in Theorie und Praxis, 1975, S. 123ff.（本論文の紹介として、虫明満「クラウス・ウルゼンハイマー著『理論及び実務における中止未遂の基本問題』（一九七六年）」名大法政論集78号（1979年）427頁以下参照）; Christian Jäger, Der Rücktritt vom Versuch als zurechenbare Gefährdungsumkehr, 1996, S. 4.

[340] すなわち前掲のように48条における教唆犯の従属の対象は「... strafbaren Handlung」であったのだが、これが「... mit Strafe bedrohten Handlung」になり、49条においても幇助犯の従属の対象は単に「... Verbrechens oder Vergehens」であったのが、「... als Verbrechen oder Vergehen mit Strafe bedrohten Handlung」と変更された。

[341] 1943年の改正後に、中止犯の体系的位置づけを直接に違法性に関係するものと主張する学説は、ドイツにおいては皆無に近い。ただし、消極的構成要件要素の理論を前提に、中止犯でないことを未遂犯成立の消極的構成要件要素と考える学説は存在し、この考え方によれば、正犯の中止はその共犯に効果が及ぶことになった。すなわち、「……中止が未遂の消極的概念要素として分類される場合には、正犯の中止における関与者行為は、現行法によれば原則的には不処罰とな

ているわけではない日本においても、その共犯の要素従属性の解釈論として制限従属性説を採りつつ、中止犯の体系的位置づけに関して違法性が関係するものと主張する場合には、その学説においては正犯の中止の効果は、中止行為を何も行わなかった共犯にも及ぶことになる(342)。現在の日本の学説において、この正犯のみが中止した場合のその共犯への影響に関して、そのような論点自

　　　　る教唆未遂または関与未遂として評価されることになる。正犯者の中止によって、関与者はその結果をかすめ取られるのである。「期待はずれの人」を教唆した、もしくは幇助したことが不処罰であるという考え方は、予防をむしばみ得るものではない。それゆえ、その要罰性は、関与者においては関与行為それ自身の危険性からのみ根拠づけられ得るであろう。しかしこのことは、正犯者の態度に対して何らの特定の関係もないわけではない。したがって、正犯者の中止における関与者の不処罰に対する批判は、原則的に関与者の従属性に対して向けられなければならない。その他の点では、特定の法益の特別な保護、または特定の侵害に対する特別な保護のために、企行構成要件への変更によって従属性を打ち破る可能性が存在する。つまりは、一般的な未遂理論からは、正犯者の中止における関与者行為も、要罰的なものではないと評価されるのである」(Reinhard v. Hippel, Untersuchungen über den Rücktritt vom Versuch, 1966, S. 71f. u. S. 77)、と。なお同じく消極的構成要件要素の理論を採りつつ、正犯の中止は共犯に効果が及ばないことの論証を試みるものとして、Guntram v. Scheurl, Rücktritt vom Versuch und Tatbeteiligung mehrerer, S. 37ff. 参照。また最近ではフリスターが、着手未遂の場合に限定してではあるが、その刑法24条1項1文第1選択肢の内容は「未遂の着手……の規定の内容上の補足として、概念規定に属するものであり、そしてそれにより——確かに法技術的にはそうではないが、しかし内容からして——未遂の構成要件に属するのである。……この中止の選択肢は、既遂の阻止とは異なって、一身的刑罰阻却事由ではなくて、構成要件消滅事由なのである」として、着手未遂についてはフランス型の未遂犯・中止犯規定と同様に中止の場合には未遂犯がそもそも成立しないとし、さらに「……さらなる行為実行の放棄は、構成要件実現への直接的開始という動機の無価値を除去したのであり、それは——まったくもって通説とは逆に——関与者にも斟酌されるべきなのである。……それにより、Aの行為計画を認識して拳銃を調達した幇助者Gもまた、故殺未遂の幇助犯(刑法212条、22条、23条1項、27条)としては処罰される必要はないのである。そのような幇助者は、単に故殺を手伝うことを試みたのであり、そしてそのような未遂でしかない幇助は、刑法30条……によっても可罰的ではないものとされているのである」として、正犯者の着手未遂の中止はその幇助犯を不処罰にすることを明確に示している(Helmut Frister, Strafrecht Allgemeiner Teil, 4. Aufl., 2009, S. 304)。
(342)　このように制限従属性説を採りつつ中止犯の体系的位置づけを違法性にも関わるものとして捉える見解(すなわち違法減少(消減)説、ないしは違法・責任減少(消減)説など)としては、平場安治『刑法総論講義』(1961年)140頁および147頁(なお瀧川他・前掲『刑法理論学総論』(1950年)210頁および215頁[いずれも平場安治執筆]も同様である)、平野・前掲『刑法総論II』334頁および355頁、藤木英雄『刑法講義総論』(1975年)262頁および297頁、佐伯千仭『四訂刑法講義(総論)』(1981年)323頁および338頁、川端博『刑法総論講義』(1995年)466頁および522頁、福田平『全訂刑法総論〔第三版〕』(1996年)228頁および253頁、大塚仁『刑法概説(総論)〔第三版〕』(1997年)242頁および272頁、内田文昭『刑法概要中巻(犯罪論2)』(1999年)391頁および447頁、林幹人『刑法総論』(2000年)374頁および431頁、井田良「犯罪論の思考と論理[第19回]中止犯」現代刑事法3巻5号(2001年)98頁および同・「犯罪論の思考と論理[第20回]正犯と共犯」現代刑事法3巻6号(2001年)109頁以下など。

体を明確に取り上げて検討しているものは少ない。これは中止犯の体系的位置づけに関して、それを責任に関係するものとする立場(343)においても、また（共犯に影響の及ぶことになりやすい）違法性に関係するものとする立場(344)(345)においても、同様である(346)。しかし上述したような中止効果の一身専属性に関する議論の経緯に鑑みると、まさに中止犯の体系的位置づけ論を議論する際には、このような共犯への影響という観点からの検討は欠くことはできな

---

(343) この立場において、この共犯の論点を意識した上で違法減少説を否定し、責任に関わるものとする結論を導く数少ない例外として、香川達夫『刑法講義〔総論〕第三版』(1995年) 307頁、同じく香川・前掲『中止未遂の法的性格』76頁以下および177頁以下、山中敬一『刑法総論Ⅱ』(1999年) 712頁。

(344) 制限従属性説を採りつつ中止犯の体系的位置づけを違法性にも関わるものとする見解のうち、この論点を取り上げて「共犯にもその効果が及ぶことになる」という結論に反論しようとする見解については、後述結論第3章第2節を参照。その結論第3章第2節においても詳細に検証しているように、現在のところこの見解からは、体系的・論理的に整合した形での説得力ある反論がなされているとは言えない。中止犯の体系的位置づけを違法性に関わるものとする見解から導かれるであろう体系的・論理的に整合した結論は、①最小限従属性説ないしは共犯独立性説を採用して共犯への影響を否定する（ただし最小限従属性説ないしは共犯独立性説を採ったとしても、後述のように法律説を維持する場合には未遂行為と中止行為の一体的評価を前提にせねばならず、やはり共犯への影響は避けがたいように思われる）か、もしくは②「正犯のみが中止した場合でも共犯にその効果が及ぶ」と言いきってしまうことである。

(345) 実質的に最小限従属性説を採りつつ中止犯の体系的位置づけを違法性にも関わるものとする見解として、大谷實は、「たしかに、違法性のうち法益侵害については連動することを認めるべきであるが、違法性は法益侵害の結果を前提として行為の無価値を評価するものであり、行為自体の連動ということはありえないから、共犯者に連動することもありえないのである」と述べる（大谷實『新版刑法講義総論』(2000年) 409頁）。その上で「自己の意思によらないで中止した共犯者に連動することはありえず」（大谷・前掲書409頁）とも述べるが、必要条件としての共犯の従属性というものは、共犯者の主観面によって左右されることなく作用するものなのであるから、この大谷實の指摘は単に「この場合（＝正犯のみが中止した場合）は共犯者自身が中止を行った場合ではない」と述べているだけでしかなく、この場合に従属性が作用することに対する反論となっていない。また、「政策目的上の効果も、自己の意思により中止した者についてのみ及ぶと解されるから、違法性減少が共犯に連動することはありえない」（大谷・前掲書409頁）とされるが、「政策目的上の効果も、自己の意思により中止した者についてのみ及ぶと解される」というのは、その中止者が自止の奨励に応じたが故にその効果が一身にのみ作用する、ということである。そうだとすればそれは一身的刑罰減少消滅事由として中止を捉えることになり、そもそも違法性減少とは関係がなく、違法減少説をとることの意味が理解できていないことがうかがわれる。そもそも最小限従属性説を採用すること自体に大きな問題があるのであり（山中敬一『刑法総論［第2版］』(2008年) 801頁以下参照）、また仮に最小限従属性説を採ったとしても、後述のように法律説を維持する場合には未遂行為と中止行為の一体的評価を前提にせねばならず、やはり共犯への影響は避けられないものといえる。

(346) このような議論状況は、前述のような「『中止未遂の効果の一身専属性』ということは、中止犯というものの性質上から当然に導かれることである」という誤解から発生しているように思われる。

い(347)。逆に言うならば、中止犯の体系的位置づけに関して議論する意義は、まさにこの共犯問題の点にこそあるといってもよい。

　実際、ドイツではこのような共犯問題に対する一身専属性の確保の点から、法律説内部において、体系的位置づけとは異なる観点からの新たな理論構成が模索されたのである。前述のようにもともとの（前期）法律説は、例えば中止によって「刑法の違反に向けられた悪い意思が……遡って廃棄される」場合には、「必然的にその可罰性は抹消されなければならない」(348)などとしていたのであり、これは「中止が未遂の範疇に入らない」という立法形式を前提としたものであった(349)。その後1871年刑法典が成立し、このような法律説を採ることは条文上は困難なものとなった。しかしその後も法律説的な理論構成を維持する見解は、この1871年ライヒ刑法典43条と46条は形式的には分離しているものの、やはりあわせて考察すべきものである(350)としたり、「全体として考察された私の態度は——そして全体としてそれは観察されなければならない——有害な結果への原因の設定という性格を欠くのである。違法な部分は塵芥のように、存在する主要部分から追放されるのである。全体としての態度はもはや違法なものではないのである」(351)としたりして、未遂と中止の全体的考察という手法を用いて、中止の場合には既に違法性が無いことを論証しようとした(352)。しかしそれらの見解は、結論として事実上存在した出来事を事後的に

---

(347)　Vgl. Ulsenheimer, a. a. O., S. 123ff..
(348)　Heinrich Albert Zachariä, Die Lehre vom Versuche der Verbrechen, 2. Theil, 1839, S. 240.
(349)　前述第2章第2節（1）参照。
(350)　Albert Friedrich Berner, Lehrbuch des Deutschen Strafrechtes, 18. Aufl., 1898, S. 165 Fn. 1.
(351)　Karl Binding, Das bedingte Verbrechen, GS Bd. 68, 1906, S. 23.
(352)　このように、とりわけ1871年ライヒ刑法典や明治40年刑法典のような未遂犯の規定形式の下で法律説を採る際には、中止行為開始時点で既に成立してしまっているはずの未遂犯について「（評価の上では通常の未遂犯としては）成立していない」ことを論証するために、未遂行為と中止行為との一体的評価が必要不可欠とされることになる。もしこの一体的評価なしに明治40年刑法典のような未遂規定の形式の下で法律説を採るならば、それは「一旦生じた未遂犯が事後的にその評価を変化させる」ことになり、「通常の（障礙）未遂犯はそもそも成立していない（＝違法性ないしは責任に影響して中止未遂犯が成立している）」という（本来の）法律説の内容とは矛盾したものになる。事後的な評価変更という説明方法は、（本来の）法律説には（その定義からしても）許されないものなのである。だからこそ、後述の一体化説の「行為概念の相対性」という理論構成が、中止未遂の効果の一身専属性を維持するために、有意義なものとなってくるわけである。

否定することになると批判され[353]、また共犯問題に関して、正犯のみが中止した場合でも何ら中止行為をしていない共犯にもその効果が及ぶことになってしまうとも批判された[354]。そこでこのような全体的考察方法を維持しつつ、中止犯の効果の一身専属性を導きだす論理構成として、一体化説（Einheitstheorie）を主張したのが、ラング＝ヒンリクセンであった[355]。ラング＝ヒンリクセンは「行為（Tat）」というものの概念が目的論的概念であることを出発点に、法律上の構成要件の意味における「行為」と量刑の意味における「行為」の概念は異なる概念として解されなければならない、としたのである[356]。このような「行為概念の相対性（Relativität des Tatbegriffs）」を前提にする[357]ことで、彼は法律説の理論構成を維持しつつ、共犯問題における中止犯の効果の一身専属性を導き出そうとしたのである。すなわち「正犯者のある行為態様（ここでは未遂）は、同様の正犯者の異なる行為態様（ここでは中止）と、両者が単一体を形成し、そして可罰的な出来事が存在していないという効果によって、分離不可能な事実関係にある。共犯者にとって、この関係（すなわち中止に対する未遂の関係）は存在しない。それゆえに、共犯者にとって正犯者の行為

---

(353) Jäger, a. a. O., S. 4.

(354) Jäger, a. a. O., S. 4.

(355) Dietrich Lang-Hinrichsen, Bemerkungen zum Begriff der „Tat" im Strafrecht, unter besonderer Berücksichtigung der Strafzumessung, des Rücktritts und der tätigen Reue beim Versuch und der Teilnahme（Normativer Tatbegriff）, in Festschrift für Karl Engisch, 1969, S. 353ff.（本論文の紹介として、刑法読書会「カールエンギッシュ記念論文集の紹介（八）ラング＝ヒンリクセン『刑法における所為概念についての覚書』」（中山研一紹介）法学論叢89巻3号（1971年）58頁以下参照）。

(356) Lang-Hinrichsen, a. a. O., S. 359. この量刑の意味における「行為」概念を、彼は「拡大された行為概念（der erweiterte Tatbegriff）」と呼ぶ。

(357) ラング＝ヒンリクセンは、このような正犯行為の相対化の結果としてのその行為の二重評価の考え方は、既に特定の事例形式における刑法解釈においても行われていることである、と指摘する。すなわちそれは、連続行為（正犯者にとっては連続行為は単一の行為であり、連続行為中の個別行為は独立していない構成分子であるにすぎないが、その連続行為中の一個の個別行為に関与した共犯者にとっては、その個別行為のみが行為として独立した単一行為となる）、共罰的事後行為（正犯者にとっては共罰的事後行為として先行する可罰的態度との関係で合わせて評価されるが、事後行為のみに関与した共犯者にとっては共罰的事後行為は独立して評価されるべきものである）、法条競合（BGHSt 11, 66におけるように、詐欺行為（欺罔）を手段として恐喝を行った事例について、正犯者にとってはその欺罔は脅迫に吸収され、恐喝のみが存在するが故に恐喝罪で処罰されたが、欺罔にのみ関与し、かつ脅迫の事実を知らなかった幇助犯が詐欺幇助で処罰された場合。ただし学説上は争いがある）の3つの場合である。Lang-Hinrichsen, a. a. O., S. 377f..

は、このような関係なしに評価されるべきである。したがって共犯者に投影する際には、正犯者の行為の第一の部分は独立しているのであり、そしてそれにより固有の法律上の評価である共犯者に対して可罰的な未遂として受け入れやすくなるのである」、と(358)。しかしこのような一体化説の構想も、「中止を単に量刑上の視点として理解するものである」(359)と批判された。すなわち、刑法上の犯罪行為として検討の対象とされるのは、まさに構成要件に該当する行為であって、「量刑の意味における行為概念」に基づく行為、すなわち「拡大された行為」ではないのである。このような「拡大された行為」概念をわざわざ設定し、それを量刑の対象となるものでしかないとするのであれば、ここまでしてあえて法律説を採らなければならない必然性が疑問視される(360)。また行為概念を相対化させることで、その「行為」というものの輪郭線が失われることになるとも批判されている。すなわち、「行為概念の拡張によってその限界づけをもたらすということは、つじつまの合わないことである。中止の行為概念への統合は、せいぜい、既に否定された方法で可能なものとなり得るにすぎないように思われる。その方法とは、任意的な中止という要件を消極的構成要件要素として把握する方法である」、と(361)。このようにして、法律説を改良

---

(358) Lang-Hinrichsen, a. a. O., S. 376. このような点から逆に、日本で主張されているような、全体的考察方法を採用した上で法律説を主張する見解が、行為概念の相対化をもたらすものとしてではなく、単純に「未遂と中止とを一体として考察する枠組を立て」るものとしてのみ主張される場合(大場茂馬『刑法総論下巻』(1918年)808頁、清水・前掲論文235頁以下、金澤真理「中止未遂における刑事政策説の意義について(一)(二・完)」法学(東北大学)63巻(1999年)655頁以下、64巻(2000年)53頁以下(特に64巻78頁以下参照)、同じく金澤真理「中止未遂とその法的性格」刑法雑誌41巻3号(2002年)29頁以下等を参照)には、それらの見解に対してはビンディンクらの主張した従来の法律説に対するのと同様の批判が向けられることになる。すなわち、行為概念を未遂行為と中止行為を合わせたものとして捉えることは、正犯のみが中止した場合に正犯の中止行為を未遂行為と一括的に評価する以上、その教唆犯・幇助犯は従属性の観点から「中止未遂の」教唆犯・幇助犯であることになり、中止未遂の効果が一身専属的なものではないことになるのである。ラング=ヒンリクセンの主張は、このような単純な全体的考察のみを内容とするものではなく、さらにそこから進んで、行為概念を相対化することで、従来の全体的考察の手法(およびそれに基づく法律説)が抱える、共犯に関しての問題点を克服しようとする狙いがあったのである。

(359) Hans-Heinrich Jescheck/Thomas Weigend, Lehrbuch des Strafrechts, Allgemeiner Teil, 5. Auflage, 1996, S. 540 ; vgl. auch Jäger, a. a. O., S. 5.

(360) 「拡大された行為」概念を設定せずとも、中止を一身的刑罰減少消滅事由であるとした上で、未遂行為と中止行為をまとめて量刑の対象である、とすればよい。共犯における一身専属性の問題もそもそも生じなくなる。そしてこのような批判は、後述するように、日本の法律説に対しても当てはまるものなのである。

して、共犯問題を解決するために主張された一体化説も、結局として批判が根強く、大きな支持を得ることはできなかったのである。

　以上まで述べてきたように、ドイツにおける法律説の進展は、中止未遂における未遂行為と中止行為の一体的評価を前提にした上で、行為概念の相対化という方向で共犯問題に対処しようとするものであった。しかし日本においては、このような形での法律説の進展はほとんど見られない。これは、まずそもそも前提として共犯問題に対処しようとする意識が強くなく[362]、また法律説を採った際に、未遂行為と中止行為を全体的に一体のものとして評価しなければ、「中止の際には未遂も成立していない」という法律説の定義に反することになるという意識が弱かったためであると考えられる[363]。だが、とりわけ日

---

(361)　Michael Walter, Der Rücktritt vom Versuch als Ausdruck des Bewährungsgedankens im zurechnenden Strafrecht, 1980, S. 27.

(362)　前述してきたような、「『中止未遂の効果の一身専属性』ということは中止犯というものの性質上から当然に導かれることである」という誤解が、このような共犯問題に対処するという点についての意識の低さを招いているように思える。

(363)　この点で、日本において広く行われているように、行為概念を相対化させることなく、なおかつ全体的考察方法をも採用せずに違法減少説ないし責任減少説を採るためには、中止未遂の法的性格でいうところの「違法」概念ないしは「責任」概念そのものを変更し、それらを量刑上のものとして捉え直す必要があることになる。すなわち、中止行為前までの未遂行為によって、犯罪論体系に関わる形での「行為違法」「行為責任」が存在することになり、中止行為によっては、これとは別の「量刑違法」「量刑責任」が減少・消滅する、と考えるわけである。日本の法律説は、違法減少説であれ、責任減少説であれ、また違法・責任減少説であれ、結局として事実上、このような「量刑違法」「量刑責任」といった意味での「違法性」「責任」「違法性および責任」が減少している、と述べているにすぎないのである。しかし、そもそも日本の「違法減少説」「責任減少説」および「違法・責任減少説」が、自説に関してこのように「行為違法」「行為責任」ではなくて「量刑違法」「量刑責任」に関してのみの説明しかなし得ていない点について自覚できているかどうかがまず疑問である。また、このような「量刑違法」「量刑責任」が減少・消滅するという説明に対しては、一体化説に対して為された「中止を単に量刑上の視点として理解するものである」との批判が当てはまり得る（中止犯規定は、その由来からすれば「未遂と中止の関係構造」に基づいて未遂犯の成立要件そのものにかかわる規定である以上、量刑規定（＝刑罰論）としてだけのものではなく、犯罪論にかかわる規定である。後述第2部第1章、結論第1章、および結論第3章第2節参照）し、さらに「積極的責任主義」（＝「責任あれば刑罰あり」）の要請を充たすという点以外では、わざわざこのような説明を行わねばならない意義も見いだしがたい。そして何よりも、このように中止犯を、「行為違法」「行為責任」とは異なる「量刑」上の問題として捉え直してしまうような考え方が、そもそも「法律説」というものの範疇になお入り得るのかどうかが、全く以って疑問である。「中止犯は『行為違法』ないし『行為責任』に影響する」ということこそが、まさに法律説の本質的中身だったはずなのである。だとするならば、法律説をなお採用する際には、未遂行為と中止行為の全体的考察方法を採らざるを得ないことになり、さらに共犯への影響を避けるために行為概念を相対化させる必要もあることになる。だがこのように考えたとしても、前述のように、こうまでして法律説を主張しつづける意義

本の法律説が、中止未遂における未遂行為と中止行為の一体的評価を行いつつ、通常の障礙未遂とは異なるどのような法的性格を中止未遂が持つことになるのかを体系的位置づけ論において明らかにすることは、その共犯問題の結論を左右する上で、欠くことのできない、決定的な要因となるのである。シュポールは次のように述べる。「中止および行為による悔悟の不処罰事由の法的性格に関してまさに展開された問題の大きな実際上の意味は、多く争われている次のような問題の決定が、ある程度までその回答により左右されるということにある。それはすなわち、行為者による任意的な未遂の放棄ないしは結果阻止が、任意に共同して中止しなかった共犯者（教唆犯と幇助犯）の可罰性にどのような影響を及ぼすのか、言い換えるならば未遂における正犯の任意的な中止の効果は、客観的、事実的で、未遂犯罪に関与する全ての者を包括するものであるのか、もしくは主観的、一身専属的、個人的で、中止規定の法律上の要件を自ら満たす人にのみ役立つものであるのか、という問題である。」[364] またクラウトハンマーも次のように述べる。「中止の法的性格に関する問題は、正犯の中止が共犯をも不処罰にするかどうか、およびそれがとりわけ特殊な共犯の中止にも存在するかどうか、という問題に対して、大きな実際上の意義がある。」[365] すなわちここでシュポールやクラウトハンマーが指摘するように、「法的性格（Die rechtliche Natur）」論は、このような共犯問題に対してこそ意義をもつのである。中止犯の「法的性格」論とはこのような中止の効果の体系的位置づけ論を示すものであり、それは中止犯の「根拠」論とは区別されるべきものなのである[366]。現にクラウトハンマーは、この「法的性格」論とは別に

　　　がどのような点に存在するのか、わざわざこのような説明を行わねばならない意義がどこにあるのかは、やはり見いだしがたいといえる。
(364)　Spohr, a. a. O., S. 69f..
(365)　Krauthammer, a. a. O., S. 53.
(366)　このような中止犯論における「根拠」論と「体系的位置づけ」論の区別の必要性については、既に城下裕二「中止未遂における必要的減免について—「根拠」と「体系的位置づけ」—」北大法学論集36巻4号（1986年）203頁以下において、同様の全く以って適切な指摘がなされている。ただし城下・前掲論文は、「法的性格」論という単語の指し示す内容（および日本におけるそれに関する誤解）については、踏み込んで指摘・検討していない。すなわち、この「体系的位置づけ」論と「根拠」論とが区別されるべきものであるとは指摘するものの、現在日本で「法的性格」論と呼ばれているものが、実は「体系的位置づけ」論と同じであり、その「法的性格」論もまた「根拠」論とは区別されるべきことになる、という、用語上の誤解の点までも指摘しているわけではない。

「不処罰の理由づけ（Die Rechtfertigung des Strafwegfalls）」と銘打って根拠論に別章を置いているのである(367)。また最近のドイツにおける中止犯論の検討も、このような「法的性格論」すなわち「体系的位置づけ論」と、「根拠論」を区別して検討するものがほとんどである(368)。

現在、日本ではこの「法的性格」論があたかも「根拠」論と同じ論点であるかのように扱われている(369)。しかし、このような形で法的性格論と呼ばれるべきものを捉え直すことは、「法的性格」という日本語の語義にもむしろ合致するように思われる(370)。そして実際に、日本では「法的性格論」と称して「違法減少説か責任減少説か」という争いが行われている。この日本の議論形式の問題点は、「法的性格論として違法減少か責任減少かが争われていること」そのものではなくて、「その法的性格論の議論が根拠論それ自体と同視されていること」なのである(371)。法的性格論とは「その中止犯が法律上どのような性格（性質）を持つのか」を示すものである。これは中止犯の存在を前提とし

---

(367) Krauthammer, a. a. O., S. 4ff.. これと類似して、「Rechtsnatur」という単語を用いて、その中で体系的位置づけ論を述べるものとして、Jürgen Baumann/Ulrich Weber/Wolfgang Mitsch, Strafrecht Allgemeiner Teil, 10. Aufl., 1995, S. 564；Volker Krey, Deutsches Strafrecht Allgemeiner Teil, Band 2, 2001, S. 185. Baumann/Weber/Mitsch はこの法的性格論とは別に根拠論を「Grund der Strafbefreiung」として検討し、Krey は根拠論を「ratio legis」として検討する。

(368) Maurach/Gössel/Zipf, a. a. O., S. 56ff. u. S. 88；Georg Freund, Strafrecht Allgemeiner Teil, 1998, S. 294 u. S. 296；Walter Gropp, Strafrecht allgemeiner Teil, 1997, S. 285 u. S. 288；Günther Jakobs, Strafrecht Allgemeiner Teil, 2. Aufl., 1991, S. 741；Kristian Kühl, Strafrecht Allgemeiner Teil, 3. Aufl., 2000, S. 552 u. S. 554；Schönke/Schröder/Eser, a. a. O., 25. Aufl., 1997, §24 Rn. 1-5；SK（Hans-Joachim Rudolphi), 6. Aufl., 1993, §24 Rn. 2-7. これらにおいて、根拠論は例えば「Grund」または「Ratio」という表題で議論され、体系的位置づけ論は例えば「(systematische) Einordnung」もしくは「Stellung」か、または「Wirkung」として中止の法的効果の説明の中で検討されている。

(369) 例えば前田・前掲書164頁、大谷・前掲書407頁などは、いずれも「根拠」論を検討する際に（本来「法的性格」論における学説であるはずの）責任減少説や違法減少説を取り扱っている。

(370) すなわち、中止犯が構成要件すらも充足しないという「性格」を持つか、違法性が減少消滅するという「性格」を持つか、責任が減少消滅するという「性格」を持つか、という観点で、中止犯の法律上の「性格（性質）」が明らかになるのである。「性格（性質）」というものは、「根拠」ないし「理由づけ」とは語義的に異なるものと考える方が自然だと思われる。

(371) そしてこの「根拠」論と「法的性格」論が日本においても、本来は同一視されてはいなかったことの証明として、次のような記述表現が存在する。「これ（筆者注：前期法律説および刑事政策説）に対し、中止犯不処罰の根拠を中止の法的性格においてとらえようとする考えがある。法律説と呼ばれる。」（木村静子「中止犯」日本刑法学会編『刑法講座4』(1963年) 22頁)。この表現は、現在の法律説が、根拠論の問題を法的性格論で解決しようと試みたものであったことを示しており、両者が次元の異なる論点であることを前提にしていたものといえる。

た、いわば中止犯の効果を示すものである。よって、中止犯が成立したその法律効果として、共犯にその影響が及ぶかどうかが重要となるのであり、まさにその点で法的性格論（体系的位置づけ論）が意味を持つのである。これに対して、根拠論とは「なぜ中止犯が法律上（通常の未遂犯とは）異なる扱いを受けるか」を示すものである。よって、そこで争われるべき学説は、中止犯の成立範囲そのものに影響を与えるべき内実を持つものでなければならないのである。ゆえに、「自止の奨励」という形で中止犯の任意性を広く認めて、結果的に被害者の保護にも役立つことになる「刑事政策説」は、その内容からも根拠論であることになるのである。根拠論と法的性格（体系的位置づけ）論は、根拠論を前提にして中止犯の成立範囲が確定され、それによって成立した中止犯の法的性格（体系的位置づけ）を前提にして、その共犯への影響の有無が確定される、という関係にたつものなのである。

そして、まさにこのような体系的位置づけ（法的性格）論と根拠論がもともと別のものであった、という事実から、前述したような戦後に突如として法律説が現れたことの意義（狙い）がうかがえることになる。すなわちこれらの説は、根拠論を、法的性格論という別の次元の議論を使って、両者を併せて説明しようとする試みであったのである[372]。別の次元の議論であることを自覚しつつ、その両者に密接な理論的関連性があるとして、あえてその両者を関連づけてあわせて説明しようとした、一種の理論的試みだったのである[373]。しかし法的性格論は前述のように本来的には中止犯の効果に関わるものであり、また「根拠論と法的性格論を合わせて説明する」という手法は、結果的に根拠論と体系的位置づけ（法的性格）論が混同されやすい環境を作り出すことになり、違法性の減少を理由として違法減少説をとる、ないしは責任の減少を理由として責任減少説をとるというようなトートロジーへと陥りやすい状況になってしまったのである[374]。

---

[372] 実際に、この議論の枠組みを最も早く示した平場安治は、違法減少消滅説と責任減少消滅説を対置させた上で、さらにその根拠論の具体的内容に関して、「計画の危険性の消滅」と「客観的危険状態の消滅」、もしくは「規範的責任論」と「性格的責任論」という形で、違法減少消滅説および責任減少消滅説を、それぞれ根拠論の内容の観点から二つに分類していた。

[373] 前述の法律説に対する「中止犯不処罰の根拠を中止の法的性格においてとらえようとする考え」（木村静子・前掲論文22頁）という評価は、まさにこのような日本の戦後の法律説が発生した意図を示すものとも言えるであろう。

[374] この点については和田俊憲「中止犯論——減免政策の構造とその理解に基づく要件解釈

以上まで述べてきたように、正犯のみが中止した場合の共犯への効果という共犯問題を視野に入れて、体系的位置づけ（法的性格）の議論はなされるべきものであった。実際、中止犯の場合には未遂犯も成立しないという法制を採用した明治13年刑法典の下では、その効果は共犯にも及んだ。そして明治40年刑法典が成立し、それまでの「条文解釈論としての根拠」であった法律説は根拠論としては成り立ち得なくなり、「背景理論としての根拠」である刑事政策説のみが根拠論として生き残ることとなった。またそれと同時に中止犯の場合も未遂犯は成立していることになり、中止犯の体系的位置づけとして一身的刑罰減少消滅事由説が採用されることになった。しかし「条文解釈論としての根拠」と「背景理論としての根拠」の混同が根強く継続していた日本においては、「法律説」が明治13年刑法典のような法制（法規定）を前提としたものであることがいつのまにか忘れられることになった。刑事政策説が圧倒的支持を受けつつ、それに対立して、中止犯を犯罪成立要件に関わらせる学説として、法律説の名は記憶に残された。やがて昭和初期の頃から、圧倒的通説である刑事政策説に対抗する学説として規範主義説も主張されるようになったが、その規範的・限定的な中止犯観が好まれなかったためか、多くの支持を得るには至らなかった。そして日本においては一身的刑罰減少消滅事由説と刑事政策説が圧倒的に支持された結果、それらが同視・混同されやすい環境が発生し、根拠論と体系的位置づけ論（法的性格論）をも混同したまま議論が進められることにもつながった。このことはすなわち、中止の一身専属性が、前述の共犯問題および法的性格論を前提として初めて意味があるということも忘れられてしまうことへと結びついた。そしてそのような共犯問題の視点を欠いたまま、「法的性格論」であるはずの違法減少消滅説ないし責任減少消滅説が、「根拠論」の

　　──」刑法雑誌42巻3号（2003年）2頁以下も参照。この点でまさに今日本で必要とされるべき議論は、法的性格論が根拠論そのものではありえないことを自覚した上で、議論の枠組みとして「違法減少説」「責任減少説」という枠組みではなく、根拠論について、もう一度内容的な再分類（すなわちどのような理由から中止未遂の場合の優遇を認めるのかについての議論の再整理）を行った上で、正面から議論しなおすことであろう。現在「違法減少」「責任減少」等と主張する見解も、何らかの理由をもってそのような違法減少ないしは責任減少の効果が生じると主張しているのであろうから、まさにその理由を以って根拠論として議論すべきなのである。法的性格論そのものは共犯問題との関係でなお議論・検討されるべきものであるが、それに加えて、中止犯の成立範囲そのものに関わる形での根拠論も、法的性格論（体系的位置づけ論）とは別に、改めて議論されるべきなのである。

議論における説明の試みとして、主張されるようになった。その際に、現行の条文からはもはや採り得ないはずの学説である「法律説」という看板が、刑事政策説（一身的刑罰減少消滅事由説）に対抗して「犯罪論体系内で検討している」という意味もこめてか、再び使用されることとなった。しかしこれらの法的性格論と根拠論を合わせて説明しようとする見解は、結果的に「違法か責任か」という法的性格の観点からの議論の枠組みのみが強調されてしまい、「なぜ違法が減少するのか」「なぜ責任が消滅するのか」という、本来根拠論で争われるべき内容の部分の論争が見えにくくなってしまった。このようにして、「根拠論」を議論しているつもりで「体系的位置づけ論」を検討する——しかもそこには「共犯問題」の視点はほとんど無い！——という現在の日本の中止犯論の議論形式が形成されたのである。

　では次に、このような明治40年刑法典の解釈論の下での判例の流れを、大まかに見ていくことにする。

(3) 判　例(375)

　ここでは、明治40年刑法典の下での中止犯に関する主要な判例に関して、その大まかな流れを、中止犯の中心的な成立要件に関わる事例について(376)検討

---

(375)　以下で紹介する判例については、後掲の参考資料5も参照。
(376)　よって、以下の判例に関してはここでは取り扱わないことにする。
・予備罪の中止に関する事例（大判大正5年5月4日録22輯685頁、大判大正13年10月10日刑集3巻657頁、最判昭和29年1月20日刑集8巻1号41頁、仙台高判昭和29年2月16日高刑判特36号58頁、東京地判昭和49年2月15日判月6巻2号161頁）
・共同正犯における中止の事例（大判大正12年7月2日刑集2巻610頁、大判昭和10年6月20日刑集14巻722頁、大判昭和12年12月24日刑集16巻1728頁、最判昭和24年7月12日刑集3巻8号1237頁、最判昭和24年10月18日裁集刑14号223頁、最判昭和24年12月17日刑集3巻12号2028頁、東京高判昭和25年9月14日高刑集3巻3号407頁、福岡高判昭和28年1月12日高刑集6巻1号1頁、仙台高秋田支判昭和30年7月12日高刑裁特2巻13号700頁、東京高判昭和30年12月21日東高刑時報6巻12号456頁、仙台地判昭和34年1月22日下刑集1巻1号107頁）
・共犯関係からの離脱が問題となったような事例（仙台地判昭和34年1月22日下刑集1巻1号107頁、東京高判昭和40年4月27日東高刑時報16巻4号89頁＝判タ178号179頁、大分地中津支判昭和53年1月31日判時922号127頁）
・中止である旨の主張がなされたが既に既遂であるとされて中止犯とされなかった事例（大判昭和3年11月5日大審院裁判例3巻刑事裁判例43頁、大判昭和4年4月30日刑集8巻222頁、大判昭和13年6月14日刑集17巻438頁、最判昭和23年11月2日刑集2巻12号1443頁、最判昭和26年1月25日裁集刑39号675頁、名古屋高金沢支判昭和26年2月12日高刑判特30号32頁、高松高判昭和27年4月24日高刑集5巻8号1193頁、広島高岡山支判昭和28年2月12日高刑判特31号65頁、東京高判昭和31年6月19日高刑集9巻6号608頁）

していくことにする(377)。なお各判決において、併合罪の関係に立つような他の犯罪事実についても審理されている場合もあるが、あくまでも中止未遂の成否が問題となった犯罪事実の部分についてのみ記載した。

〔大審院・最高裁判例〕
(D1) 大判明治44年10月12日（刑録17輯1672頁）
　　放火罪において、弁護人が「……自ラ之ヲ消止メタル行為ハ中止犯ニシテ既遂又ハ未遂ノ犯罪ヲ構成セス……」と主張したものの、大審院は「現行刑法ニ於テハ犯罪人カ自己ノ意思ニ因リ犯罪行為ヲ止メタルトキハ其刑ヲ減軽又ハ免除スルコトト為シ犯罪ノ中止モ亦未遂犯ヲ構成スル」として、中止犯の場合にも未遂犯が成立していることを現行法が前提としている以上、「未遂犯が成立していない」との主張はあたらないとされた(378)。この判決は、明治13年刑法典から明治40年刑法典へと未遂犯・中止犯規定が変更されたことに伴って、中止犯が未遂犯の範疇に含まれるようになったということを明示したものといえる。
(D2) 大判大正2年2月7日（法律評論2巻刑法27頁）
　　恐喝罪において、恐喝行為をしたものの、事前に警察署に探知されて発覚したために犯罪を遂行し得なかったのは、「犯人意外ノ障碍ニ依リ其遂行ヲ妨ケラレタルモノニシテ自己ノ自由ナル意思ヲ以テ犯罪ノ實行ヲ中止セシモノニ非ス」として、任意性を否定して中止犯を認めなかった。

・結果的加重犯における中止の事例（最決昭和34年7月7日裁集刑130号515頁）
・他の共犯者から関係を断たれたに過ぎないとされた事例（大判昭和9年2月10日刑集13巻127頁、東京高判昭和28年1月27日東高刑時報3巻1号23頁）
・独立未遂罪の中止の事例（大判昭和18年10月22日刑集22巻270頁、福岡高判昭和26年10月13日高刑集4巻10号1297頁、最決昭和40年10月5日裁集刑157号15頁）
・手続法上の問題に関する事例（大決大正14年7月1日刑集4巻465頁）
・罰条擬律の問題において中止犯の事件が含まれたにすぎず、なおかつ具体的な事実記載がない事例（大判大正4年2月26日刑録21輯164頁）
・事実認定上中止が問題となった事例（大判大正2年7月5日刑録19輯757頁＝法律評論2巻刑法113頁、最判昭和22年12月11日刑集1巻73頁、最判昭和25年6月21日刑集4巻6号1045頁、鹿児島地判昭和25年10月16日刑集9巻9号1999頁、最判昭和26年3月27日裁集刑42号655頁、仙台地石巻支判昭和26年6月28日刑集8巻4号499頁、大阪高判昭和34年7月8日下刑集1巻7号1535頁、京都地判昭和51年5月21日判時823号110頁、東京高判昭和61年7月14日判タ622号232頁、名古屋高判平成2年7月27日判時1375号35頁＝判タ736号59頁、福岡高判平成7年1月18日判時1551号138頁、名古屋地判平成7年12月27日判タ918号251頁、東京地判平成12年4月12日判タ1055号288頁など）

(377)　なお、ここでは紙媒体において内容が把握できる判例のみをとり上げた。裁判所ウェブサイトなどにおいて多数挙げられている最近の下級審判例を含めての検討は、他日を期したい。
(378)　その一方で当該判決は、中止の事実の有無および中止未遂成立の可否については全く検討していない。

(D3) 大判大正2年11月18日（刑録19輯1212頁）(379)

　殺害の目的で斬りつけたものの、現場を逃走した者について、「外部的障碍ノ原因存在セサルニ拘ハラス内部的原因ニ由リ即チ犯人ノ意思ニ拘ハラサル事情ニ因リ強制セラルルコトナク任意ニ實行ヲ中止シ若クハ結果ノ發生ヲ妨止シタルトキハ刑法第四十三條後段ニ規定スル中止犯成立スヘキモ所謂中止犯ニ該當セサル犯罪ノ未遂状態ハ其原因ノ如何ヲ論セス総テ之ヲ同條前段ニ規定スル未遂犯ニ屬スルモノト解セサルヘカラス」とした上で、本件は、「判示事實ニ據レハ……外部ノ障碍ニ因リテ犯罪ノ發覺センコトヲ畏怖シ殺害行爲ヲ遂行スルコト能ハス現場ヲ逃走スルノ止ムナキニ至リタル者ニシテ犯人ノ意思以外ノ事情ニ強制セラルルコトナク任意ニ殺害行爲ヲ中止シタル事實ニ非サル」として、任意性が否定されて中止未遂ではないとされた。

(D4) 大判大正11年12月13日（刑集1巻11号749頁）

　詐欺罪において、「詐欺ヲ行フノ目的ヲ以テ民事訴訟ヲ提起シタル後之ヲ取下ケ又ハ請求ヲ抛棄スルモ其ノ取下又ハ抛棄カ意外ノ障礙ニ因リ訴訟ヲ維持スルヲ得サル爲已ムヲ得サルニ出テタルモノナルトキハ中止未遂ニ非スシテ普通ノ未遂ナリトス」として、被害者から共犯者が告訴されるなどしたために訴訟が維持できないとして請求を取り下げたのは、中止未遂ではないとされた。

(D5) 大判大正15年3月30日（大審院判例拾遺1巻刑事判例21頁）

　放火罪について、放火後に「火勢ノ熾ナルヲ見テ恐怖ノ念ヲ生シ自ラ他ノ雇人等ト共ニ消火ニ努メタルヨリ須臾ニシテ鎮火シ該家屋ヲ焼燬スルニ至ラサリシモノナリ」との事実を認定した上で、中止未遂の成立を認めた。

(D6) 大判大正15年4月13日（大審院判例拾遺1巻刑事判例31頁）

　保険金目的で放火をしたものの、部屋が燃えているのを他人が発見し、「被告人亦之ニ協力セサルヲ得サルニ至」った事例について、「前掲各證據ニ依レハ本件ノ放火カ未遂ニ終リタルハ判示ノ障碍ニ基因スルモノナルコト明白」として、中止未遂を認めなかった。

(D7) 大判大正15年12月14日（法律新聞2661号15頁）

　判例（D6）と同様に保険金目的で放火をしたものの、火が「新聞紙等ヲ燃焼シテ其ノ勢漸ク熾ナラントシタルヨリ被告人ハ大ニ驚キ」、「之ハ大變ナコトヲシ

---

(379)　本判決を解説したものとして、吉川経夫「中止未遂」『続判例百選』（1960年）12頁、同じく吉川経夫「中止未遂」『続判例百選〔第二版〕』（1965年）144頁、同じく吉川経夫『刑事裁判の諸論点（吉川経夫著作選集第5巻）』（2001年）193頁、板倉宏「共犯と中止犯」『刑法判例百選』（1964年）90頁、同じく板倉宏「共犯と中止犯」『刑法判例百選（新版）』（1970年）102頁、同じく板倉宏「共犯と中止犯」『刑法判例百選Ⅰ総論』（1978年）200頁参照。また本判決においては、さらに「實行正犯ノ一人ノミカ単獨ノ意思ヲ以テ實行ヲ中止シ若クハ結果ノ發生ヲ妨止シタル場合ニ於テハ右中止ノ効力ハ他ノ共犯人ニ及フヘキニ非サレハ……」として、傍論ではあるものの、共同正犯者中の1人が中止行為をしたとしても、その中止者の中止の効果が他の共同正犯者には影響しない旨を示している。

テ仕舞ツタト思ヒ」、「自ラ右犯行ヲ中止スル意思ヲ以テ「バケツ」ニ水ヲ汲ミタルモ當時病ニ罹リ衰弱シ居タリシ為獨力消火スルコト能ハサリシカハ大聲隣人ヲ呼ヒ其ノ助力ヲ得テ消火シ」た事例について、中止未遂の成立を認めた。

(D8) 大判昭和2年6月25日（刑集6巻7号231頁）

詐欺罪について、「民事訴訟手續ニ依リ財物ヲ騙取セント企テ既ニ第一審ニ於テ敗訴ノ言渡ヲ受ケタル以上其ノ判決ニ對シ上訴ヲ為サスシテ確定セシムルニ至リタリトスルモ此ノ事ヲ以テ任意其ノ犯行ヲ中止シタルモノト稱スヘキモノニ非ス」として、上訴を行わなかったことを以って中止未遂とすることはできないとした。

(D9) 大判昭和2年7月4日（大審院裁判例2巻刑事判例17頁）

判例（D6）（D7）と同様に保険金目的で放火をしたが、「頓ニ悔悟シ直ニ水ヲ注キテ之ヲ消シ止メタ」事例について、「被告ノ意思ニ因リ之ヲ中止シタルモノ」として中止未遂の成立を認めた[380]。

(D10) 大判昭和2年10月25日（法律新聞2762号11頁、法律評論16巻刑法322頁）

放火罪について、被告人が近隣の人々と共に消防活動に尽力したのは中止犯にあたると上告したものの、大審院は、原判決においてはそのような事実は認定されておらず、さらに「縱令所論ノ如ク被告人カ近隣ノ人々消防ニ助力シタル事實アリトスルモ右ハ被告人自發ノ意思ニ因リテ放火行為ニ着手後其ノ結果ノ發生ヲ獨力防止シタルモノニ非サレハ刑法第四十三條但書ノ場合ニ該當セス」として、被告人の主張したような助力行為では、たとえそれが存在したとしても中止行為とはならない、と評価された。

(D11) 大判昭和4年9月17日（刑集8巻446頁）

放火罪の事例に関して、中止犯が成立するためには「犯人自ラ犯罪ノ完成ヲ現實ニ妨害シタル事實ノ存スルコトヲ必要トスヘク原判示ノ如ク被告人自ラ點火シタル麻縄ノ揉消ヲ試ミタルモ消火ノ効ナク被告人以外ノ者ニ於テ犯罪ノ完成ヲ現實ニ妨害シタル場合ニ在リテハ同條但書ヲ適用スルヲ得サル」として、中止未遂が成立するためには犯人自らが犯罪の完成を現実に防止することを要する、とされた。

(D12) 大判昭和6年12月5日（刑集10巻668頁）[381]

放火の事例で、他人がその火災を発見して消火を開始し、被告人もそれに加わったという場合において、「他人ニ於テ犯罪ノ完成ニ要スル結果ノ發生防止ニ著手シタル上犯人ニ於テ之ニ協力シ因テ右結果ノ發生ヲ防止シ得タル場合ニ於テハ

---

[380] なお本件では、「……且被告ハ着手後直チニ悔悟シ大事ニ至ラサル間ニ之ヲ消シ止メ被害モ亦僅少ニシテ未タ公安ヲ害スルノ程度ニ達セサル等其ノ他犯情ニ鑑ミ刑法第二十五條ニ則リ三年間其ノ刑ノ執行ヲ猶豫シ……」として、悔悟して中止した点が、執行猶予とした理由の一つとして挙げられている。

[381] 本判決を解説したものとして、飯塚敏夫『刑法論攷』（1934年）455頁参照。

右結果ノ發生防止ハ犯人ノ自發ニ出タルモノニ非スシテ他人ノ發意ニ基クモノニ外ナラサルニ依リ犯人ノ協力ハ最早障礙未遂犯ノ成立ヲ阻却スルノ効力ナク中止犯ヲ以テ論スルコトヲ得ス」として、他人が結果發生防止行為を開始した後に行為者が中止行為を行っても、中止未遂としては認められない、とされた。

(D13) 大判昭和7年4月18日（刑集11巻380頁）(382)

判例（D12）とほぼ同様の放火の事例で、他人が消火した後に水を注ぐ行為を行った行為者について、「被告ハ判示ノ如ク放火ヲ為シタルモ隣人等ニ於テ之ヲ發見シテ消止メタル為燒燬ノ目的ヲ遂ケサリシモノナルカ故ニ障礙未遂罪ヲ以テ論スヘキコト當然ナリトス而シテ所論ノ如ク假ニ被告カ隣人等ノ所為ニ因リ消火シタル後ニ於テバケツヲ以テ水ヲ注ク等ノ行為ヲ為シタリトスルモ自己ノ意思ニ因リ實行ヲ止メタルモノト謂フコトヲ得サルカ故ニ中止犯ヲ以テ論スヘキ限ニ在ラス」として、結果が防止された後に中止行為を行っても中止未遂とはならない、とされた。

(D14) 大判昭和7年6月29日（刑集11巻985頁）(383)

放火の事例で、一つの家屋の二箇所に放火したが、その一箇所のみを自己の意思により消し止めた行為者について、「……斯ノ如ク一ノ住宅燒燬ノ意思ヲ以テ其ノ二箇所ニ放火シタル場合ニ於テ自己ノ意思ニ因リ之ヲ止メンニハ須ク其ノ雙方ノ燒燬ヲ消止ムルヲ要スルハ論ヲ待タサル所ナル……」として、点火の両方について中止行為（消火行為）をしなければ障礙未遂が成立する、とされた。

(D15) 大判昭和7年10月8日（刑集11巻1444頁）

保険金目的の放火の事案で、行為者が発火装置を作成し、家屋が燃えるようにしておいたものの、気にかかって、しばらく後で放火現場を見に行ったところ、火は燃え上がらず消えている様子だったので、燃えずによかったと思って帰宅して安心して就寝したが、結局火災が発生した場合において、「一定ノ犯意ヲ以テ之カ實行行為ニ出テタル以上爾後犯意ヲ翻スコトアリトスルモ自己ノ意思ニ因リテ犯罪ノ實行ヲ中止スルカ結果ノ發生ヲ防止スルニ非スンハ行為者ノ責任ニ何等ノ消長ヲ來スモノニ非ス」とした上で、行為者は消火行為を何ら行っていないので中止未遂ではなく、またさらに故意が否定されて過失犯として失火罪となることもない、とされた。

(D16) 大判昭和9年6月21日（刑集13巻852頁）

尊属殺人の事案で、被害者を二回背後から切りつけたものの、更には追いかけることをせず、自分が実際に切りつけたあれだけの程度では死なないと思った行為者について、「被告人カ……殺害ノ目的ヲ遂ケサリシハ所論ノ如ク被告人カ其ノ殺害行為ヲ中止シタルニ因ルモノニアラスシテ〔被害者〕ノ逃避ニ因ルモノナ

---

(382) 本判決を解説したものとして、草野豹一郎『刑事判例研究第一巻』（1934年）60頁、飯塚・前掲書457頁参照。
(383) 本判決を解説したものとして、飯塚・前掲書458頁参照。

ルカ故ニ被告人ノ行為ハ尊属殺ノ障礙未遂ヲ以テ問擬スヘキモノナルコト勿論」であるとして、中止未遂とは認められないとされた。

(D17) 大判昭和9年9月17日（刑集13巻1178頁）

詐欺目的で、虚偽の債権に基づく他人名義の配当要求申立書およびその他人名義の委任状を偽造して執行吏に提出行使して競売得金配当要求の申し立てをしたが、差押債権者から告訴を為す模様があることを知って犯行の発覚を怖れてやむを得ず配当要求を放棄した場合に、「原判示ニ依レハ所論配當要求ノ抛棄ハ差押債權者……ヨリ告訴セラルルニ於テハ被告人ノ犯行發覺シ到底配當金騙取ノ目的ヲ遂クルヲ得サル為已ムヲ得ス抛棄スルニ至リタルモノニシテ斯クノ如ク意外ノ障礙ニ因リ已ムヲ得スシテ抛棄シタル場合ニアリテハ任意ニ實行ヲ中止シタルモノト為スヘキモノニ非ス」として、当該事案の詐欺未遂は中止未遂ではないとされた。

(D18) 大判昭和10年6月8日（刑集14巻637頁、大審院裁判例9巻刑事判例80頁）

詐欺未遂罪の事案について、「未遂ノ罪ヲ斷スルニ當リテハ其ノ科刑ノ基準ヲ知ルカ為須ク右ノ何レ〔筆者注：障礙未遂か中止未遂か〕ニ該當スルヤヲ判定スルノ要アリ然レハ障礙未遂ナルカ将又中止未遂ナルカヲ確定セス単ニ犯罪ニ着手シ之ヲ遂ケサル事實ノミヲ判示シタル判決ハ理由不備タルヲ免レス」として、大審院は、原判決がこの点についての事実審理を尽くしていないとして原判決を破毀した(384)。

(D19) 大判昭和12年3月6日（刑集16巻272頁）(385)

殺人未遂の事例において、行為者が殺意を以って被害者の胸部を突き刺したものの、流血を見て恐怖心から中止した事例につき、「犯人カ人ヲ殺サントシテ短刀ヲ抜キ其ノ胸部ヲ突刺シタルモ流血ノ迸ルヲ見テ翻然之ヲ止メタルトキハ障碍未遂犯ニシテ中止犯ト為ラサルモノトス蓋中止犯タルニハ外部的障碍ノ原因存セサルニ拘ラス内部的原因ニ由リ任意ニ實行ヲ中止シ若ハ結果ノ發生ヲ防止シタル場合ナレハ流血ノ迸ルヲ見テ止ムルハ意外ノ障碍ニ他ナラサレハナリ」として、行為者は流血という「外部的障碍」を見てやめたのであるから、これは中止犯にあたらない、という判断が下された。

---

(384) 大審院はこのように原判決を破毀した上で、改めて事実審理を行い、既遂事実を明らかにした上で、詐欺既遂罪で処断した。大審院裁判例9巻刑事判例81頁以下参照。

(385) 本判決を解説したものとして、竹田直平・法と経済（立命館出版部）8巻1号（1937年）123頁、佐瀬昌三・法学志林39巻8号（1937年）1184頁、牧野英一『刑法研究七巻』（1939年）390頁、草野豹一郎『刑事判例研究第四巻』（1939年）106頁、植松正『刑事法学研究第一巻』（1949年）229頁、澤登俊雄『刑法の判例　第二版』（1973年）104頁参照。なお刑集16巻272頁に「昭和十一年……同年三月六日第三刑事部判決」とあることから本判決の判決日付を「昭和11年3月6日」としたものもあるが、大審院刑事判例集第十六巻索引の末尾の「大審院判例集第十六巻刑事判例正誤」によれば「同年三月六日第三刑事部判決は同十二年三月六日第三刑事部判決の誤」とあるので、これに従う。

(D20) 大判昭和12年6月25日（刑集16巻998頁）[386]
　放火した後に行為者が「屋内ヨリ炎上スル火勢ヲ認メ遽ニ恐怖心ヲ生シ」「〔行為者の叔父に対して〕放火シタルニ依リ宜敷頼ムト叫ヒナカラ走リ去」ったので、その叔父等が駆けつけて消火した事案について、「結果發生ニ付テノ防止ハ必スシモ犯人単獨ニテ之ニ當ルノ要ナキコト勿論ナリト雖其ノ自ラ之ニ當ラサル場合ハ少クトモ犯人自身之力防止ニ當リタルト同視スルニ足ルヘキ程度ノ努力ヲ拂フノ要アルモノトス……〔本件の事実からは〕被告人ニ於テ放火ノ結果發生ノ防止ニ付自ラ之ニ當リタルト同視スルニ足ルヘキ努力ヲ盡シタルモノト認ムルヲ得サル」が故に中止犯ではない、として、行為者が必ず単独で中止行為を行わなければならないわけではないが、行為者が中止行為を行わない場合には行為者自身が中止行為を行ったのと同視すべき程度の努力を払う必要がある、と判示した上で、本件では中止未遂の成立を否定した。

(D21) 大判昭和12年9月21日（刑集16巻1303頁、法律新聞4207号16頁）[387]
　放火の事案において、「放火ノ時刻遅ク發火拂曉ニ及フ虞アリシ為犯罪ノ發覺ヲ恐レタルニ因ルモノナルコトヲ認ムルニ足ルヘク犯罪ノ發覺ヲ恐ルルコトハ経験上一般ニ犯罪ノ遂行ヲ妨クルノ事情タリ得ヘキモノナルヲ以テ右被告人ノ所為ハ障礙未遂ニシテ之ヲ任意中止ヲ以テ目スヘキモノニアラス」として、犯罪の発覚を恐れるのは経験上一般に犯罪の遂行を妨げる事情であるから、中止未遂ではない、と判示した。ここで注目すべきは、判例において初めて、任意性の判断に関して「経験上一般」という、前述の牧野英一の三分説の中間説が採用されている点である。この判断基準は、後掲の最高裁昭和32年9月10日第三小法廷決定刑集11巻9号2202頁（判例（S27））や東京高裁昭和31年1月17日判決高刑集9巻1号9頁＝東高刑時報7巻1号12頁（判例（K10））においても「一般の通例」「極めて一般的な事柄」のような形式で用いられている。

(D22) 大判昭和12年12月22日（刑集16巻1690頁）
　一つの家屋の四ヶ所に放火して二ヶ所が自然鎮火し、一ヶ所のみを自分で消した事案について、「一個ノ意思發動ニ基キ同一家屋ニ對シ數ヶ所ニ放火ヲ為シタル場合ニ於テハ其ノ放火行為ハ包括一罪ヲ成スモノナルカ故ニ其ノ數ヶ所中ノ一ヶ所ニ放チタル火ヲ消シ止メタリトテ犯罪全體ヲ中止犯ト為スニ足ラサルコト多言ヲ俟タス」として、前掲の判例（D14）（大判昭和7年6月29日）と同様に、複数の点火を行った場合にその内の一部の消火を行ったのみでは中止犯とはいえない、と判示された。

---

(386) 本判決を解説したものとして、佐瀬昌三・法学志林40巻2号（1938年）191頁、牧野・前掲『刑法研究七巻』449頁、草野・前掲『刑事判例研究第四巻』122頁、吉田常次郎『刑事法判例研究』（1956年）117頁参照。

(387) 本判決を解説したものとして、牧野・前掲『刑法研究七巻』456頁、吉田・前掲書112頁参照。

(D23) 大判昭和13年4月19日（刑集17巻336頁）(388)

殺人の目的で被害者に青酸カリを胃腸薬と称して与えた後に、犯意を翻してこれを取り返しに行ったところ、被害者に「既に服用した」と嘘を言われたのでそれを信じてそのままにしていたが、数日後にそれを服用した被害者が死亡したという事案について、「〔被害者〕ニ青酸加里ヲ交付シタル後被告人自ラ犯意ヲ翻シ〔被害者〕方ニ至リ該薬品ヲ取戻サントシタルニ〔被害者〕カ詐ツテ既ニ服用シタリト告ケタル為同人ニ異状ナカリシニ安ンシテ敢テ之ヲ取戻サザリシニ数日後同人カ服用シテ死亡シタル事實ナリトスルモ右ハ結果發生前結果ノ發生ヲ現實ニ防止シタルモノニアラサルカ故ニ中止未遂ニ當ラサルモノトス蓋シ苟モ青酸加里ノ如キ毒物ヲ服用シテ激變ナカリシカ如キハ輙ク首肯スヘキ事柄ニ非ス被告人ニシテ眞ニ結果ノ發生ヲ防止セントセハ宜シク其ノ嚢ニ交付シタル薬品カ毒物ナリシコトヲ告白スルノ眞摯ナル態度ニ出テサルヘカラサルヲ以テ被告人カ單ニ〔被害者〕ノ言ニ依リテ其ノ侭放任シ置キタルハ未タ結果ノ發生ヲ防止スル行為ヲ爲シタリト云フヲ得サレハナリ」と判示された。すなわち、本件のような事案において要求される結果発生防止行為としては前に与えた薬品が毒物であるという点を告白するという「真摯な態度」が求められる、としたのである。これは事実上犯罪の自白を中止未遂成立の要件とするに近いものであり(389)、自首制度と中止未遂制度を混同していることがうかがわれると言えるであろう(390)。

---

(388) 本判決を解説したものとして、坂本英雄・法律論叢17巻8号（1938年）87頁、草野豹一郎・法学新報48巻10号（1938年）1662頁、同じく草野豹一郎『刑事判例研究第五巻』（1940年）83頁、瀧川幸辰・民商法雑誌8巻（1938年）720頁、城富次・刑事判例評釈集1巻（1938年）169頁参照。
(389) この判決に関して坂本・前掲法律論叢17巻8号91頁は、「行為者の意思の方面より見るときは犯意を翻し該薬品を取戻さんとしたるところに本人の中止の意思を認めてやらねばならぬと思ふ。薬品を服用したるに異状なきものと安んじたる者に毒物なりしことの告白を要求するのは社會一般の観念に適合せざるものと思ふ。果して然らば主観説よりすれば本件事案は中止未遂の適用を受けてよいものと考へられる」とする（ただし結果不發生が中止未遂の成立要件として要求されている点から主観説の採用を否定し、結局として本事案は中止未遂とはすべきではない、とする）。これに対して草野・前掲『刑事判例研究第5巻』96頁は、「私には、矢張、本判決の説いて居る如く、其の嚢きに交付したる薬品が毒物なりしことを告白してこそ、そこに始めて中止犯に値する眞摯なる努力があるものとしか考へられないのである」とする。
(390) 序論でも触れたように、このように犯行を自分が行ったものとして打ち明けなかったこと（ないしは犯跡隠蔽行為）を考慮して中止犯の成立を検討した他の判例としては、後掲の最判昭和32年9月10日第三小法廷決定（判例（S27））および東京高判昭和30年3月22日高刑裁特2巻6号172頁＝東高刑時報6巻3号69頁（上記最判昭和32年9月10日決定の原審、判例（K9））、東京地判昭和37年3月17日下刑集4巻3・4合併号224頁＝判時298号32頁（判例（C10））、大阪高判昭和44年10月17日判決判タ244号290頁（判例（K19））、宮崎地都城支判昭和59年1月25日判タ525号302頁（判例（C20））、大阪地判平成14年11月27日判タ1113号281頁（判例（C33））などがある。なお、この判例（D23）に関しては、結果が発生してしまっており、因果関係もとくに否定されていない以上、未遂犯ではなく、よって中止犯の成立の可能性はその限りで否定されるべきものと考えられる。

(D24) 大判昭和21年11月27日（刑集25巻2号55頁）

　　窃盗の意思で目的物を物色捜索したものの、「それを發見することができなかつ丶ために、目的を遂げなかつた」事案について、「抑も中止犯は犯人が自己の任意の行爲によつて結果の發生を防止した場合であつて、之を本件窃盗の事實について見るに、窃取と云ふ結果の不發生は目的物の不發見と云ふことに原由して居り、その目的物不發見と云ふことは到底被告人等の任意的行爲による原因事實とは謂ひ得ないので、所詮これは中止犯を以て論ずべき筋合ではない。況んや、被告人等の盗取の斷念が目的物不發見の後の事實であると云ふに至つては、尚更のことである」として、目的物の不発見というのは任意性を肯定し得る原因事実とはいえない、として中止未遂の成立を否定した。

(S25) 最高裁昭和24年7月9日第二小法廷判決（刑集3巻8号1174頁）[391]

　　被告人が強姦しようとして被害者の首を絞めて人事不省に陥らせた上で「姦淫の所爲に及ばうとしたが被告人は當時二三歳で性交の經驗が全くなかつたため、容易に目的を遂げず、かれこれ焦慮している際突然約一丁をへだてた石切驛に停車した電車の前燈の直射を受け、よつて犯行の現場を照明されたのみならず、その明りによつて、被害者の陰部に挿入した二指を見たところ、赤黒い血が人差指から手の甲を傳わり手首まで一面に附着していたので、性交に經驗のない被告人は、その出血に驚愕して姦淫の行爲を中止した」という事案[392]について、「かくのごとき諸般の情況は被告人をして強姦の遂行を思い止まらしめる障礙の事情として、客観性のないものとはいえないのであつて被告人が……反省悔悟して、その所爲を中止したとの事實は、原判決の認定せざるところである。また驚愕が犯行中止の動機であることは、……辯護人所論のとおりであるけれども、その驚愕の原因となつた諸般の事情を考慮するときは、それが被告人の強姦の遂行に障礙となるべき客観性ある事情であることは前述のとおりである以上、本件被告人の所爲を以て、原判決が障礙未遂に該當するものとし、これを中止未遂にあらずと判定したのは相當であつて何ら所論のごとき違法はない」として、強姦行爲についての中止未遂が否定された。すなわち、「驚愕の原因となった諸般の事情」を考慮して、それらは「強姦の遂行に障礙となるべき客観性ある事情」なので、中止未遂ではない、とされたのである[393]。

⑶⁹¹　本判決を解説したものとして、香川達夫・判例研究（東京大学判例研究会）3巻3号（1949年）131頁、吉田常次郎・刑法雑誌1巻2号（1950年）360頁、藤井紀雄・法学セミナー増刊セミナー法学全集5刑法Ⅰ（1973年）215頁参照。

⑶⁹²　なお本事案における被害者は、被告人の絞扼行為によって遷延性窒息死により死亡した。

⑶⁹³　本判決においてはさらに、「強姦致死罪は単一の刑法第一八一條の犯罪を構成するものであつて、強姦の点が未遂であるかどうか及びその未遂が中止未遂であるか障礙未遂であるかということは、単に情状の問題にすぎないのであつて、處斷刑に變更を来たすべき性質のものではないから、本罪に對しては刑法第一八一條を適用すれば足り、未遂減軽に關する同法第四三條本文又は但書を適用すべきものではない」としつつ、「〔原判決も〕強姦の点が中止未遂であるかどうか

(S26) 最高裁昭和26年9月18日第三小法廷判決（裁集刑53号35頁）

　殺人罪に関して、犯行の途中で被告人が逃げ出したという事案について、「被告人……の供述によれば、同人が犯行の半ばに〔被害者〕方を逃げだしたのは、〔被害者〕の女房に騒がれたためか、〔被害者〕本人が抵抗したためか、或は同人が抵抗しなくなつたことから被告人が恐ろしくなつたためであるか、何れとも認められ得るのであるが、いずれにしても本件の場合が障礙未遂であつて中止未遂でないことは疑ない。そして、原判決挙示の証拠により原判示のような障礙未遂の事実を認定し得られないわけではないから、原判決には所論のように審理不尽若しくは理由齟齬の違法はない」として、殺人の中止未遂が否定された。

(S27) 最高裁昭和32年9月10日第三小法廷決定（刑集11巻9号2202頁）[394]

　殺人罪の事案で、被害者である母親が「頭部より血を流し痛苦していたので、その姿を見て俄かに驚愕恐怖し、その後の殺害行為を続行することができず、所期の殺害の目的を遂げなかつた」という事案において、次のように判示して、中止未遂とはならないとされた。

「被告人は母に対し何ら怨恨等の害悪的感情をいだいていたものではなく、いわば憐憫の情から自殺の道伴れとして殺害しようとしたものであり、従つてその殺害方法も実母にできるだけ痛苦の念を感ぜしめないようにと意図し、その熟睡中を見計い前記のように強打したものであると認められる。しかるに、母は右打撃のため間もなく眠りからさめ意識も判然として被告人の名を続けて呼び、被告人はその母の流血痛苦している姿を眼前に目撃したのであつて、このような事態は被告人の全く予期しなかつたところであり、いわんや、これ以上更に殺害行為を続行し母に痛苦を与えることは自己当初の意図にも反するところであるから、所論のように被告人において更に殺害行為を継続するのが一般の通例であるというわけにはいかない。すなわち被告人は、原判決認定のように、前記母の流血痛苦の様子を見て今さらの如く事の重大性に驚愕恐怖するとともに、自己当初の意図どおりに実母殺害の実行完遂ができないことを知り、これらのため殺害行為続行の意力を抑圧せられ、他面事態をそのままにしておけば、当然犯人は自己である

は、量刑上何ら斟酌すべき問題ではないと断じた譯のものではない」として、強姦致死罪には未遂減軽も中止犯規定の適用も無いとしながらも、強姦の部分が中止未遂にとどまった場合には、それは量刑において考慮されるものであることを示した点が注目される。

[394] 本決定を解説したものとして、足立勝義・最高裁判所判例解説刑法篇 昭和32年度版（1957年）437頁、伊達秋雄・法律のひろば11巻2号（1958年）52頁、同じく伊達秋雄・法学セミナー23号（1958年）80頁、香川達夫・警察研究30巻5号（1959年）98頁、井上正治・法律のひろば18巻4号（1965年）48頁、平田友三・研修354号（1977年）83頁、中谷瑾子・刑法判例百選（1964年）76頁、同じく中谷瑾子・刑法判例百選（新版）（1970年）86頁、同じく中谷瑾子・刑法判例百選Ⅰ総論（1978年）165頁、同じく中谷瑾子・刑法判例百選Ⅰ総論（第二版）（1984年）152頁参照。なお、この決定の原審である後掲の判例（K9）（東京高裁昭和30年3月22日判決、高刑裁特2巻6号172頁＝東高刑時報6巻3号69頁）も参照。

ことが直に発覚することを怖れ、原判示のようにことさらに便所の戸や高窓を開いたり等して外部からの侵入者の犯行であるかのように偽装することに努めたものと認めるのが相当である。右意力の抑圧が論旨主張のように被告人の良心の回復又は悔悟の念に出でたものであることは原判決の認定しないところであるのみならず、前記のような被告人の偽装行為に徴しても首肯し難い。そして右のような事情原因の下に被告人が犯行完成の意力を抑圧せしめられて本件犯行を中止した場合は、犯罪の完成を妨害するに足る性質の障がいに基くものと認むべきであつて、刑法四三条但書にいわゆる自己の意思により犯行を止めたる場合に当らないものと解するを相当とする。」

すなわち、行為者の当初の意図と比較して、それに反する状況が発生した場合に、さらに計画を継続することが「一般の通例」であるかどうか、として、任意性の判断の対象そのものは行為者の認識であるとしつつ、その判断の基準は一般的基準によるという判断形式が採用されたのである。また本決定に関しては、犯罪の発覚を怖れて偽装行為を行った点を、中止未遂の成立を否定する要因の一つとしている点が注目される。このような犯跡の隠蔽行為は、本来中止犯の成立要件とは何ら直接的には関わりのないものであり、これは事実上、規範的観点から中止犯の成立を限定する立場にたつか、もしくは犯行を自分が行ったものとして打ち明けることを要求するような、自首制度と中止犯制度を混同する見解にたつものであるといえる。

〔高裁判例〕
(K1) 東京高裁昭和25年11月9日判決（高刑判特15号23頁）
　自殺幇助の事例について、「本件においては被告人の自殺幇助の所為は原判示青酸加里を〔被害者〕等に与へた点において、被告人の側の行為は既に完了し、原判示の如く〔被害者〕等がこれを呑んだ後においては、ただ時間の経過によつて死の結果が発生したか否かによつて既遂或は未遂となるに過ぎないのである。従つてかような場合には被告人のみがその後結果の発生を防止するか又は自ら防止したと同視するに足る行為をして、その結果未遂となつた場合に限り中止未遂を以て論ずることができると解するべきである。然るに原判決挙示の証拠によれば被告人は〔被害者〕等が苦悶を初めたので旅館の人に知らせて医師を呼び迎えるように依頼しただけであつて、あとは旅館の女中及び医師の手当等第三者において結果発生防止のため加工されているから障碍未遂であつて、中止未遂とはならない」と判示された。すなわち実行未遂であると認定した上で、医師を呼ぶよう依頼しただけでは、結果発生を防止するか、ないしは自ら防止したと同視するに足る行為とはいえないとして、中止未遂の成立が否定されたのである。

(K2) 高松高裁昭和26年1月25日判決（高刑判特17号1頁）
　強盗目的で船を襲ったが目的物の闇物資がなく、奪取に適当な物資を積んでお

らず、また現金を提供されたが受け取らなかった事案で、「判示の情況において は判示の船が奪取に適当な物資を積んでおると普通に予想し得られるところであ り被告人等の判示所為は強取の結果を発生する可能性もあつて実害を生ずる危険 があるから当時偶々適当な物資を積んでいなかつたがため奪取することができな かつたものでそれは所謂意外の障礙によつて行為が予想の結果を生じなかつたの であるから未遂犯として処断するに妨げるところはない。そうすると前叙提供さ れた現金を受領しなかつたのが所論のように中止犯であるとしてもそれは叙上未 遂の罪に該る所為と一帯乃至は過程における一部に過ぎないから被告人等の所為 を全体とし客観的に観るときは結局障礙により犯行を遂げ得なかつたもので障礙 未遂の一罪とするのが当然である」として、過程の一部に中止犯と評価し得る行 為があったとしても、全体としての行為が障礙未遂と評価できる場合にはそれは 障礙未遂一罪が成立するに過ぎない、とされた。

(K3) 名古屋高裁昭和26年2月24日判決（高刑判特27号28頁）

恐喝未遂の事案について、「凡そ中止未遂とは犯罪の実行の着手したる後純然 たる自己の意思発動に因り該犯行を中絶する行為であるから之を本件に就て看る に、仮りに被害者が金員を提供したとしても被告人に於て之を受領しない程度の 意思発動が無ければならない」とした上で、「然るに〔被害者〕の供述記載に依 ると『私は田舎から来た者で金は一銭も持つて居ないからと云ひますとその人は （ぢつと）私を睨んだ上三人とも相談したように何処かに行つて了はれました』 とあるから此関係から看ると、被告人は被害者に金員の持合せが無いことを知つ て犯行を断念した迄であつて而も其断念は金員の持合せが無いと謂ふ障礙に基因 するものであるから素より純然たる障礙未遂罪に属する」として、中止未遂の成 立が否定された。

(K4) 仙台高裁昭和26年9月26日判決（高刑判特22号73頁）

強姦罪の事案について、「被害者に暴行を加えた上執拗に『メンスなら其証拠 を見せろ』と迫り月経帯を着しおるを確認した結果、嫌悪の情を催して断念する に至り、強姦の目的を遂げるに至らなかつたのはいわゆる中止未遂ではなく障碍 未遂である」と判示された。

(K5) 東京高裁昭和26年12月24日判決（高刑判特25号115頁）

放火罪の事案について、「中止未遂であるがためには、犯人自ら結果の発生を 防止するか又は自ら防止したと同一視するに足るべき程度の努力を払うことを必 要とするものと解すべきを相当とする」とした上で、「本件においては、原判示 第二事実適示のとおり『被告人は枯松枝の燃えあがるのを見て急に恐ろしくなり 同家の娘……に火事だと知らせ、二人で火事だ火事だと大声で叫んだので〔附近 の者が〕かけつけ消火し、そのため北側の板戸一枚をくん焼したのみで焼毀の目 的を遂げなかつた』のであつて、右の如く未遂に終わつたのは被告人の防止行為 （消火行為）又はこれと同視する努力のあつたためとは到底認め難く、従つて原

判決が原判示第二事実につき中止未遂を認めなかつたのは洵に相当であつて、論旨はその理由がない」として、中止未遂とは認められないとされた。
(K6) 高松高裁昭和27年10月16日判決（高刑集5巻12号2134頁）
「〔被害者〕を強姦せんとし同女を地上に押倒して乗りかかり同女の陰部に自己の陰茎を挿入しようとしたが同女の抵抗により、未だ陰茎を挿入しない中に射精してしまつたためその目的を遂げなかつた」という強姦罪の事案について、「被告人は右射精のため姦淫行為を中止して立去つた事実はこれを窺い得るけれどもかかる場合犯行を中止したことが被告人の意思によるものとしてもその原因が右の如く被害者の抵抗により未だ陰茎を挿入できない中に射精したためである以上中止未遂を以て論ずるのは相当でなく被告人の右行為は障礙未遂罪を構成するものと謂わなければならない」として、中止未遂の成立が否定された。
(K7) 仙台高裁昭和28年1月14日判決（高刑判特35号2頁）
殺人未遂の事案について、「中止未遂たるには外部的障碍の原因が存しないのに拘らず内部的原因により任意に実行を中止若くは結果の発生を防止した場合でなければならないと解すべきである」とした上で、「本件被告人は〔被害者〕を殺そうとして鉞を以てその頭部を殴打したが流血のため左頬が染つたのを見て更に打撃を加えることを中止したのであるから意外の障碍により殺害の目的を遂げなかつたものに外ならない」として、障碍未遂である、とした。
(K8) 福岡高裁昭和29年5月29日判決（高刑判特26号93頁）
殺人の事案に関して、「三十秒か一分位〔被害者〕の首を絞めていたが子供達が泣き出した様子をみて〔被害者〕を殺してしまえばこの子供たちが可愛想だという気が起るとともに、自分は大変なことをしたという反省の気持も起つたので〔被害者〕を殺すことを断念して手を放した」、ないし「既に〔被害者〕が死んだと思つて手を弛めたのではなく、未だ決して死んではいないと思いながらこれ以上押えて殺すという気がなくなつて手を弛め」、また弛めてから十秒もした頃被害者が起き上がって便所に行ったので安心して自分の部屋に帰った、という被告人の供述、さらに被告人が犯行後に「巡査に逮捕されるに際し、『すみませんでした』といつて極めて温順であつた」という事実などを考え合わせた上で、「被告人が犯罪の実行に着手した後これを中止したのは、幼児達が泣き出したため、犯罪が発覚し、逮捕されることを怖れたことによるものではなく、公訴事実のとおり『泣き出した幼児に憐憫を覚え翻意した』ことによるもので、反省悔悟した被告人自らの意思により任意に犯罪の実行を中止したものとみるのが相当であるから、被告人の本件所為は障碍未遂ではなく、まさしく中止未遂に当るものといわねばならない」として、中止未遂の成立を認めた。本件においては、中止時の状況だけではなく逮捕時の被告人の様子も含めて中止成否の判断対象とした点、またその際に「『泣き出した幼児に憐憫を覚え翻意した』ことによるもので、反省悔悟した」と評価した上で中止未遂と判断した点が注目される。前者は中止

行為とは関わりのない事実を中止未遂の成否において考慮する点で問題があるといえ、また後者は任意性に関して限定主観説的な立場を採用しているものとも考えられる。

(K9) 東京高裁昭和30年3月22日判決（高刑裁特2巻6号172頁、東高刑時報6巻3号69頁）

本判決は最判昭和32年9月10日（刑集11巻9号2202頁、判例（S27））の原審である。この事案において、本判決の原審である横浜地裁は殺人の中止未遂として刑を免除した。しかし本判決は、次のように述べて原判決を破棄した。

「被告人は初め母……に気付かれないうちに同人を殺害しようと計画して、消燈した室内で一撃したのに予期の効果を奏せず、母が頭部より流血して痛苦している場面に直面するや、今更ながら事の重大性を痛感して驚愕すると同時に、既に犯行の被害者たる母親から自己の行動の結果を覚知された以上そのまま当人殺害の予定行動を継続することは直ちに自己の犯行を他に知らしめることになつて極めて不利なるを連想し、爾後重ねて〔被害者〕に対する攻撃的行動を取らず、ひたすら事態を糊塗して犯跡を隠蔽するために母の傷口の手当をしたり、ことさらに母の負傷を隣家に告知に赴いたり、更に、室内の箪笥抽斗をあけたり又は便所の戸や高窓を開いて外部より侵入者があつた風を装うなどに努めていたことを認めるに十分である。故に、被告人の本件殺害行為中絶は、被告人の自由意思に基く中止未遂というは正当ではなく、単に自己の所業の中間的事態の発生に早くも自ら驚愕恐怖に襲はれ既遂に至らしめる意力を喪失した結果であつて即ち無形の心理的強制ともいうべき客観的障碍による未遂の一態様と認めるを相当とする。」

すなわち自己の行為の途中で驚愕恐怖したことによる、無形の心理的強制という客観的障碍によるものであるから、中止未遂ではない、としたのである。しかし犯跡隠蔽行為をもって心理的強制の証しの一つとしている点については、犯跡を隠蔽することが心理的強制の存在を示すものとは必ずしも言えないであろうことから、かなり疑わしいように思われる。

(K10) 東京高裁昭和31年1月17日判決（高刑集9巻1号9頁、東高刑時報7巻1号12頁）

強盗の事案について、被脅迫者が精神薄弱者で、顔つきや風態が異様であり、脅迫されても余りに平然としているのを見て犯人においてかえって気味が悪くなりその犯行を止めるに至った場合に、「〔被害者〕は目つきも普通人とは変つているし、頭髪を長く肩まで垂らしているなど、顔つきや風態も異様な点が存したことは認められるけれど、〔被害者〕が普通人の知能程度を有しない人であつたがため、ピストルを見ても驚きもせず、平然としていて、被告人等が金を出せと脅迫しても応ずる気配がなかつたのは、被告人にとつては思いもかけなかつた事であり、そのため強盗の目的を達することができなかつたのであるから本件は正しく意外の障礙によりその目的を遂げなかつたというに該当するのである。従つて

原審がこれを障礙未遂となし、中止未遂としなかつたのは当然の事というべきである。又被告人等が〔被害者〕に於て余りに平然としているのを見て、却つて気味が悪くなり、その犯行を止めるに至つたとしても、〔被害者〕のような精神状態にあつてその顔つきや風態が異様な者に出あつて、気味が悪くなつて犯行を止めることは決して被告人等に特殊な事例とは認められず、このような過程において、ピストルが玩具であることを見破られたかと恐れ或は逮捕されることを恐れて犯行を中止するに至るは極めて一般的な事柄であると認められるから、これを以つて中止未遂とする主張は採用できない」として強盗の中止未遂の成立が否定された。本判決で注目すべきは、任意性の判断に関して「一般的な事柄」であるかどうかという、前述の牧野英一に由来する基準が採用されている点であるといえる。

(K11) 東京高裁昭和31年6月1日判決（高刑裁特3巻12号608頁、東高刑時報7巻6号229頁）

　強盗の際に、被害者の首を縄で絞めて抑圧しようとした所、金は出すから縄を緩めてもらいたい旨の被害者の申し出に対し、被告人が「ほんとうか、ほんとうか」と確認の念を押すと、被害者がちょうど被告人につり銭として渡そうと手に持っていた金銭を投げ出した。そこで被告人は手を緩めたが、今度は被害者に反撃され、反抗もせず強盗を遂げなかった、という事案について、「被告人が右の如く縄を引き絞める手を緩めた原因につき、所論は之を以て被告人が自己の行動の非を悟り全く自発的に暴行を止めたものとなすのであるが、前記の如く、被告人は、〔被害者〕が金を出すと申した後も、ほんとうかと数回念を押し之に対し〔被害者〕が手にせる金銭を投げ出してから初めて縄を緩めたのであり、更に……被告人は〔被害者〕から殴りかかられた当時食物も十分採っていないので〔被害者〕に再び暴行を加える気力もなく直ぐ同人に捕えられたものなることを認められるので、これらの点よりみれば、被告人は〔被害者〕が真実金銭を被告人が入手し得る状態に置く意思あるものと思い縄を引き絞める手を少しく緩和した隙に直ちに同人から反撃的態度に出られ、これらがため結局金銭強取の目的を遂げなかつたものと推認するを相当とする」として、反撃までの犯行継続性および被告人の体力不足による再暴行不可能性に基づいて、被害者の抵抗による障碍未遂であるとした。

(K12) 東京高裁昭和31年6月20日判決（高刑裁特3巻13号646頁、東高刑時報7巻7号249頁）

　昼間に女性一人だけしか居ないと思ってナイフで住居侵入強盗をしようとしたが、女性が隣室の夫に助けを求めたので主人が在宅中であることに気づいて犯行を放棄した事案につき、「被告人の予想に反して〔被害者〕の夫も隣座敷に在宅していたとの事実は、とりもなおさず、所期の犯行を著しく困難ならしめるに至るべき事情であったということができる」とした上で、被告人の行為は「〔被害

者〕が隣座敷にいた夫に救いを求めたため主人の在宅中であることに気づいて爾余の犯行を放棄して金品強取の目的を遂げなかつたものであるというのであるから、その所為は明らかに障碍未遂の所為に属し、これが所為につき中止犯の観念をもつて律すべきかぎりではない」として、中止未遂の成立を否定した。

(K13) 大阪高裁昭和33年6月10日判決（高刑裁特5巻7号270頁）

殺人罪の事案において、被害者の頸部に腰紐を巻きつけて絞め殺そうとしたところ、被害者が被告人のいうことはなんでもきくと哀願したので哀れみを覚えて殺害しなかった事案で、「被告人が〔被害者〕を殺害するに至らなかつたのは、同女に対する愛情の念から殺害するに忍びず、任意にその実行を中止したことによることが明らか」であるとして、中止未遂として刑法43条但書を適用すべきであるとした。これにより障碍未遂とした原判決は事実を誤認し法令の適用を誤ったものであるが、本件と併合罪の関係にある別件の尊属殺人において無期懲役刑が選択されていることにより判決に影響がないとされた。

(K14) 大阪高裁昭和33年12月9日判決（高刑集11巻10号611頁、高刑裁特5巻12号499頁）

他者に強姦されて既に反抗が抑圧されて抗拒不能の状態になっているのに乗じて、その被害者を姦淫しようとしたが、被害者がしくしく泣いていたので同情して姦淫することを断念した事案で、問題なく準強姦罪の中止未遂が認められた[(395)]。

(K15) 東京高裁昭和34年2月16日判決（東高刑時報10巻2号119頁）

窃盗罪で、金品が見当たらなかったため未遂に終わった事案について、原判決は他の浴客に発見されたため未遂となったとしているが、いずれにせよ障碍未遂に該当するので判決に影響を及ぼすものではなく、また原判決が中止未遂の主張に対する判断を示さなかったのも違法であるが、上記事案においては「自己の意思により止めた中止未遂に該当しないものであることは疑の存しないところである」から、結局判決に影響がないとされた。

(K16) 福岡高裁昭和35年7月20日判決（下刑集2巻7・8合併号994頁、判時237号36頁）

強盗罪の事案について、被害者が「これだけしかない」と言って差し出した金銭を「そのくらいではつまらん」等と言ってそのまま立ち去った事案につき、「〔被害者〕が……「これだけしかない」と言いつ、現金百九十円余を被告人の前に差しおいて「これをとられたら明日米買う金もない」と涙を流すのを見て、一面憐憫の情を覚え、右現金には何等手を触れないで同人方を立去つた事実が窺わ

[(395)] 本判決においては他にも、強姦の事例において被害者が激しく抵抗し大声を出して助けを求めたので、「事の発覚することを恐れて」止めた事例、および同じく強姦罪において「〔被害者〕が後日その要求に応ずるから今日は勘弁してくれと哀願したので断念」した事例も併せて審理されており、これらにはいずれも中止未遂が認められていない点も注目される。

れるので、被告人としては、予期に反して被害者等の所持金が僅少であつた、めばかりでなく、他面〔被害者〕の嘆きに憐憫を覚えて翻意し、犯行の遂行を思い止まるに至つたものと推認されるのみならず、……被告人がその前に差しおかれた現金百九十円余について、これを奪取できない特別の事情も何等認められないに拘らず全然手を触れないで立去つた点から見ると、単に予期のとおりの金が存しなかつた、めというよりは、むしろ……右のように憐憫の情を催した被告人の自発的な任意の意思に出でたものと解するのが相当である」として、中止未遂を認めた。

(K17) 札幌高裁昭和36年2月9日判決（下刑集3巻1・2合併号34頁）

　強姦罪について、被害者がとっさの機転により「身体の具合が悪い」といってその場に倒れかかったため、彼女が急病になったものと被告人が思い込んで姦淫をあきらめた事案につき、「被告人は被害者が身体の具合が悪いと言つて倒れかかつた事態に直面して不安を感じ、犯行の意欲を失つたためこれを中止したものと認められ、その際幾分かあわれみの情もあつたとしても、それが動機となって自発的に犯行を断念したものとは認められず、……そして、被害者が前記のように倒れかかつたのが仮病であつても、被告人はこれを本当に急病だと信じたのであるから、被告人の主観においてこの事態が犯罪の遂行に対する障害になつているのみならず、客観的にもこのような事態の発生は強姦犯人に対し通常犯罪の遂行に対する障害になつたものといわなければならない」として、中止未遂の成立を否定した。

(K18) 東京高裁昭和39年8月5日判決（高刑集17巻6号557頁、東高刑時報15巻7・8合併号173頁、判タ166号145頁）[396]

　強姦罪で、被害者女性の露出した肌が寒気のために鳥肌たっているのを見て欲情が減退したためにその姦淫行為を止めるにいたった事案について、「右の如き事情は、一般の経験上、この種の行為においては、行為者の意思決定に相当強度の支配力を及ぼすべき外部的事情が存したものというべく、……被告人の任意性を欠くものであつて」、中止未遂ではないとした。

(K19) 大阪高裁昭和44年10月17日判決（判タ244号290頁）[397]

　犯行直前にとっさに未必の殺意を抱いて刺したが、被害者が腹部を突き刺され庖丁の取り合いをした後、腹部の激痛に耐えかね、「痛い痛い」と言って泣きながら「病院へ連れて行ってくれ」と哀願したので、被告人は被害者に対する憐憫の情を発すると共に、今更ながら事の重大さに恐怖驚愕して被害者の死亡の結果が発生するのを食い止めるため出血しつつある同人を自己運転の自動車に抱きい

---

(396)　本判決を解説したものとして、綿引紳郎・判タ190号（1966年）100頁参照。
(397)　本判決を解説したものとして、荒川雅行・刑法判例百選Ⅰ総論（第三版）（1991年）148頁、同・刑法判例百選Ⅰ総論（第四版）（1997年）144頁、城下裕二・刑法判例百選Ⅰ総論（第五版）（2003年）142頁、名和鐵郎・刑法判例百選Ⅰ総論（第6版）（2008年）144頁参照。

れて直ちに近くの病院に連れて行き医師の手に引き渡した、という事案において、まず「刺身庖丁で被害者を何回も突き刺そうなどという予謀があつたとは到底考えられず、刺殺行為は事実上一回で終了しているのみでなく、その刺殺行為〔は〕……肝臓に達する深さ約一二センチメートルの刺創を負わせたものであつて、右一回の刺突行為それ自体において殺害の結果を発生せしめる可能性を有するものである」として本件の殺人未遂は実行未遂の類型に属するとした。しかし「本件のように実行行為終了後重症に呻吟する被害者をそのまま放置すれば致死の結果が発生する可能性はきわめて大きいのであるから、被告人の爾後の救助活動が中止未遂としての認定を受けるためには、死亡の結果発生を防止するため被告人が真摯な努力を傾注したと評価しうることを必要とするものと解すべきである」として、本件では被告人が被害者に自分が犯人であることを言わないように頼んだり、周りの者に「犯人は自分ではなく、……他の者に刺されていたと嘘言を弄していたこと」、および「病院に到着する直前に兇器を投げ捨てて犯跡を隠蔽しようとした」のであり、「被告人が被害者を病院へ運び入れた際、その病院の医師に対し、犯人が自分であることを打明けいつどこでどのような兇器でどのように突刺したとか及び医師の手術、治療等に対し自己が経済的負担を約するとかの救助のための万全の行動を採つたものとはいいがたく、単に被害者を病院へ運ぶという一応の努力をしたに過ぎないものであつて、この程度の努力では、未だ以て結果発生防止のため被告人が真摯な努力をしたものと認めるには足りない」として、中止未遂の成立を否定した。

本判決においては、実行未遂の場合に中止未遂が成立する場合には「結果発生を防止するため被告人が真摯な努力を傾注したと評価しうること」を要求し、明確に「真摯な努力」を実行未遂における中止未遂成立の一般的要件とした上に、さらに被害者に自分が犯人であることを言わないように頼んだことや、周りの者に「犯人は自分ではなく、……他の者に刺されていたと嘘言を弄していたこと」、および「病院に到着する直前に兇器を投げ捨てて犯跡を隠蔽しようとした」ことなどの犯跡隠蔽行為の存在や、犯行について医師に打ち明けるなどの行為が無いことをもって「救助のための万全の行動を採つたものとはいいがた」いとしたのであり、これは根本的に中止犯制度を自首制度と混同しており、また条文上に存在しない「真摯性」の要件を要求することで被告人に有利な規定である中止犯規定を条文上の文言以上に限定して解釈するものである以上、罪刑法定主義違反とのそしりを受けるべきものである[398]。そもそもこのような考え方を前提にすると、条文上何らの反省・悔悟も要求する内容となっていない中止犯制度につい

---

(398) Vgl. Karl Lackner/Kristian Kühl, Strafgesetzbuch mit Erläuterungen, 2001, 24. Aufl., § 24 Rdn. 18 ; Karl Lackner, Anmerkung, NStZ 1988, S. 405f. この点について、詳しくは拙稿「中止犯論の歴史的展開（5・完）」立命館法学291号202頁以下、同じく拙稿「日本の中止犯の問題点とあるべき議論形式について」神奈川法学38巻2・3合併号（2006年）128頁以下も参照。

て、犯行事実について自白しない限り中止犯を認めないことになり、もはや中止行為要件とは関係のない事後的行為を要求するものであって、その成立のためにここまでの過大な要求をすること自体、失当であると言わざるを得ないものである(399)。

(K20) 大阪高裁昭和45年4月8日判決（判時623号108頁）
　強姦できなかった被告人が犯行の発覚を怖れて、失神した被害者を殺害の意図で池に投げ込み、池の中にある被害者の顔を水中に押し付けるなどしたが、被害者が意識を回復し、泳ぎの心得もあったため、再び被告人に水中に押し込まれることを恐れて、被告人の手の届かない沖の方まで泳いで、そこにあった竹につかまって被告人の様子をうかがい、害意のないことを確認した後に初めて被告人の差し伸べた手の助けを借りて池の中から上がった、という事案につき、被告人が被害者を助けたのは「……被害者が意識を恢復し、自ら泳いで付近の竹に摑まり水没を免れたのちのことであるから……被告人の右所為を以て中止犯ということはできない」として、殺人罪の中止未遂の成立が否定された。

(K21) 東京高裁昭和47年3月13日判決（東高刑時報23巻3号41頁、判タ278号392頁）(400)
　恐喝罪において脅迫行為に着手後に、そのままに放置して財物交付を受けなかった事案につき、「中止犯が成立するためには、犯人において進んで結果の発生を防止する真剣な努力をなすことを要すると解するべきである……被告人において既に金員喝取の目的で脅迫行為に出て他人を畏怖せしめた以上、その中止犯が成立するためには、その者に対して、害悪の告知を取り消しその畏怖状態を除去して財物提供の危惧から解放することを要し、単に被告人が自らの意思によって前述のとおり放置したにすぎないときは、未だ結果の発生を防止するために真剣な努力をしたものといえず、……中止犯の成立を認めることはできない」として、恐喝罪の中止未遂の成立が否定された。この判例においても、とくに「真剣な努力」をしたことが要求されており、条文に規定されていない過度の要件が要求されているものといえる(401)。

(K22) 東京高裁昭和51年7月14日判決（判時834号106頁）(402)

---

(399) この点については、松宮孝明編『ハイブリッド刑法総論』（2009年）232頁〔野澤充執筆〕も参照。
(400) 本判決を解説したものとして、木村栄作・警察学論集25巻11号（1972年）185頁、同・研修298号（1973年）71頁参照。
(401) ただし本事案については、実行未遂（終了未遂）の段階にあることを前提に、そもそも何らの中止行為もなされていないことから中止未遂の成立が否定されたものともいえるので、結論自体はその限りにおいては妥当なものとはいえる。しかし実行未遂の中止の場合の要件定立において、「真剣な努力をしたこと」を一般的に要求すること自体が問題であると言わざるを得ない（「結果の発生を防止するための行動をしたこと」で、中止行為の要件としては十分なものといえる）。

共犯者AとBが被害者を殺害することを共謀し、Aが日本刀で被害者の右肩を一回切りつけ、さらに引き続き二の太刀を加えて被害者の息の根を止めようとして次の攻撃に移ろうとした折、Bが「もういい、Aいくぞ」と申し向けて次の攻撃を止めさせて、Bもこれに応じて二の太刀を振り下ろすことを断念し、その後Bが他者に対して被害者を病院に連れていくように依頼し、これを受けて被依頼者が被害者を病院に連れて行ったという事案において、「中止未遂は、犯罪の実行に着手した未遂犯人が自己の自発的な任意行為によって結果の発生を阻止して既遂に至らしめないことを要件とするが、中止未遂はもとより犯人の中止行為を内容とするものであるところ、その中止行為は、着手未遂の段階においては、実行行為の終了までに自発的に犯意を放棄してそれ以上の実行を行わないことで足りるが、実行未遂の場合にあっては、犯人の実行行為は終っているのであるから、中止行為といいうるためには任意に結果の発生を妨げることによって、既遂の状態に至らせないことが必要であり、そのため結果発生回避のための真しな努力が要求される所以である」とした上で、最初の一撃の傷の程度からは「その一撃をもって終了したものとはとうてい考えられない」のであり、「本件はまさに前記着手未遂の事案に当たる場合であり」、「更に次の攻撃を加えようとすれば容易にこれをなしえた……のに、被告人らは次の攻撃を自ら止めて」おり、またBがやめさせた動機として「〔被害者〕の息の根を止め、とどめをさすのを見るにしのびなかった」等と述べていることから、「かかる動機に基づく攻撃の中止は、法にいわゆる自己の意思による中止といわざるをえない」として、殺人罪の中止未遂を認めた。本判決においても、結局当該事案が着手未遂の事案であるとして正面から問題にはならなかったものの、要件定立の際に、(傍論としてではあるが) 実行未遂においてはやはり「結果発生回避のための真しな努力が要求される」として「真摯性」がとくに要求されるとしている。

(K23) 福岡高裁昭和61年3月6日判決（高刑集39巻1号1頁、判タ600号143頁、判時1193号152頁）[403]

未必的殺意をもって被害者の頸部を果物ナイフで一回突き刺したが、被害者からの流血を見て驚愕すると同時に大変なことをしたと思い、被害者の頸部にタオ

---

[402] 本判決を解説したものとして、大谷實・昭和52年重要判例解説（1977年）158頁（大谷實『刑法解釈論集Ⅰ』（1984年）179頁に所収）、安冨潔・橋本雄太郎・法学研究（慶應）50巻10号（1977年）1308頁、山本和昭・研修346号（1977年）199頁、藤永幸治・研修365号（1978年）67頁、奈良俊夫・刑法判例百選Ⅰ総論（1978年）168頁、同・刑法判例百選Ⅰ総論（第二版）（1984年）154頁参照。

[403] 本判決を解説したものとして、内田文昭・判タ609号（1986年）20頁、大谷實・法セミ382号（1986年）110頁、中神正義・研修460号（1986年）41頁、山内義廣・敬愛大学研究論集35号（1989年）215頁、清水一成・刑法判例百選Ⅰ総論（第三版）（1991年）144頁、同・刑法判例百選Ⅰ総論（第四版）（1997年）140頁、金澤真理・刑法判例百選Ⅰ総論（第五版）（2003年）138頁、奥村正雄・刑法判例百選Ⅰ総論（第6版）（2008年）140頁参照。

ルを当てたり救急車を呼んで医師の手当てを受けさせたりして被害者の一命を取り止めた事案において、「中止未遂における中止行為は、実行行為終了前のいわゆる着手未遂においては、実行行為を中止すること自体で足りるが、実行行為終了後のいわゆる実行未遂においては、自己の行為もしくはこれと同視できる程度の真摯な行為によって結果の発生を防止することを要する」とした上で、行為者の犯行計画から、本件を実行未遂の事案であるとし、電話による救急車の要請やタオルを当てて出血を食い止めようと試みたことは「真摯な努力」であるとして中止行為を認めた。また任意性については、「中止行為が流血等の外部的事実の表象を契機とする場合のすべてについて、いわゆる外部的障碍によるものとして中止未遂の成立を否定するのは相当でなく、外部的事実の表象が中止行為の契機となつている場合であつても、犯人がその表象によつて必ずしも中止行為に出るとは限らない場合に敢えて中止行為に出たときには、任意の意思によるものとみるべきである」とした上で、本件は「通常人であれば、……前記中止行為と同様の措置をとるとは限らない」とし、また「本件犯行直後から逮捕されるまでにおける被告人の真摯な行動や〔被害者〕に対する言葉などに照らして考察すると、「大変なことをした。」との思いには、本件犯行に対する反省、悔悟の情が込められていると考えられ、……本件の中止行為は、流血という外部的事実の表象を契機としつつも、犯行に対する反省、悔悟の情などから、任意の意思に基づいてなされたと認めるのが相当である」として、殺人罪の中止未遂の成立が認められた。本判決においても、実行未遂の中止の成立のためには「自己の行為もしくはこれと同視できる程度の真摯な行為によって結果の発生を防止すること」を要求し、当該事案において「真摯な努力」があったことで中止行為の存在を認め、また任意性についても「犯行に対する反省、悔悟の情」から任意性を認めているため、限定主観説的な立場を採用しているものと考えられる。

(K24) 東京高裁昭和62年7月16日判決（判夕653号205頁、判時1247号140頁）[404]

殺意をもって牛刀で頭部付近を切りつけたが左腕で防がれ、直後に被害者から何度も哀願されて憐憫の情を催して、犯行を中止した上、自らも謝罪してタクシーを止めて病院に運んだ事案について、原審が実行未遂と判断したのに対し、被告人の意図（犯罪計画）を考慮して実行行為は終了していないと認定し、着手未遂とした。そして「着手未遂の事案にあっては、犯人がそれ以上の実行行為をせずに犯行を中止し、かつ、その中止が犯人の任意に出たと認められる場合には、中止未遂が成立する」とした上で、「〔被害者〕が……助命を哀願したことが、被告人が殺人の実行行為を中止した契機にはなっているけれども、一般的にみて、

---

(404) 本判決を解説したものとして、大谷實・法学セミナー増刊最新判例演習室1988（1988年）160頁、斉藤豊治・刑法判例百選Ⅰ総論（第三版）（1991年）146頁、同・刑法判例百選Ⅰ総論（第四版）（1997年）142頁、和田俊憲・刑法判例百選Ⅰ総論（第五版）（2003年）140頁、斎藤信治・刑法判例百選Ⅰ総論（第6版）（2008年）142頁以下参照。

そのような契機があったからといって、被告人のように強固な確定的殺意を有する犯人が、その実行行為を中止するものとは必ずしもいえず、殺害行為を更に継続するのがむしろ通例であるとも考えられる。ところが被告人は……〔被害者〕の哀願にれんびんの情を催して、あえて殺人の実行行為を中止したものであり、加えて、被告人が前記のように、自らも〔被害者〕に謝罪して、同人を病院に運び込んだ行為には、本件所為に対する被告人の反省、後悔の念も作用していたことが看取されるのである」ので、殺人罪の中止未遂が成立するとされた。本判決でもやはり「被告人の反省、後悔の念」を前提にして任意性が認められており、限定主観説的な立場が採用されているといえる。

(K25) 大阪高裁昭和62年12月16日判決（判タ662号241頁）

窃盗罪の共同正犯の事例において、内蔵の最奥の引き戸の施錠の破壊に手間どっているうちに、家の防犯非常ベルの音に気づいた隣人が110番通報して現場付近にパトカーが到着し、その車両の発進音から人の気配を察知して犯行の発覚を恐れて共犯者に中止を呼びかけて中止した事案について、原判決は目的物不発見を未遂に終わった理由としており、事実誤認であるが、「本件については、いずれにしても中止未遂成立の余地はなく」、判決に影響を及ぼさないとして、中止未遂の主張を退けた。

(K26) 名古屋高裁平成2年1月25日判決（判タ739号243頁）[405]

就寝中の被害者の首にロープを巻きつけて絞めたところ、目を覚ました被害者が抵抗しながら後ろを振り向いたが、その際に被告人が被害者の悲しそうで苦しそうな目を見て憐憫の情を催し、手の力を抜いて殺害の気持ちをなくしたという殺人未遂の事案につき、犯行の継続可能性を肯定した上で、「被告人が〔被害者〕殺害の気持ちを放棄したのは、〔被害者〕が抵抗して布団に起き上がり、起き上がってからも首を振るなど抵抗を続けたことにもよるが、何よりも決定的な原因は〔被害者〕の悲しそうで苦しそうな目を見たことにより〔被害者〕に対する愛情の念が生じたことによるもの」であって、中止未遂を認めずに障害未遂とした原判決には事実誤認が存在するとしたが、別の殺人罪との併合罪により量刑は変更がないとされた。この判決でもやはり被害者に対する「愛情の念が生じたこと」に基づいて中止未遂を認めており、限定主観説的な立場が採用されているといえる。

(K27) 名古屋高裁平成2年7月17日判決（判タ739号243頁）

被害者の殺害を決意し、ナイフで仰向けの被害者の右胸部を一回刺したところ、被害者がうめき声を挙げたので、我に返るとともにかわいそうになり、続けて刺すのを止めることにして、直ちにナイフの柄から手を離し、救急電話をしてその後傷口を押さえ、救急隊員にナイフで被害者を刺したことを説明したという

---

(405) 本判決を解説したものとして、曽根威彦・法学セミナー436号（1991年）122頁参照。

事案につき、「本件はいわゆる実行未遂の事例ではあるが、被告人は、……自ら実行行為を中止したうえ、被害者の死亡という結果の発生を防止するため積極的で真摯な努力をしたものといわざるを得ないから」、被告人の所為は殺人罪の中止未遂であるとされた。ここでも、実行未遂の場合に必要な中止行為について、「結果の発生を防止するため積極的で真摯な努力をした」ことが求められているといえる。

(K28) 福岡高裁平成11年9月7日判決（判時1691号156頁、高刑裁速平成11年170頁）[406]

被告人は自動車内において、運転席に座っていた被害者に対し、助手席から、両手でいきなり頸部をその意識が薄らぐ程度まで力一杯絞め、一旦逃げ出した被害者を連れ戻したのち、更に左手で体重をかけて力任せに頸部を絞め、同女がぐったりとなり気を失ったのちも約30秒間絞め続けた。その後被害者は30分ないし1時間くらい意識を失ったままとなり、顔面、頸部、眼球等にうっ血が現れ、5日間の入院治療を受けることになった。被告人はこのような頸部を絞める行為を止めた後、被害者を病院に連れて行くなどの救助活動を行わなかった。このような事案について、殺意が認定された上で、中止未遂の主張に対し、「被告人は、被害者の頸部を絞め続けている途中、翻然我に返り、被害者が死亡することをおそれてこれを中止したというのであるが、その際は、前示のとおり、客観的にみて、既に被害者の生命に対する現実的な危険性が生じていたと認められる（医師……の警察官調書によれば、生命に非常に危険な状態に陥ったものとされている。）うえ、被告人においても、このような危険を生じさせた自己の行為、少なくとも、被害者が気を失ったのちも約30秒間その頸部を力任せに絞め続けたことを認識していたものとみ得るから、その時点において、本件の実行行為は終了していたものと解され、被告人に中止犯が認められるためには、原判決が説示するとおり、被害者の救護等結果発生を防止するための積極的な行為が必要とされるというべきであり、被告人がそのような行為に及んでない本件において、中止犯の成立を認めなかった原判決は、正当というべきである」として、実行未遂の事案であると認定した上で「結果発生を防止するための積極的な行為が必要」であるとして、それが無い本件においては中止犯の成立は認められないとした。

(K29) 東京高裁平成13年4月9日判決（高刑裁速平成13年50頁）

現住建造物等放火罪の事案において、被告人が衣類に点火して、炎が上がるのを見た後に、火を消そうと考えて、「燃えていない洗濯物を燃えた衣類にかぶせて押さえつけた」ものの、その「後に、火が室内の木製3段の小物入れや畳などに燃え移っていることが認められるのであるから、被告人の所論の行為をもって

---

(406) 本判決を解説したものとして、塩見淳・平成11年重要判例解説（1999年）150頁、大山弘・法学セミナー545号（2000年）106頁、金澤真理・判例セレクト'00（2001年）31頁、神垣英郎・警察時報56巻1号（2001年）49頁参照。

結果発生を防止したと同視し得る行為ということはできず、被告人が119番通報をしたことをあわせてみても、被告人がアパートの居住者に火事を知らせ、消火の助力を求めるなどの措置を執っていない以上、結果発生を防止したと同視し得る行為と認めるに足りない……」として、中止未遂の成立が否定された。

(K30) 札幌高裁平成13年5月10日判決（判タ1089号298頁）[407]

被害者と無理心中しようとした被告人が、鋭利な刃物で被害者の左胸を刺したが、その後に被告人に病院に連れて行くよう懇願され、結局被告人は被害者を病院に連れて行ったという事案において、確かに被害者の言葉が被告人の中止行為の契機にはなっているものの、「……一般的にみて、前記のような経過・状況の下に、一旦相手女性の殺害や無理心中を決意した者が前記のような言葉にたやすく心を動かし犯行の遂行を断念するとは必ずしもいえないように思われるし、実際被告人の場合も、同女の言葉により直ちに犯罪の遂行を断念したわけではない。……被告人は……同女から口外しないなどと言われていたけれども、その点は……すぐに判明することであると思っていたといい、実際にも病院の関係者に同女を刺した旨を自ら申告していることも合わせて考慮すると、……同女からの被告人が刺したとはいわないという言葉に動かされたことによるものではないことは明らかである。被告人は、同女の……言葉に触発されて心を動かされたものではあるが、苦しい息の中で一生懸命訴え続けている同女に対する憐憫（ママ）の気持ちなども加わって、あれこれ迷いつつも、最後には……同女の命を助けようと決断したと解されるのであって、このような事情を総合考慮すると、被告人は自らの意志で犯行を中止したものと認めるのが相当である」として、中止未遂の成立を肯定した。

(K31) 名古屋高裁平成19年2月16日判決（判タ1247号342頁）[408]

被害者を殺害することを決意し、路上を歩行中の被害者に低速の自動車を衝突させて、同女を路上に転倒させ、刃物でその体を突き刺して殺害するとの計画を立て、実際に被害者に自動車を時速約20キロメートルで衝突させて、傷害を負わせたものの、刃物で突き刺すことを翻意して中止し、殺害の目的を遂げなかったという事案について、被告人が犯行時に心神耗弱状態であったことを認定しつつ、あわせて中止未遂の成否について、殺人罪の実行の着手は認められるものの、被害者への傷害結果は軽傷であり、生命に危険が生じるほどのものではなく、また犯行計画から照らせば、実行行為が完全に終了する前に未遂に終わったものとした。そして「被告人が被害者を刃物で刺すことを断念した理由、原因

---

[407] 本判決を解説したものとして、門田成人・法学セミナー574号（2002年）105頁、對馬直紀・現代刑事法5巻2号（2003年）56頁、和田俊憲・判例セレクト2002（2003年）30頁、山田利行・研修659号（2003年）13頁参照。

[408] 本判決を解説したものとして、金澤真理・刑事法ジャーナル12号（2008年）70頁、安達光治・判例セレクト2008（2009年）31頁参照。

は、……同女への一種の憐憫の情が湧いたか若しくは自己の行動についての自責の念が起きたためと認めるのが合理的であって、その後の被告人の行動は、刃物を自動車に残したまま降車し、同女に「ごめんなさい。」等の言葉を掛けただけで、同女に暴行や脅迫に及んでいない以上、被告人は自己の意思により殺人の実行行為を途中で中止したものと認めるのが相当である」として、中止未遂の成立を認めた。

(K32) 東京高裁平成19年3月6日判決（公刊物未登載）[409]

　強姦目的で被害者に対して暴行を加えて部屋に引きずり込んだものの、被害者が大きな声で「警察を呼びますよ」などと言ったところ、これを聞いた被告人は咄嗟に正気に戻り、このまま強引に姦淫すれば警察に通報されて捕まってしまう、刑務所には行きたくないと思って、被害者の身体から手を離し、「すんまへん」などと述べ、その隙に被害者が室外に逃げ出し、姦淫は未遂に終わったものの、上記暴行により加療1週間を要する傷を被害者に負わせた事案について、原審は強姦致傷罪の成立を認め、姦淫が未遂に終わった点については障害未遂と認定した。これに対して本判決は、被告人は被害者をホテルの客室内に連れ込んで密室状態にし、第三者によって本件犯行が覚知されるおそれのない状態で姦淫に及ぼうとしていたのであり、被害者の抵抗も功を奏していなかったのであるから、「被告人の犯行の遂行にとって実質的な障害となる事由は何ら発生していなかった」のであって、「被告人は、そのまま犯行を継続すれば……所期の目的を達したであろうと考えられ、被告人自身も、そのことは十分認識し得たと思われるのに、〔被害者〕の上記の言動が契機になったとはいえ、自ら強いて同女を姦淫することを翻意したのである。このような場合、被告人が姦淫を止めた主たる動機が、同女への憐憫の情や真摯な反省から出たものではなく、自らの逮捕、その後の刑務所への服役を覚悟してまで強引に犯行を継続したくないとの点にあったとしても、なお、姦淫については被告人が自らの意思によりこれを中止したと認めるのが相当である」として、強姦の点について中止未遂の成立を認めつつ、ただ本件においては強姦致傷罪が成立しているものの、強姦の点が障害未遂なのか中止未遂なのかは被告人の罪責の評価に影響を及ぼす重要な事実であるから、原判決には判決に影響を及ぼすことが明らかな事実誤認があるとして、原判決を破棄して自判し、酌量減軽を認めた。本判決においては、姦淫を止めた主たる動機が、「憐憫の情や真摯な反省」に基づくものでなく、「自らの逮捕、その後の刑務所への服役を覚悟してまで強引に犯行を継続したくないとの点」であったとしても任意性が認められるとされた点が注目される。

---

[409] 本判決を解説したものとして、佐藤拓磨・刑事法ジャーナル10号（2008年）115頁参照。

〔地裁・簡裁判例〕
(Ｃ１) 甲府地裁昭和33年１月24日判決（一審刑集１巻１号87頁）
　暴行を加えて、それにより既に死んだものと思っていた男性を地中に埋めようとしたところ、同人が生きているのを知って殺害を決意し、鼻口部にちり紙を当てて押さえつけ、その頸部を絞めつけたが、同人から「何でも言うことを聞くから助けてくれ」と哀願されて決意を翻し、同人を殺害することを中止した事案について、何ら問題なく殺人未遂罪の中止犯を認めた。
(Ｃ２) 小倉簡裁昭和33年２月24日判決（刑集12巻15号3508頁）
　スリによる窃盗の事案において、被害者のジャンパーの前身外側から右内ポケットの上を左手で押さえ懐中物の有無を物色し、また外側の左ポケットのチャックを外したが、「その瞬間に亡母が臨終の際被告〔人〕に対して必ず悔悟更生するよう言い遺した切々たる心境や余生短い老父のこと等強く脳裡をかすめたのでその途端自ら窃盗行為の遂行を中止し」たという事案において、何ら問題なく中止未遂が認められた。
(Ｃ３) 前橋地裁昭和33年３月５日判決（一審刑集１巻３号345頁）
　殺意をもってナイフで襲いかかったが、被害者の抵抗により10日間を要する複数の傷害を負わせるにとどまった事案について、それ自体で死の結果を発生させる危険性を有するものであったと認められるので実行未遂であり、「実行未遂の場合において中止未遂が成立するためには、犯人が結果の発生を阻止する積極的行為をなすことを要するものと解す」とした上で、本件においては何ら結果発生を阻止する積極的行為をとらなかったので、障礙未遂にとどまるものとし、被告人の中止未遂の主張は着手未遂であることを前提とするもので、「被告人において憐憫の情を生じたると否とを問はず採用できない」とした。
(Ｃ４) 横浜地裁昭和33年６月17日判決（一審刑集１巻６号911頁）
　タクシー運転手を昏睡させてその所持金を奪おうと決意し、睡眠薬をタクシー運転手に飲ませ、その後タクシーを停車させて様子をうかがっていたところ、車内で昏睡してしまったので、「それに乗じて〔被害者〕の所持金を盗取しようとしたが、盗取を敢行する勇気が出ず、二時間余り同所で逡巡した末、遂にこれを断念して、自ら昏睡中の〔被害者〕をゆり起し」た事案、および同様の手段により金品を盗取しようと決意し、また睡眠薬を飲ませ、その後も同様にタクシーを停車させて様子をうかがっていたところ、やはり被害者が車内で「昏睡したのに乗じてその所持金を奪おうとしたが前回同様盗取を断念し」たという昏睡強盗の事案について、いずれの事案においても何ら問題なく中止犯の成立が認められた。
(Ｃ５) 宇都宮地裁昭和33年11月19日判決（一審刑集１巻11号1855頁）
　強姦しようと襲いかかったものの、被害者が「今月経だから駄目だ」と告げたので、姦淫することを諦めた事案について、「中止犯の要件である「自己の意思に因り止める」とは、必ずしも悔悟に出ずることは要しないが、外部的障礙の原因

が存しないに拘らず内部的原因に因り任意に実行を中止することであるところ、本件において被告人が被害者よりいま月経だから駄目だと告げられ姦淫を諦めたことは判示のとおりで、被告人が姦淫を思い止まつた契機即ち犯罪を遂げなかつた原因が被害者が月経中であるという外部的事実の存在にあつたことは明白であり、この事実の存在は社会通念上性交をなすについて通常障礙とされるところであるから、被告人がかかる外部的障礙により姦淫を諦めたことは内部的原因に因り任意に実行を中止したことに該らないことは明白と謂うべく、弁護人の該主張は到底採用できない」として、強姦罪の中止未遂を否定した。本件においては、「外部的障害か内部的原因によるものか」の判断の際に「社会通念上……通常障礙」となるか否かという点が基準とされている点に注目すべきといえる。

（C6）福岡地裁飯塚支部昭和34年2月17日判決（下刑集1巻2号399頁）

3歳の幼女を強姦しようとしたが被害者が泣き出したので人に発見されることを恐れて遂げなかった事案について、被告人が被害者が泣き出したので可哀想に思って思い止まったと主張したが、認定された事実の状況から被告人が犯行を遂行するに至らなかったのは、被害者が泣き出したので、友人等に発見されることを恐れたためであると認められるとして、中止未遂が否定された。

（C7）神戸地裁昭和34年5月18日判決（下刑集1巻5号1239頁、判時204号7頁）

空き巣目的で勝手口の戸を開けたところ、女性（被害者）がいたので、家を尋ねている風を装って話をしているうちに、他に家人がいないことを確かめるや、被害者から金品を強取しようと企て、ナイフを突きつけて脅迫し、現金五百円を提供させてこれを強取したが、にわかに劣情を催し、ナイフを手にしたまま奥の部屋に行くよう申し向けて、被害者を隣の部屋に追いやり、「〔被害者〕が和服の下に着ていた膝下及びズロースを片足ぬがせ、強いて〔被害者〕を姦淫しようとしたが、〔被害者〕が妊娠中であることを知り、あわれを催し姦淫を思い止まり、その目的を果さ」なかったという強盗強姦の事案において、何ら問題なく中止犯の成立を認めた。

（C8）佐賀地裁昭和35年6月27日判決（下刑集2巻5・6号938頁、判時230号34頁）

3人で少年刑務所からの脱走を企て、2人は逃走したものの、1人は逃走しなかった事案につき、逃走しなかった者が、自分の刑は短いし逃げてもすぐに捕まると考えて途中から逃げる気がしなくなり、あえて逃走を思い止まったものであると主張したが、確かに看守に発見される前に逃走の意思を放棄して布団にくるまっていたものの、他の両名が脱出する間にも自らも脱出する意思をもっていたのが明らかであり、逃走が未遂に終わったのは、自分よりもやせている他の2名が抜け出るのがやっとであったことから、自分の身体が抜け出るには狭いと考え、さらにこれ以上石で叩くとその音で犯行が発見されると考えて逃走を諦めたものであるから、中止未遂ではないとされた。

（C9）和歌山地裁昭和35年8月8日判決（下刑集2巻7・8号1109頁）

第三者から怒鳴り込まれることを怖れて、その用心のためにその家の妻がその家の運転手に、同じ寝室に寝るように依頼して就寝していたところ、その運転手が同女を姦淫しようとしたが、同女に哀願されて姦淫することを思い止まったという事案について、そのような同女の行動は「甚だ不用意かつ非常識な行動であつて」、怒鳴り込まれることを恐れたなどの諸般の事情を考慮しても、「若い男性をかかる状況下に置くことは、いわゆる「魔がさす」ということもあり、極めて危険、不適切な措置で、その者をして過ちを犯さしめるおそれなしとは保障し難いことと云わねばならない。／もとより被告人において雇主の妻を犯さんとしたことは不徳の謗を免れないが、以上の如く被害者自身に重大なる落度があり、これが本件犯罪の根本原因と見られ、又犯行の際の暴行の程度も左程強度のものとは云えず、幸い中止犯と認むべき案件であるから、被告人に刑を科するのは相当でないと考え、刑法第四三条後段により被告人に対し刑を免除することとする」として、強姦罪につき中止未遂を認めた上で、刑を免除した。本件では、哀願されて中止した事例について中止未遂を認めたという点もさることながら、被害者の不適切な態度を理由として刑の免除を選択する理由としている点[410]が特徴的なものといえる。

(C10) 東京地裁昭和37年3月17日判決（下刑集4巻3・4合併号224頁、判時298号32頁）

　致死量の睡眠薬を飲ませたが、被害者が口から泡を吹き始め、脈も非常に早くなってきた様子に驚き、大変なことをしたと悟った被告人が、致死の結果を防止しようと焦慮した末、警察官に通報し助力を得て被害者が一命を取り留めた事案につき、「いわゆる実行中止による中止未遂の成立要件とされる結果発生の防止は、必ずしも犯人単独で、これに当る必要はないのであつて、結果発生の防止について他人の助力を受けても、犯人自身が防止に当つたと同視するに足る程度の真摯な努力が払われたと認められる場合は、やはり、中止未遂の成立が認められる」として、実行未遂に関して (D20) 大判昭和12年6月25日刑集16巻998頁の基準にさらに「真摯性」を要求するような基準を採用した上で、応急の救護処置は医療知識のない被告人には期待できず、被告人の処置は精一杯の努力を尽くしたというべきであり、当時の差し迫った状況下において取り得べき最も適切な善後処置であり、また「駆けつけた警察官に対しても、被告人は率直に自己の犯行を告げて〔被害者〕を寝かせた二階に案内するなど、速やかに〔被害者〕に対する救護措置が講ぜられるよう必死になつて協力していたことがうかがわれ、……被告人の態度もまた極めて真摯であつたこと」などから、「被告人自身その防止に当つたと同視するに足るべき程度の真摯な努力を払つたものというべきであ」

---

[410] ただし刑を減軽にとどめるか免除を行うかの判断に関して、そのような「被害者の態度の不適切さ」という観点を考慮に入れて行うことが適切かどうかは、検討を要するものと思われる。

るとして、殺人罪につき中止未遂を認めた。本判決は、実行未遂の際に、中止行為を単独では行わなかった場合について判例（D20）と同様の基準を採用しつつ、条文に無い「真摯性」の要件をも要求したものであり、結果的に中止未遂が認められてはいるものの、その判断基準において条文上に存在しない要件を要求しており、また警察官に犯行を告げたことを中止犯認定の要素とした点に関しても、問題のある判決であったといえる。

(C11) 新潟地裁長岡支部昭和38年5月17日判決（下刑集5巻5・6合併号551頁）

殺害の未必の故意を以て相手の腹部を刺した事案について、被告人が中止未遂である旨の主張をしたが、一回の突刺行為で実行行為は終了したものと認められ、実行未遂とした上で、「実行未遂の場合で中止未遂が認められるためには被告人が単にその後の行為を中止して不作為の態度に出ることのみでは足らず、結果の発生を防止するための作為が必要である。そして、その防止行為は被告人自らこれをなすか或は被告人自らこれをなしたと同視できる程度のものであることを要する」とした。そして被告人は被害者を背負って運んだがこれは他者の指示によるものであり、医者を呼ぶよう手配したのもその他者であって、さらに医師の手当てで結果発生が防止されたのであるから、「本件結果の発生が被告人自らの又はこれと同視すべき程度の行為によって防止されたものと認めることはできない」として中止未遂とはいえないとされた。本判決においても、中止行為を単独では行わなかった場合について、判例（D20）と同様の基準が採用されていることが注目される。

(C12) 和歌山地裁昭和38年7月22日判決（下刑集5巻7・8合併号756頁）

船に火をつけたものの、「その火勢を見て俄かに悔悟の念にかられ火炎の納まるのを見て、自ら機関室に入り、顔面および両手に火傷を負いながら消火に努め、更に附近住民の協力を求めてこれを消火して放火を中止したため、機関室内の床板等一部を燻焼しただけで放火の目的を遂げなかつた」事案について、計画的ではない偶発的犯行であること、そして「特に重要な点は犯罪の実行に着手後直ちに悔悟の念にかられ、身の危険を顧みず、狭隘な機関室に身を挺して飛び込み、顔面や両手等に全治約一〇日間を要する火傷を負いながら消化〔ママ〕に努め、略その目的を達し、更に近隣の者の応援を求めて完全消化に努めた結果殆んど被害が発生しなかつたこと、被害者も被告人の処罰を求めていないこと等を考慮するときは、被告人に対し相当情状を酌量すべき点があるが、再度の刑の執行猶予を付し得ない本件においては〔筆者注：被告人は前科があり、保護観察付執行猶予中であった〕重き前刑の執行猶予の取消の結果を来たす懲役の実刑を科することは些か重きに失する感がありよつて中止犯奨励の法の精神をも汲み刑を免除するを相当と認め同法第四三条但書により被告人に対し刑を免除することにする」として、非現住建造物等放火罪について中止未遂を認めた上で刑を免除した。本件では「悔悟の念にかられたこと」を中止未遂を肯定する際の事情の一つとして認め

ている点、および保護観察付執行猶予中であった被告人について執行猶予の取消につながる実刑を科すことが重いと判断されて刑の免除が選択された点[411]が注目される。

(C13) 東京地裁昭和38年10月7日判決（判タ155号96頁）

被告人が家屋への放火を決意して週刊誌を丸めたものに点火したものの、思い止まって炎を叩き消したが、消火が不十分であったため、その後残り火により燃焼が続き、他者により消火されたため未遂となった事案について、そのまま放置すれば建物燃焼の結果の発生する危険は十分予想されるところであるから、「結果発生防止のためその当時とり得た相当な処置をなさないかぎり、被告人が結果の発生を防止するにつき、真摯な努力をなしたものとも、ひいてまた、被告人自ら結果の発生を防止したと同視するに足りる努力を払つたものとも認めることはできない」として、中止犯が否定された。この判決においても、「真摯性」が（実行未遂における）中止未遂の要件として要求されている点が注目される。

(C14) 東京地裁昭和40年4月28日判決（下刑集7巻4号766頁、判時410号16頁）[412]

殺人の事案について、「被告人……が殺害行為を継続しなかつたのは、……水に濡れ頭から血を流してうずくまつている〔被害者〕の姿を見て憐憫を覚えて翻意し、自己の行為を反省悔悟したことに因るものと認めるのが相当である」としつつ、しかし被告人が石を以って被害者の頭部に加えた暴行は被害者を死に致す可能性ある危険な行為であり、「中止未遂の成立が認められるためには、更に既に加えた前記暴行に基く死の結果の発生を積極的に防止する行為に出で、現実に結果の発生を防止し得たことが必要であると考える。そして、右結果発生の防止は、必ずしも犯人が単独でこれに当る必要はなく、他人の助力を受けても犯人自身が防止に当つたと同視するに足る程度の真摯な努力が払われたと認められる場合には、やはり中止未遂の成立を認めうる」として、「〔現場で応急措置後に病院で治療を受けさせた本件では〕判示のような措置を採つたのは、被告人なりに出来るだけの努力を尽くしたというべきであり、またその措置は結果発生防止のため被告人としてなし得る最も適切な措置であつた」として、中止未遂を認めた。本判決では、中止動機に関して「憐憫を覚えて翻意し、自己の行為を反省悔悟したことに因るもの」であることを要求した点、そして実行未遂の事案に関して「結果発生の積極的な防止」を要求しつつも、そのような中止行為を単独で行わなかった場合に、中止行為が認められるための要件として「真摯性」を要求する、という構成になっている点が特徴的であるといえる。

---

(411) すなわち、行為者の当該中止行為の行為態様に対する評価そのものというよりは、むしろ全体的な量刑上の配慮からようやく「免除」が認められたものといえるのである。このような形での免除の選択の判断手法そのものについては、さらなる検討が必要なものといえるであろう。

(412) 本判決を解説したものとして、植松正・判例評論83号（1965年）21頁、西山富夫・法律のひろば18巻10号（1965年）49頁、今上益雄・東洋法学9巻2・3号（1965年）121頁参照。

(C15) 東京地裁昭和40年12月10日判決（下刑集7巻12号2200頁）

　首を絞めて殺そうとしたが、被害者の苦しむ様子を見て驚き我に返って中止し、近所の者に助力を求めて救急車の手配を依頼などした事案について、「本件驚がくは、これによつて身体の硬直を来すなど、被告人の行為継続に障害となるべき状態をひき起こしたものではなく、被告人に反省の機会を作つた一つのきつかけに過ぎないのであつて、右被告人のやめた行為は、右の反省にもとづく任意のものであると考えるのが相当である」とした。さらに実行未遂であると認定して、中止未遂が認められるためには「結果の発生を積極的に阻止する行為にでたことが必要である」とした上で、医師を呼ぶ等の措置は講じなかったものの、経験豊かな者に助力を求めてその指示に従って行動したことは、被告人にとって「なしえた最善の措置というべきであり」、「有効適切なものであつたといいうる」ので、「被告人自身が結果の発生を積極的に阻止する行為に出たと同視し得る真しな努力を払つたものと考えられ、その行為は、前記の絞首行為の継続を任意にやめた行為と相まつて」中止未遂の要件を満たすとされた。本判決でも「反省に基づく」ことが任意性の内容とされているといえ、また実行未遂の際の中止行為を「結果発生を積極的に阻止する行為」としつつ、中止行為を単独で行わなかった場合の中止行為が認められるための要件として「真摯な努力」を要求する、という枠組がここでも採用されているといえる。

(C16) 大阪地裁昭和42年11月9日判決（判タ218号264頁）

　放火罪の事例において、「実行未遂の中止未遂は、結果発生を防止するため真摯な努力をなすことが要件であると解すべきである」とした上で、隣室に放火後しばらくしてから、恐怖心に駆られて出て見ると煙が出ていたので、他の住人に火災を知らせて火災の発生した部屋への入り方をその住人に教えたが、その後は傍観していたにすぎないという事案について、結果発生を防止するための真摯な努力とは評価し難いとして中止未遂が否定された。ここでもやはり実行未遂に関して「真摯性」の要件が要求されているといえる。

(C17) 東京地裁昭和43年11月6日判決（下刑集10巻11号1113頁）

　強姦罪において、被害者の同伴者が川に飛び込み、溺れそうになったため、その溺死の結果の責任がふりかかるのをおそれて強姦を中止し、その同伴者を救助した事案について、「このような状況は、被告人に本件犯行を思いとどまらせる障碍の事情として、客観性があるものと認められるから、本件は障碍未遂と認めるのが相当である」とされた。本判決においては、行為者が認識した障害となる事情について「犯行を思いとどまらせる障碍の事情として、客観性がある」ことを理由としている点が特徴的であるといえる。

(C18) 大阪地裁昭和44年12月12日判決（判時598号98頁、判タ249号278頁）

　強姦罪の事例において、被害者に強く抱きつき接吻しようとしたが、「〔被害者〕から拒まれるや秘かに好意を懐いていた〔被害者〕から「私はあなただけは

信用しているの。何もしないわね。」と哀願されていたので急に〔被害者〕を強姦するのが可哀そうになって中止」したという事案において、問題なく強姦罪の中止未遂が認められた。

(C19) 横浜地裁川崎支部昭和52年9月19日判決（刑月9巻9・10合併号739頁、判時876号128頁）[413]

　殺人の事案について、検察官は殺害中止が被害者の多量の出血を見て、これに驚愕したことによるものであるから障礙未遂であると主張したが、確かに出血による驚愕はあったものの、犯行自体が強固な殺意に導かれたものではなく、決定的な殺害行為に及ばないうちに出血を見て驚愕して思い止まったものであり、さらに「『自己ノ意思ニ因リ』とは、外部的障害原因の存しないのに拘らず内部的原因に由る場合、すなわち外部的事情が犯罪を完成するについて障害として認識されていなかった場合と解するのが多数の判例の見解ではあるが、犯罪の実行に着手したが、高度の情操を働かせてこれを止めるような者は、外部的障害（例えば流血）を認識するのは通常であり、かつこれに驚愕する情を懐くのも亦通常であって、かかる場合すべて任意の意思を否定するのは妥当ではなく、通常人があえてなしうるのに、行為者はなすことを欲しないという意思の認められる場合は、その意思が外部的障害を契機として生じたにせよ『自己ノ意思』あるものと解するを相当とする」として、本件は着手中止の色彩が強いばかりか、直ちに救急車を呼んだので、「結果防止に真摯な努力をしなかったとはいえず」、その結果被害者は確実に死を免れたので、「その面では実行中止の要素もあり、結局のところ本件は外部的障害の存在は否定されないけれどもそれのみによって未遂に終ったとはいえず」、むしろ中止したものと言えるとして中止未遂を認めた。本件では任意性の判断基準に関して、外部的障害の認識が、必ずしもそれだけで任意性を否定する要因とはならないことを示した点が特徴的といえる。

(C20) 宮崎地裁都城支部昭和59年1月25日判決（判タ525号302頁）[414]

　被害者の切創部から多量に出血しているのを見て驚愕し、殺害行為を継続しなかった殺人罪の事案について、「被告人が右殺害行為を継続しなかったのは……その行為を反省し、積極的に被害者を救助すべく決意したことによるもの」であるから任意性が認められた。また当該事案について実行未遂の段階であるとした上で、中止未遂が認められるためには「単に殺害行為を中止するのみでは足りず、被告人がすでに加えた前記行為に基づく死の結果の発生を防止し得たことが必要であると考える。そして、右結果発生の防止行為は、必ずしも犯人が単独でこれに当る必要がないものの、他人の助力を受けても犯人自身が防止に当つたと同視し得る程度の真摯な努力が払われた場合でなければならない」として、応急

---

[413] 本判決を解説したものとして、藤永幸治・研修365号（1978年）67頁参照。

[414] 本判決を解説したものとして、河村博・研修436号（1984年）51頁、同・捜査研究33巻12号（1984年）15頁参照。

処置や救急車の手配をし、また現場に急行した警察官に対して行為者が自らの犯行事実を申告したという事実から「傷害の原因について素直に真実を申告し」たことに基づいて、殺人罪の中止未遂を認めた。本件では任意性の判断の際に行為者の「反省」を考慮している点、および実行未遂の中止について「真摯性」の要件が要求されている点が注目される。また、実行未遂における中止の認定の際に「犯行事実の申告」があったことを考慮しており、もしこれを中止未遂の成立要件として要求しているのであれば、これは中止犯と自首制度を混同するものであるといえる。

(C21) 大阪地裁昭和59年6月21日判決（判タ537号256頁）

被害者の背中を長さ約10センチメートルのナイフで一回刺した事案について、「被告人の実行行為が終了しており」、実行未遂であるとした。その上で、「中止未遂が認められるためには、被告人自らのまたはこれと同視できる行為によつて結果の発生が防止されたことが必要である」としつつ、被害者が自らナイフを抜いて被告人に救急車を呼ぶよう指示し、被告人は直ちに公衆電話から一一九番したが通じず、一一〇番して自らの犯罪を申告するとともに救急車の手配を要求したが、被害者も自力で同所に来て被告人に指示をし、その後医師の手当てによって助かったものであって、「その間の被告人の行動は、結局のところ、被害者の指示のもとで被害者自身が救急車の手配をするのを手助けしたものと大差なく、もとより結果の発生は医師の行為により防止されており、したがつてこの程度の被告人の行為をもつてしては、未だ被告人自身が防止にあたつたと同視すべき程度の努力が払われたものと認めることができず」、中止未遂は成立しないとされた。

(C22) 東京地裁平成2年5月15日判決（判タ734号246頁）

夫の態度に耐えられなくなった被告人が、自宅を焼燬して子供3人を焼死させて自殺しようと決意し、自宅に放火したものの、直後に「憐憫の情から」子供3人の殺害を翻意し避難させた事案について、現住建造物等放火（既遂）および3つの殺人未遂が成立し、殺人未遂罪について中止未遂が成立する点を検察官も争わないとしたものの、上記犯罪が観念的競合の関係にあり、中止未遂の成立しない罪の法定刑を最も重いとするときは、その罪の刑で一罪とする以上、もはや中止未遂の減軽はできず、量刑上考慮するほかはないとして、現住建造物等放火罪を最も重いとした以上、中止未遂の減軽はできないとした。

(C23) 大阪地裁平成2年10月17日判決（判タ770号276頁）

被害者を強姦しようとして隣室の幼児らに見えないように襖を絞めていたが、その幼児らが襖を開けようとしてガタガタ音をさせていたことや、被害者が被告人の下着を脱げとの命令に従わず、姦淫を拒否するような態度をとったことから、無理矢理姦淫するのを諦めて、自己の陰茎を被害者の口にくわえさせたりなどしているうちに射精し、その後逃走した事案、および強姦しようとしたが、被害者が「おなかが痛い。子供を産んだばかりなのです」などと訴えたため、無理

矢理姦淫することを諦めて、引き続き被害者の胸を触ったり、あるいは自己の陰茎を被害者に握らせたりしているうち、最終的には自慰行為により射精し、その後被害者を解放したという2件の強姦の事案について、「各事実について認められるそれぞれの事態は、いずれも、客観的にみてこの種犯罪を完遂する意欲を妨げるにたる性質の障害というべきもので、被告人において右障害を認識することにより姦淫を諦めたものである上、右各犯行のいずれについても、被告人において姦淫そのものに及ぶことは諦めたものの、それまで強姦の実行行為として行ってきた猥せつ行為をそのまま継続し、更に被害者に性交に代わる凌辱行為を強いて射精にまで至ることにより、当初意図した性的欲求の満足をそれぞれ得ているのであって、このような右各犯行の経過態様に鑑みれば、被告人が姦淫行為に至らなかった動機が、被害者に対する憐憫、同情等の内心的要因に基づく自発的な犯行の断念にあったとは認められない」として、中止未遂の成立を否定した。

(C24) 浦和地裁平成4年2月27日判決（判タ795号263頁）[415]

強姦しようとした被害者から「やめて下さい」などと哀願されたことを契機として、被害者がまだ若くかわいそうになったこと、および強姦までしてしまうと警察に被害を申告されて捕まってしまうのがこわかったことから姦淫の遂行を断念した事案について、「中止の任意性につき、主観的な反省・悔悟の情を重視する立場からは、右の点だけからでも、中止未遂の成立は否定されることとなろう」としつつ、犯行当時の客観的状況に関して「犯行を未遂に導くような客観的、物理的ないし実質的障害事由は存在しなかった」こと、また客観的状況として既に被害者を強いて姦淫することが比較的容易な状況であったことに基づいて、強姦罪は客観的ないし物理的障害に遭遇しない限り犯意を放棄しないのが通常であるから、被害者から哀願されたからといって犯行を断念するのは「むしろ稀有の事例」とした。そしてこのように「犯罪遂行の実質的障害となる事情に遭遇したわけではなく、通常であればこれを継続して所期の目的を達したであろうと考えられる場合において、犯人が、被害者の態度に触発されたとはいえ、自己の意思で犯罪の遂行を中止したときは、障害未遂ではなく中止未遂が成立すると解するのが相当であり、右中止の際の犯人の主観が、憐憫の情にあったか犯行の発覚を怖れた点にあったかによって、中止未遂の成否が左右されるという見解は、当裁判所の採らないところである」として、強姦罪の中止未遂を認めた。本判決においては、任意性の判断基準に関して明確に限定主観説を排斥しつつ、「犯罪遂行を未遂に導くような客観的、物理的ないし実質的障害事由が存在したか否か」を基準として判断し、なおかつ中止未遂の成立を認めたものである点が注目される[416]。

---

(415) 本判決を解説したものとして、山中敬一・法学セミナー458号（1993年）128頁参照。
(416) また本判決においては、傍論ではあるが、判例・学説上において「犯罪の発覚を怖れて犯行を中止しても中止未遂は成立しない」とされていることの意味について、「……右は、犯罪の遂

(C25) 青森地裁十和田支部平成5年7月16日判決（公刊物未登載）[417]

　強盗目的で質店の従業員女性に用出刃包丁を突き付けて脅迫し、その反抗を抑圧して金員を強取しようとしたが、同女に悲鳴をあげられたことから自ら犯行を中止した事案について、中止犯の「『自己ノ意思ニ因リ』とは、外部的障害によってではなく、犯人の任意の意思によってなされることをいう」とした上で、被告人が中止行為にでた契機は、被害者に悲鳴をあげられたことによるものではあるが、「中止行為が悲鳴等の外部的事実の表象を契機とする場合のすべてについて、いわゆる外部的障害によるものとして中止未遂の成立を否定するのは相当でなく、外部的事実の表象が中止未遂の契機となっている場合であっても、犯人がその表象によって必ずしも中止行為に出るとは限らない場合に敢えて中止行為に出たときには、任意の意思によるものとみるべきである」として、本件では被告人の年齢などの客観的状況から「通常人であれば、被害者に悲鳴をあげられたからといって中止行為に出るとは限らない」とし、さらに被告人が悲鳴をあげられた際に「大変なことをした」との思いから直ちに凶器をしまい、駆け付けた被害者の夫に対して素直に凶器を渡して自己の行為を詫びたことから、「本件犯行に対する反省、悔悟の情が込められていると考えられ、以上によると、本件の中止行為は、被害者の悲鳴という外部的事実の表象を契機としつつも、犯行に対する反省、悔悟の情などから、任意の意思に基づいてなされたものと認められる」として、強盗の中止未遂の成立を認めた。本判決においては、任意性の判断に関して「外部的事実の表象が中止未遂の契機となっている場合であっても、犯人がその表象によって必ずしも中止行為に出るとは限らない場合」には任意性を認めるとする基準を立てながら、実際の認定の際には「犯行に対する反省、悔悟の情など」から任意性を肯定しており、任意性に関して限定主観説を採用するだけでなく、その判断基準そのものに混乱が見られるものであるといえる。

(C26) 東京地裁平成7年10月24日判決（判時1596号125頁）[418]

　義理の娘を殺害して自分も死のうと考えて、娘の左胸部を一回刺し、その後自室に放火して自分の左胸部および喉を刺して自殺を図って倒れて意識を失ったが、その後煙で目を覚まし、娘が「お父さん、助けて」と言ったのを聞いて急に

行中、第三者に発見されそうになったことを犯人が認識し、これを怖れた場合のように、犯罪の遂行上実質的な障害となる事由を犯人が認識した場合に関する議論と解すべきであり、本件のように、外部的障害事由は何ら発生しておらず、また、犯人もこれを認識していないのに、犯人が、単に、被害者の哀願の態度に触発されて、にわかに、後刻の被害申告等の事態に思い至って中止したというような場合を念頭に置いたものではないと解するのが相当である」として、「犯罪の発覚を怖れた場合」が、必ずしも全て中止の任意性を否定する事例となるものではなく、それが実質的・外部的障害事由を犯人が認識した場合を想定してのものであることを示している点も注目される。

(417)　本判決を解説したものとして、井上宏・研修550号（1994年）45頁参照。
(418)　本判決を解説したものとして、渡邊一弘・研修591号（1997年）3頁参照。

娘がかわいそうになり、娘の体を室外に引きずり出して隣家の敷地内まで出たが、意識を失ってその場に倒れこんだという事案において、実行未遂の事案であるとして、「被告人の任意かつ自発的な中止行為によって、現実に結果の発生が防止されたと認められなければ中止犯は成立しないことになる」とした。その上で、上記行為は「いわゆる憐憫の情に基づく任意かつ自発的なものであったと認められる」としながらも、被告人は隣家敷地内まで運び出してはいるものの、それ以上の行為には及んでおらず、「当時の時間的、場所的状況に照らすと、被告人の右の程度の行為が結果発生を自ら防止したと同視するに足りる積極的な行為を行った場合であるとまでは言い難く」、偶然通りかかった通行人の110番通報によって助かったものであるから、「被告人の中止行為によって現実に結果の発生が防止された事案であるとは認められない」とされ、殺人罪について中止未遂の成立が否定された。任意性の認定に関して「憐憫の情に基づく」ものであることを考慮して認めている点、および、それでいて「結果発生を自ら防止したと同視するに足りる積極的な行為」ではないとして中止行為が否定された点が注目される。

(C27) 東京地裁平成8年3月28日判決（判時1596号125頁）(419)

被害者を殺害しようとして被害者の左胸部を3、4回突き刺すなどしたが、「多量の出血を見て、驚愕すると同時に大変なことをした、あるいは、妻〔被害者〕に悪いことをしたと思って」通報して救助を依頼したという事案について、「通常人が本件のような出血を見て、被告人と同様の中止行為に出るとは限らないから」、任意性が認められるとした。また実行中止の事案であると認め、「積極的に死の結果発生を防止する行為にでる必要がある」とした上で、被告人の110番および119番通報は「犯行後において、被告人が結果発生防止のためにとり得る最も適切な措置であった」とし、被告人自身が止血措置を採らなかったのも、119番通報中に警察官が到着し、警察官との応答中に救急隊員が到着して、他の止血措置を取る時間的余裕がほとんどなかったものであるから、被告人の行為は「自ら結果の発生を積極的に阻止する行為に出たと同視し得る真摯な努力を払ったもの」であるとして、殺人罪の中止未遂を認めた。本判決においても、任意性の判断に際し「通常人」の基準が用いられ、また実行未遂の場合において中止行為を単独で行わなかった場合に中止行為が認められるための要件として「真摯な努力」が結論として要求されているといえる。

(C28) 横浜地裁平成8年10月28日判決（判時1603号159頁）

自宅に放火して子供2人を焼死させるとともに自らも焼身自殺しようと考えて、ガソリンをまいて放火したが、子供が目を覚まして逃げ出し、また被告人も「燃え上がった火の勢いに驚愕して我に返り、自ら両手両足で布団を叩いたり踏

---

(419) 本判決を解説したものとして、渡邊一弘・研修591号（1997年）3頁参照。

むなどし」、さらに子供の協力も得て水をかけるなどして消火した事案について、現住建造物等放火未遂については中止未遂が成立するとした。しかし観念的競合の関係にある 2 つの殺人未遂のうちの 1 つが犯情において最も重く、その刑で処断することになるので、上記中止未遂による刑の減軽をする余地がないとされた。

(C29) 大阪地裁平成 9 年 6 月18日判決（判タ976号254頁、判時1610号155頁）[420]

強姦の事案において、検察官は、被告人が姦淫に及ばなかったのは被害者の「性病かもしれない」との発言を信じたからであるから任意性がない、と主張したものの、被告人は「被害者の右発言を聞いた後、姦淫にこそ及ばなかったものの、被害者が真に性病であれば感染が危惧されるようなわいせつ行為を繰り返し行っていること」、また被害者に対し後日自己と交際するよう要求し、被害者がこれに応じる振りをすると自宅の電話番号を教えるなどして将来被害者と肉体関係をもつつもりであったことが認められることから、「被告人が、被害者を性病であると信じ、その感染を恐れて姦淫を中止したとみるのは困難であ」るとして検察官の主張を排斥した上で、「被害者を妊娠させることを可哀想に思い、姦淫することが怖くなって中止した」という被告人の弁解について、周囲の状況から「客観的には、被告人が被害者を姦淫することは容易な状況にあったと考えられる」が、「それにもかかわらず、被告人が姦淫に及ばなかったのは、何らかの主観的要因が作用したためであるとみざるを得ないが、関係各証拠を検討しても、他に被告人をして姦淫を中止しようとの気持ちを抱かせるような客観的事情は見当たらないことから、被告人が供述するとおりの事情が被告人に姦淫の中止を決意させたとみるほかない」として、被告人の中止の任意性を肯定し、中止未遂の成立を認めた。

(C30) 横浜地裁平成10年 3 月30日判決（判時1649号176頁）[421]

登校拒否と家庭内暴力を繰り返す息子の将来を悲観して、同人を殺害して自殺しようと決意し、包丁で数回、同人の前胸部などを目掛けて突き刺すなどしたが、手に伝わった被害者の血のぬくもりに驚愕するとともに、同人が「ごめん、母さん」と謝りの言葉を言ったことでその犯意を喪失し、攻撃を中止した上、119番通報して被害者を病院に搬送等したという事案について、何ら問題なく、殺人罪の中止未遂が認められた。

(C31) 東京地裁平成14年 1 月16日判決（判時1817号166頁）

夜間に女性の居室に侵入し、強姦しようとした際に、被害者が手足をばたつかせたり、身体をゆするなどして抵抗したが、被告人により脅されて抵抗を断念し、その後は姦淫だけは免れたいとして、被告人に射精させることによりその性

---

[420] 本判決を解説したものとして、小田直樹・判例セレクト'97（1998年）35頁参照。
[421] 本判決を解説したものとして、金澤真理・現代刑事法2巻2号（2000年）73頁参照。

欲を減退させようと被告人に対して手淫や口淫を行い、また姦淫されにくい体勢をとるなどして、結局被告人は姦淫することなく立ち去ったという事案について、被告人が姦淫行為に及ばなかったのは、被害者との関係を維持して、「後日機会を改めて、より容易に姦淫の目的を遂げ、あわよくば被害者とのそのような性的関係を維持発展させたいとの期待の下に、被害者をその場で強いて姦淫するのは得策ではないと考え、打算的に当面の姦淫行為を差し控えた」ものであるとし、また被害者が採った抵抗の手段も、「現に被告人が姦淫行為に及ぶ契機をことごとく失わせているだけでなく、通常姦淫行為に及ぶことの障害となり得るもの」と評価した上で、このような事情から「被告人が被害者に対し再び同種行為に及ぶ危険は何ら消失していない」として、強姦罪の中止未遂の成立を否定した。

(C32) 東京地裁平成14年1月22日判決（判時1821号155頁）[422]

殺害目的で背後から被害者の頸部を千枚通し様の調理器具で4回ほど突き刺し、被害者が「もうやめてくれ」との趣旨の声をあげてようやく攻撃をやめ、そのまま通報や救助行為をすることなく立ち去った事案について、被告人が現場を立ち去る際の客観的状況を検討した上で、「被告人が現場を立ち去る……時点における一般人の立場からの判断としては、殺人の既遂に至る具体的危険が被告人の行為とは独立して生じた場合に当たるというべきである。そして、被告人自身の判断も、その否認供述にもかかわらず、同様のものであったと認められる。しかるに、このような場合には、「犯罪を中止した」というためには、生じた危険を積極的行為により消滅させることが必要であるというべきであるが、被告人は危険を消滅させる行為を何らすることなく、気を失って横たわっている〔被害者〕を放置して現場から立ち去ったというのであるから」、中止未遂は成立しないとした[423]。

(C33) 大阪地裁平成14年11月27日判決（判タ1113号281頁）

被害者を殺害して自殺しようと考え、包丁で被害者の左胸部を2回刺したが、被害者に抵抗されて包丁をとり上げられてしまった。しかしそのまま放置すれば被害者が死亡するものと考えていたところ、刺突行為から約4時間後に激しく苦痛を訴える被害者を見て我に返り、大変なことをしてしまったと反省悔悟し、病院に連れて行こうと考えて、110番通報した、という事案について、実行未遂であると認められた上で、「中止未遂が成立するためには、中止の任意性が認められ、かつ、結果発生防止のための真摯な努力を要する」とした。その上で任意性

---

[422] 本判決を解説したものとして、和田俊憲・刑事法ジャーナル4号（2006年）79頁参照。
[423] さらに、医師の「被害者の刺創が直ちに生命への危険を及ぼした可能性は乏しい」という供述を援用して被告人に結果発生防止義務が生じないとする弁護人の主張に対しても、「既遂に至る具体的危険が生じたか否かについては前記のように事前の一般人の立場からの判断を基準とすべきであり、事後的な客観的判断を基準とすべきではない」とした。

については包丁を被害者に取り上げられた時点のみをとらえて任意性がないとすることは妥当でなく、「一連の事態を全体的に考察すべきである」として、「被告人は、実行行為終了後も、なお〔被害者〕の生死についていわばこれを支配する立場にあり、犯行を完遂することも可能だったのに……〔被害者〕が激しく苦痛を訴えるのを見て我に返り、反省悔悟し、〔被害者〕が助かるのであれば病院に連れて行こうと考え、一一〇番通報して救護を依頼するなどしているのであって、かかる場合に、通常人が、被告人と同様な行動に出るとは限らず、被告人は、外部的障害によるのではなく、内部的原因によって当該行動に出たというべき」であるとして任意性を肯定し、さらに結果発生防止行為についても、刺突行為から3時間以上救命行為を行っていないが、「翻意前の行為でいわば実行行為の因果の流れであり、中止行為の真摯性の判断をするに際して決定的な事情ということはできない」として、その後に救命行動をとったこと、「被告人が、臨場した警察官等に対し、素直に事情を説明していること」などから「結果発生防止のために真摯な努力をしたと評価するのが相当である」として、殺人罪の中止未遂の成立を認めた。任意性に関して「反省悔悟して」という事実認定が存在するものの、「外部的障害か内部的原因か」という基準での判断がなされている点、また真摯性の要件について、実行未遂の際に中止行為を単独で行わなかった場合だけでなく、実行未遂全体についてその真摯性が要求されているかの表現が見られる点が注目される。

(C34) 大阪地裁平成16年10月1日判決（判時1882号159頁、判タ1175号306頁）

通行中の女性を強姦しようとして、反抗を抑圧して強姦しようとしたが、「〔被害者〕から強姦しないよう何度も懇願されたため、〔被害者〕を強姦するのが可愛そうになって強姦自体は中止し、同女に口淫をさせたり、陰部を直に弄ぶなどしたにとどま」ったという強姦罪の事案に関して、問題なく中止未遂を認めた。

(C35) 和歌山地裁平成18年6月28日判決（判タ1240号345頁）

強制わいせつ中に強姦の意思を生じ、被害者に命じて自己の陰茎を被害者の陰部に挿入させようとしたが、容易に挿入できなかったため、射精欲求が満たされずにいらだっていたところ、口淫の申し出を被害者から受けて、口淫により射精したという事案について、「被告人は……自己の陰茎を被害者の陰部に挿入できないという犯罪遂行の物理的な障害に遭遇した際、〔被害者〕から予期していなかった口淫の申出を受けて、今すぐにも可能な口淫により一刻も早く射精の目的を遂げようと考えてその方針を転換したにすぎない」のであり、「被害者の上記申出は、性欲が著しく昂進していたという被告人の当時の心理状態のもとで、十分犯罪遂行の外部的障害となり得るものであったと評価できるし、その後、被告人が、被害者に対して執拗に口淫や手淫をさせ、実際に射精していることに照らしても、上記申出に基づく被告人の中止行為が何ら反省、悔悟、憐憫等の心情に基づくものでないことも明らかである」として、強姦罪における中止未遂を否定

した。
(C36) 青森地裁弘前支部平成18年11月16日判決（判タ1279号345頁）[424]

被害者の首を5回にわたって絞め、最後に最も強い力で絞めたところ、被害者が失神し、被告人が被害者が死亡したものと誤信してその頸部から両手を離した後、まだ呼吸していることを確認し、被害者を揺さぶって意識を取り戻させたという事案において、被害者の頸部を絞め付けて失神させた後、そのまま放置しても被害者の死亡という結果は発生しなかったことは明らかであり、被告人もいったんは死亡したと誤信したが、その後死亡していないことを認識したのであるから、「殺人の実行行為は終了していなかったものと認められ、このような場合、その後に犯人が実行行為に及ばなければ、犯罪の中止が認められることになる」として、着手未遂であるとし、その後殺害行為に及ばなかったのであるから、殺害を中止したものとした。その上で任意性について、今回の事案の客観的状況からは「一般に、犯人がそれ以上殺害行為に及ばないとは限らないというべきである」としつつ、「被告人は……大変なことをしてしまったと考えて、すなわち、本件犯行を反省する気持ちから、殺意を失って、それ以上殺害行為に及ばなかったものである」として任意性を認め、殺人罪について中止未遂を認めた。着手未遂の場合に要求される中止行為の内容が明示されている点、および任意性について「本件犯行を反省する気持ち」という限定主観説的な判断基準が用いられている点が注目される。

以上の判例から、①中止未遂の成立が否定されるような外部的要因としては、例えば殺人罪の事例では被害者の逃避（判例（D16））、被害者の流血（判例（D19）（S27）（K7））が挙げられ、窃盗・強盗・恐喝罪の事例では目的物の不発見（判例（D24）（K2）（K3）（K15））、被害者の態度の異様さ（判例（K10））、被害者の抵抗（判例（K11））、思いがけず隣室に被害者の夫が居たこと（判例（K12））、詐欺罪の事例では訴訟の維持が不可能になったこと（判例（D4））または第一審での敗訴（判例（D8））、強姦罪の事例では被害者の流血（自分に被害者の血がついていたものとして判例（S25））、被害者の生理状態（判例（K4）（C5））、挿入前の行為者の射精（判例（K6））、被害者の身体の不調の申し出（判例（K17）（C23））、被害者の鳥肌を見たこと（判例（K18））、被害者の同伴者の溺死の責任が降りかかるのを恐れたこと（判例（C17））、姦淫を免れようと被害者が手淫や口淫を行ったこと（判例（C31）（C35））[425][426]、そして加重逃走罪におい

---

[424] 本判決を解説したものとして、金尚均・速報判例解説1号（2007年）189頁参照。
[425] 判例（C23）は、姦淫の中止後に被害者に口淫をさせたりわいせつ行為をしている事案であ

て逃亡用の穴が狭いと考えたこと（判例（C8））などが挙げられており、特によく問題とされる「犯罪の発覚を恐れた場合」にも、ほとんどの事例において中止未遂の成立は否定されている（殺人罪について判例（D3）、窃盗罪について判例（K25）、詐欺罪について判例（D17）、放火罪について判例（D21）、強姦罪について判例（C6））[427]が、判例（K32）においては、強姦罪の事例について「自らの逮捕、その後の刑務所への服役を覚悟してまで強引に犯行を継続したくない」として中止した事例に中止犯の成立を認めているのが注目される。

そして②以上挙げた判例の中で中止犯の成立を認めた判例は大審院・最高裁判例においては3件（判例（D5）（D7）（D9）、いずれも放火罪の事案[428]）しかなく、とくに最高裁判例においては1件も見当たらない。そしてその中で判例（D5）では「火勢ノ熾ナルヲ見テ恐怖ノ念ヲ生シ」として純粋な恐怖から中止した場合に中止未遂を認めているものの、その他の判例では「之ハ大變ナコトヲシテ仕舞ツタト思」った場合（判例（D7））や「頓ニ悔悟シ」た場合（判例（D9））に中止未遂を認めている。高裁判例では12件（殺人罪について判例（K8）（K13）（K22）（K23）（K24）（K26）（K27）（K30）（K31）、強盗罪について判例（K16）、準強姦罪・強姦罪について判例（K14）（K32））において中止犯の成立が認められている。そのうち判例（K32）以外は全て、「憐憫の情」や「反省、悔悟」といった限定的な内心的事情を事実認定した上で中止犯を認めているが、判例（K32）は「被告人の犯行の遂行にとって実質的な障害となる事由は何ら発生していなかった」のであり、「被告人は、そのまま犯行を継続すれば……所期の目的を達したであろうと考えられ、被告人自身も、そのことは十分認識し得たと思われるのに、……自ら〔犯行〕を翻意した」という基準で認めており、実際、上述のように「犯行の発覚および刑務所への服役への恐れ」を動機とす

るが、被害者側からの行動によるものではなく、加害者側からの行動によるものであるので、ここには挙げなかった。
(426) ただし、同じく強姦罪の事案において、姦淫は中止したもののその後被害者に口淫をさせたりなどの行為をしている事案について中止未遂を認めたものとして、判例（C34）を参照。
(427) とりわけ判例（D21）は「犯罪の発覚を恐れた場合」が、「経験上一般」に犯罪の遂行を妨げる事情である、として牧野英一の三分説に由来する考え方を用いて、このような場合を中止未遂が成立しない場合へと類型化している点が注目される。このように任意性の判断に関して「経験上一般」という考え方を採用するものは、その後の戦後における判例においても見られることがある（判例（S27）（K10）（K18）など）。
(428) ただし殺人罪について中止犯の成立を認めた原審の判断を是認しているといえるものとして、大判大正4年2月26日刑録21輯164頁参照。

る場合でも任意性が認められるとしている(429)。地裁・簡裁判例では22件（殺人罪について判例（C1）(C10)(C14)(C15)(C19)(C20)(C22)(C27)(C30)(C33)(C36)、窃盗罪・強盗罪・昏睡強盗罪について判例（C2）(C4)(C25)、放火罪について判例(C12)(C28)、強姦罪・強盗強姦罪について判例（C7）(C9)(C18)(C24)(C29)(C34)）において中止犯の成立が認められており、その多くがやはり「憐憫の情」や「反省、悔悟の念」などの事実を認定した上で任意性を肯定しているといえるものの、中には「通常人があえてなしうるのに、行為者はなすことを欲しないという意思の認められる場合」（判例(C19)）とか、「犯罪遂行の実質的障害となる事情に遭遇したわけではなく、通常であればこれを継続して所期の目的を達したであろうと考えられる場合において、犯人が……自己の意思で犯罪の遂行を中止したとき」（判例(C24)）といった基準(430)で認めるものも見られる(431)。

ところがこれに対して、逆に限定主観説的な基準を示した上で「そのようなものが認められないから中止犯ではない」とした判例は、実は少なく（判例(S27)(C23)(C35)のみ）(432)、しかもそれらの判例においては、任意性の点以前に、そもそも中止行為自体が存在したといえるのかが疑わしい事案が見られる(433)。

---

(429) また本判決は、「……被告人が姦淫を止めた主たる動機が、〔被害者〕への憐憫の情や真摯な反省から出たものではなく……」として、明確に限定主観説的な内容の事実認定を否定した上で任意性を認めている点も注目すべきものといえる。

(430) この判断基準は、前述の高裁判決である判例(K32)における任意性の判断手法とほぼ同様の内容であり、――限定主観説的な判断基準を問題としなかった点も含めて――判例(K32)に引き継がれているともいえる。

(431) とくに判例(C24)は、「中止の際の犯人の主観が、憐憫の情にあったか犯行の発覚を怖れた点にあったかによって、中止未遂の成否が左右されるという見解は、当裁判所の採らないところである」とまで述べて、明確に限定主観説を排斥したのが注目される。また、これらの限定的な内心的事情を前提としない判例においては、「外部的事情を認識して止めること」が必ずしもそれだけで全て任意性を失わせることになるものではなく、「かかる場合すべて任意の意思を否定するのは妥当ではな」い（判例(C19)）、という考え方が見られるのも注目される。

(432) 判例(C3)は「憐憫の情を生じた」のではないから中止犯ではない、としたのではなく、そもそも実行未遂の事案において「結果の発生を阻止する積極的行為」が存在しないがゆえに、「憐憫の情を生じたると否とを問わず」中止犯が成立しないとしたものであり、これは中止行為の不存在を理由とするものといえる。この点について、次の注433も参照。

(433) 判例(C23)においては事実認定として「各事実について認められるそれぞれの事態は、いずれも、客観的にみてこの種犯罪を完遂する意欲を妨げるにたる性質の障害というべきもの」としているのであり、そうであるならばそれらの障害によって犯行の継続がなされなかったにすぎないとすれば足りる事案だったのであり、「被害者に対する憐憫、同情等の内心的要因に基づく」

これらの点から、やはり総じて判例は、中止未遂を肯定する際には、任意性に関して限定主観説を採用した上で中止未遂の成立を認めている、ともいえるのであるが、実はそれは基準として限定主観説から任意性を判断している、というよりは、むしろ「中止犯の成立を認めるべき（と裁判所が判断した）事例において、限定主観説の観点から任意性が認められるであろうような事情を事実認定した上で、中止犯の成立を認めている」ことが明らかになるといえる(434)。逆にいえば限定主観説は、基準として示されているのではなくて、「中止犯を認める」という結論を正当化するための「後づけの事情」として示されているものとも言えるのである(435)。ただしこれに対して最近では、このような「後づけの事情」としての限定主観説的な事実を認定すること無しに直接に任意性を肯定する判例も、ごく一部には見られるようになってきている（判例 (C24) (K32)) ともいえるかと思われる。

さらに③「自己の犯罪を隠そうとした態度」に関しては、大審院判例である判例 (D23) は「真摯ナル態度」ではないということから、渡した薬が毒であることを告白すべきであったとした(436)。また最高裁判例である判例 (S27)

ものではない、と限定主観説的な基準をもちださずとも中止未遂の成立が否定できた可能性がある。また判例 (C35) においても、「自己の陰茎を被害者の陰部に挿入できないという犯罪遂行の物理的な障害に遭遇した」という事実認定をしているのであり、これによって犯行の継続がなされなかったとすれば、「反省、悔悟、憐憫等の心情に基づくものでない」という限定主観説的な基準を示さずとも、やはり中止未遂が否定された可能性があるといえるのである。

(434) この点については、前述序論第2章も参照。
(435) 具体的にも、例えば判例 (C25) は「中止行為が悲鳴等の外部的事実の表象を契機とする場合のすべてについて、いわゆる外部的障害によるものとして中止未遂の成立を否定するのは相当でなく、外部的事実の表象が中止未遂の契機となっている場合であっても、犯人がその表象によって必ずしも中止行為に出るとは限らない場合に敢えて中止行為に出たときには、任意の意思によるものとみるべきである」として、「行為者が自発的に中止した状況がありさえすれば（反省・悔悟など無くても）任意性が認められる」かのような基準を立てておきながら、実際の事実認定においては、行為者の中止行為が「犯行に対する反省、悔悟の情などから、任意の意思に基づいてなされたもの」であることを認定して中止犯の成立を認めており、このことは判例が「任意性の判断基準として限定主観説を採用している」というよりは、「中止犯を認めるという結論を正当化するために限定主観説からも任意性が認められるような事実を認定している」——結果的に限定主観説から任意性が肯定できるような事例にしか中止犯が認められなくなる——ことの表れではないかと考えられるのである。そしてこのような「後づけの事情」を示してまで中止犯を認めたことの正当化を図るのは、中止犯を認めたという結論が上級審で覆されることを恐れるがためのものと推測されるのである。
(436) 大審院・最高裁判例の中で、「真摯」という単語を用いた判決はこの昭和13年の判例 (D23) のみである。これは牧野英一などの学説や、当時行われていた刑法改正作業の中の中止犯規定が影響したものとも考えられる。牧野英一「中止行為の眞摯性」『刑法研究第七巻』(1939

も、「真摯」という単語は用いなかったものの、外部からの侵入者の犯行であるかのようにした「偽装行為」を、中止を否定する一因としている。そしてこのような考え方は、一部の戦後の下級審判例においても見られ、とくに殺人罪などの実行未遂の事案において、「被告人の爾後の救助活動が中止未遂としての認定を受けるためには、死亡の結果発生を防止するため被告人が真摯な努力を傾注したと評価しうることを必要とするものと解すべきである」（傍点は筆者による）として、例えば被告人が被害者に自分が犯人であることを言わないように頼んだり、周りの者に「犯人は自分ではなく、……他の者に刺されていたと嘘言を弄していたこと」、および「病院に到着する直前に兇器を投げ捨てて犯跡を隠蔽しようとした」ことをもって、「結果発生防止のため被告人が真摯な努力をしたもの」とは認められないとして中止犯の成立を否定したもの（判例（K19））が見られる。

また逆に「自己の犯行を率直に述べた態度」に関して、例えば「駆けつけた警察官に対しても、被告人は率直に自己の犯行を告げて〔被害者〕を寝かせた二階に案内」したことを「被告人自身その防止に当つたと同視するに足るべき程度の真摯な努力を払つたもの」（傍点は筆者による）と評価する一要素として中止犯の成立を肯定したり（判例（C10））、現場に急行した警察官に対して行為者が自らの犯行事実を申告したという事実から「傷害の原因について素直に真実を申告し」たことに基づいて中止犯の成立を肯定したり（判例（C20））、「被告人が、臨場した警察官等に対し、素直に事情を説明していること」を一つの要因として「結果発生防止のために真摯な努力をしたと評価するのが相当である」（傍点は筆者による）としたり（判例（C33））するものが見られる[437]。

しかしこのように、中止犯の成立の要件として「自己の犯行を率直に述べること」を、例えば「真摯性」の要件という形で要求することは、やはり中止犯

　　年）449頁以下、後述第3章第2節（4）など参照。
(437)　また、被告人が「救急隊員に対して本件ナイフで被害者を刺したことを説明した」という事実を、「結果の発生を防止するため積極的で真摯な努力をしたもの」と認める要素の一つとするもの（判例（K27））も見られる。逆に、自己の犯罪であることを申告したにもかかわらず、被害者自身の指示および医師によって結果発生が防止されたのであって、「未だ被告人自身が防止にあたつたと同視すべき程度の努力が払われたものと認めることができ」ないとして中止犯が否定された事案として、判例（C21）参照。また、判例（K30）においては、被告人が「病院の関係者に同女を刺した旨を自ら申告していること」を、外部的事情によってのみ犯行の継続を中止したわけではないことの認定のための要素としている。

の成立に際してその定義内容以上の過度の行為を行為者に要求するものであると言わざるを得ない。中止犯は「自己の意思により」「犯罪を中止した」ことでその要件が満たされるものなのであり、その際に犯罪の申告といった行為は条文上の要件としても要求されていない[438]だけではなく、中止犯制度の由来からしてもそのような行為を中止犯の要件として要求することはつじつまの合わないことであるといわざるを得ないのである[439]。このような「自己の犯行を率直に述べること」を要求する形での「真摯性」の要件を必要とすることは、自首制度と中止犯制度を混同するものであり、あり得ないものなのである[440]。

そして判例において、④「真摯（性）」という表現は、別の内容をもって現れることもあることが注目される。すなわち、「実行未遂における中止行為としての要件」、または、「中止行為を単独で行わなかった場合における中止行為として求められる態様についての要件」として、求められることがあるのである。このような中止行為を単独では行わなかった場合の判断について、大審院判例においては、病気で衰弱していたので一人では消せず、大声で隣人を呼んだ事案について中止を認めた（判例（D7））ものの、他人と協力して中止しようとしたそれ以降の事案については「犯人自ラ犯罪ノ完成ヲ現實ニ妨害シタル事實ノ存スルコトヲ必要トスヘク」（判例（D11））とされたり、「他人ノ發意ニ基クモノニ外ナラサル」（判例（D12））と事実認定されたりして、中止が認められなかった（判例（D10）[441]（D11）（D12）（D13））。しかし判例（D20）において「結果發生ニ付テノ防止ハ必スシモ犯人單獨ニテ之ニ當ルノ要ナキコト勿論ナリト雖其ノ自ラ之ニ當ラサル場合ハ少クトモ犯人自身之力防止ニ當リタルト同視スルニ足ルヘキ程度ノ努力ヲ拂フノ要アルモノトス」という新たな基準が立てられ、必ずしも行為者自らが単独で行う必要はないとされた[442]。戦後の下

---

(438) 条文上要求されていない「真摯性」という要件を要求することはそれ自体として、被告人に有利な規定である中止犯規定を、条文の文言以上に限定して解釈するものであり、これは罪刑法定主義違反とのそしりを受け得るものである。この点について後述の④も参照。

(439) この点については、本書結論第1章参照。

(440) これについて、後述の注451も参照。

(441) ただし判例（D10）は、そもそも原判決においてはそのような事実が認定されていない、とされ、もし被告人が主張するような助力行為があったとしても、という仮定の状況を前提にして、そのような場合でも中止とはならないとされた。

(442) この基準の中の、「犯人自身之力防止ニ當リタルト同視スルニ足ルヘキ程度ノ努力」という

級審判例においては、当初は、全く同じ基準が引用されているものの、医師を呼ぶよう依頼しただけ（判例（K1））でも、また判例（D7）のように火事だと知らせて叫んだ（判例（K5））としても、いずれも中止とは認められず、結局として他者に（それも結果回避の能力の高い者などに）中止行為を依頼したとしても、実際上中止として認められる可能性は非常に低くなってしまう傾向がみられた。しかし判例（C10）において「いわゆる実行中止による中止未遂の成立要件とされる結果発生の防止は、必ずしも犯人単独で、これに当る必要はないのであつて、結果発生の防止について他人の助力を受けても、犯人自身が防止に当つたと同視するに足る程度の真摯な努力が払われたと認められる場合は、やはり、中止未遂の成立が認められる」（傍点は筆者による）、とされた。すなわち実行未遂の場合に、他人の助力を得て中止行為を行った場合であっても、「犯人自身が防止にあたったと同視するに足る程度の真摯な努力」があることにより、中止未遂が認められる、として、判例（D20）の要件に「真摯性」が追加されたような表現での中止行為の要件が求められたのである。さらにこれに対して、判例（C16）は「実行未遂の中止未遂は、結果発生を防止するため真摯な努力をなすことが要件であると解すべきである」とし、また判例（K19）も実行未遂においては「被告人の爾後の救助活動が中止未遂としての認定を受けるためには、死亡の結果発生を防止するため被告人が真摯な努力を傾注したと評価しうることを必要とするものと解すべきである」として、「他人の助力を得て中止行為を行う場合」ばかりでなく、「実行未遂の場合」全体について「中止行為の真摯性」を要求する考え方をとった[443]。すなわち判例の基準定立として、「中止行為の真摯性」を、「（実行未遂一般の要件としてではなく）実行未遂において他人の助力を得て中止行為を行った場合」における成立要件として要求する、というもの（例として判例（K23）（C10）（C14）（C15）（C20）（C27））[444]と、「実行未遂の場合」全体に対して要求する、というもの（例とし

部分を捉えて、牧野英一は「眞摯性」と呼んだ。牧野・前掲「中止行為の眞摯性」452頁。
(443) 判例（K19）以前においても、判例（C13）は「被告人が結果の発生を防止するにつき、真摯な努力をなした」か、「被告人自ら結果の発生を防止したと同視するに足りる努力を払つた」といえる場合でなければ中止未遂にならない、として、実行未遂の場合に真摯性を要求するような表現を用いている。
(444) なお、119番通報はしたものの、「周囲の人間の助力を求めるなどの措置をとらなかったこと」を理由として、「結果発生を防止したと同視し得る行為」と認められないとしたものとして、判例（K29）参照。

て判例（K19）（K21）（K22）[445]（K27）（C16）（C19）（C33））とが見られるのである。しかしいずれの考え方にせよ、これらのような形での「中止行為の真摯性」要件の要求もまた、問題があるものといわざるを得ない。「他人の助力を得て中止行為を行う場合」について中止行為を認める場合には、これは中止行為が正犯的に（＝犯人自身が中止行為を行ったと評価できるように）行われたことを中止行為の要件の中で要求すれば足りるのであり、実際それは判例（D20）の「犯人自身之力防止ニ當リタルト同視スルニ足ルヘキ程度ノ努力」という表現の中にも表れているものと言える[446]。よってその際に「真摯な努力をして」「真剣な努力を払って」というような、あたかも評価的な表現を伴って要求することは、被告人に有利な規定である中止犯規定の成立範囲を条文上にない要件で限定するものであり、罪刑法定主義違反のそしりも受けうるものと言わざるを得ないのである[447]。また「実行未遂の場合全般」においてそのような「中止行為の真摯性」を要求するという見解も、実行未遂の場合には中止行為として「結果発生を防止するための作為行為」が行われる必要がある、とすればそれで足りるのであり、「真摯性」というような評価的表現での要件がなぜ実行未遂における中止行為についてだけ要求されなければならないのかが疑問であって、やはり同様に実行未遂における中止犯の成立範囲を限定するものである以上、罪刑法定主義違反のそしりを受け得るものなのである。

　そして実際、上記判例において、「実行未遂である」と明文で示された事例（15件）の中で、中止未遂が認められた事例（判例（K23）（K27）（C10）（C14）（C15）（C20）（C27）（C33））の８件は、全て「真摯性」が要件として要求されたものであり、逆に中止未遂が否定された事例（判例（K19）（K28）（C３）（C11）（C16）（C21）（C26））の７件のうち、５件（判例（K19）（C16）以外）は「真摯性」

---

[445]　ただし判例（K22）の事案は着手未遂の事案とされたので、実行未遂の要件の部分は傍論といえる。

[446]　戦後の下級審判例においても、実行未遂において「その防止行為は被告人自らこれをなすか或は被告人自らこれをなしたと同視できる程度のものであることを要する」（判例（C11））とか、「中止未遂が認められるためには、被告人自らのまたはこれと同視できる行為によって結果の発生が防止されたことが必要である」（判例（C21））とか、または端的に「被害者の救護等結果発生を防止するための積極的な行為が必要とされる」（判例（K28））として、とくに「真摯性」の要件を要求していないものも見られるのである。

[447]　この点については、松宮孝明編『ハイブリッド刑法総論』（2009年）232頁〔野澤充執筆〕も参照。

を中止犯の要件として要求していない——すなわち明確に実行未遂とされた事例において「真摯性がないから中止犯ではない」としている判例は実は少ない[448]——のである[449]。これは、中止行為が「真摯なものであること」が実行未遂において要求されている、というよりは、むしろ——前述の②において限定主観説の観点が「後づけの事情」として示されているのと同様に——「中止犯の成立を認めるべき（と裁判所が判断した）実行未遂の事例において、『その行為者の中止行為は真摯なものなのである』、という評価を付与した上で、中止犯の成立を認めている」とも言い得るものなのであり、すなわち「真摯性」は、要件としてというよりは、——やはり「限定主観説」と同様に——「中止犯を認める」という結論を正当化するための表現として用いられているとも言えるのである[450]。これは、「真摯性」という要件が、判例の実際上においても（「規範的に肯定できるような」といった）評価的な内容をもつものでしかないという事実を示すものである。そして、文言上「犯罪を中止した」としか書かれていない現在の日本刑法典の中止犯規定においてそのような評価的な内容を読み込むことが不可能である以上、「真摯性」を通常の中止犯の要件として要求することは、それ自体が不当なものと言わざるを得ないのである。また、前述の③においても述べたように、判例（K19）におけるごとく、「自己の犯行を隠蔽しようとしたこと」を中止未遂を否定する要素として考慮する考え方にも結びつきやすいもの[451]であり、自首制度と中止犯制度を混同することにもなり

---

[448] ただし、「明確に実行未遂とされなかった事例」も考慮に入れると、判例（K21）および判例（C13）も、真摯性を中止犯の要件として要求しつつ、中止犯の成立を否定している。しかし他の「明確に実行未遂とされなかった事例」における判例（C13）の同種事案として、例えば判例（K29）は真摯性を中止犯の要件として要求せずに、直接に中止行為の要件が充足されないことから中止犯の成立を否定しており、結局として、「明確に実行未遂とされなかった事例」も考慮に入れた場合にも「真摯性の要件が否定されることにより中止犯を否定する判例」の比率はそれほど高くならないと考えられる。

[449] しかも、実行未遂において真摯性を要求して中止未遂の成立を否定した判例のうちの判例（K19）は、③においても述べたように、「自己の犯行を率直に述べること」を中止犯の成立要件として要求するような、不当な内容のものであった。

[450] 真摯性を要件として要求した下級審判例12件（判例（K19）（K21）（K23）（K27）（C10）（C13）（C14）（C15）（C16）（C20）（C27）（C33））のうち、8件（判例（K19）（K21）（C13）（C16）以外）において中止犯の成立が認められており、また昭和50年代以降の判例においては要件において真摯性を要求する判決は全て中止犯の成立を認めているのである（判例（K23）（K27）（C20）（C27）（C33）参照）から、このような傾向は現在においてより顕著になっているのではないかと考えられるのである。

[451] 逆に、判例（C10）（C20）（C33）は「自己の犯行を率直に述べた態度」を、真摯性を肯定

かねないものである。以上の点から、「真摯性」要件は、通常の中止犯の事例[452]においては、とくに要件として要求されるものではないと考えるべきなのである[453]。

そして量刑に関して、⑤刑罰の免除が認められた事例はほとんどなく、認められた事例もかなり特殊な事例に限られている。上記の判例のうち刑罰の免除が認められたのは判例（C9）および判例（C12）のみであり、判例（C9）は強姦罪の事例において被害者側の不適切な行動を考慮に入れて免除を認めたものであり、また判例（C12）も、被告人に前科があって保護観察付執行猶予中の犯行であったために、「重き前刑の執行猶予の取消の結果を来たす懲役の実刑を科することは些か重きに失する感がある」ことから免除としたものである。上記の公刊物登載判例を見る限りでは、結局として、「純粋に中止犯としての事情のみを考慮して、その中止犯の範疇において免除が選択されることもある」、という運用ではなくて、むしろ（中止犯としても）全くの例外的事情を考慮して刑罰の免除が認められているといえ、実質的には中止未遂における法

し、中止犯の成立を認めるための一事情として認定しているが、もしこれを前提にするのであれば、そのような「自己の犯行を率直に述べた態度」が見られない場合には中止犯を否定する、ということにもなりかねない。結局、本文中にも述べたように、これらの判例は、「当該事案において中止犯を認める」という結論を正当化するために、「真摯性」という要件をもちだし、被告人の「自己の犯行を率直に述べた態度」を指摘して、「真摯性もあるので中止犯が認められる」としているにすぎないと考えられるのである。しかしこれらの事実は、中止犯の条文上の成立要件とは本来全く関わりのないものなのであり、これらの「自己の犯行を隠蔽しようとしたこと」や「自己の犯行を率直に述べた態度」そのものを中止犯の成否の際に検討の対象事実とすることそれ自体が失当であるといわざるを得ない。

(452) ここで「『通常の』中止犯の事例」という表現をしたのは、「特殊な中止犯の事例」として、「中止行為と結果不発生（＝中止結果）との間に因果関係が存在しない場合」において、そのような因果関係の不存在を、「真摯性」の要求によって代替させ、そのような因果関係のない場合にも中止犯の成立の可能性を認める――ただしこのような結論のためには解釈論での対処は不可能であり、新たな立法が必要不可欠となると考えられるが――という立法論の展開を視野に入れたものである。これについては後述第2部第4章参照。

(453) 実際、学説においても、中止行為につきこのような「真摯性」要件を必要とする見解には、「法的義務にふたたび合致しようとする態度があるといえるためには……真摯な中止行為がなされたことによって、中止行為者の「法敵対性」が弱まると見られるのである」（川端博『刑法総論講義第2版』480頁）などとして、中止犯の成立を、規範的観点から肯定できるものに限定しようという発想が見受けられる。これは「自己の意思により」「犯罪を中止した」としか要件を規定していない日本の中止犯規定の解釈としては無理のある解釈であり、また事実上、任意性要件に関しては限定主観説を採らないでおきながら、限定主観説を採った場合と同様の帰結を「真摯性」要件を要求することで導こうとするものであり、議論の混乱を招きかねないものなのである。

定刑としての「免除」は無きに等しい状況に運用されているものといえる。

以上のように、結局として限定主観説的な考え方に基づいても認めるに差し障りのないであろう事案に限定してしか中止犯の成立自体を認めず（①および②）、実行未遂の場合においても中止行為が「真摯なものであった」と強調しても問題のない事案においてのみ中止犯が認められ（③および④）、それでいながら中止犯を認めても、その「中止犯である」という事実からのみでは免除にはしない（⑤）という中止犯規定の運用状況をみると、第1部第3章第1節において検討した立法者の中止犯規定における配慮[454]は、事実上裁判官の中止犯規定の運用においては全く考慮されていないと言わざるを得ない。実際の裁判官の運用においては、中止犯が認められる範囲自体が（「限定主観説的な基準」または「真摯性」などのような観点の実質的な考慮により）限定され[455]、なおかつその上、刑罰の裁量においても免除の選択肢は最初からほとんど考慮しないこととされているのである。中止犯規定は、法律規定の内容以上に不当に限定的に運用されており、中止犯の「優遇」というのは名目だけのものにされている——しかも実務上、ほとんどの障害未遂も刑罰の減軽をされており[455a]、その

---

[454] 前述第1部第3章第1節の平沼騏一郎の答弁、および第1部第3章注249参照。中止犯の法律効果は明治30年刑法草案までは「現ニ生シタル結果ニ従テ之ヲ罰ス」という形式であり、実害を発生させた者しか処罰できず、よって悪い動機から中止しなおかつ何ら客観的な実害を発生させなかった者を不処罰とせざるを得ない規定だったのを、明治33年刑法改正案において法律効果を刑の必要的減免とすることにより、裁判官に減軽か免除かという選択が委ねられたため、このような者に対しても、減軽したものとはいえ刑罰を科すことができるようになったのである。このように、「中止犯」というものがそもそも概念として広いものであり、悪い動機などから中止した者も含むものであることから、それに対処するために、立法者は「不処罰の恩典に値しない者」かどうかの判断の裁量を裁判官にわざわざ委ねたのである。すなわち中止犯が認められる範囲自体がもともと広いものであることを前提に、恩典として「免除」が予定されていたのである。

[455] ただし、例外的に「ごく簡単に中止犯の成立が認められる場合」があることを指摘しておきたい。それは、中止犯が問題となるような事例のほかに、数多くの併合罪の関係に立つ通常の（中止犯ではない）重大犯罪が同時に立件されている場合であり、すなわち例えば判例（K14）（C4）（C7）（C18）（C34）などがそうである。具体的には、判例（C7）は強盗殺人を含む35件の犯罪に問われたものであり、宣告刑としては死刑が言い渡されている。また判例（C34）も計8件の強姦罪または強盗罪に問われた事例であり、そのうちの1件の強姦未遂について中止未遂が認められているのである。確かにこのような場合においては、検察官の側としては、中止犯が問題となる事例について——結局として最終的な量刑にほとんど影響しないであろうような——その成否を争うよりも、他の事例についての立件・立証を確実にした方が、その者に対する望ましい量刑のためには重要であると考えられるのであろう。このような中止犯の成否自体と量刑の関係については、今後検討されていくべき課題といえる。

[455a] 内藤謙『刑法講義総論（下）II』（2002年）1216頁。

点で障害未遂と中止未遂とでは法定刑上の差異はほとんど無きに等しい状況にしておきながら、さらにその上「中止未遂である」という看板を与えることすら出し惜しむ状況にある——と言わざるを得ないのである。

では次に以上までのような学説・判例を踏まえて、明治40年刑法典制定以降の刑法改正作業がどのような影響を受けていったのかを検討する。

(4) 草案等

以上まで述べてきたような学説・判例を前提として、それらがその後の刑法改正作業にどのような影響を及ぼしていったのかについて、改正刑法草案が完成して戦後の刑法の全面改正への動きが一段落する1974〔昭和49〕年頃までの流れを見ていくことにする。

明治40年刑法典の制定後における、最初のさらなる刑法改正への動きは、1921〔大正10〕年に政府が臨時法制審議会に対し改正の綱領を諮問したことに始まる[456]。その臨時法制審議会は1926〔大正15〕年に至るまで主査委員会および総会を数十回開き、審議の後に「刑法改正の綱領」を可決して、1926年11月に政府に答申した。この刑法改正の綱領の中には、中止犯ないしは未遂犯に関する内容は含まれていなかった。

そして1927〔昭和2〕年1月に当時司法省行刑局長であった泉二新熊が刑法改正原案起草委員会主査委員に任ぜられ、3月末日までに改正刑法の原案を作成するよう命じられた[457]。そして同年4月に泉二新熊の手による「予備草案」が完成した。この「予備草案」において、中止犯は未遂犯規定である22条の第2項および第3項に規定された。

　　第22条
　犯罪ノ実行ニ着手シ之ヲ遂ケサル者ハ未遂犯トシ其ノ刑ヲ減軽スルコトヲ得
　犯罪ノ実行ニ着手シタル者自己ノ意思ニ因リ之ヲ中止シ又ハ結果ノ発生ヲ防止シタルトキハ其ノ刑ヲ減軽又ハ免除ス
　結果ノ発生スルコト不能ナリシ場合又ハ行為既ニ終了シタルモ其ノ結果発生セサ

---

(456) 池田克「刑法立監獄法改正調査委員會決議刑法総則未定稿に就いて」『刑法総則改正假案』(1932年) 2頁、法曹会『改正刑法假案』(1940年) はしがき1頁。これ以後の改正案立案のための経過についての記述も、主にこの二つの文献を参考にした。

(457) 内田文昭「泉二新熊の刑法理論(Ⅰ)」前掲『刑法理論史の総合的研究』376頁、江藤孝「泉二新熊(日本刑法学者のプロフィール5)」法学教室155号(1993年) 81頁。なお、この年の2月に泉二新熊は司法省刑事局長に任ぜられている。

リシ場合ニ於テ犯人其ノ結果ヲ防止スヘキ真摯ナル努力ヲ為シタルトキハ前項ノ
例ニ依ル但シ犯人其ノ事情ヲ知リタル後ハ此ノ限ニ在ラス

すなわち22条2項において、中止未遂には着手中止の場合と実行中止の場合があることを明文化し、また3項において不能犯の場合ないしは行為が終了したものの結果が発生しなかった場合について、行為者がその事情を知らない限り、結果を防止するような真摯な努力を行ったときにはなお中止未遂として扱われる旨の規定が新たに設けられたのである[458]。しかしそれ以外の、中止未遂の要件(とりわけ任意性の内容)などについては特に変更されることはなく、必要的減免という法律効果もなお維持されていたことがわかる。

その後、同年6月に、司法省内に刑法並監獄法改正調査委員會が設けられて、刑法と監獄法の改正案の起草に着手することとなった[459]。その第一回総会(1927〔昭和2〕年6月14日)において刑法と監獄法それぞれ6名の起草委員を選出し、その起草委員により刑法改正案を作成し、その後でそれを総会において検討するという審議形式をとることが決められた[460]。その後起草委員会は花井卓蔵を起草委員長として1931〔昭和6〕年9月に至るまで百五十数回にわたって会議を行い、刑法総則編の起草を終了し、総会に付議した[461]。そしてその第四回総会(1931〔昭和6〕年10月20日)において、未遂犯規定全体が検討された。この時に最初に議題に供された時点での中止犯規定、すなわち起草委員会により総会に付議された中止犯規定は、次のようなものであった[462]。

第23条

---

[458] この第3項の規定の追加は、中止行為と結果の不発生との間の因果関係を要求するかしないかという問題に関して、現行法のもとではこのような場合に中止犯として扱われるかについて争いがあり、これを「真摯な努力を行った場合にも中止犯の成立を明文で認める」ことにより対応するものである。とりわけこの規定においては、「行為者本人が結果不発生の事情を知らなかったこと」を明文で要件として要求しており、これはこの第3項の規定がその行為者の内面を重視しての規定であることの表れであるといえる。この第3項の規定の主観化傾向は、後の刑法起草委員会において、結果が発生した場合にも同様に中止を認める規定が追加されたことで、より一層進行した。

[459] 泉二新熊の「予備草案」はあくまで「司法省で参考の為に作られた案」であり、この刑法並監獄法改正調査委員會における起草が正式の改正案立案作業であった。法務大臣官房調査課『刑法並びに監獄法改正調査委員会議事速記録』法務資料別冊第23号(1957年) 4頁。

[460] 前掲『刑法並びに監獄法改正調査委員会議事速記録』3頁以下。このとき選出された刑法起草委員は花井卓蔵、牧野英一、豊島直通、林頼三郎、鵜沢総明、泉二新熊の6名であった。

[461] 前掲『刑法並びに監獄法改正調査委員会議事速記録』14頁。この起草委員会の起草の詳細な手順(検討した委員の顔ぶれ)などについては、同書14頁が詳細に明らかにしている。

[462] 前掲『刑法並びに監獄法改正調査委員会議事速記録』79頁。

自己ノ意思ニ因リ犯罪ノ実行ヲ中止シ又ハ結果ノ発生ヲ防止シタル者ハ其ノ刑ヲ減軽又ハ免除ス悔悟ニ出テタルトキハ之ヲ罰セサルコトヲ得
　結果ノ発生スルコト不能ナル場合又ハ行為終了スルモ結果発生セサル場合ニ於テ行為者其ノ事情ヲ知ラスシテ結果ヲ防止スル為真摯ナル努力ヲ為シタルトキハ前項ノ例ニ依リ結果ノ発生シタル場合ニ於テ行為者其ノ事情ヲ知ラスシテ結果ヲ防止スル為真摯ナル努力ヲ為シタルトキ亦同シ

すなわちこの時点での規定の特徴、とりわけ予備草案と比較しての重要な変化としては、まず23条1項において悔悟によって中止した場合に「之ヲ罰セサルコトヲ得」という法律効果が規定されたこと、ならびに23条2項において、結果が発生した場合についても、行為者がその事情を知らない限り、結果を防止するような真摯な努力を行ったときにはなお中止未遂として扱われる旨の規定が新たに追加されたのである。この23条2項における変更は、とりわけ前述の第一回総会で選出された刑法起草委員の中でも、とりわけ未遂犯論について主観説を主張する牧野英一の強い影響によるものであったことがうかがえる[463]。その証拠に、この部分についての後述の山岡萬之助からの異議に対して、未遂犯論の主観説の立場からの規定である旨を牧野英一が答えているのである。しかしこの23条2項の変更部分については反発が強く、具体的には山岡萬之助から次のような留保の意見が出された。

「……之は又どうも余程刑法の世の実際を規律する法文としては考慮を要することと考へるのであります。勿論刑法は人間の悪性に因つて来る悪意の結果を防止すると云ふことが任務でありますから主観的に基礎を置き、之に重きを置くと云

---

[463]　前掲『刑法並びに監獄法改正調査委員会議事速記録』80頁以下。また、牧野自身の学説も、例えば「……中止行為が真摯なものであったにかかわらず、不幸にして、それが功を奏しないで結果の発生を見るに至ったとしたとき、そこに中止未遂の成立を認めることができないかを更に問題として考えることができよう。……若し、中止未遂の特例を認める趣旨が、いわゆる政策的の立場から離れて、専ら行為者の主観的な或ものを基礎とし、心理的に考えらるべきものとするならば、その中止行為の真摯性が立証せられる限り、結果がいかにあろうとも、中止未遂に関する特例が適用せられてしかるべきものと考えられよう。そうして、いわゆる政策的の立場からして論ずるとしても、行為者においてその中止行為に出るに至った以上は、政策上の目的はやはり達せられたので、意外にも結果の発生を見るに至ったということは、この場合において除外して考えてしかるべきであろう。……」（牧野英一『刑法総論下巻〔全訂版〕』（1959年）646頁）として、たとえ結果が発生した場合であっても、行為者がその事情を知らない限り、結果を防止するような真摯な努力を行ったときにはなお中止未遂として取り扱うべきであるとする学説であった。牧野・前掲『日本刑法』（1918〔大正7〕年）165頁以下、牧野・前掲『日本刑法上巻総論〔重訂版〕』（1941〔昭和16〕年）315頁以下、牧野・前掲『刑法総論』（1949〔昭和24〕年）365頁。

ふことは之は結構なことであらうと思ひます。唯此の最後の項になりますと、最後と申上げても後段の場合であります。結果の発生せざる場合に於て行為者其の事情を知らずして結果を防止する為め真摯なる努力をした人が即ち毒物と云ふことを知つて居る、知つて居るけれども顔色を見たら死んだ様子がないからと云ふので努力した。此の場合結果は既に発生して行為者は其の事情を知らぬと云へば其の場合に相当する一の例にならうと思ひます。此れは既に犯罪は終了して居る。終了してしまつたと云ふことは回復の出来ない事情になつて来て居る。さうなつて居るから犯罪は完成して居る。完成して居るならば此の刑法案の予想して居る如く刑罰の種類も頗る広く又刑の選択も自由である。加ふるに刑の範囲も拡大されて居るのでありますから、そこらで之を補へば十分であらうと思ひます。然るに茲に結果は既に発生して人は知つて居る。それを知らぬであつて努力をした場合に尚且前項に依つて刑を減軽免除してしまう。それも必然的に免除するのでありますから甚だ条文として不可思議な結果になると思ふのであります。犯罪は完成して居る、事後の行為に於て努力したからそれを許すと云ふことは誠に犯罪論として縁遠い理窟であると思ひます。」(464)

すなわち、結果が発生した場合でもその事情を知らなかったといえばこの23条2項後段の場合に当てはまることになるであろうが、しかしこれはもう犯罪としては完成したものなのであり、これを知らなかったからとはいえ事後の行為によって努力したから刑を減軽免除するというのはおかしい、と指摘し、また量刑上の裁量で十分対処できると批判したのである(465)。また原案である予備草案起草者の泉二新熊からも山岡萬之助に賛成する意見が出された(466)。

そこで再び起草委員会で修正の検討をすることとなり、23条については

---

(464) 前掲『刑法並びに監獄法改正調査委員会議事速記録』80頁以下。
(465) 山岡萬之助はさらに、牧野英一の答弁に対して、「……第二十三条の第二項の末段に於けること、之は削除せられたい。刑法全体を御立案になつて常にさう云ふ犯人の真摯の努力をした場合には起訴猶予なり、執行猶予なり乃至軽い刑を科するなり十分にできるのでありますから之は無益の規定である。且又概念上甚だ面白くないと思はれますので削除致すと云ふことに付いて御考慮を煩はしたいと私は考へまするのであります」と加えて述べている。前掲『刑法並びに監獄法改正調査委員会議事速記録』84頁。
(466) 前掲『刑法並びに監獄法改正調査委員会議事速記録』85頁。すなわち、「一体此の末項に当たるやうな場合は結果が既に発生した場合でありますからどうしても既遂になつて居るのであります。それが未遂犯として茲に這入ると云ふ形になつて、どうも之は体裁を為さぬと思ふ。凡て未遂犯に関する規定でありますから茲に末段に斯う云ふものを持つて来て未遂犯と見たものであるが如くする、之は甚だ体裁を為さない。矢張り之は既遂である。唯色々事情があるのでありますから刑の適用の所に色々な軽い場合、最も簡単なる処置をされ得るやうな場合を幾らも規定してあります。末段の場合丈けは山岡委員の御意見の方が私は適当であると私一個の考へを申上げて置きます」として、23条2項後段は削除すべきであるとの意見に賛成したのである。

1931〔昭和6〕年12月1日の第156回起草委員会において修正が施された[467]。その修正後の規定は第十二回総会（1931〔昭和6〕年12月18日）においてそのまま可決され、これが刑法総則改正仮案となり[468]、1940〔昭和15〕年に各則部分とあわせて「改正刑法仮案」となった[469]。その中止犯規定である23条は次のようなものであった。

> 第23条
> 自己ノ意思ニ因リ犯罪ノ實行ヲ中止シ又ハ結果ノ発生ヲ防止シタル者ハ其ノ刑ヲ減軽又ハ免除ス悔悟ニ出テタルトキハ之ヲ罰セサルコトヲ得
> 結果ノ發生スルコト不能ナル場合又ハ行為終了スルモ結果發生セサル場合ニ於テ行為者其ノ事情ヲ知ラスシテ結果ヲ防止スル為眞摯ナル努力ヲ為シタルトキハ前項ノ例ニ依ル

すなわち23条2項の後半にあった、結果が発生した場合についても行為者がその事情を知らない限り、結果を防止するような真摯な努力を行ったときにはなお中止未遂として扱う旨の規定が、再び削除された。起草委員会において追加されたこの部分は、結局として支持を得ることができなかったのである[470]。

しかしそれでもなお、この改正刑法仮案の規定は現行の明治40年刑法典と大きく異なる特色をもつものとなった。すなわちそれは、①着手中止と実行中止の明文化、②不能犯の場合ないしは行為が終了したものの結果が発生しなかった場合について、行為者がその事情を知らない限り、結果を防止するような真摯な努力を行ったときにはなお中止未遂として扱われる旨の規定の設置、という予備草案から維持されてきた特色に加えて、さらに予備草案にもなかった特色として、③悔悟により中止した場合には「罰セサルコトヲ得」という法律効果が明記された点である。この法律効果は、「罰セス」という法律効果を任意的に発生させることができるという形式であるが、この「罰セス」という法律

---

(467) 前掲『刑法並びに監獄法改正調査委員会議事速記録』192頁、197頁。
(468) 前掲『刑法総則改正假案』（1932年）に収録された「刑法竝監獄法改正調査委員會決議及留保條項（刑法総則未定稿）」がこれである。
(469) 前掲『改正刑法假案』（1940年）に収録された「刑法竝監獄法改正調査委員會総會決議及留保條項（刑法総則及各則未定稿）」がこれである。
(470) 前掲『刑法並びに監獄法改正調査委員会議事速記録』197頁における泉二新熊委員の弁によれば、「それは解釈上の余地は有り得るであらうが、此の法文としては後段を明文にして置く必要はないと云ふことで、委員会に於きましては山岡委員の修正案の通りに此の第二項は削除すると云ふことに決したのであります」と、12月1日の起草委員会において、解釈上の余地を残しつつ、明文を置く必要がないということになった、という修正の経緯が示されている。

効果は心神喪失（14条）、刑事未成年（16条）、恐怖・驚愕・興奮または狼狽による過剰防衛（18条3項）、不能犯（22条）などに規定されているものである。そして、正当防衛（18条1項）や法令正当行為（17条）においては、「罪ト為ラス」という法律効果が規定されていた。このことから、泉二新熊はこの23条1項後段について、「改正假案ニ依レハ悔悟ニ出テタル場合ニハ之ヲ罰セサルコトヲ得ルモノト為ス其罪ト為ラスト云ハサルハ犯罪ノ成立ヲ否定セサル趣旨ナリ」[471]と述べて、悔悟による中止犯であっても正当化されるものではなく、犯罪の成立を否定するものではないと指摘した。また小野清一郎は、以上に述べたような「罪と為らず」「之を罰せず」「其の刑を免除す」という表現に着目した上で[472]、「罪と為らず」とは「違法性阻却の原由」であり、「之を罰せず」とは「道義的責任阻却の原由」であって、さらに「其の刑を免除す」または「其の刑を免除することを得」とは可罰性の成立があるにも関わらず一定の事由により法律上当然にこれを免除するか、裁判官の裁量により免除し得るものである、とした[473]。そして悔悟により中止した場合についての「罰セサルコトヲ得」という仮案の中止犯規定の法律効果について、「其は悔悟に出でたる中止犯に付ては、道義的責任なきものとして犯罪そのものの成立を否認し、之に対して無罪の言渡を為し得るといふ意味に解されるであらう」と評価したのである[474]。さらに木村亀二は、この仮案23条1項後段の悔悟による中止について、小野清一郎と同様に法律効果の文言に着目しつつ[475]、ドイツの理論を詳細に検討した上で、この悔悟による中止規定は「違法性消滅事由たると同時に責任消滅事由たる特殊の場合」であるとした[476]。

---

(471) 泉二・前掲『刑法大要〔全訂増補三十版〕』（1934〔昭和9〕年）190頁。
(472) 小野・前掲「刑法総則草案と中止犯」『豊島博士追悼論文及遺稿集』（1933〔昭和8〕年）80頁（小野『刑罰の本質について・その他』（1955年）所収）参照。
(473) 小野・前掲「刑法総則草案と中止犯」80頁以下。
(474) 小野・前掲「刑法総則草案と中止犯」82頁。その一方で小野清一郎は、「だが、中止犯は、たとひ悔悟に出でざる場合に於ても、其の刑を減軽又は免除すべきものとされる。若し悔悟に出でたる場合を特に寛大に取扱はんとするならば、悔悟に出でたるときは『之を罰せず』とするに非されば、其の趣旨は徹底されないであらう」として、悔悟による中止犯の法律効果を「之を罰せず」とすべきであると提案した。同82頁以下参照。
(475) 木村亀二「中止未遂と悔悟」佐藤教授退職記念『法及政治の諸問題』（1939〔昭和14〕年）343頁以下（木村亀二『刑法の基本概念』（1948〔昭和23〕年）所収）。
(476) 木村亀二・前掲「中止未遂と悔悟」364頁。それに加えて木村亀二は、「既に一定の事がらが違法性消滅事由なることが明かになれば、更に重ねてその責任消滅事由なることについて論ずる必要はないであらう。故に、刑法改正草案第二三條第一項後段は違法性消滅事由としての「悔

このように大きな特色を持つ「改正刑法仮案」ではあったが、その後間もなく太平洋戦争が始まり、戦時中および終戦直後に刑法規定の個別の部分改正は行われた[477]ものの、全体的な刑法改正事業は中止されることになる[478]。

　刑法改正の戦後の全体的な形での刑法改正作業の動きは、1956〔昭和31〕年に当時の牧野良三法務大臣が、小野清一郎を法務省の特別顧問として、「刑法・刑訴法改正について考慮すべき事項如何」という諮問を行った[479]ことに始まる。これに基づいて、1956〔昭和31〕年10月に法務省内に刑法改正準備会が設けられ、刑法改正に関する新たな原案の作成が嘱託された[480]。同準備会は、戦前の「改正刑法仮案」を基礎として、これに必要な修正を加えることを目標として[481]、小野清一郎を議長に審議をすすめることになり、1956〔昭和31〕年10月2日から1960〔昭和35〕年3月9日まで、121回の会議によって一応の成案を得た。これが1960年4月27日に公表された「改正刑法準備草案（未定稿）」であり、その後学界や実務界から多くの意見や批判を受けた上で再審議を行い、1961〔昭和36〕年4月5日までにさらに20回の会議を開いて「改正刑法準備草案（未定稿）」に修正を施した[482]。これにより1961〔昭和36〕年12月に完成して理由書とともに公表されたのが「改正刑法準備草案（確定稿）」である。その中止犯規定は、以下のようなものであった[483]。

（中止犯）

　　悟」を規定したものと謂へば足るのである」とする。そしてさらに、このような悔悟に関する明文規定を持たない現行法においても、「既に学説は違法性につきその超法規的な阻却事由の存在することを一般に認めている、そして、それと同様に、違法性消滅事由も亦超法規的に存在すると解し得べき筈である」ことから、現行法上も悔悟による中止は超法規的な違法性消滅事由であると解すべきと主張する。木村亀二・前掲「中止未遂と悔悟」367頁以下参照。
(477)　個別の部分改正の形では、昭和16年に「安寧秩序に対する罪」や収賄関係の規定の新設等が行われたり、また昭和22年には「皇室に対する罪」や「安寧秩序に対する罪」、「姦通罪」や「連続犯」の規定の削除等が行われたりしている。ただし、いずれも未遂犯の規定形式には影響するものではなかった。
(478)　吉川経夫『刑法改正を考える』(1974年)88頁、野村稔『未遂犯の研究』(1984年)78頁。
(479)　平野龍一・平場安治編『刑法改正　改訂版』(1974年)158頁以下、吉川経夫「刑法改正審議経過の実証的検討」法律時報1975年4月臨時増刊2頁以下、野村・前掲『未遂犯の研究』78頁。
(480)　法務省刑事局・前掲『改正刑法準備草案　附同理由書』はしがき1頁〔竹内寿平執筆〕、83頁〔小野清一郎執筆〕。
(481)　法務省刑事局・前掲『改正刑法準備草案　附同理由書』はしがき1頁〔竹内寿平執筆〕、85頁以下〔小野清一郎執筆〕、平野・平場編・前掲『刑法改正　改訂版』158頁以下等を参照。
(482)　法務省刑事局『改正刑法準備草案　附同理由書』(1961年)はしがき1頁〔竹内寿平執筆〕。
(483)　法務省刑事局・前掲『改正刑法準備草案　附同理由書』7頁以下。

第24条
①自己の意思によつて犯罪の実行を中止し、又は結果の発生を防止した者は、その刑を軽減し、又は免除する。
②行為者が、結果の発生を防止するに足りる真剣な努力をしたときは、他の事情によつて結果が発生しなかつた場合においても、前項と同じである。

すなわち、改正刑法仮案と同様に①着手中止と実行中止の区別の明文化がなされており、そしてさらに②中止行為とは関わりの無い形で、他の事情から結果が不発生となったとしても、結果の発生を防止するに足りる真剣な努力を行った時には、なお中止未遂として扱われる旨の規定が置かれた[484]。そして、③改正刑法仮案の特徴的な規定であった、悔悟により中止した場合について「罰セサルコトヲ得」とした部分は削除されてしまった[485]。その他の部分について、とくに現行法の趣旨を改めるものではない点については、理由書において示されている[486]。

---

[484]　すなわち法務省刑事局・前掲『改正刑法準備草案　附同理由書』110頁〔日沖憲郎執筆〕によれば、「本条第二項は、新設の規定である。中止犯は、本来行為者の行為によって犯罪の完成が阻止された場合でなければならない。しかし、行為者が犯罪の完成を阻止しようとして真剣な努力を示したときは、その責任が軽減されてしかるべきである。立法例中には、かような場合を中止犯と同様に取り扱うものがある。なお、わが国の学説のうちにも、現行法の解釈としてこのことが可能であることを主張するものがあるが、法文の解釈としては、いささか無理であろう。本項は、結果の発生を防止するに足りる真剣な努力をしたという要件のもとに、たとえ他の事情によって結果が発生しなかった場合においても、その刑を軽減し又は免除することとした。／結果の発生を防止するに足りるものであったか否かは、客観的に判断されなければならない。単に行為者が主観的に結果の発生を防止する意図をもっただけでは足りない。つぎに、他の事情によって結果が生じなかった場合というのは、行為者の中止行為以外の原因によって結果が生じなかった場合、例えば、行為者が中止行為をしたにかかわらず、他人の行為によって結果が防止された場合のみならず、実は最初から結果の発生がたまたま不能であった場合を含んでいる。他の事情によってと規定しているので、前者の場合のみを指すがごとき観がないでもないが、後者の場合もこれを一種の事情と解することを妨げない。仮案は、この場合、行為者がその事情を知らなかったことを要件としており、他の立法例にも同様のものが観られるが、本項の規定は、行為者が真剣な努力をしたか否かに重点が懸かっているものであり、行為者がその事情を知っていたか否かは、さして重要ではない。のみならず、行為者がその事情を知りながら真剣な努力をするということは、実際上殆どあり得ないと考え、かかる要件を特におくことをしなかったものである」、とされている。ここでは、行為者が犯罪の完成を阻止しようとして真剣な努力を示したときにはその「責任」が軽減されてしかるべき、とされていることが注目される。

[485]　この点について理由書は、「中止犯の処分についても、現行法どおり必要的な刑の減免を認めた。……仮案は、悔悟に出たときに限って罰しないことができる旨の規定をおいているが、これらには従わなかったわけである」(法務省刑事局・前掲『改正刑法準備草案　附同理由書』110頁〔日沖憲郎執筆〕）として、削除の積極的な理由を示さないものの、現行法と同じ法律効果を維持することにした旨が示されている。

[486]　法務省刑事局・前掲『改正刑法準備草案　附同理由書』109頁以下〔日沖憲郎執筆〕。

第3章　明治40年刑法典の中止規定　　169

　この「改正刑法準備草案（確定稿）」に対しては、その後も各方面から多くの意見や批判が寄せられた(487)が、1963〔昭和38〕年5月10日に中垣國男法務大臣から法制審議会に対して「刑法に全面的改正を加える必要があるか。あるとすればその要綱を示されたい」との諮問（諮問第20号）が発せられ、それに基づいて法制審議会は、1963〔昭和38〕年5月20日の第29回総会で、この諮問に関する予備的審議にあたらせるため、新たに刑事法特別部会を設けることにした(488)。その刑事法特別部会は1963年7月6日の第1回会議において、小野清一郎を部会長に選任して審議に入った(489)。特別部会における審議については、全面改正の要否の決定を先に行うか、具体的な改正案の内容を審議した上で、これを前提として全面改正の要否を決定するかが問題となったが、両問題は密接不可分の関係にあり、個々の事項に関する改正の要否およびその内容を離れて全面改正の要否を論ずるのは無意味とされ、また上述の「改正刑法準備草案」およびこれに対する意見を通じて、改正の要否が問題となる個々の事項を検討した上で、これを前提として全面改正の要否に関する最終的な態度を決定することになった(490)。

　このような審議方針に従って、第1回会議において、その審議の準備のため

----

(487)　例えば、瀧川幸辰「準備草案を読む」法律時報365号臨時増刊『改正刑法準備草案の総合的検討』（1960年）51頁以下、香川達夫「未遂犯論」前掲法律時報『改正刑法準備草案の総合的検討』113頁以下、座談会「準備草案総則の問題点」前掲法律時報『改正刑法準備草案の総合的検討』432頁以下、日本刑法学会『改正刑法準備草案』（1961年）74頁以下〔香川達夫執筆〕など。とりわけ批判として多くみられるのは、第2項において「（他の事情によって）結果が発生しなかった場合」においても「結果の発生を防止するに足りる真剣な努力をしたとき」に中止犯と同様に認めるのであれば、「結果が発生した場合」であっても、同様に認めるべきではないかという意見であった（例えば瀧川・前掲「準備草案を読む」前掲法律時報『改正刑法準備草案の総合的検討』51頁、香川・前掲「未遂犯論」前掲法律時報『改正刑法準備草案の総合的検討』119頁、前掲座談会「準備草案総則の問題点」前掲法律時報『改正刑法準備草案の総合的検討』432頁の平場安治発言などを参照）。ただしこれについては、本書第2部第1章、結論第1章、および補論第2章第2節を参照。中止犯規定が未遂犯にだけ特化して規定されているのは歴史的にきちんと由来が存在するものなのであり、このような観点からすれば、既遂犯に対して中止犯規定を適用することは、解釈論としても立法論としても排除されるべきものである。もし犯罪結果が発生したとしても中止犯として評価される場合を予定するのであれば、その前提として——例えばドイツの1962年草案第28条第3項のように——当該犯罪結果と、中止行為者のもともとの犯罪行為との間の因果関係が断絶しており、当該中止行為者が「未遂犯」としての評価を受けるものであることを前提としたものでなければならないであろう。

(488)　法務省刑事局編『法制審議会　改正刑法草案の解説』（1975年）審議の方法及び経過1頁。

(489)　法務省刑事局編・前掲『法制審議会　改正刑法草案の解説』審議の方法及び経過1頁。

(490)　法務省刑事局編・前掲『法制審議会　改正刑法草案の解説』審議の方法及び経過2頁。

に、部会内に 5 つの小委員会を設け、それぞれの分担事項についての基礎的調査、問題点の整理検討およびそれに基づく原案の作成を行うことが決定された(491)。未遂犯規定を含む犯罪の一般的な要件に関する部分については第一小委員会が担当し、1971〔昭和46〕年10月まで会議が開かれた(492)。具体的な改正作業の進め方としては、小委員会で作成された参考案（第一次案）を部会で審議し、その結果を考慮して再び小委員会で第二次案を作成し、これを再び部会において審議・採決するという方法が採られた(493)。最終的に1971〔昭和46〕年11月の刑事法特別部会の第30回会議において全面改正に関する最終的な審議が行われ、刑法全面改正の必要があるとして、同部会の作成した改正草案とこれに対する詳細な説明書を付して法制審議会に提出された(494)。特別部会からその結論の報告を受けた法制審議会は、1972〔昭和47〕年 4 月 4 日の第51回総会から1974〔昭和49〕年 5 月29日の第76回総会に至るまで会議を開き、刑法の全面改正に関する諮問第20号についての審議を行った(495)。この結果、最終的に「（一）刑法に全面的改正を加える必要がある。（二）改正の要項は当審議会の決定した改正刑法草案による。」との結論に達し、この「改正刑法草案」が法務大臣に答申された(496)。この「改正刑法草案」における中止犯規定は、以下のようなものであった(497)。

　　　第24条（中止犯）
　　　①自己の意思によつて、犯罪の実行を中止し、又は結果の発生を防止したため、これを遂げなかつた者は、その刑を軽減し、又は免除する。
　　　②行為者が結果の発生を防止するに足りる努力をしたときは、結果の発生しなかつたことが他の事情による場合であつても、前項と同じである。

すなわち、①着手中止と実行中止の区別の明文化がなされており、また②中止行為とは関係の無い他の事情によって結果が不発生となった場合であっても、行為者が結果の発生を防止するに足りる努力をした場合には、なお中止犯とし

---

(491)　法務省刑事局編・前掲『法制審議会　改正刑法草案の解説』審議の方法及び経過 2 頁以下。
(492)　法務省刑事局編・前掲『法制審議会　改正刑法草案の解説』審議の方法及び経過 3 頁。
(493)　法務省刑事局編・前掲『法制審議会　改正刑法草案の解説』審議の方法及び経過 4 頁以下。
(494)　法務省刑事局編・前掲『法制審議会　改正刑法草案の解説』審議の方法及び経過 5 頁以下。
(495)　法務省刑事局編・前掲『法制審議会　改正刑法草案の解説』審議の方法及び経過 6 頁。具体的な審議過程の内容に関しては同書 6 頁以下を参照。
(496)　法務省刑事局編・前掲『法制審議会　改正刑法草案の解説』審議の方法及び経過7頁。
(497)　法務省刑事局編・前掲『法制審議会　改正刑法草案の解説』68頁。

て使われる旨の規定が置かれており、これらは改正刑法準備草案における中止犯規定とほぼ同内容のものであった。第1項において「これを遂げなかつた」旨が示され、中止犯が未遂犯の一形態であることが明示された点が変化しているとはいえる[498]ものの、このこと自体は改正刑法準備草案においても前提とされていたことであった。また、第2項において「真剣な」という文言が省かれているが、草案の解説においては「真剣な努力」をしたことを前提とする内容となっており[499]、「真剣な」という文言がもたらす主観的・評価的要素としての印象を払拭するためにあえて削除されたものとも考えられる[500]。

以上のような刑法改正の動きの流れにおいて、中止犯規定に関して共通しているのは、まず、①着手未遂における中止の場合と実行未遂における中止の場合とを明文できちんと分けて規定しようとする点が挙げられる。未遂をこの2種類に分類して、単なる実行行為の継続を止めることで足りるものか、またはさらに結果発生を防止する積極的な行為を必要とするかという、必要な中止行為の内容に差異を設けるという考え方は、現在の日本においては一般的な考え方となっており、そのような考え方に従った中止行為の態様の分類を明文化し

---

[498] 法務省刑事局編・前掲『法制審議会 改正刑法草案の解説』69頁においても、「……「これを遂げなかつた」という文言を付加したのは、中止犯が未遂犯の一形態であることを明らかにするためである」、とある。

[499] すなわち、「第二項は、いわゆる準中止犯に関する新設の規定であり、「行為者が結果の発生を防止するに足りる努力をしたときは、結果の発生しなかつたことが他の事情による場合であつても」、必ず刑の軽減又は免除を行うことを定めている。すなわち、いわゆる実行未遂の場合における中止犯に対して刑の減免を認める趣旨は、結果を防止するために積極的な努力をすることによって行為者の責任が軽減されるという点にあるのであって、自発的に犯罪意思を放棄した行為者が結果の発生を防止するために真剣な努力をした以上、たまたま本人の防止行為とは関係のない事情によって結果が発生しなかった場合であっても、行為者の努力を責任軽減の要素とみてよいことに変わりはないので、中止犯の場合に準じて刑の減免を認めることとした。」（法務省刑事局編・前掲『法制審議会 改正刑法草案の解説』69頁、傍点は筆者による）とあり、実行中止の場合において、やはり「結果発生の防止のための真剣な努力」をした場合には、関係のない事情から結果が不発生となったとしても中止犯と同様の取扱いすべきである、という、従来からの考え方と同様の内容が示されているといえる。またこの解説部分に関しては、このような「行為者の努力」を「責任軽減の要素」とみてよい、というところから中止犯と同様に扱うものと説明されている点が注目される。

[500] これについては、法制審議会刑事法特別部会第一小委員会議事要録（六）503頁の、第95回（昭和43年10月5日）の議事録を参照。平野・平場編・前掲『刑法改正 改訂版』41頁〔中義勝執筆〕によれば、「……削除の理由は「結果を防止するに足りる」努力といえば真剣なものであることが明らかであるし、これをこえて「真剣な」という要件を加えることによって悔悟といった主観的な要件にこれをかからせる趣旨に解されるおそれを残すことは適当でないと考えられたからである」とされている。

ようとしたものといえる。さらに共通している点として、②結果の不発生が、行為者の中止行為以外の、他の原因によるものであったとしても、「行為者が結果の発生を防止するに足りる（真剣な）努力」を行った場合には、中止犯と同様の評価を与える旨の規定を新設しようとしている点が共通しているといえる。戦前の一時期には、結果の発生した場合でも結果を防止するための真摯な努力があったときは同様に認める旨の規定が追加されたこともあったが、最終的には削除された。いずれにせよ、結果の不発生と行為者の中止行為との間に因果関係が無いような場合においても中止犯と同様に取り扱う旨の規定が必要であると考えられた点に関しては、一貫しているといえる。ただ、そのような規定の必要性に関して、明確に「不都合がある」という前提での理由は示されていないように見受けられる。すなわち、「〔中止行為と結果不発生との間に因果関係がない〕場合であっても、行為者の努力を責任軽減の要素とみてよいことに変わりはないので、中止犯の場合に準じて刑の減免を認めることとした」[501]という表現は、「本来別に中止犯として認めなくても不都合・問題はないが、中止犯と同様に扱ってもよいだろうと裁量的に判断した」という趣旨をうかがわせるものである。「そのような場合であっても『責任』が軽減する」という、理論的な観点からの演繹[502]は見られるものの、個別具体的な事例を想定して、その不都合・問題点に対応して特別の規定が求められたとは言い難いのである。

---

(501) 法務省刑事局編・前掲『法制審議会　改正刑法草案の解説』69頁。
(502) ただし、この「演繹」は本来成立していないことに注意を要する。「中止行為と結果不発生との間に因果関係がない場合にも中止犯を認めてもよいのか」という論点は、「中止犯成立のための客観的要件をどのように考えるべきか」という論点なのであって、「中止犯の法的性格が違法減少なのか、責任減少なのか」といった「中止犯の法的性格論（体系的位置づけ論）」とは関わりがない。責任減少（消滅）説を採用したとしても、「犯罪行為と犯罪結果との間には因果関係を要求するのが刑法の基本となる帰属体系なのであるから、同様に中止行為と中止結果（結果の不発生）との間にも因果関係は要求すべき」という主張は可能であるし、逆に違法減少（消滅）説を採用したとしても、「犯罪論体系の帰属原理が中止犯の場合にも同様に当てはまるわけではなく、『中止した』ことで十分なのであって、因果関係は不要とすべき」という主張は可能であろう。そして上記の主張を完全に入れ替えてみても、その論理関係において矛盾が発生するわけではない。すなわちこれは「別々の（論理必然関係のない）論点を無理にこじつけている」に過ぎないのである。違法減少（消滅）説を採用しようが、責任減少（消滅）説を採用しようが、はたまた一身的刑罰減少消滅事由説を採用しようが、「そのような法律効果が生じるための前提としての法律要件」は、それ自体として独自に検討されるべき課題なのであって、法的性格における学説が論理的必然関係をもってその「法律要件の要否」という結論を左右するわけではないのである。

最後に日本編のまとめとして、日本における中止犯論の歴史的特徴、およびその現在の未遂犯・中止犯規定の下でのあるべき解釈論について、まとめることにする。

第4章　日本における中止犯論のまとめ[503]

第1節　日本における中止犯論の歴史的特徴

　以上のように日本の中止犯規定の流れを見てきたわけであるが、結論として次のようないくつかの歴史的特徴を挙げることができる。まず第一に法律規定の形式的な変化という観点から、明治13年刑法典から明治40年刑法典への中止犯規定の移行・変化は、単純にフランス型法制からドイツ型法制への変化というだけではなく、中止犯規定の二段階の形式上の変化のあらわれであったといえる。すなわちまず第一段階として、明治13年刑法典の法律形式では中止犯が未遂犯としては処罰できない一方で、その行為中に含まれた既遂犯については本来成立しないものである以上処罰できないのではないかという疑義に関して、加重的未遂の場合に内部に含まれた既遂犯が処罰されることを明治23年草案の段階から立法的に明文化することで解決しようとした。さらに第二段階として、法典調査会第三部における刑法改正作業の中で、実行の着手を含む行為を行った全ての未遂犯を原則的に処罰することとした結果として、中止犯は未遂犯が成立していることを前提とするものとなり、これにあわせて、加重的未遂の場合に内部に含まれた既遂犯を処罰するという法律形式を採らずに、明治33年刑法改正案では中止犯の法律効果が必要的減免となった。このような二段階の変化過程を経ることによって、現行の明治40年刑法典の中止犯の法律形式が成立したのである。

　そして具体的な中止犯成立の要件の中でも、とりわけ任意性に関する議論の流れについて、日本ではどうしても中止犯を成立させる際の任意性の内容を、規範的・倫理的観点から限定しようとする傾向が強かったことがうかがえる。その最初が、明治13年刑法典における日本人起草者の誤解であった。この結果

---

[503]　日本の中止犯論に関する検討として、後述結論第2章、および結論第3章も参照。

として明治10年の日本刑法草案においては「真心悔悟ニ因テ」という文言で任意性の内容が限定されていた。この限定は刑法審査局による中止犯規定の削除によって、半ば偶然に回避された。その後明治13年刑法典が成立し、刑法学の研究が進展するにつれて、任意性の内容は限定されないものであり、当時の明治13年刑法典の規定文言もそれに沿ったものであるという考え方が広まっていった。しかしそれでは中止犯自体の成立範囲は広いものとなり、中止犯の中でも程度の差というものがやはり存在して、不処罰の恩典に値しないようなものもいる、これに対処するために、一律の免除ではなく、刑罰減軽と刑罰免除の選択ができるようにすることで、中止犯の成立範囲を広くしたままで、規範的に好ましくない中止者に対しても裁判官の裁量による相応の処罰を可能にしたのである。しかし泉二新熊に始まり、牧野英一によって確立した、任意性に関して「悔悟までも要求する説」と「外部的ないし物理的障礙による場合以外に全て中止を認める説」という二つの説の間に中間説として「社会一般の通念により判断する」という説を置いた上でそれを採用する、という三分説の図式は、事実上裁量的・恣意的に任意性判断を行うことを可能にしたために、「社会一般の通念」という判断基準の中身が実質的に理想的な状態としての規範的基準と全く変わらなくなってしまう以上、結果として中止犯の成立範囲そのものが限定されてしまうことにつながったのである。また、このような中止犯の成立範囲自体を限定的に捉える傾向は、判例においても見られるものであった。とりわけ判例においては、「限定主観説」を採用する、というよりは、「限定主観説を採用したとしても中止未遂が認められるであろうような事案に絞って中止犯を認める」という運用がなされていることが事実上うかがわれるのである。

　さらに、このような任意性に関する議論の流れと関連して、中止犯制度の根拠論においても、過去には、このような中止犯の成立範囲を限定する考え方と、むしろ広く認めていく考え方の対立の歴史があったことが分かった。すなわち、明治から大正、昭和の戦前期まで、日本においては刑事政策説が圧倒的な多数説であった。しかしやがて大正期から牧野英一や宮本英脩などがこの刑事政策説に異議を唱え始めるようになった。牧野英一や佐伯千仭はこの刑事政策説に対抗する学説として、規範主義説を主張した。この規範主義説は、規範的観点から中止犯の成立範囲を限定しようとする傾向を持つものであったが、

日本の現行法では条文上任意性を限定する文言がなく、またその規範的・限定的な中止犯観が好まれなかったためか、多くの支持を得るには至らなかった。

その後、戦後になってから新たな議論の枠組みとして、中止犯の法的性格論を用いて中止犯の根拠論を説明しようとする試みが行われるようになった。まず最初に違法減少（消滅）説が、「主観的違法要素の消滅による計画の危険性の喪失」「危険状態の消滅による現實の危険性の喪失」[504]という観点から主張された。そして同じ議論の枠組みに沿った形で、責任減少（消滅）説が、「規範的意識の具體化」[505]または「中止行為に示される行為者の人格的態度」[506]という観点から主張されるようになった。そしてこれらの学説は、自らの学説を「法律説」と称するようになった。

日本の中止犯論の歴史的展開を特徴づけるものとして、この「法律説」と呼ばれる学説の変化が何よりも挙げられなければならないであろう。法律説は本来、明治13年刑法典における「中止犯の場合は未遂犯も成立しない」という法制を前提にして、そのような未遂犯規定の条文の構造をそのまま指摘し、文理解釈により中止犯の不可罰性を導きだすという、「条文解釈論としての根拠」であった。それは条文上、未遂と中止がどのような関係にあるかという未遂と中止の関係構造を示す学説であり、刑事政策説のように「ではなぜ法律がそのように中止犯を通常の未遂犯よりも優遇しているのか」という問いに答える「背景理論としての根拠」とは、そもそも不処罰を理由づけるアプローチの方法として全く次元の異なるものであった。そしてこのような「法律説」という未遂と中止の関係構造を前提にすることで、明治13年刑法典の下では、正犯のみが行った中止の効果は共犯にも及ぶとされていたのである。

やがて明治40年刑法典が成立することによって、それまでの「条文解釈論としての根拠」であった法律説は、もはや根拠論として主張されるには困難なものとなった。この結果として、「背景理論としての根拠」である刑事政策説のみが「根拠論」として残ることになった。また同時に中止犯の場合も未遂犯が成立していることを前提とする規定形式になったことから、中止犯の体系的位

---

(504)　瀧川他・前掲『刑法理論学総論』（1950〔昭和25〕年）210頁〔平場安治執筆〕。
(505)　香川・前掲「中止未遂の法的性格」刑法雑誌5巻2号（1954〔昭和29〕年）228頁（香川・前掲『中止未遂の法的性格』97頁に所収）。
(506)　団藤・前掲『刑法綱要総論』（1957〔昭和32〕年）271頁。

置づけとしては一身的刑罰減少消滅事由説が広く採られることになった。しかし前述のような「条文解釈論としての根拠論」と「背景理論としての根拠論」との区別が明確に意識されていなかったために、日本では「法律説」が明治13年刑法典のような規定形式を前提としたものであるということが忘れられ、中止犯を犯罪成立要件に関わらせる学説として、その名が記憶に残されてしまうことになった。やがて刑事政策説と一身的刑罰減少消滅事由説が圧倒的に支持された結果、中止の効果の一身専属性がその法的性格（体系的位置づけ）の理論構成と共犯の従属性（必要条件）の議論との関連に基づいて初めて導かれるものであるということが、忘れ去られていくことにもつながった。そして戦後になって、このような共犯問題からの視点を欠いたまま、「法的性格（体系的位置づけ）論」であるところの違法減少（消滅）事由説ないし責任減少（消滅）事由説が、「根拠論」の議論における説明の試みとして主張されるようになった。その際に、現行の条文からはもはや採り得ないはずの学説である「法律説」という看板が、刑事政策説（一身的刑罰減少消滅事由説）に対抗して「犯罪論体系内で検討している」という意味もこめて、再び使用された。しかしこれらの法的性格論を以て根拠論を説明しようとする学説は、もともとは「危険性の喪失」などの根拠論も合わせて検討するものであったが、結果的に「違法か」「責任か」という法的性格に関する議論の部分だけが強調されて「違法減少説」「責任減少説」という法的性格論の枠組みのみが前面に出てしまい、「なぜ違法が減少するのか」「なぜ責任が減少するのか」という本来争うべき根拠論に関する議論の部分を見えにくくしてしまった。「根拠論を議論しているつもりで法的性格論（体系的位置づけ論）を議論してしまっている」という、現在の日本の中止犯論の混乱を特徴づける事実が、ここに浮かび上がるのである。

　そしてさらにそれに加えて、それらの学説がもし「法律説」を標榜するのであれば、「中止の場合には犯罪論体系上、（違法性もしくは責任、またはその両方において中止が認められたことが影響して）通常の未遂犯とは異なる犯罪が成立する」ことを前提とするのであるから、「未遂行為と中止行為を包括した犯罪類型が成立する」と言わざるを得ないはずであり、このことから正犯のみが中止した場合にも、共犯への影響は避けられないことになるはずなのである。法律説を採るということは、このような共犯への影響の点を考慮に入れた上でのものでなければならないのである[507]。

第2節　日本における中止犯論の展望[508]

　第1部の最後として、以上まで述べてきたような条文形式や学説等の変化の流れを検討した上で、日本の現行法の解釈として、どのような見解が可能なものとなるのであろうか。これを見ていくことにする。

　まず現行法においてはその条文形式上、中止犯はあくまでも未遂犯の一類型として成立していると解するべきであり、したがって中止犯の際には未遂犯が存在しなくなるというフランス型の未遂犯規定の法制形式から導かれる、加重的未遂の場合の内部に含まれた既遂犯の処罰は、現行法の下では困難なものであるといえる。ただし後述するように、刑法典43条の本文と但書を合わせて考察すべきものとして、法律説を維持し、未遂と中止の全体的考察を行う場合には、そのような解釈方法を採る限りにおいてのみ、加重的未遂の場合の内部に含まれた既遂犯の処罰が可能となるであろう。この点で、現行法においてもこのような加重的未遂の場合に内部に含まれた既遂犯としての処罰を主張する考え方[509]は、刑法典43条に関してこのような解釈論を展開しないかぎり、論理

---

(507)　もし現在の日本において主張されている「違法減少（消滅）説」「責任減少（消滅）説」ないしは「違法・責任減少（消滅）説」をなおも維持して主張したいのであれば、後述するように、まず前提として「法律説」という看板を外すことが必要なのである。「法律説」であるかぎり、「中止行為は『行為違法』ないし『行為責任』に影響する――そしてそのことによって中止犯の場合には未遂犯の法律上の成立要件も満たされなくなる」ということを前提せざるを得ず、全体的考察の手法をとらざるを得なくなり、必然的に共犯への影響も免れ得なくなるのである。ただ、中止行為は事後的に量刑責任ないし量刑違法に影響するものであると主張したとしても、後述のように例えば責任減少（消滅）説に対しては「責任は中止によって消滅されるのではなく、事後的にある程度まで埋め合わせられるものでしかない」（Jescheck/ Weigend, Lehrbuch des Strafrechts Allgemeiner Teil, 1996, 5. Aufl., S. 540）等との批判がなされているのであり、「一旦生じた行為違法を量刑上事後的に軽くする」ことになる違法減少（消滅）説に対してはさらなる強い批判が向けられることになるであろう。

(508)　今後の日本の中止犯論のあるべき方向性については、後述結論第3章において、より詳細に検討しているので、そちらも参照されたい。

(509)　虫明・前掲書313頁以下参照。虫明満は、未遂犯の実行行為が他の犯罪構成要件をも満たしており、それが法条競合として含まれている場合には、未遂犯が中止未遂となった場合でも軽い既遂犯が成立することはなく、その既遂犯として処罰されるようなことは無いが、包括一罪として含まれている場合には軽い既遂犯が成立し、処罰されるとする（法条競合の例として挙げられているのは、殺人罪の中止未遂と傷害罪。包括一罪の例として挙げられているのは強盗罪の中止未遂と単純暴行・脅迫罪、および予備罪が処罰される犯罪の中止未遂とその予備罪）。植松正も、予備罪が処罰される犯罪が中止未遂として免除になった場合には、その予備罪が処罰されるとす

的に矛盾したものであるといえる。

　そして現行法の中止犯の要件である任意性に関して、立法者は後悔等の内面的な事情変更を要求するつもりはなかったのであり、悪い動機から中止した場合でも、それが自発的なものである限り、中止犯の要件は満たされることになる。このことは前述の現在の判例における厳格な認定態度と、相容れないものであるといえる[510]。上述のように、現行法における中止未遂は、それ自体の成立範囲は現在一般的に考えられているよりは広いものであり、その広い裁判官の裁量範囲内において、免除を与える必要がないような者を減軽にとどまると処断することで対処しようとしたと考えられるのである[511]。よって、ここでもし規範的な観点から中止犯の成立範囲そのものを限定しようとする見解を主張するならば、そのような見解が条文の文言以上に中止犯の成立範囲を狭めるものであり、罪刑法定主義の点から問題があることを自覚せねばならず、したがって、刑法典43条の「自己の意思により」という文言をそのように被告人に不利益な形で限定して解釈したとしても、なおそれが罪刑法定主義の観点から許容できる拡張解釈の範囲にとどまるものであるかについて、さらなる説明を必要としなければならないことになる[512]。

　そして現在日本においては法律説が圧倒的多数説を占めているわけであるが、日本の現行法の規定形式を前提として、なおかつ「法律説」をどうしても維持して主張しようとするならば、現段階では次に挙げる3つの論理形式の中から選択することになる。

　①刑法典43条の本文と但書は形式的には分かれているものの、これは合わせて考察すべきものであると考えて、明治13年刑法典と同様に、中止犯の場合は未遂犯の範疇から外れてしまう、とする。このような全体的考察の考え方から、中止犯の場合には未遂行為と中止行為を包括した1個の行為態様を想定することになる。法律説の本来の姿がこれである。ただし必然的に、正犯のみが

　　　る。植松正『再訂刑法概論Ⅰ総論』(1974年) 335頁以下。なお予備罪に関して（とくに予備罪の中止に関して）は、後述補論を参照。
(510)　前述第1部第3章第2節 (3) 参照。
(511)　この点については、前述第3章第1節参照。とくに立法者意思として、衆議院第一読会（明治40年2月22日）での平沼騏一郎の発言を参照。
(512)　このことこそが、「中止犯の根拠論」を検討することの意義であるといえる。この点については、後述結論第1章、同じく結論第3章参照。

中止した場合には何ら中止行為を行っていない共犯にもその中止の効果が及ぶことになる[513]。

②①の考え方と同様に全体的考察方法を採用しつつ、行為 (Tat) 概念を相対化させて、構成要件に該当する行為と量刑の対象となる行為は異なる概念であり得る、とした上で、正犯が中止した場合であっても、共犯の従属の対象となる正犯行為は構成要件該当行為のみに限られる、とする[514]。これにより正犯のみが中止した場合に共犯にその効果が影響することはなくなるが、中止犯規定が単なる量刑規定となってしまうし、そもそも行為概念を相対化させる点について疑問が残る。また、「中止犯の場合にはそもそも法律上の未遂犯の要件が欠けている」と考える学説である「法律説」という看板が、このような考え方においてもなお維持できるものかは――③の考え方ほどではないが――非常に疑わしいといえる。

③そもそも全体的考察方法を採用せず、中止未遂の法的性格でいうところの「違法」概念ないしは「責任」概念そのものを変更し、それらを単なる量刑上のものとして捉え直す。すなわち、中止行為前までの未遂行為によって、犯罪論体系に関わる形での「行為違法」「行為責任」が存在することになり、中止行為によっては、これとは別の「量刑違法」「量刑責任」が減少・消滅する、と考える。日本において主張されている法律説は、実質的にこのような形式のものである。しかしこの見解でも中止犯規定が単なる量刑規定となってしまうし、何よりもこのように中止犯を「行為違法」「行為責任」とは異なるただの「量刑」上の問題として捉え直す見解が、そもそも「法律説」の定義の範疇になお入り得るのかは、全くもって疑わしい。「中止犯は『行為違法』ないし『行為責任』に影響する」として、そしてそのことから「中止犯の場合には未遂犯の法律上の成立要件も満たされなくなる」とするということこそが、まさに法律説の本質的内容だったはずなのであるから、これは「法律説」という学説の概念内容を骨抜きにして看板だけを借りると言うに等しい。そして中止犯が「行為」とは関係のない「量刑」上のものであるに過ぎないなら、「量刑違法」「量刑責任」などと「違法」「責任」という語を用いずとも、一身的刑罰減少消滅事由説を採るとするのが一番素直な見解だと言える。中止の効果の一身

---

(513) ベルナーやビンディンクと同様の理論構成である。
(514) ラング＝ヒンリクセンの「一体化説」と同様の理論構成である。

専属性も維持できる。

　以上のように、①の考え方では論理的には一貫するものの、結論において妥当性を欠くと一般的には受け止められることになるであろう。②の考え方では①の考え方のような結論の妥当性に関する欠点は修正されているものの、論理構成としては苦しいことは否めない。③の考え方に至っては、もはやこれは論理破綻しているといってよい。日本の現行法の下で法律説を採用するということは、それほどまでに困難なこと(515)なのである(516)。

---

(515) このような結論に至るのは、「法律説」という学説に付随する内容が、現行法の下で採用するには決定的に矛盾を抱えるものであることが大きい。逆に言うならば、どうしても③のような考え方を維持したい場合には、「法律説」という看板を捨ててしまえばいいのである。すなわち例えば「中止によって量刑責任が事後的に影響を受ける、だがこれはあくまで量刑責任が影響されるのであって、現在日本でいわれているような法律説を採用するものではない」、とするのである。ドイツではヘルツベルクやロクシンなどがこれに近い説明を行う。Claus Roxin, Über den Rücktritt vom unbeendeten Versuch, FS für Ernst Heinitz, 1972, S. 273 ; Rolf Dietrich Herzberg, Theorien zum Rücktritt und teleologische Gesetzesdeutung, NStZ 1990, S. 172. しかし、もし仮にこのような論理形式を採用したとしても、例えば責任減少（消滅）説に対しては「責任の評価段階においては、行為の時点における行為者の答責性が問題なのである。中止はその答責性を事後的に排除し得るものではない」（Günter Stratenwerth, Strafrecht Allgemeiner Teil I, 2000, 4. Aufl., S. 282）とか、「責任は中止によって消滅されるのではなく、事後的にある程度まで埋め合わせられるものでしかない」（Jescheck/ Weigend, a. a. O., S. 540）等との批判がなされているのである。また「一旦生じた行為違法を量刑上事後的に軽くする」ことになる違法減少（消滅）説に対してはさらなる批判が向けられることになる（例えば「中止によっては構成要件該当性も違法性も何ら関わりを持つものではなく、そして責任もある程度までのみ埋め合わせられるものである」（Jescheck/ Weigend, a. a. O., S. 548）など）。違法・責任減少（消滅）説に対しては、違法減少（消滅）説と責任減少（消滅）説のそれぞれに対して向けられた批判が両方とも当てはまることになる（いわゆる『『難点』の『相乗的効果』』（香川達夫『刑法講義〔総論〕第三版』（1995年）308頁参照）である。すなわち「一旦生じた行為違法を量刑上事後的に軽くする」ことが「違法性」という概念の性質上、本当に可能なことなのかどうかがまずもって何よりも疑問とされるであろうし、また責任に関しても、前述のシュトラーテンベルトやイェシェック／バイゲントからの批判が当てはまることになるであろう。さらに「（量刑）違法減少（消滅）」と「（量刑）責任減少（消滅）」という二つの効果の概念の相互関係が不明確である。「中止によって量刑違法および量刑責任が事後的に影響を受ける」ということを前提とするならば、そのような量刑上の問題についてなぜ「量刑違法減少（消滅）」の他に「量刑責任減少（消滅）」ということまで合わせて言わねばならないのか、また逆に「量刑責任減少（消滅）」の他になぜ「量刑違法減少（消滅）」ということまで合わせて言わねばならないのか、それぞれの量刑上の効果が持つ内容は一体どのような性質を振り分けて持つものなのか、そしてなぜ振り分けて持たねばならないのかが明らかにされなければならないであろう。この点については後述結論第3章第2節も参照。

(516) 現行の日本の法律の下での体系的位置づけ（法的性格）論の考え方について、現段階で想定され得る考え方をとりあえず整理しておく。
　（1）まず、「法律説」をとるか否か。これを肯定するならば必然的に未遂行為と中止行為の全体的考察をせねばならず、共犯への影響は避けられない（これ以外の（2）以下の考え方は、いず

そしてさらに、いずれの形式の法律説を採るにしても、また法律説を採らなかったとしても、このことは当てはまるのであるが、「法律説」というのはあくまでも未遂と中止の関係構造を示すものであり、またその看板の下で主張されている「違法減少（消滅）説」も「責任減少（消滅）説」も法的性格（体系的位置づけ）論における学説でしかないのであって、これとは異なる次元の議論である中止未遂の根拠論に関しては、中止未遂の成立範囲をどのように捉えるのかという点にも関係してさらなる理論構成を行わなければならないのである。すなわち、「なぜ違法性が減少・消滅するのか」「なぜ責任が減少・消滅するのか」「なぜ一身的に刑罰が減少・消滅するのか」について、さらなる理論構成（例えば刑事政策説、刑罰目的説など）をしなければならず[517]、その理論に基づい

れも「法律説をとらないこと」を前提にしている）。また、現行法の解釈としてそもそも苦しい。
（2A）法律説をとらないことを前提にしたとしても、中止を「行為違法」に関わるものとするならば、少なくとも違法の側面における未遂行為と中止行為の全体的考察は避けられず、共犯の従属性に関して最小限従属性説ないしは共犯独立性説を採らない限り、共犯に影響してしまうことになる。
（2B）「行為違法・責任」に関わるものとする場合でも、（2A）と同様に中止を「行為違法」に関わるものとしている以上、違法および責任の側面における未遂行為と中止行為の全体的考察は避けられないことになり、共犯の従属性に関して最小限従属性説または共犯独立性説を採らない限り、共犯に影響してしまう。また、なぜ違法と責任の2つの段階に振り分けられるのか、なぜその必要性があるのか、その両者の関係はどうなるのかなどがさらに説明されなければならない。
（2C）「行為責任」に関わるものとする場合には、極端従属性説を採らない限り、共犯には影響しない。しかしそもそも、ドイツ刑法29条のような責任に関する個別判断の明文規定をもたない日本の刑法典の下では、責任の側面における未遂行為と中止行為の全体的考察は共犯に影響することへと結びつきやすい。また、一旦成立した有責的な犯罪行為が、事後的にその有責性の側面において評価を変化させる、ということについても、説明が必要とされることになる。そのためこの考え方を採る場合でも、ケムジースのように規範的責任論に基づいて行為評価の事後的変更はあり得る、等といった行為責任概念の修正が迫られることになる。
（3）違法（3A）、もしくは責任（3C）、またはその両方（3B）の側面における未遂行為と中止行為の全体的考察を前提にした上で、行為概念を相対化させ、構成要件該当行為と量刑の対象行為は異なり得る、とする（一体化説）。しかしこれに対しては、本文等でも述べたような批判がなされている。
（4）そもそも中止は「行為違法」「行為責任」または「行為違法・責任」が影響されるものではなく、あくまでも「量刑違法」（4A）「量刑責任」（4C）または「量刑違法・責任」（4B）が影響されるものである、とする。しかしこのように説明したとしても、中止犯規定が単なる量刑規定となってしまうし、またなぜ一旦生じたはずの行為に対する評価と分離して量刑上は軽い評価がなされるのかの説明が必要になる。
（5）一身的刑罰減少消滅事由説を採る。条文上は最も素直な解釈となる。
[517] 中止の法的性格をどのように捉える見解においても、このことは当てはまる。前述の①から③のいずれの法律説を採ったとしても、また法律説の看板を外して「量刑違法減少（消滅）説」

て中止犯の成立範囲が確定されなければならないのである[518]。ここにこそ中止未遂の根拠論の意義が存在するのである。中止未遂の根拠論の内容が決まることによって、中止犯の成立範囲が決定づけられ、それにより成立することになった中止犯について、中止犯の法的性格（体系的位置づけ）論がその法律効果を明らかにし、この結果として中止犯の一身専属性の有無などが決定づけられるのである。

　では以上まで述べたような日本における議論の特色および問題点をふまえた上で、そもそも中止犯制度がどのような由来・存在意義をもつ制度であったのかを明らかにし、それにより今後の日本の議論の展望をさらに明確に方向づけるために、現行の明治40年刑法典がその理論的影響を最も大きく受けたと言われているドイツ刑法学について、その中止犯の歴史的展開を、日本と同様に時系列に沿って追うことにする。

　　ないしは「量刑責任減少（消滅）説」「量刑違法・責任減少（消滅）説」を採ったとしても、または一身的刑罰消滅事由説を採ったとしても、これらの検討とは別にしてさらに根拠論を検討せねばならない。

(518)　このような本来の根拠論は、日本の中止未遂論では法的性格論の争いの背後に隠れてしまっていた。根拠論を「違法減少消滅説」と「責任減少消滅説」に分類することは、根拠論から導かれる効果としての法的性格の観点からの分類であって、根拠論そのものの内容に基づいた分類とはいえないのである。実際に平場安治は、違法性減少消滅説および責任減少消滅説を、それぞれその根拠論の内容の観点からさらに二つずつに分類していたのである。瀧川他・前掲『刑法理論学総論』（1950年）209頁以下〔平場安治執筆〕参照。

第 2 部

ドイツにおける中止犯論の歴史的展開

第1章　ローマ古代法時代から中世期に至るまで[1]

第1節　ローマ刑法およびゲルマン刑法

　現在のドイツ法は、元々のゲルマン法と、それに対するローマ法などの継受によって完成したものであるとされている[2]。このため、ドイツ法のある制度についての淵源を検討する際には、このローマ刑法[3]、およびゲルマン刑法から検討を始める必要がある[4]。

　紀元前2世紀から紀元後1世紀頃までのローマにおける古代法においては、結果刑法および結果責任主義がその理念を支配していた。これにより結果を生じない未遂犯は当然に不処罰となるものであり、未遂犯概念というものは存在すらしていなかった[5]。未遂犯概念が存在しない以上、その処罰を否定するた

---

(1)　この時代のドイツにおける未遂犯概念の形成史についての詳細な日本語文献として、野村稔『未遂犯の研究』(1984年) 3頁以下、中野正剛「未遂犯思想の形成史」国学院法政論叢第15輯 (1994年) 149頁以下、西山富夫「ドイツ刑法思想の発展と未遂・不能犯（二）」名城法学4巻3・4号 (1954年) 26頁以下などを参照。

(2)　Heinrich Mitteis/Heinz Lieberich, Deutsche Rechtsgeschichte, 17. Aufl., 1985, S. 4ff. u. S. 309ff..

(3)　ローマ刑法に関する基本文献として、Theodor Mommsen, Römisches Strafrecht, 1899; Wilhelm Rein, Das Kriminalrecht der Römer, 1844. またローマ法全体を扱う文献の中で刑法について触れるものとしては、Wolfgang Kunkel/Martin Schermaier, Römische Rechtsgeschichte, 13. Aufl., 2001, S. 41ff. u. S. 81ff.; Gerhard Dulckeit/Fritz Schwarz/Wolfgang Waldstein, Römische Rechtsgeschichte, 9. Aufl., 1995, S. 66ff..

(4)　なおドイツにおける中止犯論の歴史について扱った文献としては、Michael Peter Müller, Die geschichtliche Entwicklung des Rücktritts vom Versuch bis zum Inkrafttreten des neuen StGB-AT 1975, 1995; Reinhold Herzog, Rücktritt vom Versuch und thätige Reue, 1889, S. 11-69; Karl Hatzig, Über den Rücktritt vom Versuch und die sogenannte thätige Reue, 1897, S. 17-36 u. s. w..

(5)　通説としてはこのように考えられている。Vgl. Müller, a. a. O., S. 23; Heinrich Albert Zachariä, Die Lehre vom Versuche der Verbrechen, Zweiter Theil, 1839, S. 271f.. ただし、ケストリンはローマ時代においてこのような未遂概念が存在したか否か、そしてそれが刑事処罰の対象に含まれていたか否かなどについては、確実には突き止められていないものとしていた。

めの中止概念も存在しなかった[6]。例えば、ラインによれば「本来ローマにおいては不完成犯罪は処罰されず」、すなわち「私的犯罪においては法を侵害するような客観的な結果なしには処罰はなし得なかったが故に、未遂は処罰され得なかったのであり、公的犯罪においては当時の刑法の実質的な性格に従うならばまさにわずかにしか（処罰する）蓋然性が無かった」のである[7]。またバウムガルテンも、ローマ法においては「未遂概念の学問上の創出にまでは」至らなかった[8]とし、モムゼンもローマ法においては、未遂についての法技術的な単語としての概念が欠けていた、とした[9]。既遂に対する形態としての未遂概念が存在しない以上、そのようなもの（すなわちある犯罪結果を目指したものの、その結果が生じなかった場合）は総じて不処罰とされていたのである。

その後、紀元後1世紀以降のローマ古典法時代において、未遂犯処罰がその危険性に基づいて個別的な法規によって、既遂犯罪の例外として取り扱われ、処罰された[10]。しかしこれは現在の行為態様の分類において「未遂犯」の類型に入るものを、個別的に独立した危険行為として処罰規定が設けられたものであり、およそ現在のような「既遂」という概念に対するものとしての「未遂」概念が存在していたわけではなかった[11]。そのような未遂犯罪は、あくまでも既遂犯の一類型として規定されていたのである。未遂概念が存在しない以上、それに対応する形での中止犯に関する一般的概念も存在しなかっ

Vgl. Christian Reinhold Köstlin, System des deutschen Strafrechts, 1. Abteilung, 1855, S. 214 ff..
(6) Vgl. Müller, a. a. O., S. 26.
(7) Rein, a. a. O., S. 123.
(8) J. Baumgarten, Die Lehre vom Versuche der Verbrechen, 1888, S. 26.
(9) Mommsen, a. a. O., S. 95. またヒッペルもモムゼンに依拠しつつ、ローマ刑法においては犯罪の予備、未遂そして既遂の区別が欠けており、私的犯罪（delicta privata）においては発生した損害が処罰され、公的犯罪においては刑罰は行為に表れた決意に結び付けられていた、とした。Robert von Hippel, Deutsches Strafrecht, 1. Band., 1925, S. 71.
(10) Müller, a. a. O., S. 23 ; Hinrich Rüping, Grundriß der Strafrechtsgeschichte, 3. Aufl., 1998, S. 4.（なおこのリューピングの著作の初版本の日本語訳として、H.リューピング著、川端博・曽根威彦訳『ドイツ刑法史綱要』(1984年) 参照。）例えば「コルネリア法 (lex Cornelia)」においては、殺人の意図で武器を運搬した者を殺人として、既遂犯と同じ刑により処罰された。Vgl. Rein, a. a. O., S. 124 ; Carl Ludwig von Bar, Geschichte des Deutschen Strafrechts und der Strafrechtstheorien（以下「Geschichte」と略す), 1882, S. 36 Fn. 169. また中野・前掲論文153頁以下も参照。
(11) Eberhard Schmidt, Einführung in die Geschichte der deutschen Strafrechtspflege, 3. Aufl., 1965, S. 72f.; Müller, a. a. O., S. 23 ; Rein, a. a. O., S. 124f.; Zachariä, a. a. O., S. 271.

た⁽¹²⁾。唯一中止犯に関して特筆すべき点としては、中止犯に関する規定として、最も古い記述が学説彙纂（Digesta）⁽¹³⁾の中に存在していたことである⁽¹⁴⁾。しかしこれもあくまでも通貨偽造に関する限りの独立した、個別的な規定であり、一般的な中止概念とは程遠いものであった⁽¹⁵⁾。

行為完成後の後悔（Reue）も、ローマ法においては何ら可罰性に影響するものではなかった⁽¹⁶⁾。ツァハリエは、既に犯罪構成要件に属することが生じた、

---

(12) なお、そのように未遂行為が既遂犯の一部として規定されていたものの、そのような犯罪に対して、現在の既遂犯に対するような行為による悔悟（Tätige Reue）のようなものが可能であったかどうかは、明らかではない。Vgl. Müller, a. a. O., S. 25.

(13) 学説彙纂については、Dulckeit/Schwarz/Waldstein, a. a. O., S. 313ff. を参照。その47巻と48巻が刑法に関する部分であった。Vgl. Dulckeit/Schwarz/Waldstein, a. a. O., S. 314f..

(14) この記述は、パウルス（Paulus）による、学説彙纂48巻10章19法文前文である。その記述は以下のとおり。
"Qui falsam monetam percusserint, si id totum formare noluerunt, suffragio justae poenitentiae absolvuntur".
「偽造通貨の作成者が、意図的に、まさにその貨幣の鋳造の完成を中止した場合には、法に合致した悔悟により、全ての刑罰から解放される。」
ツァハリエはこの記述から中止の不処罰が導かれるわけではない、とした。なぜなら通貨偽造の未遂がそれ自体として可罰的でなくてはならないが、原則的に未遂は不処罰とされていたからである。「ローマ刑法は未遂がそのようなものとして刑事上可罰的であるという規則について何も知らず、そしてそれゆえに未遂が行為者の悔悟によって不処罰となるという法則へと至り得るということも不可能だった」とするのである。Zachariä, a. a. O., S. 271f.. 同様の考えとして、ヘルシュナー、ゼーゲルなど。Vgl. Hugo Hälschner, Das preußische Strafrecht, 2. Teil, 1858, S. 201；Hermann Seeger, Die Ausbildung der Lehre vom Versuch der Verbrechen in der Wissenschaft des Mittelalters, 1869, S. 11. これに対して、この記述を中止に関するものと考える見解としては、以下のとおり。リスト・シュミットは「ローマ法は個別的な法源の設定により任意的な中止の意味内容を明文をもって承認していた」として、この記述を引用する。Franz v. Liszt/Eberhard Schmidt, Lehrbuch des Deutschen Strafrechts, 26. Aufl., 1932, S. 316. ラインも「法において犯罪とされる行為を完全にすることなく、未遂行為の間に任意に中止した」場合に、刑罰が消滅するものとしている。Rein, a. a. O., S. 129f.. モムゼンは通貨偽造においてこのような任意的な中止が規定されているとした上で、「しかしまさにそれによって一般的に（中止が）適用されるものとしては示されない」（Mommsen, a. a. O., S. 98.）のであり、「その刑罰は、通貨偽造におけるように、法律がこれを規定していた場合にのみ、存在しなくなった」（Mommsen, a. a. O., S. 1044.）としている。ミュラーは、この学説彙纂48巻10章19法文前文の存在から逆に、通貨偽造未遂の任意的でない中止者は、未遂犯不処罰の原則の例外として、可罰的なままでなければならなかった、とする。Müller, a. a. O., S. 25f..

(15) バウムガルテンは、この学説彙纂48巻10章19法文前文から中止の効果に関しての一般原則を導こうとする見解について、「個々の法律規定の一般化によって、古い法体系に近代的な解釈をなすりつける」（J. Baumgarten, a. a. O., S. 52.）ものである、とした。ヘルシュナーは、ローマ法が未遂行為を、その行為がそもそも可罰的なものとされている限りにおいて、既遂犯として考察したことを前提にして、「中止により生じる未遂行為の不処罰は、首尾一貫して認められない」（Hälschner, a. a. O., S. 201.）とした。

ないしは刑罰が規定されている行為が行われた場合には、行為者の意思変更は、仮にそれが意図された侵害の防止ないしは損害回復において明らかにされたとしても、一旦発生した可罰性を廃棄するものではない、とした[17]。モムゼンも、「行為後の悔悟が出来事を起こらなかったことにすることはない、ということは自明である」[18]としていた。また学説彙纂にも、やはり前述の通貨偽造に関する規定と同様に、個別的な規定ではあるものの、損害回復行為が可罰性に事後的に影響することはない旨の規定があった[19]。モムゼンによれば、心情犯罪（Gesinnungsverbrechen）、特に宗教上の領域における犯罪においては、有罪判決を受けた者には、刑の執行までに「中止」が許容され、その際に不処罰が期待されることがあったが、これは、有罪判決の前に生じる必要のある現在の中止とは程遠いものであり、むしろ「条件つきの恩赦」と考えられるべきものといえる[20]。

　ゲルマン法[21]においてはローマ古代法と同様に結果刑法の考え方が広まっており、同じく未遂犯は不処罰である[22]ことから当然に中止も問題とならなかった、とされた。例えばエバハルト・シュミットは、「原則的に侵害結果の

---

(16) Rein, a. a. O., S. 129.
(17) Zachariä, a. a. O., S. 270ff.
(18) Mommsen, a. a. O., S. 98 Fn. 2.
(19) この規定は、学説彙纂47巻8章5法文である。その規定は以下のとおり。
「暴力によって強奪を行った者にとって、その者が強奪した物を手続の開始前に返還したとしても、刑罰の回避のためには全く何も役立たない。」
(20) Mommsen, a. a. O., S. 1044 ; Müller, a. a. O., S. 27.
(21) ゲルマン法研究においては、法制史上の成果内容そのものが未だ流動的であり、そこから得られる理解は慎重に取り扱われるべきである。この原因としては、まず第一に文献研究という観点から、文献の内容そのものについての信頼性が乏しく、また実際には後の時代の文献がゲルマン古代のものとして考察されていた場合があり、ゲルマン古代の内容と思われたものが実は中世期のものでしかないということが時々明らかにされたということ、そして第二に19世紀から20世紀初頭のドイツ系の学者がその政治的態度決定の点から、「ローマの秩序を破壊するような、未開のかつてのゲルマンのイメージ」に対抗して、「ゲルマンの美徳と自由を賞賛するような」（Müller, a. a. O., S. 21.）イメージを形成しようとしたことが挙げられる。Müller, a. a. O., S. 21. Vgl. auch Gerhard Köbler, Deutsche Rechtsgeschichte, 5. Aufl., 1996, S. 66ff.; Mitteis/Lieberich, a. a. O., S. 17ff..
(22) これについてツァハリエは、そもそもゲルマン法においては「未遂と既遂の間の区別を何ら認識していなかった」とする。すなわち「ゲルマン法が、我々の概念によるならば単に未遂であるような行為に刑罰を科した場合には、そのゲルマン法はそのような行為を完全に既遂犯罪のように取り扱うのである」と指摘するのである。このため、やはり未遂概念が存在しない以上、中止に関する研究も存在せず、「意思変更によってもたらされるべき不処罰について、どこにも徴候は見出されない」としている。Zachariä, a. a. O., S. 282 Fn. 2.

発生が不法の反作用の種類と量に関して決定的であるような法は、悪行が未遂の段階にとどまり、したがって明白な侵害が発生しなかった場合には、責任根拠を所与のものとしては認めないであろう」として、この立場がゲルマン法の立場であった、とする(23)。ゲルマンの法思考は、「未遂」というような抽象化を行う能力がなかった、としたのである(24)。コンラートは、ゲルマン法は犯罪行為の評価の際には、その外部的な結果を出発点としていた、とした。「刑法上の評価は、行為の外部的に知覚可能な結果に向けられていた」とするのである(25)。そして「それ故、未遂行為は処罰されないままであった。未遂が、それによって法的平和が侵害されるような知覚可能な結果を持った場合には、処罰は外部的に知覚可能なものに対して科されたのであって、意図されたものに対して科されたのではなかった」(26)とする。ミッタイス・リーベリッヒは、「不法の効果は常に行為それ自身に、すなわち侵害を惹起する行為の客観的な違法性に結び付けられていた。……最古の法は、結果惹起のみを問題とし、主観的責任を問題とはしなかったのである。その後の刑法もなお長い間、行為の客観的な結果をよりどころとしている（「結果刑法」）」として、このことから「それ故に未遂の不処罰」が導かれる、とした(27)。リューピングは、「最初の時期は外部的に目に見える不法行為のみを考慮に入れ、答責のためには結果を顧慮した（結果刑法）」ことを前提にして、「共犯と未遂は不処罰のままである」、とした(28)。以上のようにゲルマン刑法においては、結果刑法の考え方から、結果の生じない未遂は処罰されず、このことから当然に、中止の概念は全く必要性のないものだったのである。

---

(23) E. Schmidt, a. a. O., S. 33.

(24) E. Schmidt, a. a. O., S. 34.

(25) Hermann Conrad, Deutsche Rechtsgeschichte, BandI, 2. Aufl., 1962, S. 49.

(26) Conrad, a. a. O., S. 49.

(27) Mitteis/Lieberich, a. a. O., S. 40. その上でミッタイス・リーベリッヒは、その後に辻強盗の待ち伏せ（Wegelagerei）や抜刀（Schwertzücken）などの「独立した未遂犯罪（eigene Versuchsdelikte）」が現れたことを指摘しつつ、「行為、行為者および責任の類型的な評価づけから、これらの個別的な評価づけへの移行は、はるか後の、正義がその導きの星となるような真の刑法に向けての進歩の時代になって初めて存在した」と述べる。Vgl. Mitteis/Lieberich, a. a. O., S. 40f..

(28) Hinrich Rüping, Grundriß der Strafrechtsgeschichte, 3. Aufl., 1998, S. 6.

第2節　フランク時代以降

およそ紀元後500年から900年ごろまでのフランク王国時代以降において最も重要な法文献は、いわゆる部族法である[29]。これは民族大移動後に開始された、ゲルマン部族の慣習法を書きとめたものである[30]。これらの部族法などを法源とするフランク王国時代においても、依然として結果刑法の考え方が支配的であった[31]。このことから、未遂も同様に不処罰のままであった[32]。ただし、結果刑法の考え方から、その未遂行為が外部的に知覚可能な結果をもたらした場合にのみ、可罰的なものとされた[33]。しかしこの処罰も、外部的に知覚可能な結果に対する刑罰が科されたのであって、意図された犯罪に対するものとして刑罰が科されたわけではなかった[34]。

このような未遂の不処罰という原則に対して、二つの例外が存在した[35]。すなわち、「未遂犯罪（Die Versuchsverbrechen）」と、「現行犯（Die handhafte Tat）」の場合である。それらの場合には、法律上の制裁が科された。

「未遂犯罪」とは、それが実際意図されていたかどうかを考慮することなく、典型的にある犯罪の意図された実行を推論させ得るような、外部的に認識可能

---

[29] Mitteis/Lieberich, a. a. O., S. 84ff..
[30] Müller, a. a. O., S. 28.
[31] Mitteis/Lieberich, a. a. O., S. 96；von Hippel, a. a. O., S. 97；Hans Fehr, Deutsche Rechtsgeschichte, 6. Aufl., 1962, S. 54ff..
[32] E. Schmidt, a. a. O., S. 72；von Hippel, a. a. O., S. 97.
[33] Conrad, a. a. O., S. 173；von Hippel, a. a. O., S. 97. なお、各部族法におけるこれらの未遂行為に対する処罰規定をまとめたものとして、Wilhelm Eduard Wilda, Das Strafrecht der Germanen, 1842, S. 598ff.
[34] ケストリンも、未遂は「より大きな犯罪の惹起に向けられたものであるが、しかし失敗したものである意図が、それが実際により小さい法侵害へと至った限りにおいてのみ、価値を認められるのであり、そしてそれは今やそのようなものとして処罰される」ものであり、「部族法の多くの規定においても、未遂の概念は既に明白に書かれているのが見出されるが、その際に未遂にはほとんど常に、既遂犯に向けられるよりもはるかにより小さな刑罰が規定された」とした。すなわち行為者の意思に左右されることなく、実質的な法侵害のみが可罰性にとって決定的であったのであり、未遂行為はそれが何らかの侵害を目に見える形でもたらした限りで、その目に見える侵害を理由として処罰されたのであるから、はるかに軽く処罰されたのである。これは現在のような未遂概念がまだ存在していなかったことを示すものと言える。Köstlin, a. a. O., S. 217.
[35] Müller, a. a. O., S. 29ff.；Rudolf His, Deutsches Strafrecht bis zur Karolina（以下「bis zur Karolina」と略す）, 1928, S. 31f..

な行為である(36)。この「未遂犯罪」においては、今日の意味における未遂行為も予備行為も、独立した犯罪として取り扱われた(37)。このような規定としては、他者に生命の危険をもたらすようなものが多く、抜刀・抜剣行為や橋または岸からの水への突き落とし(38)、他人の庭への侵入、ならびに女性の性的名誉への特定の攻撃(39)などが規定されていた(40)。いくつかの部族法は、ときおり偶然から、未遂にとって決定的な観点、すなわち「行為完成の意思」を目指して手探りで進むことに成功した(41)。しかしこれは個別のものであって、体系全体にはわずかにしか影響しなかった。

「現行犯」とは、ある犯罪行為が、何人かの人間、たいていは被害者またはその他の者の叫び声に基づく氏族の仲間ないし隣人であったが、それらの者によって、行為者の犯行現場を押さえられる、もしくは行為者を逮捕することで明白にされた場合のことである(42)。既にある人間、ないしはその財産への攻撃となっているような未遂行為は、その行為者を法の保護の下から外し、そのことによってその行為者に対して何ら贖金を支払うことなく制裁（撲殺）を

---

(36) Müller, a. a. O., S. 29 ; His, bis zur Karolina (a. a. O.), S. 32. Vgl. Mitteis/Lieberich, a. a. O., S. 40f..

(37) Müller, a. a. O., S. 29f.; His, bis zur Karolina (a. a. O.), S. 31ff.; von Hippel, a. a. O., S. 97 ; Friedrich Schaffstein, Die allgemeinen Lehren vom Verbrechen in ihrer Entwicklung durch die Wissenschaft des gemeinen Strafrechts, 1930, S. 157f..

(38) Lex Baiuvariorum（バイエルン部族法）第4章第17条〔岸より突き落とされたる者について〕参照。世良晃志郎訳『バイエルン部族法典』（復刊版、1977年）216頁以下。

(39) Lex Baiuvariorum 第8章第3条〔もし情欲の故に手を置きたるときは〕、第4条〔もし衣服を膝の上までまくり上げたるときは〕、第5条〔取り去られたる髪飾りについて〕参照。世良訳・前掲書244頁以下。Vgl. auch His, bis zur Karolina (a. a. O.), S. 32.

(40) これらの「未遂犯罪」の具体例に関して、詳細には His, bis zur Karolina (a. a. O.), S. 32 を参照。

(41) E. Schmidt, a. a. O., S. 34 ; Müller, a. a. O., S. 30. 例えば、ランゴバルド法典やサリカ法典などにおいて。ヒスによれば、ランゴバルド法は他者の生命に対する暗殺計画を、それが行為によって示された限りにおいて、「consilium mortis（殺人計画）」として示した。したがってランゴバルド法は、このような consilium（計画）という文言において、我々の未遂概念に近づく一般的な表現を既に使用しているのである。His, bis zur Karolina (a. a. O.), S. 32 ; von Hippel, a. a. O., S. 118. サリカ法典における規定については、Lex Salica 第17章「傷害について」、第19章「魔術について」（ただし処罰対象とされている規定内容は毒殺に関するものである）などを参照。久保正幡訳『サリカ法典』（1949年）82頁以下。ただしこれらの「未遂犯罪」の処罰は、全ての犯罪に対しての一般化ではなく、殺人などについてのみの一般化にとどまった。

(42) Müller, a. a. O., S. 31. また、Mitteis/Lieberich, a. a. O., S. 37 u. S. 93f.（当該箇所に対応する日本語訳としてミッタイス＝リーベリッヒ著・世良晃志郎訳『ドイツ法制史概説改訂版』（1971年）56頁以下および153頁以下）も参照。

その場で加えることが許されたのである(43)。この結果として現行犯の場合には、事実上、既遂犯に対するのと同様の法律効果が生じることになった(44)。

以上のように徐々に、個別的な形での未遂犯の独立の処罰規定が、部族法典の中にあらわれていくことになる。しかしそれらはあくまでその行為態様の危険性に基づいて、結果発生の直前の行為態様を直接に——いうなれば独立した「既遂犯」として——処罰しようとするものであって、主観的に結果に向けられた意思が存在していること、および客観的に結果が発生しなかったことの二つに基づいて処罰するという、(既遂概念に対置する形での) 未遂概念とはかけ離れたものであった。したがって身体傷害の段階にとどまったような殺人未遂の場合には、殺人未遂としてではなく、身体傷害により処罰されたのである(45)。そしてミュラーによれば、その限りにおいては既遂犯罪しか成立しなかったのであり、おのずから中止未遂という概念はもはや存在しなかったのである(46)。

第3節　中世中期以降

中世中期に入っても、当初はやはり未遂概念はそのようなものとしては存在しなかった(47)。エバハルト・シュミットによれば、「未遂問題の取り扱いは、さしあたりそれ以前の時代におけるのと同様なまま」であり、「固定的な未遂犯罪類型に固執され、そして実行行為の際に追求された結果に関する犯罪意思は、なお一般的には設定されなかった」のである(48)。またヒスも、「フランク時代が一般的な未遂概念を認識していなかったように、中世の最初の数百年においても、なおこの概念の形成には至らなかった」とする(49)。結果責任の考

---

(43) 例えば、「たいまつを手にした放火犯に出くわし、『まさに家の屋根ないしは壁を炎が広がっていた』場合には、贖金を支払うことなくその者を殺害することが許された」のである。Vgl. E. Schmidt, a. a. O., S. 34.
(44) E. Schmidt, a. a. O., S. 34.
(45) Müller, a. a. O., S. 32.
(46) Müller, a. a. O., S. 32. ミュラーによれば、現在の「行為による悔悟 (Tätige Reue)」のような概念も存在しなかったとする。その理由について、意思変更によりもたらされるべき不処罰の根拠がそもそもどこにも見出されないからである、とする。
(47) Müller, a. a. O., S. 33.
(48) E. Schmidt, a. a. O., S. 72.
(49) Rudolf His, Das Strafrecht des deutschen Mittelalters (以下「Mittelalters」と略す), 1.

え方が依然として支配的であり[50]、あくまでも行為の外部的な知覚可能性に左右された形式で、個別の未遂犯罪の規定によって処罰が行われたのである。「未遂概念」という抽象的な概念を用いる代わりに、類型化された、危険性のある知覚可能な態度様式が個々に考察の対象とされたのである[51]。このような「未遂犯罪」は、現在のように既遂に向けられた意思の存在と結果の不発生を前提として処罰するようなものではなく、独立した犯罪を構成するような危険な行為を理由として処罰するものであった[52]。それゆえミュラーによれば、それらの「未遂犯罪」は、いずれも既遂犯罪として法文に規定されていたのであり、それらについての中止未遂は、おのずから排除されることになった[53]。また行為による悔悟も認められていなかった[54]。

現在と同じような内容をもつ未遂概念の発生は、この点に関して顕著な進歩を描き出した14世紀および15世紀の都市立法および判例において、初めて発生した[55]。「今やあらゆる個々の場合において、行為者の意図に関して調べられ、そして量刑の際には意図された犯罪の刑罰が基礎に置かれた」[56]のである。

このような考え方は、最初にイタリア法学者によって理論構成がなされ、展開されたものであった。ハイニッツによれば、行為者が「できなかったので (quia non potuit)」行為を完成しなかったのか、もしくは「欲しなかったので (quia non voluit)」行為を完成しなかったのかという区別は、12-13世紀の注釈学者アックルシウス（Accursius）の注釈（Glossa）において展開された[57]。そし

　　　Teil, 1920, S. 167. またコンラートも、「フランク時代において存在した可罰的未遂の概念の形成のための萌芽は、さしあたりさらなる発展を経験しなかった」としている。Conrad, a. a. O., S. 444.
(50)　Ulrich Eisenhardt, Deutsche Rechtsgeschichte, 3. Aufl., 1999, S. 76f..
(51)　Müller, a. a. O., S. 33f. u. S. 37.
(52)　Müller, a. a. O., S. 34 ; von Hippel, a. a. O., S. 148. この頃の独立した個別の未遂犯罪類型の具体例・実際の規定例に関して、詳細にはHis, Mittelalters (a. a. O.), S. 168ff. を参照。
(53)　Müller, a. a. O., S. 34.
(54)　Müller, a. a. O., S. 34.
(55)　His, Mittelalters (a. a. O.), S. 192 ; ders., bis zur Karolina (a. a. O.), S. 34 ; von Hippel, a. a. O., S. 148 ; Conrad, a. a. O., S. 444 ; E. Schmidt, a. a. O., S. 72f.; Müller, a. a. O., S. 34. ヒスによれば、これは「おそらくローマ・カノン法の影響」(bis zur Karolina (a. a. O.), S. 34) によるものだとされている。ゼーゲルも「理路整然とした未遂理論の全体的形成は、中世のローマ・カノン法の論者と密接な関係がある」と指摘している。Seeger, a. a. O., S. 8.
(56)　His, bis zur Karolina (a. a. O.), S. 34.

てオドフレドゥス (Odofredus) は犯罪行為の任意的な中止と偶然の阻止を区別した(58)。ツァハリエによれば、注釈学者の見解に関して、「ローマ法に関する一般的注釈書においても、そして特別な刑法の文献においても、既遂を望まない者の不処罰が、全く意見が一致して認められているのがわかる」(59)としつつ、しかし中には中止犯を刑罰消滅事由としてではなく、刑罰減軽事由として扱う者もいた(60)、としている。そしてアルベルトゥス・ガンディヌス (Albertus de Gandinus) は、前述のオドフレドゥスを引用して、その区別をさらに掘り下げた(61)。彼において既に、その後多くの規則に引き継がれることになる、不任意な中止の可罰性に対する「その者により〔犯罪の不完成が〕もたらされたものではないが故に (quia per eum non stetit)」という理由づけが見出されている(62)。さらにガンディヌスは犯罪において原則的に結果よりもむしろ行為

---

(57) Ernst Heinitz, Streitfragen der Versuchslehre, JR 1956, S. 249 ; Ernst Eisenmann, Die Grenzen des strafbaren Versuchs, ZStW Bd. 13, 1893, S. 496 ; Emil Brunnenmeister, Die Quellen der Bambergensis, 1879, S. 174 ; Zachariä, a. a. O., S. 283 ; Müller, a. a. O., S. 35. アックルシウス (1183-1263年) はボローニャ大学の教授であり、注釈学者である。その膨大な注釈により、「ローマ法の継受は大部分においてアックルシウスの継受となった」(unten Mitteis/Lieberich) とまで言われた。Vgl. Köbler, a. a. O., S. 106f.; Rüping, a. a. O., S. 13 ; Mitteis/Lieberich, a. a. O., S. 312.

(58) Heinitz, a. a. O., S. 249. このオドフレドゥス (1265年死去) こそが、当時の注釈学者と、後の未遂概念の理論形成者との橋渡しを行ったのであり (unten J. Baumgarten)、すなわち、理路整然とした未遂理論を体系的な形で示した最初の人物だった (unten Seeger) のである。J. Baumgarten, a. a. O., S. 72 ; Seeger, a. a. O., S. 8 ; Brunnenmeister, a. a. O., S. 174. なお、彼の未遂理論の詳細については、J. Baumgarten, a. a. O., S. 72 ; Seeger, a. a. O., S. 13f.; Georg Dahm, Das Strafrecht Italiens im ausgehenden Mittelalter, 1931, S. 190f., さらには野村・前掲書24頁などを参照。

(59) Zachariä, a. a. O., S. 283.

(60) Zachariä, a. a. O., S. 284f.. すなわち、例えばユリウス・クラルス (Julius Clarus) は「未遂犯罪においても悔悟を、刑罰消滅事由ではなく、減軽事由としてのみ見なされ得るものとしようとした」(Zachariä, a. a. O., S. 285) のである。しかしツァハリエは、このような見解は「法律上の根拠づけを何ら与えることなしに」述べられている、と批判した。Vgl. Zachariä, a. a. O., S. 285. またツァハリエは、メノキウス (Jacobus Menochius) も「悔悟の有効性を完全に排除していたように思われる」とし、悔悟は一部の犯罪についてのみ有効なものとなり得るということを彼が明言もしていた点を指摘している。Vgl. Zachariä, a. a. O., S. 286.

(61) Heinitz, a. a. O., S. 249 ; Müller, a. a. O., S. 36. アルベルトゥス・ガンディヌス (約1245-1311年頃) は裁判官として、イタリア各地を転々としながら活動した。Vgl. von Hippel, a. a. O., S. 93 Fn. 1. ガンディヌスについて詳しくは、Vgl. Hermann U. Kantorowicz, Albertus Gandinus und das Strafrecht der Scholastik, 1. Band, 1907 ; Werner Beyer, Das italienische Strafrecht der Scholastik nach Albertus Gandinus, 1931.

(62) Heinitz, a. a. O., S. 249 ; Müller, a. a. O., S. 36.

者の意思を考慮に入れたので、未遂は可罰的であるが、それに対して任意的な未遂の中止は不処罰にとどまるとしたとされている[63]。このように、中世イタリア法学においては「行為者がさらに行為し得なかった場合にのみ、未遂が処罰されるべきものとされた」[64]のであり、このことから、さらに行為し得たのに結果を発生させなかった者、すなわち「任意的に行為を中止した者は、既に侵害が発生し特別の構成要件が実現された場合は別として、不処罰にとどまった」[65]のである。中止において、未遂は「そのようなものとして」のみ、不処罰にとどまったのである[66]。このような中止犯の概念は現在のそれにかなり近いものであり、また加重的未遂の場合に関してその内部に含まれた既遂犯としての処罰の可能性も示唆されている点が注目される[67]。また、「さらに行為し得なかった場合にのみ未遂が処罰される」という未遂犯の成立形式に鑑みると、これは後の1532年カロリナ刑事法典や1810年フランス刑法典において採用されたような、いわゆるフランス型の中止犯の規定形式の前提となる未遂犯の考え方が存在しているといえる。すなわち「行為者の意思に反して結果が不発生となった」場合のみを未遂犯として処罰するのであるから、それ以外の場合、すなわち「行為者の意思により結果が不発生となった」場合は、そもそも処罰の対象となる未遂犯からは除外されることになるのである。そして学説だけでなく、実務においても、未遂の処罰は「不任意的な不成功」の場合に限定されており、これは学説において任意的な未遂の中止が許容されていることにならうものであった[68]。

　以上のような中世イタリア法学者・注釈学者の未遂に関する研究・分析を前提にして、14世紀および15世紀の都市立法および判例において、現在と同様の、主観的に結果に向けられた意思が存在していること、および客観的に結果が発生しなかったことの二つに基づいて処罰するという、（既遂概念に対置する形での）未遂概念が明らかにされていくのである[69]。そのような都市法の例とし

---

(63)　Beyer, a. a. O., S. 9.
(64)　Dahm, a. a. O., S. 196.
(65)　Dahm, a. a. O., S. 196.
(66)　Dahm, a. a. O., S. 196.
(67)　Müller, a. a. O., S. 40.
(68)　Dahm, a. a. O., S. 198.
(69)　von Hippel, a. a. O., S. 97, S. 148 u. S. 206.

ては、例えばリガの刑法において、「溺死殺（Wassertauche）」の未遂が規定されており(70)、行為者がその被害者に手をかして再び水の中から出してやった場合には、その処罰は軽くなったのである(71)。学問上においても、14、15世紀の継受（ドイツ実務におけるローマ・北部イタリア法の研究）の時期に、注釈者により、全体的な未遂問題の準備的な浸透が生じたのである(72)。例えば1425年にシュヴェービッシュ・ハルにおいて作成されたクラークシュピーゲル（Klagspiegel）(73)は、犯罪行為における複数の実現段階を出発点としていた(74)。そこには以下のように書かれている。すなわち、ある者が、犯罪を「思索し、そしてあえてそれを行い／そしてやはりそれを完成しなかった（gedenckt vnd sichs vndersteet zuthun/vnd volendt es doch nit）」場合には、以下の場合が区別されなければならない。すなわち、「彼が為すことを望まず／そしてしかしそれを為し得る／または為すことを望み／そしてそれを完成させ得ない（eintweder er wolts nit thun/vnd möcht es doch thun/oder wolts thun/vnd möcht es nit volenden）」。その者がそれを望み、「そしてそれを完成し得ない（vnd möcht es nit volbringen）」場合にのみ、「その者は処罰される（würt er gestrafft）」。というのも、その理由づけが述べているように、「犯罪かつ害悪行為的な／観点において、人はその意思により処罰されるのであって、結果により処罰されるのではない（in malefitzen vnd übeltaten/sicht man an den willen vnnd nit den außgang）」からである。だがその者がそれを「することを望まなかった（nit hat thun wöllen）」場合には、「その者は贖われるに値する（so ist er abloß wördig）」。しかしながらその者が犯罪の実行に関してのみ「思索し、そしてあえて行わなかった、そしてそれを完成もさせなかった場合には、……その者はその時には処罰されない

---

(70) この「溺死殺の未遂」とは、水の中に放り込まれた者が、自ら再びその水の中から這い出てきた場合をさす。Franz Schulenburg, Dasmittelalterliche Strafrecht der Stadt Riga, 1933, S. 24, zitiert nach Müller, a. a. O., S. 38.

(71) Schulenburg, a. a. O., S. 24, zitiert nach Müller, a. a. O., S. 38.

(72) Müller, a. a. O., S. 39.

(73) このクラークシュピーゲルは、ローマ法の知識の普及のための通俗的文献として作成されたものであり、学識のない裁判官および参審裁判官のための法律書であった。Vgl. Mitteis/Lieberich, a. a. O., S. 316；Müller, a. a. O., S. 39. また、ローマ法に関するドイツ語で書かれた最古の詳細な解説書であるともされている。ミッタイス＝リーベリッヒ著・世良訳・前掲書450頁および455頁参照。

(74) W. Sellert/P. Oestmann, Versuch, Handwörterbuch zur deutschen Rechtsgeschichte（HRG), 36. Lieferung, Spalte 837.

(gedacht vnd hat sich es nit vnderstanden zuthun/vnd hat es auch nit volendet... so würt er als dann nit gestraft)」、と[75]。この「思索し、そしてあえてそれを行い」つつ、それを「することを望まなかった」場合こそが、中止犯とされたのである。結果刑法に基づいて単純に生じた結果を処罰するのではなく、その行為者の意思に着目することによって、「結果」と「意思」の両方が存在する形式としての「既遂」概念に対置して、「意思」はあるが「結果」のない形式としての「未遂」概念が発生したのである。そしてこれにより初めて、「結果」がなく、また「意思」も失われた状態として、「中止犯」概念が想定されるようになってきたわけである。

第4節 まとめ

　以上のように、初期のローマ法およびゲルマン刑法においては結果刑法の考え方が全体にあったため、そもそも未遂概念は存在せず、今日の概念で述べられるところの「未遂」は、処罰規定が存在しないが故に、当然に不処罰となるものであった。このように未遂がそもそも不処罰である以上、中止犯の概念を用いてそのような未遂の不処罰を根拠づける意義は全く存在しなかったので、中止の概念も存在しなかった。未遂犯概念なくして中止犯概念はありえなかったのである[76]。

　そして時代が進むにつれて、徐々にサリカ法典などの部族法に独立した危険行為が個別的に多く規定されてくるようになるものの、しかしやはりそれらは既遂概念と対置した形での「未遂」というものではなかった[77]。

　「既遂」概念に対置するものとしての「未遂」概念の一般的形成は、中世イ

---

(75) Kap. De penis, fol. CXXX, CXXXI, zitiert nach Sellert/Oestmann, a. a. O., 36. Lieferung, Spalte 837-838.

(76) このような点から、「たとえ結果が発生した場合であっても、行為者がその事情を知らない限り、結果を防止するような真摯な努力を行ったときにはなお中止未遂として取り扱うべきである」というような牧野英一の見解（前述立命館法学282号（2002年）146頁注96参照）は、中止犯論における学説としては全く成り立ち得ないものであり、根拠のないものと言わざるを得ない。既遂後の場合には「行為による悔悟」などの別の理論が検討されるべきなのであり、また中止犯論において何らかの学説を採用した場合に、「結果発生した場合でも中止未遂として扱われることになるのではないか」と批判されることがあるが、このような批判は全く的外れなものと言ってよい。

(77) 前述第2部第1章第1節から第3節までを参照。また中野・前掲論文160頁以下も参照。

タリア法学によって初めて為されることになる[78]。すなわち犯罪の要素をその主観要件と客観要件とに分離させ、その内の主観要件は存在するが客観要件が存在しない場合を、「未遂」としたのである。そしてこの中世イタリア法学において、「企行（conatus）」[79]を罰するのは行為者が行為をさらに続けることが不可能であった場合のみであり、自由にその行為を廃止した場合にはこれを罰すべきものではないと考えられたのである[80]。まさにここに、中止犯が後にフランス法などにおいて未遂犯の消極的概念要素として考えられたことの萌芽が見受けられると言える。このような北イタリア法学の学問的洞察を継承し、立法の形として表したものが、1507年のバンベルク刑事法典と1532年のカロリナ刑事法典である[81]。

---

(78) E. Schmidt, a. a. O., S. 119 ; Schaffstein, a. a. O., S. 158. 小野清一郎『犯罪構成要件の理論』(1953年) 296頁、西山・前掲論文27頁以下も参照。

(79) この「企行（conatus）」とは、予備行為と実行行為を区別せずに内包する概念であり、18世紀に至るまでこの区別は為されなかった。この区別が「実行の着手（commencement d'exécution）」という概念をもって法文上に明確に現れるのは、1810年フランス刑法典においてである。小野・前掲書263頁、296頁。

(80) Dahm, a. a. O., S. 196. 小野・前掲書296頁も参照。

(81) Mitteis/Lieberich, a. a. O., S. 316 ; Müller, a. a. O., S. 41.

第2章　継受法時代以降、
16世紀から18世紀まで[82]

　ローマ法の継受はヨーロッパ法史上の歴史的事実である[83]。このようなローマ法の継受に基づいて、他の刑法解釈論における多くの基本概念と同様に、中世イタリア法学における未遂概念がドイツ刑法学に導入され、理論ないし立法において次第に確立していくことになった[84]。

　立法に関しては、バンベルクにおける司教区裁判所の首席裁判官であったヨハン・フライヘル・シュヴァルツェンベルク[85]によって作成された1507年のバンベルク刑事裁判令、およびそれをもとにして作成された1532年のカロリナ刑事法典が、ドイツにおける近代的な未遂の考察にとっての出発点であるとされ[86]、ラートブルフにより「当時の立法上の職人芸（eine gesetzgeberische Meisterleistung）」と称された[87]。すなわちこの二つの法典は、既遂に対するものとしての未遂の一般的概念を法文上最初に明確にしたものなのである。この両者の未遂犯に関する一般規定[88]の文言は綴りなどの若干の点において異なるが、その規定している未遂の一般的な概念の部分に関しては、基本的には同一の内

---

(82)　この時代のドイツにおける未遂犯概念の形成史についての詳細な日本語文献として、野村・前掲書26頁以下、中野・前掲論文178頁以下などを参照。

(83)　Mitteis/ Lieberich, a. a. O., S. 309.

(84)　Schaffstein, a. a. O., S. 158.

(85)　ヨハン・フライヘル・シュヴァルツェンベルク（Johann Freiherr zu Schwarzenberg）については、Willy Scheel, Johann Freiherr zu Schwarzenberg, 1905を参照。特に未遂犯に関してはVgl. Scheel, a. a. O., S. 180f..

(86)　Müller, a. a. O., S. 41, Rüping, a. a. O., S. 38. ラオフスは、「一般的な刑法の概念が、個々の構成要件から確かに部分的にのみ引き剥がされることになったものの、しかし『総則（規定）』へと至るための重要かつ洞察力の鋭い端緒が見られる」とした上で、その例としてこのカロリナ刑事法典の未遂犯規定である178条を挙げる。Adolf Laufs, Rechtsentwicklungen in Deutschland, 5. Aufl., 1996, S. 135.

(87)　Herausgegeben u. erläutert von Gustav Radbruch, Die Peinliche Gerichtsordnung Kaiser Karls V. von 1532 (Carolina), 6. durchgesehene Aufl. (Reclam 2990), herausgegeben von Arthur Kaufmann, 1984, S. 148 ; Müller, a. a. O., S. 41.

(88)　バンベルグ刑事法典における204条、カロリナ刑事法典における178条が、未遂に関する一般的規定である。

容を持つものである。そのカロリナ刑事法典の未遂に関する規定の文言は次のようなものであった[89]。

> Straff vnderstandner missetat ; 178. Jtem so sich jemandt eyner missethatt mit etlichen sceynlichen wercken, die zu volnbringung der missethatt dienstlich sein mögen, vndersteht, vnnd doch an volnbringung der selben missethat durch andere mittel, wider seinen willen verhindert würde, solcher böser will, darauß etlich werck, als obsteht volgen, ist peinlich zu straffen, Aber inn eynem fall herter dann inn dem andern angesehen gelegenheit vnd gestalt der sach, darumb sollen solcher straff halben die vrtheyler, wie hernach steht, radts pflegen, wie die an leib oder leben zu thun gebürt.
> （企行せられたる非行に関する刑罰。178条　さらに、何者かが、ある非行を、その非行の完遂に役立ちうる若干の外観しうる所業をもって企行するも、当該非行の完遂につきては、他の邪魔が入りたるために、彼の意思に反して妨げらるるときは、若干の所業が上述のごとくに現出するに至りたる基たる悪しき意思が、刑事刑をもって罰せらるべし。されど、その事件の状況および形態により、ある場合には、しからざる場合に比し一層峻厳たることあるがゆえに、かかる刑罰を課するためには、判決発見人たちは、身体または生命に刑罰を科するにはいかにせば相当なりやにつきて、後述のごとくに〔＝第219条〕訴訟記録送付による鑑定を求むべし。）[90]

---

(89) 法文の原文は Arno Buschmann, Textbuch zur Strafrechtsgeschichte der Neuzeit, 1998, S. 163 による。なお、1507年バンベルク刑事法典の未遂に関する規定は以下のとおり（法文の原文は Buschmann, a. a. O., S. 79 による）。

Straff vnderstandner misstat ; 204. Jtem So sich yemant einer misstat mit etlichen scheinlichen wercken, die zu volnbringung der misstat dienstlich sein mögen, vnderstet vnd doch an volbringung derselbigen misstat durch andere mittel wider seinen willen verhindert wirdt : solicher böser will, darauss etliche wercke, als obstet, volgen, ist peynlich zu straffen, Aber in einem fall herter dann in dem andern, angesehen gelegenheyt vnd gestalt der sach : darumb söllen, söllicher straff halb, die vrteyler Rats pflegen, wie die an leyb oder leben geschen sol.

（企行せられたる非行に関する刑罰。204条　さらに、何者かが、ある非行を、その非行の完遂に役立ちうる若干の外観しうる所業をもって企行するも、当該非行の完遂につきては、他の邪魔が入りたるために、彼の意思に反して妨げらるるときは、若干の所業が上述のごとくに現出するに至りたる基たる悪しき意思が、刑事刑をもって罰せらるべし。されど、その事件の状況および形態により、ある場合には、しからざる場合に比し一層峻厳たることあるがゆえに、かかる刑罰を課するためには、判決発見人たちは、刑罰は身体または生命にいかに科せらるべきやにつきて、鑑定を依頼すべし。）（日本語訳は塙浩「バンベルク刑事裁判令（バンベルゲンシス）」『フランス・ドイツ刑事法史』（1992年）所収309頁以下による。）

なお本書においては、条文の原文を引用する際には、できる限りその典拠とした条文の綴り・単語の区切り方等を、そのままの形で表記することとしたので、留意していただきたい。

(90) 日本語訳は塙浩「カルル五世刑事裁判令（カロリナ）」『フランス・ドイツ刑事法史』（1992年）所収220頁による。

すなわちこの規定において未遂犯は、「現出するに至りたる甚たる悪しき意思」をもって処罰されることとされ、未遂犯処罰とは結果を欠いた場合に残された主観的部分を対象とした処罰であることが示されたのである[91]。

　そしてこの規定は中止犯に関しても一般的規定を設けたものであると考えられている[92]。すなわちそれは、「他の邪魔が入りたるために、彼の意思に反して」既遂を妨げられた場合には可罰的である、という要素を捉えてのことである。ツァハリエはこのことから逆に、任意的な放棄は必然的な不処罰をもたらすという結論を演繹したのである[93]。またシャフシュタインやブラームストは、カロリナ刑事法典178条は中止を未遂の消極的概念徴表として含んでいたと主張した[94]。すなわち、未遂犯が成立するための要素として「結果の不発生が自発的でなかったこと」が要求されるので、そのことから任意的な中止が処罰を消滅させる効果を持つとしたのである。バールも、未遂の任意的な中止が未遂を不処罰とすることはカロリナ刑事法典178条においても明白な方法で明らかにされている、とする。彼によればそれは、この規定において行為者の意思に反した既遂の阻止が未遂の処罰の積極的な要件へと作り変えられたからである、としている[95]。またカロリナ刑事法典の規定の文言上においては、中止犯が成立するためには、悔悟などの内心的事情変更は要件とはされなかった。後悔から行わなかったか、処罰に対する怖れから行わなかったかを区別しなかったのである[96]。ただし、この規定における中止犯の法律効果について

---

(91)　E. Schmidt, a. a. O., S. 119f. においても、「悪意が行為実行と結果惹起に向けられ、そして外部的に顕著な実行行為において、しかし外部的な事情の結果として目的に達し得ないであろうことが具体化した場合」が「可罰的な未遂」とされた、としており、このように典型的な未遂犯罪がこの一般的規範を伴うことにより、古い法における法適用の不平等と不確実性が伴う「奇妙な状態（Seltsamkeiten）」が排除された、とする。

(92)　Zachariä, a. a. O., S. 290. 同様に中止犯を規定したものとするのは、Feuerbach, Lehrbuch des gemeinen in Deutschland gültigen peinlichen Rechts, 1847, S. 74, Note V des Mittermaiers ; Radbruch, Die Peinliche Gerichtsordnung Kaiser Karls V. von 1532 (Carolina), S. 148.

(93)　Zachariä, a. a. O., S. 290.

(94)　Schaffstein, a. a. O., S. 168 ; Claus Brahmst, Das hamburgische Strafrecht im 17. Jahrhundert, 1958, S. 51. ブラームストは、中止犯や「行為による悔悟」についてのハンブルクの当時の刑法における取り扱いが、「未遂の本質についてのカロリナ刑事法典の解釈に、全く以って合致するものであった」と指摘している。

(95)　Carl Ludwig von Bar, Gesetz und Schuld im Strafrecht, Fragen des geltenden deutschen Strafrechts und seiner Reform（以下「Gesetz」と略す）, BandII, Die Schuld nach dem Strafgesetze, 1907, S. 547.

は、中止犯の処分について正面からその法律効果を明文化したものではなかったが故に、刑罰減軽とする説と刑罰消滅とする説が対立していた[97]。普通法の法律学は、イタリア法律学のように、任意的な中止未遂を「悔悟」[98]の観点の下で考察していた。これにならって、当初は刑罰減軽説の主張者は、この規定は不処罰を一般的に根拠づけるものではないとして、一定限度での減軽のみを命令すべきであると主張していた。例えばベーマーは中止犯を単に可罰性が減少したものとして評価し、あくまでもこれを「低い段階の可罰的未遂（ein geringer strafbarer Versuch）」としてしか評価しなかった[99]。不処罰の法律効果を彼は認めなかったのである。カルプツォフは個々の犯罪類型ごとに、行為完成前の中止、または行為完成後の悔悟に対して刑罰減軽を認めた[100]が、放火については中止未遂の場合には不処罰となるものとした[101]。このような刑罰減軽のみを認める学説に対して、やがて刑罰消滅を主張する見解が優勢となり、学説の主流となっていった[102]。

以上のように、ドイツにおける最初の一般的な中止犯規定は、中止犯を未遂

---

(96) Müller, a. a. O., S. 43.
(97) Müller, a. a. O., S. 43.
(98) ここでの「悔悟」とは、古い量刑規定または量刑概念において、「悔悟していること」が刑罰減軽事由として扱われたことに由来するものである。後の法律制度としての「行為による悔悟（Tätige Reue）」との関係を含めてのこの制度の詳細な検討は、別稿に譲る。
(99) Gottfried Boldt, Johann Samuel Friedrich von Böhmer und die gemeinrechtliche Strafrechtswissenschaft, 1936, S. 485. ボルトによれば、「行為による悔悟は刑罰減軽事由の観点の下で考察され、そして体系上、行為者の悔悟（poenitentia）の結果として結果が発生しなかった未遂はそのより軽い段階のものとして評価された」（Boldt, a. a. O., S. 485）のである。
(100) Müller, a. a. O., S. 43. 例えば行為完成後の悔悟の例としては、放火（Benedict Carpzov, Practicae Novae Imperialis Saxonicae rerum criminalium, 1635, ParsI, QuaestioXXXVII, S. 311, Nr. 5f.）、窃盗後の盗品の返還（Carpzov, a. a. O., ParsII, QuaestioXC, S. 442, Nr. 58）が、また行為完成前の中止の例としては文書偽造（Carpzov, a. a. O., ParsI, QuaestioXXXVII, S. 290, Nr. 35）、妖術（Carpzov, a. a. O., ParsI, QuaestioXLIX, S. 429, Nr. 71ff.）、神への冒瀆（Carpzov, a. a. O., ParsI, QuaestioXLV, S. 386f., Nr. 66f.）、公務犯罪（Carpzov, a. a. O., ParsII, QuaestioLXXXV, S. 390, Nr. 53f.）、そして強盗（Carpzov, a. a. O., ParsII, QuaestioXC, S. 442, Nr. 58ff.）および故殺（Carpzov, a. a. O., ParsI, QuaestioXIX, S. 290, Nr. 22）が挙げられている（ただし最後の故殺に関しては、ミュラーの記述に引用されているカルプツォフの原典中からは、それに対応する記述を発見できなかった）。なおこのBenedict Carpzov, Practicae Novae Imperialis Saxonicae rerum criminalium, 1635のQuaestioXXXIIまでのドイツ語訳および文献解題として、Vgl. Dietrich Oehler, Benedict Carpzov, Strafrecht nach neuer Kurfürstlich-Sächsischer Praxis, 1. Teil, 2000.
(101) Carpzov, a. a. O., ParsI, QuaestioXXXIX, S. 310f., Nr. 4.
(102) Zachariä, a. a. O., S. 290 ; v.Bar, Gesetz, BandII, S. 547f..

の消極的要素とすることにより初めて現れることとなった。これは、中世イタリア法学において「結果」と「意思」の両方が存在する既遂概念に対置する形で、「意思」はあるが「結果」が存在しない「未遂」の概念が生まれ、そしてそこから、「意思」も結局無くなったもの、すなわち「中止」は「未遂」ですらもないことになる、という考え方が生じてきたことを受け継いだものといえる。この考え方からは、「意思」が残されたままであること、すなわち中止犯ではないことが、未遂犯成立の要件とされることになるのである。そしてその際には、中止犯は未遂犯ですらもない以上、処罰するための規定が存在しないことになり、当然に不処罰とされたのである[103]。しかしこのカロリナ刑事法典における未遂犯・中止犯の規定形式および法律効果はそのままそれ以降のドイツにおける法律に受け継がれていったわけではない。確かにこのような「中止犯を未遂犯の範疇からはずす」形式での中止犯の規定形式はいくつか見られるものの、その際に中止犯に対して何らの制裁的処遇をも予定しないという規定形式は、この当時のドイツにおいても例外的なものであった。

例えば1794年のプロイセン一般ラント法[104]においては、未遂犯の成立要件の中に「中止犯ではないこと」は要求されなかったものの、「単なる偶然」によって効果（犯罪結果）が阻止されたことが要求された[105]。その上で、中止犯

---

(103) ただしこのような規定形式からは、加重的未遂の場合に、中止犯の内部に含まれた既遂犯の処罰は認めやすいことになる。中止犯についてはそもそも犯罪の成立がない以上、侵害が生じて別の構成要件が満たされた限りで、その既遂犯の成立を認め得るからである。

(104) なお1794年プロイセン一般ラント法の刑法の部分に関する詳細な検討を行うものとして、足立昌勝「近代初期刑法の基本構造——オーストリア・プロイセンを素材として——」静岡大学法経短期大学部法経論集69・70号（1993年）23頁以下（同『近代刑法の実像』（2000年）所収）などを参照。

(105) 未遂犯の一般規定に関する1794年プロイセン一般ラント法第2部第20章第40条および第41条の条文は以下のとおり（法文の原文はBuschmann, a. a. O., S. 277による）。

§40 Hat der Thäter zu Vollziehung des Verbrechens von seiner Seite alles gethan; die zum Wesen der strafbaren Handlung erforderliche Wirkung aber ist durch einen bloßen Zufall verhindert worden; so hat er diejenige Strafe, welche der ordentlichen am nächsten kommt, verwirkt.

§41 Die nächste Strafe nach dieser trifft den, welcher durch einen bloßen Zufall an der letzten, zur Ausführung des Verbrechens erforderlichen Handlung gehindert wurde.

（第40条　行為者が犯罪の遂行のためにその者の側において全てのことを行ったが、可罰的な行為の本質にとって必要不可欠な効果が単なる偶然によって阻止された場合には、その者は通常の刑罰に最も近い刑罰を科せられる。

第41条　この通常の刑罰に最も近い刑罰は、単なる偶然によって、犯罪の実行のために必要不可欠な最後の行為を阻止された者に適用される。）

はその第2部第20章第43条に独立の規定を持つことになった。そしてそのプロイセン一般ラント法における中止犯規定は、次のようなものであった[106]。

> §43 Wer aus eigner Bewegung von der Ausführung des Verbrechens absteht, und dabey solche Anstalten trifft, daß die gesetzwidrige Wirkung gar nicht erfolgen kann ; ingleichen der, welcher durch zeitige Entdeckung der Mitschuldigen, und ihres Vorhabens, die Ausführung desselben hintertreibt, kann auf Begnadigung Anspruch machen.
> （第43条　自己の活動で犯罪の実行を中止し、その際に違法な効果が何ら起こり得ないように措置を講じる者、ならびに共犯者および計画の時宜を得た暴露により犯罪の実行を阻止する者は、恩赦を請求することができる。)[107]

このようにプロイセン一般ラント法では、中止犯であることは犯罪の成立や刑罰の成立そのものに関わるのではなく、あくまでも事後的な「恩赦」にのみ関わる制度であったのである。この点につきツァハリエは、その任意的な未遂の中止者の不処罰は既に（その条文上の）法的根拠から導かれる[108]が故に、不処罰は単に「恩赦という贈り物」としてのみ規定されるべきものではない、と批判した[109]。

その一方で、バイエルンにおいては啓蒙化そのものが遅れ、18世紀の中期においてなお時代遅れの感があった[110]。1751年のヴィグレウス・クサファー・アロイジウス・クライットマイヤー（Viguläus Xaverius Aloysius Freiherr von Kreittmayr）の手によるバヴァリキー刑法典[111]は、その「後向き」[112]で「そ

---

(106) 法文の原文は Buschmann, a. a. O., S. 277による。

(107) プロイセン一般ラント法の日本語訳については、足立昌勝「プロイセン一般ラント法第2部第20章（刑法）試訳1」静岡大学法経短期大学部法経論集51号（1983年）12頁を参考にした。

(108) すなわち、そもそも第40条の未遂犯の成立要件として「単なる偶然によって」結果が発生しなかったことが要求されている以上、自己の意思による（偶然ではない）中止犯の場合には、未遂犯の成立もなかったことになるのである。そもそも未遂犯の成立もない以上、さらに恩赦の請求を認めることは、規定上のつじつまが合わないことになる。

(109) Zachariä, a. a. O., S. 311.

(110) Rüping, a. a. O., S. 71.

(111) 1751年バヴァリキー刑法典の成立過程については、Albert Friedrich Berner, Die Strafgesetzgebung in Deutschland vom Jahre 1751 bis zur Gegenwart, 1867（以下「Strafgesetzgebung」と略す）, S. 1ff. を参照。なお1751年バヴァリキー刑法典に関する詳細な検討を行う日本語文献として、前田朗「クライトマイアの刑事立法」東京刑事法研究会編『啓蒙思想と刑事法風早八十二先生追悼論文集』（1995年）137頁以下、高橋直人「近代刑法の形成とバイエルン刑事法典（一七五一年）——啓蒙と伝統との交錯の中で——」同志社法学47巻6号（1996年）429頁以下、同・「マクシミリアン三世ヨーゼフの内政改革——バイエルン刑事法典（一七五一年）編纂の背景——」同志社法学50巻1号（1998年）340頁以下などを参照。

の成立時に既に古くさくなっていた」[113]と言われる刑法典の性格にも現れているとおり、一般的未遂規定を持たず、また中止犯はその第1章第1節の22条と23条において、それぞれ「自首（Freywillige Angab）」[114]と「悔悟（Reumüthigkeit）」[115]に関するものとして規定され、それらの法律効果も酌量減軽事由とされるだけにとどまっていた[116]。同様に1802年に作成された「プファルツ選

---

[112] Rüping, a. a. O., S. 71.

[113] Edwin Baumgarten, Das Bayerische Strafgesetzbuch von 1813 und Anselm v. Feuerbach, GS, Bd. 81, S. 110.

[114] 「自首」に関する1751年バヴァリキー刑法典第1章第1節第22条の条文は以下のとおり（法文の原文は CODEX JURIS BAVARICI CRIMINALIS DE ANNO MDCCLI, Neu herausgegeben von Werner Schmid, 1988による。なお、Buschmann, a. a. O., S. 185も参照）。
§22 Wann die freywillige Angebung vor der Denunciation oder Special-Inquisition, entweder von dem Thäter selbst aus Reumüthigkeit, oder von dessen leiblichen Eltern, mittels desselben gerichtlicher Uberlifrung, von freyer That beschiehet ; so ist es zwar ein milderender Umstand, welcher jedoch in Capital-Verbrechen nur von der härteren Todes-Straff, oder dem Zusatz liberiret. Wird aber allenfalls durch eine solch freywillig und aufrichtige Angab dem gemeinen Weesen, oder dem Fisco ein erprießlicher Dienst geleistet, oder unbekannte gefährliche Complices entdecket ; so ist der Angeber nicht nur der Milde, sondern gar einer Belohnung würdig.
（第22条　密告もしくは特別の尋問以前における任意的な申告が、改悛に基づき行為者自身により、もしくはその実の両親により、その裁判上の慣習を用いて、任意的な行為で行われた場合には、確かにそれは減軽する事情ではあるが、しかし財産犯罪においては、より過酷な死刑、ないしは付加刑からのみ自由にする。しかし万一そのような任意かつ誠実な申告によって、公共組織もしくは国庫に賞賛されるような働きが達成された、または知られていない危険な共犯者を明らかにした場合には、申告者は減軽のみならず、報酬にも全く以って値する。）
ただしこの自首に関する規定は、改悛に基づいて行為者が任意に「犯罪を中止すること」ではなくて、任意に「申告」をすることが要件とされているため、これは明らかに現在でいうところの「中止」の概念からは外れる。むしろ現在の中止概念に近いのは、次の23条の「悔悟」の規定であると言えよう（ただし、これも現在の中止概念とは大きくずれている）。

[115] 「悔悟」に関する1751年バヴァリキー刑法典第1章第1節第23条の条文は以下のとおり（法文の原文は CODEX JURIS BAVARICI CRIMINALIS DE ANNO MDCCLI, Neu herausgegeben von Werner Schmid, 1988による。なお、Buschmann, a. a. O., S. 185も参照）。
§23 Blosse Reumüthigkeit würcket mehr nicht, als daß das genus mortis einigermassen abgeändert werden mag. Welches jedoch so leichterdings nicht geschehen soll, sonderbar wann es der Inquisit zu lang damit anstehen läßt, und seine wahre Reu nicht gleich anfänglich bey dem ersten gütlichen Constituto, mittels einer aufrichtiger Bekanntnuß, zu Tage legt.
（第23条　単なる改悛はもはや効果を持たない、ただし殺人に関する罪はある程度は修正され得る。しかしそのようなことは、奇妙にも審問がそれによりあまりに長期に遅滞させられ、そしてその者の真の悔悟が最初の平和的な裁判の際に、最初の誠実な告白により、まず最初に明らかにされなかった場合には、容易に行われるべきものではない。）

[116] Müller, a. a. O., S. 46 ; Buschmann, a. a. O., S. 185.

帝侯国バイエルン刑法草案」、いわゆるクラインシュロート草案[(117)] の58条[(118)] における中止犯の法律効果も、「裁判官により戒告（Verweis）を受ける」という特異かつ前時代的なものであった[(119)]。

このような古い気質が残されていたバイエルンは、『クラインシュロート草案批判』（1804年）によりバイエルンに招かれたパウル・ヨハン・アンセルム・フォン・フォイエルバッハ（Paul Johann Anselm von Feuerbach）によって、ドイツ地域の先頭を行くことになった[(120)]。バイエルンに招かれたフォイエルバッハは早速、刑法典草案の起草に着手し、1810年に「バイエルン王国における重罪と軽罪に関する法典草案」が完成した。その1810年バイエルン草案は次のようなものであった[(121)]。

§60 Ein Versuch ist vorhanden, wenn eine Person in der Absicht, ein Verbrechen zu begehen, äusserliche Handlungen vorgenommen hat, welche auf

---

(117) 中止未遂に関するクラインシュロートの刑法理論については、金澤真理「中止未遂における刑事政策説の意義について（一）」法学（東北大学）63巻（1999年）667頁以下を参照。

(118) 1802年クラインシュロート草案の58条の条文は以下のとおり（法文の原文は Entwurf eines peinlichen Gesetzbuches für die kurpfalzbaierischen Staaten, Verfaßt v. Gallus Alois Kleinschrod, 1802による。なお Müller, a. a. O., S. 47も参照）。

§58 Hat jemand ein Verbrechen angefangen, aber dessen Vollendung freywillig unterlassen, so ist ihm wegen des nächsten Versuches vom Richter vor versammeltem Gerichte ein Verweis zu ertheilen.

（第58条　ある者が犯罪を着手したが、その既遂を任意に行わないままにする場合には、その者は近い未遂を理由として、集められた裁判において裁判官により戒告を受ける。）

なお、この1802年クラインシュロート草案における未遂犯に関する規定として、57条に次のような規定があった（法文の原文は Entwurf eines peinlichen Gesetzbuches für die kurpfalzbaierischen Staaten, Verfaßt v. Gallus Alois Kleinschrod, 1802による）。

§57 Wenn aber in der Folge dieses Gesetzbuches die Strafe des Versuches bestimmt wird, so ist dieß nur von jenem Versuche zu verstehen, welcher gegen den Willen des Urhebers unvollendet blieb.

（第57条　しかしこの法典の条文において未遂の刑罰が規定されている場合には、これは起因者（Urheber）の意思に反して既遂とならなかった未遂のみと理解されるべきである。）

この57条の規定によれば、「起因者の意思に反して既遂とならなかった未遂のみ」が処罰の対象となる未遂として規定されていることになるので、その場合には1532年のカロリナ刑事法典178条と同様の、いわゆるフランス型の「未遂犯の消極的要素」として中止犯が規定されていることになる。すなわち、中止犯の場合を未遂犯の場合から排除しつつ、その中止犯の場合には「戒告（Verweis）」という特殊な法律効果がもたらされるものとされていたわけである。

(119) Müller, a. a. O., S. 47.

(120) Rüping, a. a. O., S. 71.

(121) 法文の原文は Entwurf des Gesetzbuchs über Verbrechen und Vergehen für das Königreich Baiern, 1810による。

Vollbringung oder Vorbereitung desselben gerichtet sind.

　Der Versuch ist jedoch von aller Strafe frei : I. wenn die äussere Handlung mit dem dadurch beabsichtigten Verbrechen in gar keinem Zusammenhange war, so, daß dieses nach dem Laufe der Natur schlechterdings nicht daraus entstehen konnte ; II. wenn der Handelnde an der Vollbringung nicht blos durch äussere Hindernisse, durch Unvermögenheit oder Zufall verhindert wurde, sondern freiwillig, aus Gewissensregung, Mitleid oder auch Furcht vor Strafe von dem Unternehmen abgestanden ist ; welches leztere jedoch nicht vermuthet wird.

　Wer zwar die Vollbringung freiwillig, jedoch in dem Vorsaze aufgegeben hat, zu anderer Zeit, an anderem Orte, an einer anderen Person, oder auf andere Art die Uebertretung auszuführen, ist eben so zu strafen, als wenn er wider Willen an der Vollbringung wäre verhindert worden.

（第60条　ある者が重罪を実行する意図で、その重罪の遂行または予備へと向けられた外部的な行為を行った場合には、未遂が存在している。

　　しかしながら、次のような場合にはその未遂は全ての刑罰を免れる。I、外部的な行為がそれにより意図された重罪と全くもって関連がなくなったが故に、この重罪が自然の経過に従っては全くもってそれからは発生し得なかった場合、II、行為者がその遂行に関して、単に外部的妨害のためや、もしくは無能力や偶然のためにより阻止されたのではなくして、任意に、良心、同情または処罰に対する怖れによっても、その実行を見合わせた場合。ただし後者に挙げた内心的事情は推定されない。

　　確かにその遂行を任意に、しかし他の時間に、他の場所で、他の者に関して、または他の手段で犯罪を実行する意図で断念した者は、その意思に反して遂行が阻止されたであろう場合と同様に処罰され得る。）

　すなわち、既にこの1810年草案の段階で中止犯も未遂の概念の中に含みつつ、「良心、同情または処罰に対する怖れによっても」といった形式で、要求される任意性の内容を限定する規定を採用していたのである。そしてこの草案を元にして、やがて1813年のバイエルン刑法典が成立し、ドイツの刑法理論や立法規定の先進を行くものとされたのである。

　そしてこの1813年のバイエルン刑法典以降、各領邦国家において独自の刑法典が編纂され、それぞれに検討を重ね立法上の発展を遂げることになる。次に1813年バイエルン刑法典以降の、それらの領邦国家法における未遂犯・中止犯規定の流れを検討する。

第3章　19世紀、ライヒ刑法典制定まで
　　　　（領邦国家法時代）

第1節　バイエルンとヴュルテンベルク
　　　　——南ドイツの変転——

(1)　バイエルン

　フォイエルバッハ（Paul Johann Anselm von Feuerbach）により起草された1813年バイエルン刑法典は当時のドイツにおいて最も先進的な刑法典であった[122]。その未遂犯規定は、未遂の定義規定を57条に置きつつ、未遂を「近い未遂（nächster Versuch）」（60条、61条）と「遠い未遂（entfernter Versuch）」（62条）に分類した。前者が現在の未遂犯であり、後者は現在の予備にあたる[123]。そしてその中止犯規定は次のようなものであった[124]。

---

[122]　Hinrich Rüping, a. a. O., S. 71. なお、この1813年バイエルン刑法典の制定経緯等について詳しくは、Vgl. Berner, Strafgesetzgebung (a. a. O.), S. 78ff.; Edwin Baumgarten, Das Bayerische Strafgesetzbuch von 1813 und Anselm v. Feuerbach, GS Bd. 81, 1913, S. 98ff..

[123]　このように現在の「予備」と「未遂」をあわせて未遂の概念範囲に入れる、という考え方は、前述のカロリナ法典における「企行」概念を踏襲したものといえる。しかしこの未遂概念は1818年のミッターマイヤーの論文（Carl Joseph Mittermaier, Über den Anfangspunkt der Strafbarkeit der Versuchshandlungen, Neues Archiv des Criminalrechts 2. Band, 1818, S. 602 ff.）によって批判された。すでに1810年フランス刑法典2条には「実行の着手」の概念が「commencement d'exécution」という形式で規定されており、1822年のバイエルン刑法典草案（いわゆるゲンナー草案）および1824年の（再びフォイエルバッハの手による）バイエルン刑法典草案もこの「実行の着手」の形式を採用した。Gernot Schubert, Feuerbachs Entwurf zu einem Strafgesetzbuch für das Königreich Bayern aus dem Jahre 1824, 1978, S. 141f..（なおこのシューベルトの著作の日本語訳として、ゲルノート・シューベルト著、山中敬一訳『一八二四年バイエルン王国刑法典フォイエルバッハ草案』（1980年）参照。）

[124]　法文の原文はStrafgesetzbuch für das Königreich Baiern, 1813, Erster Theil. Ueber Verbrechen und Vergehen, S. 24f.; Müller, a. a. O., S. 51; Buschmann, a. a. O., S. 460などを参照。また、1813年バイエルン刑法典の日本語訳として、中川祐夫「一八一三年のバイエルン刑法典（Ⅰ）（Ⅱ）（Ⅲ）（Ⅳ）（Ⅴ・完）」龍谷法学2巻2・3・4号（1970年）109頁以下、3巻1号（1970年）109頁以下、3巻2号（1971年）124頁以下、3巻3・4号（1971年）122頁以下、4巻1号（1971年）94頁以下も参照。

§58 Der Versuch ist von aller Strafe frei: wenn der Handelnde an der Vollbringung nicht durch äussere Hindernisse, durch Unvermögenheit oder Zufall verhindert wurde, sondern freiwillig, aus Gewissensregung, Mitleid oder auch Furcht vor Strafe von dem Unternehmen abgestanden ist; welches leztere jedoch nicht vermuthet wird.

Wer zwar die Vollbringung freiwillig, jedoch in dem Vorsaze aufgegeben hat, zu anderer Zeit, an anderem Orte, an einer andern Person, oder auf andere Art die Uebertretung auszuführen, ist eben so zu strafen, als wenn er wider Willen an der Vollbringung wäre verhindert worden.

（第58条　行為者がその遂行に関して、外部的妨害のためや、または無能力や偶然のためにより阻止されたのではなくして、任意に、良心、同情または処罰に対する怖れによっても、その実行を見合わせた場合には、その未遂は全ての刑罰を免れる。ただし後者に挙げた内心的事情は推定されない。

確かにその遂行を任意に、しかし他の時間に、他の場所で、他の者に関して、または他の手段で犯罪を実行する意図で断念した者は、その意思に反して遂行が阻止されたであろう場合と同様に処罰され得る。）

　この1813年バイエルン刑法典の中止犯規定は、その後の多くのドイツの領邦国家にも強い影響を与える[125]、三つの大きな特徴を持っていた。

　その一つが、未遂犯の範囲を「（犯罪結果に向けられた全ての）外部的な行為」（57条）として処罰した上で、その未遂犯の成立を前提にして、中止犯規定をそれとは別個に規定するという「未遂犯成立を前提とする中止犯概念の規定化」である。すなわち、当時の1810年フランス刑法典2条が採用していたような、未遂犯の消極的要素として中止犯を規定するのではなく[126]、また1751年のバヴァリキー刑法典に見られるように単なる量刑規定として規定するのでもなく、中止犯も未遂犯の範疇に入れた上で、中止犯の場合を別個に中止未遂とし

---

[125]　例えば1814年オルデンブルク公国刑法典においては、1813年バイエルン刑法典の58条、59条および63条の文言が、ほとんどそのまま46条、47条および51条として規定されている。Vgl. Melchior Stenglein, Sammlung der deutschen Strafgesetzbücher（以下「Sammlung」と略す）, 1857-58, Erstes Bändchen, II. Oldenburg. オルデンブルクにおいて、これほどまで迅速に1813年バイエルン刑法典の「修正版」「変種」（いずれも後掲 Einleitung 参照）のような形式で刑法典が制定された理由は、一つには「ラントに強要されたフランス刑法を払いのける願望」があり、もう一つには「十分に一貫した刑法典の支配によって、普通法の混沌とした法状況を引き戻す」ということが意図されたものと言われている。Vgl. Stenglein, Sammlung（a. a. O.）, 1. Bd., II. Oldenburg, Einleitung.

[126]　この点については Vgl. Christian Brandt, Die Entstehung des Code pénal von 1810 und sein Einfluß auf die Strafgesetzgebung der deutschen Partikularstaaten des 19. Jahrhunderts am Beispiel Bayerns und Preußens, 2002, S. 311.

て規定する、という法律形式が採用されたことである。この「未遂犯成立を前提とした中止犯の規定化」は、その後のドイツの領邦国家の刑法典に急速に広まっていった。

そしてこの1813年バイエルン刑法典の中止犯規定の二つめの特徴として、中止犯が認められた際の法律効果が「不処罰となる」とされたことが挙げられる。それまでの中止犯に対する法律効果としては、未遂犯の消極的要素とされるか、もしくは単なる刑罰減軽にとどまったり、何らかの形での他の制裁に代えるにとどまったりするものばかりであった。個別的規定ではなくて一般規定において、未遂犯の成立を前提とした上での中止犯の成立を問題とし、しかもその法律効果を不処罰にしたのは、実定法の中ではこの1813年バイエルン刑法典が最初のものと考えられるのである。

しかしこのような「不処罰」という大きな法律効果に対して、単純にそれまでよりも中止犯は優遇されていた、と評価することはできない。というのも、この中止未遂の「不処罰」という法律効果は、1813年バイエルン刑法典においては二つの例外により、制約を受けていたからである。すなわちその一つが59条の警察監視の場合であり、もう一つが63条の加重的未遂の場合である。

まず、1813年バイエルン刑法典の59条においては、次のような規定が置かれていた[127]。

> §59 Straflose Versuche solcher Verbrechen, worauf Todes- oder Kettenstrafe, Zucht- oder Arbeitshaus gesetzt ist, haben gleichwohl die Anordnung besonderer persönlicher Polizeiaufsicht zur Folge.
> （第59条　死刑もしくは鎖刑、懲役施設刑もしくは矯正施設刑が科せられるような犯罪の不処罰となるような未遂は、それにもかかわらず特別な一身的警察監視の命令を結果として伴う。）

すなわち、仮に中止未遂として不処罰とされたとしても、必ず警察監視に付されることになったのである[128]。ツァハリエはこのような規定に対して、任意

---

[127]　法文の原文は Strafgesetzbuch für das Königreich Baiern, 1813, Erster Theil. Ueber Verbrechen und Vergehen, S. 25 ; Müller, a. a. O., S. 52, Buschmann, a. a. O., S. 460などを参照。

[128]　このように中止犯に対して警察監視を付する規定を持つのは、1813年刑法典以外には、バイエルンにおける1810年草案、1822年草案、1827年修正草案、1831年草案、ヴュルテンベルクにおける1823年草案が挙げられる。Entwurf（Baiern, 1810, 前述第2部第2章参照), S. 25 ; Entwurf des Strafgesetzbuches（Bayern), 1822, S. 48 ; Revidierter Entwurf des Straf-Gesetzbuches（Bayern), 1827, S. 33 ; Entwurf des Straf-Gesetzbuches（Bayern), 1831, S. 24 ; Entwurf eines

に中止した者に対してさらなる犯罪防止のために警察監視にかけることは、既に刑法による予防が効果的に示された以上、不必要なことであり、かつこの規定により中止の不処罰が形骸化されるとして、批判した(129)。

そして「不処罰」という中止未遂の法律効果に対するもう一つの制約が、1813年バイエルン刑法典の63条における、加重的未遂に関する以下のような規定であった。

> §63 Enthält der Versuch selbst schon ein vollendetes Verbrechen, so sind die vorhin bestimmten Strafen des Versuches mit Schärfung anzuwenden, wenn nicht die Strafe des in dem Versuche enthaltenen vollendeten Verbrechens schwerer ist, in welchem Falle die leztere nebst Schärfung in Anwendung kommt.
> (第63条 未遂それ自身が既に既遂の犯罪を含んでいる場合に、未遂の中に含まれる既遂の犯罪の刑罰がより重くないときには、先に規定された未遂の刑罰が加重して適用されるべきである。そのような場合には、既遂犯罪の刑罰は加重された未遂の刑罰とともに適用される。)

この規定は、「未遂犯が成立している(通常の)加重的未遂」の場合、すなわち例えば一つの殺害行為を行った結果、殺人の障礙未遂と傷害既遂が(現在の法理論ならば後者が前者に包括されて評価されるような形で)両方とも成立しているという場合(130)に、もし未遂犯規定に基づいて減軽された殺人の障礙未遂の刑罰が

Strafgesetzbuches für das Königreich Württemberg, 1823, S. 19. これらの法律の全てにおいて、さらに同時に任意性の内容の限定が行われている。

(129) Zachariä, a. a. O., S. 314f.. すなわちツァハリエは、一方では「新しい犯罪の予防のために、その者自身が犯罪の実行を妨げ、そしてその者において刑法の予防的な力を既に十分なものとして証明したような者を、圧迫的な警察監視に服させることは、必要不可欠なものとはされない」(S. 314f.) であろうし、他方では「このような、行為者に対する不信感を表明するような規定によって、──一般生活において刑罰と保安手段とがそれほど厳格には区別されず、そして重荷になるような警察監視がわずかな刑罰と同様に手痛いものであり得るということが考慮される場合には──確約された不処罰によって期待された効果は、非常に損なわれる」(S. 315) と指摘するのである。

(130) 当時の罪数論の考え方については検討がまだ不十分な点があり、今後の課題としたい。なお1813年バイエルン刑法典には110条に以下のような規定があった。

§110 Wird ein Verbrechen an demselben Gegenstande oder an einer und derselben Person mehrmals begangen, so sind die verschiedenen das Verbrechen fortsetzenden Handlungen für eine einzige That zu rechnen, doch als beschwerender Umstand unter den Einschränkungen des Art. 95. bei Ausmessung der Strafe zu berücksichtigen.

Wenn ein Verbrecher in einer und derselben Handlung zu gleicher Zeit mehrere Verbrechen begangen hat, so soll nur die Strafe der schwersten Uebertretung in Anwendung gebracht werden, vorbehaltlich dessen, was in dem Art. 95. Nr. 2. verordnet ist.

内部に含まれている傷害既遂の刑罰よりも重くなるときには、未遂犯規定に基づいて減軽された殺人の障礙未遂の刑罰[131]に対して加重処理がなされて[132]

(第110条 同じ客体に対する犯罪、または同一の人間に対する犯罪が複数回実行された場合には、その犯罪を継続するような異なった行為は単一の行為として数えられるべきであり、加重するような事情として95条（筆者注：量刑における裁判官の権限の限界に関する規定）の限定の下で量刑の際に考慮されるべきである。

犯罪者が同一行為において同時に複数の犯罪を実行した場合には、最も重い違反の刑罰のみが適用されるべきである。ただし95条2項（筆者注：量刑における裁判官の権限の限界に関して、とりわけ裁判官に与えられた権限についての規定）において指示されたことはこの限りではない。）この規定の第2項における「同一行為において同時に複数の犯罪を実行した場合」として、現在の観念的競合の場合だけでなく、まさに本文中で述べたような殺人未遂と傷害既遂に両方とも該当するような場合も想定されていたようである。すなわちProtokollen des königlichen geheimen Raths, Anmerkungen zum Strafgesetzbuche für das Königreich Baiern, 1. Band, 1813, S. 188における63条の規定の解説において、「加重的未遂は二重の考慮において可罰的である、第一に行為の中において既遂となって存在している犯罪として、それからもう一つの既遂とならなかった犯罪の未遂として。犯罪の競合（Zusammenfluß）に関する一般的な原則（108条から110条まで）でさえも、このような場合に加重を伴う、より厳しい刑罰が適用されるということが、示されている」と記述されているのである。この点から、当時は殺人未遂と傷害既遂の罪数関係に関して、現在のような法条競合の関係ではなく、両方が成立して110条2項により観念的競合と同様の扱いを受けたものと考えられる。そして加重的未遂に関する63条の規定（およびその解説）も、このような考え方を踏まえたものであったといえる。

[131] 未遂犯、すなわち「近い未遂（nächster Versuch）」および「遠い未遂（entfernter Versuch）」に対する処罰減軽の程度に関する規定は、それぞれ60条および62条であり、それぞれその既遂の刑罰に比べて、刑種やその刑期に関してより軽い刑罰が定められていた。詳しくは、中川・前掲「一八一三年のバイエルン刑法典（Ⅰ）」龍谷法学2巻2・3・4号（1970年）124頁の日本語訳を参照。

[132] ここでの加重（Schärfung）処理とは、例えば1813年バイエルン刑法典5条の死刑に対する加重としての6条、10条の重懲役刑に対する加重としての14条、15条の懲役刑に対する加重としての17条、27条の軽懲役刑に対する加重としての29条のような規定における処理をさす。すなわち60条および62条において定められた未遂犯の刑罰について、これらの加重処理がなされて適用される、ということを63条の前半部分は示しているのである。そしてこのような加重事由として、実際に1813年バイエルン刑法典107条2項において、「Ⅰ．犯罪の競合（der Zusammenfluß von Verbrechen）、そしてⅡ．既に処罰された犯罪の累犯」の二種類が挙げられているのである。この63条の規定は、通常の加重的未遂の場合には未遂罪も内部に含まれる既遂罪も両方成立していることを前提にしつつ（前述したProtokollen des königlichen geheimen Raths, Anmerkungen zum Strafgesetzbuche für das Königreich Baiern, 1. Band, 1813, S. 188における63条の規定の解説を参照）、107条、110条2項および95条2項2号に基づいて上述の加重処理を行うこととし、その際に未遂罪の刑罰が内部に含まれている既遂罪の刑罰よりも重い場合には、やはりより重い未遂罪の刑罰を基準として加重処理を行う、ということを明確化した規定なのである。以上の点から、この「加重的未遂（qualifizierter Versuch）」という呼称は、このような加重処理が行われるべき、「その中に既遂犯罪を含んでいる未遂犯罪」を指すものとして生じたものと考えられる。よってこれを「加重的未遂」と呼ぶ呼び方は、このような加重処理が（罪数論としてはともかく）刑罰制度上はもはや存在せず、また前提としている罪数論も異にしている現在では、まさに「あまり適切なものではない（wenig glücklich）」（Reinhart Maurach/Karl

適用されるべきであり、そしてそのような場合は傷害既遂の刑罰（＝die lezter-e）は加重された殺人の障礙未遂の刑罰と共に適用される、という規定である。このことから、「未遂犯が（中止未遂となること等により）不処罰となる加重的未遂」の場合には、不処罰となる殺人の中止未遂と傷害既遂が両方とも成立すると考える[133]のであれば、殺人の中止未遂の刑罰が内部に含まれている傷害罪の刑罰よりも軽くなる以上、傷害罪の刑罰が適用されるべきことになる。このように、1813年バイエルン刑法典においては、加重的未遂が中止犯となった場合における内部に含まれた既遂犯の処罰[134]は、未遂犯に対する処罰減軽の処

Heinz Gössel/Heinz Zipf, Strafrecht Allgemeiner Teil, Teilbd. 2, 7. Aufl., 1989, S. 88) といえよう。

(133) このような場合は現在では法条競合として処理されるものであろうが、注130で述べたように、当時はこのような場合は観念的競合の一種として処理されたものと考えられる。

(134) このような加重的未遂が中止犯となった場合に内部に含まれた既遂犯を処罰するような結論は、現在においては、現行ドイツ刑法典24条の中止犯規定の「未遂としては罰しない（Wegen Versuchs wird nicht bestraft）」という文言の反対解釈として導かれている。すなわち「未遂としては」処罰しないのであるから、「(内部に含まれた)既遂犯としては」処罰できる、と解するのである。Vgl. Hans-Heinrich Jescheck/Thomas Weigend, Lehrbuch des Strafrechts Allgemeiner Teil, 5. Aufl., 1996, S. 549；Adolf Schönke/Horst Schröder/Albin Eser, Strafgesetzbuch Kommentar, 25. Aufl., 1997, §24 Rn. 109；Karl Lackner, Strafgesetzbuch mit Erläuterungen, 22. Aufl., 1997, §24 Rn. 23；Herbert Tröndle/Thomas Fischer, Strafgesetzbuch und Nebengesetze, 49. Aufl., 1999, §24 Rn. 18；Günter Stratenwerth, Strafrecht Allgemeiner Teil I, 4. Aufl., 2000, S. 291；Kristian Kühl, Strafrecht Allgemeiner Teil, 3. Aufl., 2000, S. 589 u. s. w.. また、現行ドイツ刑法典の前に施行されていた1871年ドイツライヒ刑法典も、「未遂としては不処罰である（als solcher bleibt straflos）」として、同様に黙示的に加重的未遂の場合に内部に含まれた既遂犯を処罰することを認めており、学説においてもそのように解するものがほとんどであった。Vgl. Karl Binding, Grundriß des Deutschen Strafrechts Allgemeiner Teil, 8. Aufl., 1913, S. 138；Robert von Hippel, Deutsches Strafrecht, 2. Band., 1930, S. 412；Reinhard Frank, Das Strafgesetzbuch für das Deutsche Reich, 18. Aufl., 1931, S. 100；Franz v. Liszt/Eberhard Schmidt, Lehrbuch des Deutschen Strafrechts, 26. Aufl., 1932, S.319；Philipp Allfeld, Lehrbuch des Deutschen Strafrechts, 9. Aufl., 1934, S. 203；Edmund Mezger, Strafrecht, ein Lehrbuch, 3. Aufl., 1949, S. 407；Hellmuth Mayer, Strafrecht Allgemeiner Teil, 1953, S. 298；Hans Welzel, Das Deutsche Strafrecht, 11. Aufl., 1969, S. 199 u. s. w.. この点を考慮した上で1813年バイエルン刑法典58条の文言のみを考える場合には、その法律効果は、現在のドイツの中止犯規定とは全く異なるものといえる。すなわち、もし現在の一般的な法理論を前提にした上で、1813年バイエルン刑法典のように中止犯の場合には「未遂は全ての刑罰を免れる（Der Versuch ist von aller Strafe frei）」と規定すると、第1部でも触れたような加重的未遂の場合、例えば殺人を実行しようとして斬りつけ、傷害を負わせてからその殺害を中止したような場合に、殺人未遂罪のみが成立して、それと法条競合関係にある傷害罪は全く成立せず、しかもその成立した殺人未遂罪は中止によって「不処罰」となってしまうことになるのである。これに対して現行ドイツ刑法24条のように「未遂としては罰しない」という法律効果の場合には、その「未遂」としてではなければ処罰できる、という反対解釈がその中止犯規定の文言上

理と、罪数論に基づく処罰の加重の処理とが交錯するような形式で条文上もたらされたものだったのである。

そしてこの1813年バイエルン刑法典の中止犯規定におけるもう一つの大きな特徴は、中止犯の要件として任意性における限定を行うことである。すなわち、任意性の要件が一方では否定的な例示(「外部的妨害のためや、または無能力や偶然のためにより阻止されたのではなくして」)により、また一方では肯定的な例示(「任意に、良心、同情または処罰に対する怖れによって」)により規定され[135]、そして中止犯が成立するための任意性の内容を「良心」「同情」「処罰に対する怖れ」に限定したのである。任意性の内容に限定を施して限定主観説を採用し、なおかつそのような中止犯を一般規定として定めた立法形式としては、最初のものといえる[136]。

以上の点から1813年バイエルン刑法典は、それまでの刑法典の中止犯規定に見られない特徴をもつ、画期的かつ独特の中止犯規定を持つことになったと言える。すなわち未遂犯の成立を前提とした「中止未遂」の概念が生まれ、またそのような中止未遂を認めるための要件としての任意性の内容を限定し、そして中止未遂が認められた際には(必ず警察監視を伴い、また加重的未遂の場合に罰せられる可能性があるものの)不処罰であるとされたのである。

これらの1813年バイエルン刑法典58条の中止犯規定の内容のほとんどは、その中心的起草者であるフォイエルバッハの刑法理論に基づくものであった[137]。すなわちフォイエルバッハは、1802年クラインシュロート草案の中止犯規定である58条に対して「任意に完成されないままとはされなかった未遂のみを刑罰に服する[138]」という、既にカロリナ刑事法典が承認していた規定にし

からも可能になるために、このような場合には内部に含まれていた「既遂」犯、すなわち傷害罪として処罰できる、と解されるのである。注130においても検討したように、1813年バイエルン刑法典58条のような中止犯規定の法律効果は、罪数論(とりわけ法条競合の場合)に関する現在とは異なる考え方を前提にしていたものと考えざるを得ない。なおこの点に関する現在の議論状況について、前述第1部第3章第1節注155も参照。

(135) Müller, a. a. O., S. 51.
(136) なお草案も含めるならば、この1813年バイエルン刑法典のもととなった前述の1810年の「バイエルン王国における重罪と軽罪に関する法典草案」が最初となる。この1810年草案の60条2項2号と3項が、それぞれ1813年草案の58条1項、2項と全く同じ文言である。Entwurf des Gesetzbuchs über Verbrechen und Vergehen für das Königreich Baiern, 1810, S. 25.
(137) 中止未遂に関するフォイエルバッハの理論については、金澤真理「中止未遂における刑事政策説の意義について(一)」法学(東北大学)63巻(1999年)662頁以下を参照。

ようとしたことは、非常に以って安易すぎるものである」[139]と批判したのである。そしてさらにフォイエルバッハは、「国家が刑法によって犯罪を未然に防ぐべきなのであれば、国家は刑罰威嚇によって、確かにまだ犯罪それ自身ではないが、しかしやはり予備ないしは犯罪の着手であるような行為を、抑止もしなければならない。国家はそれによりいわば、犯罪者に〔正義の〕道へと誘導することを試みるのである」[140]とした上で、「国家が未遂を予防するために、犯罪それ自身を促進しようとすることをしない場合には、国家は特定の条件の下に刑罰威嚇を完全にあきらめることをしなければならない。これは次のような場合である。すなわち、犯罪者が任意にその不法の道から正義の道へと立ち返る場合、そして行為が犯罪者の意思に反して未完成のままであったのではなくて、すなわち刑罰に対する怖れから、もしくは同情の気持ちから、もしくはよみがえった良心のために、そしてその他の内心的原因のために[141]未完成のままであった場合、である」[142]として、1813年バイエルン刑法典の58条

---

[138] 前述のように、1802年クラインシュロート草案は58条が前述のように中止犯に関する規定であったのだが、57条には「起因者の意思に反して既遂とならなかった未遂のみ」が処罰の対象となる未遂として規定されていたので、そのような規定の場合には、1532年のカロリナ刑事法典178条と同様の、いわゆるフランス型の「未遂犯の消極的要素」として中止犯が規定されつつ、その法律効果が「戒告」とされていたことになる。

[139] Paul Johann Anselm Feuerbach, Kritik des Kleinschrodischen Entwurfs zu einem peinlichen Gesetzbuche für die Chur=Pfalz=Bayrischen Staaten, 2. Teil, 1804, S. 103.

[140] Feuerbach, a. a. O., S. 101f..

[141] この部分の記述に関して、従来、1813年バイエルン刑法典58条は「任意に、良心、同情または処罰に対する怖れによっても」と任意性の内容をあえて列挙していることから、任意性が認められるのはこのような「良心」「同情」「処罰に対する怖れ」の場合に「限定」される、という点で、この規定は「限定主観説」を採用していると言われてきた。すなわち最初の「任意に」は「良心」「同情」「処罰に対する怖れ」のみを指し、これらが制限列挙されているものと解されてきたわけである。実際に、1822年ゲンナー草案や1827年修正草案第90条、1831年草案第45条、さらにはヴュルテンベルクの1823年草案第41条、1832年草案第58条、1835年草案第67条、1838年草案第67条、1839年刑法典第73条においてはこの点を明確化するように、「任意に」と列挙事由との間に「すなわち（es sey, または sey es）」という文言が挿入されている。しかし『クラインシュロート草案批判』のこの部分の記述を見ると、「その他の内心的原因（anderer innern Ursachen）のために」中止した場合にも中止犯として認められることになる。この場合には悪い動機から、例えば近年ドイツで問題となった構成要件外の目的達成の場合（前述序論第2章注45、立命館法学280号（2001年）48頁参照）に中止したとしても、それが内心的原因によるものであるとされる限りにおいて中止犯として認められることになるのであり、もしそのようにフォイエルバッハが考えていたとするならば、1813年バイエルン刑法典58条の「良心」「同情」「処罰に対する怖れ」の文言は制限列挙ではなく、例示列挙であった可能性が高くなる。しかしこのことを積極的に裏づける記述も、また積極的に否定する記述も発見できなかった。今後の課題としたい。

の内容とほぼ同じ内容の場合に対して、国家は刑罰を科さないようにしなければならない、と主張しているのである。このように、フォイエルバッハが単なる悔悟的な「同情」「良心」だけでなく、「刑罰に対する怖れ」によって犯罪結果を発生させなかった場合も中止犯に含めた点は、彼の主張する心理強制説にも合致するものであったといえる。そのような「刑罰に対する怖れ」から中止した者こそ、彼の心理強制説からすれば刑罰による威嚇の成功例なのであり、もはや処罰の必要のないものとされたのである[143]。そしてさらにフォイエルバッハは前述のような考え方を前提にしつつ、「しかしながら国家は、やはり任意的に不完成となった未遂の際に、全く何もしない必要があるわけではな」[144]く、「そのような者が特別な警察の注意の下におかれることも、不当なものとは見なされ得ない」[145]として、警察監視の制度の必要性について主張している。これは1813年バイエルン刑法59条の警察監視の規定と符合するものである。

　このようにフォイエルバッハによる最新の刑法理論が投影されたはずの1813年バイエルン刑法典ではあったが、この先進的かつ理論的な刑法典は実務から遊離するという弊害を伴いやすく、「その体系がより首尾一貫して施行されたにもかかわらず」、「むしろまさにこの体系を理由として」[146]、実務においては認められなかった。「公的な解釈手段として法的効力を伴って発表されたその刑法典への注釈書がある[147]にもかかわらず、1813年から1818年までの期間において、信頼すべき解釈および修正命令が次から次へと連続して出された」[148]のである。このような多くの修正命令の存在や、フォイエルバッハにより基礎づけられた刑法理論が維持できないものであるという認識、そして1818年のバイエルン憲法において、バイエルン国内全体において同一の立法が適用される

---

(142)　Feuerbach, a. a. O., S. 102f..
(143)　金澤・前掲論文662頁以下参照。
(144)　Feuerbach, a. a. O., S. 104.
(145)　Feuerbach, a. a. O., S. 104.
(146)　Stenglein, Sammlung (a. a. O.), 1. Bd., I. Bayern, Vorbemerkung.
(147)　すなわちこれは、Protokollen des königlichen geheimen Raths, Anmerkungen zum Strafgesetzbuche für das Königreich Baiern, in 3 Bänden, 1813-14のことを指す。1813年バイエルン刑法典は解釈についても公権的解釈のみを認めようとし、1813年10月19日の王室出版許可書は「全ての国家公務員および私的学者」に注釈書の出版を禁じた。前述の公式の注釈書以外の注釈書の出版は禁止されたのである。E. Schmidt, a. a. O., S. 267.
(148)　Stenglein, Sammlung (a. a. O.), 1. Bd., I. Bayern, Vorbemerkung.

べきであるという原則があったにもかかわらず、1813年の刑法典がライン川の手前側に存在する七つの管区においてのみ有効なものとされ、ラインプファルツにおいてはフランス刑法がほとんど変更のない規定で有効なものとされたことなどから[149]、1819年にはバイエルン政府は新刑法の作成を決定し[150]、1822年にはバイエルン王室枢密院の協力の下で、ゲンナーの手による草案が公表されることになった。その中止犯規定は以下のとおりである[151]。

> §96 Der Versuch wird straflos, wenn die Vollendung des bezielten Verbrechens nicht durch Zufall, Unvermögenheit oder äußere Hindernisse unterblieben, sondern der Thäter von dem Unternehmen freiwillig, es sey aus Gewissensregung, Mitleid oder Furcht vor Strafe, abgestanden ist.
> （第96条　目指された犯罪の完成が、偶然の事情、無能力、または外部的障害によって起こらなかったのではなくて、行為者がその実行を任意に、すなわち良心、同情、または処罰に対する怖れから取りやめた場合には、その未遂は不処罰となる。）

この規定の文言において、中止犯が未遂犯の成立を前提とすること、要件となる任意性の内容を「良心、同情、または処罰に対する怖れ」に限定すること、そして中止未遂となった場合の法律効果を「警察監視を伴う[152]不処罰（ただし加重的未遂の場合に関する例外あり[153]）」としたことから、この規定は1813年バイエルン刑法典と何ら変わらない内容をもつものであったようにも見える。しかしこの1822年のゲンナー草案の中止犯規定には、1813年バイエルン刑法典の中止犯規定と決定的に大きく異なる点があった。それは、中止犯規定を未遂犯規定[154]の中に置くことをせずに、「行為による悔悟（thätige Reue）」とした上で、単なる「可罰性の消滅（Erlöschung der Strafbarkeit）」事由として規定した[155]、という点である。この結果として中止は未遂概念とは全く切り離されてしまい、単なる量刑事由として扱われたも同然となってしまった。このよう

---

(149)　Stenglein, Sammlung (a. a. O.), 1. Bd., I. Bayern, Vorbemerkung.
(150)　シューベルト著・山中敬一訳・前掲書の解説81頁（山中敬一執筆部分）参照。
(151)　法文の原文はEntwurf des Strafgesetzbuchs, 1822, Neu herausgegeben von Werner Schmid, 1988による。
(152)　この1822年バイエルン刑法草案において、未遂犯が不処罰となった際の警察監視に関する規定は、第100条に規定されている。
(153)　この1822年バイエルン刑法草案における、加重的未遂の場合に関する規定は、90条および91条である。
(154)　1822年バイエルン刑法草案の未遂犯規定は、46条から48条に規定されていた。
(155)　このような「可罰性の消滅事由」としては、他には違法行為者（Uebertreter）の死亡（103条）、時効（104条、105条）などが規定されていた。

に1822年ゲンナー草案は全体的に1813年バイエルン刑法典を換骨奪胎したに過ぎないものであり[156]、エルステッドやミッターマイヤーなどからも厳しく批判されることになった[157]。そしてフォイエルバッハをよく知るツェントナーが1823年に司法大臣に就任したことから、1824年に再び刑法草案作成の作業がフォイエルバッハに委嘱されることになる。

再びフォイエルバッハの手によって起草された[158]1824年草案において、その中止犯規定である1巻3章27条、およびその条文中に挙げられた1巻3章26条の文言は、以下のようなものであった[159]。

> §27 Wenn die Vollendung des Verbrechens nicht bloß durch Untauglichkeit der gebrauchten Mittel und Werkzeuge oder durch Zufall, Gewalt und andere äusere Ursachen verhindert oder vereitelt wird, sondern der Verbrecher aus eigenem Antriebe, aus Mitleid, Reue oder auch Furcht vor Strafe sein Unternehmen aufgibt, so ist derselbe, außer im Falle des Art. 26 keiner Strafe unterworfen.
> (第27条 犯罪の完成が、使用された手段や武器が役に立たなくなったことによって、もしくは偶然の事情、暴行、そしてその他の外部の原因によって、単に阻止されまたは挫折したのではなくて、犯罪者が自らの動機から、同情、悔悟、処罰に対する怖れから、その計画を放棄した場合には、26条の場合を除いては、その者は処罰を受けない。)
> §26 Enthält der Versuch selbst schon ein vollendetes Verbrechen, so sind die vorhin bestimmten Strafen mit Schärfung anzuwenden, wenn nicht die Strafe des in dem Versuche enthaltenen vollendeten Verbrechens schwerer ist, in welchem Falle die letztere nebst Schärfung in Anwendung kommt.
> (第26条 未遂それ自身が既に既遂の犯罪を含んでいる場合に、未遂の中に含まれる既遂の犯罪の刑罰がより重くないときには、先に規定された刑罰が加重して適用されるべきである。そのような場合には、既遂犯罪の刑罰は加重された刑罰とともに適用される。)

この1824年のバイエルン刑法草案における最も重要な変更点としては、まず1813年バイエルン刑法典に比べて、加重的未遂の場合に内部に含まれた既遂犯を処罰することが、法律の文言においてもより明確にされた点である。すなわち中止犯規定である27条の文言中に、加重的未遂の場合に関する「26条の場合

---

[156] シューベルト著・山中敬一訳・前掲書の解説81頁(山中敬一執筆部分) 参照。
[157] Berner, Strafgesetzgebung (a. a. O.), S. 325.
[158] このような1824年刑法草案起草までの経緯、および1813年刑法典制定までの経緯について詳しくはシューベルト著・山中敬一訳・前掲書の解説78頁以下(山中敬一執筆部分) 参照。
[159] 法文の原文はSchubert, a. a. O., S. 251 ; Müller, a. a. O., S. 53f. による。

を除いては」という文言が挿入され、そしてさらに中止犯である場合の法律効果が、1813年バイエルン刑法典の「その未遂は全ての刑罰を免れる（Der Versuch ist von aller Strafe frei）」ではなくて、「処罰を受けない（keiner Strafe unterworfen）」に変更されたのである。このことにより、1813年バイエルン刑法典58条では、加重的未遂の場合に内部に含まれた既遂犯に対する刑罰までもが不処罰となるかのような表現であったのが、1824年バイエルン刑法草案では、このような不処罰という法効果が加重的未遂の場合を除くものであることが明確にされたのである。

そしてもう一つの変更点としては、警察監視の規定が削除された。これは前述のように、画一的に警察監視をもたらすという法律効果が、中止未遂の刑事政策的な効果を減殺することになるとされたためと考えられる。すなわちたとえ中止したとしても必ず警察監視に付されるのであれば、結局として刑罰が科されているのと変わらない効果をもたらしてしまうため、自止の奨励としての効果が薄れてしまうのである。また、中止犯の任意性の内容の限定について「良心（Gewissensregung）」が「悔悟（Reue）」に変更されたり、58条2項の「犯罪の単なる後日延期の場合」に関する規定が削除されたりなどしている。

しかしこの1824年のフォイエルバッハ草案は、フォイエルバッハが不快感からその草案作成の作業を自ら中止したために、結局バイエルンの公的な草案となることなく(160)、フォイエルバッハの手元に置かれて、長い間明らかにされないままとされた。1822年草案に続くバイエルンの公的な刑法草案としては、まず1827年バイエルン刑法典修正草案(161)が挙げられるが、この草案の中止犯

---

(160) Müller, a. a. O., S. 54. この経緯について、詳しくは Eberhard Kipper, Johann Paul Anselm Feuerbach, sein Leben als Denker, Gesetzgeber und Richter, 2., unveränderte Aufl., 1989, S. 143f（その日本語訳としてE・キッパー著、西村克彦訳『近代刑法学の父　フォイエルバッハ伝』（1979年）171頁以下）、シューベルト著・山中敬一訳・前掲書の解説82頁以下（山中敬一執筆部分）参照。

(161) 中止に関する1827年バイエルン刑法典修正草案第90条の条文は以下のとおり（法文の原文は Revidierter Entwurf des Straf-Gesetzbuches, 1827, Neu herausgegeben von Werner Schmid, 1988による）。
§90 Der Versuch wird straflos, wenn die Vollendung der bezielten That nicht durch Zufall, Unvermögenheit oder äußere Hindernisse unterblieben, sondern der Täter von dem Unternehmen freywillig, es sey aus Gewissensregung, Mitleid oder Furcht vor Strafe, abgestanden ist.
（第90条　目指された行為の完成が、偶然の事情、無能力、または外部的障害によって起こらなかったのではなくて、行為者がその実行を任意に、すなわち良心、同情、または処罰に対する怖

規定は1822年バイエルン刑法典の内容を踏襲するにとどまるものであった。やがて1831年バイエルン刑法典草案に至って、ようやく再び中止犯規定は未遂犯規定の中に置かれるようになった(162)。しかしその成立要件・法律効果は1813年バイエルン刑法典と変わらず、任意性は限定され、警察監視を伴う不処罰をその法律効果としていた。

そしてこのような改正作業の中で、1848年8月に、当時まだ施行されていた1813年バイエルン刑法典の中止犯規定に文言上の改正が加えられることになる。改正後の規定は以下のようになった(163)。

§58 Der Versuch ist von aller Strafe frei : wenn der Handelnde an der Vollbringung nicht durch äußere Hindernisse, durch Unvermögenheit oder Zufall verhindert wurde, sondern freiwillig, aus Gewissensregung, Mitleid oder auch Furcht vor Strafe von dem Unternehmen abgestanden ist.

Wer zwar die Vollbringung freiwillig, jedoch in dem Vorsatze aufgegeben hat, zu anderer Zeit, an anderem Orte, an einer anderen Person, oder auf andere Art die Uebertretung auszuführen, ist ebenso zu strafen, als wenn er wider Willen an der Vollbringung wäre verhindert worden.

(第58条　行為者がその遂行に関して、外部的妨害のためや、または無能力や偶然のためにより阻止されたのではなくして、任意に、良心、同情または処罰に対する怖れによっても、その実行を見合わせた場合には、その未遂は全ての刑罰を免れる。

確かにその遂行を任意に、しかし他の時間に、他の場所で、他の者に関して、または

れから取りやめた場合には、その未遂は不処罰となる。)

この1827年バイエルン刑法典修正草案の規定においても、1822年ゲンナー草案と同様に、中止は「行為による悔悟」による「可罰性の消滅事由」とされ、未遂犯規定（第38条から第40条）とは切り離されて規定されていた。

(162)　中止に関する1831年バイエルン刑法典草案第45条の条文は以下のとおり（法文の原文はEntwurf des Strafgesetzbuches, 1831, Neu herausgegeben von Werner Schmid, 1988による）。
§45 Ist jedoch in dem vorbemerkten Falle die Vollführung der beabsichtigten That nicht aus Zufall oder wegen äußerer Hindernisse unterblieben, sondern der Handelnde freiwillig, es sey aus Gewissensregung, aus Mitleid oder aus Furcht vor der Strafe, von dem Unternehmen abgestanden, so findet Strafe nicht, wohl aber Stellung unter besondere Polizeiaufsicht statt.
（第45条　前述の状況〔筆者注：犯罪行為の未遂の際〕において意図された行為の実行が、偶然の事情から、またはその他の障礙のために発生しなかったのではなくて、行為者が任意に、すなわち良心、同情、または処罰に対する怖れからその計画を放棄した場合には、刑罰は行われないが、しかし特別な警察監視の下に置かれる。)
このように未遂犯規定内に中止犯規定が再び置かれることによって、中止犯規定は単なる量刑規定ではなくて、未遂に特有の処罰消滅事由であるということが示されたのである。

(163)　法文の原文はEduard Rottmann, Das bayerische Strafrecht in seiner gegenwärtigen Gestaltung, 1. Teil, 1851, S. 20f. による。

他の手段で犯罪を実行する意図で断念した者は、その意思に反して遂行が阻止されたであろう場合と同様に処罰され得る。)

すなわち第58条1項の末尾の「ただし後者に挙げた内心的事情は推定されない (welches letztere jedoch nicht vermuthet wird)」という文言が、「刑法典の第1部のいくつかの規定の変更に関する1848年8月29日の法律」第8条2項によって、削除されたのである[164]。この結果として、任意性があったと認められるためには、それまでは「良心、同情または処罰に対する怖れ」があったことを、必ず被告人の側が積極的に立証しなければならなかったのが、1848年の改正でその立証責任が撤廃されたために、このような被告人の側の立証責任の負担が軽減されることになったのである。

そして1854年に、バイエルン王国における重罪と軽罪に関する法典草案が出された[165]。その中止犯規定は、未遂犯規定と同じ条文の第2項として、以下のように規定された[166]。

> §37 Wer in der Absicht, ein Verbrechen zu verüben, eine Handlung vorgenommen hat, welche schon einen Anfang der Ausführung desselben enthält, soll, wenn das Verbrechen nicht zur Vollendung gekomken ist, wegen Versuchs dieses Verbrechens bestraft werden.
>
> Ist jedoch der Thäter von der Vollführung der beabsichtigten That freiwillig und gänzlich abgestanden, so bleibt der Versuch straflos.
> (第37条　犯罪を行う意図で、既にその犯罪の実行の着手を含む行為を行った者は、その犯罪が既遂に至らなかった場合には、この犯罪の未遂として処罰される。
> しかし行為者が意図した行為の遂行を任意に、そして完全に取りやめた場合には、未遂は不処罰なままである。)

ここで、バイエルンにおいては1813年以来初めて、任意性における限定的な列挙が取り払われた中止犯規定の案が出されたのである。ただ、なぜこのような形で限定主観説が採用されなくなったのかについては、その理由書においても明らかではない[167]。また、未遂犯の成立を前提とした中止犯（中止未遂）とい

---

(164) Rottmann, a. a. O., S. 21, Art. 58. Anmerkung.
(165) なお、Karl Binding, Die gemeinen Deutschen Strafgesetzbücher, 2. Aufl., 1877（以下「Strafgesetzbücher」と略す）によれば、1851年にもバイエルンの重罪と軽罪に関する法典草案が出されているようであるが、発見できなかった。Vgl. Binding, Strafgesetzbücher (a. a. O.), S. 10 u. Tabelle zu §1. (am Schluß des Buches).
(166) 法文の原文は Entwurf des Gesetzbuches über Verbrechen und Vergehen für das Königreich Bayern mit Motiven, 1854, S. 18による。

う概念はなおも維持されているようではあるものの、中止犯の規定が未遂犯と同じ条文に規定されることになった。そして単なる実行延期に過ぎないような場合に関しては、「完全に取りやめた」という文言から導かれるもの、とされていた[168]。ただ、加重的未遂についての規定は削除されたようであり、未遂犯規定の部分にも量刑規定の部分にも発見できなかった[169]。

そして1860年にバイエルン刑法典草案が出され、これが1861年に成立してバイエルン王国刑法となった[170]。その規定はいずれも次のような同じ文言であった[171]。

§47 Der Versuch eines Verbrechens ist vorhanden, wenn Jemand in der Absicht, ein Verbrechen zu verüben, eine Handlung vorgenommen hat, welche schon den Anfang zur Ausführung des Verbrechens enthält, und die Vollendung des letzteren nur wegen äußerer, vom Willen des Thäters unabhängiger Umstände unterblieben ist.

Die Bestimmung des Absatzes 1. findet auch auf Vergehen und Uebertretungen entsprechende Anwendung.

(第47条　ある者が重罪を実行する意図で、既に重罪の実行の着手を含んだ行為を試み、そしてその行為の既遂が、外部的な、行為者の意思によらない事情によってのみ為されないままとなった場合には、重罪の未遂が存在する。

---

(167)　1854年バイエルン王国における重罪と軽罪に関する法典草案の理由書においても、「第37条第2項において草案が、行為者の任意的な放棄により根拠づけられた未遂の不処罰に関して規定していることは、1813年のバイエルン刑法典の規定にもフランス刑法のかの規定にも対応するものであり、そして刑事政策の根拠によって十分に正当化されるものである」と述べるにとどまる。Entwurf des Gesetzbuches über Verbrechen und Vergehen für das Königreich Bayern mit Motiven, 1854, Motive zu dem Entwurfe des Gesetzbuches über Verbrechen und Vergehen, S. 225. また、Julius Friedrich Heinrich Abegg, Beiträge zur Begutachtung des Entwurfs des Gesetzbuches über Verbrechen und Vergehen für das Königreich Bayern vom Jahre 1854, 1854においても、中止犯に関する記述は特に見られない。

(168)　Entwurf des Gesetzbuches über Verbrechen und Vergehen für das Künigreich Bayern mit Motiven, 1854, Motive zu dem Entwurfe des Gesetzbuches über Verbrechen und Vergehen, S. 225.

(169)　Entwurf des Gesetzbuches über Verbrechen und Vergehen für das Königreich Bayern mit Motiven, 1854, S. 18 u. S. 39ff..

(170)　1861年バイエルン刑法典の成立過程・制定経緯等について詳しくは、Berner, Strafgesetzgebung (a. a. O.), S. 324ff. を参照。

(171)　法文の原文は Entwurf eines Strafgesetzbuches für das Königreich Bayern, 1860, Neu herausgegeben von Werner Schmid, 1989, S. 30f.; Melchior Stenglein, Commentar über das Strafgesetzbuch für das Königreich Bayern, 1861 (以下「Commentar Bayern」と略す), S. 471f. による。なお1860年草案ではこの規定は48条となっている。

第1項の規定は軽罪や違警罪にも適用される。）

　すなわちこの規定により、1813年バイエルン刑法典で採用された「未遂犯の成立を前提とする中止犯概念」は放棄され、1532年カロリナ刑事法典や1810年フランス刑法典に見られたような、中止犯ではないことを未遂犯の成立要件とする規定形式が採用されたのである。これは1813年バイエルン刑法典の未遂犯規定の最大の特徴ともいうべきドイツ型の「中止未遂」の概念が、その本拠地の一つともいえるバイエルンにおいてさえも、フランス型の「中止犯」概念に取って代わられた瞬間でもあった。なぜ、中止犯の規定形式に関するこのような一大転換がなされたのであろうか。だが1860年バイエルン刑法典草案の理由書においては、中止犯について何ら語られるところが無い[172]。

　この点について、まずステンクラインは、「未遂において犯罪意思が可罰的な対象を形成するという前提からの最後の帰結は、その意思が変更され、そしてその結果として行為者が未遂を放棄した場合には、可罰的な対象はそもそももはや与えられていないということである」[173]とした上で、「任意的な未遂の放棄は、全ての立法によれば既に存在している未遂行為の可罰性を破壊するもの」であり、「1813年の刑法典によればこれは独立した条項において述べられていた」が、「1861年の刑法典はフランス刑法典の例に従って、消極的な表現方法によってその結果へと至った。すなわち『犯罪の既遂が外部的な、行為者の意思によらない事情によってなされないままとなった場合』である」と述べている[174]。そして任意性の内容の限定を行わなくなった点については、「放棄の動機、すなわち悔悟、恐れ、同情なのかどうかは、どうでもよい。任意的な放棄と外部的妨害事由が競合する場合には、それでも不処罰が発生する。というのは、法律は『のみ』と述べているからである」としている[175]。すなわち、それらの任意性を限定する要件が、条文上の要件としても、また解釈論の学説上の要件としても要求されなくなり、この結果、中止犯の成立範囲はそれ以前に比べて、任意性の要件が軽減された分、かなり広くなったことになるのである。また単なる実行延期の場合については、「単に行為が放棄されるだけでは

---

(172) Entwurf eines Strafgesetzbuches für das Königreich Bayern, 1860 (a. a. O.), S. 181.
(173) Stenglein, Commentar Bayern (a. a. O.), S. 480.
(174) Stenglein, Commentar Bayern (a. a. O.), S. 481.
(175) Stenglein, Commentar Bayern (a. a. O.), S. 481.

なく、意思が変更されなければならない、すなわち未遂を為した者が、犯罪が実行されないことを望まなければならない。その者が行為のみを放棄したが、しかし意思は存在したままであった場合には、これは刑法の下に従うことでも、存続している意思が直ちに再び新しい未遂行為を呼び起こすものではないという保証でもない。したがって未遂行為を不処罰にするためには、未遂は完全かつ永久に放棄されなければならない」としており[176]、1813年バイエルン刑法典58条2項が明文として存在した場合と、解釈論上同様に考えるべきである、としている[177]。そして最後にステンクラインは、1861年バイエルン刑法典の中止犯に関する記述において、「陪審裁判事件における未遂に関する処罰規定の適用の際に、どの程度に未遂の結果が不発生となった理由が確認されなければならないか、とりわけ任意的な中止が存在しないかどうかということについては、あいまいであるように思われる。」「1813年の刑法典によれば、任意的な中止は、それ自体可罰的な未遂に対する抗弁であった。今や任意的な中止は未遂の概念を消滅させる事情として取り扱われているので、その問題設定に結果が不発生となった理由はいずれにせよなじむものでなければならない」という、注目すべき指摘を行っている[178]。すなわち1813年刑法典では「中止犯であること」は未遂に対する抗弁事由であったが、現在の1861年刑法典の下ではそうではない、と述べているのである。

さらに、ヴァイスは1861年バイエルン刑法典の中止犯に関して、「法律が可罰的未遂の構成要件に要求する第三の要素は、意図された犯罪の既遂が外部的な、行為者の意思によらない事情によってのみなされないままとなった場合」であるとした上で、「この関連においてもまた、新しい刑法典は全く以て本質的に、1813年刑法典とは区別される。後者（1813年刑法典）によれば、重罪を実行する意図において、この犯罪の既遂ないしは予備に向けられた外部的な行為が行われたことは、可罰的構成要件に十分である」と述べて、1861年バイエルン刑法典と1813年バイエルン刑法典の対比を行っている[179]。そして1813年の

---

[176] Stenglein, Commentar Bayern (a. a. O.), S. 480f..
[177] ステンクラインは、1861年刑法典の条文規定において、「未遂において犯罪意思が可罰的な対象を形成するという前提」から、「犯罪意思の変更」こそを中止犯の重要な要素と考え、このような帰結を導き出しているのである。
[178] Stenglein, Commentar Bayern (a. a. O.), S. 482.
[179] Ludwig Weis, Das Strafgesetzbuch für das Königreich Bayern sammt dem Gesetze vom

規定について、「上記の58条は、刑事被告人に抗弁または免責を許容するだけのものであり、被告人が既遂を、外部的な阻止、無能力、または偶然の事情によって阻止されたのではなくて、任意に、良心、同情または処罰の怖れから、実行を放棄した場合に、その被告人に不処罰を確約するものなのである。単なる抗弁または免責としてのこの規定の特徴を、法律は、あらゆる疑いを排除するために、後者のもの、すなわち行為者が実行を任意に放棄したことは、推定されないという補足、すなわち行為者がこれを証明しなければならないという補足により、なおより明確に示した」として、1813年バイエルン刑法典58条1項の末尾に1848年まで存在していた「ただし後者に挙げた内心的事情は推定されない（welches letztere jedoch nicht vermuthet wird）」という文言により、「単なる抗弁または免責」としての中止犯の規定の特徴が明確に示されていた、と指摘するのである[180]。そしてヴァイスは1861年バイエルン刑法典の規定について、「既に、新しい法典においてはもはや抗弁にかかわる問題ではなく、言及された事情が今や可罰的な未遂の構成要件に必要とされているということにおいて、これまでの法律とは非常に本質的な相違点が存在している。被告人にはこの点において今や、立証責任はもはや存在せず、検察側が、一般的に可罰的行為の構成要件に必要とされるあらゆる事情のように、犯罪の既遂が外部的な、行為者の意思によらない事情によってのみ為されないままとなったこともまた立証しなければならないのである。この点において疑問が存在する場合には、古い法〔筆者注：1813年刑法典〕によれば被告人がその抗弁を完全には証明できる立場にはなかった場合には、その抗弁が顧慮されないままであったのに対して、〔1861年刑法典では〕その疑問は被告人の有利になるように解されねばならないのである。陪審裁判所にかけられるべき場合において、今問題になっている事情は明らかに陪審員の所に置かれるべき問題の中に取り入れられ、そして中止犯ではなかったことが陪審員によって肯定されてはじめて、それにより有罪判決が生じ得るのである。そしてその他の場合においても、このような事情の存在は、判決においてとにかくある方法で疑いもなく立証されなければならないのである」と述べているのである[181]。すなわち1861年バイエ

---

10. November 1861, 1. Band, 1863, S. 148f..
[180]　Weis, a. a. O., S. 149.
[181]　Weis, a. a. O., S. 149.

ルン刑法典のようなフランス型の中止犯の規定形式を採用した場合には、検察官が未遂犯の立証の際に「中止犯ではないこと」をも立証する必要があり、もしこの立証が疑わしく思われる場合には、「疑わしきは被告人の利益に」の考えにより、被告人にとって有利になるよう解されねばならない、としたのである。このように、1813年バイエルン刑法典の中止犯形式と、1810年フランス刑法典の中止犯形式（すなわち1861年バイエルン刑法典の中止犯形式）とでは、中止犯を「単なる被告人の側からの抗弁」として捉えるか、もしくは「未遂犯成立のためにその不存在を検察官が積極的に立証せねばならない事実」として捉えるかという、非常に大きな違いが生じていたのである。

そしてヴァイスは任意性に関しても、1813年バイエルン刑法典と1861年バイエルン刑法典の対比を行っている。すなわち「後者〔1813年刑法典の規定〕は不処罰を、行為者が良心、同情または処罰に対する怖れによって、その実行を任意に見合わせた場合に対してのみ、確約した。したがってその他の全ての場合において、刑罰が生じた。このことは、とりわけ行為者の任意的な放棄と外部的な阻止が相互に競合している場合に、実際そのとおりであった。それに対して新しい法律によれば、この場合において常に不処罰が発生する、なぜなら、その法律は可罰的な未遂の構成要件として、既遂が外部的な、行為者の意思によらない事情によってのみ為されないままとなったことを要求しており、したがって既遂が一部にはそのような事情によって、一部には任意的な放棄によってなされないままとなった場合には、構成要件は存在しないからである」[182]として、ステンクラインと同様に、任意的な放棄と外部的な阻止の競合の場合に、1813年刑法典では中止犯は認められなかったが、1861年刑法典では中止犯が認められるとしたのである[183]。

最後にヴァイスは単なる実行延期の場合について、1813年刑法典には58条2項の規定が存在したことを指摘しつつ、「1813年の刑法典の体系においてこの

---

(182) Weis, a. a. O., S. 149f..
(183) しかしこのことから、ヴァイスはステンクラインが「1861年の刑法典はフランス刑法典の例に従って、消極的な表現方法によってその（1813年刑法典と同様の）結果へと至った」と述べている点を、「完全には正しいものではない」と指摘し、「むしろ本質的に異なる結果、すなわち新しい法によれば、古い法によればそのような未遂が疑いもなく認められるに違いなかった多くの場合において、可罰的な未遂が認められ得ないという結果へと至ったのである」と明確に述べる。Vgl. Weis, a. a. O., S. 150.

ような規定は根拠づけられ得るが、新しい法典の体系とその規定はまさに相容れないものと思われる。行為者が着手された行為の継続を任意に中断した場合には、犯罪の既遂は外部的な、行為者の意思によらない事情によってではなくして、他の理由から為されないままとなったのであり、したがって可罰的な未遂の構成要件のために必要な要素が欠けており、すなわち可罰的な未遂は存在せず、そして行為者はそのような未遂としては処罰され得ないのである。どのような理由から既遂が為されないままとなったのかは、この場合においては全く重要ではないように思われる、したがって行為者がその犯罪活動を放棄したときに、どのような意図をその行為者がもっていたのかということもまた、重要ではないのである」と述べている[184]。すなわち、単なる実行延期の場合であっても、「行為者の意思によらない事情によって」結果が発生しなかったわけではないので、可罰的な未遂の要素が欠けている以上、不処罰となる、と指摘し、この点について1813年刑法典の58条2項と同様の考え方を1861年刑法典においても維持したステンクラインに対して、「彼（＝ステンクライン）の誤りの理由は、明らかに彼が、そもそもこの理論全体におけるように、とりわけこの点について新しい法と古い法の本質的な区別を十分には明確にしなかったことに存在する」と批判した[185]のである。

　以上のように、1813年バイエルン刑法典から1861年バイエルン刑法典への中止犯規定の形式の移行は、その中止犯の内容に重大な影響をもたらすものだったのである。すなわち、1813年刑法典では中止犯は「単なる被告人の側からの抗弁」として捉えられていたのに対し、1861年刑法典では中止犯は「未遂犯成立のためにその不存在を検察官が積極的に立証せねばならない事実」として捉えられることになり、中止犯に関する事実の立証責任が被告人側から、検察側へと完全に移行することになった――しかも未遂犯で訴追する場合には検察官は常にこの事実の不存在を積極的に立証せねばならない――のである[186]。ま

---

(184) Weis, a. a. O., S. 151.
(185) Weis, a. a. O., S. 151 Fn. 1.
(186) この点を考えるならば、前述の1848年の刑法改正は、1813年刑法典から1861年刑法典への移行の過渡期の状態を示すものとも考えられる。すなわち、1813年刑法典58条では、その1項の末尾に「ただし後者に挙げた内心的事情は推定されない」という文言が存在したため、中止犯であることは必ず被告人の側が、推定されない内心的事情について積極的に立証を行わねばならなかった。だが1848年の刑法改正によりこの文言が削除されたため、被告人の側における立証責任の負担はこの分だけ軽減されたことになるのである。そしてこの1848年の改正でも、中止犯かどう

た任意性の内容に関する限定規定が消滅したことで、どのような動機から中止したとしても——ヴァイスによれば、たとえ単なる犯罪の後日延期の場合であっても——「外部的な、行為者の意思によらない事情によってのみ」結果が不発生であったのではない限り、未遂犯として処罰できず、不処罰となったのである。これらの二つの結果として、1861年刑法典においては、1813年刑法典に比べて、中止犯の成立範囲は著しく拡大することになったといえると考えられる。そしてこのようなフランス型の、「中止犯ではないことを未遂犯の成立要件とする」未遂犯の規定形式への移行は、バイエルンのみならず、他の主要な領邦国家——具体的にはヴュルテンベルク、そしてプロイセン——においても、19世紀中頃にみられる現象なのであった。

(2) ヴュルテンベルク

ヴュルテンベルクにおいても19世紀の初めに、より新しい刑法典によって普通法を補う必要性が感じられたため[187]、刑法典の草案が作成されることとなった[188]。そしてこのヴュルテンベルクの刑法草案においては、ほぼバイエルンと同様の内容をもつ中止犯規定がおかれることとなった。まず1823年のヴュルテンベルク王国刑法草案の中止犯規定は、以下のような文言である[189]。

§41 Der Versuch, sofern er kein eigenes vollendetes Verbrechen oder Vergehen enthält (Art. 46), ist straflos: wenn der Handelnde an der Vollbringung erweislich nicht durch äussere Hindernisse, durch Unvermögenheit oder Zufall verhindert wurde, sondern freiwillig, sey es aus Gewissensregung, Mitleid oder Furcht vor Strafe, von dem Unternehmen abstand.
　Wer zwar die Vollbringung freiwillig, jedoch in dem Vorsatze aufgegeben

---

かの事実についての立証責任に関して、被告人の側にも検察の側にも、特にそれをいずれかに負担させるような内容の明文規定は置かれなかったが、1861年刑法典の成立により、未遂犯としての訴追の際には「中止犯ではないこと」を積極的に立証しなければならないものとされたのである。このことから、中止犯に関する立証責任が、被告人の側から検察官の側へと、徐々に段階的に移動していったことが示されていると言えるのである。

(187) Stenglein, Sammlung (a. a. O.), 1. Bd., IV. Württemberg, Einleitung, S. 3. なお、本来は「Württemberg」が正しい表記であるが、原文の綴りに従う。

(188) 当初はヴュルテンベルクのラント法に追加する形での刑法典の作成を計画していたが、結局としてこの計画はつぶれ、独立に刑法典を作成することになったようである。Vgl. Stenglein, Sammlung (a. a. O.), 1. Bd., IV. Württemberg, Einleitung, S. 3.

(189) 法文の原文は Entwurf eines Strafgesetzbuches für das Königreich Württemberg, 1823, neu herausgegeben von Rainer Schröder, 1989による。

hat, zu anderer Zeit, an anderem Orte, an einer anderen Person, oder auf andere Art die That auszuführen, ist ebenso zu strafen, als wenn er wider Willen an der Vollbringung wäre gehindert worden.
(第41条　行為者がその遂行を明らかに外部的な妨害、無能力または偶然によって阻止されたのではなくて、任意に、すなわち良心、同情または処罰に対する怖れからその実行を見合わせた場合には、その未遂は、その未遂が固有の既遂の重罪または軽罪を含んでいない限りにおいて（46条）、不処罰となる。

確かにその遂行を任意に、しかし他の時間に、他の場所で、他の者に関して、または他の手段で行為を実行する意図で断念した者は、その意思に反して遂行が阻止されたであろう場合と同様に処罰され得る。）

すなわちまず①「外部的な行為」に基づく未遂犯の一般的な成立[190]を前提にした上で、そのような「未遂犯成立を前提とする中止犯概念の規定化」が行われた点、②中止犯の法律効果を「不処罰（straflos）」としつつ、その場合にも警察監視[191]に付されたり、加重的未遂の場合[192]にはその内部に含まれた既遂犯の刑罰が科されたりした点、そして③中止犯の成立要件として、任意性における内容の限定（「良心」「同情」「処罰に対する恐怖」）を行っている点、さらには④単なる実行の延期の場合に中止未遂の成立を排除する明文規定があった点から、この1823年ヴュルテンベルク刑法草案の中止犯規定は、1813年バイエルン刑法典の中止犯規定の内容をほぼ踏襲する形になっていると言えるのである。

その後、1832年に再び刑法草案が作成された。その中止犯規定は次のような文言であった[193]。

§58 Der Versuch ist straflos, wenn der Thäter an Vollführung der That nicht durch zufällige, von seinem Willen unabhängige Umstände gehindert worden,

---

(190)　1823年ヴュルテンベルク刑法草案の未遂犯の一般規定は、第40条である。
(191)　1823年ヴュルテンベルク刑法草案の警察監視の規定は、第42条である。
(192)　1823年ヴュルテンベルク刑法草案の加重的未遂に関する規定は、第46条である。この46条1項は1813年バイエルン刑法典63条の規定とほぼ同内容のものであるが、その46条2項において、以下のような規定が置かれていた。
Bei freiwilliger Abstehung von dem Unternehmen (Artikel 41. §. 1.) tritt jedoch die Strafe des in demselben enthaltenen vollendeten Verbrechens ohne Schärfung ein.
（しかし実行の任意的中止（41条1項）の際に、その実行の中に含まれている既遂犯の刑罰は、加重を伴うことなく生じる。）
すなわち中止を念頭においた加重的未遂の場合の規定が、既に置かれていたわけである。
(193)　法文の原文は Entwurf eines Straf＝Gesetzbuches für das Königreich Württemberg, 1832, neu herausgegeben von Rainer Schröder, 1989による。

sondern freiwillig, sey es aus Gewissensregung, Mitleid oder Furcht vor Strafe von dem Unternehmen abgestanden ist.

　Enthält aber ein solcher Versuch ein für sich bestehendes Verbrechen oder Vergehen ; so trifft den Thäter nur die durch letztere verwirkte Strafe.
（第58条　行為者が行為の遂行を、偶然の、その行為者の意思によらない事情によって阻止されたのではなくて、任意に、すなわち良心、同情または処罰に対する怖れからその実行を見合わせた場合には、その未遂は不処罰となる。

　しかしその未遂がそれ自体として存在している重罪または軽罪を含んでいる場合には、後者により実現される刑罰のみが行為者に科せられる。）

　すなわち1823年の草案に比べて、①[194] および③の特徴については変更がないものの、②に関して、警察監視の制度が削除され、さらに加重的未遂の場合の規定が第2項に移されている。また④に関して、単なる実行延期の場合に中止未遂の成立を排除する旨の明文規定が削除された。このような修正の方向性は、奇しくも1824年のバイエルンのフォイエルバッハ草案の修正の方向性と軌を一にするものであった。すなわち、刑事政策的な効果を減殺することになりかねない警察監視制度の廃止や、単なる実行延期の明文規定の削除などは、1824年のフォイエルバッハによるバイエルン刑法草案において行われた修正と重なる部分が多かったのである。このことは、1824年のフォイエルバッハ草案が公開されたものではない[195]ことから、当時の学問的議論においても、そのような方向での中止犯規定の立法が望ましいものであるとされたことを示すと考えられる。

　そしてこの1832年のヴュルテンベルク刑法草案の内容はチュービンゲン大学の法学部に伝えられ、その評価を受けた[196]。そしてその評価に基づいて草案は作り直され、1835年に理由書とともに公表されて、間もなく議会にも提出された[197]。これが1835年ヴュルテンベルク刑法草案である。その中止犯規定は、1832年ヴュルテンベルク草案の規定内容とほぼ同じ内容のものであった[198]。

(194)　1832年ヴュルテンベルク刑法草案の未遂犯の一般規定は、第50条である。
(195)　シューベルト著・山中敬一訳・前掲書の解説84頁以下（山中敬一執筆部分）参照。
(196)　Stenglein, Sammlung (a. a. O.), 1. Bd., IV. Württemberg, Einleitung, S. 3.
(197)　Stenglein, Sammlung (a. a. O.), 1. Bd., IV. Württemberg, Einleitung, S. 3.
(198)　1835年ヴュルテンベルク刑法草案の中止犯規定である67条の条文は以下のとおり（法文の原文は Entwurf eines Straf-Gesetz-Buches für das Königreich Württemberg, 1835による。なお1835年ヴュルテンベルク刑法草案の未遂犯の一般規定は、第56条である）。
　§67 Der Versuch ist straflos, wenn der Thäter an Vollführung der That nicht durch zufällige,

そして1837年に代表者議会の委員会はその報告を完成させ、1838年10月19日まで両議院の審議が行われ、草案が新しく編集された[199]。この新しい草案が、1838年ヴュルテンベルク刑法草案である。その後、その新しい草案は、1838年10月21日の通達によって王室の裁可を受け、そして1839年3月1日に法律として発表された[200]。これが、1839年のヴュルテンベルク刑法典である[201]。この1838年の刑法草案と1839年の刑法典における中止犯規定は、条文の番号が異なるものの[202]、文言は全く同じものである。それは以下のようなものであった[203]。

---

　　von seinem Willen unabhängige Umstände gehindert worden, sondern freiwillig, sey es aus Gewissens-Regung, Mitleid oder Furcht vor Strafe von dem Unternehmen abgestanden ist. Enthält aber ein solcher Versuch ein für sich bestehendes Verbrechen, so trifft den Thäter die hiedurch verwirkte Strafe.
　　（第67条　行為者が行為の遂行を、偶然の、その行為者の意思によらない事情によって阻止されたのではなくて、任意に、すなわち良心、同情または処罰に対する怖れからその実行を見合わせた場合には、その未遂は不処罰となる。
　　しかしその未遂がそれ自体として存在している重罪を含んでいる場合には、これにより実現される刑罰は行為者に科せられる。）
　　この規定に関して、理由書（Motive zu dem Entwurfe eines Straf-Gesetz-Buches für das Königreich Württemberg 1835, 1836, S. 47f.）においては、このような中止犯制度の存在理由が、「一部にはその者が行為による悔悟によって寛大な処置を受けるにふさわしいからであり、また一部には犯罪をその発生において阻止することは国家にとって重要であり、そして確約された不処罰は、犯罪人に対して、その者の良心の声に従い、かつ自ら未遂の任意的な中止によって不処罰を獲得するための強い動機となるからである」と述べられている。その一方で、1832年草案の段階で既に明文上削除されたはずの「単なる実行延期の場合に中止未遂の成立を排除する考え方」が、この1835年草案においても維持されているようである。前掲理由書47頁参照。またこの1835年ヴュルテンベルク草案に関する文献としては Hermann Knapp, Beiträge zur Straf-Gesetzgebung durch Erörterungen über den Entwurf eines Straf=Gesetzbuches für das Königreich Württemberg vom Jahr 1835, 1836 があるが、これにおいては中止犯規定に関して特に何も述べられていない。

[199]　Stenglein, Sammlung (a. a. O.), 1. Bd., IV. Würtemberg, Einleitung, S. 4.
[200]　Stenglein, Sammlung (a. a. O.), 1. Bd., IV. Würtemberg, Einleitung, S. 4.
[201]　このような1839年ヴュルテンベルク刑法典の成立過程・制定経緯等について詳しくは、Berner, Strafgesetzgebung (a. a. O.), S. 107ff. も参照。
[202]　1838年ヴュルテンベルク刑法草案の中止犯規定は67条であり、1839年ヴュルテンベルク刑法典の中止犯規定は73条である。またそれぞれの条文中において予備行為処罰の条文番号が引用されているが、前者のそれは57条であり、後者のそれは63条である。
[203]　法文の原文は Entwurf des Straf-Gesetz-Buches für das Königreich Württemberg, Stuttgart 1838, Neu herausgegeben von Rainer Schröder, 1989 ; Stenglein, Sammlung (a. a. O.), 1. Bd., IV. Würtemberg, S. 36 ; Ferdinand Carl Theodor Hepp, Commentar über das neue württembergische Straf=Gesetzbuch, nach seinen authentischen Quellen, den Vorlagen der Staats=Regierung, und den ständischen Verhandlungen des Jahres 1838, 1. Band, 1839 によ

§73 Der Versuch ist straflos, wenn der Thäter an Vollführung der That nicht durch zufällige, von seinem Willen unabhängige Umstände gehindert worden, sondern freiwillig, sey es aus Gewissensregung, Mitleid oder Furcht vor Strafe, von dem Unternehmen abgestanden ist.

Ist ein Verbrechen ausnahmsweise schon in seinen Vorbereitungshandlungen mit Strafe bedroht (Art. 63), so kommt hinsichtlich solcher Handlungen vorstehende Bestimmung gleichfalls zur Anwendung.

Enthält der Versuch oder die Vorbereitungshandlung ein für sich bestehendes Verbrechen, so trifft den Thäter die hiedurch verwirkte Strafe.

(第73条　行為者が行為の遂行を、偶然の、その行為者の意思によらない事情によって阻止されたのではなくて、任意に、すなわち良心、同情または処罰に対する怖れからその実行を見合わせた場合には、その未遂は不処罰となる。

犯罪が例外的に既にその予備行為を処罰している場合（63条）には、その予備行為に関して、上述の規定は同様に適用される。

未遂または予備行為が、それ自体として存在している重罪を含んでいる場合には、これにより実現される刑罰は行為者に科せられる。）

すなわち、前述の①「未遂犯成立を前提とする中止犯概念の規定化」[204]や③任意性における内容の限定（「良心」「同情」「処罰に対する怖れ」）は結局として維持されたままであったが、②に関して1832年草案、1835年草案と同様に警察監視の制度が削除され、また④に関して、これまた同様に単なる実行延期の場合に中止未遂の成立を排除する旨の明文規定が置かれなかった。1835年草案との比較の点では、予備罪に関する規定が2項に追加されたこと（予備罪の中止を認める明文規定）が注目される。このように、1839年ヴュルテンベルク刑法典の中止犯規定は、警察監視の規定や実行延期の際の明文規定の点においては異なるものの、その基本的構造に関して言えば、1813年バイエルン刑法典に非常に近い形式の内容を持っていたものといえる。実際、この1839年ヴュルテンベルク刑法典は、その大部分を1813年バイエルン刑法典に依拠していたのであり、また例えばその理由書においてもフォイエルバッハによって主張された心理強制説が、決定的ではないとしても、特に有効なものとして認められていたのである[205]。そしてこのような1839年ヴュルテンベルク刑法典の中止犯規定につい

る。なお、引用には1839年の刑法典の条文を使用した。
(204) 1838年ヴュルテンベルク刑法草案の未遂犯の一般規定は、第56条（終了未遂については58条）であり、1839年ヴュルテンベルク刑法典の未遂犯の一般規定は、第62条（終了未遂については64条）である。

て、フフナーゲルは「任意的に放棄された未遂の不処罰は、法的根拠に基づくものではなく、単に政策的な根拠に基づくものであるということ」、「そのような未遂は法律上は完全に処罰され得るものであろうこと」、そして「そのような未遂はむしろ、犯罪者を既遂に至らせないようにして、後戻りする気にさせるためにのみ不処罰なものとして解釈されるということ」は、ヴュルテンベルクの議会においても認められた、と指摘している[206]。

このように1839年ヴュルテンベルク刑法典の中止犯規定は1813年バイエルン刑法典と同様の考え方を前提にするものであったが、そのヴュルテンベルクの未遂犯・中止犯規定においても、やがてフランス法の影響が現れることになる。すなわち、1849年8月13日の法律の、以下のような規定により、1839年ヴュルテンベルク刑法典の未遂犯に関する規定は、全面的に差し替えられることになったのである[207]。

　§10 Die gesetzliche Strafdrohung begreift auch, vorbehaltlich der im Gesetze bestimmten Ausnahmen, die Strafe des Versuchs, sofern die Ausführung des beabsichtigten Verbrechens angefangen und nur durch zufällige oder von dem Willen des Thäters unabhängige Umstände aufgehalten worden ist, oder die Wirkung verfehlt hat.
　Die Strafe wird nach dem Grade, in welchem sich der Versuch der Vollendung nähert, ausgemessen.
　…
　§12 Die Art. 62-73. des Strafgesetzbuches und die im Art. 107. Abs. 2. des Polizeistrafgesetzes enthaltenen Ausnahmebestimmungen sind aufgehoben.
（第10条　法律上の法定刑は、法律において規定された例外を除いて、意図された重罪の実行が着手され、なおかつ偶然の、または行為者の意思によらない事情によってのみ、阻止された、またはその効果が失敗した限りにおいて、未遂の刑罰をも含む。
　その刑罰は、未遂が既遂に近づく段階に応じて、量刑される。
〔第10条第3項、および第11条は省略〕
　第12条　刑法典の62条から73条までの規定〔筆者注：未遂犯に関する規定全部である〕、および違警罪法の107条2項において含まれている特別規定は、廃止される。）

この法律変更によって、未遂の刑罰は「偶然」の事情、または「行為者の意思

---
　(205)　Stenglein, Sammlung (a. a. O.), 1. Bd., IV. Würtemberg, Einleitung, S. 4.
　(206)　Carl Friedrich von Hufnagel, Commentar über das Strafgesetzbuch für das Königreich Württemberg, 1. Band, 1840, S. 147.
　(207)　法文の原文はStenglein, Sammlung (a. a. O.), 1. Bd., IV. Würtemberg, S. 35 Fn. 34による。

によらない」事情により結果が発生しなかった場合のみ、法律上処罰され得ることになったので、「行為者の意思による」事情により結果が発生した場合、すなわち中止犯の場合には、そもそも可罰的な未遂が存在しないものとされたのである。なぜ1849年の法律によってこのようなフランス型の未遂犯規定[208]への改正が行われたのかは、定かではない[209]。しかし、前述のようなバイエルンにおける、1813年刑法典から1861年刑法典への規定の変更を考え合わせれば、ヴュルテンベルクの方が10年以上も早い変更ではあるものの、同じような考え方により変更が行われたものと考えられる。すなわち、1839年ヴュルテンベルク刑法典では、1813年バイエルン刑法典の58条1項に置かれていたような「ただし後者に挙げた内心的事情は推定されない（welches letztere jedoch nicht vermuthet wird）」という明確な被告人側の立証責任規定の文言は存在しないものの、中止犯であることはあくまでも「被告人の側からの抗弁事由」だったのである。これに対して、1849年の法律による改正によって、中止犯は未遂犯の範疇から除外されることになり、このことから未遂犯の訴追の際には、検察官

---

[208] Berner, Strafgesetzgebung (a. a. O.), S. 130においても、この1849年の法律による規定の変更が、「フランス法とより親密な」（oben Berner）規定への変更であったことが指摘されている。なおミッターマイヤーは、この法律による未遂犯に関する重要な改良点として、「個別の刑罰が科されている終了未遂と未終了未遂というこれまでの段階づけを廃止し、刑罰が未遂が既遂に近づく段階に応じて、量刑されるべきであるということを規定するにとどまったこと」を挙げ、それ以前の法律のような、「未遂の段階が法律において提示され、そしてあらゆる段階に個別的な刑罰が規定されている」、等級化された未遂犯規定に対し、「陪審裁判所と、そのような等級化は相容れないものなのである」と指摘し、フランス型の規定形式の方が陪審裁判所制度になじむものであるとしている。Vgl. Carl Joseph Anton Mittermaier, Die Umgestaltung der neuern Strafgesetzbücher nach den Bedürfnissen der Schwurgerichte, Archiv des Criminalrechts, Neue Folge, Jahrg. 1850, S. 357f..

[209] この1849年8月13日の法律によるヴュルテンベルク刑法典の修正に関して、その改正理由が記述されていると思われる文献については、Berner, Strafgesetzgebung (a. a. O.), S. 134を参照。しかしそこに挙げられている文献のうち、A. Lebret（hrsg. von Obertribunal＝Direktor Staatsrath von Steck), Die Strafrechtspflege der Gerichte des Königreichs Württemberg, 1. Band, 1857, S. 17, Fn. ＊＊＊においても、「この規定〔＝新規定の10条〕の第1項は、不処罰となる未遂に関する、廃止された刑法典73条の……第1項において含まれていた同じ規定を暗黙裡に含んでいる」とあるにとどまっている。Berner, Strafgesetzgebung (a. a. O.), S. 129においても、この1849年の法律による改正の理由については「法典の欠缺も急速に認識され、そして改正への願望が間もなく目覚めることにな」り、その願望は「手続の改革が同様に要求されたときに」、「大規模に生じた」とされるにとどまる。なおこの1849年8月13日の法律による刑法典の修正は、未遂犯の領域にとどまるものではなく、死刑の廃止やそれに伴う法定刑の調整、剥奪された公民権の回復に関する規定の挿入、身体的懲罰刑の廃止、共犯規定の修正などにも及ぶものであった。詳しくは Mittermaier, a. a. O., S. 351ff. などを参照。

は「偶然の」事情によるものであること、または「行為者の意思によらない」事情によるものであることを積極的に立証しなければならず、検察官の側の立証責任の負担が拡大されたと考えられるのである。そしてもう一つ、任意性の内容に関する限定規定（「良心」「同情」「処罰に対する怖れ」）が消滅したことにより、どのような動機から中止したとしても、「偶然の、または行為者の意思によらない事情によってのみ」結果が不発生であったのではない限り、未遂犯として処罰することはできず、不処罰となったのである。この結果、中止犯とされる範囲は大きく拡大することになったのである。

　以上のように、バイエルンだけでなく、ヴュルテンベルクにおいても、未遂犯の成立を前提にした中止犯の規定形式から、未遂犯の成立要件として中止犯ではないことを要求する（フランス型の）規定形式への変転が見られるのである。そしてそれは、中止犯であることの立証責任の検察側への転換と、任意性における限定規定の排除による中止犯の範囲の拡大という、重大な変化をもたらすものであった。そしてこのようなフランス型の規定形式への変転は、当時のドイツにおける大国であったプロイセンの立法過程においても見られる現象である。その一方で、以上に述べたような1813年バイエルン刑法典の中止犯の規定形式を維持しつづけた領邦国家もあった。それがヘッセンである。次節ではこのヘッセンにおける中止犯規定の変遷を追うことにする。

第2節　ヘッセン[210] ——限定主観説の固持——

　ヘッセンにおいても他の領邦国家と同様に、刑法のみに限らず抜本的な法典編纂についてその進歩と統一が欲求され、念頭に置かれてきた[211]。そして

---

(210)　ヘッセンにおける刑法典の編纂過程、およびその後の1849年ナッサウ公国刑法典や1856年フランクフルト刑法典への影響などについては、詳しくは Entwürfe zu einem Strafgesetzbuch für das Großherzogtum Hessen 1831 und 1836, 1993, hrsg. und eingeleitet von Werner Schubert, S. 11ff.; Albert Friedrich Berner, Die Strafgesetzgebung in Deutschland vom Jahre 1751 bis zur Gegenwart, 1867（以下「Strafgesetzgebung」と略す）, S. 172ff.; Robert von Hippel, Deutsches Strafrecht, 1. Bd., 1925, S. 333f.; Franz von Liszt/Eberhard Schmidt, Lehrbuch des Deutschen Strafrechts, 26. Aufl., 1932, S. 67を参照。

(211)　Melchior Stenglein, Sammlung der deutschen Strafgesetzbücher（以下「Sammlung」と略す）, 1857-58, Zweites Bändchen, VII. Großherzogthum Hessen und Frankfurt, Einleitung, S. 3. なお本節の刑法の成立過程に関する記述は、そのほとんどをこのEinleitungに依拠している。

1820年の憲法は、他のドイツ領邦国家と同様に、大公国全体を統一するような新しい立法を約束した。それまでヘッセンの多くの部分においては普通法が、より小さい部分であるラインヘッセンにおいてはフランス法が有効なものとされていたのである(212)。

最初はフランス法をヘッセン全体に取り入れることが試みられたものの、これは不成功に終わった(213)。そして1821年7月においてようやく、上級控訴審裁判所事務官（Oberappellationsgerichtsräthe）であるフロレ（Floret）とクナップ（Knapp）が法律草案の編纂についての委託を受け、1822年1月にはクナップが単独で刑事立法を引き受けた。しかし1824年5月に提出された彼の草案は直ちに審議に入ることはなく、長期間にわたり刑法の領域における立法作業は停止してしまった。その後、枢密院（Geheimerath）は当時ハイデルベルク大学の教授であったミッターマイヤーにその草案の検討を依頼し、そして1830年および1831年に彼の所見を発表した。その結果に基づいて第二草案が編纂され(214)、そして1831年7月1日に内務省に公表された。これがヘッセンの1831年の「重罪と軽罪の処罰に関する法典草案」である。その中止犯規定は以下のようなものであった(215)。

§56 Der Versuch eines Verbrechens oder Vergehens ist alsdann strafbar, wenn
1. durch eine äußere Handlung oder durch eine Unterlassung, welche zur Erreichung des beabsichtigten Zwecks oder Erfolgs dienen konnte, ein Anfang der Vollbringung (nicht der blossen Vorbereitung) gemacht worden ist ; und wenn
2. das Verbrechen oder Vergehen zu denjenigen gehört, bei welchen im zweiten Theile dieses Gesetzbuchs die Bestrafung des Versuchs ausdrücklich vorgeschrieben ist.

Aber selbst in diesen Fällen darf der Versuch nicht bestraft werden, wenn der Thäter nicht wegen physischer Unvermögenheit oder wegen eines äußeren

---

(212) Stenglein, Sammlung (a. a. O.), 2. Bd., VII. Großherzogthum Hessen und Frankfurt, Einleitung, S. 3.

(213) Stenglein, Sammlung (a. a. O.), 2. Bd., VII. Großherzogthum Hessen und Frankfurt, Einleitung, S. 3 ; Berner, Strafgesetzgebung (a. a. O.), S. 172ff.

(214) Karl Binding, Die gemeinen Deutschen Strafgesetzbücher, 2. Aufl., 1877（以下「Strafgesetzbücher」と略す）, S. 7によれば、このミッターマイヤーの所見に基づく第二草案の編纂もクナップの手によるものであったようである。

(215) 法文の原文は Entwürfe zu einem Strafgesetzbuch für das Großherzogtum Hessen 1831 und 1836, 1993, hrsg. und eingeleitet von Werner Schubert, S. 68による。

Hindernisses, sondern freiwillig und vor der Versuchsbeendigung von dem beabsichtigten strafbaren Unternehmen zurückgetreten ist.
（第56条　重罪または軽罪の未遂は、次のような場合には可罰的である。
1．意図された目的もしくは結果の達成に役立ち得たような外部的な行為、または不作為によって、（単なる予備ではなく）遂行の開始がなされた場合、なおかつ
2．その重罪または軽罪が、この法典の第二部において未遂の処罰が明文で指示されている重罪または軽罪に属している場合。
　しかしこのような場合においてでも、行為者が身体的な無能力または外部的な阻止を理由としてではなくて、任意にかつ未遂の終了前に意図された可罰的な実行を断念した場合には、未遂は処罰され得ない。）

すなわち①「意図された目的もしくは結果の達成に役立ち得たような外部的な行為、または不作為」という形式での未遂犯の一般的な成立を前提にしており、このような「未遂犯の成立を前提とした中止犯概念」が規定された点、②中止犯の法律効果が「処罰され得ない」とされた点、③任意性の要件が、否定的な例示（「身体的な無能力または外部的な阻止を理由としてではなくて」）を中心にしつつ、内容上の限定はしなかった点、そして④中止を未終了未遂に限定した点が特徴的であるといえる。このうち①および②は1813年バイエルン刑法典に類似するものといえる[(216)]。

その後1832年まで内務省と参事院（Staatsrath）においてこの草案が審議された。1832年から1833年までの領邦議会（Landtag）はこの政府草案に反対を表明し、フランスの法典の修正採用に賛成を表明したが、1834年の領邦議会は政府見解との折衷を行おうとした[(217)]。しかしそれも議院の解散によって不成功に終わった。1835年から1836年までの領邦議会においても、新しい刑法典の議案および法律草案の取扱いに関する委員会審議によって議会と政府との折り合いがつけられようとしていた。そのような中で再びクナップにより1836年7月28日に完全な形での刑法草案が領邦議会に提出された[(218)]。それが1836年ヘッセン大公国刑法典草案である[(219)]。その中止犯および未遂犯規定は、1831年草案

---

(216)　ただし、1813年バイエルン刑法典に見られるような、警察監視の制度や、加重的未遂の処罰に関する規定は設けられなかったようである。Vgl. Entwürfe zu einem Strafgesetzbuch für das Großherzogtum Hessen 1831 und 1836 (a. a. O.), S. 68ff..

(217)　Stenglein, Sammlung (a. a. O.), 2. Bd., VII. Großherzogthum Hessen und Frankfurt, Einleitung, S. 3f.

(218)　Entwürfe zu einem Strafgesetzbuch für das Großherzogtum Hessen 1831 und 1836 (a. a. O.), S. 22 (von Werner Schubert).

とほとんど変わらないものであった[220]。

そうこうするうちに1837年10月に、参事院（Staatsrath）における専門係官（Referent）であったリンデロフ（Friedrich von Lindelof）が、参事院全体の所見として1836年草案についての報告を共同提出し、条文に多くの修正提案を施した[221]。そして1837年11月18日の命令において、参事院（Staatsrath）における

---

[219]　そのクナップによる1836年刑法典草案の全文については Entwürfe zu einem Strafgesetzbuch für das Großherzogtum Hessen 1831 und 1836 (a. a. O.), S. 140ff. の Johann Friedrich Knapp, Entwurf eines Strafgesetzbuchs für das Großherzogtum Hessen (1836) を参照。

[220]　中止に関する1836年ヘッセン大公国刑法典草案第56条の条文は以下のとおり（法文の原文は Entwürfe zu einem Strafgesetzbuch für das Großherzogtum Hessen 1831 und 1836 (a. a. O.), S. 152による）。
§56 Der Versuch eines Verbrechens oder Vergehens ist alsdann strafbar, wenn
1. durch eine äußere Handlung oder durch eine Unterlassung, welche zur Erreichung des beabsichtigten Zwecks oder Erfolgs dienen konnte, ein Anfang der Vollbringung gemacht worden ist, und wenn
2. das Verbrechen oder Vergehen zu denjenigen gehört, bei welchen im zweiten Buche des ersten Theils dieses Gesetzbuchs die Bestrafung des Versuchs ausdrücklich vorgeschrieben ist.
Aber selbst in diesen Fällen darf der Versuch nicht bestraft werden, wenn der Thäter nicht wegen physischer Unvermögenheit oder wegen eines äußeren Hindernisses, sondern freiwillig und vor der Versuchsbeendigung von dem beabsichtigten strafbaren Unternehmen zurückgetreten ist.
（第56条　重罪または軽罪の未遂は、次のような場合には可罰的である。
1. 意図された目的もしくは結果の達成に役立ち得たような外部的な行為、または不作為によって、遂行の開始がなされた場合、なおかつ
2. その重罪または軽罪が、この法典の第一部第二巻において未遂の処罰が明文で指示されている重罪または軽罪に属している場合。
しかしこのような場合においてでも、行為者が身体的な無能力または外部的な阻止を理由としてではなく、任意にかつ未遂の終了前に意図された可罰的な実行を断念した場合には、未遂は処罰され得ない。）

[221]　Entwürfe zu einem Strafgesetzbuch für das Großherzogtum Hessen 1831 und 1836 (a. a. O.), S. 22 (von Werner Schubert). このリンデロフによる報告が Vortrag über den Entwurf eines Strafgesetzbuchs für das Großherzogthum Hessen, (1837) であり、それに基づいて1836年草案に修正が施されたものが Entwurf eines Strafgesetzbuches für das Großherzogthum Hessen, 出版年記載なし, Als Manuscript gedruckt である。後者の文献においては、1836年草案の条文部分がドイツ文字で、リンデロフらによって追加修正された部分がラテン文字で記述されている。その中止犯規定は以下のようなものであり、その全文がラテン文字で記述されていた（法文の原文は Entwurf eines Strafgesetzbuches für das Großherzogthum Hessen, 出版年記載なし, Als Manuscript gedruckt (a. a. O.), S. 21による）。
§58d Die unternommenen Versuchshandlungen als solche sind straflos, wenn der Thäter nicht wegen physischer Unvermögenheit oder wegen eines äusseren Hindernisses, sondern freiwillig und vor der Versuchsbeendigung von der Vollführung des beabsichtigten Verbrechens abgestanden ist.

審議が放棄されることにより草案の提出が遅延することが避けられ、その代わりに草案の新しい修正が内務省内において迅速に行われた⁽²²²⁾。そして1839年4月22日に議院に刑法草案が提出された⁽²²³⁾。これが1839年ヘッセン大公国刑法典草案である。だがそれまでのヘッセンにおける刑法草案とは異なり、なぜかこの1839年草案には中止犯に関する規定がない⁽²²⁴⁾。

そしてこの1839年草案をもとにして、上院および下院の合同委員会の審議が、1840年3月31日から6月20日まで行われ、その審議においてほとんど全ての部分において合意へと至った⁽²²⁵⁾。その時点における報告書⁽²²⁶⁾において、中止犯に関して、以下のように述べられている。すなわち、「着手された未遂行為後の開始された犯罪の任意的な中止に関して、我々の草案は何らも含んでおらず、そしてやはりこのような状況は立法上の考察についてのきっかけを与えている。」「フランス刑法2条によれば、未遂は任意的な中止の際には処罰されず、同様のことをカロリナ刑事法典の178条は、この一説の解釈は争われているものの、その文言において定めていた。すなわち『その者の意思に反する他の手段によって』。」「中止が真の悔悟（倫理的作用）によって、または法律へ

　　Enthalten diese Versuchshandlungen jedoch selbst ein eigenes Verbrechen, so tritt die hierdurch verwirkte Strafe ein.
　　（第58条 d　行為者が身体的な無能力または外部的な阻止を理由としてではなくて、任意にかつ未遂の終了前に意図された重罪の達成を取りやめた場合には、その着手された未遂行為は未遂としては不処罰である。
　　しかしながらこの未遂行為がそれ自身固有の重罪を含んでいる場合には、これにより現実化した刑罰が発生する。）
　　すなわち若干の文言上の差異はあるものの、56条aという未遂犯の一般的な成立条項を前提にして、①このような「未遂犯の成立を前提とした中止犯概念」が規定された点、②中止犯の効果が「不処罰である」とされた点、③任意性の要件が、否定的な例示（「身体的な無能力または外部的な阻止を理由としてではなくて」）を中心にしつつ、内容上の限定はしなかった点、そして④中止を未終了未遂に限定した点については1836年草案と同様であるが、さらに⑤加重的未遂の場合に内部に含まれた既遂犯としての処罰を明文化した点が特徴として指摘できる。

(222)　Entwürfe zu einem Strafgesetzbuch für das Großherzogtum Hessen 1831 und 1836 (a. a. O.), S. 23 (von Werner Schubert).
(223)　Entwürfe zu einem Strafgesetzbuch für das Großherzogtum Hessen 1831 und 1836 (a. a. O.), S. 23 (von Werner Schubert).
(224)　Vgl. Entwurf eines Strafgesetzbuchs für das Großherzogthum Hessen 1839, 1839, S. 17ff. この1839年草案においてなぜ中止犯規定が削除されてしまったのかについては、後述する。
(225)　Stenglein, Sammlung (a. a. O.), 2. Bd., VII. Großherzogthum Hessen und Frankfurt, Einleitung, S. 4.
(226)　この報告書が Bericht der zur Begutachtung des Entwurfs eines Strafgesetzbuchs für das Großherzogthum Hessen gewählten Ausschüsse I. und II. Kammer, Juli 1840である。

の怖れによって動機づけられたとしても、実行された犯罪の既遂を任意的に放棄した者が何の刑罰も受けるべきではない、ということは、立法上、我々には疑わしいようには思われない。」「国家は、犯罪をその開始において抑制するという最も大きな関心を持っている。後悔により悪の道から引き返した者は、寛大な処置を受けるに値するが、しかし法律に対する怖れまたは用心から気持ちが変わった者を処罰することを望むというのは、不得策であり、首尾一貫しないものであろう。すなわち『不得策』というのは、その者がその途中で前方には進めるものの、後方には進み得ないことを知った場合に、行為者が犯罪の既遂へといわば強制されるであろうが故に『不得策』なのであり、『首尾一貫しない』というのは、それにより抑止され、犯罪を放棄した者に司直がその権力を思い知らせようとした場合には、司直がそれ自身、矛盾へと陥るであろうが故に『首尾一貫しない』のである。」「それに加えて中止者は、法律が未遂の概念および刑の確定の際に想定したように、その者の意思が悪意のある種類のものではなかったことをも証明する」[(227)]。そしてここでフォイエルバッハの記述が引用され[(228)]、さらにそのような人道性の原則が実際、1813年バイエルン刑法典の58条などの立法にも現れているとする。その上で「我々はこれに従って、以下のように提案する。すなわち、65条を以下のように表現すべきである」として、以下のような中止犯規定を挿入することが提案された[(229)]。

> §65 Der Versuch ist straflos, wenn der Thäter an Vollführung der That nicht wegen physischen Unvermögens oder anderer zufälliger, von seinem Willen unabhängiger Umstände, sondern freiwillig, seye es aus Gewissensregung, Mitleid oder Furcht vor Strafe, von dem Unternehmen abgestanden ist.
> §65a Enthalten die Versuchshandlungen ein eignes Verbrechen, so tritt die

---

(227) Bericht der zur Begutachtung des Entwurfs eines Strafgesetzbuchs für das Großherzogthum Hessen gewählten Ausschüsse I. und II. Kammer (a. a. O.), S. 133.
(228) ここで引用されているのは、Paul Johann Anselm Feuerbach, Kritik des Kleinschrodischen Entwurfs zu einem peinlichen Gesetzbuche für die Chur=Pfalz=Bayrischen Staaten, 2. Teil, 1804, S. 102f. の、以下のような記述部分である。「国家が人々に不処罰により既に実行された行為を後悔させない場合には、国家はある意味、犯罪を完成するよう強要していることになる。というのも、さもなければ未遂へと至らしめられた不運な者は、その者が既に不処罰を招いたこと、そしてその者がより大きなものを悔悟によってはもはや何も獲得すべきではなく、そして行為の完成によって重要なものをもはや何も失うべきではないことを、確かに知ることになるからである。」
(229) 法文の原文は Bericht der zur Begutachtung des Entwurfs eines Strafgesetzbuchs für das Großherzogthum Hessen gewählten Ausschüsse I. und II. Kammer (a. a. O.), S. 134による。

hierdurch verwirkte Strafe ein; insofern nicht die Strafe des Versuchs bedeutender seyn sollte.
（第65条　行為者が行為の遂行に関して、身体的な無能力、またはその他の偶然の、その者の意思によらない事情によってではなくして、任意に、すなわち良心、同情または処罰に対する怖れによって、その実行を取りやめた場合には、未遂は不処罰である。
第65条 a　未遂行為が固有の犯罪を含んでいる場合には、その未遂の刑罰がより大きなものとなるべきものではない限りにおいて、この固有の犯罪により科せられる刑罰が生じる。）

そして任意性に関しては、「……我々は、とりわけ『無能力』という単語を受け入れた。なぜなら能力または手段が犯罪者に欠けている場合（例えば喧嘩、強姦において）がしばしば生じ、そしてその場合にはその者が、自らの力の弱体性が自分自身にその条項の恩恵を付与するという考えへと誘われ得ないからである。」「しかし我々はバーデン草案(230)におけるように、単なる『悔悟（Reue）』には言及しなかった。なぜならこれはより道徳的な概念を示唆するものであり、そもそも任意的な中止の動機は、上述の記述によれば、何ら問題となるものではないからである。」(231)として、「無能力」を任意性を判断する規準となるものとしつつ、「悔悟」は道徳的にすぎるが故に任意性の判断基準とはならないと指摘しているのである。だがここで提案されている65条の規定は、上記のように任意性の内容を「良心、同情または処罰に対する怖れによって（aus Gewissensregung, Mitleid oder Furcht vor Strafe）」と限定するものであり、この点では任意性に関して限定主観説を採用しつつも、必ずしもその内容を倫理的なもののみに限るものではなかったことがうかがわれると言える。しかしこのような任意性の内容を限定列挙する方法は、「任意性の内容を倫理的なものに限らない」とする立場とは相容れにくいものであり、実際にその後の記述において、「委員会のある構成員は、以下のような見解であった。すなわち、『すなわち良心、同情または処罰に対する怖れによって』という文言は削られるべきである。なぜならその文言はここにふさわしい動機を余すところなく述

---

(230)　おそらく1839年バーデン大公国刑法典草案をさすものと思われる。しかしこのバーデン草案も「悔悟を理由として、または何かその他の動機から（wegen eingetretener Reue oder aus irgend einem anderen Beweggrunde）」としていたのであり、必ずしも悔悟という道徳的な理由のみに中止犯の成立を限定しようとしていたわけではない。後述第3節（2）。

(231)　Bericht der zur Begutachtung des Entwurfs eines Strafgesetzbuchs für das Großherzogthum Hessen gewählten Ausschüsse I. und II. Kammer (a. a. O.), S. 134f..

べているわけではないのであり、そして既に『任意に』という文言によって十分に示されているからである、と」(232)と述べられている。

さらに中止犯に関しては、「委員会の審議において政府委員が我々の提案に対して、以下のように述べた。そのような規定は実施の際に公共を危殆化することになり得る、というのもあらゆるずるい被告人が65条の規定を心にとどめておいて、たとえその者が外部的な阻止によってその犯罪の実行を妨げられたものであろうとしても、自由な意思によりその行為を放棄したということをまことしやかに見せかけるだろうからである、と。」「それに対して、以下のような考えが反対した。すなわち裁判所の理性的な判断は、ここでは困った状況には容易には陥ることはなく、そしてその種の見せかけられた申し立ては考慮されず、むしろ、行為者がそれによりその犯罪的計画の遂行を妨げられるような、良心、同情、または処罰に対する怖れのみが実際に存在したという状況から明確に生じた場合にのみ、65条の規定を適用することに至るであろう、と」(233)と述べられている。ここで1839年草案において中止犯規定が削除されていた理由が明らかになるといえる。政府委員は、中止犯制度が「自由意思による放棄」を要件とするものであることから、被告人の抗弁によって、実際にはそうではなくても中止犯であったかのように見せかけられてしまうことをおそれて、1839年草案から中止犯規定を削除したのである。これに対して、上院および下院の合同委員会では「良心、同情、または処罰に対する怖れのみが実際に存在したという状況から明確に生じた場合にのみ、65条の規定を適用する」こととされ、中止犯規定の復活が提案されたのである(234)。

---

(232) Bericht der zur Begutachtung des Entwurfs eines Strafgesetzbuchs für das Großherzogthum Hessen gewählten Ausschüsse I. und II. Kammer (a. a. O.), S. 135.
(233) Bericht der zur Begutachtung des Entwurfs eines Strafgesetzbuchs für das Großherzogthum Hessen gewählten Ausschüsse I. und II. Kammer (a. a. O.), S. 135.
(234) これらの見解は上院および下院の合同委員会での一致した意見であったが、上院の委員会による異なる見解として、「委員会の多数は、提案において出された修正により、この条項に賛成した。しかしある構成員はその規定に反対を表明した、なぜなら、一度未遂の要素、すなわちその構成要件が存在した場合に、なぜ犯罪者が後悔などをした場合に、その者が不処罰にされようとするのかが理解され得ないからである。しかしもしこの原則が承認されようとするのであれば、その場合には同一の規定が既遂犯罪においても、承認されなければならないであろう、すなわち例えば任意的に物を返還した場合にも、窃盗犯をいずれにせよ不処罰としなければならないのである。いずれにせよ規定は、提案の中にあるように、犯罪の未遂を理由として訴追されたあらゆる被告人が、提案された条項を引用して、そしてそこから抗弁を導き出すであろうことによって、裁判官を非常に重大な困難へと至らせるであろう。それゆえ草案において、いずれにして

その後1840年9月1日から10月1日まで下院における審議が、1840年10月20日から11月23日まで上院における審議が続き、1840年12月16日までかかった新しい審議は、若干の意見の相違が未決定のままにされたが、しかしこの点の決定を政府に委ねるという共同の議決が行われることで解決された[235]。そして1841年9月17日にようやく刑法典として成立した。これが1841年ヘッセン大公国刑法典[236]である。その中止犯規定は以下のとおりである[237]。

§69 Der noch nicht beendigte Versuch, als solcher, ist straflos, wenn der Thäter nachweist, daß er nicht wegen physischen Unvermögens oder anderer zufälliger, von seinem Willen unabhängiger Umstände, sondern freiwillig und aus Reue von dem Unternehmen, und zwar gänzlich abgestanden ist.
(第69条 身体的な無能力、またはその他の偶然の、その者の意思によらない事情によってではなくして、任意かつ悔悟して、実行を、それも完全に放棄したということを行為者が証明した場合には、その未終了未遂は未遂としては不処罰である。)

すなわち①未遂犯の一般的な成立条項（64条）を前提にして、このような「未遂犯の成立を前提とした中止犯概念」が規定された点、②中止犯の効果が「未遂としては不処罰である」とされた点[238]、そして③中止を未終了未遂に限定した点については1836年草案と同様である。しかし④任意性の要件について、否定的な例示（「身体的な無能力、またはその他の偶然の、その者の意思によらない事情によってではなくして」）とともに、「任意かつ悔悟して（freiwillig und aus Reue）」と内容上の限定を、しかも「悔悟」の観点から行った点において、これはそれまでのヘッセンにおける刑法典の編纂過程には見られなかった特徴をもつものである。しかしこの「悔悟」という文言の内容につき、立法にも関与していたはずのブライデンバッハは、「法律がもっぱら悔悟にも、任意性にも限定せず、両者を連結的に要求したことは、冗語法的なやり方である」[239]と評価し、ま

も未遂に対して極端に軽い刑罰を規定することをそのままにしておくのが、より良いように思われる」と述べられている。Vgl. Bericht der zur Begutachtung des Entwurfs eines Strafgesetzbuchs für das Großherzogthum Hessen gewählten Ausschüsse I. und II. Kammer (a. a. O.), S. 139.

(235) Stenglein, Sammlung (a. a. O.), 2. Bd., VII. Großherzogthum Hessen und Frankfurt, Einleitung, S. 4.

(236) 「クールヘッセン（ヘッセン・カッセル選帝侯国）」における刑法典ではないことを示すために、「ヘッセン・ダルムシュタット大公国刑法典」と呼ばれることもある。

(237) 法文の原文は Stenglein, Sammlung (a. a. O.), 2. Bd., VII. Großherzogthum Hessen und Frankfurt, S. 49による。

(238) ただし加重的未遂の場合に、内部に含まれている既遂犯としての処罰は明文化されていた

たさらに「条文が記述しているように、そのような場合においては、悔悟が動機ではなかったとしても十分である、というのも、悔悟ということを法律は、行為者が、これまでその者によりなされた出来事がいかに不法であるのかについての確信へと行き着いたことと理解しているからである」[240]として、解釈論において「悔悟」の内容を必ずしも道徳的なものであるとはしないとしつつ、自己の行為が規範に反するものであったとの確信で足るとしていたのである[241]。

そしてさらにブライデンバッハは、「処罰に対する怖れ（Furcht vor Strafe）」の場合についての文言が削除された点について、「当該条文は下院により議決された文言である『処罰に対する怖れ』を取り入れなかった、なぜならその条文が法典の体系と一般的に矛盾をきたしてしまうことを望まなかったからである。処罰に対する怖れから中止した犯罪者は、最も一般的にはこの中止を最高に有利な機会をとらえるという意思によってのみ行うという点を除いたとしても、やはりそのような怖れは、裁判に引き出され、そして犯罪の成果を奪われるという不安と何ら異ならないものを内容として含むものである、そしてそれならば正義の観点から、処罰に対する怖れから引き下がった者が、被害者に弾丸の装塡された拳銃を突きつけられたが故に中止した者と、どのような点において違いがあるのか？　後者は言う、私がもし継続した場合には、弾丸により私は殺されたのだ、と。そして前者は考える、私がなおさらに進行させていた場合には、断頭台により私は殺されたのだ、と」[242]と述べて、処罰に対する怖れから中止した場合と通常の障礙未遂の場合は変わらないものと評価された点を指摘している[243]。

（70条）。このことは「未遂としては」不処罰である、という69条の文言とも整合性を持つものである。

[239]　Moritz Wilhelm August Breidenbach, Commentar über das Großherzoglich Hessische Strafgesetzbuch, Erster Band, Zweite Abtheilung, 1844, S. 204.

[240]　Breidenbach, a. a. O., S. 204.

[241]　しかしこのようなブライデンバッハの解釈論は、「悔悟（Reue）」が道徳的なニュアンスを多分に含んでいることからも、やや疑問がある。しかしそうであるとはいえ、ブライデンバッハの解釈によれば「悔悟」の中身は、やはり規範的な内容（すなわち「これまでその者によりなされた出来事がいかに不法であるのかについての確信」）を含んでいるので、ある程度の規範的観点からの任意性の限定が行われているといえよう。

[242]　Breidenbach, a. a. O., S. 205.

[243]　ただしブライデンバッハは「処罰に対する怖れと法律への尊重とは、決して同じ意味を持つ

さらにもう一つ重要な点として挙げられるのが、これらの限定された任意性の内容を、「行為者が証明した場合」に限って中止犯として認める、という規定形式が採用されていた点である。すなわち中止犯であるという事実の立証責任は被告人の側に法律の明文をもって負わされていたのである[244]。このような規定形式は1813年バイエルン刑法典においても採用されていたものであるが、前述のようにバイエルンにおいてはこの立証責任の規定部分は1848年に削除され[245]、また後述のように他の立法においても徐々に採用されなくなっていった。

このようにしてヘッセンでは中止犯規定において——ある程度緩和された形式ではあるものの——限定主観説がその文言上採用されたのであった[246]。そ

ものではない。法律への尊重によって魂を吹き込まれた者は、そのように要求されているが故に、服従した者なのである」とも指摘し、法律への尊重を理由として中止した者には中止犯を認めるものとしている。Vgl. Breidenbach, a. a. O., S. 205.

[244] このような被告人の側への中止事実についての立証責任の負担が法律上明文化されたのは、前述の上院および下院の合同委員会の審議において述べられていたような、「あらゆるずるい被告人が65条の規定を心にとどめておいて、たとえその者が外部的な阻止によってその犯罪の実行を妨げられたものであろうとしても、自由な意思によりその行為を放棄したということをまことしやかに見せかける（Bericht der zur Begutachtung des Entwurfs eines Strafgesetzbuchs für das Großherzogthum Hessen gewählten Ausschüsse I. und II. Kammer（a. a. O.）, S. 135）」ことや、「犯罪の未遂を理由として訴追されたあらゆる被告人が、提案された条項（65条）を引用して、そしてそこから抗弁を導き出すであろうことによって、裁判官を非常に重大な困難へと至らせるであろう（a. a. O., S. 139）」ことを怖れたがためのものであるとも考えられるが、明確な直接の理由は明らかにできなかった。今後の課題としたい。

[245] 前述第2部第3章第1節（立命館法学288号（2003年）183頁以下）参照。

[246] このような1841年ヘッセン・ダルムシュタット大公国刑法典を基礎として採用し、ヘッセン刑法典制定後のいくつかの経験に関してのみ手を加えられた上で成立したのが、1849年ナッサウ公国刑法典である（Vgl. Stenglein, Sammlung（a. a. O.）, 2. Bd., IX. Herzogthum Nassau, Einleitung）。その中止犯規定は以下のとおり（法文の原文はStenglein, Sammlung（a. a. O.）, 2. Bd., IX. Herzogthum Nassau, S. 31による）。
§65 Der noch nicht beendigte Versuch, als solcher, ist straflos, wenn der Thäter nicht wegen physischen Unvermögens oder anderer zufälliger, von seinem Willen unabhängiger Umstände, sondern freiwillig und aus Reue von dem Unternehmen, und zwar gänzlich abgestanden ist.
（第65条　行為者が、身体的な無能力、または他の偶然の、その者の意思によらない事情によってではなくして、任意かつ後悔して、実行を、それも完全に放棄した場合には、その未終了未遂は未遂としては不処罰である。）
1841年ヘッセン・ダルムシュタット大公国刑法典との違いとしては、1841年ヘッセン刑法典が明確に中止の事実についての行為者の証明を要求している（すなわち「行為者が証明した場合には」）のに対し、1849年ナッサウ刑法典ではそれが明確化されていない点が挙げられる。この点で1841年ヘッセン刑法典の方が、被告人の側の中止の事実の立証責任の負担が大きいものといえ

して1810年フランス刑法典のような、中止犯ではないことを未遂犯の成立要件とするような規定は、草案としても一度として挙げられなかった。そしてこのヘッセンの立法においてもう一つ特徴的であったのが、中止未遂を未終了未遂に限定して認めた点である。このような中止犯の成立を未終了未遂に限定する規定形式は、他のいくつかの領邦においても見られるものである。次節ではこのような規定形式を試みたいくつかの領邦について検討する。

第3節　ザクセン、ハノーファー、バーデン
──未終了未遂への限定──

(1)　ザクセン[247]

ザクセン王国における、統一的な、時代の進歩的な精神にふさわしい刑事立法を獲得しようとする試みは既に1810年に始まり、1810年8月18日の通達により刑法典の作成が枢密審議会（geheimes Consilium）の課題として課せられた[248]。その審議会の提案に基づいて、1810年9月22日および10月12日の通達によりティットマン（Carl August Tittmann）[249]とエアハルト（Christian Daniel Erhard）の二人に草案の起草が委託されたが、結局成果をあげないままに完成せずに終わった[250]。

　　る。このような被告人の側の中止事実の立証責任負担の規定は、前述のように1813年バイエルン刑法典においても存在し、その部分は1848年の改正によって削除された（前述第2部第3章第1節〔立命館法学288号（2003年）183頁以下〕参照）。
(247)　ザクセン王国における刑法典の編纂過程、および1841年ザクセン＝アルテンブルク公国刑法典へのその影響などについては、詳しくは Berner, Strafgesetzgebung (a. a. O.), S. 92ff. und S. 304ff.; Carl Georg von Wächter, Das Königlich Sächsische und das Thüringische Strafrecht, 1857, S. 3ff.; von Hippel, a. a. O., S. 327ff.; von Liszt/Schmidt, a. a. O., S. 66 u. S. 69を参照。またザクセン王国の国制史に関する日本語文献として、ゲーアハルト・シュミット著、松尾展成編訳『近代ザクセン国制史』（1995年）参照。
(248)　Stenglein, Sammlung (a. a. O.), 1. Bd., III. Herzogthum Sachsen=Altenburg, Einleitung, S. 3.
(249)　ティットマンの中止未遂の理論については、金澤真理「中止未遂における刑事政策説の意義について（一）」法学（東北大学）63巻（1999年）666頁以下を参照。
(250)　Stenglein, Sammlung (a. a. O.), 1. Bd., III. Herzogthum Sachsen=Altenburg, Einleitung, S. 3. このようにステンクラインは述べているが、しかし両者により既に刑法草案の大部分は完成に近い状態にまで作成されており（Vgl. Berner, Strafgesetzgebung (a. a. O.), S. 93）、実際にティットマンやエアハルトにより作成されたザクセン王国刑法草案が残されているのである。それらの条文数は、いずれも1000条を越える大規模なものであった。Carl August Tittmann,

1815年8月29日の通達により立法委員会が指名され、新しい刑法典の起草が行われたが、その起草の際に中心となったのがステューベル（Christoph Carl Stübel）であった[251]。1823年8月25日に立法委員会は枢密院に、草案を理由書とともに渡し、その草案は1824年1月27日の布告により領邦等族に提出された[252]。これが1824年ザクセン王国刑事法典草案である[253]。その後に領邦等族の回答、枢密院での審議、その他様々な法学者などの意見を取り入れた上で、ステューベルはその草案をほとんど全面的に作り直した、しかし1828年10月5日に彼はその作業の完成を見ることなく死亡し、それを引き継いで完成させたのがティットマンであった[254]。

　1835年の領邦議会において立法における改革の推進が了承され、そして今やグロス（Groß）が草案の編纂を引き継いだ[255]。その草案は1835年7月13日か

　　　Entwurf zu einem Strafgesetzbuche für das Königreich Sachsen, 1. Band, 1813 ; Christian Daniel Erhard, Entwurf eines Gesetzbuches über Verbrechen und Strafen für die zum Königreiche Sachsen gehörigen Staaten, 1816. なおこのエアハルトの刑法草案については、Friedhelm Krüger, CHRISTIAN DANIEL ERHARD und sein Entwurf eines Gesetzbuches über Verbrechen und Strafen für das Königreich Sachsen, 1963も参照。

[251]　Stenglein, Sammlung (a. a. O.), 1. Bd., III. Herzogthum Sachsen＝Altenburg, Einleitung, S. 3 ; Berner, Strafgesetzgebung (a. a. O.), S. 94.

[252]　Stenglein, Sammlung (a. a. O.), 1. Bd., III. Herzogthum Sachsen＝Altenburg, Einleitung, S. 4.

[253]　その1824年ザクセン王国刑事法典草案における中止犯規定は以下のとおりである（法文の原文は Entwurf eines Criminalgesetzbuches für das Königreich Sachsen, 1824, S. 51による）。
§183 Wer von der Unternehmung einer vorbereiteten, oder auch von der Vollendung einer schon begonnenen verbrecherischen Handlung blos aus Reue, da ihn ein Abscheu vor der That, oder die Furcht vor der darauf gesetzten Strafe ergriff, abstand, der soll mit aller Strafe verschont werden.
§184 Ist jedoch die vorbereitende Handlung, oder das Beginnen der verbrecherischen That schon ein für sich bestehendes Verbrechen, so wird die Strafe desselben dadurch nicht aufgehoben.
（第183条　準備された犯罪行為の実行を、または既に開始された犯罪行為の完成をも、単に悔悟から、その者が行為に対する嫌悪の念、またはそれに規定された刑罰への怖れに襲われたが故に、取りやめた者は、全ての刑罰を免れるべきである。
第184条　しかし準備行為、または犯罪行為の開始が既にそれ自体として存在している犯罪である場合には、その存在している犯罪の刑罰は、それによっては消滅されない。）
この規定の特徴としては、予備（準備）行為にも未遂行為と同様に中止犯である場合を認めている点、任意性を「悔悟」「行為に対する嫌悪の念」「刑罰への怖れ」として内容上限定した点、そして中止犯となった場合の法律効果を不処罰としつつ、加重的未遂の場合にはその内部の既遂犯を処罰する規定があった点などが挙げられる。

[254]　Stenglein, Sammlung (a. a. O.), 1. Bd., III. Herzogthum Sachsen＝Altenburg, Einleitung, S. 4.

ら1836年1月20日まで司法省の会議において審議され、いくつかの修正とともに国王に提出されてさらに審議および修正がなされた後、1836年3月10日に等族の代表団に提出された(256)。1836年11月4日および14日に上院および下院の代表団の報告書が作成され、そして即座に両院において審議が行われ、修正提案全体に関する最終的な一致へと至った(257)。この審議中に領邦政府が1837年11月17日の布告により草案の修正を提出し、等族のその他の修正提案に賛成した後に、1837年12月2日の草案に等族が賛成した(258)。その最終的な編集は領邦政府に委ねられ、これについて選出された等族の代表団により賛成され、そして1838年3月30日に公布された(259)。これが1838年ザクセン王国刑事法典である(260)。その中止犯規定は以下のようなものであった(261)。

§28 Ein Verbrecher, der von einem bereits begonnenen verbrecherischen Unternehmen, ohne durch äußere Umstände gehindert worden zusein, freiwillig wieder absteht, ist höchstens mit einjähriger Arbeitshausstrafe zu belegen, insofern nicht dasjenige, was er zu der Ausführung des Verbrechens schon gethan hat, an und für sich eine verbrecherische Handlung in sich begreift und

---

(255) Stenglein, Sammlung (a. a. O.), 1. Bd., III. Herzogthum Sachsen=Altenburg, Einleitung, S. 4.

(256) Stenglein, Sammlung (a. a. O.), 1. Bd., III. Herzogthum Sachsen=Altenburg, Einleitung, S. 4. これがいわゆる1836年ザクセン王国刑事法典草案である。それに対して批判・検討を行うものとして、Julius Friedrich Heinrich Abegg, Beiträge zur Kritik des Entwurfs zu einem Criminalgesetzbuche für das Königreich Sachsen vom Jahre 1836, 1837 (以下「Beiträge Sachsen」と略す) を参照。

(257) Stenglein, Sammlung (a. a. O.), 1. Bd., III. Herzogthum Sachsen=Altenburg, Einleitung, S. 4.

(258) Stenglein, Sammlung (a. a. O.), 1. Bd., III. Herzogthum Sachsen=Altenburg, Einleitung, S. 4f..

(259) Stenglein, Sammlung (a. a. O.), 1. Bd., III. Herzogthum Sachsen=Altenburg, Einleitung, S. 4.

(260) この1838年ザクセン王国刑事法典について詳しくは、August Otto Krug, Studien zur Vorbereitung einer gründlichen Auslegung und richtigen Anwendung des Criminalgesetzbuches für das Königreich Sachsen vom Jahre 1838, 1838 (以下「Auslegung」と略す) などを参照 (特に未遂に関してはKrug, Auslegung (a. a. O.), 1. Abtheilung, S. 50ff. を参照)。

(261) 法文の原文はStenglein, Sammlung (a. a. O.), 1. Bd., III. Herzogthum Sachsen=Altenburg, S. 38f.. による。なおこの引用個所は1841年ザクセン=アルテンブルク公国刑法典の条文であるが、この1841年ザクセン=アルテンブルク公国刑法典がそもそも1838年ザクセン王国刑法典をもとにしたものであり、1838年ザクセン王国刑法典との差異が存在する場合にはその旨脚注に記されている (Vgl. Stenglein, Sammlung (a. a. O.), 1. Bd., III. Herzogthum Sachsen=Altenburg, Einleitung, S. 5f. und S. 17ff.)。引用個所にはこのような差異の存在を示す記述がなかったので、これは1838年ザクセン王国刑法典と同じ文言であると考えてよいであろう。

als solche eine größere Strafe nach sich zielt.
（第28条　既に着手された犯罪計画を、外部的事情によって阻止されること無しに、任意に再び取りやめた犯罪者は、その犯罪の実行へと既に着手したことが、それ自体として犯罪となる行為を中に含んでおらず、かつそのような犯罪としてより大きな刑罰を導くものではない限りにおいて、最長でも１年の労役刑を科せられるべきである。）

　この規定の特徴としては、未遂犯成立（26条）を前提とした中止犯規定がなされていること、任意性に関して内容上の限定が行われていないこと、加重的未遂の場合に内部の既遂犯としての処罰の可能性を残していることなどが挙げられるが、何よりも最も特徴的なのは、その法律効果が「１年以下の労役刑」とされたことである。すなわちこの規定によれば、中止犯は原則として可罰的なものであるとされたのである⁽²⁶²⁾。これについてツァハリエやミュラーは、文言上、裁判官が行為者を完全に不処罰にすることもなし得るものの、しかしもしそのような解釈が採り得ないものとするならば、各則における２つの規定とこの28条は矛盾するものである、と指摘している。すなわちその65条において、審理前に盗品の任意的な補償が行われた場合には、「刑罰が完全に免じられるべきである」⁽²⁶³⁾と規定されていたのである。これによれば、窃盗の任意的な中止未遂犯は「１年以下の労役刑」とされるにもかかわらず、窃盗を既遂にした後に、審理前に盗品の任意的な補償を行うと「完全な不処罰」を受けることになり、評価矛盾が生じていると批判したのである⁽²⁶⁴⁾。同様の評価矛盾は188条にも存在し、侵害発生前に偽証を撤回すると「６月以下の労役刑」⁽²⁶⁵⁾となったのである⁽²⁶⁶⁾。ここでも行為者が既に着手された（しかしまだ終了していない）証言の際に行為実行を放棄した際には、28条により「１年以下の労役

---

(262)　Michael Peter Müller, Die geschichtliche Entwicklung des Rücktritts vom Versuch bis zum Inkrafttreten des neuen StGB-AT 1975, 1995, S. 58.
(263)　Vgl. Stenglein, Sammlung (a. a. O.), 1. Bd., III. Herzogthum Sachsen＝Altenburg, S. 56 Fn. 94.
(264)　Heinrich Albert Zachariä, Die Lehre vom Versuche der Verbrechen, Zweiter Theil, 1839, S. 317f.; Müller, a. a. O., S. 58.
(265)　Vgl. Stenglein, Sammlung (a. a. O.), 1. Bd., III. Herzogthum Sachsen＝Altenburg, S. 106.
(266)　なおこの188条の法律効果に関して、ツァハリエや、それに依拠したと思われるミュラーは「不処罰になる」と述べている（Zachariä, a. a. O., S. 318；Müller, a. a. O., S. 58）。しかし筆者が条文を Stenglein, Sammlung (a. a. O.), 1. Bd., III. Herzogthum Sachsen＝Altenburg, S. 106 で確認した限りでは、偽証の撤回について「６月以下の労役刑」、軽率な宣誓の撤回について「６週以下の軽懲役刑またはそれに相応する罰金刑」となっており、不処罰とはされていなかった。だが、いずれにせよ刑罰における評価矛盾が生じる点では変わらない。

刑」とされるのである。この点をツァハリエは、「このようなかなり奇妙な矛盾が草案の審議の際に変更されなかったことは、その矛盾が既にその審議前に公に批判されていた⁽²⁶⁷⁾がゆえに、なお一層不思議に思われる」とまで批判し⁽²⁶⁸⁾、ミュラーは、規定がこのような矛盾をもたらす場合には、28条による「1年以下の労役刑」は裁量範囲の上限を示すものでしかなく、不処罰も付与し得るものであると解釈すべきである、とする⁽²⁶⁹⁾。このような特殊な法律効果を持った1838年ザクセン王国刑事法典は、その他の領邦における規定とは異なる特徴をもつものであり、またそのことはその刑事法典の成立過程に関しても、その法典が、当時「それまで圧倒的な影響力を行使していた〔1813年の〕バイエルン刑法典とは異なる、独立した経過をたどったこと」⁽²⁷⁰⁾にもよるものと考えられる。

このような1838年ザクセン王国刑事法典は、1813年バイエルン刑法典と同様に、周辺領邦においても若干の修正が施された上で採用され⁽²⁷¹⁾、一部の地域においてはそれは1838年ザクセン王国刑事法典の発展形態である1850年テューリンゲン刑法典として結実した⁽²⁷²⁾。

───────────

(267) すなわち、例えばここで挙げた窃盗罪の事後補償規定との評価矛盾については、既に1836年ザクセン王国刑事法典草案にも存在しており、前述のアーベックもその矛盾点について指摘しているのである。Vgl. Abegg, Beiträge Sachsen (a. a. O.), S. 25f..
(268) Zachariä, a. a. O., S. 318.
(269) Müller, a. a. O., S. 58. しかしツァハリエはこのような解釈について、「これ〔筆者注：この条文の文言〕はすなわち、裁判官が行為者を状況次第では完全に不処罰として解放し得ることも意味しているのであろうか？――これが（もちろん望ましいものではあるが）その法律の意図することであるようには、我々には思われない」と述べている。Vgl. Zachariä, a. a. O., S. 317 Fn. 2.
(270) Stenglein, Sammlung (a. a. O.), 1. Bd., III. Herzogthum Sachsen=Altenburg, Einleitung, S. 5.
(271) 例えばザクセン＝ヴァイマール大公国においては1839年4月5日に、ザクセン＝アルテンブルク公国においては1841年5月3日に、ザクセン＝マイニンゲン公国においては1844年8月1日に、そしてシュヴァルツブルク＝ゾンデルスハウゼン侯国においては1845年5月10日に、1838年ザクセン王国刑事法典がわずかに修正されただけで公布された。Vgl. Stenglein, Sammlung (a. a. O.), 1. Bd., III. Herzogthum Sachsen=Altenburg, Einleitung, S. 5; Karl Binding, Die gemeinen Deutschen Strafgesetzbücher, 2. Aufl., 1877（以下「Strafgesetzbücher」と略す）, S. 8f. u. Tabelle zu §1.（am Schluü des Buches）. 1850年テューリンゲン刑法典ができる以前に、1838年ザクセン王国刑事法典の修正版を採用したこれらの領邦の中で、後にそのテューリンゲン刑法典の採用に参加しなかったのはザクセン＝アルテンブルク公国のみであり、そこではこの1841年5月3日に採用した1838年ザクセン王国刑事法典の修正版がそのまま使用された。Stenglein, Sammlung (a. a. O.), 3. Bd., X. sg. Thüring'sches Strafgesetzbuch, Einleitung, S. 4.
(272) この1850年テューリンゲン刑法典の成立過程については、詳しくはBerner, Strafgesetz-

第3章　19世紀、ライヒ刑法典制定まで　253

　その後、ザクセン王国においても新しく刑事法典が作成された。1853年にザクセン王国刑法典草案が作成され、その中で中止犯に関する規定は、「可罰的な未遂（Strafbarer Versuch）」の題名の下に、未終了未遂のみを対象として規定された(273)。そしてその2年後に1855年ザクセン王国刑法典が公布された。そ

---

gebung (a. a. O.), S. 208ff.; Wächter, a. a. O., S. 54ff.; Stenglein, Sammlung (a. a. O.), 3. Bd., X. sg. Thüring'sches Strafgesetzbuch, Einleitung, S. 3f.. を参照。中部ドイツでは前注のように、1838年ザクセン王国刑事法典を修正したものが採用されてきたが、しかしこれも中部ドイツ地域の法の同一性の要請に応えるものではなく、その同一性の要請はイェーナにある共通最高裁判所（der gemeinschaftliche oberste Gerichtshof）によって、なお一層はっきりとしたものとなった。それゆえザクセン＝ヴァイマール大公国政府は周辺国に共通刑法に関する審議を行うよう働きかけ、その結果作成された刑法典は、ザクセン＝ヴァイマール＝アイゼナハ大公国、ザクセン＝マイニンゲン公国、ザクセン＝コーブルク＝ゴータ公国、アンハルト＝デッサウ公国、アンハルト＝ケーテン公国、シュヴァルツブルク＝ルドルシュタット候国、シュヴァルツブルク＝ゾンデルスハウゼン候国、ロイス分家候国の全ての領邦に、個別的な相違点を許容しつつも、採用された（Vgl. Stenglein, Sammlung (a. a. O.), 3. Bd., X. sg. Thüring'sches Strafgesetzbuch, Einleitung, S. 3f.; Binding, Strafgesetzbücher (a. a. O.), S. 9f. u. Tabelle zu §1. (am Schluß des Buches))。その1850年テューリンゲン刑法典の中止犯規定は以下のとおりである（法文の原文は Stenglein, Sammlung (a. a. O.), 3. Bd., X. sg. Thüring'sches Strafgesetzbuch, S. 75による）。

§26 Wer von einer bereits angefangenen verbrecherischen Unternehmung, ohne durch äußere Umstände gehindert worden zu sein (Art. 23 Nr. 1), freiwillig wieder absteht, ist straflos, sofern nicht dasjenige, was er schon zur Ausführung des Verbrechens gethan hat, als ein besonderes Verbrechen strafbar ist.

　Hat der Thäter dagegen alles gethan, was von seiner Seite zur Vollendung des beabsichtigten Verbrechens nothwendig war (Art. 23 Nr. 2), und hat das Verbrechen dadurch freiwillig wieder aufgegeben, daß er selbst das Eintreten des zur Vollendung des Verbrechens gehörigen Erfolges abgewendet hat, so soll ihm dieses nur zur Minderung der Strafe des Versuches gereichen und er nach den im Art. 24 für den Fall des Art. 23 Nr. 4 aufgestellten Regeln bestraft werden.

（第26条　既に開始された犯罪の実行を、外部的な事情によって阻止されたのではなくして（23条1号）、任意に再び取りやめた者は、その者が既に犯罪の実行のために行ったことが、特別な犯罪として可罰的なものとされていない限りにおいて、不処罰である。

　それに対して、行為者がその者の側から、意図された犯罪の既遂のために必要不可欠であった全てのことを行ったが、そしてその者が自ら、犯罪の既遂に属する結果の発生を回避したことにより、犯罪を任意に再び放棄した場合には、このことはその者に、未遂の刑罰の減軽のみをもたらすべきであり、そしてその者は23条4号の場合のための24条において提示された規定に従って処罰される。）

　この規定の特徴としては、任意性に関して内容の限定を行っていない点、加重未遂の場合の内部の既遂犯処罰の規定がある点が挙げられる。そして特に1838年ザクセン王国刑事法典との大きな違いは、中止犯を着手未遂と実行未遂の二種類に区分し、前者の法律効果を「不処罰」としつつ、後者の法律効果を「刑罰減軽」としたことである。本文中に挙げた1838年ザクセン王国刑事法典への批判を受けたことに基づくものとも考えられる。

(273)　この1853年ザクセン王国刑法典草案の中止犯規定は以下のとおり（法文の原文は Müller, a.

の中止犯規定は、「不処罰となる未遂（Strafloser Versuch）」の題名の下に、以下のように規定された[274]。

> §44 Der nicht beendigte Versuch eines Verbrechens（Art. 40）ist straflos zu lassen, wenn der Verbrecher sein Vorhaben, ohne an der Ausführung desselben durch äußere Umstände gehindert worden zu sein, gänzlich wieder aufgegeben hat. Ist in dem, was der Verbrecher zur Ausführung des von ihm beabsichtigten Verbrechens gethan hat, eine an sich selbst strafbare That enthalten, so wird die Bestrafung der letzteren durch die Bestimmung dieses Artikels nicht ausgeschlossen.
> （第44条　犯罪の未終了未遂（40条）は、犯罪者がその計画を、外部的事情によって実行そのものが阻止されること無しに、完全に再び放棄した場合には、不処罰にされるべきである。行為者によって意図された犯罪の実行へと着手したことにおいて、それ自体として独自に可罰的な行為を含んでいる場合には、含まれた犯罪の処罰はこの条文の規定によって排除されることはない。）

この規定の特徴としては、未遂犯成立（39条、40条）を前提とした中止犯規定がなされている点、加重的未遂の場合に内部に含まれた既遂犯の可罰性を明記している点などが挙げられるが、何よりも1838年ザクセン王国刑事法典との大きな違いとして、その法律効果が不処罰とされた点が挙げられる。この点につきクルークによれば、理由書において「しばしば批判されている、〔1838年〕刑事法典65条との二律背反の排除のために、不処罰を明らかにした」と述べられている[275]ことから、前述した1838年ザクセン王国刑事法典28条の量刑上の不均衡を解消するために不処罰と規定したことがうかがわれるのである。

そしてもう一つの特徴として、中止犯を未終了未遂の場合に明確に限定した

---

a. O., S. 58による）。
　§42 Der nicht beendete Versuch eines Verbrechens（Art. 38）ist straflos zu lassen, wenn der Verbrecher sein Vorhaben, ohne an der Ausführung desselben durch äußere Umstände gehindert worden zu sein, gänzlich wieder aufgegeben hat...
　（第42条　犯罪の未終了未遂（38条）は、犯罪者がその計画を、外部的事情によって実行そのものが阻止されること無しに、完全に再び放棄した場合には、不処罰にされるべきである。……）
　この規定は未終了未遂に関するものであり、ミュラーによれば、終了未遂においては不処罰となるような中止は全くあり得ないことになる。そしてこの草案の規定は、そのまま1855年ザクセン王国刑法典の44条に引き継がれた。Vgl. Müller, a. a. O., S. 58f..

(274)　法文の原文はStenglein, Sammlung (a. a. O.), 3. Bd., XIII. Königreich Sachsen, S. 33による。

(275)　August Otto Krug, Commentar zu dem Strafgesetzbuche für das Königreich Sachsen vom 11. August 1855, 1. Abtheilung, 1855（以下「Commentar」と略す）, S. 93.

ことが挙げられる。この点についてクルークは、「当該条項が未終了未遂においてのみ中止を規定したことは、適切な解釈による〔1838年〕刑事法典28条と一致するものである。……終了未遂においてはもはや中止され得ないのである。もはや結果が回避され得るにすぎず、その場合には42条1項〔筆者注：「終了未遂が未終了未遂と同様のものとして処罰されるべき場合」についての規定〕が適用される。……このことが終了未遂の概念に置かれているがゆえに、ここ〔44条〕では未終了未遂を、実際に未終了になった未遂の場合——すなわち犯罪者の行動について既に何も欠けていない場合——のみであると理解されているのであり、42条により処罰において未終了未遂と同置されるような終了未遂の場合ではないのである」(276)と述べて、中止犯は未終了未遂の場合に限られるべきである旨主張している。

さらにクルークは中止の動機について、「それが悔悟にあるのか、同情にあるのか、もしくは処罰に対する怖れにあるのかというような中止の動機は、法律によれば、犯罪者が外部的な事情によって実行を阻止されたのではない限りにおいて、重要ではない。それゆえに、犯罪者を中止へと突き動かしたあらゆる外部的な事情がその条項の適用可能性を排除するわけではなくて——というのも常に、何かがその者を中止へと突き動かしたことには違いないから——、その者が実行の阻止と評価した外部的な事情が、その条項の適用可能性を排除するのである」(277)として、中止に任意性についてその内容を限定する必要はないと主張している。

またクルークは犯罪の単なる実行延期の場合についても触れ、「犯罪者はその計画を完全に放棄しなければならないのであり、単に延期したものであってはならない。延期とは、犯罪者が同じ実行を他の時期に実行することを決意した場合である。窃盗犯が窃盗を目論んだところ、Ａにおいて好機が全く見出せなかったがゆえに、今やＢにおいてそれを試みることを決意した場合は、ここには属さない。ここで窃盗犯がＡに対して着手した事実の中において、既に実際上の未遂……が存在している場合には、その放棄は任意的なものではない、なぜなら好機の欠如はその実行を阻止するような事情の一つだからである。しかしその者がそうではない場合、例えば、ここでそれは貧し過ぎるよう

---

(276) Krug, Commentar (a. a. O.), S. 93.
(277) Krug, Commentar (a. a. O.), S. 93.

に見えた、Aにおいてはおそらく多くは持っていない、などと窃盗犯が考えた場合には、Aにおける窃盗未遂は放棄された未遂となるであろう、なぜならBにおける未遂は別の犯罪だからである」(278)と述べ、好機がない場合の単なる実行延期の場合を中止犯から排除する旨を主張しているのである。

前述したような中止犯を未終了未遂に限定する考え方は、その他の領邦の刑事立法においてもしばしば見られるものであった。

(2) ハノーファー(279)

ハノーファー王国においても他の領邦国家と同様に19世紀の当初はドイツ普通刑法が存在し、領邦立法の散発的な出現や実務の発展の下で、他のドイツの領邦国家におけるのと同様の発展過程をたどっていった(280)。既に1816年に等族議会が新しい刑法典の公布に関する切なる希望を述べ、1823年になって初めて立法委員会がその編纂を委託された(281)。立法委員会はまず総則を起草し、そして1825年1月までに完全な草案を完成させ、公表した(282)。

---

(278) Krug, Commentar (a. a. O.), S. 93f..
(279) ハノーファー王国における刑法典の編纂過程などについては、詳しくは Berner, Strafgesetzgebung (a. a. O.), S. 157ff.; Stenglein, Sammlung (a. a. O.), 2. Bd., VI. Hannover, Einleitung, S. 3ff.; von Hippel, a. a. O., S. 331f.; von Liszt/Schmidt, a. a. O., S. 67を参照。
(280) Stenglein, Sammlung (a. a. O.), 2. Bd., VI. Hannover, Einleitung, S. 3.
(281) Stenglein, Sammlung (a. a. O.), 2. Bd., VI. Hannover, Einleitung, S. 3 ; Berner, Strafgesetzgebung (a. a. O.), S. 157f..
(282) Stenglein, Sammlung (a. a. O.), 2. Bd., VI. Hannover, Einleitung, S. 3 ; Berner, Strafgesetzgebung (a. a. O.), S. 158. これが1825年ハノーファー王国刑法草案である。その中止犯規定は以下のとおり(法文の原文は Anton Bauer, Entwurf eines Strafgesetzbuches für das Königreich Hannover, Mit Anmerkungen, 1826(以下「Entwurf Hannover 1826」と略す)による)。
§39 Die auf Ausführung eines Verbrechens gerichteten Handlungen bleiben straflos :
1) wenn sie an und für sich erlaubt, als bloße Vorbereitungen zur Ausführung eines Verbrechens anzusehen sind; vorbehaltlich dessen, was in Ansehung der Gehülfen bestimmt wird (Art. 84);
2) wenn zwar schon ein wirklicher, an sich strafbarer Versuch vorhanden, jedoch der Handelnde, vor dessen Beendigung, ohne dazu durch ein äußeres Hinderniß oder durch Zufall genöthiget zu seyn, aus freiem Antriebe völlig abgestanden ist, und daß dieses geschehen sey, durch äußere Handlungen an den Tag gelegt hat.
Sollte aber die Versuchshandlung schon an sich irgend eine andere Uebertretung enthalten, so tritt die dadurch verwirkte Strafe ein.
(第39条 重罪の実行に向けられた行為は、次のような場合には不処罰のままである。
1. その行為がそれ自体としては重罪の実行に対する単なる予備として評価されることが許される

これに対してミッターマイヤー[283]やガンス[284]、そしてバウアー[285]などが批判・検討を加え、それらの文献をもとにして政府によって草案の再修正が行われた[286]。そして1830年3月19日の書簡により、その修正の終了が等族に通知され[287]、それが1830年ハノーファー王国修正草案となった[288]。1830年11月12日にその草案が等族に委託され、このためにあらかじめ選出されていた委員会において審議されたが、成果には至らなかった[289]。1833年から1834年の領邦議会において、審議が再び開始されたが、等族議会での審議も並行して行われた。1834年の第二会期以降、領邦議会において草案の審議が1837年まで行われ、両院の一致が得られたが、しかし政府への決定報告前に等族議会が解散した[290]。新しい等族会議は1838年2月20日に召集され、草案の再審議をするように政府に求められた。そして短期間の審議後にわずかな修正をして、前述の

　　　場合、ただし幇助を顧慮して規定されている場合（84条）を除く。
　2．確かに既に実在する、それ自体可罰的な未遂が存在しているが、しかし行為者がその終了の前に、外部的障礙によってもしくは偶然の事情によってそれを強制されること無しに、任意的な動機から完全に取りやめ、そしてこれが行われたことが外部的な行為によって明らかにされた場合。
　　　しかし未遂行為が既にそれ自体、なにか他の違反行為を含んでいる場合には、それによって現実化した刑罰が発生する。)
　　この規定の特徴としては、未遂犯成立（38条）を前提として中止犯が規定されていること、任意性に関して内容上の限定が行われていないこと、加重的未遂の場合に内部の既遂犯として処罰する明文があること、そして中止が未終了未遂においてのみ認められていること、さらに中止行為について「これが行われたことが外部的な行為によって明らかにされた」場合に限ることで、事実上中止の立証を被告人の側に負わせていることなどが挙げられる。なお当該規定に対するバウアーの注釈については、Bauer, Entwurf Hannover 1826 (a. a. O.), S, 378ff. を参照。
(283) Carl Joseph Anton Mittermaier, Heidelberger Jahrbücher 1824, Nr. 41-43. これは後に「Bemerkungen über den Entwurf eines Strafgesetzbuches für das Königreich Hannover」という題名で出版された。Vgl. Berner, Strafgesetzgebung (a. a. O.), S. 158.
(284) Gans, Kritische Beleuchtung des Entwurfes eines Strafgesetzbuches für das Königreich Hannover nebst dem Entwurfe selbst, in dessen zuletzt bekannt gewordener Redaktion, von einem praktischen Rechtsgelehrten, 1. Theil 1827, 2. Theil 1828.
(285) Bauer, Entwurf Hannover 1826 (a. a. O.), usw..
(286) Berner, Strafgesetzgebung (a. a. O.), S. 159.
(287) Stenglein, Sammlung (a. a. O.), 2. Bd., VI. Hannover, Einleitung, S. 4.
(288) この1830年ハノーファー王国修正草案と1825年ハノーファー王国刑法草案を比較検討する文献として、Anton Bauer, Vergleichung des ursprünglichen Entwurfs eines Strafgesetzbuches für das Königreich Hannover mit dem revidierten Entwurfe, wie solcher den Ständen des Königreichs mitgetheilt worden, 1831参照。
(289) Stenglein, Sammlung (a. a. O.), 2. Bd., VI. Hannover, Einleitung, S. 4.
(290) Stenglein, Sammlung (a. a. O.), 2. Bd., VI. Hannover, Einleitung, S. 4f..

政府決定を了承した(291)。この決定内容が、両院の意見一致後の1838年5月28日に理由書とともに政府に報告された(292)。そして1840年8月8日にその刑法典が公布された。これが1840年ハノーファー王国刑法典である。その中止犯規定は以下のように規定された(293)。

§34 Die auf Ausführung eines Verbrechens gerichteten Handlungen bleiben straflos :
1) wenn sie an und für sich erlaubt, als bloße Vorbereitungen zur Ausführung eines Verbrechens anzusehen sind ; vorbehaltlich dessen, was in Hinsicht der Anstifter (Art. 55), des Complotts (Art. 59) und der Gehülfen (Art. 71) bestimmt ist ;
2) wenn sie in solchen durchaus unwirksamen Handlungen bestanden, welchen aus Aberglauben eine übernatürliche Wirkung beigelegt ward ;
3) wenn zwar ein nicht beendigter Versuch bereits vorhanden ist, jedoch der Handelnde, ohne dazu durch ein äußeres Hinderniß, oder durch Zufall genöthigt zu sein, aus freiem Antriebe von der beabsichtigten That völlig abgestanden ist.
　Sollte aber die Versuchshandlung schon an sich irgend eine andere Uebertretung enthalten, so tritt die dadurch verwirkte Strafe ein.
（第34条　重罪の実行に向けられた行為は、次のような場合には不処罰のままである。
1．その行為がそれ自体としては重罪の実行に対する単なる予備として評価されることが許される場合、ただし教唆犯（55条）、共謀（59条）、そして幇助（71条）の点に関して規定されている場合を除く。
2．迷信から超自然的な効果を付与するような、全く効果のない行為が存在した場合。
3．確かに終了していない未遂が既に存在しているが、しかし行為者が、外部的障礙によって、もしくは偶然の事情によってそれを強制されること無しに、任意的な動機から意図された行為を完全に取りやめた場合。
　しかし未遂行為が既にそれ自体、なにか他の違反行為を含んでいる場合には、それによって現実化した刑罰が発生する。）

この規定の特徴としては、1825年ハノーファー王国刑法草案39条と同様に、未遂犯成立（33条）を前提として中止犯が規定されていること、任意性に関して内容上の限定が行われていないこと、加重的未遂の場合に内部の既遂犯として

---

(291)　Stenglein, Sammlung (a. a. O.), 2. Bd., VI. Hannover, Einleitung, S. 5.
(292)　Stenglein, Sammlung (a. a. O.), 2. Bd., VI. Hannover, Einleitung, S. 5.
(293)　法文の原文は Allgemeines Criminal-Gesetzbuch für das Königreich Hannover, 1840, S. 19f. による。

処罰する明文があること、そして中止が未終了未遂においてのみ認められていることなどが挙げられる。

そして1825年ハノーファー王国刑法草案との相違点としては、「これが行われたことが外部的な行為によって明らかにされた」場合に限るという、中止の立証責任を事実上被告人の側に負わせる文言が削除された点が挙げられる。これは既にガンスにより批判がなされており、この文言を削除するよう主張されていた[294]ことから、それに基づいて修正されたものと考えられる。

以上のようにハノーファーにおいては、草案の段階から成立に至るまで、中止未遂は未終了未遂の場合に限って認められるものとされていたのである。

(3) バーデン[295]

バーデンにおいても、ドイツにおける他の領邦と同様に、ドイツ普通刑法が領邦立法や裁判所での運用、および学問により、非常に変化した、領邦内の様々な地域における様々な形式を承認し、均一な刑法の適用を不可能なものとしていた[296]。1803年の刑罰勅令(Strafedikt)は、領邦全体における刑事司法の統一と均一化を試みるものであったが、しかしその試みはその計画の困難さゆえに失敗に終わらざるを得ないものであった[297]。追加的な法律はさらにな

---

[294] Müller, a. a. O., S. 57. ミュラーによれば、ガンスはこのような規定を設けることについて「これは立証問題へと至る。すなわち、被告人は彼にとって好都合な主観的要素を、客観的にもまたなお証明することを、義務付けられ得ることはないからである。すなわちその立証は、既におのずから行為の不完成の中に存在するのである。むしろ不任意な放棄が、被告人に対して証明されなければならない。刑事政策的にもまた、被告人に無罪証拠の負担を負わせることは見当違いである。中止者がその被害者に『私は今、任意に止める』と言うことが唯一のその可能性であることがしばしばである。しかもその上、それによって実現不可能な否認の証拠が行為者に要求されるということが広く言われるようになり得るのである」と述べており、その点からガンスは当該文言の削除に賛成している、とする。Gans, a. a. O., 1. Theil, 1827, S. 107ff., zitiert nach Müller, a. a. O., S. 57. このような被告人の側への中止犯についての立証責任負担に関する規定の削除は、1848年にバイエルン刑法典においても行われたことであった。前述第2部第3章第1節(立命館法学288号(2003年)183頁以下)参照。

[295] バーデン大公国における刑法典の編纂過程などについては、詳しくは Berner, Strafgesetzgebung (a. a. O.), S. 197ff.; Stenglein, Sammlung (a. a. O.), 2. Bd., VIII. Baden, Einleitung, S. 3f.; Entwürfe für das Strafgesetzbuch des Großherzogtums Baden Karlsruhe 1836 und 1839, Mit einer Einleitung neu herausgegeben von Rainer Schröder, 1989, Kodifikationsgeschichte Strafrecht Großherzogtum Baden (von Rainer Schröder), S. VIIff.; von Hippel, a. a. O., S. 332f.; von Liszt/Schmidt, a. a. O., S. 67を参照。

[296] Stenglein, Sammlung (a. a. O.), 2. Bd., VIII. Baden, Einleitung, S. 3.

[297] Stenglein, Sammlung (a. a. O.), 2. Bd., VIII. Baden, Einleitung, S. 3 ; Berner, Strafgesetz-

お法の不安定性を増大させ、とっくの昔に政府の側からも、完全な、全ての時代遅れのものを取り除くような法典を備えることが望まれるようになっていた[298]。立法委員会はそのような法典の作成を委託され、注意深く編纂を行い、一方では立法委員会内において[299]、一方では裁判所および領邦の法律家の構成員により再三再四検討された草案を、1839年4月9日になって初めて下院に提出した。これが1839年バーデン大公国刑法典草案である[300]。下院では1840

---

gebung (a. a. O.), S. 197.

[298] Stenglein, Sammlung (a. a. O.), 2. Bd., VIII. Baden, Einleitung, S. 3.

[299] 1836年バーデン大公国刑法典草案は、その表題の下に「大公国立法委員会の審議後」との記述があることから、おそらくこの立法委員会内での討議の末に出来上がったものと考えられる。その中止犯規定は以下のとおり（法文の原文は Entwürfe für das Strafgesetzbuch des Großherzogtums Baden Karlsruhe 1836 und 1839, Mit einer Einleitung neu herausgegeben von Rainer Schröder, 1989, I, S. 25による）。

§103 Ist der Thäter nach unternommenen Versuchshandlungen wegen eingetretener Reue oder aus irgend einem anderen Beweggrunde von der wirklichen Vollführung der That freiwillig wieder abgestanden, so sind die Versuchshandlungen als solche straflos.

Enthalten sie jedoch selbst ein eigenes Verbrechen, so tritt die hierdurch verwirkte Strafe ein.

（第103条　行為者が、着手された未遂行為後に発生した悔悟を理由として、または何かその他の動機から、現実化した行為の遂行を任意に再び取りやめた場合には、当該未遂行為は未遂としては不処罰である。

しかしながらその未遂行為がそれ自身固有の犯罪を含んでいる場合には、これにより現実化した刑罰が発生する。）

この規定の特徴としては、未遂犯成立（91条、97条）を前提として中止犯が規定されていること、任意性に関して内容上の限定が行われていない——「悔悟を理由として、または何かその他の動機から」なので——こと、加重的未遂の場合に内部の既遂犯として処罰する明文があることが挙げられる。

[300] この1839年バーデン大公国刑法典草案の中止犯規定は以下のとおり（法文の原文は Entwürfe für das Strafgesetzbuch des Großherzogtums Baden Karlsruhe 1836 und 1839, Mit einer Einleitung neu herausgegeben von Rainer Schröder, 1989, II, S. 30による）。

§105 Ist der Thäter nach unternommenen Versuchshandlungen wegen eingetretener Reue oder aus irgend einem anderen Beweggrunde von der wirklichen Vollführung der That freiwillig wieder abgestanden, so sind die Versuchshandlungen als solche straflos.

Enthalten sie jedoch selbst ein eigenes Verbrechen, so tritt die hierdurch verschuldete Strafe ein.

（第105条　行為者が、着手された未遂行為後に発生した悔悟を理由として、または何かその他の動機から、現実化した行為の遂行を任意に再び取りやめた場合には、当該未遂行為は未遂としては不処罰である。

しかしながらその未遂行為がそれ自身固有の犯罪を含んでいる場合には、これにより負責される刑罰が発生する。）

1836年バーデン大公国刑法典草案とは、第2項の文言が1箇所異なる（「現実化した（verwirkte）」が「負責される（verschuldete）」となった）のみで、それ以外は全く同じ文言である。

第 3 章　19世紀、ライヒ刑法典制定まで　　*261*

年にその草案に関する審議が行われ[301]、その後、上院では1841年に審議が続けられた。しかしその刑法典が公布されたのは、他の刑事手続法などの審議が行われた1845年になってのことであった。しかし1845年 3 月 6 日における公布の法律においてもその刑法典の発効に関しては規定されず、刑事手続法の効力や政府命令に依存したままであった[302]。1851年になってやっと新しい施行法ができあがり、1851年 3 月 1 日にようやくこの刑法典が発効することとなった[303]。これが1845年バーデン大公国刑法典である[304]。その中止犯規定は以下

[　] また立法委員会によるこの1839年バーデン大公国刑法典草案の注釈書においては、中止犯については、犯罪結果が生じなかったときに、「行為者が自分自身で、開始された犯罪の既遂を、自発的に放棄した場合に対して、刑事政策は不処罰を要求している（105条）」とのみ述べられている。Anmerkungen der Gesetzgebungscommission zum Entwurf eines Strafgesetzbuchs für das Großherzogthum Baden, 1839, S. 24.

(301)　この下院における審議の結果、でき上がった草案が、Entwurf eines Strafgesetzbuchs für das Großherzogthum Baden, nach den Beschlüssen der Kommission der zweiten Kammer der Landstände, 1840に記載されている（これを便宜上、1840年バーデン大公国刑法典草案と呼ぶことにする）。この1840年バーデン大公国刑法典草案における中止犯規定は以下のとおり（法文の原文は上記の文献の198頁による。なお下線部はラテン文字で、それ以外はドイツ文字で記載されていた。おそらくラテン文字（下線部）が修正部分と思われる）。

§105 (Freiwilliges Aufgeben des versuchten Verbrechens.) Hat der Thäter nach unternommenen Versuchshandlungen wegen eingetretener Reue oder aus irgend einem andern Beweggrunde vor der Vollführung das Verbrechen freiwillig wieder aufgegeben, so sind die Versuchshandlungen als solche straflos.

Enthalten sie jedoch selbst ein eigenes Verbrechen, so tritt die hiedurch verschuldete Strafe ein.

§105a (Abwendung des Erfolgs.) Hat der Thäter nach beendigter Unternehmung das Eintreten des strafbaren Erfolgs selbst abgewendet, und das Verbrechen freiwillig wieder aufgegeben, so ist er ebenfalls straflos.

（第105条（未遂犯罪の任意的な放棄）　行為者が、着手された未遂行為後に発生した悔悟を理由として、または何かその他の動機から、重罪の遂行の前に任意に再び放棄した場合には、当該未遂行為は未遂としては不処罰である。

しかしながらその未遂行為がそれ自身固有の犯罪を含んでいる場合には、これにより負責される刑罰が発生する。

第105条 a（結果の回避）　行為者が着手行為の終了後に可罰的な結果の発生を自ら回避し、なおかつ犯罪を任意に再び放棄した場合には、同様に当該行為者は不処罰である。）

この規定の特徴としては、中止未遂規定が未終了未遂の場合と終了未遂の場合の二つに分かれ、前者では「犯罪の放棄」が、後者では「犯罪結果の回避」が要求された。そして法律効果においては未終了未遂の場合も終了未遂の場合も「不処罰」となるものとされたのである。この1840年バーデン大公国刑法典草案は、いわばそれまでのバーデン大公国の刑法典草案の部分をそのまま未終了未遂の規定としつつ、終了未遂の規定の部分を追加的に規定したような、過渡期段階のものであったといえる。

(302)　Stenglein, Sammlung (a. a. O.), 2. Bd., VIII. Baden, Einleitung, S. 4.
(303)　Stenglein, Sammlung (a. a. O.), 2. Bd., VIII. Baden, Einleitung, S. 4 ; Binding, Strafgeset-

のように規定された[305]。

> §117 (Freiwilliges Aufgeben des versuchten Verbrechens.) Hat der Thäter nach einem nicht beendigten Versuche das Verbrechen freiwillig wieder aufgegeben, so sind die Versuchshandlungen als solche straflos. Enthalten sie jedoch selbst ein eigenes Verbrechen, so tritt die hiedurch verschuldete Strafe ein.
>
> §118 (Abwendung des Erfolgs durch den Thäter.) Hat der Thäter nach beendigtem Versuche das Eintreten des strafbaren Erfolgs selbst abgewendet und das Verbrechen freiwillig wieder aufgegeben, so gilt dies als Strafmilderungsgrund.

> (第117条(未遂犯罪の任意的な放棄)
> 行為者が、未終了未遂後に重罪を任意に再び放棄した場合には、当該未遂行為は未遂としては不処罰である。しかしながらその未遂行為がそれ自身固有の犯罪を含んでいる場合には、これにより負責される刑罰が発生する。
>
> 　第118条(行為者による結果の回避)　行為者が着手行為の終了後に可罰的な結果の発生を自ら回避し、なおかつ犯罪を任意に再び放棄した場合には、これは刑罰減軽事由とする。)

この規定の特徴としては、まず未遂犯成立（106条）を前提として中止犯が規定されている点、そして1840年バーデン大公国刑法典草案と同様に、さらに未終了未遂の場合と終了未遂の場合とで中止犯規定を区別して規定した点が挙げられる。その上で、任意性に関しては1840年刑法典草案まで維持されてきた「着手された未遂行為後に発生した悔悟を理由として、または何かその他の動機から」という文言が「任意に」の一語に変更され、またその法律効果に関しても、未終了未遂に関しては（加重的未遂の場合には内部に含まれた既遂犯を処罰するものの）不処罰とされたが、終了未遂に関しては1840年刑法典草案とは異なり、不処罰ではなく刑罰減軽事由とされたのである[306]。

---

zbücher (a. a. O.), S. 9f. u. Tabelle zu §1. (am Schluß des Buches).
(304)　この1845年バーデン大公国刑法典について詳しくは、Wilhelm Thilo, Strafgesetzbuch für das Großherzogthum Baden mit den Motiven der Regierung und den Resultaten der Ständeverhandlungen im Zusammenhange dargestellt, 1845 ; Sigismund Puchelt, Das Strafgesetzbuch für das Großherzogthum Baden nebst Abänderungen und Ergänzungen mit Erläuterungen, 1868などを参照。
(305)　法文の原文はStenglein, Sammlung (a. a. O.), 2. Bd., VIII. Baden, S. 47f. による。
(306)　ティロによれば、終了未遂に対しては犯罪の中止（Abstehen）ということは多くを語るものではなく、むしろ「最も重要なことは結果の回避なのである」として、結果の回避を目的とした別の規定の必要性があった点を述べている。しかしティロは「これがあまりに重視されすぎ

以上のように、中止が認められる場合、もしくは中止として不処罰が認められる場合が未終了未遂に限られるという中止犯規定を採用した領邦がいくつか見られた。これは当時、「終了未遂においてはもはや中止され得ない」[307]とか、「犯罪の再度の取りやめは、終了した犯罪の未遂の際には、いずれにしても多くは述べない」[308]というような考えの下に、終了未遂にはもはや中止可能性はなく、その場合には「もはや結果が回避され得るにすぎない」[309]ものとする考え方があり、それが反映されたものと考えられる。しかし大部分の領邦における中止犯規定は、①未遂犯の成立を前提とした中止犯規定であり、②中止犯となった場合の法律効果は不処罰とされ、③加重的未遂の場合にはその内部に含まれた既遂犯としての処罰の可能性を残す、というのがドイツ領邦国家における刑法の中止犯規定の一般的な特徴であった。

第4節　ドイツ領邦国家における一般的な傾向

　その他のドイツ領邦国家の中で、刑法典を作成し、成立させた領邦としてブラウンシュヴァイク公国およびハンブルク自由都市が挙げられる[310]。ブラウンシュヴァイク公国[311]においても19世紀の当初は刑事立法は不十分なままであった[312]。1828年9月30日に領邦政府が委員会を任命し、完全な刑事法典の起草を依頼して、そのような状況に対策を講じることが試みられた[313]。しか

　　　て、完全な不処罰という結果を与えるべきものではなかった」という点から、この法律では刑罰減軽事由として評価されているとしている。Thilo, a. a. O., S. 144.
(307)　Krug, Commentar (a. a. O.), S. 93.
(308)　Thilo, a. a. O., S. 144.
(309)　Krug, Commentar (a. a. O.), S. 93.
(310)　これまで挙げてきた以外に刑法典を作成し成立させた領邦として、リューベックなどが挙げられるが、それについては（プロイセンとの関連で）後述する。また、草案を作成するにとどまった領邦としてシュレスヴィヒ＝ホルシュタイン公国（1808年草案および1849年草案）、クールヘッセン（ヘッセン・カッセル選帝候国）（1849年草案）などが挙げられるが、分量の都合上、本書では割愛する。さらにブレーメン自由都市の1868年草案については、第6節で若干述べることにする。
(311)　ブラウンシュヴァイク公国における刑法典の編纂過程などについては、詳しくは Berner, Strafgesetzgebung (a. a. O.), S. 135ff.; Stenglein, Sammlung (a. a. O.), 1. Bd., V. Braunschweig, Einleitung, S. 3f.; von Hippel, a. a. O., S. 334; von Liszt/Schmidt, a. a. O., S. 67を参照。
(312)　Stenglein, Sammlung (a. a. O.), 1. Bd., V. Braunschweig, Einleitung, S. 3.
(313)　Stenglein, Sammlung (a. a. O.), 1. Bd., V. Braunschweig, Einleitung, S. 3; Berner,

しこれは活動を始めないままに終わり、1831年に再び編纂を開始するために領邦議会の側から再度提案がなされた⁽³¹⁴⁾。その草案が完成し、国務省において再度審議された後で、その草案は1839年12月23日の国務省の通達により等族委員会に提示され、そしてこの草案について1840年4月9日に等族議会において報告がなされた⁽³¹⁵⁾。これに続く審議は1840年5月5日までに終了し、領邦議会と国務省の間での統一審議の後に、1840年5月12日に完全な意見の一致へと至り、そしてその刑法典が1840年7月10日に公布された⁽³¹⁶⁾。これが1840年ブラウンシュヴァイク公国刑法典である⁽³¹⁷⁾。その中止犯規定は以下のように規定された⁽³¹⁸⁾。

§69 Straffrei soll sein:
1) Der Thäter, welcher von der begonnenen Ausführung des Verbrechens aus freiem Antriebe völlig absteht, insofern nicht die bereits unternommene Handlung an sich strafbar ist;
2) der Anstifter, vertragsmäßige Theilnehmer oder Gehülfe, welcher von dem verbrecherischen Vorhaben zurücktritt (§51), wenn die Ausführung desselben unterblieben ist;
3) der Mitschuldige, der zu einer Zeit, wo noch der Vollführung des Verbrechens vorgebeugt werden konnte, von diesem und seinen Genossen der Obrigkeit, bevor sie eingeschritten, Anzeige macht.

　　　Strafgesetzgebung (a. a. O.), S. 143.
(314)　Stenglein, Sammlung (a. a. O.), 1. Bd., V. Braunschweig, Einleitung, S. 3; Berner, Strafgesetzgebung (a. a. O.), S. 143.
(315)　Stenglein, Sammlung (a. a. O.), 1. Bd., V. Braunschweig, Einleitung, S. 3f.; Berner, Strafgesetzgebung (a. a. O.), S. 143.
(316)　Stenglein, Sammlung (a. a. O.), 1. Bd., V. Braunschweig, Einleitung, S. 4.
(317)　この1840年ブラウンシュヴァイク公国刑法典は、ステンクラインにより、明らかに1813年バイエルン刑法典の影響の下で生まれたものではあるが、「既にその大部分の欠点が無くなっており、そして簡潔さおよび明確さの点で際立っているが故に、それは独立した、極めて優れたドイツ立法の現れである」と評されている（Vgl. Stenglein, Sammlung (a. a. O.), 1. Bd., V. Braunschweig, Einleitung, S. 4)。またホルツェンドルフも「1848年以前に存在していた刑法典の中で、ブラウンシュヴァイク刑法典が最も高い賞賛を享受した」と述べている。Vgl. Franz von Holtzendorff (Hrsg.), Handbuch des deutschen Strafrechts, Bd. 1, Die geschichtlichen und philosophischen Grundlagen des Strafrechts, 1871 (Nachdruck, 1986), S. 89. そしてこのブラウンシュヴァイク刑法典は、わずかな修正を施したのみで、1843年7月18日にリッペ＝デトモルト候国においても公布された。Vgl. Binding, Strafgesetzbücher (a. a. O.), S. 8 u. Tabelle zu § 1. (am Schluß des Buches); Stenglein, Sammlung (a. a. O.), 1. Bd., V. Braunschweig, Einleitung, S. 4.
(318)　法文の原文は Stenglein, Sammlung (a. a. O.), 1. Bd., V. Braunschweig, S. 47による。

第3章　19世紀、ライヒ刑法典制定まで　　265

（第69条　次の者は不処罰となることになる。
1．既に実行された行為がそれ自体可罰的ではない限りにおいて、開始された犯罪の実行を任意的な動機から完全に取りやめた行為者、
2．その実行がなされないままであった場合における、犯罪的な意図を中止した教唆犯、契約による共犯もしくは幇助犯（51条）、
3．まだ犯罪の遂行が防止され得た時点において、この犯罪およびその仲間に関して役所に、それらの機関が介入する前に、申告をなした共犯者。）

この規定は未遂犯の章に設けられた規定ではなく、「可罰性の抹消（Tilgung der Strafbarkeit）」という表題の章の下に設けられた規定であった。そのため犯罪者の死亡（67条）や時効（71条、72条）と同じ性質を持つものとして規定されたのであり、前述した1822年バイエルン刑法典草案（いわゆる「ゲンナー草案」）や1827年バイエルン刑法典修正草案と同様、中止は未遂概念とは切り離され、単なる量刑事由として扱われたも同然となってしまっているのである[319]。しかし任意性において内容の限定を行わないこと、中止犯として認められた場合に不処罰という法律効果が与えられたことは当時の中止犯規定の一般的な傾向に沿うものである。

　ハンブルク自由都市も、刑法典を作成し、成立させた領邦国家の一つである[320]。その1869年4月30日に成立したハンブルク自由都市刑法典における中止犯規定は以下のように規定された[321]。

　§36 (Freiwilliges Abstehen vom Versuche) Wenn der Thäter von der angefangenen Ausführung des Verbrechens aus Freien Antriebe völlig absteht, so bleibt der Versuch straffrei. Ist jedoch das Geschehene schon an sich mit Strafe bedroht, so kommt diese zur Anwendung.
　（第36条（未遂の任意的な中止）　行為者が開始された犯罪の実行を、自発的に完全に取りやめた場合には、未遂は不処罰のままである。しかし事件経過が既にそれ自体として刑を科せられるものである場合には、この刑が適用される。）

この規定の特徴としては、未遂犯成立（32条、34条）を前提として中止犯が規定

---

[319]　前述第2部第3章第1節（立命館法学288号（2003年）180頁以下）参照。
[320]　ハンブルク自由都市においては1849年ごろから既に草案が作成されていたようである（Vgl. Binding, Strafgesetzbücher (a. a. O.), S. 9f. u. Tabelle zu §1. (am Schluß des Buches)）が、それらは参照できなかった。
[321]　法文の原文はWerner Schubert (Hrsg.), Strafgesetzbuch für den Norddeutschen Bund, Entwurf vom 14. 2. 1870 (Reichstagsvorlage), 1992, Anlage 1, Vergleichende Zusammenstellung strafrechtlicher Bestimmungen aus deutschen und außerdeutschen Gesetzgebungen, S. 157による。

されている点、任意性に関して内容上の限定が行われていない点、その法律効果が不処罰とされた点、そして加重的未遂の場合に、内部に含まれた既遂犯としての処罰が行われた点が挙げられる。

そして前節でも述べたように、これらの特徴は、ドイツの各領邦国家による刑法典の中止犯規定において、広く一般的に見られるものであった。①未遂犯の成立を前提とした中止犯規定は1813年バイエルン刑法典を始めとして、1839年ヴュルテンベルク刑法典、1841年ヘッセン大公国刑法典、1838年ザクセン王国刑事法典や1855年ザクセン王国刑法典、1840年ハノーファー王国刑法典、1845年バーデン大公国刑法典などにおいて、ドイツのほとんどの地域において見られるものであった。そして②中止犯となった場合の法律効果が不処罰となるのも、前掲した刑法典の中で1838年ザクセン王国刑事法典以外は（未終了未遂に限定するものもあるものの）全ての刑法典において見られるものであった。さらに③加重的未遂の場合に内部に含まれた既遂犯としての処罰の可能性を残すものも、前掲の刑法典の中では、②と同様に1838年ザクセン王国刑事法典以外の全ての刑法典において見られる規定形式であった。

ただ任意性の内容の限定に関しては各領邦によって見解が分かれ、バイエルンにおいては1813年刑法典以降、1831年草案に至るまで任意性の内容に関して限定する記述が存在していたが、1854年草案からはそのような記述がなくなり、1861年刑法典においてもそうであった。このような流れはヴュルテンベルクにおいても同様であり、1823年草案以降、1839年刑法典の成立まで、任意性の内容を限定する記述が存在したが、1849年の法律により任意性の内容に関して限定を行わなくなった。最後まで任意性の限定を規定していたのはヘッセン大公国であったが、このような任意性の内容を限定する形式で中止犯を規定する規定形式は、1813年バイエルン刑法典に端を発するドイツ特有の規定形式ではあったものの、南ドイツにしか広まらず、またそれらの領邦においても徐々に採用されなくなっていったのである。

また一部の地域では草案や法典において、中止犯であるという事実（すなわちその任意性）の立証に関して、被告人の側にその立証責任を負わせる明文規定をもつものがいくつか見られた。この被告人の側への立証責任の明文規定は、バイエルンにおいては1810年草案に始まり、そのまま1813年バイエルン刑法典として現行法となるものの、1848年に改正が行われてそのような明文規定は削

除されてしまった。ヘッセン大公国では、1840年までの審議においてはそのような明文規定は存在しなかったものの、被告人が中止犯の抗弁を濫用することを怖れてか、1841年ヘッセン大公国刑法典において行為者の立証を要求することになった。しかしその1841年ヘッセン大公国刑法典を参考にしたはずの1849年ナッサウ公国刑法典は、まさにその立証責任の明文部分を削除して成立したものであった。またハノーファーにおいても、1825年刑法草案においては中止が行われたことが「外部的な行為によって明らかにされた」場合に限ることで、事実上中止の立証を被告人の側に負わせていたが、これは学者などから批判を受けたため、1840年刑法典ではその明文規定は削除されたのであった。このように、中止犯についての立証責任を被告人の側に負わせる明文規定は、多くの批判を受けるなどして、徐々に採用されなくなっていったのである。

そして以上に挙げたような規定形式の代わりに、ドイツの主要領邦において採用されていったのが、1810年フランス刑法典と同様に、中止犯ではないことを未遂犯の成立要件とする規定形式であった。前述のように、1861年バイエルン刑法典やヴュルテンベルクの1849年の法律により、このようなフランス型の中止犯の規定形式が実定法としても採用されたのである。このような規定形式は、かつては1532年カロリナ刑事法典や1794年プロイセン一般ラント法においてドイツでも採用されていた規定形式(322)であったが、1813年バイエルン刑法典以後においてはドイツでは実定法や草案にも見られるものではなかった。そのような規定形式が再びドイツにおいて草案に採用され始めた最初の領邦が、当時ドイツ北部において勢力を誇っていたプロイセンであった。

第5節　プロイセン(323)　——フランス型の未遂犯形式の採用——

1794年プロイセン一般ラント法の施行以後も、プロイセンの版図は拡大して

---

(322)　草案も含めれば、1802年プファルツ選帝侯国バイエルン刑法草案（いわゆるクラインシュロート草案）においても同様の規定形式が採用されていた。前述第2部第2章（立命館法学288号（2003年）174頁注38）参照。

(323)　プロイセンにおける刑法典の編纂過程などについて、詳しくは Jürgen Regge, Werner Schubert (Hrsg.), Gesetzrevision (1825-1848), I. Abteilung Straf- und Strafprozeßrecht, Bd. 1-6, 1981-1996（以下「Gesetzrevision」と略す）; Berner, Strafgesetzgebung (a. a. O.), S. 213 ff.; Stenglein, Sammlung (a. a. O.), 3. Bd., XI. Preußischen Staaten, Einleitung ; Christian Brandt, Die Entstehung des Code pénal von 1810 und sein Einfluß auf die Strafgesetzgebung

いった。19世紀初頭において、プロイセンのほとんどの領域においてプロイセン一般ラント法が、一部の小さい地域においてはドイツ普通法が、そして一部のライン管区の地域においては、フランス法が適用されていた[324]。まもなく国全体において、その不完全性から刑法の変革の必要が感じられることになり、またプロイセン全体地域を一つの立法の下に統一するという願望も感じられることとなった[325]。1825年頃から具体的な草案の作成が始められ、そして1827年草案[326]が、続いて1828年草案が作成された。その1828年草案の中止犯規定は以下のようなものであった[327]。

§57 Wer aus eignem Antriebe, von der Vollendung eines schon begonnenen Verbrechens völlig absteht, und, wo dies nöthig ist, solche Anstalten trifft, daß die beabsichtigte schädliche Wirkung nicht eintreten kann, der soll mit Strafe verschont werden.

Ist jedoch die Versuchshandlung schon ein für sich bestehendes Verbrechen, so wird die Strafe dieses letzteren dadurch nicht zugleich aufgehoben.

（第57条　自発的に、既に開始された犯罪の完成を完全に取りやめ、そして必要な場合

---

der deutschen Partikularstaaten des 19. Jahrhunderts am Beispiel Bayerns und Preußens, 2002, S. 379ff.; von Hippel, a. a. O., S. 314ff.; von Liszt/Schmidt, a. a. O., S. 67ff. などを参照。なお本書においては分量の都合上、プロイセンにおける各種の刑法草案および刑法典に対する、当時の研究者の見解などについて十分な検討を行うことができなかった。これらについては後日改めて検討することにする。

(324)　Stenglein, Sammlung (a. a. O.), 3. Bd., XI. Preußischen Staaten, Einleitung, S. 3.
(325)　Stenglein, Sammlung (a. a. O.), 3. Bd., XI. Preußischen Staaten, Einleitung, S. 3.
(326)　この1827年プロイセン刑法草案の中止犯規定は以下のとおり（法文の原文はGesetzrevision (a. a. O.), 1. Bd., S. 11による）。

§85 Wer, ohne durch eine äußere Ursach dazu veranlaßt zu seyn, vielmehr aus eigenem Antribe, von der Vollendung einer schon begonnenen verbrecherischen Handlung völlig absteht, und, wo dies nöthig ist, solche Anstalten trifft, daß die schädliche Wirkung nicht eintreten kann, der soll mit Strafe verschont werden.

Ist jedoch die Versuchshandlung schon ein für sich bestehendes Verbrechen, so wird die Strafe dieses letzteren dadurch nicht zugleich aufgehoben.

（第85条　外部的な原因によってそのように動機づけられたのではなくして、むしろ自発的に、既に開始された犯罪行為の完成を完全に取りやめ、そして必要な場合には、侵害結果が発生し得ないように措置をとった者は、刑罰を免じられる。

しかし未遂行為が既にそれ自体として存在している犯罪である場合には、この後者の刑罰はそれによって同時には消滅しない。）

この規定の特徴としては、未遂犯の成立（77条）を前提として中止犯が規定されている点、任意性に関して内容上の限定が行われていない点、その法律効果が不処罰とされた点、そして加重的未遂の場合に、内部に含まれた既遂犯としての処罰が行われた点が挙げられる。

(327)　法文の原文はGesetzrevision (a. a. O.), 1. Bd., S. 282f. による。

には、意図していた侵害結果が発生し得ないように措置をとった者は、刑罰を免じられる。

しかし未遂行為が既にそれ自体として存在している犯罪である場合には、この後者の刑罰はそれによって同時には消滅しない。)

すなわちこの規定の特徴としては、未遂犯の成立（47条）を前提として中止犯が規定されている点、任意性に関して内容上の限定が行われていない点、その法律効果が不処罰とされた点、そして加重的未遂の場合に、内部に含まれた既遂犯としての処罰が予定された点が挙げられる。これらの特徴は前述のように、ドイツの各領邦国家による刑法典ないし刑法草案の中止犯規定において広く一般的に見られるものであり、プロイセンも19世紀の最初の時期においては、それに沿った形の草案を考えていたと言えるのである。

やがて1830年6月になって始めて、完成した形での草案が国務省に届けられた[328]。これが1830年草案である[329]。しかしその後、当時司法大臣であったダンケルマン伯爵 (Heinrich Wilhelm August Alexander von Danckelmann) の死去後に、司法局局長であり、後の司法大臣であるカンプツ (Carl Albert von Kamptz) が1830年草案をもとにその修正草案を編纂し、1833年12月12日に国務省に提出した[330]。これが1833年修正草案である[331]。これらの草案における中止犯規定は、いずれも1828年草案と文言においてほぼ同じものであった。さらに引き続いて1836年には、違警罪の採用を行った第二修正草案が出された[332]。これが1836年第二修正草案である。この第二修正草案においても、中止犯規定の文言はほとんど変わらなかった[333]。

---

(328) Stenglein, Sammlung (a. a. O.), 3. Bd., XI. Preußischen Staaten, Einleitung, S. 4.
(329) 1830年草案の中止犯規定は、第58条である。その原文については、Gesetzrevision (a. a. O.), 2. Bd., S. 483を参照。
(330) Stenglein, Sammlung (a. a. O.), 3. Bd., XI. Preußischen Staaten, Einleitung, S. 4.
(331) 1833年修正草案の中止犯規定は、第56条である。その原文については、Gesetzrevision (a. a. O.), 3. Bd., S. 9を参照。なおこの1833年修正草案に関しては、プロイセン一般ラント法との相違点として、「20．草案の56条は、自発的に犯罪の完成を取りやめた者に不処罰を保障している、しかし一般ラント法の43条は、そのような者に恩赦の請求のみを認めている」と、不処罰が規定上保障されている点が指摘されている。Vgl. Gesetzrevision (a. a. O.), 3. Bd., S. 137. また1833年修正草案の理由書においても、「草案は、56条において想定された場合において、一般ラント法43条によりそのような犯罪者に唯一認められていた恩赦の請求の代わりに、不処罰を保障した——それによって犯罪をなおより効果的に防止するために」と述べており、犯罪防止という刑事政策の観点が、不処罰という法律効果を採用した大きな要因であることが指摘されている。Vgl. Gesetzrevision (a. a. O.), 3. Bd., S. 278.
(332) Stenglein, Sammlung (a. a. O.), 3. Bd., XI. Preußischen Staaten, Einleitung, S. 4.

1838年3月6日から、この1836年草案についての修正を依頼された枢密院直属委員会において、審議が開始された[334]。この審議の第11回の会議（1838年10月13日）において、中止犯規定（1836年草案の59条）が検討された。その議事録において以下のように述べられている。「『自発的に（aus eigenem Antriebe）』という明文は、ある者がまさに犯罪の未遂の際に驚いたときに、それについて取りやめることを決めた場合も含んでおり、そしてその種の場合に対して刑罰からの解放が承認されようとするときには、まさにそれにより未遂の可罰性がほとんど完全に消滅させられるのである。59条を適用可能にするためには、犯罪者が自らの内心的な動きから（aus eigner innerer Bewegung）行為を取りやめ、そしていわば外部的な出来事によって、その者の意思に反して行為をなされないままにするよう強制されたのではないことが必要不可欠なのである。しかしまさにそれ故に、『自らの（心理的な）動き』という明文が、『自発的』という明文よりも適切なものなのである」、と[335]。すなわち「自発的に（aus eigenem Antriebe）」という文言では行為者の驚愕による中止の場合も含むので、もう少し限定的な意味をもつ「自らの（心理的な）動きから（aus eigner Bewegung）」という文言にするべきだとされたのである。議事録によればそのような考え方は

---

(333) この1836年プロイセン第二修正刑法草案の中止犯規定は以下のとおり（法文の原文はGesetzrevision (a. a. O.), 3. Bd., S. 815による）。

§59 Wer aus eigenem Antriebe von der Vollendung eines schon begonnenen Verbrechens völlig absteht, und, wo dies nöthig ist, solche Anstalten trifft, daß die beabsichtigte schädliche Wirkung nicht eintreten kann, der soll mit Strafe verschont werden.

Ist jedoch die Versuchshandlung schon ein für sich bestehendes Verbrechen, so wird die Strafe dieses letztern dadurch nicht aufgehoben.

（第59条　自発的に、既に開始された犯罪の完成を完全に取りやめ、そして必要な場合には、意図していた侵害結果が発生し得ないように措置をとった者は、刑罰を免じられる。

しかし未遂行為が既にそれ自体として存在している犯罪である場合には、この後者の刑罰はそれによっては消滅しない。）

1828年草案から1833年修正草案までの中止犯規定の文言と、この1836年第二修正草案の文言との相違点は、「zugleich（同時には）」という文言が削除されたのみであり、しかもそれによりさほどニュアンス等が変わるわけでもない。この規定はほぼそれまでの草案と変わらないものであったと言える。

(334) Stenglein, Sammlung (a. a. O.), 3. Bd., XI. Preußischen Staaten, Einleitung, S. 4 ; Berner, Strafgesetzgebung (a. a. O.), S. 230 ; Robert von Hippel, Deutsches Strafrecht, 1. Bd., 1925, S. 320.

(335) Berathungs=Protokolle der zur Revision des Strafrechts ernannten Kommission des Staatsraths, den Ersten Teil des Entwurfs des Strafgesetzbuchs betreffend, 1839, S. 80f., in Gesetzrevision (a. a. O.), 4. Bd., 1. Halbbd., S. 82f..

さらに、「バイエルン刑法典およびヴュルテンベルク草案のような、それが行われたに違いないようなある種の内心的動きを、より詳細に示すという提案に至り、そしてこれらの規定を、高尚な理由、例えば悔悟、同情、行為に対する嫌悪などが取りやめのきっかけとなった場合に限定することが賢明なのではないかという問題が挙げられた」[336] ようである。

しかしながら結局として、「単に『自発的』という言葉の代わりに『自らの(心理的な) 動き』という明文をおくこと、『完全に』という言葉を削除すること、しかしその他の点ではその現在の規定における条文を維持することが決定された」[337] としている。そして「その上、上述の『動機 (Antrieb)』という明文の変更のために述べられたことに加えて、規定全体が刑事政策的根拠に基づくものであり、なお行為の既遂までに犯罪者にその既遂を取りやめる動機を与え、そしてそれにより当該規定は、たとえ既遂をなされないままにしたとしても法律上の刑罰を免れないであろうことを自ら知っていた場合には犯罪者が完成させたであろう犯罪を防止する、という目的を持つという点が考慮された。この目的は、取りやめの動機が倫理的なものではない場合にも、犯罪者が自らの内心的な動きから (aus eigner innerer Bewegung) なされないままにしたのみですぐに、その規定を適用させることを必然的に伴うものである。この種の様々な動機は、余す所なく十分には提示され得ないものであり、そして個々人の申し立ては容易に誤解へと至り得る、それゆえにそれを度外視するのがよりよいのである」[338] と述べられている。すなわちこの中止犯規定は刑事政策的な根拠に基づくものであり、行為者に犯罪の完成を取りやめる動機を与え、犯罪の完成を防止する目的を持つものである、とされていたのである。そしてまさにこのような刑事政策的な目的から、中止の動機が倫理的ではないものであったとしても、行為者の側からそのようなものを提示・立証することは十分にはできないものであり、それ故にそもそもそういうものは初めから中止の検討の際には顧慮しないものとしておく方がよいのだ、と考えられていたのである。

そしてさらに「完全に (völlig)」という文言について、「しかし『取りやめ

---

(336) Gesetzrevision (a. a. O.), 4. Bd., 1. Halbbd., S. 83.
(337) Gesetzrevision (a. a. O.), 4. Bd., 1. Halbbd., S. 83.
(338) Gesetzrevision (a. a. O.), 4. Bd., 1. Halbbd., S. 83.

た』という単語のそばの『完全に』という明文は、以下のような理由から、存在したままではあり得なかった。すなわち、完全な取りやめなのか、もしくは完全ではない取りやめなのかは外見的には全く認識し得ないものであり、そしてなお前者〔筆者注：完全な取りやめ〕はよりわずかにしか証明され得ず、それ故に裁判官は容易にその規定を全く使用しないようになり得るであろうからである。犯罪者が、既に試みた行為を完全に為さないままにしたに違いないということは、『取りやめた（abstehet）[339]』という文言において既に十分に表現されている、そして『完全に』という明文はこれ（＝中止）に関係するものではなくて、その者が永久に行為を放棄する意図を持っていることに関係するものなのである。そしてこの要件はまさに、上で述べられた規定の目的をまさにあまりにも志向するものであるが故に、その証明を理由として実際上役に立たないものなのである」[340]と述べられている。すなわちある犯罪の取りやめ行為が、単なる犯罪の後日延期なのかそうではないのかは外見的には区別できないものであり、「中止した」ということは「abstehen」という単語の中に既に十分に表現されているとされたのである。そして「完全に」という文言は中止かどうかについての文言ではなく、行為者が行為を放棄する意図を永久に持つかどうかについて関わるものであるから、実際上証明し得ないものであり、もしそのような要件を入れるならば、裁判官は中止犯規定を使用しないままになり得る、と指摘したのである。

　1842年2月28日に解任されたカンプツに代わって、サヴィニー（Friedrich Carl von Savigny）が司法省を引き継いだ後に、それまでのこれらの審議の結果を踏まえて様々に変更された草案が、1842年12月28日に国王に提出された[341]。これが1843年草案である[342]。その1843年草案の中止犯規定は以下のように規定された[343]。

　　§62 Wer aus eigener Bewegung von der Vollendung eines schon begonnenen Verbrechens absteht, und, wo dies nöthig ist, solche Anstalten trifft, daß die beabsichtigte schädliche Wirkung nicht eintreten kann, der soll mit Strafe

---

(339)　本来ならば「absteht」と表記すべきものであるが、ここでは原文どおりの綴りを表記した。
(340)　Gesetzrevision (a. a. O.), 4. Bd., 1. Halbbd., S. 83.
(341)　Stenglein, Sammlung (a. a. O.), 3. Bd., XI. Preußischen Staaten, Einleitung, S. 4.
(342)　公表されて意見を求められたのが1843年になってからであるので、このように呼ばれる。
(343)　法文の原文は Gesetzrevision (a. a. O.), 5. Bd., S. 12による。

verschont werden.

Ist jedoch die Versuchshandlung schon ein für sich bestehendes Verbrechen, so wird die Strafe dieses letzteren dadurch nicht zugleich aufgehoben.
(第62条　自らの心理的な動きから、既に開始された犯罪の完成を取りやめ、そして必要な場合には、意図していた侵害結果が発生し得ないように措置をとった者は、刑罰を免じられるべきである。

しかし未遂行為が既にそれ自体として存在している犯罪である場合には、この後者の刑罰はそれによっては消滅しない。)

この規定の特徴として、未遂犯の成立（55条）[344]を前提として中止犯が規定されている点、任意性に関して内容上の限定が行われていない点、その法律効果が不処罰とされた点、そして加重的未遂の場合に、内部に含まれた既遂犯としての処罰の可能性が残された点などについては、1836年第二修正草案と変わるところがない。しかし1836年第二修正草案との相違点として、1836年草案の「自発的に（aus eigenem Antriebe）」という文言が「自らの心理的な動きから（aus eigener Bewegung）」という文言に変わり、また「完全に（völlig）」という文言が削除された点が挙げられる。これらは前述のように、1838年3月以降における委員会審議の第11回会議（1838年10月13日）において修正すべきとされた点がそのまま反映されたものなのである。この修正により、中止犯の任意性の内容から例えば驚愕による中止の場合などを除外することが意図されつつも、倫理的なものに限定することまではしないものとされ、また中止の終局性（＝単なる犯罪の後日延期ではないこと）についても中止犯成立の要件としないこととされたのである。

しかし1843年1月9日の政令により、国王はその草案全体を承認したものの、なおいくつかの点で修正が必要であることが認められ、その草案はプロイセン領内の領邦等族により検討するよう指示された[345]。しかしその検討結果

---

(344)　ちなみにこの1843年草案55条の未遂犯規定は以下のとおり（法文の原文は Gesetzrevision (a. a. O.), 5. Bd., S. 11 による）。

§55 Der Versuch eines Verbrechens wird strafbar, sobald derselbe durch eine solche äußere Handlung sich offenbart hat, welche schon als Ausgang der Ausführung des beabsichtigten Verbrechens zu betrachten ist.

(第55条　犯罪が既に意図された犯罪の実行の出発点として考察されるべきであるような外部的行為によって明らかにされた場合には直ちに、その犯罪の未遂は可罰的である。)

(345)　Stenglein, Sammlung (a. a. O.), 3. Bd., XI. Preußischen Staaten, Einleitung, S. 4 ; Berner, Strafgesetzgebung (a. a. O.), S. 231. ヒッペルによれば、具体的には、専門的評価のための64の質問とともに8つの属州領邦議会に提出され、そして公的に鑑定された（Robert von Hippel,

は、全般的に非常に拒絶的なものであった[346]。そしてその結果、1845年に司法省において終了した、新しい抜本的な修正へとそれは結実した。これによりでき上がったのが1845年修正草案である。その1845年修正草案の中止犯規定は、以下のように未遂犯規定の中に定められた[347]。

§42 Wenn der Vorsatz, ein Verbrechen zu begehen, in solchen Handlungen offenbar geworden ist, welche einen Anfang der Ausführung des Verbrechens enthalten, so sind diese Handlungen als Versuch zu bestrafen, in sofern die Ausführung durch äußere Umstände, unabhängig von dem Willen des Thäters, verhindert worden ist.

Handlungen, durch welche die Ausführung eines Verbrechens nur vorbereitet, aber noch nicht angefangen worden, sind nicht als Versuch zu betrachten und zu bestrafen.

（第42条　犯罪を実行する故意が、犯罪の実行の着手を含む行為において明らかになった場合には、その実行が外部的な事情によって、行為者の意思によらずして阻止されたのではない限りにおいて、この行為は未遂として処罰され得る。

それにより犯罪の実行は準備されたに過ぎないが、しかしなお着手されていない行為は、未遂としては考察され得ず、処罰され得ない。）

すなわち19世紀以降のドイツにおいてここで初めて、1810年フランス刑法典と同様に、中止犯ではないことを未遂犯成立要件とする形式での中止犯の規定形式が草案に現れるのである。

なぜこのような規定となったのであろうか。この1845年草案を作成する際の参考とするために、1843年刑法草案に対する各領邦等族議会からの意見をまとめた本[348]が作成されているが、それによれば、1843年草案の62条は「ライン草案において削除され」、また「一部には不必要なものとして、また一部には誤ったものとして評価」され、未遂の概念規定である55条との「内部的矛盾」を指摘するものもあった[349]。とりわけ『必要な場合には』という明文に関して出されるべき問題を理由として、「陪審裁判における適用にとって解決でき

Deutsches Strafrecht, 1. Bd., 1925, S. 321).
(346)　Stenglein, Sammlung (a. a. O.), 3. Bd., XI. Preußischen Staaten, Einleitung, S. 4.
(347)　法文の原文はGesetzrevision (a. a. O.), 6. Bd., 1. Teil, S. 12による。
(348)　Revision des Entwurfs des Strafgesetzbuchs von 1843, Erster Band, Zum ersten Theil des Entwurfs, 1845, in ; Gesetzrevision (a. a. O.), 5. Bd., S. 211ff..
(349)　Revision des Entwurfs des Strafgesetzbuchs von 1843, Erster Band, Zum ersten Theil des Entwurfs, S. 145 u. S.134, in ; Gesetzrevision (a. a. O.), 5. Bd., S. 377 u. S. 366.

第 3 章　19世紀、ライヒ刑法典制定まで　275

ない困難さ」が心配され、また『自らの心理的な動きから』という文言もまた、特徴的なものとも、明確なものとも評価されないとされた(350)。また、「教唆者が任意に中止した、すなわちその者の委託を中止したが、しかしそれにもかかわらず他の者が犯罪を実行した場合に、教唆者（知的起因者）の物理的起因者との関係にどれが適用されるのかという懸念」がいくつかの意見として表明され、さらに「ここで約束された不処罰をそもそも非実用的なものとして示すために、プロイセン一般ラント法第 2 部第20章第43条による経験も引き合いに出された」のである(351)。そしてこのような数多くの批判が寄せられた62条の規定に対しては「刑事政策が確かにそれに有利な材料を提供するように思われる」が、しかし、「事物の性質に照らして本当に正当化される適用の事例が極めてまれなものでしかなく、また、構成要件の立証はここで行われている要件に該当しない場合にはより困難なものとなるであろうし、そして最後に、犯罪者は根拠のない言い逃れを法の体裁が無ければそれに依拠することはできないであろう。本来の完全な犯罪（delictum perfectum）(352)がまだ存在していないとなるやいなや、犯罪者は容易に不処罰を強く要求することができるであろう、なぜならその者はそれまでになお中止し得たし、なおかつその者を偶然にのみ早すぎる段階で現場を押さえたからである。しかし、これについては別として、62条についての考えもまた、まさに犯罪者に対して、既遂の前に中止する誘惑とはならないであろう。中止のための原動力は、むしろ道徳的な感情の強化において、またはその犯罪の試みの結果や差し迫る刑罰に対する怖れの目覚めにおいても、存在するであろう。したがって一般的な不処罰の約束は正当化され得ない。ここで考えられる事例の大多数において、依然として軽い刑罰が正当化され、そしてそれ自体、わずかにしか堕落しなかった犯罪者の法感情に合致しているのである。したがって一般に、裁判官の裁量が、できるだけ軽い

---

(350)　Revision des Entwurfs des Strafgesetzbuchs von 1843, Erster Band, Zum ersten Theil des Entwurfs, S. 145, in；Gesetzrevision（a. a. O.）, 5. Bd., S. 377.
(351)　Revision des Entwurfs des Strafgesetzbuchs von 1843, Erster Band, Zum ersten Theil des Entwurfs, S. 145f., in；Gesetzrevision（a. a. O.）, 5. Bd., S. 377f..
(352)　この「delictum perfectum」は、「意図した犯罪を成し遂げるために、その者の側において行われ得たそして行われなければならない全てのことを行った」状態のことを指し示すものであり、現在の「終了未遂」の概念に近いものである。Vgl. Revision des Entwurfs des Strafgesetzbuchs von 1843, Erster Band, Zum ersten Theil des Entwurfs, S. 133, in；Gesetzrevision（a. a. O.）, 5. Bd., S. 365.

刑罰を言い渡すのに必要な余地を得て、そして各則において認められている低い下限がこのような観点においても正当かつ有益なものとして認められる場合には、積極的な不処罰の確約ではなくても、全くもって十分なものであろう」(353)、として、結局、被告人の中止犯主張の濫用の危険性や、不処罰を認めるべき事例が少ないものである以上、一般的な不処罰という法律効果が望ましくなく、刑罰の減軽でも十分対処できるものとして、1843年草案の中止犯規定は強く批判されたのである。とはいうものの、「しかし未遂の概念それ自身から、任意的に中止する、可罰的行為の行為者の不処罰を導かねばならない限りにおいて、62条の考え方は、このことは上述55条において説明したように、〔1845年〕修正草案42条第1項の帰結により、維持される。したがって〔1845年〕修正草案において、62条の第1項は完全に削除されている」(354)、として未遂の概念自体からむしろ中止犯の不処罰を導くことが必要なものとされ、そしてその1843年草案における未遂の概念規定である55条の説明の箇所においては、「修正草案42条の第1項において、最後に、フランス刑法第2条という手本に従って、なお未遂の可罰性の限定が取り入れられている。すなわち、犯罪の実行が外部的な事情によって、行為者の意思によらずに、阻止されなければならないのである。フランス刑法第2条は、そのような場合において不処罰を根拠づけることによって、事実、1843年草案62条の規定をその中にしまいこむものなのである。しかしフランス刑法第2条が刑罰を、それも既遂犯罪の刑罰全部を、単に本来のいわゆる完全な犯罪（delictum perfectum）の場合に対してのみ規定していると考える場合には、それは既に以前から誤解として示されている(355)。したがって、修正草案42条の第1項の末尾は、このような観点で非

---

(353) Revision des Entwurfs des Strafgesetzbuchs von 1843, Erster Band, Zum ersten Theil des Entwurfs, S. 146, in ; Gesetzrevision (a. a. O.), 5. Bd., S. 378.

(354) Revision des Entwurfs des Strafgesetzbuchs von 1843, Erster Band, Zum ersten Theil des Entwurfs, S. 146, in ; Gesetzrevision (a. a. O.), 5. Bd., S. 378. ちなみに1843年草案の62条第2項も、「この条項の第2項は、例外の例外であるように見える、したがってこのような第一の例外（第1項）と関連しそれに属するものなので、そういう理由で同様に〔1845年〕修正草案において削除したものである」として、不必要なものとして同様に削除された。

(355) 学説として、「未遂不処罰は『完全な犯罪（delictum perfectum）』の場合、すなわち終了未遂の場合だけに限定されるべきである」という考え方が存在したようである（Vgl. Revision des Entwurfs des Strafgesetzbuchs von 1843, Erster Band, Zum ersten Theil des Entwurfs, S. 133, in ; Gesetzrevision (a. a. O.), 5. Bd., S. 365.）。この箇所の記述は、そのような学説を「誤解である」として否定するためのものである。

難されないフランス刑法第2条に類似して、それにより、確かに既に犯罪の実行の着手は行ったけれども、その場合にしかし自由な意思によりその実行を自ら取りやめた者を不処罰のままにしなければならない、という限りにおいて、1843年草案62条の考え方を保持しようとするものなのである——もちろん（修正草案45条において示されているように）既に行われた未遂行為が独立した可罰的行為ではないことを前提として。これによれば、42条は処罰の条件を提示しているのであり、それを欠く場合には、法律は適用の対象をもたなくなるのである」(356)、として、フランス刑法と同様に未遂犯規定の中に中止犯の概念を解消することとされたのである。すなわちここでは、「可罰的な未遂犯の成立範囲を画すること」が何よりも必要なことと考えられ、そのためにはやはりまず「実行の着手」の概念を取り入れ(357)、さらに「フランス刑法の／実行が外部的な事情によって行為者の意思とは独立して阻止されなければならないこと／という限定も、……それに結び付けられ」(358)、「『その実行が外部的な事情によって、行為者の意思によらずして阻止されたのではない限りにおいて』という追加部分によって、同時に間接的に、可罰的な未遂に関するかつての草案の規定が、その意味により再現されることが意図された」(359)のである。

　そしてこの1845年草案は1845年10月18日以降に枢密院（Staatsrath）の直属委員会において再び審議され(360)、1846年11月18日に審議終了の後に新しい草案として発案された(361)。これが1846年草案である。その1846年草案の中止犯規定は以下のように規定された(362)。

---

(356) Revision des Entwurfs des Strafgesetzbuchs von 1843, Erster Band, Zum ersten Theil des Entwurfs, S.135, in ; Gesetzrevision (a. a. O.), 5. Bd., S. 367.
(357) Theodor Goltdammer, Die Materialien zum Straf=Gesetzbuche für die Preußischen Staaten, aus den amtlichen Quellen nach den Paragraphen des Gesetzbuches zusammengestellt und in einem Kommentar erläutert（以下「Materialien」と略す）, Teil I, 1851, S. 248にも、「……これまでよりもより厳格な限界線が、あらゆる単なる予備行為の、既に可罰的な未遂の領域への落とし込みに対する保護のために、引かれなければならないと感じられた……」とある。
(358) Goltdammer, Materialien (a. a. O.), Teil I, S. 248.
(359) Goltdammer, Materialien (a. a. O.), Teil I, S. 249.
(360) Stenglein, Sammlung (a. a. O.), 3. Bd., XI. Preußischen Staaten, Einleitung, S. 4 ; Gesetzrevision (a. a. O.), 1. Bd., S. XL ; Robert von Hippel, Deutsches Strafrecht, 1. Bd., 1925, S. 322.
(361) Stenglein, Sammlung (a. a. O.), 3. Bd., XI. Preußischen Staaten, Einleitung, S. 4.
(362) 法文の原文は Gesetzrevision (a. a. O.), 6. Bd., 1. Teil, S. 362による。

§40 Der Versuch soll straflos bleiben, wenn der Thäter aus eigener Bewegung von der Vollendung des Verbrechens absteht, und, wo dies nöthig ist, solche Anstalten trifft, wodurch die beabsichtigte schädliche Wirkung verhindert wird.

Wenn jedoch die vorgenommene Versuchshandlung als solche bei einzelnen Verbrechen besonders mit Strafe bedroht ist, oder wenn sie ein selbstständiges Verbrechen enthält, so soll dieselbe dennoch bestraft werden, auch wenn das beabsichtigte Verbrechen aus eigener Bewegung des Thäters nicht zur Ausführung gekommen ist.

（第40条　行為者が自らの心理的な動きから、犯罪の完成を取りやめ、そして必要な場合には、意図していた侵害結果が阻止される方法で措置をとった場合には、未遂は不処罰のままとなる。

　しかし行われた未遂行為がそれ自体として個々の犯罪において特別に刑罰が科せられている場合、またはその行為が独立した犯罪を含んでいる場合には、たとえ意図した犯罪が行為者自らの心理的な動きから実行へと至らなかったとしても、それにも関わらずその行為は処罰される。）

すなわちこの1846年草案において、再びドイツの一般的な中止犯の規定形式である、未遂犯の成立を前提とする中止犯の規定形式が採用されたのである。これは、前述の枢密院直属委員会の第5回会議（1845年11月15日）において、司法大臣ウーデン（Uhden）および多くの構成員が、1845年草案の未遂犯規定である42条に対して、「未遂の概念規定は不要であり、削除すべきである」と主張し[363]、これに対して司法大臣[364]サヴィニー、内務省の委任官僚（Kommissar-

---

(363) Verhandlungen der Kommission des Staatsraths über den revidirten Entwurf des Strafgesetzbuchs, 1846, S. 32, in ; Gesetzrevision (a. a. O.), Bd. 6, 1996, S. 142. すなわち、「全ての準備的行為が区別なく不処罰のものとして示される場合には、可罰性の限界線が狭すぎるように引かれることになる。犯罪意思が外部的な行為に、犯罪を実行する本気の意思が推論されるに違いないほどに強く現れるや否や、未遂の刑罰は生じなければならない。このことはラント法の原則であり、これまで何ら弊害へのきっかけを与えるものではなかったのである。このため、単に準備をするような未遂行為と本来の未遂行為との間の区別は、全くもって変化し得るものであることになるのである。具体例において、裁判官が存在している行為をある段階の範疇に移そうとするのか、または他の段階の範疇に移そうとするのかということは、裁判官の評価にのみ依拠されるものである。したがって、真に任意の、裁判官を拘束する規定を与えるという法律の目的は、達成されず、そしてそれゆえに42条を一般的に取り除くこと、および同様のことから、かつての草案の62条において含まれていた規定のみが、任意的な中止の場合における未遂行為の不処罰性を理由として残されることが最も適切なことであるように思われる」としたのである。

(364) 当時、司法大臣（Justizminister）として任命されていた者が2人（ウーデンとサヴィニー）いたようである。Vgl. Waldemar Banke, Der erste Entwurf eines Deutschen Einheitsstrafrechts, 2. Der Vorentwurf zum ersten Deutschen Einheitsstrafrecht, 1915, S. 31.

ius)ならびに複数の構成員が、「そのような考えは広すぎ、また裁判官の恣意へと流れる危険がある」と反論する(365)、という対立に基づくものであった。この議論の結果、「可罰的な未遂の特徴は、法律に書き表されるべきか」について採決が行われ、5対4で否決されたのである。そしてそれに続いて、予備行為の不処罰に関する42条第2項も、7対2で削除されることが決定されたが、かつての草案の62条は復活され、章の最後に採りいれられることになり、62条に含まれている規定を完全に削除するという提案は支持されなかった(366)のである。すなわちこの結果、1846年草案は、未遂犯に関する概念規定をもたず、未遂犯の量刑に関する規定のみが未遂犯に関する章の冒頭の38条に置かれるにとどまることになった(367)が、それでいて中止犯規定に関しては以前の規

---

(365) Verhandlungen der Kommission des Staatsraths über den revidirten Entwurf des Strafgesetzbuchs, 1846, S. 32f., in；Gesetzrevision (a. a. O.), Bd. 6, S. 142f.. すなわち、「提示された見解は、明らかに広すぎることになり、大きすぎる恣意へのきっかけを与えるものである。犯罪の既遂に先行している外部的な行為の順序において、特定の時点が、可罰性が開始されるものとして固定化され、示されなければならない。このことは〔1845年〕草案において行われている。草案は、犯罪の実行がそれ自身始まった時点を、そのようなものとして示している。そこには、確定した、明確な原則が存在する。確かに、裁判官が実際において、存在している事例がどの範疇に属するのかを、常に評価しなければならないであろう。しかし法律が主要な観点を提示することだけでも既に、それは明らかに利益なのである。42条は単に理論的な定義なのではなくて、真に任意的な規定なのである。したがって、42条の規定は、おそらくある観点または他の観点において変更を必要とすることは否定されるべきものではないが、その規定は無しで済まされ得るものでは全くない」としたのである。

(366) Verhandlungen der Kommission des Staatsraths über den revidirten Entwurf des Strafgesetzbuchs, 1846, S. 33, in；Gesetzrevision (a. a. O.), Bd. 6, S. 143.

(367) この1846年草案38条の規定は以下のとおり（法文の原文は Gesetzrevision (a. a. O.), 6. Bd., 1. Teil, S. 362による）

§38 Für den Versuch eines Verbrechens ist stets eine dem Maaße oder auch der Art nach geringere Strafe auszusprechen, als diejenige, welche im Falle der Vollendung des beabsichtigten Verbrechens hätte ausgesprochen werden müssen.

　Bei Verbrechen, die mit Todesstrafe oder mit lebenslänglicher Freiheitsstrafe bedroht sind, ist die Strafe des Versuchs höchstens auf eine zwanzigjährige und mindestens auf eine dreijährige Zuchthausstrafe oder Strafarbeit zu bestimmen.

　Bei Verbrechen, welche höchstens eine zeitige Freiheitsstrafe oder eine Geldbuße nach sich ziehen, darf die Strafe des Versuchs niemals zwei Drittheile der höchsten gesetzlichen Strafe übersteigen.

（第38条　重罪の未遂のためには、常に刑量と刑種に関しても、意図された重罪の既遂の場合において言い渡されなければならなかったであろう刑罰よりもより小さい刑罰が言い渡されるべきである。

　死刑または終身自由刑が規定されている重罪において、未遂の刑罰は最高で20年および最低で3年の懲役刑または懲罰労働が決定されるべきである。

定を復活することとされたのである。

　このような変更に対して、とりわけライン地域側からの異議により、枢密院直属委員会において4人のライン地域の法律家の参加のもとで再度の審議へと至った(368)。そしてその枢密院直属委員会での新しい提案の協議およびライン控訴審裁判所の管区の裁判関係についての草案の適合化に関する委員会での協議により、さらなる修正がもたらされ、その草案は1847年に公表された(369)。これが1847年草案である。その中止犯規定は42条に規定され、その文言は1846年草案と全く同じものであり、未遂犯の成立を前提とする中止犯の規定形式が採用され(370)、しかも未遂犯の概念規定についても1846年草案と同様に規定が置かれず、未遂犯の量刑に関する規定のみが未遂犯に関する章の冒頭の40条に置かれるにとどまった(371)が、その一方で、刑法草案とあわせて作成された「プロイセン刑法の施行に関する法律草案」の中に、「C. ケルン・ライン控訴審裁判所の管轄地域のための規定」という項目が設けられ、その19条の冒頭において、以下のような規定がおかれた(372)。

　§ XIX An die Stelle des §40 des gegenwärtigen Strafgesetzbuchs tritt folgende Bestimmung：
　"Der Versuch ist strafbar, wenn der Vorsatz, das Verbrechen zu verüben, in einem Anfang der Ausführung desselben offenbar geworden ist und die Vollendung nur durch äußere, von dem Willen des Thäters unabhängige Umstände verhindert worden ist..."

　　　最高で有期自由刑または罰金刑に関して援用されている重罪においては、未遂の刑罰は決して法律上の最高刑の三分の二を超えてはならない。）
　　すなわちこれは「未遂犯処罰の場合の量刑規定」であって、「未遂の概念」については何も示さない規定となったのである。
(368)　Robert von Hippel, Deutsches Strafrecht, 1. Bd., 1925, S. 322. 後述するように、このライン地域の法律家との協議が、未遂犯に関するフランス的な考え方の大きな流入のきっかけとなった。Brandt, a. a. O., S. 439においても、「プロイセン刑法典の作成者は、まもなく伝統的なラント法の原則を拒絶し、そして遅くとも1843年以降に、相当するナポレオン刑事立法に対応し、なお1847年に行われたラインの法律家の意見聴取以後にそれを強化した」と述べられている。このライン地域の法律家との協議において特に大きな焦点の一つとなったのが、このラインラント地域において設けられていた陪審裁判所に関してであり、そしてそれはこの未遂犯規定・中止犯規定にもかかわるものであった。
(369)　Stenglein, Sammlung (a. a. O.), 3. Bd., XI. Preußischen Staaten, Einleitung, S. 5.
(370)　法文の原文はGesetzrevision (a. a. O.), 6. Bd., 2. Teil, S. 746による。
(371)　この文言も、1846年草案の38条と全く同じ文言であった（法文の原文はGesetzrevision (a. a. O.), 6. Bd., 2. Teil, S. 745f. による）。
(372)　法文の原文はGesetzrevision (a. a. O.), 6. Bd., 2. Teil, S. 831による。

(第19条　現行刑法典40条の代わりに、以下の規定が適用される。
「犯罪を行う故意が、その犯罪の実行の着手において明らかになり、なおかつその既遂が外部的な、行為者の意思によらない事情によってのみ阻止された場合に、未遂は可罰的である。……」

すなわち、刑法典としては未遂犯の概念規定を設けなかったものの、当時のラインラントの地域に限定して未遂犯の概念規定が——それもフランス型の未遂犯・中止犯の規定形式によって——特別に施行法の中に定められたのである。そしてこの施行法の理由書である「プロイセン刑法の施行に関する法律草案理由書」において、プロイセン刑法の施行に関する法律草案19条が、「ライン陪審裁判所にとっての需要に応じて、未遂に関する刑法典の規定を補足し、変更する」ものであることが示されていた(373)。すなわち、当時のラインラントの地域においては陪審裁判所が設けられており、このため、ラインラントの実務にとっては未遂の概念規定が必要不可欠だったのである(374)。このような問題などがあったからこそ、1846年草案にラインラントの法律家は反発し、わざわざ直属委員会に参加して協議し、上述の特別規定を施行法の中に設けたのである(375)。1847年草案の理由書においても、「1843年草案からの本質的な逸脱にお

---

(373)　Motive zu dem Entwurfe eines Gesetzes über die Einführung des Strafgesetzbuches für die Preußischen Staaten, Motive zum Entwurf des Strafgesetzbuchs für die Preußischen Staaten und den damit verbundenen Gesetzen vom Jahre 1847, 1847, S. 161, in ; Gesetzrevision (a. a. O.), Bd. 6, S. 1003.

(374)　「1847年7月19日付の12の問題の審議に関するサヴィニーの提案」という文書の中にも、「第三の問題」として「1843年草案および1845年草案は、未遂の概念の規定において、ライン法に同調した。1846年草案はそこから離れ、そして賛成5票反対4票での直属委員会の決定により、未遂の承認に関して全てのことを裁判官の裁量に置いた。／ここから陪審員の手続にとって新しい困難が生じた。そして再度の考慮によっては、このような困難さの数を、かつての決定へ回帰することにより減少させることが可能ではないとは思わない」として、陪審裁判所の問題が未遂の概念規定の必要性を裏付けたことが示されている。Vgl. Vorschläge von v. Savigny über die Beratung von 12 Fragen vom 19. 7. 1847., Fernere Verhandlungen der Kommission des Staatsraths über den revidirten Entwurf des Strafgesetzbuchs (Berlin 1847), S. 19, in ; Gesetzrevision (a. a. O.), Bd. 6, S. 627.

(375)　Goltdammer, Materialien (a. a. O.), Teil I, S. 250においても、「しかしながらそのような〔1846年草案の〕未遂の定義の放棄は、1847年の最終審議において意見を求められたラインの法律家の側からの異議を、すなわち陪審裁判所のために、呼び起こした。なぜならたとえ裁判官が、法律において挙げられていない、未遂行為の可罰性の限界を見出す立場にあったとしても、やはり陪審員に提示されるべき事実問題に対する積極的な手がかりが欠けているだろうからである。というのも、あらゆる行為が、最も重要ではない行為もまた〔含めて〕、その行為が意図された犯罪の実行をとり行い得るような段階を形成する場合には、それをとり行う未遂として格付けされ得るということを考えると、——やはり最も厳格な学説でさえも、全てのそのような行為

いて、現在は完全に、可罰的な未遂の特徴を法律の中に書き表すということを取りやめた。可罰的な本来の未遂行為と不処罰となる単なる予備行為との間の区別でさえも、法律においては、いくらか不確定なものにとどまり、具体的な事例において、存在している行為をある段階の範疇に、または別の段階の範疇に移すということは、やはり裁判官に左右されるという根拠から、非実用的なものにとどまるものとした。このような根拠から、1843年草案の55条は法典から排除された」としつつ、「しかしラインラントのための施行規則において、陪審裁判所にとっての需要を充足するために、補充〔規定〕が与えられた」とした(376)のである。そして中止犯規定である42条については、「1843年草案62条に対して、ラインの等族は削除しようとしたが、刑事政策が〔その規定に〕有利な材料を提供する。逆に規定は、現在の42条において改良され、そして完全なものにされた」(377)として、刑事政策の観点から規定が維持されたことが示されているのである。

そしてこの1847年草案は、召集された最初の「合同領邦議会（Vereinigte Landtag）」に提出され、そしてその委員会である「合同等族委員会（Vereinigte Ständische Ausschuss）」に委託され、その委員会の部局による事前審議において1847年12月29日から1848年2月28日まで(378)、さらに委員会本会議において1848年1月17日から3月6日まで審議された(379)。

　　を可罰的なものとなし得るわけではないであろうにもかかわらず——以下のような問題を含んでいるのである。すなわち、／Nは犯罪を試みた〔＝未遂犯となった〕のか？〔この命題には〕本来、二重の問題がそれ自体の中にある、すなわち／Nは、未遂を含むべき行為を実行したのか？／そして／そのような行為は刑法の意味において未遂として評価され得るものか？／しかしこの最後の問題は明らかにもはや純粋な事実問題ではない」、として、陪審裁判所において、「陪審員に提示されるべき事実問題に対する積極的な手がかり」としての概念規定が必要不可欠だったことが示されている。

(376) Motive zum Entwurf des Strafgesetzbuchs für die Preußischen Staaten und den damit verbundenen Gesetzen vom Jahre 1847, 1847, S. 23f., in ; Gesetzrevision (a. a. O.), Bd. 6, S. 865 f..
(377) Motive zum Entwurf des Strafgesetzbuchs für die Preußischen Staaten und den damit verbundenen Gesetzen vom Jahre 1847, 1847, S. 25, in ; Gesetzrevision (a. a. O.), Bd. 6, S. 867.
(378) Verhandlungen des im Jahre 1848 zusammenberufenen Vereinigten ständischen Ausschusses, zusammengestellt von L. Bleich, 1. Band, 1848, S. V f., S. 160.
(379) Berner, Strafgesetzgebung (a. a. O.), S. 238 ; von Hippel, a. a. O., 1. Bd., S. 323 ; Brandt, a. a. O., S. 388. なおStenglein, Sammlung (a. a. O.), 3. Bd., XI. Preußischen Staaten, Einleitung, S. 5においては、「3月4日まで」審議された、とされている。Verhandlungen des im Jahre 1848 zusammenberufenen Vereinigten ständischen Ausschusses, zusammengestellt

この事前審議の部局における第4回会議（1848年1月3日）において、担当係官（Referenten）が、施行法19条の冒頭にある代替規定の第1文、すなわち「犯罪を行う故意が、その犯罪の実行の着手において明らかになり、なおかつその既遂が外部的な、行為者の意思によらない事情によってのみ阻止された場合に、未遂は可罰的である。」という部分を、未遂の定義として刑法典に取り入れ、40条の冒頭に置くことを提案した[(380)]。委任官僚（Kommissarius）は、未遂の定義を法律草案に置くことは回避されるべきであり、ただしラインラントにおいては、陪審裁判所を理由としてこれが必要不可欠であったと説明し、裁判官の裁量をこの種の場合において限定することは憂慮すべきであるように思われるとして、法律草案を擁護した[(381)]。そして「施行法19条の文である『犯罪を行う故意が、その犯罪の実行の着手において明らかになり、なおかつその既遂が外部的な、行為者の意思によらない事情によってのみ阻止された場合に、未遂は可罰的である。』は、40条の冒頭に置かれるべきか」について採決が行われ、これが満場一致で賛成され[(382)]、そしてこの40条に関する議決を理由として、42条は削除されたのである[(383)]。

　この部局の決定に基づく1848年1月11日付の所見においても、「……ラインラントに関する施行法の19条が含んでいるような、未遂がそのようなものとして認められ得るものとするべき規定がないのは困る。施行法の19条における規定によれば、未遂は以下のような場合に可罰的である、すなわち、／犯罪を行う故意が、その犯罪の実行の着手において明らかになり、なおかつその既遂が外部的な、行為者の意思によらない事情によってのみ阻止された場合／である。／なぜこのような全くもって適切な規定が国家全体に対して適用するに至

---

　　von L. Bleich, 1.Band, 1848, S. VIf. によれば、実質的な審議が3月4日まで行われ、閉会のための最終会議が3月6日に行われたようである。
　(380)　Verhandlungen des im Jahre 1848 zusammenberufenen Vereinigten ständischen Ausschusses（a. a. O.）, 1. Band, S. 43.
　(381)　Verhandlungen des im Jahre 1848 zusammenberufenen Vereinigten ständischen Ausschusses（a. a. O.）, 1. Band, S. 43. すなわちこの委任官僚の見解は、前述の枢密院直属委員会の第5回会議（1845年11月15日）における司法大臣ウーデンの見解と同様に、「未遂の概念規定は不要なものである」ということを原則とするものであった。
　(382)　Verhandlungen des im Jahre 1848 zusammenberufenen Vereinigten ständischen Ausschusses（a. a. O.）, 1. Band, S. 43.
　(383)　Verhandlungen des im Jahre 1848 zusammenberufenen Vereinigten ständischen Ausschusses（a. a. O.）, 1. Band, S. 44.

り得ないのか、その理由は読み取り得ず、そして当部局は、同じものが40条の冒頭に置かれることについて賛成の態度を表明した。……」(384)とし、42条に関しても「40条において、提案されたように、施行法の19条の第1項が受容される場合には、42条の規定はその意義を失い、不必要なものとなる。当部局は、／42条において含まれている規定の削除を願い出る／ことを提案した」(385)ことが示されている。

そしてこの部局の所見に基づいて、委員会本会議の第7回会議（1848年1月26日）において未遂犯規定が議論された。まず司法大臣ウーデンが部局の提案に反対し、「未遂の定義規定は不要である」と主張した(386)。これに対してシュヴェーリン伯爵（von Schwerin）は、「未遂の定義を新しい刑法において取り入れることは、目的にかなうものであり、そしてそれによりラント法の欠点を補充するものである。ラインラントとその他の州との間の立法の相違は、回避することが必要である」として、部局の所見を擁護し(387)、さらにムリウス男爵（von Mylius）とグラボウ（Grabow）が「不処罰となる予備と当罰的な未遂との限界線は引かれなければならない、それゆえに部局はその限界線およびその範囲を配置した。裁判官には既に草案において判断の広すぎる領域が用意されて

---

(384) Gutachten der zur Vorberatung ernannten Abtheilungen des Vereinigten ständischen Ausschusses, betreffend den Entwurf eines Strafgesetzbuchs für die Preußischen Staaten （Referent : Naumann ; Correferent : Freiherr von Mylius）, Gutachten zu den §§1-79 （11. 1. 1848）, S. 21, in ; Gesetzrevision （a. a. O.）, Bd. 6, 1996, S. 1057.

(385) Gutachten der zur Vorberatung ernannten Abtheilungen des Vereinigten ständischen Ausschusses, betreffend den Entwurf eines Strafgesetzbuchs für die Preußischen Staaten （Referent : Naumann ; Correferent : Freiherr von Mylius）, Gutachten zu den §§1-79 （11. 1. 1848）, S. 22, in ; Gesetzrevision （a. a. O.）, Bd. 6, 1996, S. 1059.

(386) すなわち、「草案における未遂の定義は取りいれられない、なぜなら法典において定義を取りいれることは、必要不可欠なものとも適切なものとも認識され得ないからである。それについては、既に39条においても、過失とは何かは述べられなかったのである。ラント法において、未遂の定義は含まれていなかった、そしてプロイセンの裁判官は50年にもわたり、そのような必要性を認識しなかったのである。今、なおも、経験豊かな裁判官は、その点について了承している。ラインラントにおいてそのような必要性が存在するのであれば、私はこのことを否定しようとは思わない。しかし陪審員にとって必要なものが、〔プロイセンの〕古くからの地域の学識ある裁判官にも必要であるわけではない」（Verhandlungen des im Jahre 1848 zusammenberufenen Vereinigten ständischen Ausschusses （a. a. O.）, 1. Band, S. 204）と主張したのである。ウーデンのこの見解は、前述の枢密院直属委員会の第5回会議（1845年11月15日）における彼の主張と全く同じものであった。

(387) Verhandlungen des im Jahre 1848 zusammenberufenen Vereinigten ständischen Ausschusses （a. a. O.）, 1. Band, S. 204.

いるのであって、裁判官になお未遂の定義についての主観的な評価を残すことを可能にすることはできない」として、シュヴェーリン伯爵に賛成した(388)。モディチカ (Modiczka) により修正提案が出されたが支持されず、ナウマン (Naumann) およびグデナウ男爵 (von Gudenau) が、なおも部局の提案に賛成の態度を表明し、シュタインベック (Steinbeck)、ディットリヒ (Dittrich)、ファブリキウス (Fabricius) が反対の態度を表明した(389)。未遂に関する規定を総則から除去し、それぞれの個々の犯罪において規定するというシュペルリンク (Sperling) の提案も支持されなかった後に、「犯罪を行う故意が、その犯罪の実行の着手において明らかになり、なおかつその既遂が外部的な、行為者の意思によらない事情によってのみ阻止された場合に、未遂は可罰的である、という規定を、法律において取り入れるということが提案されるべきであろうか」について採決が行われ、これが三分の二以上により賛成されたのである(390)。そして42条については、42条に関する部局の所見について、立法修正大臣（サヴィニー）が、ここでは全くもって他の規定（すなわち未遂犯規定である40条）のみが問題となるのであって、このことは明らかに部局の見解である、ということを言及し、これにシュヴェーリン伯爵およびナウマンが同意したので、部局の提案は採決なしに承認され、42条は削除されたのである(391)。

　これにより、当初はラインラントにおいてのみ適用されるはずであった未遂犯の概念規定──そしてそれはフランス型の未遂犯・中止犯の規定形式によるものであった──が、プロイセン全体に対する一般的な規定として適用される

---

(388)　Verhandlungen des im Jahre 1848 zusammenberufenen Vereinigten ständischen Ausschusses (a. a. O.), 1. Band, S. 204.

(389)　Verhandlungen des im Jahre 1848 zusammenberufenen Vereinigten ständischen Ausschusses (a. a. O.), 1. Band, S. 204.

(390)　Verhandlungen des im Jahre 1848 zusammenberufenen Vereinigten ständischen Ausschusses (a. a. O.), 1. Band, S. 204f.. ただしこの「40条の規定に施行法19条の第１項の規定を取り入れる」ということに関して、「とりわけ『外部的な事情』が関わるものに関する懸念が唱えられた」(Goltdammer, Materialien (a. a. O.), Teil I, S. 252) ようである。すなわち、「このような〔中止の場合の〕性質の評価のための十分な要素が欠けているであろうと考えられ、確かに、なお最後の、そして最も危険な瞬間において変更された犯罪者の意思に、その未遂を不処罰にする能力を与えるのは、不適切なものであると評価された」ようであるが、「しかしながらその規定もまた承認された」(Goltdammer, Materialien (a. a. O.), Teil I, S. 252) のである。

(391)　Verhandlungen des im Jahre 1848 zusammenberufenen Vereinigten ständischen Ausschusses (a. a. O.), 1. Band, S. 206 ; Verhandlungen des im Jahre 1848 zusammenberufenen Vereinigten ständischen Ausschusses, zusammengestellt von L. Bleich, 2. Band, 1848, S. 368.

ものとされたのである。これは、何よりも当時のラント法の考え方であった、「未遂の概念規定は不要なものであり、可罰的な未遂かどうかの判断は裁判官に委ねればよい」という古い考え方(392)に対して、「まず何よりも可罰的な未遂犯とそうでないものとの限界線を明確にすることが必要なものであり、そのためには概念規定を取り入れる必要がある」ために、ラインラント地域において既に採用されていた概念規定を一般化することで、それに対抗しようとしたのである(393)。そしてこの委員会本会議における審議は、刑法典の公布を新しい手続法の公布後まで延期するという動議により終了した(394)。

1848年の三月革命により改正作業は中断したかに見えたが、司法大臣サヴィニーが3月20日に建白書において、刑法のさらなる取扱いに関する原則を書きとめたことによって、司法省の内部において作業は継続された(395)。委員会によって提案された全ての変更点がまとめられた上で、それを考慮に入れ、そして陪審裁判所の拡大に由来する必要性の評価に基づいて、枢密院により、文言の編集によって最終的な草案へと承認されるべきものへと作り直しが行われたのである(396)。これによりできたのが1848年草案(397)であり、その後1849年草

---

(392) 前述の枢密院直属委員会の第5回会議（1845年11月15日）や合同等族委員会本会議の第7回会議（1848年1月26日）におけるウーデンの主張がまさにこの考え方を示している。

(393) Goltdammer, Materialien (a. a. O.), Teil I, S. 251f. においても、「しかしながら、可罰的な未遂と予備行為の限界線に関する多数の議論の決着を考慮することが重要であった。すなわち、普通法の見解において、そして実務の法律家によるその普通法の編纂においても、大きな誤解がなされていたという見解があり、その誤解とは、全ての未遂行為において人間の内心およびその意思それ自身が、なお十分には表されていない場合に、刑事司法の対象とするにはあまりに多すぎるというものであった。それゆえ、カノン法が本質的な影響をあたえたこのような見解に対して、新しい、実際的で、フランス立法から借用された見解によって立ち向かうべきことが必要とされたのである」とあり、旧来からのラント法の考え方に対抗して、「可罰的な未遂の限界線を画する立法」としてフランス型の規定が持ち出されたことがうかがわれる。

(394) Stenglein, Sammlung (a. a. O.), 3. Bd., XI. Preußischen Staaten, Einleitung, S. 5.; Waldemar Banke, Der erste Entwurf eines Deutschen Einheitsstrafrechts, 2. Der Vorentwurf zum ersten Deutschen Einheitsstrafrecht, 1915, S. 31.

(395) Banke, Der erste Entwurf eines Deutschen Einheitsstrafrechts, 2. Der Vorentwurf zum ersten Deutschen Einheitsstrafrecht (a. a. O.), S. 31.

(396) Banke, Der erste Entwurf eines Deutschen Einheitsstrafrechts, 2. Der Vorentwurf zum ersten Deutschen Einheitsstrafrecht (a. a. O.), S. 31f..

(397) この1848年草案の中止犯規定は、その25条において、後に成立した1851年刑法典と同様に未遂犯規定の中にその消極的概念として規定された。そしてその1848年草案25条と1851年刑法典31条は、文言においてほぼ同じものであった。なお1848年草案の法文の原文は、Banke, Der erste Entwurf eines Deutschen Einheitsstrafrechts, 2. Der Vorentwurf zum ersten Deutschen Einheitsstrafrecht (a. a. O.), S. 47による。

案⁽³⁹⁸⁾を経て、最終的に1850年9月に全立法作業が終了した⁽³⁹⁹⁾。これが1851年に理由書とともに公表され⁽⁴⁰⁰⁾、そして1851年1月3日に議会の下院に提出され⁽⁴⁰¹⁾、そしてここでさしあたり委員会に移送された⁽⁴⁰²⁾。下院は1851年4月5日に、その委員会の所見を、修正意見とともにほとんど変更なく承認し、これにより可決された草案の規定を上院が1851年4月12日に全く変更なしに承認した⁽⁴⁰³⁾。4月14日に国王の裁可が行われ、1851年5月13日に公布され⁽⁴⁰⁴⁾、同年7月1日に施行された⁽⁴⁰⁵⁾。このようにして成立したのが、1851年プロイセン刑法典である⁽⁴⁰⁶⁾。その中止犯規定は、以下のように、未遂犯規定の中に組

---

(398) この1849年草案の中止犯規定も、その24条において、1851年刑法典と同様に未遂犯規定の中にその消極的概念として規定され、やはり1849年草案24条と1851年刑法典31条は、文言においてほぼ同じものであった。なお1849年草案の法文の原文は、Waldemar Banke, Der erste Entwurf eines Deutschen Einheitstrafrechts, 1. Die Verfasser des Entwurfs 1849, 1912, S. 47による。

(399) Banke, Der erste Entwurf eines Deutschen Einheitstrafrechts, 2. Der Vorentwurf zum ersten Deutschen Einheitsstrafrecht（a. a. O.), S. 33f..

(400) この公表されたものが1851年草案である。その1851年草案の中止犯規定は、その28条において、後に成立した1851年刑法典と同様に未遂犯規定の中にその消極的概念として規定された。そしてその1851年草案28条と1851年刑法典31条は、全く同じ文言であった。なお1851年草案の法文の原文は、Entwurf des Strafgesetzbuchs für die Preußischen Staaten, 1851, No. 24, S. 8による。

(401) Stenglein, Sammlung (a. a. O.), 3. Bd., XI. Preußischen Staaten, Einleitung, S. 5 ; Berner, Strafgesetzgebung (a. a. O.), S. 239 ; von Hippel, a. a. O., 1. Bd., S. 324 ; Brandt, a. a. O., S. 390.

(402) von Hippel, a. a. O., 1. Bd., S. 324.

(403) Stenglein, Sammlung (a. a. O.), 3. Bd., XI. Preußischen Staaten, Einleitung, S. 5 ; Berner, Strafgesetzgebung (a. a. O.), S. 240 ; von Hippel, a. a. O., 1. Bd., S. 324 ; Brandt, a. a. O., S. 390.

(404) Stenglein, Sammlung (a. a. O.), 3. Bd., XI. Preußischen Staaten, Einleitung, S. 5 ; Berner, Strafgesetzgebung (a. a. O.), S. 240 ; Brandt, a. a. O., S. 390.

(405) von Hippel, a. a. O., 1. Bd., S. 324.

(406) この1851年プロイセン刑法典について詳しくは、Theodor Goltdammer, Die Materialien zum Straf＝Gesetzbuche für die Preußischen Staaten, aus den amtlichen Quellen nach den Paragraphen des Gesetzbuches zusammengestellt und in einem Kommentar erläutert, Teil I, 1851 ; Georg Beseler, Kommentar über das Strafgesetzbuch für die Preußischen Staaten, 1851 ; Jodocus Dedatus Hubertus Temme, Glossen zum Strafgesetzbuche für die Preußischen Staaten, 1853 ; ders., Lehrbuch des Preußischen Strafrechts, 1853 ; Friedrich Christian Oppenhoff, Das Strafgesetzbuch für die Preußischen Staaten, 1. Aufl., 1856, 5. Aufl., 1867 ; Hugo Hälschner, Das preussische Strafrecht, 2. Teil, 1858 ; Albelt Friedrich Berner, Grundsätze des Preußischen Strafrechts, 1861などを参照。なおこの1851年プロイセン刑法典は、ほとんど変更されることなく、アンハルト＝ベルンブルク公国においては1852年1月22日に、ヴァルデックおよびピルモント侯国においては1855年5月15日に公布された。Vgl. Binding, Strafgesetzbücher (a. a. O.), S. 10f. u. Tabelle zu §1. (am Schluß des Buches) ; Stenglein,

み込まれて規定された[407]。

§31 Der Versuch ist nur dann strafbar, wenn derselbe durch Handlungen, welche einen Anfang der Ausführung enthalten, an den Tag gelegt und nur durch äußere, von dem Willen des Täters unabhängige Umstände gehindert worden oder ohne Erfolg geblieben ist.
（第31条　未遂が実行の着手を含む行為によって明らかにされ、そして外部的な、行為者の意思によらない事情によってのみ、阻止された、または結果がないままとなった場合にのみ、その未遂は可罰的である。）

すなわち結局として1810年フランス刑法典のように、中止犯ではないことを未遂犯の成立要件とする規定形式で、中止犯が規定されることとなったのである[408]。実際この未遂犯の規定は、1851年プロイセン刑法典の中でもおそらく最も目に見える形でフランスの刑事立法により影響されたものであった[409]。そしてこの規定形式において、未遂の構造は二つの構成要素に分解された。一つは犯罪の実行の着手という積極的要素であり、もう一つが、自らの動機から行為者が行為実行を中止したのではないという消極的要素であった。中止はいわば、消極的構成要件要素として、未遂概念の中にはめ込まれたのである[410]。

このような規定形式が最終的に採用された理由は何だったのであろうか。1851年草案の理由書には以下のように記述がある。「未遂の可罰性のために、

Sammlung (a. a. O.), 3. Bd., XI. Preußischen Staaten, Einleitung, S. 6. また、1863年リューベック自由都市刑法においても、その中止犯規定は、1851年プロイセン刑法典を大幅に参考にしつつ、以下のように未遂犯の規定の中に定められた（法文の原文はWerner Schubert (Hrsg.), Strafgesetzbuch für den Norddeutschen Bund, Entwurf vom 14. 2. 1870 (Reichstagsvorlage), 1992, Anlage 1, Vergleichende Zusammenstellung strafrechtlicher Bestimmungen aus deutschen und außerdeutschen Gesetzgebungen, S. 157による）。
§29 Der Versuch ist nur dann strafbar, wenn derselbe durch eine Handlung, welche den Anfang der Ausführung eines Verbrechens enthält, an den Tag gelegt und nur durch äußere, von dem Willen des Thäters unabhängige Umstände entweder die Ausführung gehindert worden oder der Versuch ohne Erfolg geblieben ist.
（第29条　未遂が犯罪の実行の着手を含む行為によって明らかにされ、そして外部的な、行為者の意思によらない事情によってのみ、その実行が阻止された、またはその未遂が結果がないままとなった場合にのみ、その未遂は可罰的である。）

(407)　法文の原文はStenglein, Sammlung (a. a. O.), 3. Bd., XI. Preußischen Staaten, S. 52. による。
(408)　Brandt, a. a. O., S. 439.
(409)　Brandt, a. a. O., S. 439.
(410)　Müller, a. a. O., S. 62f.

犯罪の実行の着手の他に、なおも二つめの、ある種の点で消極的な要素が必要である。それは行為者が、自由な、自らの心理的動きによらずして、その者が既に開始した犯罪の実行を中止したに違いないということである。なぜならこの場合においては、たとえ犯罪故意を常に可罰的なものとして明らかにさせるような正義はその不処罰を要求しないとしても、しかしやはり犯罪の実行を予防し、そして回避するに違いない刑事政策は、その不処罰を要求するからである。そして——それを積極的に表現するために——外部的な、行為者の意思によらない事情によってその犯罪の実行が阻止され、もしくは結果が生じないままにされねばならないのである」[411]、と。すなわち犯罪の故意が実行の着手により明らかにされて、可罰的なものとなったとしても、刑事政策の観点から、やはり中止犯の不処罰という法律効果が必要なものだと考えられ、そしてそのような「外部的な、行為者の意思によらない事情によって」未遂となったこと、すなわち「中止犯ではないこと」こそが、未遂犯としての処罰のための要件、すなわち「可罰的な未遂」であることの要件そのものとして要求されるべきであると考えられたのである。

そしてさらに立証責任の問題に関しては、行為の完成が外部的な事情により阻止されたということも検察側が証明せねばならないものとされていた[412]。

---

(411) Motive zu dem Entwurf des Strafgesetzbuchs für die Preußischen Staaten, 1851, No. 25, S. 13.

(412) Müller, a. a. O., S. 63. しかしこれについてゴルトダマー (Goltdammer, Materialien (a. a. O.), Teil I, S. 259ff.) は、「a. 被告人の側からの未遂の任意的な取りやめの要素か、もしくは／b. 訴追側からの偶然の阻止原因の発生の要素か、／という二つの要素の挙証責任に関する問題は、異議のないものではな」いとしつつ、「訴追側が自ら犯罪行為事実、すなわち／その犯罪者が特定の犯罪の実行の着手を含む行為を実行したこと／のみを立証する必要があるという事実は理解される、したがってその消極的なもの、すなわち／既遂が、外部的な偶然の阻止原因が犯罪者を妨げたがゆえにのみ、生じなかったこと／の立証ははじめから訴追側には要求できない。なぜならこの要素は、それが同時に行為者の意思から導き出されるべきであるがゆえに、防御的証拠にのみ含まれるように思われる特別なものだからである。／したがってこれにより、存在、およびそのような外部的な阻止原因の効果に関する問題は、訴追側にとっては、被告人が実際に任意的な取りやめをその者の側から主張した場合に初めて、考慮に入れるであろう。したがって訴追側はその後に、はじめて争うような反証を、しかし防御的証拠を減殺するためにのみ、立証するのである」として、「中止犯ではなかったこと」の立証責任を訴追側が積極的に負うものではないとした。しかしこれはフランス型の未遂犯・中止犯の規定形式を採用した1851年プロイセン刑法典31条の規定の文言からすれば、「中止ではなかったこと」を可罰的な未遂犯成立の要件としている以上、本来、その挙証責任は訴追側が負担せざるを得ないことになるはずである。ゴルトダマーもこの点に関し、上記の記述に続けて、「フランスにおいてはこの問題は争われている。……〔上記のように考える見解もあるが〕しかしそれに対して、対置する見解がフランスでは優

そしてこのことは、ライン地域の裁判所における当時の実務でもそうであったのである(413)。

19世紀中期の当時において、学説においてもこのように中止犯ではないことを未遂犯の成立要件とするような考え方が、理論的に広い支持を受けていた。いわゆる「前期法律説」と呼ばれるものである。それらは様々な論拠を用いながらも、総じて「中止犯の場合には未遂犯もそもそも成立していないのだ」ということを論証しようとしていたのである。

ツァハリエの廃棄説（Annullationstheorie）は、中止により「未遂の可罰性のためには、一部は外部的な、法律と相容れない行動が、もう一部は、それは主要なものなのだが、刑法の違反に向けられた悪い意思が必要なのであり」(414)、したがって未遂の処罰が両方の本質的要件の結合によって条件づけられているということを出発点とする場合には、中止によってこの必要な要件である悪い

勢であることについての重要な証拠が存在する。すなわち……パリ破棄院の1812年の判決においてそれが見られる。訴追側はもっぱら犯罪の着手行為にのみ基づいていた。しかし破棄院は、当該行為にフランス刑法２条における法律の刑法上の特徴を付与するためにはこれは不十分であると判断した。そして、同様に、同じく限定された方法で陪審員に提示された問題は、したがってそれに基づく回答もまた十分ではないこと、そしてむしろ前述のこと〔筆者注：犯罪の着手行為〕、ならびに後述することの両方が同時に含まれていなければならないこと、すなわち／偶然の、または行為者の意思とは独立した事情によってのみ、その実行が中断され、またはその結果が欠けてしまったこと／が含まれていなければならない、と判断した。／したがってその場合に、同様の方法でたびたび破棄院によって判決されたのは、／重罪の未遂により個人に対して作成された起訴状は、……その未遂が刑法典２条によって表現された全ての状況を伴っていたことを示さなければならないこと、／さらには／陪審が被告人がそのような重罪の未遂を犯したことだけを明言し、その被告人が外部的な行為および実行の着手を行っていたが、被告人の意思とは独立した事情によって中断したことを陪審が付け加えなかった場合には、重罪の未遂による有罪判決は必要がないこと／であった」として、1851年プロイセン刑法典と同様の立法形式であるフランスでは中止ではないことの事実について訴追側に挙証責任が負わされている旨を示していた。また、プロイセン領域内で陪審裁判所が置かれていたライン地域においても同様であるとも指摘していた（次の注を参照）。

(413) Müller, a. a.O., S. 63 ; Goltdammer, Materialien (a. a. O.), Teil I, S. 260. すなわちゴルトダマーは前の注のフランスの状況についての説明に続けて、「よく知られているように、わがライン裁判所の実務もまたそうである。訴追側は、外部的な事情が既遂を阻止したことに関しても立証しなければならないのである。当然、このような証拠は、当該経過および被告人の人格からの単なる推論によっても行きつくものである、その場合に被告人の側から、任意的な中止の反証による論破が期待され得るものである。……」(oben Goltdammer) と述べていたのである。このようなフランス型の未遂犯の規定形式における「中止犯ではないこと」の立証責任の問題に関しては、さらなる検討が必要なものであり、今後の課題としたい。

(414) Heinrich Albert Zachariä, Die Lehre vom Versuche der Verbrechen, Zweiter Theil, 1839, S. 240.

意思が「遡って廃棄されるやいなや、必然的にその可罰性は抹消されなければならない」[415]とし、ルーデンの無効説（Nullitätstheorie）は、「自らの心理的な動きによりその未遂を中断した者の不処罰は、未遂の概念と本質から導かれるものである。というのもこの場合には法的な意味において、既遂にする意思により開始されたであろう行為（Handlung）はもはや存在しないのである」[416]とし、さらにツァハリエが「ある意味で補助的に」立てた「第二の説」[417]であり、後にシュヴァルツェが依拠した[418]と言われる不確実説（Infirmitätstheorie）は、「頑強な悪い意思のみが危険なものと呼ばれ得るのであって、そのような意思においてのみ、刑罰を抑圧的手段として使用することが必要になるのである。しかし任意的に既遂を取りやめた者は、その行為によって、その者が確固たるそして頑強な悪い意思を持っていなかったこと、そしてその者が一時的にのみ衝動的な動機に従ったものの、しかし法的行動の必要性についての弁識が彼の中で優位を保ったということを示したのである。そのような人間において法的状態は何の危険の心配をせねばならないこともなく、公共の安全は確かに一時的にではそうではあったものの、しかし実際には彼によって脅かされなかったのであり、そしてその者が既に法律違反としても行ったことは、そのことがその中に完結した全体として、すなわち既遂犯罪として現れない限りにおいてすぐに、任意的な意思変更が、あらゆる法律に違反する行動から法律上の意味を取り去るであろう」[419]として[420]、その説明方法は異なるものの、い

---

(415)　Zachariä, a. a. O., S. 240.
(416)　Heinrich Luden, Handbuch des teutschen gemeinen und particularen Strafrechtes, 1. Band, 1. Heft, 1842, S. 420.
(417)　Reinhold Herzog, Rücktritt vom Versuch und thätige Reue, 1889, S. 154.
(418)　Friedrich Oskar Schwarze, Versuch und Vollendung, in; Franz von Holtzendorff (Hrsg.), Handbuch des deutschen Strafrechts, 2. Band, 1871（以下「Handbuch」と略す）, S. 305. この中でシュヴァルツェは以下のように述べる。すなわち、「注釈学派およびイタリアの法律家は、任意的な中止（qui noluit perficere）の場合において不処罰を承認した、これはカロリナ刑事法典においても同様であった。前世紀〔筆者注：18世紀〕および今世紀〔筆者注：19世紀〕初めにおける学説と立法において初めて、中止は刑罰減軽事由としてのみ扱われた、そしてその後に最新の学説は、ほとんど一般的に、その中止を再び刑罰阻却事由として評価した。中止のこのような優遇措置の理由は、決して刑事政策的なものにのみあるのではない。――すなわち中止においてはむしろ、通常少なくとも、悪い意思がそれほど頑強なものではなかったという事実が表明されているのである。新時代の個々の立法は中止を再び刑罰減軽事由としてのみ考察した」、と。
(419)　Zachariä, a. a. O., S. 241f..
(420)　ここに挙げた3つの前期法律説の分類は、Herzog, a. a. O., S. 147f. における分類による。

ずれも中止犯の場合に未遂犯がそもそも成立していないことを論証しようとしていたのである。

　そしてこれらの学説は19世紀中期に現れたものであり、まさにその当時の刑法典の立法において反映されていったものなのである。すなわち、それまでのドイツ各領邦国家による「未遂犯の成立を前提とした中止犯規定」という特徴をもった規定が、徐々に1810年フランス刑法典と同様の、「中止犯ではないことを未遂犯の成立条件とする規定形式」へと切り替わっていったまさにその時期に、それらの中止犯の規定形式を根拠づけるように前期法律説が現れたのである。やがて1813年バイエルン刑法典は1861年バイエルン刑法典に取って代わられ、1839年ヴュルテンベルク刑法典は、1849年の法律により取って代わられ、いずれも中止犯ではないことを未遂犯の成立要件とするものとなった。プロイセンにおいても1827年草案以降1843年草案までは未遂犯の成立を前提とした中止犯規定であったのが、1845年草案になって中止犯ではないことを未遂犯の成立要件とする規定形式が現れ、やがてその規定形式を採用した1851年刑法典の成立へと至るのである。そして前期法律説と、これらの刑法典の「中止犯ではないことを未遂犯の成立条件とする規定形式」は、非常に整合性のあるものであった。なぜならば前期法律説の立場からすれば中止犯の場合にはそもそも未遂犯は成立していないのであり、「中止犯である場合」には、必然的に「未遂犯でさえもない」ことになるので、未遂犯の成立に「中止犯ではないこと」を要件とすることへと結びつきやすかったのである。

　しかしそのようなフランス化の動きは、19世紀後半において、再度の逆方向の動きへと変化していくのである。

　またそれぞれの学説名の日本語訳は小野清一郎「刑法総則草案と中止犯」『刑罰の本質について・その他』（1955年）277頁以下（初出『豊島博士追悼論文及遺稿集』（1933年）76頁）、香川達夫『中止未遂の法的性格』（1963年）46頁に基づいた。なお、ヘルツォークは自説として推定説（Präsumptionstheorie）を主張し、中止により未遂が既遂となる可能性の推定が覆されたことから不処罰を根拠づけた（Herzog, a. a. O., S. 155 u. S. 175）が、この推定説は他の3つの前期法律説とは主に主張された時期を全く異にしている。ツァハリエによる廃棄説は1839年、ルーデンの無効説は1842年、不確実説はツァハリエによるものとすれば既に1839年に現れている。しかしこの推定説は1889年になってようやくヘルツォークによって主張されたものであり、未遂犯の成立を前提とする形式での中止犯規定を定めた1871年ライヒ刑法典も既に成立している。よって、この推定説と他の3つの学説を同じ「前期法律説」として一括りにすることに対しては、疑問を感じることを述べておきたい。

第6節　ライヒ刑法典制定まで[421]

　プロイセン司法省は北ドイツ全体に対する統一的な刑法典の施行を保障しようとし[422]、既に1868年6月17日にビスマルクが、プロイセンの司法大臣であるレオンハルト（Adolf Leonhardt）に、北ドイツ連邦の領域に対する刑法典草案の起草を指示し、送付するよう要請していた[423]。レオンハルトは1868年7月8日の書簡によりこの依頼を受諾し、司法省における当時の報告事務官（vortragende Rat）であったフリートベルク（Heinrich von Friedberg）にその作業を委託した[424]。それにより作成された刑法典草案は1868年11月には既に北ドイツ連邦の連邦参議院（Bundesrat）に報告され、そして1869年7月に公表された[425]。これがいわゆる1869年北ドイツ連邦刑法典第1草案である[426]。その中止犯規定は、1851年プロイセン刑法典と同様に、未遂犯規定の中に以下のように規定された[427]。

　§37 Ein strafbarer Versuch liegt vor, wenn der Entschluß zur Verübung eines Verbrechens oder Vergehens durch Handlungen, welche einen Anfang der Ausführung enthalten, an den Tag gelegt und die Vollendung des Verbrechens

---

(421)　1871年ライヒ刑法典成立までの時期におけるその編纂過程などについては、Werner Schubert, Die Kommission zur Beratung des Entwurfs eines Strafgesetzbuches für den Norddeutschen Bund, in ; Werner Schubert/Thomas Vormbaum (Hrsg.), Entstehung des Strafgesetzbuchs, Band 1 1869, 2002（以下「Entstehung」と略す）, S. XI ff.; von Hippel, a. a. O., S. 341f.; von Liszt/Schmidt, a. a. O., S. 70ff. などを参照。また北ドイツ連邦からドイツ帝国に至る時期の中止犯規定の制定過程を検討する日本語文献として、金澤真理「中止未遂における刑事政策説の意義について（一）」法学（東北大学）63巻（1999年）680頁以下を参照。なお本書においては、分量の都合上、北ドイツ連邦およびドイツ帝国における各種の刑法草案および刑法典に対する当時の研究者の見解などの十分な検討を行うことができなかった。これらについては後日改めて検討し直すことにする。

(422)　Müller, a. a. O., S. 64.

(423)　Schubert/Vormbaum, Entstehung (a. a. O.), S. XV (von Schubert).

(424)　Schubert/Vormbaum, Entstehung (a. a. O.), S. XV (von Schubert).

(425)　Schubert/Vormbaum, Entstehung (a. a. O.), S. XV (von Schubert).

(426)　von Hippel, a. a. O., S. 342f.. 起草の中心となった者の名前をとって、「フリートベルク草案」とも呼ばれる。

(427)　法文の原文は Entwurf eines Strafgesetzbuches für den Norddeutschen Bund, Berlin, im Juli 1869, in ; Werner Schubert (Hrsg.), Entwurf eines Strafgesetzbuches für den Norddeutschen Bund, Berlin, im Juli 1869 und Motive zu diesem Entwurf, 1992, S. 10 ; Schubert/Vormbaum, Entstehung (a. a. O.), S. 8による。

oder Vergehens nur durch äußere, von dem Willen des Thäters unabhängige Umstände gehindert oder unterblieben ist.

（第37条　重罪もしくは軽罪の犯行への決意が実行の着手を含む行為によって明らかにされ、なおかつ重罪もしくは軽罪の既遂が外部的な、行為者の意思によらない事情によってのみ阻止された、または発生せずにすまされた場合には、可罰的な未遂が存在する。）

すなわち1851年プロイセン刑法典と同様に、中止犯は未遂犯の消極的要素として規定されていたのである。この頃においてもなおフランス刑法の影響が強かったことがうかがわれる。

　この北ドイツ連邦第1草案が最終的に完成する前の1869年6月3日に、北ドイツ連邦の連邦参議院（Bundesrat）は、7人の法律家による委員会によってこの刑法典草案を修正させることを決定した[428]。そして1869年10月上旬にその委員会がベルリンにおいて開かれ、11月下旬まで続けられた[429]。これが連邦参議院委員会第1読会である。その委員会の構成員はプロイセンから4名、ザクセン、メクレンブルク＝シュヴェーリン、およびブレーメンからそれぞれ1名ずつとなっていた[430]。そしてこの第1読会の第5回会議（1869年10月7日）において未遂規定に関する審議が行われ、シュヴァルツェによって以下のような提案がなされた。すなわち、「『なおかつ重罪もしくは軽罪の既遂が……』という末尾の文言は、最初の文言〔筆者注：実行の着手に関する文言の部分〕と合致するものではない。それは刑法典の未遂の定義よりもより適切に規定されているのではあるが、未遂の定義に属するものではないのである。それはむしろ刑罰阻却事由[431]を含むものなのである。――既に存在している可罰性は、

---

[428]　Schubert/Vormbaum, Entstehung (a. a. O.), S. XVIII (von Schubert).

[429]　Schubert/Vormbaum, Entstehung (a. a. O.), S. XVIII (von Schubert).

[430]　Schubert/Vormbaum, Entstehung (a. a. O.), S. XVIII (von Schubert). プロイセンからの委員はレオンハルト、フリートベルク、ビュルゲルス（Johann Nepomuk Ignatz Joseph Apollinaris Bürgers）、そしてドルン（Carl Dorn）であった。ザクセンからの委員はシュヴァルツェ（Friedrich Oskar Schwarze）であり、メクレンブルク＝シュヴェーリンからの委員はブッデ（Johann Friedrich Budde）、ブレーメンからの委員はドナント（Ferdinand Donandt）であった。彼らの経歴についてはSchubert/Vormbaum, Entstehung (a. a. O.), S. XX ff. (von Schubert) を参照。

[431]　刑罰阻却事由（Strafausschließungsgrund）と刑罰消滅事由（Strafaufhebungsgrund）は異なる。刑罰阻却事由は犯罪行為の時点において存在し、それによりもともと刑罰権が発生しないものであるのに対し、刑罰消滅事由は犯罪行為の事後において存在し、一度発生した刑罰権が事後的に消滅することになる（Vgl. Hans-Heinrich Jescheck/Thomas Weigend, Lehrbuch des Strafrechts Allgemeiner Teil, 5. Aufl., 1996, S. 552f.; Claus Roxin, Strafrecht Allgemeiner Teil Band I, 3. Aufl., 1997, S. 896f.; Günter Stratenwerth, Strafrecht Allgemeiner Teil I, 4.

第3章　19世紀、ライヒ刑法典制定まで　　295

任意的な中止によって再び阻却されるのである。しかしこのようにする代わりに直接に〔中止犯を未遂犯の規定の中に――筆者による補足〕規定することは、それが属していない未遂の構成要件において否定的なことが受け入れられることになる。現在の規定によればその場合は以下のようになる。そのような行為は未遂として可罰的である、しかし（任意的な中止においては）それ自体とし

Aufl., 2000, S. 96 u. s. w.. 日本語文献としては城下裕二「中止未遂における必要的減免について――「根拠」と「体系的位置づけ」――」北大法学論集36巻4号（1986年）200頁および234頁以下、金澤真理「中止未遂における刑事政策説の意義について（一）」法学（東北大学）63巻（1999年）695頁注12、イェシェック＝ヴァイゲント著・西原春夫監訳『ドイツ刑法総論第5版』(1999年) 432頁、香川達夫『中止未遂の法的性格』(1963年) 55頁注18、松宮孝明『プチゼミ刑法総論』(2006年) 138頁などを参照）。ドイツにおける現在の通説としては中止犯は刑罰阻却事由としてではなく、刑罰消滅事由として扱われている (Vgl. Hermann Blei, Strafrecht I. Allgemeiner Teil, 18. Aufl., 1983, S. 235；Jürgen Baumann/Ulrich Weber/Wolfgang Mitsch, Strafrecht Allgemeiner Teil, 10. Aufl., 1995, S. 564；Hans-Heinrich Jescheck/Thomas Weigend, Lehrbuch des Strafrechts Allgemeiner Teil, 5. Aufl., 1996, S. 548；Adolf Schönke/Horst Schröder/Albin Eser, Strafgesetzbuch Kommentar, 25. Aufl., 1997, §24 Rn. 4；Herbert Tröndle/Thomas Fischer, Strafgesetzbuch und Nebengesetze, 49. Aufl., 1999, §24 Rn. 3 u. Rn. 18；Johannes Wessels/ Werner Beulke, Strafrecht Allgemeiner Teil, 29. Aufl., 1999, S. 197；Günter Stratenwerth, Strafrecht Allgemeiner Teil I, 4. Aufl., 2000, S. 282；Kristian Kühl, Strafrecht Allgemeiner Teil, 3. Aufl., 2000, S. 554；Karl Lackner/Kristian Kühl, Strafgesetzbuch mit Erläuterungen, 24. Aufl., 2001, §24 Rn. 1；Urs Kindhäuser, Strafgesetzbuch Lehr- und Praxiskommentar, 2001, §24 Rn. 1 u. s. w..)。しかしこの両者をそのように区別する意識がそもそも1870年頃の当時から存在していたのかどうかなどについては、明確にはできなかった。さらに、そもそもシュヴァルツェがどのような意味内容で「刑罰阻却事由」という語を使用したのかについても明確ではない。前掲の Schwarze, Versuch und Vollendung, in；Handbuch (a. a. O.), S. 305においては、「刑罰阻却事由」という語は「刑罰減軽事由」という語と対になって使用されているにすぎず、また「中止は既に存在している可罰的行為の後に続く事情なのであって、その継続中にその可罰的行為を消滅させるものである、しかしその可罰的行為が存在している限りにおいて、そのような可罰的行為を再び排除し得るものではない、すなわちそのような排除は事実上も法律上も起こり得ないのである。とりわけ中止は、未遂行為に既に表現されるに至っている故意を遡って廃棄し得るものではない。むしろ任意的な中止は刑罰阻却事由として、または――他者の見解によれば――刑罰減軽事由としてのみ評価されるべきである」とも述べている (Schwarze, Versuch und Vollendung, in；Handbuch (a. a. O.), S. 304) ことから、シュヴァルツェは「刑罰消滅事由」と同じ意味内容で「刑罰阻却事由」という単語を使用しているものと思われる。しかしそれでいてシュヴァルツェは根拠論として前期法律説の一つである「不確実説」を採用した (Schwarze, Versuch und Vollendung, in; Handbuch (a. a. O.), S. 305)。また共犯問題に関しても、後に1871年ライヒ刑法典46条の解釈において、その「Täter」は幇助者や教唆者を含まないものではないという記述の後に、「正犯者によって開始された、結果を回避するような行動のみが、教唆者や幇助者に不処罰をもたらし得るのではない」、と述べている (Friedrich Oskar Schwarze, Commentar zum Strafgesetzbuch für das Deutsche Reich, 3. Aufl., 1873（以下「Commentar」と略す), S. 129.)。このことから、シュヴァルツェは正犯のみが中止した場合にはその狭義の共犯にも中止の効果が及ぶものと考えていたようである。これらの不明確な点については今後の課題としたい。

ても可罰的ではない。すなわち既に存在しているものとして認められた可罰性が、事後的に再び否定されるのである。したがってその可罰性は存在しているのであり、かつまた存在していないのである。これは論理的な誤りであるように思われる」(432)、と。この提案をもとにして「未遂における中止は単に刑罰阻却事由を構成すべきものかどうか」という点が議論され、結局として4対3でこれが賛成されたのである(433)。すなわちここでシュヴァルツェは、中止犯というのは未遂犯の定義において考慮すべきものではなく、あくまでも事後的にその可罰性が阻却されるものとして、すなわち単なる刑罰阻却事由として規定されるべきであると主張したのである。そしてこれ以降、1871年ライヒ刑法典の成立に至るまで、1810年フランス刑法典や1851年プロイセン刑法典のような、「未遂犯の消極的成立要件」としての中止犯の規定形式は、その草案段階においても全く見られなくなるのである。

このように、中止犯ではないことを未遂犯の成立要件とするフランス型の未遂規定形式は、学説においても、その存在論的な問題性——すなわち時間的に見れば中止の直前には、いったん未遂犯が可罰的な状態に達しているのに、中止が行われるとそれまでの未遂犯自体がそもそも可罰的ではなかったと説明することの論理的な苦しさ——や、そもそもの未遂犯の成立範囲の点から、この頃には批判され始めるようになっていた。すなわち、既に1857年の段階でオゼンブリュゲンにより、ツァハリエ(434)やケストリン(435)が中止犯において法的根拠（Rechtsgrund）に基づいて、存在していた過去の意思が遡って「無意味な」ものとなると結論づけたり、「行為者が未遂の本質をその中に形成するような意図を任意に再び放棄するやいなや、このような行動はその未遂としての特徴を再び失う」(436)としたりした点について、以下のように批判がなされた。

---

(432) Schubert/Vormbaum, Entstehung (a. a. O.), S. 176 (Nr. 2, Schwarze).
(433) Schubert/Vormbaum, Entstehung (a. a. O.), S. 76.
(434) Zachariä, a. a. O., S. 240.
(435) Christian Reinhold Köstlin, Neue Revision der Grundbegriffe des Criminalrechts (以下「Neue Revision」と略す), 1845, S. 377 u. S. 389ff.; ders., System des deutschen Strafrechts, 1. Abteilung, 1855, S. 238.
(436) この文章はオゼンブリュゲンの後掲書37頁にケストリンの主張として引用されているが、そのケストリンの原文は「その〔未遂の——筆者による補足〕本質がそこから消え失せるやいなや、すなわち行為主体が犯罪意図を任意に再び放棄するやいなや、犯罪の表出はその犯罪の未遂としての特徴を再び失う」というものである。Vgl. Köstlin, Neue Revision (a. a. O.), S. 377.

「……ある瞬間において実際に未遂であったものが、どのようにして次の瞬間にはもはやそうではあり得ないことになるのであろうか？ その意図を外部的な行動において明らかにした者は、このような客観化された意図を再び廃棄し得るのでは決してなくて、その意図およびその意図の客観化や現実化を将来に向かって放棄し得るにすぎないのである。過去に関して、その者はそれ以上に何らの力をも持たないのである。事実は峻厳なのである」[(437)]、と。このような存在論的な問題性の指摘は、1851年プロイセン刑法典ができたすぐ後においてもなされていたのである。そしてさらに、実際に第1読会において前述のような提案を行ったシュヴァルツェは、後に未遂に関する規定について「フランスの法律思想が未遂理論において示している好ましくない影響から離れるという努力がその規定において認められた限りにおいて、かなり大方の同意が得られた」[(438)]と評価しており、また「修正草案[(439)]はこの路線〔筆者注：フランスの影響から離れるという方向性〕をなお再び歩んでいた。すなわちその修正草案は規定および法定刑の変更に満足せず、未遂は行為者の意思変更によって事後的に再び抹消されそして未遂において表明された故意（dolus）が再び廃棄され得るようなものではなく、このような未遂は既遂との関係でのみ放棄され得るものである、という適切な見解の方に特に向かうものであった。これにより概念規定の条文（……）は、より単純なものとなり、実務において様々な困難さおよび不安定さと結びついていた、プロイセンおよびフランスの立法以来のものである（未遂の中止に関する）条文の末尾部分は削除され、むしろ（概念規定において共に取り入れられてきた）未遂の中止は刑罰阻却事由として取り扱われたの

---

(437) Eduard Osenbrüggen, Abhandlungen aus dem deutschen Strafrecht, 1. Band, 1857, S. 38. ちなみにオゼンブリュゲンは、1855年ザクセン王国刑法典44条の規定を引用して、「刑法典は刑事政策的な根拠をも考慮に入れなくてはならず、そしてそこから、引用した〔ザクセン王国刑法典44条の――筆者による補足〕規定は、容易に正当化され得る。しかしそれに対して、決定的な法的根拠は見出されない、なぜならそのような法的根拠は見出され得るものではないからである」(Osenbrüggen, a. a. O., S. 37)、と述べた上で、このような法的根拠を見出す見解としてツァハリエやケストリンを引用している。

(438) Friedrich Oskar Schwarze, Der Entwurf des Strafgesetzbuchs für den Norddeutschen Bund und die Kritiker des Entwurfs, GS, Bd. 22, 1870（以下「Entwurf」と略す）, S. 179. また Schubert/Vormbaum, Entstehung (a. a. O.), S. 176 (Nr. 2, Schwarze) においても、「フランス法と縁を切ろうとした」ことが明記されている。

(439) ここでの「修正草案」とは、おそらく連邦参議院委員会第2読会終了後に完成した第2草案のことを指しているものと思われる。その規定は後述するように、1871年ライヒ刑法典にそのまま引き継がれた。

である」[440]と述べているのである。またビンディンクは前掲の第 1 草案に対する検討を行う1869年の著書の中で、「未遂のために『既遂が外部的な、行為者の意思によらない事情によってのみ阻止された、または発生せずにすまされた』ことが要求される場合には、それは憂慮すべきものである。行為が未遂段階にまで入った後で、犯罪者がその既遂をその者にとっては非常に残念なことに誤った決断によりだめにし、そしてその実行を自ら台無しにするようなことは、どれほど無数に生じることか！　ここでは既遂は『行為者の意思によらない事情によって阻止された』のではないが、それでも未遂が存在することを誰が否定しようとするのであろうか？」[441]と述べて、行為者が誤想により自ら結果を発生させなかった場合には未遂犯が成立しないことになるが、この場合にも未遂が存在していることは否定し得ないものである、と指摘したのである[442]。このように中止犯ではないことを未遂犯の定義の要素の一つとする考

---

(440)　Schwarze, Entwurf (a. a. O.), S. 179.

(441)　Karl Binding, Der Entwurf eines Strafgesetzbuchs für den norddeutschen Bund in seinen Grundsätzen, 1869（Nov.）（以下「Entwurf」と略す), S. 76f..

(442)　前述のようにビンディンクは後に法律説に立ち返る。ビンディンクは当初は未遂と中止の関係構造や共犯に対する影響について見解を明確にしていなかった（Karl Binding, Grundriss zur Vorlesung über Gemeines Deutsches Strafrecht, 1879, 2. Aufl., S. 81f.; Karl Binding, Grundriss zur Vorlesung über Gemeines Deutsches Strafrecht, 1884, 3. Aufl., S. 120においては、この点についての記述が全く無い）。これが初めて明確になるのは Karl Binding, Grundriß des Gemeinen Deutschen Strafrechts Allgemeiner Teil, 1890, 4. Aufl., S. 106f. においてであり、その中で「……この刑法典によれば、中止にもかかわらず未遂は残ったままなのである。しかしその場合には不処罰を、中止行為者に対しての個人的な褒賞として把握することが、最も自然である」として刑罰阻却（消滅）事由説を採用することを明確にした。しかしその一方で正犯が中止した場合にはその狭義の共犯者も不処罰となるべきである、とも主張し、「唯一これのみは刑法典の見解ではない」と異説を採っていることを述べていた。これが変化したのは1902年の第 6 版からのようである。Karl Binding, Grundriss des Deutschen Strafrechts Allgemeiner Teil, 1902, 6. Aufl., S. 126によれば、前述のように「正犯が中止した場合にはその狭義の共犯者も不処罰となるべきである」という見解をなお維持した上で、「私はこれまで、これは刑法典の見解ではないと考えていた（第 5 版118頁を見よ）。この刑法典によれば、中止にもかかわらず未遂は残ったままとされている。しかしその場合には不処罰を、ただ中止行為者に対してのみの個人的な褒賞として把握することが、最も自然とされるのであろう。私はこの見解に自信を失った。任意的な中止は適切な見解によれば、確かに犯罪を廃棄させるものである。中止は犯罪に対する決定的な条件となるのである。刑法典は我々にこの見解を否定するように強制しようとしているわけではないようにも、今や私には見受けられる」と述べて、刑罰阻却（消滅）事由説を放棄し、法律説を採用したのである。そしてこれは後に Karl Binding, Das bedingte Verbrechen, GS Bd. 68, 1906, S. 23において「全体として考察された私の態度は——そして全体としてそれは観察されなければならない——有害な結果への原因の設定という性格を欠くのである。違法な部分は塵芥のように、存在する主要部分から追放されるのである。全体としての態度はもはや違法なも

え方は学説においても徐々に否定され、未遂犯が成立することを前提にそれを不処罰とするという、刑罰阻却（消滅）事由としての捉え方が広まっていったのである。

　さらに前述の第１読会第５回会議（1869年10月７日）においては、前述のような中止犯を刑罰阻却事由とすべき旨の提案に加えて、シュヴァルツェは「外部的な」という文言を削除すること、「または発生せずにすまされた」という文言が好ましいものではないこと、また「のみ」という単語が、外部的な事情と任意的な中止が競合している場合において同様に好ましくないものとなることを指摘し、「結局としてその条項は、私の知る限りでは、陪審裁判官における混乱のきっかけを与えたのである」とまで述べている[443]。そして中止未遂を任意的な取りやめ（未終了未遂における放棄）に限定し、同時に終了未遂後の中止を結果回避の場合において考慮することを提案している[444]。

　またその会議においてビュルゲルスは、「なおかつ重罪もしくは軽罪の既遂が……」という文言による条文の末尾を「なおかつ外部的な、行為者の意思によらない事情によってのみ、決意の実行が阻止され、または重罪もしくは軽罪の既遂が生じなかった」とするか、もしくは「発生せずにすまされた」という

のではないのである。そして私は規定された条件を再び無に帰せしめたので、部分的な犯罪――未遂――もまた、もはや残存していないままなのである」として明確に主張されたのである。ビンディンクがもともと、正犯者が中止した場合にその狭義の共犯者も不処罰となるべきである、という見解を持っており、その後で法律説へと学説を変更したという点は注目すべきものである。なおビンディンクがそのような価値判断を採用した理由等についてはあまり明確にできなかった。今後の課題としたい。

(443)　Schubert/Vormbaum, Entstehung (a. a. O.), S. 176（Nr. 2, Schwarze）.
(444)　Schubert/Vormbaum, Entstehung (a. a. O.), S. 176f.（Nr. 2, Schwarze）. その上でシュヴァルツェは以下のように規定することを提案した。
"Die Strafbarkeit wird ausgeschlossen, wenn das Verbrechen nur deshalb nicht vollendet wurde, weil der Thäter aus freiem Antriebe sein Vorhaben gänzlich aufgegeben."
「行為者が自由な動機からその企図を完全に放棄したが故にのみ、重罪が既遂とならなかった場合には、その可罰性は阻却される。」
またシュヴァルツェは別の提案において、37条１項に未遂の一般規定、３項に不能未遂の規定を置いた上で、２項に以下のような中止犯規定を置くことも提案している。Vgl. Schubert/Vormbaum, Entstehung (a. a. O.), S. 183（Nr. 12, Schwarze；Donandt）.
"Der Versuch, als solcher, bleibt jedoch straflos, wenn der Thäter sein Verbrechen, ohne an der Ausführung desselben durch äußere Umstände gehindert worden zu sein, gänzlich wieder aufgegeben hat."
「しかし行為者がその重罪を、その犯罪の実行を外部的な事情によって阻止されたのではなくして、完全に再び放棄した場合には、その未遂は、そのようなものとしては不処罰のままである。」

文言の代わりに「生じなかった」と規定することを提案した[445]。ブッデも第１草案39条を削除し、「その代わりにブレーメン草案の69条を挿入すること」として、1868年ブレーメン自由都市草案[446]に類似した中止犯規定の挿入を提案した[447]。ドナントも第１草案39条の後に特別な条項として中止犯規定を入れるよう提案した[448]。このようにシュヴァルツェだけでなく、ブッデ、ドナントからも、中止犯を未遂犯の成立要件とは関係のないものとしつつ、中止犯規定を別に挿入すべきという提案が出されたのであり、そしてそのような考え方は中止犯を刑罰阻却事由とするシュヴァルツェの考え方とつながるものであったのである。

そしてこれらの提案をもとにして、「行為者が意図された行為の遂行を任意かつ完全に取りやめた場合には、その未遂はそのようなものとしては不処罰のままである」[449]という条文を基礎にして検討した結果、「完全に（gänzlich）」という文言を削除すること、および「または意図された結果の発生を阻止した」と挿入することについては４対３で否決されたものの、「任意に（freiwil-

---

(445) Schubert/Vormbaum, Entstehung (a. a. O.), S. 183 (Nr. 10, Bürgers).

(446) 1868年ブレーメン自由都市草案における中止犯規定は以下のとおり（法文の原文はWerner Schubert (Hrsg.), Strafgesetzbuch für den Norddeutschen Bund, Entwurf vom 14. 2. 1870 (Reichstagsvorlage), 1992, Anlage 1, Vergleichende Zusammenstellung strafrechtlicher Bestimmungen aus deutschen und außerdeutschen Gesetzgebungen, S. 159による）。
§69 Der Versuch, als solcher, bleibt in allen Fällen straflos, wenn der Thäter von der Vollführung der beabsichtigten That freiwillig und gänzlich abgestanden ist.
（第69条　行為者が意図された行為の遂行を任意かつ完全に取りやめた全ての場合において、その未遂はそのようなものとしては不処罰のままである。）

(447) Schubert/Vormbaum, Entstehung (a. a. O.), S. 183 (Nr. 11, Budde). その上でブッデは以下のように規定することを提案した。
"Der Versuch als solcher bleibt straflos, wenn der Thäter von der Vollführung der beabsichtigten That freiwillig und gänzlich abgestanden ist."
「行為者が意図された行為の遂行を任意かつ完全に取りやめた場合には、その未遂はそのようなものとしては不処罰のままである。」

(448) Schubert/Vormbaum, Entstehung (a. a. O.), S. 184 (Nr. 15, Schwarze；Donandt). その上でドナントは以下のように規定することを提案した。
"Der Versuch, als solcher, bleibt in den Fällen straflos, wenn der Thäter von der Vollführung der beabsichtigten That freiwillig und gänzlich abgestanden ist."
「行為者が意図された行為の遂行を任意かつ完全に取りやめた場合において、その未遂は、そのようなものとしては不処罰のままである。」

(449) この条文の文言は、Schubert/Vormbaum, Entstehung (a. a. O.), S. 183 (Nr. 11, Budde)においてブッデの提案による規定の文言——それは前述のように、1868年ブレーメン自由都市草案における中止犯規定をもとにしたものであった——と全く同じである。

lig)」という文言を削除することが4対3で承認され、その後この決議をもとに、「行為者が意図された行為の遂行を、この遂行がその者の意思によらない事情により阻止されることなく、完全に取りやめた場合には、その未遂は不処罰のままである」という条文が決議された(450)。

そしてこの第1読会での審議をふまえて1869年11月に完成したのが、第1読会草案であった。その第1読会草案において、中止犯規定は以下のように規定された(451)。

§43 Der Versuch bleibt straflos, wenn der Thäter die Ausführung der beabsichtigten That aufgegeben hat, ohne daß er an dieser Ausführung durch Umständen gehindert worden ist, welche von seinem Willen unabhängig waren.
（第43条　行為者が、意図された行為の実行を、その者の意思によらない事情によって阻止されたのではなくして放棄したときは、その未遂は不処罰のままである。）

ここにおいて1851年プロイセン刑法典のようなフランス型の中止犯の規定形式は採用されなくなり、未遂犯の成立要件として「中止犯ではないこと」は要求されず（40条参照）、中止犯は未遂犯の成立を前提とする刑罰阻却（消滅）事由であることが条文上も示されることになったのである(452)。

そして第1読会に引き続き、1869年12月2日から12月31日まで、同様の委員会が開かれた。これが連邦参議院委員会第2読会である。まずこの第2読会の第3回会議（1869年12月4日）において、第1読会草案43条の規定に関して、「未遂は」という冒頭の文言の後に「そのようなものとしては（als solcher）」という文言を挿入することが4対3により承認された(453)。このように修正することにより、中止犯となった場合であっても処罰される可能性が全く無くなるわけではなく、加重的未遂の場合には内部に含まれた既遂犯として処罰すると

---

(450) Schubert/Vormbaum, Entstehung (a. a. O.), S. 76. この条文の原文は以下のとおり。
"Der Versuch bleibt straflos, wenn der Thäter von der Vollführung der beabsichtigten That gänzlich abgestanden ist, ohne an dieser Vollführung durch Umstände gehindert worden zu sein, welche von seinem Willen unabhängig gewesen sind."
なぜ「任意に」という文言が削除され、「その者の意思によらない事情により阻止されることなく」という文言に置き換えられたのかは不明である。

(451) 法文の原文はSchubert/Vormbaum, Entstehung (a. a. O.), S. 251による。

(452) なおこの第1読会草案においては、第1読会第5回会議（1869年10月7日）の決議においてその削除が否決されたはずの「完全に」という文言が削除されている。なぜこの「完全に」という文言が結局として削除されたのかは不明である。

(453) Schubert/Vormbaum, Entstehung (a. a. O.), S. 311.

いうことが示されたのである[454]。これに対してビュルゲルスによって出された、「意図された重罪または軽罪の既遂が、行為者の意思による事情によってのみ阻止された場合には、その未遂は不処罰のままである」という文言への変更の提案[455]は、4対3により否決された[456]。

さらに新しい規定として、シュヴァルツェが以下のような条文を設けることを提案した。

> 「行為者がその自らの行動により、その行動がなければ発生していたであろう結果を回避したときには、その未遂の刑罰は半分にまで減軽されるべきである。」[457]

すなわち、第1読会草案43条において規定されていた任意的な実行の放棄[458]だけではなく、終了未遂の際の結果の回避に関する規定をさらに付け加えるべきと提案したのである[459]。そしてこの提案に対しては、限定責任能力に対する規定に関して同様に争われていたように、減軽事情の承認を許容する一般規定が広く認められる場合には、そのような終了未遂の中止や限定責任能力に関する規定を設ける必要性もなくなるので、まずそのような減軽に関する一般規定が受け入れられるかどうかが確定しなければ最終的な議決は行い得ないもの

---

(454) Vgl. Schwarze, Commentar (a. a. O.), S. 234.
(455) Schubert/Vormbaum, Entstehung (a. a. O.), S. 386 (Nr. 540, Bürgers). この提案された条文の原文は以下のとおり。
"Der Versuch bleibt straflos, wenn die Vollendung des beabsichtigten Verbrechens oder Vergehens nur durch vom Willen des Thäters anhängige Umstände verhindert worden ist."
(456) Schubert/Vormbaum, Entstehung (a. a. O.), S. 311.
(457) Schubert/Vormbaum, Entstehung (a. a. O.), S. 383 (Nr. 518, Schwarze). この提案された条文の原文は以下のとおり。
"Der Versuchsstrafe ist auf die Hälfte herabzusetzen, wenn der Thäter durch seine eigene Thätigkeit den Erfolg, der ohne dieselbe eingetreten sein würde, abgewendet hat."
(458) 1869年の第1読会でブッデやドナントが提案した規定や、プロイセンにおける1827年草案から1843年草案に至るまでの中止犯規定、および1846年草案や1847年草案においては、中止するという動詞が「abstehen」と表記されている。内容から察するに——ドイツの領邦国家の刑法における全ての中止犯規定の文言に一般化できるものではないものの——、この「abstehen」はとにかく「取りやめる」という意味をもつので、未終了未遂だけでなく、終了未遂をも概念上容易に含み得るようである。これに対して「aufgeben」としたときには、「それ以上何もしない、放棄する」というニュアンスをもつので、概念上それは未終了未遂に限定される傾向があるようである。
(459) このような「未終了未遂における放棄」と「終了未遂における結果回避」を並列的に規定するやり方は、第1読会におけるシュヴァルツェのもともとの提案にも沿った規定形式であった。Vgl. Schubert/Vormbaum, Entstehung (a. a. O.), S. 176f. (Nr. 2, Schwarze).

とされた⁽⁴⁶⁰⁾。このため前述の提案に対しては、規定されるべき決議が減軽事情に関しての将来の決議と調和すべきことを前提としてのみ、採決されることが決定され、そしてその提案は以下のような規定において承認された⁽⁴⁶¹⁾。
「行為者が、行為が露見される前に、その自らの行動により、その行動がなければ発生していたであろう結果を回避したときには、未遂の不処罰が生じる。」すなわちここで、終了未遂に対する結果回避に関する規定の原型が現れるのである。これはシュヴァルツェの当初の提案とは異なり、その法律効果が刑罰減軽ではなくて不処罰とされ、また初めてその成立要件において「行為が露見される前」であることが要求されたのである。

そしてさらに第2読会の第6回会議（1869年12月10日）において、未遂に関する章の中の、議決のために再度留保されていた43条についての審議が行われた⁽⁴⁶²⁾。ここでシュヴァルツェとフリートベルクによって、43条を以下のように規定することが提案されたのである⁽⁴⁶³⁾。

> Der Versuch als solcher bleibt straflos, wenn der Thäter die Ausführung der beabsichtigten Handlung aufgegeben hat, ohne daß er an dieser Ausführung durch Umstände gehindert worden ist, welche von seinem Willen unabhängig waren, oder, wenn er zu einer Zeit, zu welcher die Handlung noch nicht entdeckt war, den Eintritt des zur Vollendung des Verbrechens oder Vergehens gehörigen Erfolges durch eigene Thätigkeit abgewendet hat.
> 「行為者が、意図された行為の実行を、その者の意思によらない事情によって阻止されたのではなくして放棄した、または行為者が、行為がなお露見していない時に、重罪もしくは軽罪の既遂に固有の結果の発生を、自己の行動によって阻止したときは、その未遂はそのようなものとしては不処罰のままである。」

そしてこの条文は承認され⁽⁴⁶⁴⁾、編集員に、その条文の異なる両方の場合を番

---

(460) Schubert/Vormbaum, Entstehung (a. a. O.), S. 311.
(461) Schubert/Vormbaum, Entstehung (a. a. O.), S. 311. この条文の原文は以下のとおり。
    "Straflosigkeit des Versuches tritt ein, wenn der Thäter, bevor die That entdeckt war, durch seine eigene Thätigkeit den Erfolg, der ohne dieselbe eingetreten sein würde, abgewendet hat."
(462) Schubert/Vormbaum, Entstehung (a. a. O.), S. 325.
(463) Schubert/Vormbaum, Entstehung (a. a. O.), S. 393 (Nr. 581, Schwarze; Friedberg).
(464) シュヴァルツェとフリートベルクによる提案の中止犯規定の文言 (Vgl. Schubert/Vormbaum, Entstehung (a. a. O.), S. 393 (Nr. 581, Schwarze; Friedberg)) と、実際にこの第6回会議で承認された中止犯規定の文言 (Vgl. Schubert/Vormbaum, Entstehung (a. a. O.), S. 325) とは、前置詞が1ヶ所異なるのみ（提案では "... an dieser Ausführung..." となっている箇所が、承認された文言では "... in dieser Ausführung..." となっている）である。

号によって分離することが委ねられた[465]。ここにおいて、1871年ライヒ刑法典とほぼ同じ中止犯規定の文言が完成したのである。この第2読会の作業により、1869年12月31日に第2読会草案が完成した。これがいわゆる1869年北ドイツ連邦刑法典第2草案である[466]。その中止犯規定は、以下のように規定された[467]。

> §44 Der Versuch als solcher bleibt straflos, wenn der Thäter
> 1. die Ausführung der beabsichtigten Handlung aufgegeben hat, ohne daß er an dieser Ausführung durch Umstände gehindert worden ist, welche von seinem Willen unabhängig waren, oder
> 2. zu einer Zeit, zu welcher die Handlung noch nicht entdeckt war, den Eintritt des zur Vollendung des Verbrechens oder Vergehens gehörigen Erfolges durch eigene Thätigkeit abgewendet hat.
>
> (第44条 行為者が、
> 1. 意図された行為の実行を、その者の意思によらない事情によって阻止されたのではなくして放棄した、または
> 2. 行為がなお露見していない時に、重罪もしくは軽罪の既遂に固有の結果の発生を、自己の行動によって阻止した
>
> ときは、その未遂はそのようなものとしては不処罰のままである。)

これにより、1871年ライヒ刑法典の同じ中止犯規定の文言が、完全な形で現れたのである。

その後、北ドイツ連邦の連邦参議院 (Bundesrat) において短期間の審議が行われた (1870年2月4日から2月11日まで) 後に[468]、1870年2月14日に刑法典草案が北ドイツ連邦の帝国議会 (Reichstag) に提出された[469]。これが1870年北ドイツ連邦刑法典第3草案である[470]。さらに帝国議会において第1読会から第3読会まで審議が続けられ[471]、それにより修正された草案が、1870年5月25

---

[465] Schubert/Vormbaum, Entstehung (a. a. O.), S. 326.
[466] von Hippel, a. a. O., S. 343. この草案は一般には公表されなかった。
[467] 法文の原文は Schubert/Vormbaum, Entstehung (a. a. O.), S. 432による。
[468] この連邦参議院における審議の内容については Werner Schubert (Hrsg.), Verhandlungen des Bundesrats und des Reichstags des Norddeutschen Bundes über den Entwurf eines Strafgesetzbuches, 1992 (以下「Verhandlungen」と略す), S. 19ff. を参照。
[469] Schubert/Vormbaum, Entstehung (a. a. O.), S. XVIII f. (von Schubert); von Hippel, a. a. O., S. 343.
[470] von Hippel, a. a. O., S. 343.
[471] von Hippel, a. a. O., S. 343ff.. この帝国議会における審議の内容については、Schubert, Verhandlungen (a. a. O.), S. 47ff. を参照。

日に圧倒的多数を以って承認された(472)。これが1870年北ドイツ連邦刑法典であり、この刑法典は1871年1月1日に施行された(473)。さらにその刑法典は1871年5月15日に、必要な編集上の修正を行って、1871年ドイツライヒ刑法典となったのである(474)。これらの1870年北ドイツ連邦刑法典第3草案(475)、1870年北ドイツ連邦刑法典(476)、そして1871年ドイツライヒ刑法典(477)のいずれにおいても、その中止犯規定は前掲の1869年北ドイツ連邦刑法典第2草案44条と全く同じ文言であった。

　このようにして1871年ドイツライヒ刑法典の中止犯規定は、1810年フランス刑法典のような「中止犯ではないことを未遂犯の消極的な成立要件とするフランス型の規定形式」から、1813年バイエルン刑法典以降、ドイツの各領邦国家の刑法典において見られた「中止犯の場合にも未遂犯の成立を前提とするドイツ型の規定形式」への移行をたどったのである。実際に、まだフランス型の規定形式であった1869年7月の北ドイツ連邦刑法典第1草案についての理由書は、この点に関して「可罰的な未遂のさらなる概念設定においてもまた、その規定は——いくつかの編集上の修正を除いては——プロイセン刑法典の31条における定義を継続している、というのはこの定義が事実に即したものとして認められたからである。したがって未遂は、重罪もしくは軽罪の実行の決意が実行の着手を含む行為によって明らかにされた場合に、既に可罰的である、というべきものではない。むしろ、重罪もしくは軽罪の既遂が外部的に、行為者の意思によらない事情によってのみ阻止され、または為されないままにされたことが、なお付け加えられなければならない」(478)、と述べていたのであるが、ドイツ型の規定形式に変更した後の1870年2月の北ドイツ連邦刑法典第3草案に

---

(472)　Schubert/Vormbaum, Entstehung (a. a. O.), S. XX (von Schubert) ; von Hippel, a. a. O., S. 345.

(473)　von Hippel, a. a. O., S. 345.

(474)　von Hippel, a. a. O., S. 345.

(475)　1870年北ドイツ連邦刑法典第3草案の中止犯規定は44条である。その法文の原文は Werner Schubert (Hrsg.), Strafgesetzbuch für den Norddeutschen Bund, Entwurf vom 14. 2. 1870 (Reichstagsvorlage), 1992, S. 5による。

(476)　1870年北ドイツ連邦刑法典の中止犯規定は46条である。その法文の原文は Hans Blum, Das Strafgesetzbuch für den Norddeutschen Bund, 1870, S. 78による。

(477)　1871年ドイツライヒ刑法典の中止犯規定は46条である。

(478)　Werner Schubert (Hrsg.), Entwurf eines Strafgesetzbuches für den Norddeutschen Bund vom Juli 1869 und Motive zu diesem Entwurf, 1992, S. 204f..

ついての理由書は、この点に関して以下のように述べている。すなわち、「プロイセン刑法典31条とは異なり、しかし同時に他の大多数のドイツの刑法典の立法に倣って、草案は重罪もしくは軽罪の実行の着手を可罰的な未遂である、と明言することにまで限定した。プロイセン刑法典の規定は、可罰的な未遂の推定のためには、重罪もしくは軽罪の既遂が外部的な、行為者の意思によらない事情によってのみ阻止されたこともまた立証されなければならなかったが、それを草案は受け入れなかった。その草案は、それが44条において、以下のようなことを規定している場合には、他のほとんどのドイツの刑法典の立法と意見が一致した状態にある。すなわちその規定が、行為者がその者の意思によらない事情によって阻止されたのではなくして、意図された行為の実行を放棄した場合に、それ自体として科せられる刑罰に関しての阻却事由としてのみ見做されるべきである、ということを規定している場合である」[479]、と。つまり1851年プロイセン刑法典31条のようなフランス型の中止犯の規定形式の場合には、可罰的な未遂犯が成立するためには、外部的な、行為者の意思によらない事情によってのみ既遂が阻止されたことも検察官の側が立証しなければならなかったが、1870年の第3草案44条によりこのような立証責任の負担はなくなり[480]、中止犯は他のほとんどのドイツ領邦国家の刑法典と同様に、刑罰阻却（消滅）事由としてのみ見なされることになったのである。さらに第3草案の理由書は終了未遂の結果回避の規定に関して、「44条のさらなる規定、すなわち行為がなお露見していない時に、重罪もしくは軽罪の既遂に固有の結果の発生を、自己の行動によって行為者が阻止したときは、その未遂は未遂としては不処罰のままとなるべきであるという規定は、刑事政策的根拠に依拠している」[481]と述べて、このような終了未遂の結果回避の規定が刑事政策的根拠か

---

[479] Werner Schubert (Hrsg.), Strafgesetzbuch für den Norddeutschen Bund, Entwurf vom 14. 2. 1870 (Reichstagsvorlage), 1992, S. 52f..

[480] この立証責任の点に関して、ミュラーは以下のように述べる。「立証責任と論証負担の問題は、刑事手続においてもまたなお両当事者への立証責任配分が存在したような時期には、極めて実際上重要であったことは明白である。とりわけその違いは、古い形式の陪審手続において明らかになる。すなわち、陪審裁判官への質問がどれほどに的確に述べられるかによって左右されるのである。しかし立証責任の国家への完全な移行後にすらも、なお論証負担の方法において、その違いは存在したままである。今日支配的な、並はずれて広まった中止の視界の理論において、まさにこれが明らかになるのである」、と。Vgl. Müller, a. a. O., S. 72.

[481] Werner Schubert (Hrsg.), Strafgesetzbuch für den Norddeutschen Bund, Entwurf vom 14. 2. 1870 (Reichstagsvorlage), 1992, S. 53.

ら、すなわち「とにかく結果を生ぜしめないようにする」ために規定されたものである、としているのである。

　以上のように1871年ライヒ刑法典は、存在論的な観点から中止を刑罰阻却（消滅）事由としてのみ捉えるべきであるという考え方により、中止を未遂犯の成立要件に係らしめることなく、別個に中止犯規定を置くことになった。この結果、中止犯であることについての立証責任の負担は、1851年プロイセン刑法典においては事実上その規定の文言に基づけば検察側に課せられていたのであるが、ライヒ刑法典においてはそのような立証責任負担を示す表現は無くなった。さらに「未終了未遂における任意的な放棄」と「終了未遂における結果の回避」とが区別されるようになり、後者については行為の露見前であることが要求された。また未遂犯の成立を前提として中止犯の場合には不処罰となるのではあるが、その場合に内部に含まれる既遂犯までもが処罰されなくなるのを避けるために、「als solcher」と規定することで、「未遂犯としては不処罰であるが、内部に含まれた既遂犯としては処罰できる」という解釈を可能にした。そしてこれらの中止犯規定に関する変更点のほとんどが、主としてザクセンのシュヴァルツェによって提案されたものであり、彼がその修正の主導的役割を演じていたことは注目すべきことである。

　では次章において、その1871年ライヒ刑法典が成立した以後の状況に関して、その考え方の流れの概略を示すことにする。

第4章　ライヒ刑法典制定以後[482]

第1節　第2次世界大戦までの議論動向

　前章まで述べてきたような過程を経て、ライヒ刑法典が成立した。このライヒ刑法典46条の規定により、中止犯は未遂犯が成立していることを前提としつつ、「未遂としては罰しない」という法律効果を持つことになった。すなわち条文上明確に、中止犯は刑罰阻却（消滅）事由であることが示されたのである[483]。この結果として、それまでの法律説は、行き場を失うことになった[484]。

　法律説は、法律の文言上、中止犯の場合には未遂犯が成立していないことを前提とするものであり、1810年フランス刑法典2条や1851年プロイセン刑法典31条の規定のもとでは、未遂犯の成立要件として「中止犯ではないこと」が要求されたために、法律説は中止犯のそのような規定上の構造を説明するものとして、非常に整合性のあるものであった。しかしこれは条文が1810年フランス刑法典2条や1851年プロイセン刑法典31条のような形式である限りで可能であった解釈なのであり、1871年ライヒ刑法典43条および46条の規定のもとでは、およそ採用できない解釈であった。あくまでも法律説は条文を解釈する上での、その中止と未遂の関係構造を示す学説であり、「なぜ中止犯が不処罰とし

---

(482) 第2部第3章第5節（プロイセン）や同第6節（ライヒ刑法典制定まで）と同様に、本章においては時間の関係上、十分な検討を行うことができなかった。20世紀における多くの学説や判例については、その重要性にもかかわらず、本書ではほとんど検討することができない。これらについては後日改めて検討し直すことにする。

(483) 1871年ライヒ刑法典の原型である1870年2月の北ドイツ連邦刑法典第3草案の理由書も、この点を明確にしていた。Vgl. Werner Schubert (Hrsg.), Strafgesetzbuch für den Norddeutschen Bund, Entwurf vom 14. 2. 1870 (Reichstagsvorlage), 1992, S. 52f..

(484) 金澤真理「中止未遂における刑事政策説の意義について（一）」法学（東北大学）63巻（1999年）682頁は、結果発生阻止のための積極的防止行為による中止の成立時期を犯行の発覚以前に限定した46条2項の存在も、法律説的構成を一層困難にした、と指摘する。

て優遇されるのか」を示すような、背景としての理論を直接には示す学説ではなかったのである。

　もちろん法律説もその内部で、「刑法の違反に向けられた悪い意思が……遡って廃棄される」[485]と説明したり、「法的な意味において、既遂にする意思により開始されたであろう行為（Handlung）はもはや存在しない」[486]と説明したりして、「中止犯の場合にはそもそも未遂犯罪など存在していないのだ」ということを論証しようとしてきた。だがそれらは、事実上一旦存在した出来事を事後的に否定するような論理形式が批判された[487]。それだけならばともかく[488]、法律説にとって決定的な出来事が生じた。それが1871年ライヒ刑法典の成立であった。明らかに「法律説を採用しない」と宣言したも同然のこのライヒ刑法典の43条および46条の規定により、法律説は法理論上も法解釈論上も苦しい立場に立つことになり、ほとんどの支持者を失うことになった[489]。

---

(485) Heinrich Albert Zachariä, Die Lehre vom Versuche der Verbrechen, Zweiter Theil, 1839, S. 240.

(486) Heinrich Luden, Handbuch des teutschen gemeinen und particularen Strafrechtes, 1. Band, 1. Heft, 1842, S. 420.

(487) Werner Schubert/Thomas Vormbaum (Hrsg.), Entstehung des Strafgesetzbuchs, Band 1 1869, 2002（以下「Entstehung」と略す）, S. 176（Nr. 2, Schwarze）. また Friedrich Oskar Schwarze, Der Entwurf des Strafgesetzbuchs für den Norddeutschen Bund und die Kritiker des Entwurfs, GS, Bd. 22, 1870, S. 179も参照。

(488) 実際に現在でもフランス刑法典121―5条は、「行為者の意思とは独立した事情によってのみ」犯罪行為が中断されたり結果が発生しなかった場合に限って、未遂犯を処罰している。そして現在でも例えば「自発的に放棄したその者は、その意図が強かったのに、その性格が危険な人物の性格ではないということをその行為によって明らかにした」としたり、「計画の放棄は、行為者が実行の着手の段階に一度も入っておらず、そしてその者が予備行為の最中にとどまっていたことの証拠なのである」（Alain PROTHAIS, Tentative et attentat, 1985）としたりして、中止犯が未遂犯の範疇から外されることを説明しているのである。Jacques-Henri ROBERT, Droit pénal général, 5ᵉ édition, 2001, p. 219. このように、もし法律の条文がフランス型の未遂犯・中止犯の規定形式を採用するのであれば、法律説を採用してもそれほど問題がないことになる。ただし、その場合には共犯への影響は避け得ず、また「事後的な事実の消滅」という存在論的観点からの批判をうけることになるであろう。

(489) これに対して、前述のように例えばベルナーは、「正犯者の任意的な中止は、正犯者だけではなく、その教唆者をも不処罰にするのである」（Albert Friedrich Berner, Lehrbuch des Deutschen Strafrechtes, 18. Aufl., 1898, S. 165）とした上で、「刑法典46条の『その未遂は不処罰のままである』というのは、正犯のみがそうなるのではない。このような表現を誤りだと説明するのは、もはや解釈とは言えない。その46条は、以下のような好ましい意味をもつものなのである。すなわち46条において示されている未遂の可罰性についての規定は、43条とは外見上は分離しているけれども、可罰的な未遂の概念の内部に残ったままなのである」（Berner, a. a. O., S. 165 Fn. 1）、と述べて、ライヒ刑法典43条と46条は形式的には分離しているが、これはあわせて

この結果、法律説とは別の次元にあるもう一つの根拠論、すなわち「なぜ中止犯が不処罰として優遇されるのか」を示す「背景理論としての根拠論」である刑事政策説[490]が急速に台頭していく[491]。それは「一度存在したはずの未遂犯罪がなぜ事後的に不処罰にされるのか」を説明するために、「（一度未遂犯罪は存在しているのだけれども、それでも）とにかく結果発生を回避させるための制

考察すべきものなのだと主張し、法律説を維持したのである。またビンディンクも、前述のように1902年以降になって法律説を主張した（第2部第3章第6節参照）。

(490) Franz von Liszt, Lehrbuch des Deutschen Strafrechts, 2. Aufl., 1884, S. 192 ; ders., Lehrbuch des Deutschen Strafrechts, 21-22. Aufl., 1919, S. 201 ; Franz von Liszt/Eberhard Schmidt, Lehrbuch des Deutschen Strafrechts, 26. Aufl., 1932, S. 315 ; Karl Hatzig, Über den Rücktritt vom Versuch und die sogenannte thätige Reue, 1897, S. 82 ; Ludwig Spohr, Rücktritt und tätige Reue, 1926, S. 5 ; Robert von Hippel, Deutsches Strafrecht, 2. Bd., 1930, S. 411 ; Philipp Allfeld, Lehrbuch des Deutschen Strafrechts Allgemeiner Teil, 9. Aufl., 1934, S. 201. 例えばハツィヒはカロリナ刑事法典においては中止ではないことが未遂の可罰性の要件とされていたが、ライヒ刑法典はこれと異なり、実行の着手のみが未遂の可罰性の要件であると述べる（oben Hatzig, S. 81）。そこから「したがって結論としては未遂の構成要件は中止……にもかかわらず存在したままなのである。刑法典46条が責任阻却事由を含むものであるという推測は拒否されるべきなのである」とした上で、中止は刑罰消滅事由であるとして、加えて「今や中止……の影響についての法的根拠が存在しないが故に、可罰性の消滅を理由づけるためには、刑事政策的性質という一般的な考慮のみが残されたままである。そしてこのことは既に刑法典の理由書にも指摘されている」と述べる（oben Hatzig, S. 81f.）。

(491) もちろんこの刑事政策説に反対して、別の「背景理論としての根拠」からライヒ刑法典46条の中止犯制度を説明しようとするものもあった。例えばシュッツェは「可罰的な未遂の要件が実現されるやいなや、未遂の刑罰はもたらされる。確かにその未遂の刑罰は、未遂が既遂にしだいに移行しそして埋没していく場合には、既遂の刑罰によってかき消されるものである。しかしその出来事も、その出来事において現実化した犯意も、行為者によって取り消され得るものではない、なぜならその両者は過去に属するものだからである。それゆえに未遂の『中止』は、そもそも犯罪意思の『遡っての廃棄』ではあり得ないのであって、将来に対する犯罪行動の放棄でしかないのである。それにもかかわらず、実定刑法が様々な不安定さにより未遂行為の継続の任意的な取りやめ、または完成した犯罪行為後の結果の任意的な阻止が、既に生じた未遂を不処罰にすべきものであるという原則を立てる場合には、これは法律的根拠にも、それに対して引用される刑事政策的な根拠にも立脚するものではなく、恩赦（Begnadigung）による特別な救済の代わりに、通常の刑罰阻却事由を構成するような正当性（Billigkeit）にのみ立脚するものである」(Theodor Reinhold Schütze, Lehrbuch des Deutschen Strafrechts auf Grund des Reichsstrafgesetzbuches, 2. Aufl., 1874, S. 141) と述べて、中止は恩赦を規定上における刑罰阻却事由化したものであるとしたのである。実際シュッツェはこの点から、「（その法律効果として恩赦の請求のみを認める）プロイセン一般ラント法第2部第20章第43条は適切な見地にあるものであった」(Schütze, a. a. O., S. 141 Fn. 38) とまで述べている。またバウムガルテンもシュッツェに依拠して同様の見解に立つ (J. Baumgarten, Die Lehre vom Versuche der Verbrechen, 1888, S. 469)。しかしこのように中止を恩赦と同視することは、後の褒賞説の考え方にもつながるものとしては注目し得るものであるが、結局として中止を単なる量刑規定とだけ見なすことになるものである。より明確な内容をもって、中止犯の成立範囲にもかかわる形での新しい根拠論の登場は、刑罰目的説・褒賞説の出現まで待たれなければならなかったのである。

度なのだ」という形で、この中止犯制度の存在意義を強調したのである。そしてこのような考え方は、「結果を発生させない」ために、その要求する任意性の内容については限定を行わず、どのような理由からでもよいからとにかく中止すれば中止犯として認められるべきものとするライヒ刑法典46条の文言にも合致するものであった。またライヒ刑法典46条2号の「終了未遂の場合における結果回避」の場合の規定の存在も、「結果の回避」を重視する刑事政策説と整合性のあるものであった[(492)]。

そして「未遂犯が一度成立していること」を前提にする以上、中止犯はその法的性格（体系的位置づけ）として、刑罰消滅事由であることが明らかにされた[(493)]。一部の学説はライヒ刑法典成立以後も法律説を維持しようとしたが、ほとんど支持されなかった。この両者の違いは、二つの点で大きな違いをもたらした。すなわち一つは立証責任の点、そしてもう一つは共犯への影響の点である。

まず立証責任の点に関して、もし法律説を採用する場合には、被告人を未遂犯として訴追するときに訴追側は「中止犯ではないこと」を立証せねばならなかった。「中止犯であること」は、法律説の立場からは「未遂犯ですらもないこと」なのであり、もしそうであるならば未遂犯としての訴追の際には中止犯ではないことの証明が積極的に要求されることになったからである。

さらに共犯への影響の点に関しては前述のように、正犯のみが中止犯として認められた場合に、その狭義の共犯にその正犯が中止犯となったことについて影響するか否かが問題となった。刑罰消滅事由説の場合には、正犯が中止したとしても共犯にその影響は及ばないが、法律説を採用した場合には、正犯はもはや未遂犯でもない以上、共犯の従属性の観点から狭義の共犯も成立し得なくなるのである。

だがもはやライヒ刑法典43条と46条の文言の下で、そのような法律説の解釈

---

(492) 1870年北ドイツ連邦刑法典第3草案の理由書の未遂に関する部分を参照。Werner Schubert (Hrsg.), Strafgesetzbuch für den Norddeutschen Bund, Entwurf vom 14. 2. 1870 (Reichstagsvorlage), 1992, S. 53.

(493) von Liszt, a. a. O., 2. Aufl., S. 192 u. S. 194 ; ders., a. a. O., 21-22. Aufl., S. 201 u. S. 203 ; von Liszt/Schmidt, a. a. O., 26. Aufl., S. 315 u. S. 318 ; Hatzig, a. a. O., S. 82 ; Spohr, a. a. O., S. 67 ; von Hippel, a. a. O., 2. Bd., S. 410 u. S. 412 ; Krauthammer, a. a. O., S. 55 ; Allfeld, a. a. O., S. 205.

は困難なものとなり、その根拠論として刑事政策説が台頭し、法的性格論（体系的位置づけ論）として一身的刑罰消滅事由説が台頭していく。そのような状況の中でドイツの判例および学説において問題とされたのは、もう一つの共犯問題、すなわち「教唆犯や幇助犯は自らの中止によって不処罰を獲得し得るのか」という問題、および不能未遂問題、すなわち「（ドイツ刑法において可罰的とされている）実行未遂の不能未遂の場合において、中止犯としての不処罰は獲得可能なのか」という問題であった。この前者の問題はとりわけ、ライヒ刑法典46条がその文言上、主体を「Täter」としていたために、教唆犯や幇助犯はその46条の主体となれないのではないか、という点から問題となったのであった。また後者の問題は、ライヒ刑法典46条2号が「結果の発生を、自己の行動によって阻止した」ことを要件として要求しており、結果が発生し得ない不能未遂においては、発生しない結果は行為者によっても回避され得ない、よって46条2号は適用し得ないのではないかという点から問題となったのであった。

まず「正犯者のみが中止した場合の共犯者への影響」に関して、判例[494]は、正犯のみが中止を行った事例である1881年1月13日判決[495]において既に、正犯のみが中止したとしても、その中止の法律効果は狭義の共犯には及ばないものであるとしていた。これは1871年ライヒ刑法典の立法者意思に沿った形での解釈であり、実際に判例も「刑法典46条は、かつてのプロイセン刑法典31条とは意識的に異なり、未遂の消極的な概念要素を規定するものではなくて、刑罰阻却事由のみを規定するものである」[496]としていた。1882年6月6

---

(494) 中止犯の根拠論や法的性格論（体系的位置づけ論）に関する、ライヒ裁判所の判例、および後の連邦裁判所の判例の変遷については、金澤真理「中止未遂における刑事政策説の意義について（二・完）」法学（東北大学）64巻（2000年）54頁以下が、既に非常に詳細な検討を行っている。本書の本章における「共犯問題」に関するライヒ裁判所の判決に関する検討は、この金澤論文に依拠するところの大きいものである。また、ライヒ裁判所およびドイツ連邦裁判所における2008年までの中止犯関連判例について、判決内容なども含めて網羅的にまとめた資料として、Liane Wörner, Der fehlgeschlagene Versuch zwischen Tatplan und Rücktrittshorizont, 2009, Anhang III ; Höchstrichterliche Rechtsprechung zu Versuch und i. b. Rücktritt 1853-2008（巻末のCD-ROM内に所収）を参照。

(495) RGSt 3, 249. 事案は、被告人は妊婦が堕胎をする際に助言を行い、力になってやったが、妊婦自身はその後堕胎のための薬の服用を自分自身の判断で止めたというものであり、判決は「単に一身的事由から共同被告人となった正犯者（Urheberin）に法律により認められた不処罰を、被告人に対しても援用することはできない」として、幇助により処罰された（金澤・前掲論文65頁参照）。

(496) ライヒ裁判所1881年6月17日判決（RGSt 4, 290 (293)）を参照。

日判決も、自己堕胎罪の正犯のみが中止をした場合に、その幇助犯について、「刑法典46条１項が責任阻却事由としてではなくて、刑罰阻却事由として特徴づけられるがゆえに」、その46条１項から読み取られる不処罰事由は正犯者にのみ限定され、幇助者の行為やその可罰性に関わるものではない、としたのである[497]。このように、「正犯のみが中止した場合には、その影響は中止していない狭義の共犯には及ばない」ということが、「刑法典46条が刑罰阻却（消滅）事由である」ことに基づいて確立していった[498]。これはライヒ刑法典43条および46条の規定の文言から考えて、ごく自然なことであった。

　しかしまさにそのライヒ刑法典46条の文言から、やがて前述の「もう一つの共犯問題」という厄介な問題が生じる。1884年４月29日判決[499]は、被告人が証人に法廷の証言において虚偽の事実を述べるように依頼したが、後に他の証人が見つかったのでその必要がなくなったと前言を撤回した事案について、刑法典159条という犯罪の性質上、その規定はその行為の意図された取り扱いを独立した既遂犯罪として再び完結させているがゆえに、それに46条を適用することは問題とならないものである、としたのである[500]。これは46条の適用が問題となった犯罪類型がそもそも46条の適用にそぐわない（既に既遂犯化された）ものとされて、結局46条の中止犯は認められなかったのであるが、もしこの場合に犯罪類型としても通常の未遂犯のように46条の適用が問題なく認められる場合であったならば、その次に46条の文言の点からの適用の可否が問われるこ

---

(497) RGSt 6, 341（342）．事案の詳細については金澤・前掲論文55頁参照。
(498) 後の判例であるライヒ裁判所1886年３月15日判決（RGSt 14, 19）においても、Jに頼まれて虚偽宣誓（Meineid）を行い、後に陳述を撤回したWについて、虚偽宣誓の中止未遂が認められた。しかしこの中止未遂の法律効果は中止した正犯者に当てはまるものであって、その教唆者や幇助者に当てはまるものではない、とされた。それについて以下のように述べられている。「確かにこれらの者は、法律が正犯者の中止未遂を責任阻却事由として承認している限りにおいては、その狭義の共犯の従属的性質に鑑みて、処罰され得ないものかもしれない。しかしこれは現行法の見解ではない。というのも現行法は、プロイセン刑法典とは異なって、未遂の概念として犯罪行為の不完成の不任意性を要求していないし、またその理由書が『行為者がその者の意思によらない事情によって阻止されたのではなくして、意図された行為の実行を放棄した場合に、それ自体として科せられる刑罰に関しての阻却事由としてのみ見做されるべきである』ということによって、このことを根拠づけているからである」（RGSt 14, 23f.）、と。ここにおいても、中止の法律効果が中止した正犯者のみにとどまり、その背後の、中止していない教唆者や幇助者に及ばないことが、「中止が刑罰阻却（消滅）事由である」ということから導かれているのである。なお本判決については金澤・前掲論文56頁以下参照。
(499) 本判決に関しては、後述補論第３章第２節も参照。
(500) RGSt 10, 324. なお本判決については金澤・前掲論文56頁参照。

とになったであろう。すなわち、ライヒ刑法典46条はその主体を「正犯者〔Täter〕」としているのであり、狭義の共犯者である教唆犯や幇助犯が自ら中止した場合にも適用が認められるべきかが問題となるのである。そしてこの問題を解決するための糸口となったのが、まさに「根拠論」であった。この1884年4月29日判決は、159条の規定の特質から46条の適用を排除したものの、以下のように述べて、この問題解決のための布石を残した。すなわち、「刑法典46条の不処罰根拠は、正犯者が既に可罰的な行為の実行を開始したが、しかし意図された犯罪がなお既遂には達していない場合に、行為の既遂への促進が、すなわち行為によりもたらされた法秩序のより重大な破壊への促進が、行為の放棄または結果の阻止に対して不処罰が保証されることにより、減少されねばならないという刑事政策的考慮に基づいている。そしてそれによって、未遂の既遂への進展は阻止されるべきなのである」[501]、と。このように刑法典46条の根拠が、法秩序のより重大な侵害への促進を減少させるために、不処罰を保証した、という刑事政策に基づくものであるならば、同様の配慮が教唆者や幇助犯に対して認められてもよいはずである。「とにかく何であれ結果の発生を避けたい」というのであれば、（前述のように）その中止の動機はどうでもいいし、またそれと同様に、その中止の主体が正犯者なのか狭義の共犯者なのかもどうでもいいことになる。誰でもいいから阻止して欲しい、ということになるであろう。このように刑法典46条の不処罰根拠論に立ち返ることによって、その「Täter」という文言を越えて、教唆者や幇助者が自ら中止行為を行った場合にも、中止犯の成立する可能性を広げたのである。

　実際、その後の1887年11月25日判決は、以下のように述べた[502]。すなわち、「かの文言表現〔すなわち正犯者（Täter）という表現〕にもかかわらず、刑法典46条において、その要件に該当した複数関与者の者が不処罰になるような条件が既に示されているものと見なすことも、疑わしいものとは思われない。／共同正犯者、教唆者、幇助者として複数の人物が、可罰的未遂の条件を充足する行為に関与した場合には、刑法典46条1号の意味における実行の放棄によって、ここで詳述されている方法で中止した者が不処罰になる。しかしその他の〔中止していない——筆者による補足〕関与者はそうではない。その者は未遂

---

(501)　RGSt 10, 325.
(502)　RGSt 16, 347. なお本判決については金澤・前掲論文57頁参照。

として可罰的なままなのである。意図した重罪もしくは軽罪の実行の着手により、正犯者の責任は根拠づけられ、そして他の者が刑法上関与可能となる犯罪は根拠づけられる、しかしその一方で既遂前の正犯者の任意的な中止によってその責任は消滅されるのではなく、そしてその犯罪も排除されるのではなくて、政策的な根拠からのみ排除し、そしてその者の処罰のみを排除するのである」(503)、と。このようにして、まさに刑事政策的根拠から、正犯者以外の狭義の共犯に対しても、自ら中止を行って刑法46条の適用を受ける可能性を開いたのである。さらに1905年12月1日判決(504)も、妹の詐欺に一旦は加担したものの、その後被害者に真実を告げて被害を免れさせた被告人に対して、ライヒ裁判所は「刑法典46条における『正犯者（Täter）』という言葉は、狭い意味での正犯者のみを示すべきものではなく、狭義の共犯をも含むものなのである」(505)と明確に述べて、その詐欺未遂の幇助について46条2項の適用を認め、また1913年10月10日判決(506)も、「46条はその規定において単独正犯に狙いを合わせたものであるけれども、その46条が共同正犯、幇助犯および教唆犯に対して適用可能であるということは、たとえ詳細な理由づけがなされていなかったとしても、ライヒ裁判所により既に述べられていることである」(507)としたのである(508)。

以上のようにライヒ裁判所の判例では、主に2つの共犯問題が論点となった。すなわちまず第一に、「正犯者のみが中止した場合に、その中止の不処罰という法律効果が、何も中止行為をしていない狭義の共犯にも及ぶか」という点が問題となった。これはまさにライヒ刑法典43条および46条がこのような点を意識して「中止は刑罰阻却（消滅）事由である」としたことから、問題なく、中止行為をしていない狭義の共犯にその効果が及ばないことが認められた。さらにもう一つの共犯問題として、「教唆犯や幇助犯のような狭義の共犯が自ら中止した場合に（その主体を「Täter」とする）46条の適用があるか」が問題とな

---

(503) RGSt 16, 348f..
(504) RGSt 38, 223. なお本判決については金澤・前掲論文57頁参照。
(505) RGSt 38, 225.
(506) RGSt 47, 358. なお本判決については金澤・前掲論文64頁参照、事案の詳細については同66頁注14参照。
(507) RGSt 47, 360.
(508) なお、本判決では結局として被告人は幇助犯としての罪責を問われている。金澤・前掲論文59頁参照。

った。これは刑法典46条の不処罰根拠にまで立ち返ることにより、解釈によってその適用が認められることとなった。すなわちライヒ刑法典46条は「結果の発生をとにかく避ける」という刑事政策的考慮を、その不処罰という法律効果の根拠としていることに基づき、そうであれば結果を避けるためには、中止の主体を正犯者に限定する必然性はない、として、狭義の共犯が自ら中止した場合にも46条の適用を認めたのである。そしてこの２つの共犯問題におけるそれぞれのライヒ裁判所の判断は、変更されること無く、ほぼ一貫していたのである(509)。そしてこのような「中止に関する共犯問題」、とりわけ自ら中止した教唆犯や幇助犯への適用可能性の問題については、さらにその46条の適用を受けるためにどの程度までの行為を要するかなどの点も含めて、学説においても問題とされ、戦前期には共犯と中止に関する多くの博士号請求論文（Dissertation）が見られるのである(510)。

---

(509) この点から、ライヒ裁判所の中止犯に関する判例について、狭義の共犯者に中止の効果が認められるか否かの判断は一貫しておらず、「同一の論拠が矛盾する帰結へと至る」（金澤真理『中止未遂の本質』（2006年）64頁、初出は金澤・前掲論文61頁）ような状況にあり、すなわち「中止未遂を犯罪論体系の外部に位置づけることに一般的な一致があることが看取される」が、「しかし実際には、共犯における中止未遂の適用の可否が問われ……ていたことを看過してはならない。……中止未遂の存在理由を純粋な刑事政策に求めるとき、中止未遂を認めるか否かの結論は必ずしも一義的に導き出されないことが判明する。」（金澤・前掲『中止未遂の本質』65頁以下、初出は金澤・前掲論文62頁）とするような、ライヒ裁判所が共犯と中止犯に関連した判例において一貫しない結論を採っていたかのような指摘は、全くの誤りであることがわかる。この指摘が誤りを犯した原因は、判例分析の際に、本文中にも述べたような「正犯者のみが中止を行った場合に、何ら中止をしなかったその狭義の共犯者に正犯者の中止の効果が及ぶのか」という論点が問題となった判例（例えば1881年１月13日判決（RGSt 3, 249）や1882年６月６日判決（RGSt 6, 341）など）と、「狭義の共犯者自身が中止行為を行った場合に、刑法典46条の文言からはその適用が予定されていないようなその狭義の共犯者にも、刑法典46条の適用を認めるべきか否か」という論点が問題となった判例（例えば具体的事案において問題となったものとして1905年12月１日判決（RGSt 38, 223）や1913年10月10日判決（RGSt 47, 358）など）を、区別せずに一緒に扱ってしまった（金澤・前掲『中止未遂の本質』58頁以下、初出は金澤・前掲論文54頁以下を参照）ことによるものである。前者の論点については、中止犯が一身的刑罰消滅事由であるとすれば、正犯者の中止の効果は必然的に狭義の共犯者には影響しないものとなり、また後者の論点に関しては、刑事政策説を前提にすれば、中止行為を行った狭義の共犯者にもその適用が認められる余地があるものとなるのであって、想定している事例が全く異なるものである以上、両者の論点は区別して検討されなければならないのである。なお、ライヒ裁判所1906年６月11日判決（RGSt 39, 37）――「ゴムボール事件」として知られる事例である――は、幇助犯への刑法典46条の適用可能性を否定しつつ、間接正犯者と幇助者の両方に中止犯を認めた。本判例においては、他の判決からの逸脱が見られるとされている（Vgl. RGSt 47, 362）が、その具体的な検討は別稿に譲ることにする（本判決については金澤・前掲論文58頁参照）。

(510) この時期における共犯と中止犯に関連する博士号請求論文は、確認した限りでも以下のとお

そして前述のように判例や学説においてもう一つ問題になったのが、「不能未遂問題」であった[511]。すなわち、よく知られているように、ライヒ裁判所の判例においては未遂犯に関して主観的未遂論が採用され[512]、不能未遂にお

り。Bernhard Heins, Der Rücktritt des Mitthäters, 1890 ; Erich Prosch, Der Rücktritt vom Versuch in seiner Bedeutung für die Teilnahme, 1904 ; Eduard Schwab, Der Rücktritt vom Versuch in seiner Bedeutung für die Teilnahme, 1904 ; Franz Brandis, Der Rücktritt vom Versuch in seiner Bedeutung für die Teilnahme, 1907 ; Fritz Italiener, Der Rücktritt vom Versuch in seiner Bedeutung für die Teilnahme nach dem Deutschen Reichsstrafgesetzbuche, 1909 ; Ewald Schuh, Der Rücktritt vom Versuch und seine Bedeutung für die Teilnahme, 1910 ; Herbert Behrendt, Der Rücktritt des Täters vom Versuch und seine Wirkung auf die Strafbarkeit der Teilnahme, 1912 ; Friedrich Lang, Der Rücktritt vom Versuch bei Teilnahme und mittelbarer Täterschaft, 1915 ; Otto Koepnick, Welchen Einfluß hat der Rücktritt eines der an der Tat Beteiligten auf deren Strafbarkeit?, 1920 ; Wilhelm Klarenaar, Der Rücktritt des Teilnehmers vom Versuch nach geltendem Recht und den sechs Entwürfen, 1928 ; Wilhelm Schuch, Ist der beendigte Versuch subjektiv oder objektiv zu bestimmen und welche Folgelungen ergeben sich daraus für den Rücktritt vom Versuch bei Täter und Teilnehmer, 1930 ; Herbert Backhaus, Rücktritt und tätige Reue des Gehilfen nach §27 AE 1927, 1934 ; Kurt Griessmaier, Der Rücktritt des Teilnehmers vom Versuch, 1934 ; Hans H. Müller, Der Rücktritt vom Versuch in seiner Bedeutung für die Teilnahme, 1934. もちろん、共犯と中止の関係だけでなく、中止犯論一般を検討する中で共犯問題に触れるものも含めれば、さらに数は増える。

[511] この「不能未遂問題」に関して詳しくは、清水一成「不能犯と中止未遂」堀内捷三他編『判例によるドイツ刑法（総論）』172頁以下も参照。また、この「不能未遂問題」に関して扱った当時の論考として、Albert Baer, Rücktritt und tätige Reue bei untauglichem Versuch, 1910を参照。

[512] すなわち1880年5月24日刑事部大法廷判決（RGSt 1, 439）は、「……既遂において明らかになっている、犯罪意思に由来する違法な結果とは逆に、未遂においては、犯罪意思が刑法が向けられる現象なのであることに関して、今や疑いは生じ得ない。……既遂のあらゆる可能性を排除するような行為を、未遂の可罰性から解放することは、部分的な既遂を含むようなもののみへの可罰的な未遂の限定、ということにはならないであろう、なぜならそうではなくて、結果としてあらゆる未遂の不処罰ということになるからである。それというのも、結果が生じなかった場合には、行為は決して結果にとって原因となるものではないからである。すなわち、その不発生はまさに、その行為が原因となるものではなかったことを示しているのである。……行為者は、その犯罪決意の実現にとって適切なものと評価したことを行ったのであり、そしてそれにより法秩序に対する反抗が表れているのである。その者の行動の適格性に関するその者の錯誤は、その者の可罰性に何の影響も与えないのである。意図された犯罪が未遂にとどまっていることは、常に行為者の錯誤がその原因によるものである、なぜなら行為者は、結果の不発生をもたらす事情を、そのなされた決心の実現のための計画においては、正確には考慮に入れていなかったからである。……したがって、地方裁判所が未遂の可罰性について、当該行為が行為者によって、その行為が意図された結果の惹起へと至るであろうという表象の下で試みられたこと以上には要求しなかったのであれば、それは誤ったものではない」、として、未遂犯処罰においては行為者が結果発生の惹起を表象して行いさえすれば足りるのであり、客観的未遂論を採用し難いものとして、主観的未遂論を採用したのである。

いても可罰性を認めた⁽⁵¹³⁾。しかしこれに対して、ライヒ刑法典、とりわけその中止犯規定における終了未遂に関する46条2号の規定においては、「行為がなお露見していない時」という客観的な事情に基づいて中止犯の成立を限定し、さらに「結果の発生を、自己の行動によって阻止した」ことを、これも客観的な行為の要件として要求しており、非常に客観的な内容をもつ規定となっていた⁽⁵¹⁴⁾。このため、終了未遂段階にあるとされた、結果発生不能の未遂は、主観的未遂論に基づいて可罰的であるにもかかわらず、このような結果が発生し得ない不能未遂では、発生しない結果は行為者によっても客観的には回避され得ない以上、46条2号の適用の余地がもはや存在しないことになってしまったのである⁽⁵¹⁵⁾。

　例えば1888年2月27日判決⁽⁵¹⁶⁾は、堕胎を行おうとして堕胎薬が用いられたが、その堕胎薬がおよそ効き目のないものであった堕胎未遂罪の事例について、手段の不能により無罪判決を下した原判決は不能未遂を処罰するライヒ裁判所の判例⁽⁵¹⁷⁾に反するものであるとして批判した。さらに同判決は、原判決が刑法46条第2号を引き合いに出して「不能ではない手段によって行われた未遂は、適時の結果阻止によって不処罰となるが、それに対して不能な手段によって行われた未遂は、その際には当然に適切な対抗手段は問題になり得ないがゆえに、同様の法律上の優遇措置が拒絶されなければならなくなってしまう、ということが矛盾として示されなければならない」がゆえに、不能な手段による未遂は不処罰となるべきである、とした点に対しても、「……しかしながら、このような法律状況もまた、未遂の概念に対する原則的な意義があるものではなく、そしてこの法律状況はむしろ、この〔規定の〕適用が事実の具体的な性質に従って可能であるように思われる場合には、それが適用されなければならないという効果のみを要求し得るものである。その上、規定どおりに、不能で

---

(513)　ただし、日本における「不能犯」と比べて、その「不能である」と評価される範囲がそもそも概念上広いことに注意を要する。
(514)　Hans-Jürgen Römer, Fragen des „Ernsthaften Bemühens" bei Rücktritt und tätiger Reue, 1987, S. 8.
(515)　Römer, a. a. O., S. 9. レマーはこのようなライヒ裁判所の状況を、「ジレンマ（Dilemma）に陥っていた」と評価する。
(516)　RGSt 17, 158.
(517)　ここでライヒ裁判所の判例として引用されているのが、前掲の1880年5月24日刑事部大法廷判決（RGSt 1, 439）である。

はない未遂の場合においても、その阻止のために示された行動がなされないままであった場合に、結果が生じたであろうことが、完全な確実性をもっては確認され得ないのであり、そしてそれゆえに、当該規定のあらゆる主観的な解釈が排除されたものとして評価されなければならないであろう場合には、当該規定は実際上の適用をほとんど許容しないであろう。もっとも、当該原判決によって強調された弊害は、認められ得るものである。しかし、行為者が敵に殺人の意図で〔発射した弾丸を〕命中させたが、そのときに差し迫る死の発生を自らの行為によって阻止した場合において、その者が身体傷害のみの責任を負うのに対し、行為者が殺人の意図で発射した弾丸が敵のそばを通り過ぎて行った場合(517a)に、その行為者はどのような事情の下でも謀殺未遂を理由として処罰されなければならない、ということは、全然不都合ではないように思われる」、として、実行未遂の段階にある不能未遂の場合には、事実上中止犯規定の適用が排除されているものとしたのである(518)。しかしこの結果として、上記1888年2月27日判決の原判決が指摘したような、「不能ではない（結果発生の危険性のある）実行未遂は中止による優遇の可能性が認められるのに対し、不能な（結果発生の危険性も無い）実行未遂は、中止による優遇の可能性も無く、（主

(517a) 前掲の注513にもあるとおり、このような事例も「不能未遂」に含めて考えられていたのである。

(518) 他にも、詐欺罪の実行未遂において、「未遂は……失敗したものと見なされるべきであるがゆえに、そこから、中止についてはそもそもその余地がもはや存在しないことになるであろう」とした1917年7月10日判決（RGSt 51, 204）や、故殺罪の実行未遂において、「……これにより、刑法46条第2号が適用可能かどうかのみが問題となり得る。しかしながらこのことも陪審裁判所によって否定されるべきものである。上述の法律規定によれば、行為者が、行為がなお露見していない時に、重罪の既遂に固有の結果の発生を、自己の行動によって阻止したことが必要である。これによれば、自己の行動の効果が要件なのである。結果の阻止は、行為者の行動によって引き起こされたものでなければならないのである（RGSt 1, 375, RGSt 45, 183, 186）。結果の不発生が、行為者の事後的な行動に基づくものではなくて、構成要件該当行為の不足の結果として初めから存在していた不可能性に基づく場合──失敗した犯罪──には、刑法46条第2号は適用不可能である。そのような場合において、行為者が自らの事後的な行動によって結果が阻止されたと思った場合でも、刑法46条第2号の文言により、これを顧慮することはできないのである。ライヒ裁判所が既に RGSt 51, 204, 211 判決において主張したこのような法的見地は、維持されるべきである。ここで問題になっている種類の事例に対する、このような判例から明らかになる苛酷さは、刑法46条第2号の変更によってのみ除去され得るものであろう。……終了未遂の中止は、ライヒ裁判所の確立した判例（RGSt 39, 220, RGSt 57, 278）によれば行為活動を要件としており、したがって犯罪行為結果に向けられた新しい行為の単なる不作為によっては充足され得ないがゆえに、行為者のこのような態度は既に法的に顧慮されないものなのである。……」とした1934年9月17日第2刑事部判決（RGSt 68, 306）が見られる。

観的未遂論の下で）通常の未遂犯として処罰されてしまう」というような不合理な帰結が生じることになる。このような結論の不合理性そのものについては認識されており、それは上記のように「弊害（Mißstand）」[519]であるとか、はたまた「苛酷（Härte）」[520]であるともされたものの、しかしこのような不合理は、「刑法46条第2号の変更によってのみ除去され得るもの」[521]とされていたのである[522]。

そして以上のような問題意識が強く影響を与えることになったのが、当時ドイツにおいて進められていた刑法改正作業であった。次にこのドイツにおける刑法改正作業について、概観することにする。

第2節　刑法改正草案の変遷

1871年ドイツライヒ刑法典は、当時の先端を行くものであったが、その後、刑法の存在意義ないし目的に関する大きな議論が提起されることになる。それがフランツ・フォン・リスト（Franz von Liszt）を中心とする近代学派の主張であった。彼らは社会学的に方向づけられ、そして特別予防の観点を重視することを主張し、ビルクマイヤー（Karl Birkmeyer）などを中心とする応報刑理論を前提とした古典学派と激しく対立した[523]。

しかし古い刑法典がもはや変更を必要としているという点に関しては両方の学派においても意見が近いものであり、その改正は古典学派と近代学派の歩み寄りの形で進められることになる[524]。その改正作業の準備段階として、1902

---

[519]　RGSt 17, 160.
[520]　RGSt 68, 309.
[521]　RGSt 68, 309.
[522]　このような、不能な実行未遂に対して事実上中止犯規定の適用可能性を否定する判例が変更されるのは、戦後の1958年4月29日判決（BGHSt 11, 324）においてであった。この判決（「睡眠薬事例」と呼ばれる）について詳しくは、清水・前掲「不能犯と中止未遂」堀内他編『判例によるドイツ刑法（総論）』172頁以下を参照。
[523]　学派の争いについては Hinrich Rüping/Günter Jerouschek, Grundriss der Strafrechtsgeschichte, 5. Aufl., 2007, S. 109ff.; Thomas Vormbaum, Einführung in die moderne Strafrechtsgeschichte, 2009, S. 137ff.; Franz von Liszt/Eberhard Schmidt, Lehrbuch des Deutschen Strafrechts, 25. Aufl., 1927, S. 26ff. などを参照。
[524]　von Liszt/Schmidt, a. a. O., 25. Aufl., S. 86 ; Robert von Hippel, Deutsches Strafrecht, 1. Bd., 1925, S. 360.

年から1909年にかけてライヒ司法省次官のニーベルディンク（Nieberding）の指示に基づき、ドイツのほとんどの刑法学者が協力する形で「ドイツ刑法および外国刑法の比較考察」が編集された[525]。そしてこの膨大な比較法的業績の成果が確実なものとなった後に、ライヒ司法省において、プロイセン司法省長官であるルーカス（Lucas）を議長とした小委員会が開かれ、1909年4月22日までの117回の会議において、「新しいドイツ刑法典のための準備草案ならびに理由書の編纂作業が進められた[526]。このようにして1909年秋に「ドイツ刑法典のための準備草案」および「理由書」が公表された[527]。これが1909年草案である。この1909年草案の中止犯規定は、以下のようなものであった[528]。

§77 Die Strafbarkeit des Versuchs fällt weg, wenn der Täter freiwillig die Ausführung aufgegeben oder den Eintritt des zur Vollendung gehörigen Erfolges abgewendet hat.
（第77条　行為者が任意に実行を放棄した、または既遂となる結果の発生を防止した場合には、当該未遂の可罰性は失われる。）

この1909年草案の中止犯規定は、1871年刑法典の中止犯規定と同じ範囲において中止犯の不処罰を認めるものとされており、規定形式の変更はあくまでも「全ての重要ではない部分および不必要な部分の除去の下で、より簡単な明文へと導くこと」を目指すものとされていた[529]。そしてライヒ刑法典46条において終了未遂に関して「露見前に阻止した」ことを要求することが、さまざまな論争問題のきっかけとなったがゆえに排除された[530]。中止の法律効果は依

---

[525] これが Vergleichende Darstellung des deutschen und ausländischen Strafrechts, Allgemeiner Teil in 6 Bänden, Besonderer Teil in 9 Bänden, 1905-1908 である。
[526] Robert von Hippel, Deutsches Strafrecht, 1. Bd., 1925, S. 360.
[527] von Hippel, a. a. O., 1. Bd., S. 360.
[528] 法文の原文は Vorentwurf zu einem Deutschen Strafgesetzbuch, 1909, S. 16 による。
[529] Vorentwurf zu einem Deutschen Strafgesetzbuch, Begründung, Allgemeiner Teil, 1909, S. 297.
[530] 本来、この「露見前の阻止」要件は、終了未遂における「任意性要件」を客観的に表現することを念頭に置いて規定されたものであったが、例えば「……終了未遂（46条2号）において、法律は中止の不処罰を、行為者が、行為がなお露見していない時に、結果の発生を自己の行動によって阻止したことに依拠させた。したがって法律は任意性について全く言及しておらず、そして露見という純粋に客観的に規定された事情により、中止の不処罰が排除され得る、なぜなら明らかに規定によれば、生じてしまった露見後に、中止はもはや任意的なものではないとされるのが常だからである。このような規定は、両方の未遂種類における中止の取り扱いにおいて、本質的に根拠のない矛盾へと至るものである。とりわけ、終了未遂において、行為者が生じた露見について何も認識していない場合に、任意的な中止にその効果が与えられないということは、是認

然として一身的なものであるとされていた[531]が、文言上「Täter（正犯者）」とされていることにより、狭義の共犯者の中止は予定されていないことがうかがわれる[532]。

この1909年草案は立法府への提出のために作成されたものではなく、一般に公開して広く意見を求めるためのものとして作成されたものであった[533]。この準備草案の目的は達成され、準備草案に対する詳細かつ多方面にわたる批判的論文は、その準備草案を、最終的な政府草案を推敲するためにふさわしい最初の出発点とした。学説からはカール（Kahl）、リリエンタール（v. Lilienthal）、リスト、そしてゴルトシュミット（Goldschmidt）が共同して「対案（Gegenentwurf）」を作成した[534]。その対案の中止犯規定は、1909年草案と全く同じ文言であった[535]。

そしてこれらの批判をもとにして、基礎となる刑法草案の作成がなされることになる[536]。1911年6月17日に、ドイツ帝国宰相ベートマン・ホルヴェーク

され得ない。……」（Vorentwurf zu einem Deutschen Strafgesetzbuch, Begründung, Allgemeiner Teil, 1909, S. 298）として、客観的な露見状況を行為者本人が認識していない場合に中止の可能性が失われるのが妥当ではないことから、このような表現が排除されることが考えられたのである。

(531) Vorentwurf zu einem Deutschen Strafgesetzbuch, Begründung, Allgemeiner Teil, 1909, S. 298f.

(532) 理由書においても、「場合によってはあり得る共同正犯者、教唆者および幇助者には、何ら有利なことは生じない」（Vorentwurf zu einem Deutschen Strafgesetzbuch, Begründung, Allgemeiner Teil, 1909, S. 298f.）として、正犯の中止の効果が他の共犯者に及ばないことは示されているものの、狭義の共犯者自身に中止が可能なのかについては述べられていない。

(533) Vormbaum, a. a. O., S. 147.

(534) von Hippel, a. a. O., 1. Bd., S. 362f.; Vormbaum, a. a. O., S. 149. フォルンバウムによれば、「この対案は、準備草案に対するアンチテーゼとしてではなく、むしろその補足として考えられたものであったが、その編集者の意向に従って、『主要かつ重大な改正作業の継続を――すなわち準備草案を基礎に――容易にし、かつ加速させ』、ならびに法律形式における多数の批判点をまとめるもの」（Vormbaum, a. a. O., S. 149）であった。

(535) この1911年の対案の中止犯規定は以下のとおり（法文の原文はGegenentwurf zum Vorentwurf eines deutschen Strafgesetzbuchs, 1911, S. 9による）。
§30 Freiwilliger Rücktritt und tätige Reue. Die Strafbarkeit des Versuchs fällt weg, wenn der Täter freiwillig die Ausführung aufgegeben oder den Eintritt des zur Vollendung gehörigen Erfolges abgewendet hat.
（第30条　任意的な中止と行為による悔悟
行為者が任意に実行を放棄した、または既遂となる結果の発生を防止した場合には、当該未遂の可罰性は失われる。）

(536) von Hippel, a. a. O., 1. Bd., S. 363.

(v. Bethmann-Hollweg)が、1909年の準備草案およびこれに関する批判を考慮に入れての刑法改正を継続し、そして新しい草案を仕上げるべき委員会の設置についての提案を皇帝に諮った[537]。16名の常任構成員と2名の非常任構成員から成る委員会は、1911年11月4日にその作業を開始した[538]。1913年の初めに最初の委員会草案が提案されたが、それは公開されず、さらなる会議を重ねて、1913年9月27日に最終的な1913年草案が可決され、政府提案として連邦参議院に送付されることになった[539]が、しかしこの1913年委員会草案は第一次世界大戦勃発のために審議されず、刑法改正作業自体が中断されることになる。

1918年の春に刑法改正作業がライヒ司法省によって再び開始され、5名による小委員会が1918年4月に招集され、そして1918年4月15日から1919年11月21日までかかって草案が仕上げられた[540]。その草案は本質的に1913年の刑法委員会に基づいており、その内容が戦後の状況に適合する形で再検討されたのである[541]。このようにしてできたのが1919年草案であり、それは1913年委員会草案とともに公表された。そのそれぞれの中止犯規定は、以下のようなものであった[542]。

〔1913年委員会草案〕
§31 Rücktritt. Wegen Versuchs wird nicht bestraft, wer freiwillig die Ausführung aufgegeben oder den Eintritt des zur Vollendung gehörigen Erfolgs abgewendet hat. Konnte der Versuch nicht zur Vollendung führen, so genügt das ernstliche Bemühen, den Erfolg abzuwenden.

Dies gilt nicht, soweit der Versuch als Unternehmen (§12 Nr. 4) mit der gleichen Strafe bedroht ist wie die vollendete strafbare Handlung.
(第31条　中止
(1) 任意に実行を放棄した、または既遂となる結果の発生を防止した者は、未遂とし

---

(537) Vormbaum, a. a. O., S. 150.
(538) Vormbaum, a. a. O., S. 150.
(539) von Hippel, a. a. O., 1. Bd., S. 363f.; Vormbaum, a. a. O., S. 150.
(540) Vormbaum, a. a. O., S. 154.
(541) von Hippel, a. a. O., 1. Bd., S. 365; Vormbaum, a. a. O., S. 150.
(542) 法文の原文は、1913年委員会草案は Entwürfe zu einem Deutschen Strafgesetzbuch, Veröffentlicht auf Anordnung des Reichs＝Justizministeriums, 1921, Erster Teil, Entwurf der Strafrechtskommission (1913), S. 15に、1919年草案は Entwürfe zu einem Deutschen Strafgesetzbuch, Veröffentlicht auf Anordnung des Reichs＝Justizministeriums, 1920, Zweiter Teil, Entwurf von 1919, S. 12による。

ては処罰されない。未遂が既遂へと至り得ない場合には、結果を防止する真摯な努力で十分である。
（2）未遂が企行（12条4号）として可罰的な既遂行為と同じ刑罰が科されている限りにおいて、これは適用されない。）
〔1919年草案〕
§25 Rücktritt. Wegen Versuchs wird nicht bestraft, wer freiwillig die Ausführung aufgegeben hat.

Wegen Versuchs wird ferner nicht bestraft, wer freiwillig den Eintritt des zur Vollendung gehörigen Erfolgs abgewendet hat. Konnte der Versuch nicht zur Vollendung führen, so genügt das ernstliche Bemühen, den Erfolg abzuwenden.
（第25条　中止
（1）任意に実行を放棄した者は、未遂としては処罰されない。
（2）さらに、任意に既遂となる結果の発生を防止した者も、未遂としては処罰されない。未遂が既遂へと至り得ない場合には、結果を防止する真摯な努力で十分である。）

　すなわち、この1913年委員会草案および1919年草案において、初めて不能未遂の場合における中止の特別規定が設けられたのであった。これは、不能未遂という「まさに危険ではない未遂において、刑罰消滅事由が行為による悔悟をもはや考慮しないのであれば、それは不当であろう」[543]という考慮から、「それゆえに草案は、未遂が既遂へと至り得ない場合に、結果を回避するような真摯な努力を十分なものであると言明し」[544]、とくに規定を設けたのであった[545]。前述の、ライヒ裁判所判例における不能未遂についての問題点の解消が図られた、第一歩であったといえる。
　また、この1913年委員会草案および1919年草案において、1909年準備草案や

(543) Entwürfe zu einem Deutschen Strafgesetzbuch, Veröffentlicht auf Anordnung des Reichs=Justizministeriums, 1920, Dritter Teil, Denkschrift zu dem Entwurf von 1919, S. 40.
(544) Entwürfe zu einem Deutschen Strafgesetzbuch, Veröffentlicht auf Anordnung des Reichs=Justizministeriums, 1920, Dritter Teil, Denkschrift zu dem Entwurf von 1919, S. 40.
(545) また、1913年委員会草案においては、この不能未遂に関する規定が着手未遂規定（31条第1項第1文前段）および実行未遂規定（31条第1項第1文後段）と同じ個所に設けられている（31条第1項第2文）のに対し、1919年草案では、着手未遂規定（25条第1項）に関わらない形で、実行未遂規定（25条第2項第1文）の個所のみに設けられている。これは、着手未遂段階に関しては中止犯成立のためにはさらなる行為継続の放棄のみが要求され、そしてこれは不能未遂であったとしても同様に要求できるものであり、なおかつ判例においても着手未遂段階の不能未遂における中止の可能性を認めており、よってとくに規定の必要性があるのが実行未遂段階の場合であるとされたからと考えられる。

1911年準備草案対案と比較してさらに特徴的であったのは、「Täter」という表現を用いなかったことであった。すなわち、中止を行う人物を単に「者（wer）」と表現することによって、「正犯者（Täter）」だけではなく、狭義の共犯者自身も中止行為を行うことが条文上においても可能であることになったのである。これも、前述のライヒ裁判所判例において、「Täter」のみを予定するライヒ刑法典46条が狭義の共犯者自身の中止に対しても適用可能かどうかが問題となったことが反映されたといえる。しかし、このような表現により「狭義の共犯者自身の中止にも中止犯規定の適用が可能」となったとしても、それは「条文上可能となった」だけであった。すなわち、条文上の表現はあくまでも「正犯者の中止」を原則として予定するものであったため、具体的にどのようなことをすれば狭義の共犯者について中止犯が認められるのかについて、何ら積極的な要件は明示されていなかったのである。

　その後、ドイツ国首相ヴィルト（Josef Wirth）の下でライヒ司法大臣に任命された、刑法学教授でありリスト門下であるラートブルフ（Gustav Radbruch）が、刑法改正を継続することになった[546]。そして協力者とともに、1922年草案を作成し、その草案は1922年9月13日にライヒ政府に内閣提案として送付された[547]。これがいわゆる「ラートブルフ草案」である。そしてこのラートブルフ草案が1922年9月の終わりに総則も各則も完成した後に、ラートブルフは1922年10月5日の会議において、内閣に草案を提出した[548]。しかし内閣でその草案の検討が進む前に、ヴィルト内閣は1922年11月に、外交上の理由から総辞職した[549]。その後もラートブルフの働きかけによる、内閣でのその草案の通過は成功せず、そのために刑法改正の継続は一時的に失敗に終わったものの、1924年4月から1925年の初めまで大臣官房を管理していた、次官ヨエル（Joël）が1922年草案の改訂を行い、そして変更されたラートブルフ草案は、1924年11月12日に内閣を通過し、そしてヨエルによって1924年11月17日に「一般ドイツ刑法典公式草案および理由書」としてドイツ国参議院に提案された[550]。これが1925年草案である。この1922年ラートブルフ草案および1925年

---

(546)　Vormbaum, a. a. O., S. 169.
(547)　Vormbaum, a. a. O., S. 169.
(548)　Vormbaum, a. a. O., S. 173.
(549)　Vormbaum, a. a. O., S. 173.
(550)　Vormbaum, a. a. O., S. 173f..

草案の中止犯規定は、全く同じ文言であり、以下のようなものであった[551]。

§24 Rücktritt. Wegen Versuchs wird nicht bestraft, wer aus freien Stücken die Ausführung aufgibt oder verhindert.

　Wegen Versuchs wird ferner nicht bestraft, wer den zur Vollendung gehörigen Erfolg aus freien Stücken abwendet. Konnte der Versuch nicht zur Vollendung führen oder war er schon fehlgeschlagen, so genügt, solange der Täter das nicht weiß, das ernstliche Bemühen, den Erfolg abzuwenden.
（第24条　中止
（1）自発的に、実行を放棄した、または阻止した者は、未遂としては処罰されない。
（2）さらに、既遂となる結果を自発的に防止する者も、未遂としては処罰されない。未遂が既遂へと至り得ない、またはその未遂が既に失敗に終わった場合には、行為者がそのことを知らない限りにおいて、結果を防止する真摯な努力で十分である。）

　この規定は1919年草案と同様に、実行未遂の段階にある不能未遂についての規定が設けられ、なおかつ「Täter」という表現を用いないことによって、教唆犯や幇助犯にも適用の可能性を開き、「可罰的な行為に関与したあらゆる関与者が、未遂の中止によって不処罰を獲得し得るということを明文化」していた[552]。そしてさらにこの規定は、着手未遂の中止を第1項に、実行未遂の中止を第2項に規定したものとされていた[553]が、その着手未遂に関する第1項の後段の「阻止した」者とは、複数人関与の場合の着手未遂を予定したものであった。つまり、「……まだ未終了である未遂の単独正犯の中止は、実行の放棄の場合に存在するものである。それに対して共同正犯においては、その者が彼自身として既に開始された実行を放棄するだけでは十分ではない、なぜならその者はその仲間の行動についても答責的だからである。これらの者がその計画を最後まで遂行した場合には、もはや未終了未遂と呼ばれるものではなく、そして彼らは得ようとした結果を達成した場合には、そもそもそれは未遂とは呼ばれ得なくなり、そしてそのことはその役割を果たさなかった共同正犯者に

---

[551]　法文の原文は、1922年ラートブルフ草案については Gustav Radbruchs Entwurf eines Allgemeinen Deutschen Strafgesetzbuches (1922), 1952, S. 4に、1925年草案については Amtlicher Entwurf eines Allgemeinen Deutschen Strafgesetzbuchs nebst Begründung, Erster Teil: Entwurf, 1925, S. 6による。

[552]　Amtlicher Entwurf eines Allgemeinen Deutschen Strafgesetzbuchs nebst Begründung, Zweiter Teil: Begründung, 1925, S. 24.

[553]　Amtlicher Entwurf eines Allgemeinen Deutschen Strafgesetzbuchs nebst Begründung, Zweiter Teil: Begründung, 1925, S. 23f..

対してもそうなのである。その場合には、未遂は全ての関与者に対して終了したものとされ、または当該行為は全ての者に対して既遂として扱われるのである。したがって共同正犯者が未終了未遂の中止を理由として不処罰となるべき場合には、その仲間も実行を放棄するか、もしくはその者がやはり実行を『阻止』しなければならないのである」(554)として、とりわけ共同正犯における中止に際して他の関与者の実行を止めるものでなければならないことを要件化するために、このような文言が加えられたのであった。そしてこの文言は「教唆犯や幇助犯にとっても役立つもの」(555)とされた。すなわち、「これらの者は、その者が教唆した、または幇助した犯罪の実行を決して『放棄』できない、なぜならそれらの者は既に初めから全く自分自身では実行しようとはしていないからである。しかしそれらの者は、やはり実行を——それらの者が既に開始した後で、それゆえに既に可罰的であっても——まだ阻止することができる。それが成功した場合には、当該犯罪行為は既に未遂となっているにもかかわらず、それらの者には不処罰が与えられるべきである」(556)として、その「阻止した」という文言が教唆犯や幇助犯をも予定している規定であることが示されたのである。このように、1922年ラートブルフ草案およびそれに基づく1925年草案は、「狭義の共犯者の中止に対する中止犯規定の適用の可能性を否定しない」というだけでなく、——共同正犯の場合も含めて——積極的に共犯形態の犯行の場合において中止犯が認められるための成立要件を示すということが考えられたのである。

　そして不能未遂の場合に対する規定についても進展が見られた。すなわち、「未遂が既遂へと至り得ない」という不能未遂の場合だけでなく、「その未遂が既に失敗に終わった場合」という、いわゆる失敗未遂 (fehlgeschlagener Versuch) の場合においても、「行為者がそのことを知らない限りにおいて」、「結果を防止する真摯な努力」がなされた場合には中止犯として認められることになったのである。前述のように、不能未遂の場合に関しては、その結果発生の

---

(554) Amtlicher Entwurf eines Allgemeinen Deutschen Strafgesetzbuchs nebst Begründung, Zweiter Teil : Begründung, 1925, S. 24.

(555) Amtlicher Entwurf eines Allgemeinen Deutschen Strafgesetzbuchs nebst Begründung, Zweiter Teil : Begründung, 1925, S. 24.

(556) Amtlicher Entwurf eines Allgemeinen Deutschen Strafgesetzbuchs nebst Begründung, Zweiter Teil : Begründung, 1925, S. 24.

危険性がないにもかかわらず、中止の可能性が完全に閉ざされて処罰されてしまうことが不合理な帰結であるとされていた。そこで1913年委員会草案および1919年草案は、不能未遂の場合における規定を設けたのであった。つまりこのような場合に、「結果を防止する真摯な努力」としての中止行為が存在したといえるのであれば、それが――不能未遂として結果が不発生であることは確定的であるがゆえに――客観的にはその犯罪結果の不発生と因果関係をもつものではなかったとしても、中止犯として同様に認めるべきであるとする規定を置いたのである。しかし、このように中止行為としてふさわしい行為がなされるのであればそれが現実に犯罪結果不発生に結びつく必要はない、とするのであれば、不能未遂の場合だけではなく、実行行為着手後に第三者の介入やまた偶然的事情により結果が不発生になった場合にそのような中止行為が行われていたとしても、その「中止行為」と「犯罪結果の不発生」との間に因果関係がない、という点ではやはり同様であるといえる。このような観点から、1922年ラートブルフ草案および1925年草案は、「その未遂が既に失敗に終わった場合」についても、行為者がそのような状況について知らない限りにおいて、そしてその中止行為が「『結果を防止する真摯な努力』としての中止行為」であると評価できる限りにおいて、同様に中止犯として認めるべきであるとして、不能未遂の場合の規定に失敗未遂の場合も追加して規定したのである。

　そしてこの1925年草案は、1924年11月27日にそれに関する提案がドイツ国参議院の合同委員会に委託され、その詳細な審議は1926年10月8日から1926年12月22日までなされた[557]。さらにドイツ国参議院の本会議審議は1927年4月5日および13日に行われ、新しく編纂された草案は1927年5月14日にライヒ司法大臣によってドイツ国議会に提出された[558]。これが1927年草案である。その中止犯規定は、以下のようなものであった[559]。

　　§27 Rücktritt. Wegen Versuchs wird nicht bestraft, wer aus freien Stücken die Ausführung aufgibt oder bei Beteiligung mehrerer verhindert.
　　　Wegen Versuchs wird ferner nicht bestraft, wer aus freien Stücken den zur Vollendung gehörigen Erfolg abwendet.
　　　Unterbleibt die Ausführung oder der Erfolg ohne Zutun des Zurücktreten-

---

[557] Vormbaum, a. a. O., S. 175.
[558] Vormbaum, a. a. O., S. 175.
[559] 法文の原文は、Entwurf eines Allgemeinen Deutschen Strafgesetzbuchs, 1927, S. 4による。

den, so genügt, solange er das nicht weiß, zu seiner Straflosigkeit sein ernstliches Bemühen, die Ausführung zu verhindern oder den Erfolg abzuwenden.
（第27条　中止
（1）自発的に、実行を放棄した、または複数人の関与において実行を阻止した者は、未遂としては処罰されない。
（2）さらに、自発的に既遂となる結果を防止する者も、未遂としては処罰されない。
（3）中止者の中止行動がなくとも当該実行もしくは結果がなされない場合には、その中止者がそのことを知らない限りにおいて、当該実行を阻止しようとする、または当該結果を防止しようとするその者の真摯な努力は、その者の不処罰に十分である。）

　この規定の内容および趣旨は、1925年草案とほぼ同様のものであったが、その変更点としては、まず第1項の後段に「複数人の関与において」という文言が挿入された。前述のように、この規定はもともと1925年草案においても、着手未遂の段階における共同正犯者や教唆犯、幇助犯の中止のための規定として予定されていたものであり、この文言の追加によってその点が明確になったといえる。
　そして1925年草案における文言と大きく変更されたのは、不能未遂および失敗未遂の場合における中止規定の部分であった。すなわちこれらの場合が、「中止者の中止行動がなくとも当該実行もしくは結果がなされない場合」という形式で、「中止行為と結果不発生との間に因果関係がない場合」に一般化されたのである。その理由書においても、以下のように述べられていた。すなわち、「中止者の〔中止〕行動は、犯罪行為の阻止または結果の防止に対して、因果関係のあるものでなければならない。しかしながら犯罪行為または結果が、中止者の行為とは関係のない原因によって発生しないままとなることは珍しいことではない。不能未遂においては結果は発生し得ない、したがって阻止もまたなされ得ないのである。同様に、未遂が既に失敗した場合には、結果の防止もまたもはや不可能である。しかしまさにそのような危険ではない未遂において、中止という刑罰消滅事由が無くなってしまうのは、不当であろう。さらには未遂に関与した2人の関与者が、相前後して、かつ互いに独立して中止することもあり得る。この場合には、一般的に〔どちらか〕1人の中止者の行為のみが第1項第2項において要求されている因果関係をもつ。この場合においても、他の〔もう1人の〕中止者を処罰するのは、もしその中止者の中止行為もまた、実行の阻止または結果の防止がその者にとっては真摯に〔＝本気

で〕重要なものであったという意思を認識させる場合には、法感情に反する。したがって、草案（第3項）は、その実行を阻止する、または結果を防止するというその真摯な努力を、実行または結果が中止者の中止行動なしでもなされないままであった場合であっても、十分なものであると明言した。当然のことながら、中止者の真摯な努力は、実行または結果が既にその者の中止行動なしでもなされないままであった、もしくは失敗に終わったということについて、その者が認識していなかった限りにおいてのみ、可能なものである。このような方針に関する誤解を防ぐために、草案は優遇を、実行または防止がその者の中止行動なしになされないままであることを行為者が知る時点までに限定した」(560)、と。これにより、不能未遂や失敗未遂の場合だけでなく、——例えば上記理由書にあるような、共犯者において中止行動が競合した場合などの——「中止行為と結果不発生の間に因果関係がない場合」全体について、「中止者がそのことを知らない限りにおいて」、「当該実行を阻止しようとする、または当該結果を防止しようとするその者の真摯な努力」で中止犯の成立が認められるものとしたのである。

そしてこのような点から、この「真摯な努力」に関する部分の中止犯規定というものは、「中止行為と中止結果（犯罪結果不発生）との間の因果関係」が無く、それにより本来は中止犯として認められるものではない(561)ような状況の者について、その者の「中止行為」が「実行の阻止または結果の防止がその者にとっては真摯に〔＝本気で〕重要なものであったという意思を認識させる場合」には、同様の評価を特に与えることにする、という特別規定であることがうかがえるのである。すなわち中止行為と中止結果との間に因果関係がない場合に、その因果関係の不存在をいわば埋め合わせるものとして、その者の「中止行為」において、「結果不発生をもたらすものとして行われたことがうかがわれる」ほどに「真摯な努力」がなされたことが要求されているのであり、この点で「真摯性」の要件は、「中止行為が結果不発生をもたらし得るようなものであったこと」に関する評価的要件であるといえるのである。本来、通常の

---

(560) Entwurf eines Allgemeinen Deutschen Strafgesetzbuchs, 1927, Begründung, S. 26.
(561) このような「中止行為」と「中止結果（犯罪結果不発生）」の間に因果関係がない場合に、本来は中止犯としての評価が与えられないものであるということは、前掲の1927年草案の理由書にも明記されているものであった。Vgl. Entwurf eines Allgemeinen Deutschen Strafgesetzbuchs, 1927, Begründung, S. 26.

中止犯の場合であれば、「中止行為」と「犯罪結果不発生」、およびその両者の間に因果関係があることで、その事実で中止犯としての客観的な要件は既に認められるのである。これに対して、そのような因果関係が認められない場合においても同様に取り扱うための特別の要件として、「結果発生させないための真摯な努力」がなされたこと、すなわち「行われた中止行為が本来はそのような結果を阻止・回避するものであったこと」（の立証）がとくに要求されることになるのである[562]。

そしてこの1927年草案は1927年6月21日および22日の二日間にわたる本会議審議の後に、新しく創設された刑法委員会に委託され、この委員会においてヴィルヘルム・カール（Wilhelm Kahl）議長の下で、1927年9月21日に詳細な審議が開始され、それは1928年3月2日まで続いた[563]。その委員会は、改正計画が1928年5月の半ばに決まっていたドイツ国議会の解散のために早くも挫折しそうになったが、1928年3月31日の刑法改正の継続のための法律（RGBl. I 1928, S. 135）によって、草案の新規提出を諦めて、これまでの審議成果を新しい立法議会任期に委ねることが可能になった[564]。新しく選出された連邦議会は、1927年草案を7月11日に新たに委員会の審議に委託し、委員会はその作業を1928年7月12日に開始し、さらに再びカールが議長を務めての詳細な作業は、1928年10月9日に開始され、1930年7月11日に最後の会議が行われた[565]。予定されていた夏期休暇後の審議の再開は、1930年7月18日に第4期のドイツ国議会の新たな解散によってまず妨げられ、改正の継続のための法律を新たに公布する試みも失敗に終わった[566]。それにもかかわらず司法省との

---

[562] このような観点からすれば、中止犯の実行未遂の場合全体について「真摯性」を要求したり、また他者を介するような中止行為の場合について「真摯性」を要求するような日本の学説・判例における一部の見解は、「中止行為」と「結果の不発生」との間に因果関係が十分に認められるにもかかわらず、さらに（例えば「自己の犯行を率直に述べること」などの、何らかの別の内容をもつ）「真摯性」の要件を加えて、中止犯の成立範囲をその条文の文言の要件以上に限定するものであって、不当な見解であり、また罪刑法定主義にも違反するものであると言える。「真摯性」が成立要件として要求されるべきなのは、中止犯としては特殊な状況のみに限定される――しかもそれは本来、立法によって何らかの特別規定を置くことによって初めて可能となるべきものである――のであって、中止犯全体に共通する一般的な要件と考えるべきではないのである。なお、判例におけるこれらの傾向の検討に関しては、前述第1部第3章第2節（3）参照。

[563] Vormbaum, a. a. O., S. 175.
[564] Vormbaum, a. a. O., S. 175f..
[565] Vormbaum, a. a. O., S. 176.

共同作業において、カールは刑法改正を引き続き連邦議会の第5任期において継続し、そして1930年12月6日にドイツ国議会に、「一般ドイツ刑法典草案」の承認に関する提案を出した(567)。これが1930年草案である。この1930年草案の中止犯規定は、1927年草案と全く同じものであった(568)。

しかし1930年9月14日のドイツ国議会選挙においてナチ党はSPDに次ぐ第二党として107名の議員をドイツ国議会に送り込み、この結果に基づいて、ナチ党は刑法委員会の28名の構成員中の5名を獲得した(569)。ナチ党の議員は建設的な協力を拒絶し、一方では刑法改正を推し進める原動力であったカールが1932年5月14日に死去したことによって、そして他方では1932年6月4日のドイツ国議会の新たな解散によって、その後には改正作業は停止してしまった(570)。

ナチスによる政権掌握がなされた後に、ナチ政権も刑法改正作業に着手したが、その際に、以前の改正作業ならびに自由主義的な1871年ライヒ刑法典からの転換が宣伝された(571)。既に1933年の夏にライヒ司法省において担当官草案(1933年草案)が仕上げられ、それは1933年9月25日に一般刑法典草案としてラント司法行政機関に送付された。その草案は、ヒトラーの指図でライヒ司法大臣ギュルトナー(Franz Gürtner)によって招集され、1933年11月3日にその審議が開始された「刑法刷新の審議のための公式委員会」にとって、審議のための議論の基礎となるものであった(572)。第一読会後に草案は、いくつかの下部委員会にさらなる審議のために委託され、その下部委員会が編集委員会に提案を送付し、その編集委員会は法案を仕上げた(573)。そしてこの成果もまた再審議のために、メツガー(Mezger)、ライマー(Reimer)、レオポルト・シェーファー(Leopold Schäfer)、カール・シェーファー(Karl Schäfer)から構成される下部委員会に送付された後で、最後にライヒ司法省によって1935年7月15日に

---

(566) Vormbaum, a. a. O., S. 176.
(567) Vormbaum, a. a. O., S. 176.
(568) 法文の原文は Entwurf eines Allgemeinen Deutschen Strafgesetzbuchs 1930 (Entwurf Kahl), (Nachdruck), 1954, S. 4による。
(569) Vormbaum, a. a. O., S. 176.
(570) Vormbaum, a. a. O., S. 177.
(571) Vormbaum, a. a. O., S. 198.
(572) Vormbaum, a. a. O., S. 198.
(573) Vormbaum, a. a. O., S. 199.

さらなる「刑法典草案」が提出された。その草案はなお何度か編集され、1936年7月1日の最後の版が、刑法委員会による修正にとっての基礎を形作った。それによる草案が1936年12月1日に内閣提案としてドイツ帝国宰相官房ならびに所管大臣に送付され、そしてその翌日に詳細な理由書とともにライヒ内閣に提出された[574]。これが1936年草案である。その中で中止犯規定は、「中止（Rücktritt）」という題名ではなく、「行為による悔悟（Tätige Reue）」という表題の下に以下のように規定されていた[575]。

§10 Tätige Reue. Der Richter kann die Strafe des Täters oder Teilnehmers nach freiem Ermessen mildern oder von seiner Bestrafung absehen, wenn er es freiwillig und endgültig aufgibt, die begonnene Straftat durchzuführen, und bei Beteiligung mehrerer an der Straftat ihre Vollendung verhindert. Dasselbe gilt für denjenigen, der den Erfolg der Straftat freiwillig und endgültig abwendet.

Bemüht sich der Täter oder Teilnehmer freiwillig und ernstlich, die Vollendung oder den Erfolg der Straftat zu verhindern, so gilt dasselbe, wenn nicht sein Bemühen, sondern ein anderer Umstand die Vollendung oder den Erfolg der Straftat verhindert.

Verstößt der Täter durch den Beginn der Tat zugleich gegen ein anderes Strafgesetz, so kann der Richter die Vergünstigung auch auf diese Rechtsverletzung erstrecken, wenn sie nicht ins Gewicht fällt.

（第10条　行為による悔悟
（1）正犯者もしくは狭義の共犯者が着手された犯罪行為の遂行を任意にかつ終局的に放棄し、そして犯罪行為への複数人の関与に際してその既遂を阻止する場合には、裁判官は、正犯者もしくは狭義の共犯者の刑罰をその自由な裁量により減軽し得るか、もしくはその処罰を免除することができる。同様のことは、犯罪行為の結果を任意にかつ終局的に回避した者にも適用される。
（2）正犯者もしくは狭義の共犯者が任意にかつ真摯に犯罪行為の完成または結果を阻止するよう努力した場合には、その者の努力ではなくて、他の事情が犯罪行為の完成または結果を阻止した場合にも、同様に適用される。
（3）正犯者が実行の着手によって同時に他の刑罰法規に違反する場合には、裁判官は、それが重要ではない場合には、この法侵害にも優遇措置を拡張することができる。）

この規定においては、第1項第1文で着手未遂の中止が、第1項第2文で実行未遂の中止が規定され、第2項に中止行為と結果不発生との因果関係がない

---

(574)　Vormbaum, a. a. O., S. 199.
(575)　法文の原文は、Entwurf eines Deutschen Strafgesetzbuchs 1936 nebst Begründung (Nachdruck), 1954, S. 4による。

場合の規定が置かれている。複数人関与の場合に関する規定も同様に規定されているが、1930年草案までと決定的に異なるのは、まず①加重的未遂の場合に、内部に含まれた既遂犯に対しても中止犯の優遇を拡張しても構わないとされたことである[576]。そして何よりも特徴的なのは、②その法律効果が「刑罰の任意的減免」とされたことである。これは、ナチス刑法学の「意思刑法」の考え方に基づいて、中止は強い犯罪的意思の減少の現れであり、また同様に刑事政策的考慮も中止に対する奨励を創出することに有利に働いたが、しかし中止に常に不処罰を認めることは、一度存在した行為者の犯罪意思の強さおよび当罰性が無視されることになるため、意思刑法とは矛盾するとされて、中止犯の場合においても不処罰を保証しないものとされたのである[577]。

---

[576] すなわち、「10条3項は、正犯者または狭義の共犯者の行為が、犯罪行為の着手として特徴づけられているだけではなく、同時に他の刑罰法規の構成要件を充足する場合に関わるものである。詐欺を目指しているセールスマンが、その発注者を欺罔して不当な手数料を受け取るために、不真正な注文票を作成して提出した場合には、その発注者が支払いをまだ達成していなかった限りにおいて、その者は着手された詐欺を中止しても構わない。この中止が行われ、そしてそれゆえに裁判官が詐欺を理由とする刑罰を免除した場合であっても、行為者はなお原則的には、文書偽造既遂を理由とする刑罰を科せられる立場のままである。しかし上述の刑事政策的観点のために、そして実社会の自然的解釈との調和において、草案は、他の法侵害についても、これが着手された法侵害と比較して重要ではない場合には、優遇措置を拡張することを裁判官に許容したのである」(Begründung zum Entwurf eines Deutschen Strafgesetzbuchs, 1936, Nachdruck 1954, S. 19)、とされたのである。

[577] すなわち、「犯罪行為の開始にまで着手した行為者が、悔悟から、もしくはその他の動機からその者の行為を断念したか、または行為の結果を回避した場合には、この行為は既遂になったのではなく、したがってこれは通常はその者の犯罪的意思のより弱まった強度の表れである。したがって意思刑法において、少なくとも、そのような行為者をより軽く処罰し、そして特別な場合においては、その上さらにその刑罰を完全に免除する可能性が、考慮に入れられなければならない。刑事政策的な観点もまた、行為者の中止に対する奨励を創出するのに有利な材料を提供する。それに対して、現行刑法典の46条が行っているように、そのような場合において常に不処罰を認めるのは、意思刑法の主要な考え方にそれは合致するものではないであろう。確かにそのような処置は、刑事政策的には場合によってはなお効果的なものであるだろう、というのも、まだ最後の時点において、行為による悔悟によって不処罰を受けるということは、なお大きな奨励を創出するだろうからである。しかしそれは、多くの場合において、犯罪行為の放棄にもかかわらず、刑罰を受けるにふさわしい行為者の犯罪的意思の強度および当罰性に合致していない」(Begründung zum Entwurf eines Deutschen Strafgesetzbuchs, 1936, Nachdruck 1954, S. 18f.)、とされたのである。このような観点からするならば、この1936年草案における「行為による悔悟」規定は、従来からのドイツ法およびドイツ法草案における中止犯規定の方向性の上にあるものではなく、むしろ過去の、例えば1751年バヴァリキー刑法典などの古い刑法典にも見られたような、純粋な量刑事由としての「悔悟（Reue）」規定に近い——そしてそのことは「行為による悔悟」という題名がまさにそのような側面を示しているとも言える——ものであった。しかしこのような考え方は、そもそもの未遂犯概念、およびそれに伴う中止犯概念の成立過程を前

しかしその後、閣議において草案の検討を終了させようとする試みがギュルトナーによって何度かなされたが、失敗に終わり、回覧文の方法による文書での審議という方法も採られたが、そのようなやり方自体が批判された[578]。またヒトラー自身が、ドイツ刑法典の可決は（回覧文の方法ではなくて）正規の立法の方法で生じなければならず、またそもそも新しい刑法典のための時期が既に来ているのかどうか疑わしいという意見を示したために、結局としてナチスによる刑法改正は失敗に終わった[579]。

　第二次世界大戦終了後、既にドイツ連邦共和国の建国後間もなく、連邦司法大臣デーラー（Thomas Dehler）の発議で、刑法の全体的改正に関する作業が再び開始された[580]。デーラーの後任である連邦司法大臣ノイマイヤー（Fritz Neumayer）を議長とする大刑法委員会が招集され、1954年4月6日に初会合を開き、各則についての審議を3つの独立した下部委員会で準備させることを決定した。下部委員会における審議の基礎となったのは、まず1927年草案であり、それに加えてどの程度まで1936年草案の逸脱が個々の場合に長所とされるのかについて、検討することが必要であった[581]。下部委員会はその後に規定の原案を仕上げ、それは暫定的編成案（VZ）にまとめられた。大刑法委員会による第一読会の終了後に、連邦司法省は全ての決定および提案をまとめ、そして1959年草案（Ⅰ）を提案した。さらに第二読会の審議の成果、連邦部局およびラントの司法行政機関の態度表明、ならびに連邦司法省の担当官の変更希望は、1959年草案Ⅱ（第2草案）にまとめられた[582]。この草案は再検討のためのラント委員会に提案され、1959年9月から1962年1月までの17回の会議において、総則に関しての修正提案を作成した。連邦政府により、このラント委員会の暫定的な審議成果のいくつかは1959年第2草案に組み込まれ、これにより1960年草案が作成された。この1960年草案は1960年10月7日に連邦参議院に提出されたが、第3議会任期が終わりに近づいていたために、連邦参議院はその

　　　提にすれば、そこから逸脱し、未遂概念をゆがめるものでしかないのであって、適切なものではないであろう。
(578)　Vormbaum, a. a. O., S. 199f..
(579)　Vormbaum, a. a. O., S. 200.
(580)　Vormbaum, a. a. O., S. 232.
(581)　Vormbaum, a. a. O., S. 233.
(582)　Vormbaum, a. a. O., S. 233.

草案を1960年10月28日の会議において変更なしに急いで通過させた[583]。そして1961年8月の連邦議会選挙後に、1960年草案は連邦政府によりさらに手を加えられ、1962年7月に連邦参議院に1962年草案として審議のために提出された。

これらの各草案におけるそれぞれの中止犯規定は、以下のように、1956年総則草案（27条）と1959年草案（28条）が同じ文言であり、また1959年第2草案（28条）、1960年草案（28条）、ならびに1962年草案（28条）が同じ文言であった[584]。

〔1956年総則草案（27条）、1959年草案（28条）〕
§27 Rücktritt (1) Wegen Versuchs wird nicht bestraft, wer freiwillig die weitere Ausführung der Tat aufgibt oder die Vollendung der Tat verhindert.
(2) Sind an der Tat mehrere beteiligt, so wird wegen Versuchs nicht bestraft, wer freiwillig die Vollendung der Tat verhindert.
(3) Unterbleibt die Vollendung der Tat ohne Zutun des Zurücktretenden oder wird die Tat unabhängig von seinem früheren Verhalten begangen, so genügt zu seiner Straflosigkeit sein freiwilliges und ernsthaftes Bemühen, die Vollendung der Tat zu verhindern.
(第27条　中止
(1) 任意に、それ以降の行為の実行を放棄した、またはその行為の完成を阻止した者は、未遂としては処罰されない。
(2) 複数人が行為に関与している場合に、任意にその行為の完成を阻止した者は、未遂としては処罰されない。
(3) 中止者の中止行動がなくともその行為の完成がなされない、または行為がその者の以前の態度から独立して犯された場合には、行為の完成を阻止しようとするその者の任意かつ真摯な努力は、その者の不処罰に十分である。)
〔1959年第2草案（28条）、1960年草案（28条）、1962年草案（28条）〕

---

(583)　Vormbaum, a. a. O., S. 234.
(584)　法文の原文は、1956年総則草案については Entwurf des Allgemeinen Teils eines Strafgesetzbuchs, nach den Beschlüssen der Großen Strafrechtskommission in erster Lesung (abgeschlossen im Dezember 1956), 1958, S. 10に、1959年草案については Entwurf eines Strafgesetzbuchs, nach den Beschlüssen der Großen Strafrechtskommission in erster Lesung zusammengestellt und überarbeitet vom Bundesministerium der Justiz, 1959, S. 28に、1959年第2草案については Entwurf eines Strafgesetzbuchs（E1959II), nach den Beschlüssen der Großen Strafrechtskommission in zweiter Lesung zusammengestellt und überarbeitet vom Bundesministerium der Justiz, 1959, S. 26f. に、1960年草案については Entwurf eines Strafgesetzbuches（E1960）mit Begründung, 1960, S. 15に、1962年草案については Entwurf eines Strafgesetzbuches（E1962）mit Begründung, 1962, S. 15による。

§28 Rücktritt (1) Wegen Versuchs wird nicht bestraft, wer freiwillig die weitere Ausführung der Tat aufgibt oder die Vollendung der Tat verhindert. (2) Sind an der Tat mehrere beteiligt, so wird wegen Versuchs nicht bestraft, wer freiwillig die Vollendung der Tat verhindert. (3) Wird die Tat ohne Zutun des Zurücktretenden nicht vollendet oder wird sie unabhängig von seinem früheren Verhalten begangen, so genügt zu seiner Straflosigkeit sein freiwilliges und ernsthaftes Bemühen, die Vollendung der Tat zu verhindern.
(第28条　中止
（1）任意に、それ以降の行為の実行を放棄した、またはその行為の完成を阻止した者は、未遂としては処罰されない。
（2）複数人が行為に関与している場合に、任意にその行為の完成を阻止した者は、未遂としては処罰されない。
（3）中止者の中止行動がなくともその行為が完成しなかった、または行為がその者の以前の態度から独立して犯された場合には、行為の完成を阻止しようとするその者の任意かつ真摯な努力は、その者の不処罰に十分である。)

これらの規定は第1項に単独関与の場合の中止を、第2項に複数人関与の場合の中止を規定しており、1927年草案までのような「第1項に着手未遂の中止、第2項に実行未遂の中止」という規定の項目分けの手法が採用されなかった点が注目される。ただし着手未遂と実行未遂の区別自体は第1項の中で前段と後段にそれぞれ採用されており、維持されているといえる。複数人関与の場合、すなわち共同正犯の場合や教唆犯または幇助犯が独自に中止行為を行う場合において「行為の完成の阻止」が要求される、という点も1927年草案から維持されているものといえる。第3項の「中止行為と結果不発生の間の因果関係がない場合」の規定に関しては、さらなる変化を遂げた。すなわち、1927年草案の文言によれば「結果が不発生であったこと」が客観的には必要であるような文言であり、もし犯罪結果が発生してしまった場合には、たとえ「犯罪結果を発生させないための真摯な努力」としての中止行為がなされたとしても、この「中止行為と結果不発生の間の因果関係がない場合」の規定の適用可能性が全て断たれてしまうことになった。しかし、もし犯罪結果が発生したとしても、その犯罪結果が他の要因によって、すなわち中止行為者がそれまで行っていた犯罪行為とは無関係に発生したといえるのであれば、その発生した結果との因果関係がない以上、その中止行為者は「未遂犯」として評価され得るものであ

り、もしそうであるならばその場合にさらに「中止犯」として認められる場合が考えられてもよいはずである。このような、とくに共犯における中止の問題に関連した場合には「共犯関係からの離脱」として知られる状況に対しても中止犯の成立可能性を認めるために、「行為がその者の以前の態度から独立して犯された場合」にも、同条項の適用可能性を認めることとしたのである[585]。

そしてこの政府提案による1962年草案に対して、連邦参議院は1962年7月2日および13日の第248回会議において、異議を唱えなかった。しかしながらいくつかのラント政府はその草案に、連邦議会に送付される前にいくつかの根本的な批判的所見を申し向けることが適切であると考えた[586]。ヘッセンのラント政府首相は、現在の法状況を補足し、改善するような刑法の段階的な改正を支持した[587]。刑法学者内でも、政府提案に対する拒絶的な態度がしだいに高まり、彼らは原則的には刑法の改正を歓迎したが、ほとんど一致して、1962年草案を適切な基礎となるものとは認めなかった[588]。

連邦議会は第一読会において当該草案を可決し、そしてそれを法律委員会に移送した[589]。この委員会は1963年5月3日に下部委員会を設置し、その下部委員会は1963年12月4日に、かつての連邦検事総長ギューデ（Max Güde）を議

---

[585] この点については、例えば1962年草案の理由書においても、「……草案はこの条項〔＝1962年草案28条第3項〕において、2人またはそれ以上の関与者が互いに独立して中止し、そしてそれらの者のうちの一方の中止行為のみが犯罪行為を阻止した場合をも規定した。しかし仮に他の関与者が犯罪行為を最後まで終わらせたとしても、このことは中止をした関与者の不処罰の妨げになるようなものではない。もっとも、その者は、少なくとも——行為の完成を阻止するような、その者の任意かつ真摯な努力と並んで——その者が自らの因果関係を及ぼし続ける行為寄与を遮断することに成功した場合か、もしくはこの寄与がその者の中止行動がなくても効果のないものであった場合にのみ、不処罰のままなのである。なぜなら、そのような場合にのみ当該犯罪行為は『その者の以前の態度から独立して』行われたからである」(Entwurf eines Strafgesetzbuches (E1962) mit Begründung, 1962, S. 146)、として、結果が発生した場合であっても、その当該結果発生と中止行為者のもともとの犯罪行為との間の因果関係が遮断されていることを条件として、中止の可能性が認められることが示されていた。

[586] Vormbaum, a. a. O., S. 234.

[587] Vormbaum, a. a. O., S. 234.

[588] Vormbaum, a. a. O., S. 234. すなわち、「大刑法委員会も連邦政府も、具体的な刑事政策の構想を欠いており、他方ではこの欠落を刑法における道徳的な禁止と命令の継続的な定着によって埋め合わせることが試みられている」とし、「国家がその規定によって特定の刑事政策的な効果を得ようと努力している場合にのみ、国家は処罰する権利をもつのであって、倫理的または道徳的な市民の態度のみが問題となっている場合には国家は処罰する権利をもたないのである」、と批判されたのである。

[589] Vormbaum, a. a. O., S. 235.

第4章　ライヒ刑法典制定以後　　339

長として、独立した、法律委員会に左右されない特別委員会となり、そして1965年の議会任期終了までに総則だけを十分に審議することができた。第5連邦議会が成立してわずか数週後に、草案はCDU/CSUおよびFDPの政府会派によって、すぐに再び提出された。既に1966年1月13日に連邦議会において第一読会が開かれ、そして当該草案は「刑法改正のための特別委員会」に移送され、すぐ次の日に作業が開始された[590]。

このような「公式」の改正作業と並行して、1965年に刑法学者らの集団は連携し、刑法典の対案を作成して、その総則は1966年10月に公表された[591]。

---

[590]　Vormbaum, a. a. O., S. 235.
[591]　これが1966年草案対案である。その中止犯規定は以下のようなものであった（法文の原文はAlternativ-Entwurf eines Strafgesetzbuches, 1966, S. 62による）。
§26 Rücktritt（1）Wegen Versuchs wird nicht bestraft, wer freiwillig die weitere Ausführung der Tat aufgibt oder deren Vollendung verhindert.
（2）Sind an der Tat mehrere beteiligt, so wird wegen Versuchs nicht bestraft, wer seinen Tatbeitrag freiwillig rückgängig macht.
（3）Bleibt die Tat aus anderen Gründen unvollendet oder der geleistete Tatbeitrag wirkungslos, so ist straflos, wer sich freiwillig und ernsthaft bemüht, zurückzutreten.
（第26条　中止
（1）任意に、それ以降の行為の実行を放棄した、またはその完成を阻止した者は、未遂としては処罰されない。
（2）複数人が行為に関与している場合に、その行為寄与を任意に取り消した者は、未遂としては処罰されない。
（3）行為が他の理由から完成されないままである場合、または為された行為寄与が効果の無いままである場合に、中止しようと任意かつ真摯に努力した者は不処罰である。）
またさらに1969年にはこの対案の第2版が出された（1969年草案対案第2版）。その中止犯規定は以下のようなものであった（法文の原文はAlternativ-Entwurf eines Strafgesetzbuches, 2. Aufl., 1969, S. 64による）。
§26 Rücktritt（1）Wegen Versuchs wird nicht bestraft, wer freiwillig die weitere Ausführung der Tat aufgibt oder deren Vollendung verhindert.
（2）Sind an der Tat mehrere beteiligt, so wird wegen Versuchs nicht bestraft, wer freiwillig seinen Tatbeitrag rückgängig macht oder die Vollendung verhindert.
（3）Bleibt die Tat aus anderen Gründen unvollendet oder der geleistete Tatbeitrag wirkungslos, so ist straflos, wer sich freiwillig und ernsthaft bemüht, zurückzutreten.
（第26条　中止
（1）任意に、それ以降の行為の実行を放棄した、またはその完成を阻止した者は、未遂としては処罰されない。
（2）複数人が行為に関与している場合に、任意にその行為寄与を取り消した者、またはその完成を阻止した者は、未遂としては処罰されない。
（3）行為が他の理由から完成されないままである場合、または為された行為寄与が効果の無いままである場合に、中止しようと任意かつ真摯に努力した者は不処罰である。
これらの規定における特徴は、とくに1966年草案対案において、第2項の複数人関与の場合の中

1966年の終わり以降野党会派であったFDP会派の主導で、1962年草案と並んで、対案も刑法改正のための特別委員会に提出され、その101回の会議での広範囲に及ぶ審議においてこの対案もまた考慮に入れられた[592]。もっとも、大量の資料、テーマの複雑さ、および目指された決定の重要性と射程範囲を理由として、一回の議会任期における全体の改正の実現は考えられ得るものではなく、それゆえ特別委員会は、まず2つの法律によって刑事政策上特に重要な改正を実現することを提案した[593]。それが1969年6月25日の第1次刑法改正法と1969年7月4日の第2次刑法改正法であり、その第2次刑法改正法は、刑法典総則の個々の基礎的な規定の変更を伴うものであって、刑法典に完全に新しい総則が挿入されることになった[594]。そして新しい刑法総則の施行はさしあたりは1973年に計画されたが、延期され、1975年1月1日に施行となった。これが現行法である1975年ドイツ刑法典であり、その中止犯規定は以下のとおりである。

§24 Rücktritt.（1）Wegen Versuchs wird nicht bestraft, wer freiwillig die

---

止について、1962年草案のように「その行為の完成を阻止した」ことを要求するのではなく、「その行為寄与を取り消した」ことを要求するものとした点である。これは1962年草案のように「行為の完成の阻止」を要求することは現行法以上の要求を行うものであり、「そのような厳格化は何ら必要性が存在しない」（Alternativ-Entwurf eines Strafgesetzbuches, 1966, S. 63）とされたことによるものである。ただしこの点については、1969年草案対案第2版においては「……、またはその完成を阻止した者……」と1962年草案に沿った内容の文言が追加された。これは、「狭義の共犯者が、確かにその寄与を取り消してはいないが、しかし他の方法で実行行為を阻止し得る場合が存在するから」であり、「そのような者をここで単独正犯よりも悪い立場に置くことについて、十分な根拠は存在しない」（Alternativ-Entwurf eines Strafgesetzbuches, 2. Aufl., 1969, S. 65）ことによるものであった。すなわち狭義の共犯者については、行為寄与を取り消さずとも、犯罪の実行および結果の発生を阻止する場合が考えられる以上、行為寄与の取消のみを要件とすることはかえってそのような者に対する優遇の可能性を狭めることが懸念され、修正されたのである。最終的に成立した1975年ドイツ刑法典においては、複数人関与の規定においてはやはり「完成を阻止した」ことが要求されているのであり、結果的にはこの点ではこの1966年草案対案の考え方は受け入れられなかったことになる。しかし複数人関与の「中止行動と結果不発生との間に因果関係がない場合」に関する規定においては、むしろ1962年草案の「中止者の中止行動がなくともその行為が完成しなかった、または行為がその者の以前の態度から独立して犯された場合」という表現が1975年ドイツ刑法典では「その行為が、その者の中止関与がなくとも完成しなかった場合、またはその者の以前の行為寄与から独立して犯された場合」という表現になったのであり、「行為寄与」が犯罪結果発生に影響していないことを前提条件として求めているという点では、対案の考え方が反映されているとも考えられる。

(592) Vormbaum, a. a. O., S. 235.
(593) Vormbaum, a. a. O., S. 235f..
(594) Vormbaum, a. a. O., S. 236.

weitere Ausführung der Tat aufgibt oder deren Vollendung verhindert. Wird die Tat ohne Zutun des Zurücktretenden nicht vollendet, so wird er straflos, wenn er sich freiwillig und ernsthaft bemüht, die Vollendung zu verhindern.
（2）Sind an der Tat mehrere beteiligt, so wird wegen Versuchs nicht bestraft, wer freiwillig die Vollendung verhindert. Jedoch genügt zu seiner Straflosigkeit sein freiwilliges und ernsthaftes Bemühen, die Vollendung der Tat zu verhindern, wenn sie ohne sein Zutun nicht vollendet oder unabhängig von seinem früheren Tatbeitrag begangen wird.
（第24条　中止
（1）任意に、さらなる行為の実行を放棄した、またはその完成を阻止した者は、未遂としては処罰されない。中止者の中止行動がなくともその犯罪行為が完成しなかった時に、その者が行為の完成を阻止するよう任意かつ真摯に努力した場合には、その者は不処罰となる。
（2）複数人が行為に関与している場合に、任意にその完成を阻止した者は、未遂としては処罰されない。しかしその行為が、その者の中止関与がなくとも完成しなかった場合、またはその者の以前の行為寄与から独立して犯された場合には、行為の完成を阻止しようとするその者の任意かつ真摯な努力は、その者の不処罰に十分である。）

　この規定は、まさに20世紀初頭からの中止犯規定に関する議論の積み重ねが、形となって現れたものであった。すなわち、①単独正犯の事例での中止の場合と複数人関与の事例での中止の場合をそれぞれ第1項と第2項に規定し、「共犯における中止」の問題を解決するものとなった。さらに②第1項第2項それぞれについて、中止行動と犯罪結果不発生との間の因果関係が存在しない場合に関する特別の中止犯規定が置かれ、とくに複数人関与の事例においては結果発生があったとしても、それが「その者の以前の行為寄与から独立して犯された場合」、すなわち――日本でいうところの「共犯関係からの離脱」の事例のように――犯罪結果との因果性が遮断された場合にも、それが事実上「未遂犯」として評価されることを前提にして、特別な中止犯規定の適用可能性を認めることになったのであった。
　そして以上までのような改正の議論を踏まえて、さらに中止犯に関連してドイツで問題となっていったのは、どのような点であったのだろうか。この検討のために、次に第2次世界大戦後の判例の動向に関して、その概略を見ていくことにする。

第3節　第2次世界大戦後の判例の動向

　第2次世界大戦後のドイツ連邦共和国の判例において、連邦裁判所は、今度はまた別の観点から中止犯制度の根拠論に立ち戻る必要を迫られることになった。すなわち連邦裁判所1956年2月28日第5刑事部判決[595]は、知人の女性に対して、それとは知らずに強姦行為に着手した被告人が、突然被害者に自分の名前を呼ばれて驚き、その時点で初めて自分が襲った女性が知人だと知って、強姦行為の継続を中止した事例について、中止の任意性は倫理的なものかどうかに関わらないことがライヒ裁判所および連邦裁判所の判例であるとしつつ、「しかしながらライヒ裁判所は、全体的事情に鑑みて、切迫した露見および処罰の危険が刑事被告人に差し迫ったが故に、その者がその危険を合理的判断によれば引き受けることができず、そしてそれゆえに行為の実行を取りやめねばならなかった場合には、中止は不任意である、と度々判断してきた」[596]とした。そしてこのような判例に対しては学説から、「心理的強制力のある動機が存在するという点から出発している」という批判があるものの、「当該刑事部はこのような〔学説の〕異議を正当とは認めない」[597]として、連邦裁判所は意思決定をなす余地の無いような強制状態のみを中止から排除するような学説の考え方を批判し、さらに中止未遂規定の解釈の指針を示した。すなわち、「一般の用語法によれば、行為者にとって不可能にするものではないものの邪魔になるような事情によっても、行為は『妨げられる』と評価できるのである。……法律の文言によれば自然なものである、刑法典46条のこのような解釈のみが、その法律と少なくとも矛盾しない、適切な判断を可能にするものなのである。反対説は、未遂が当罰性のあるままである場合をも不処罰にするのである。行為者が露見したことを知り、そして告発と処罰を見込んでその行為を中止した場合がまさにこれである。……経験上、犯罪者は、普通は彼らが捜査されないこと、または少なくとも有罪を証明されないことを望んでいるが故

---

[595]　BGHSt 9, 48＝NJW 1956, 718＝MDR 1956, 371＝JR 1956, 269. 当該判決の紹介として清水一成「中止未遂における任意性、中止未遂の法的性格」堀内捷三ほか編『判例によるドイツ刑法（総論）』（1987年）163頁以下、また金澤・前掲論文67頁以下参照。
[596]　BGHSt 9, 50.
[597]　BGHSt 9, 50.

に、刑法を無視するのである。このような期待に惑わされたが故に、行為の継続を放棄した者は、危険であり、かつ当罰的なままなのである。このような、犯罪者の意思の危険性と当罰性の観点が、刑法典46条1号の解釈にとって決定的な意義をもつのである。確かに通常、この規定の目的は、なお未遂の間に行為者に行為の既遂を取りやめる動機づけを与えることにあるものと評価される。このような見解によれば、行為者に、このような場合に対して約束された未遂の不処罰は、その者に中止の『黄金の橋』を渡るよう決定づけるべきものなのである。しかしほとんどの場合において、行為者は未遂の際に、刑法上の帰結について全く考慮していない。行為者はしばしば、その犯罪意図を放棄した場合には、不処罰を手に入れ得るということを全く知らないか、もしくはわずかにしか認識していない。行為者はそれについて一般的には、たとえ仮にそのような考慮を行うべきものであったとしても、まさにそのような考慮によっては決定づけられもしないのである。それゆえに、刑法典46条1号の意味を以下のように理解することが、現実によりよく適合するものである。すなわち行為者が着手した未遂を任意に取りやめた場合には、その者の犯罪意思が、行為の遂行のために必要であるほどには強くは無かったということが、その中に示されるのである。未遂において当初明らかにされたその者の危険性は、本質的にはより僅少なものであることが事後的に証明されたのである。このような理由から、法律は『未遂をそのようなものとしては』処罰することをしないのである。なぜなら、行為者に対し将来にわたってその犯罪行為を防ぎ、他者を威嚇し、そして侵害された法秩序を回復するためには、刑罰はその行為者にとってもはや必要なものとは思われないからである。とりわけ、適時に行為者が放棄した犯罪決意をもはや法律が行為者に帰責せず、そしてその者が未遂行為によって例えば既に他の可罰的な行為の既遂構成要件を充足した限りにおいてのみ、法律がその者を処罰する場合には、第一の目的および正義の考え方を、法律はより良く維持しているものと評価しているのである」[(598)]、と。

　このように述べて連邦裁判所は、刑法典46条を「黄金の橋」と捉える刑事政策説を批判し、「犯罪者の意思の危険性と当罰性の観点が、刑法典46条1号の解釈にとって決定的な意義をもつ」のである、としたのである。これによりま

[(598)] BGHSt 9, 51f..

さに「どのような理由からでもよいから結果の発生を防ぐ」という刑事政策説が、判例において明確に否定され、犯罪者の危険性と当罰性の観点から、いわば規範的にその任意性を判断する考え方に取って代わられることになったのである。このように中止犯としての優遇措置を受けるにはふさわしくない者を、規範的観点に基づいて中止犯の範疇から外すためには、中止犯制度の根拠論に立ち戻る必要性があった。というのも、刑法典46条は任意性を前提とした条文であり(599)、そしてその要求されている任意性の内容が特に限定されているわけではない以上、「その者の意思による事情によって」放棄された場合には、その者の意思がどんなに悪い動機に基づくものであったとしても、中止犯とせざるを得なかったのである。そしてこのような「任意性内容の非限定説」(600)は、「どんな理由からでもよいからとにかく結果を回避すべし」とする「刑事政策説」とも、調和するものだったのである。とするのであればこのような、悪い動機から中止した者も中止犯として認める帰結を避けるためには、そもそも中止犯制度はどのような趣旨の法制度なのか、すなわち「なぜ中止犯が優遇されるのか」という法制度の根拠論にまで立ち返らなければならない。この法制度の根拠論を刑事政策説ではないものに置き換えて、「結果を回避したとしても、その理由が好ましいものではないときには中止犯は認めない」とすることが必要だったのである。そしてこの1956年判決により置き換えられた基準が、「犯罪者の意思の危険性と当罰性」の観点だったのである。このような規範的基準に置き換えることにより、中止犯として認めるには好ましくないような行為者に対して、刑法典46条の任意性の文言が指し示す範囲を度外視して、明確に中止犯の成立を否定できるようにしたのである。

　そしてこの中止犯の成立範囲を規範的なものに限定しようとする傾向は、学説においても進行していた(601)。既に1950年にボッケルマンが明確に示した

---

(599) 当時の刑法46条の文言において「freiwillig」という単語は用いられてはいないが、46条1号は「その者の意思によらない事情によって阻止されたのではなくして」放棄したことを要求しており、また46条2号も「自己の行動によって」阻止したことを要求していたことから、任意性はやはり前提条件とされていた。

(600) ドイツにおいてはこれを「心理学的考察説」と呼ぶ。これと対立関係にあるのが、「規範的考察説」であり、両者が任意性要件の範囲をめぐって争われているわけである。Vgl. Christian Jäger, Das Freiwilligkeitsmerkmal beim Rücktritt vom Versuch, ZStW Bd. 112, 2000, S. 783 ff.; Manfred Maiwald, Psychologie und Norm beim Rücktritt vom Versuch, in Gedächtnisschrift für Heinz Zipf, 1999, S. 255ff..

「褒賞説（Prämientheorie）」ないし「恩賞説（Gnadentheorie）」[602]は、「中止は、その中止がおのずから賞賛に値する場合にのみ、行為者に恩賞を与えるにふさわしいものとなり得るのである。したがって自由な意思のみが賞賛に値するものであり得るが故に、中止は任意的でなければならないのである」[603]として、「褒賞を与えるにふさわしい中止であるかどうか」を中止犯成立の基準とした。このような点から、褒賞説は「褒賞を与えるにはふさわしくない」と考えられる場合には、中止犯の成立を否定したのである。

また1972年にロクシンは「刑罰目的説（Strafzwecktheorie）」を主張し始めた[604]。ロクシンは任意性に関して規範的考察説の立場にたつことを示しつつ、前掲の連邦裁判所1956年判決が採用した「犯罪者の意思の危険性と当罰性」の観点を手がかりにして、以下のように述べたのである。すなわち「任意性の要件に関して上述して展開されたことに従うならば、中止特典の理由づけは、いわゆる刑罰目的説によって、それをまず初めにBGHが的確に述べたように[605]、適切に決定されることが明らかになる。……一般予防の根拠は処罰を何ら要求しない、なぜなら結果は発生していないし、そして行為者は、その者が決定的な時点において法に忠実なものであると証明したことによって、悪い例を与えなかったからである。特別予防の作用は不必要である、なぜなら行為者はその中止によって合法性へと回帰したからである。既に未遂により明らかになった、場合によってはあり得るその不安定性は、その者が結果惹起を任意に断念している限り、刑法上の制裁にとって、もっぱら十分な根拠ではない。そして責任の埋め合わせも、不必要なものと示されている、なぜなら行為者は未遂の中に潜んでいる責任を、その任意的な中止それ自身によって再び埋め合わせ、そして『清算』したのである」[606]、と。これにより刑罰目的説は、一般

---

(601) このような学説の傾向については、清水・前掲「中止未遂における任意性、中止未遂の法的性格」堀内ほか編『判例によるドイツ刑法（総論）』166頁以下も参照。
(602) Paul Bockelmann, Wann ist der Rücktritt vom Versuch freiwillig?, NJW 1955, S. 1417 ff..
(603) Bockelmann, a. a. O., S. 1421.
(604) Claus Roxin, Über den Rücktritt vom unbeendeten Versuch, Festschrift für Ernst Heinitz, 1972, S. 251ff..
(605) ここでロクシンは、まずそれを最初に述べた連邦裁判所の判決として前掲の1956年判決を挙げている。
(606) Roxin, a. a. O., S. 269f.. このような考え方からロクシンは、被害者が任意的な性交を約束したが故に、強姦犯人がその被害者を襲うことをやめた事例について、不処罰となる中止は与えら

予防や特別予防の観点から、その中止者が刑罰を受けるべき者なのかという基準で中止犯の成否を判断しようとしたのである。すなわち、「(一般予防や特別予防の観点から) なお刑罰を与える必要がある」と考えられる場合には、中止犯の成立を否定したのである。

その後は結論においてこのような規範化傾向を見せる判例とそうでない判例が併存した状態が続いた。理由づけに関しては別の論拠が用いられつつ[607]、中止犯を限定する判例も見られた。しかしこのような中止犯の成立範囲に関する規範化・限定化傾向に明確な終止符を打ったのが、連邦裁判所1993年5月19日刑事部大法廷決定[608]であった。

この事例において被告人は、自分より体力の劣る被害者を懲らしめる目的で、刃渡り12センチメートルのナイフで被害者の腹部を刺した。被告人は行為時に、被害者の死を未必的に認容していたが、彼はその刺突後に被害者の身体からナイフを抜いて、そのまま立ち去り、被害者は自転車に乗って警察の派出所に向かった。医師の治療を受けなければ、遅くとも被害者は24時間後にはその傷害により死亡していたと考えられる、という事案であった。この事例に対して連邦裁判所刑事部大法廷は以下のように判示した。すなわち「刑事部大法廷は、提示を行った刑事部[609]の見解に従う。……刑法典24条1項1文は、さ

れ得るとした連邦裁判所1955年4月14日第4刑事部判決 (BGHSt 7, 296) を、「誤った結論」へと至ったものとした。Vgl. Roxin, a. a. O., S. 258ff..

(607) 特にここで「失敗未遂 (fehlgeschlagener Versuch)」を理由として中止未遂を否定する判例の存在が重要である。この失敗未遂に関しては、園田寿「「欠効未遂」について」関西大学法学論集32巻3・4・5合併号 (1982年) 59頁以下、斉藤誠二「フランクの公式に対する疑問と失効未遂」判例タイムズ589号 (1986年) 2頁以下、同「いわゆる失効未遂をめぐって」警察研究58巻1号 (1987年) 3頁以下、同3号 (1987年) 3頁以下、金澤真理「不作為態様の中止―失敗未遂の検討を経て―」山形大学法政論叢15号 (1999年) 1頁以下、江藤隆之「欠効未遂の概念について」明治大学大学院法学研究論集23号 (2005年) 1頁以下を参照。特に失敗未遂に関する詳細な判例分析として、金澤・前掲「不作為態様の中止」9頁以下を参照。

(608) BGHSt 39,221＝JZ 1993, 894 (Anm. C. Roxin)＝MDR 1993, 776＝NJW 1993, 2061＝NStZ 1993, 433＝StV 1993, 408. 当該決定の紹介として鈴木彰雄「中止未遂」比較法雑誌27巻4号 (1994年) 223頁以下、また、金澤真理「中止未遂の成否―ドイツ連邦通常裁判所刑事部大法廷決定BGHSt 39, 221を手がかりとして―」東北法学14号 (1996年) 1頁以下、山中敬一『中止未遂の研究』(2001年) 223頁以下参照。本事例は「懲戒事例 (Denkzettelfall)」などと呼ばれている。

(609) この大法廷決定は、連邦裁判所第1刑事部が1992年10月27日決定 (JZ 1993, 358 (Anm. I. Puppe)＝NJW 1993, 943＝NStZ 1993, 280＝StV 1993, 187 (Anm. W. Bauer, StV 1993, 356f.) 当該決定の紹介として鈴木彰雄「未必的な殺意がある場合の中止未遂」比較法雑誌27巻2号 (1993年) 145頁以下参照) により、裁判所構成法132条4項により法律問題を刑事部大法廷に提

らなる行為実行の放棄またはその完成の阻止により中止を可能にするものである。刑法典24条1項の意味における行為は実体法上の意味における行為、すなわち法律上の処罰構成要件において範囲を限定された構成要件に該当する行為および構成要件に該当する結果なのである（……）。未遂行為者の当罰的な故意は、これに関連している。それに対応して、未終了未遂においては、さらなる行為実行を放棄するという決意は、法律上の構成要件要素の実現にまで限定される。それを越えるような構成要件外の動機や意図、目的を、未遂の可罰性を根拠づける刑法典22条も、それとは鏡像的に中止による不処罰を可能にする刑法典24条も、考慮には入れていない。既に中止の任意性の問題において——提示された法律問題においてはそれは問題とはされていない——中止動機の道徳的かつ倫理的な評価は問題とはならない（……）、したがってさらなる行為実行の放棄という外部的な行為においては、なおより一層わずかにしか当てはまり得ないものなのである。それ故に、ある者がその構成要件外の行為目的を既に達成した、もしくは達成したと考えたが故にのみ、その者により可能なさらなる殺人行為を取りやめた場合には、（その他に外部的または内心的強制状況の不存在という意味での任意性が存在している場合には）そのような者も未終了の殺人未遂を——その者が直接的故意により実行したにせよ、または未必の故意によってのみ実行したにせよ——不処罰となるように中止し得るのである。そのような行為者に対し、さらなる行為実行の単なる中止を越えて、『褒賞に値する放棄』または『〔褒賞に値する——筆者による補足〕後退』を要求することは、刑法典24条1項1文第1選択肢には何の拠り所も見られないものである。法律は、あり得るさらなる行為の放棄を不処罰により報い、そしてその際にその文言の意味によれば、特定の外部的な態度をもたらすという要求において汲み尽くされているのである。中止構成要件のこのような客観的要素において、追加的な評価要素はその余地が無いのである」[(610)]、と。すなわち構成要件外の動機などについて、刑法典24条の規定はそもそも文言上何らの要求もしていないのであるから、たとえ悪い動機から中止行為を行ったとしても、外部的または内心的強制状況の不存在という意味での任意性が存在している限り、中止犯として認

示したことに基づいてなされたものであった。第1刑事部も、このような構成要件外の目的達成の場合においても中止は認められ得る、としていた。Vgl. BGHSt 39, 228f..

(610) BGHSt 39, 230f..

められ得る、としたのである。そして刑事部大法廷は「このことは有害な、刑事政策上憂慮すべき結論に至るものではない」[611]として、被害者の具体的な危殆化が発生した場合には終了未遂が認められるべきであり、結果が当然に発生すると思われる事情を認識する者には積極的な結果回避が要求されること、失敗未遂の類型を考慮すべきこと、ならびに「行為者に、被害者への攻撃の単なる放棄により不処罰を獲得する可能性を開いておくことは、とりわけ被害者保護の観点の下で有意義なものであり得る」[612]として、被害者保護の観点から以上のような考え方が有益であるということを指摘したのである。特に最後の被害者保護の観点に基づく論拠は、事実上、刑事政策説への回帰とも言える現象であった。すなわち刑事政策説においては「どんな理由からでもよいからとにかく結果を回避すべし」という考え方の下で、広く中止犯は認められてきたのである。そこには「被害者を保護するためであれば、どんな悪い動機からでもいいから結果を不発生にすべし」との価値判断が働いているものといえるのである[613]。

　以上のように、ドイツ判例においては中止犯制度の根拠論は、その中止犯の成立範囲の広さを前提に進められてきたことがうかがわれる。ライヒ裁判所においてはその根拠論は、自ら中止行為を行った狭義の共犯者に対して、46条の適用を可能にするために持ち出されたものであった。刑事政策説によれば、結果が回避できるのであれば、その中止の主体が正犯者であろうが共犯者であろうが構わなかったが故に、46条はその文言を越えて狭義の共犯者にも準用可能となった。やがて連邦裁判所において、1956年判決により、中止犯としての優遇措置を受けるにはふさわしくない者を中止犯の範疇から外すために、「犯罪者の意思の危険性と当罰性」の観点から、すなわち規範的な観点に基づいて、中止犯の成立範囲が限定されることになった。この判決はそれまでの判例における傾向とは異なるものであり[614]、このような判例の考え方を理論的に裏づ

---

[611]　BGHSt 39, 231.
[612]　BGHSt 39, 232.
[613]　ただし当該決定においても終了未遂の成立範囲および失敗未遂という概念の射程についての留保があったことも忘れてはならないし、また当該決定に関して多くの学説（特に刑罰目的説を主張するロクシンなど）から激しい批判がなされたことも指摘されるべきである（金澤・前掲「中止未遂の成否」11頁以下参照）。
[614]　特に前掲した、被害者が任意的な性交を約束したが故に、強姦犯人がその被害者を襲うことをやめた事例について、不処罰となる中止は与えられ得るとした連邦裁判所1955年4月14日第4

ける根拠論として、「褒賞説」や「刑罰目的説」が主張された。それらは「褒賞に値しない」「（一般予防や特別予防の観点から）なお刑罰を与える必要がある」などと判断される場合には中止犯とは認めないとすることで、中止犯の成立範囲を規範的観点から限定するものであった。しかし1993年大法廷決定により、刑法典24条の文言以上の要求をする考え方は被害者保護の観点から否定され、任意性を排除するような外部的または内心的強制状況が存在していない限りにおいて、中止犯は認められるものとされた。この「被害者保護の観点」を重視する刑事政策説により、1956年判決のように中止犯の成立範囲が刑法典の条文の文言以上に限定されることは無くなったのである。このように中止犯の根拠論は、中止犯の成立範囲の大きさに関して、その前提となる考え方を示すものだったのである。

刑事部判決（BGHSt 7, 296）とは非常に対照的なものである。なおこの1955年判決に類似した事案について、中止犯の成立を否定した最近の日本の判例として、東京地判平成14年1月16日判時1817号166頁を参照。

結　論

第1章　ドイツにおける中止犯論の展開のまとめ[1]

　以上まで、日本とドイツにおける中止犯論を、立法や学説などの点から検討してきた。立法や学説などの面からドイツにおける中止犯論を検討して特に明らかになったことは、ドイツにおける立法と学説の密接な関連性である。ドイツにおいて（前期）法律説が主張されていた当時の領邦国家の立法において、まさに法律説を前提とする中止犯規定、すなわち「中止犯ではないことを未遂犯の成立要件」とする1810年フランス刑法典と同様の規定形式が見られたのである。中止犯であれば、犯罪体系上の要件が欠けるためにそもそも犯罪は成立せず、未遂犯も成立しないとする法律説は、まさにこのようなフランス型の中止犯の規定形式と結びついて主張されていたのである。

　そもそも、このようなフランス型の未遂犯・中止犯規定形式も、きちんと由来のあるものであった。ドイツにおいては、古い時代には結果責任の発想が支配的であった。すなわちこれによれば、殺人を犯そうとして人に切りつけ、結局死には至らせることができなかった場合には、その者は殺人未遂としてではなく、あくまでも生じた害としての傷害罪の既遂として処断された。すなわち、「ある犯罪意図が存在したものの、結果は生じなかった」場合である「未遂」という概念が存在しなかったのである。やがて刑法理論の発展と共に、特に北イタリア法学を継受することによって、犯罪の成立要件を主観面と客観面に分けて検討することが行われるようになった。これにより、「主観面は残っているけれども、客観面が存在しない状態」として、「未遂」という状態が初めて想定されるようになったわけである。そしてこのような未遂概念を元にして、「客観面が存在せず、また自ら犯罪結果を望まなくなったという意味で、主観面も存在しなくなったもの」として、まさに中止犯の概念が生まれたので

（1）　ドイツにおける未遂犯・中止犯論の歴史については、野村稔『未遂犯の研究』（1984年）3頁以下、中野正剛「未遂犯思想の形成史」国学院法政論叢第15輯（1994年）149頁以下、西山富夫「ドイツ刑法思想の発展と未遂・不能犯（一）、（二）、（三）」名城法学4巻2号（1954年）1頁以下、同4巻3・4号（1954年）26頁以下、同5巻1号（1955年）15頁以下、野澤充「中止犯論の歴史的展開（4）、（5・完）」立命館法学288号148頁以下、同291号113頁以下なども参照。

ある$^{(2)}$。これが中止犯という概念の由来なのである$^{(3)}$。中止犯規定が未遂犯規定にのみ付随していて、既遂犯を含めた全犯罪を対象としては規定されていないのは、理由なく、偶然的にそうなったのではなく、その由来からすれば必然的なものだったのである。この点から、中止犯という概念は「客観面の不存在」と「主観面の存在」から成り立つ未遂犯概念を前提とするものであることが明らかになり、「客観面の存在」を前提とする犯罪に対する中止犯規定の援用は、困難なものとならざるを得ないと考えられるのである$^{(4)}$。そしてさらに

---

(2) 野澤・前掲「中止犯論の歴史的展開（4）」立命館法学288号154頁以下、特に157頁（本書第2部第1章第3節および第4節）参照。

(3) このような観点から、本来、中止犯制度は、「反省や悔悟」などといったような規範的に肯定できる内心的事情がある場合に限定されるような制度ではないことも明らかになる。どのような理由からであれ、自発的に犯罪結果が途中で取りやめられさえすれば、それは中止犯制度が本来予定する事例そのものであり、中止犯を認めてよいことになる。すなわちここに、単なる酌量減軽事由などの量刑事由とは決定的に異なる中止犯制度の意義が見てとれるのである。もちろん法律の条文上、上記のような内心的な事情を要求して要件化することは考えられるものの、──ドイツの各領邦国家刑法典においてそのような要件を要求する規定がやがて採用されなくなったこと（本書第2部第3章参照）を見ればわかるように──実際の運用にも堪えないものと言わざるを得ない。ましてや条文上、そのような要件が明文化されていないにもかかわらず、そのような特別な内心的事情を事実上要件として要求することを解釈によって導くことは、このような制度趣旨からも、そして罪刑法定主義の観点（前述序論第2章参照）からも、あり得ないことであると言わざるを得ない。

(4) よって、例えば「……中止行為が真摯なものであったにかかわらず、不幸にして、それが功を奏しないで結果の発生を見るに至ったとしたとき、そこに中止未遂の成立を認めることができないかを更に問題として考えることができよう。……若し、中止未遂の特例を認める趣旨が、いわゆる政策的の立場から離れて、専ら行為者の主観的な或ものを基礎とし、心理的に考えらるべきものとするならば、その中止行為の真摯性が立証せられる限り、結果がいかにあろうとも、中止未遂に関する特例が適用せられてしかるべきものと考えられよう。そうして、いわゆる政策的の立場からして論ずるとしても、行為者においてその中止行為に出るに至った以上は、政策上の目的はやはり達せられたので、意外にも結果の発生を見るに至ったということは、この場合において除外して考えてしかるべきであろう。……」（牧野英一『刑法総論下巻〔全訂版〕』（1959年）646頁）として、「既遂犯となった場合であっても、行為者がその事情を知らない限り、結果を防止するような真摯な努力を行った時はなお中止未遂として取り扱うべきである」というような牧野英一の見解（野澤・前掲「中止犯論の歴史的展開（3）」立命館法学282号（2002年）146頁注96（本書第1部第3章第2節（4）注463）参照）は、中止犯における学説としては全く成り立ち得ないものである。既遂犯となった場合には「行為による悔悟（tätige Reue）」などの別の法制度が考えられなければならない。「中止犯」と「行為による悔悟」は、いずれもそれ以後のさらなる犯罪の結果の進行を妨げた者に対して優遇措置を規定するものであるが、その両者の決定的な違いは、行為による悔悟が、抽象的危険犯や、いわゆる「切り縮められた二行為犯」などを対象に、その犯罪類型が結びつきやすいとされているさらなる被害結果を回避するために、既遂（とされている時点）以後にも優遇措置を認めるものである、という点なのである。これについては後述補論も参照。

このような考えからは、「本人の意思によらない形での」結果の不発生のみが「未遂犯」として処罰の対象とされることになる。つまりここでは未遂の処罰のためには何よりも「主観面」がまだ存在していることが決め手となるのであり、その主観面が存在しなくなった、すなわち「自己の意思により中止したので悪い意思（故意）という主観的要件も無くなった」場合には、処罰する理由が全く存在しなくなる、と考えられたのである(5)。これは、まさに現在のフランス型の未遂犯と中止犯の関係と同じものである。すなわち、フランス型の中止犯規定においては、「中止犯ではないこと」が、未遂犯処罰の条件とされ、中止であればもはや可罰的な未遂の成立もないことになるわけである(6)。

それと対照的な規定形式といえるのが、フォイエルバッハにより起草された1813年バイエルン刑法典において採用された、ドイツ型の中止犯規定である。このドイツ型の中止犯規定は、未遂犯の成立を前提としつつ、その中で中止犯を認め、不処罰にする——ただし警察監視が付されたり、加重的未遂の場合には内部に含まれた既遂犯として処罰されたりしたけれども——というものであった(7)。すなわち、中止犯はあくまでも未遂犯の一形態であり、中止犯の場合

（5）当時においても中止の効果が刑罰減軽になるのか、不処罰になるのかが争われていたが、前述のような観点からは中止の効果は不処罰になるのが論理的に一貫したものであったと考えられる。

（6）1810年フランス刑法典は、その2条に、未遂犯に関する以下のような規定を置いていた（ただし1832年改正後の規定）。
「実行の着手によって表明されたあらゆる重罪の未遂は、行為者の意思とは独立した事情によってのみ、中断され、またはその結果が欠けてしまった場合には、重罪と同様にみなされる。」
また、現行のフランス刑法典も121-5条に、以下のような未遂犯に関する規定を置いている。
「実行の着手によって表明され、行為者の意思とは独立した事情を理由にしてのみ、中断され、またはその結果が欠けてしまったときに、未遂が構成される。」
これらのフランスの未遂犯規定は、いずれも未遂犯の成立のために「行為者の意思とは独立した事情」によって未遂となったことが必要とされており、逆に言えば「行為者の意思による事情」によって未遂となった場合、すなわち中止犯の場合には未遂犯の成立もないこととなるのである。これは、「客観面と主観面の統合体」として「犯罪」が観念されるようになったことで、「主観面は存在するが客観面が存在しない場合」として「未遂」が観念され、未遂犯成立のためには「主観面が残っていること」、すなわち「中止犯ではないこと」が要求されるようになったことの現れと言えるのである。

（7）1813年バイエルン王国刑法典は、以下に挙げるように、その57条に未遂犯に関する一般規定を置きつつ、58条に中止犯に関する規定を置いていた。
「第57条　意図的に重罪を実行する者が、その重罪の遂行または予備に向けられた外部的な行為を行った場合には、未遂が存在している。」
「第58条　行為者がその遂行に関して、外部的妨害のためや、または無能力や偶然のためにより阻止されたのではなくして、任意に、良心、同情または処罰に対する怖れによっても、その実行

にも未遂犯の成立を前提としていたのである。このような「未遂犯の成立を前提にした中止犯の規定形式」および「不処罰という中止犯の法律効果」は、その後のドイツ各地の領邦国家の刑法典においても採用されていった。

ただしその1813年バイエルン刑法典の中止犯規定においては、——被告人が中止犯の抗弁を濫用するのを防ぐためか——中止犯であることについての立証責任を被告人に課す旨の明文規定が存在していた。これは中止犯の成立要件として、限定的な内容の任意性（「良心、同情または処罰に対する怖れによって」）が要求されていた1813年バイエルン刑法典においては、なおさら困難な証明——過去の自らの主観面に関する立証——を被告人に要求するものであった。このためか、1848年にはそのような立証責任の明文規定は削除され、他の領邦国家の中止犯規定においても、同様の立証責任についての文言は見られなくなっていく。

とはいえ、このような細部の要件についてはともかく、この1813年バイエルン刑法典に代表されるドイツ型の中止犯の規定形式そのものについては、その後の19世紀のドイツのいくつかの領邦国家の刑法典においても採用されていった。しかし19世紀中頃、特にいわゆる1848年の3月革命のあった時期ごろから、ドイツの主要な領邦においてこのドイツ型の規定形式が、フランス型の規定形式に取って代わられる現象が見られた。すなわち1851年のプロイセン刑法典はまさにこのフランス型の規定形式を採用したものであった[8]し、ヴュルテンベルクにおいても1849年にこのフランス型の規定形式が採用された。ドイツ型の規定形式が採用されていた代表格ともいえるバイエルンにおいてさえ

を見合わせた場合には、その未遂は全ての刑罰を免れる。ただし後者に挙げた内心的事情は推定されない。

確かにその遂行を任意に、しかし他の時間に、他の場所で、他の者に関して、または他の手段で犯罪を実行する意図で断念した者は、その意思に反して遂行が阻止されたであろう場合と同様に処罰され得る。」

(8) 1851年プロイセン刑法典は、その31条に、未遂犯に関する以下のような規定を置いていた。「未遂が実行の着手を含む行為によって明らかにされ、そして外部的な、行為者の意思によらない事情によってのみ、阻止された、または結果がないままとなった場合にのみ、その未遂は可罰的である。」

このような規定の文言を前提とすれば、「未遂犯の成立」のためには「外部的な、行為者の意思によらない事情によってのみ」結果がなくなったこと、すなわち「中止犯ではないこと」が要件とされることになり、必然的に「中止犯の場合」には「未遂犯の成立もない」ことになるのである。

第1章　ドイツにおける中止犯論の展開のまとめ　*357*

も、1861年にフランス型の中止犯規定の形式を採用することになった[9]のである[10]。

そして立法におけるまさにこのような、フランス型の未遂犯・中止犯の規定形式への変更時期に、ドイツにおいて広く主張されていたのが、いわゆる前期法律説[11]であった。すなわち1839年にツァハリエはいわゆる「廃棄説（Annullationstheorie）」を主張し[12]、ルーデンも1842年に「無効説（Nullitätstheorie）」を主張した[13]。「不確実説（Infirmitätstheorie）」と呼ばれる見解も、同じく1839

---

(9) 1861年バイエルン王国刑法典はその47条に、未遂犯に関する以下のような規定を置いていた。
「ある者が重罪を実行する意図で、既に重罪の実行の着手を含んだ行為を試み、そしてその行為の既遂が、外部的な、行為者の意思によらない事情によってのみ為されないままとなった場合には、重罪の未遂が存在する。
第1項の規定は軽罪や違警罪にも適用される。」
この規定も1851年プロイセン刑法典31条と同様に、「中止犯ではないこと」を未遂犯成立の要件とするものである。

(10) 特にバイエルンにおいては、前述のように1813年の成立の時点では、中止犯であることについての立証責任を被告人に課す旨の明文規定が存在していたが、それが1848年の改正によって削除された。そしてさらにこの1861年の新しい刑法典の成立により、1810年フランス刑法典と同様に「中止犯ではないこと」が未遂犯の成立要件であるとされたために、未遂犯の成立のためには「中止犯ではないこと」が訴追側によって立証されなければならなくなったのである。すなわち、「中止犯であること」についての立証責任負担が、被告人の側から徐々に訴追側へと移っていく変化が見て取れるのである。この点に関しては第2部第3章第1節（1）（とくにヴァイスの見解に関する記述部分）を参照。またこの立証責任問題に関しては、第2部第3章第1節（2）注208、第2部第3章第2節注244および注246、第2部第3章第3節（2）注294、第2部第3章第4節、第2部第3章第5節（とりわけ注412、注413）、第2部第3章第6節注480も参照。

(11) 前期法律説については、小野清一郎「刑法総則草案と中止犯」『刑罰の本質について・その他』（1955年）277頁以下（初出『豊島博士追悼論文及遺稿集』（1933年）76頁）、木村亀二「中止未遂の概念」『刑法の基本概念』（1948年）274頁以下、香川達夫『中止未遂の法的性格』（1963年）46頁以下、城下裕二「中止未遂における必要的減免について──「根拠」と「体系的位置づけ」──」北大法学論集36巻4号（1986年）181頁以下参照。香川達夫によれば、「前期法律説」というのは、「違法性あるいは責任性の観念……の明確化の前後」を基準として、それ以前に存在した法律説を指すとされる（香川・前掲『中止未遂の法的性格』39頁）。本書では、1871年ドイツライヒ刑法典が成立する以前に主張された法律説を指すものとする。それは、「制定法（もしくは立法論）と結びついた解釈としての法律説（前期法律説）」と「制定法の文言によらない、独自の理論による解釈としての法律説（後期法律説）」を区別するためである（野澤・前掲「中止犯論の歴史的展開（5・完）」立命館法学291号175頁注251（本書第2部第3章第5節注420）参照）。

(12) Heinrich Albert Zachariä, Die Lehre vom Versuche der Verbrechen, Zweiter Theil, 1839, S. 240.

(13) Heinrich Luden, Handbuch des teutschen gemeinen und particularen Strafrechtes, 1. Band, 1. Heft, 1842, S. 420.

年にツァハリエによりその原型が築かれていた[14]。このように前期法律説は、当時のフランス型の規定形式のドイツの領邦国家刑法典への流入の時期に、「中止犯の場合には法律上の未遂犯の成立要件すらも満たしていない」こと、すなわち「中止犯が未遂犯の範疇にも入らない」という立法を説明し、またそのような立法を採用すべきであると主張する学説として存在していたのである。そしてこのような前期法律説はあくまでも、未遂犯と中止犯の関係構造を示す学説に過ぎず、「なぜ中止犯がそのように優遇措置を受けるのか」という、その理由を直接に申し述べるものではなかった。このような優遇措置を施す直接的な理由そのものとして、刑事政策説が存在していたのである。すなわち、「任意に放棄された未遂が不処罰とされる場合には、ギリギリの時間まで犯罪者に、その犯罪意思をあきらめることが奨励されている」[15]というような形で、「結果発生回避の奨励」がその中止犯規定の根拠とされていたのである。このように、刑事政策説と法律説は、そもそもその中止犯制度を根拠づけるためのアプローチとしては全く異なるものであったことがうかがわれるのである[16]。ちなみにこのことは、日本における明治13年刑法典の下での学説においても、岡田朝太郎などにより明確に意識されるところである[17]。

　そしてこのように一時的にドイツにおいてフランス型の中止犯の規定形式が大きな支持を得ることになったわけであるが、その後、1869年からの北ドイツ連邦、および1871年のドイツライヒ刑法典に至るまでの統一的な刑法典の作成作業において、このようなフランス型の規定形式は採用されなくなり、ドイツ型の中止犯の規定形式が再び採用されることになる。これはザクセンからの起草委員であったシュヴァルツェにより、フランス型の未遂犯・中止犯規定の規定形式が、その存在論的な観点から論理的な誤りを犯すものである、ということが指摘されたためであった[18]。すなわち、中止の直前までは未遂はその可

---

(14) Zachariä, a. a. O., S. 241f..「不確実説」は、後にシュヴァルツェも依拠したと言われている. Vgl. Friedrich Oskar Schwarze, Versuch und Vollendung, in ; Franz von Holtzendorff (Hrsg.), Handbuch des deutschen Strafrechts, 2. Band, 1871, S. 305.

(15) Albert Friedrich Berner, Lehrbuch des Deutschen Strafrechtes, 1. Aufl.（以下「1. Aufl.」と略す），1857, S. 157.

(16) 例えば、Berner, 1. Aufl. (a. a. O.), S. 156f. などを参照。

(17) 野澤充「中止犯論の歴史的展開（一）」立命館法学280号62頁以下、同65頁以下（本書第1部第2章第2節（1）c））参照。

(18) Werner Schubert/Thomas Vormbaum (Hrsg.), Entstehung des Strafgesetzbuchs, Band

罰性の条件を満たしているのに、中止が行われることによって未遂の可罰性の条件が事後的に満たされないことになってしまう、というものである。このような法律説の存在論的な問題性は、学説においても、オゼンブリュゲンなどによって指摘されていた[(19)]。このような観点から、ドイツでは中止は刑罰阻却事由、現在でいうところの刑罰消滅事由として位置づけられることになったわけである。

そしてこのような、明らかに「法律説を採用しない」と宣言したも同然のこの1871年ドイツライヒ刑法典43条および46条の規定[(20)]により、法律説は法理論上も法解釈論上も苦しい立場に立つことになり、ほとんどの支持者を失うことになる。もちろんいくつかの学説は1871年ドイツライヒ刑法典の成立後にも法律説を主張していた。例えばベルナーもそうである[(21)]し、ビンディンクもそうであった[(22)]。しかし彼らはその代償として条文の困難な解釈の必要に迫

---

1 1869, 2002, S. 176 (Nr. 2, Schwarze). また、Friedrich Oskar Schwarze, Der Entwurf des Strafgesetzbuchs für den Norddeutschen Bund und die Klitiker des Entwurfs, GS, Bd. 22, 1870, S. 179も参照。

(19) Eduard Osenbrüggen, Abhandlungen aus dem deutschen Strafrecht, 1. Band, 1857, S. 38. この点について詳しくは前述第2部第3章第6節参照。

(20) 1871年ドイツライヒ刑法典は、以下に挙げるように、その43条に未遂犯に関する概念規定を置きつつ、46条に中止犯に関する規定を置いていた。
「第43条 (1) 重罪または軽罪を行う決意を、この重罪または軽罪の実行の着手を含む行為によって、行為に表した者は、その意図された重罪または軽罪が既遂へと至らなかった場合には、未遂として処罰され得る。……」
「第46条 行為者が、
1．意図された行為の実行を、その者の意思によらない事情によって阻止されたのではなくして放棄した、または
2．行為がなお露見していない時に、重罪もしくは軽罪の既遂に固有の結果の発生を、自己の行動によって阻止した
ときは、その未遂はそのようなものとしては不処罰のままである。」
この43条と46条により、未遂犯の成立のためには「実行の着手」と「重罪または軽罪を行う決意(故意)」があれば足りることになり、1851年プロイセン刑法典や1861年バイエルン王国刑法典のように、未遂犯の成立に「中止犯ではないこと」を要求せず、あくまでも中止犯の場合も未遂犯の成立を前提として、その中止犯の成立が検討されることになったのである。

(21) Albert Friedrich Berner, Lehrbuch des Deutschen Strafrechtes, 18. Aufl. (以下「18. Aufl.」と略す), 1898, S. 165 Fn. 1. 詳しくは野澤・前掲「中止犯論の歴史的展開 (5・完)」立命館法学291号194頁注8 (本書第2部第4章第1節注489) 参照。

(22) Karl Binding, Grundriss des Deutschen Strafrechts Allgemeiner Teil, 1902, 6. Aufl. (以下「6. Aufl.」と略す), S. 126 ; ders., Das bedingte Verbrechen, GS Bd. 68, 1906, S. 23. 詳しくは野澤・前掲「中止犯論の歴史的展開 (5・完)」立命館法学291号178頁注273 (本書第2部第3章第6節注442) 参照。

られ、また正犯のみが中止した場合に、その狭義の共犯にも正犯の中止の効果が及ぶ、とも主張した(23)。このような条文解釈の困難さ、および共犯への影響の点から、やはり法律説は徐々に主張されなくなった(24)。その代わりにもう一つの観点からの中止犯制度の根拠論として述べられていた、「なぜ中止犯が不処罰として優遇されるのか」を示す学説である、刑事政策説(25)が急速に注目されていく。任意性の内容について限定せず、広い範囲に中止犯の成立を認めていること、そして結果の回避の場合にも46条2号において中止犯を認めていることにより、中止犯制度は「とにかく結果を生ぜしめないようにさせる」ための制度である、と考えられたのである。

このように、法律説はあくまでも「未遂犯と中止犯の関係構造」を示す学説なのであり、それ自体が根拠となるものではなかった——もしなり得たとすれ

---

(23) Berner, 18. Aufl. (a. a. O.), S. 165 ; Binding, 6. Aufl. (a. a. O.), S. 126.

(24) 例えばシュポールによれば、「既に生じている未遂の可罰性を違法性の事後的な再消滅によって（違法性消滅事由）抹消されたものと見なすビンディンクも、可罰的な教唆犯または幇助犯はもはや残ったままではありえないという結論をそこから導き出した」のであるが、これに対して「彼の門下生であるエトカーおよびシェーテンザックは、それを受ける価値も無いのに、共犯者に中止者に対する報酬としてのみ本来考えられている特典を享受させるというこの結論に、驚いてひるんだ」、と述べている（Ludwig Spohr, Rücktritt und tätige Reue, 1926, S. 70f.）。ここからエトカーは、正犯者のみに中止の特典を認めたいがために、「正犯者は中止によって自らのために規範違反性を消滅させた、しかし行為は教唆および幇助した者に対する、規範に違反しなおかつ可罰的な関与の承認にとって役に立つ根拠のままである」（Friedrich Oetker, Vorbereitung und Versuch, Beihilfe und Deliktsabwendung, GS Bd. 88, 1922, S. 98）、として「一身的に効力をもつ犯罪消滅事由が生じる」（Oetker, a. a. O., S. 98f.）としたが、シュポールはこれを「奇妙な構成」と評し、「今日の実定法において厳格に貫徹されている、正犯行為の可罰性に対する共犯の可罰性の依存性の原則は、正犯行為の違法性の喪失の際に共犯行為を独立に可罰的なものとして解釈することを許容していない」として批判した。Vgl. Spohr, a. a. O., S. 71.

(25) Franz von Liszt, Lehrbuch des Deutschen Strafrechts, 2. Aufl., 1884, S. 192 ; ders., Lehrbuch des Deutschen Strafrechts, 21-22. Aufl., 1919, S. 201 ; Franz von Liszt / Eberhard Schmidt, Lehrbuch des Deutschen Strafrechts, 26. Aufl., 1932, S. 315 ; Karl Hatzig, Über den Rücktritt vom Versuch und die sogenannte thätige Reue, 1897, S. 82 ; Spohr, a.a. O., S. 5 ; Robert von Hippel, Deutsches Strafrecht, 2. Bd., 1930, S. 411 ; Philipp Allfeld, Lehrbuch des Deutschen Strafrechts Allgemeiner Teil, 9. Aufl., 1934, S. 201. 例えばハツィヒはカロリナ刑事法典においては中止ではないことが未遂の可罰性の要件とされていたが、ライヒ刑法典はこれと異なり、実行の着手のみが未遂の可罰性の要件であると述べる（oben Hatzig, S. 81）。そこから「したがって結論としては未遂の構成要件は中止……にもかかわらず存在したままなのである。刑法典46条が責任阻却事由を含むものであるという推測は拒否されるべきなのである」とした上で、中止は刑罰消滅事由であるとして、加えて「今や中止……の影響についての法的根拠が存在しないが故に、可罰性の消滅を理由づけるためには、刑事政策的性質という一般的な考慮のみが残されたままである。そしてこのことは既に刑法典の理由書にも指摘されている」と述べる（oben Hatzig, S. 81f.）。

ば、それは1810年フランス刑法典と同様の中止犯の規定形式を立法が採用していることを前提にして、端的に「法律の条文がそうなっているから」と述べることができた点で、そうであったにとどまるのである。実際、法律説は、様々な説明によって「中止犯が未遂犯の範疇には入らないこと」を説明していた。しかし1871年ライヒ刑法典の成立により、法律説はどのような説明方法を用いるものであれ、維持しにくいものとなった。1871年ライヒ刑法典の規定形式は明らかに法律説を排除するものであり、各種の法律説はそのような説明を無理してまで行わなければならない必然性を失い、支持者を減らしていった。これにより、未遂犯と中止犯の関係構造には縛られない「背景理論としての根拠論」である、刑事政策説が広まることになったのである。この刑事政策説は、「後退のための黄金の橋」[26]を行為者に架けて、「とにかく結果発生を回避させる」ことに主眼をおいていた。1871年ライヒ刑法典の中止犯規定も、──終了未遂の結果回避の規定の存在、および内容を限定しない任意性に関する規定文言の存在により──この刑事政策説に合致した内容のものであった。またその規定形式から、中止は刑罰阻却（消滅）事由であるとされ、正犯のみが中止したとしても、その狭義の共犯には中止の法律効果は影響しないものとされた。

　このようなもう一つの観点からの根拠論、すなわち「なぜ中止犯がそのように優遇措置を受けるのか」という理由を直接に述べる根拠論である刑事政策説が広まることになったことは、特にライヒ裁判所の判例において、狭義の共犯者自身が自ら中止行為を行った際に、その文言上主体が「Täter（正犯者）」に限定されている46条の中止犯規定が準用できるかどうかという問題に関して、「とにかく結果を生ぜしめないようにする」というその刑事政策説の観点から、結果が回避できるのであれば正犯が中止しても共犯が中止しても同様に優遇すべきであるという発想により、その準用を認める、という結論に結びつくことになった[27]。しかし実行段階にある正犯者とそうではない狭義の共犯者とで必要とされる中止犯の要件が同じでよいはずもなく、このためこの「共犯における中止」に関する問題は当時行われつつあった刑法改正の動きに反映され、徐々に規定が整備されていった[28]。またライヒ裁判所の判例においてもう一

---

(26)　Franz von Liszt, Lehrbuch des Deutschen Strafrechts, 2. Aufl., 1884, S. 192.
(27)　詳しくは野澤・前掲「中止犯論の歴史的展開（5・完）」立命館法学291号183頁以下（本書第2部第4章第1節）参照。

つ問題になったのは、主観的未遂論の考え方により可罰的とされていた不能未遂について、実行未遂の段階では46条2号が適用できず、結果発生の危険性のある未遂犯との不均衡が発生してしまうことであった[29]。この点についても、当時の刑法改正の動きに反映され、「中止行為と結果不発生との間に因果関係が存在しない場合」に関する規定へと結実することになった[30]。

さらに第二次世界大戦後に、ドイツ連邦裁判所（BGH）の判例において大きな問題とされたのは、中止犯の成立範囲の広さそのものであった。すなわち、ドイツライヒ刑法典46条の文言は任意性を特定の内容に限定していなかったため、規範的観点からは好ましくない動機に基づいて中止した者に対しても、中止犯の成立を認めざるを得ないものであった。実際、被害者があとで性交行為に応じることを約束したが故に、強姦の行為者がその被害者を襲うことをやめた事例について、連邦裁判所1955年4月14日第4刑事部判決[31]は、そのような強姦未遂の行為者についても中止として不処罰は与えられ得るとしたのである。

しかしこれに対して連邦裁判所1956年2月28日第5刑事部判決[32]は、知人の女性に対して、それとは知らずに強姦行為に着手した被告人が、突然被害者に自分の名前を呼ばれて驚き、その時点で初めて自分が襲った女性が自分の知人であると知って、強姦行為の継続を中止した事例について、以下のように述べた。すなわち「なお未遂の間に行為者に行為の既遂を取りやめる動機づけを与える」もの、としての刑事政策的見解を否定し、「犯罪者の意思の危険性と当罰性の観点が、刑法典46条1号の解釈にとって決定的な意義をもつ」のである、としたのである[33]。これにより中止犯の成立範囲は、その任意性に関する条文の文言[34]に関わることなく、規範的観点から限定することが可能にな

---

[28] 詳しくは本書第2部第4章第2節参照。
[29] 詳しくは本書第2部第4章第1節参照。
[30] 詳しくは本書第2部第4章第2節参照。
[31] BGHSt 7, 296.
[32] BGHSt 9, 48＝NJW 1956, 718＝MDR 1956, 371＝JR 1956, 269. 当該判決の紹介として清水一成「中止未遂における任意性、中止未遂の法的性格」堀内捷三ほか編『判例によるドイツ刑法（総論）』（1987年）163頁以下、また金澤・前掲論文67頁以下参照。
[33] BGHSt 9, 51f..
[34] 1871年ドイツライヒ刑法典46条には「freiwillig」という単語は使用されてはいないが、「その者の意思によらない事情によって阻止されたのではなくして」放棄したこと、または「なお露見していない時に」「自己の行動によって」阻止したことが文言上要求されていたことから、任

った。すなわち、46条の中止犯規定の文言からすれば、規範的観点から見て好ましくない動機から中止した者に対しても、任意性を排除するような外部的または内心的強制状況が存在していない限りにおいて、中止犯の成立を認めざるを得ない。そのような者に対して中止犯の成立を否定することは、法律の文言を越えて被告人にとって有利な規定を限定的に運用することになるため、罪刑法定主義違反とのそしりを受ける可能性があるのである。そのため、このような限定的な運用を正当化し、罪刑法定主義違反とのそしりを避けるためには、「そもそも中止犯制度の趣旨は、そのように広い範囲に対して中止犯の成立を認めるものではないのだ」ということを説明する必要があったのである。ここにおいて、根拠論の意義が明らかになる。つまり、中止犯の成立範囲に関する結論に反映させるための理由づけとして、中止犯の根拠論に立ち返ることがなされたのである。

　実際に学説においても、既に1950年にボッケルマンが「褒賞説（Prämientheorie）」ないし「恩賞説（Gnadentheorie）」を主張していた[35]。この考え方によれば、「中止は、その中止がおのずから賞賛に値する場合にのみ、行為者に恩賞を与えるにふさわしいものとなり得るのである。したがって自由な意思のみが賞賛に値するものであり得るが故に、中止は任意的でなければならないのである」として、「褒賞を与えるにふさわしい中止であるかどうか」を中止犯成立の基準とし、この点から「褒賞を与えるにはふさわしくない」と考えられる場合には、中止犯の成立を否定したのである。

　また1972年にロクシンは「刑罰目的説（Strafzwecktheorie）」を主張した[36]。ロクシンは前述の連邦裁判所1956年2月28日判決において述べられた「犯罪者の意思の危険性と当罰性」の観点を手がかりにして以下のように述べた。すなわち、「中止特典の理由づけは、いわゆる刑罰目的説によって」「適切に決定される」[37]。そして、「一般予防の根拠は処罰を何ら要求しない、なぜなら結果は発生していないし、そして行為者は、その者が決定的な時点において法に忠

　　　意性は中止犯の成立要件とされていた。
(35)　Paul Bockelmann, Wann ist der Rücktritt vom Versuch freiwillig?, NJW 1955, S. 1417 ff..
(36)　Claus Roxin, Über den Rücktritt vom unbeendeten Versuch, Festschrift für Ernst Heinitz, 1972, S. 251ff..
(37)　Roxin, a. a. O., S. 269.

実なものであると証明したことによって、悪い例を与えなかったからである。特別予防の作用は不必要である、なぜなら行為者はその中止によって合法性へと回帰したからである」(38)、と。このように述べて、刑罰目的説は、一般予防や特別予防の観点から、その中止者が刑罰を受けるべき者なのかという基準で中止犯の成否を判断しようとし、「一般予防や特別予防の観点からなお刑罰を与える必要がある」と考えられる場合には、中止犯の成立を否定したのである。

　以上のように、褒賞説や刑罰目的説は、「褒賞を与えるにふさわしい中止であるかどうか」とか、「一般予防や特別予防の観点からなお刑罰を与える必要があるかどうか」という観点から、中止犯の成立範囲を、ドイツライヒ刑法典46条および現行ドイツ刑法典24条の文言以上に限定して捉え、なおかつそれに対する罪刑法定主義違反との批判を回避するために、そもそもの規定の制度趣旨・根拠そのものにまで立ち返って、中止犯制度がそもそも文言が直接に示しているほど広くを対象にはしていないことを示す学説だったのである。そしてそれに対応するように、任意性に関してこれらの学説はそれまでの心理学的考察説を否定し、規範的考察説を主張した。しかし判例は依然として心理学的考察説を維持し、また心理学的考察説を支持する学説からも、刑法典の任意性に関する文言以上の限定を解釈で行うことにより中止犯の成立範囲を狭めようとするのは、被告人にとって不利益な形で条文の文言以上の内容を解釈するものであり、罪刑法定主義違反である、との批判がなされた(39)。

　そしてこの褒賞説や刑罰目的説のような、中止犯規定を限定的に運用するような考え方は、最近の連邦裁判所の決定により、再び否定されることになった。すなわち連邦裁判所1993年5月19日刑事部大法廷決定(40)は、被告人が、自分より体力の劣る被害者を懲らしめる目的で、その死を未必的に認容しつ

---

(38) Roxin, a. a. O., S. 270.
(39) Karl Lackner/Kristian Kühl, Strafgesetzbuch mit Erläuterungen, 2001, 24. Aufl., §24 Rdn. 18 ; Karl Lackner, Anmerkung, NStZ 1988, S.405f.
(40) BGHSt 39, 221＝JZ 1993, 894（Anm. C. Roxin）＝MDR 1993, 776＝NJW 1993, 2061＝NStZ 1993, 433＝StV 1993, 408. 当該決定の紹介として鈴木彰雄「中止未遂」比較法雑誌27巻4号（1994年）223頁以下、また、金澤真理「中止未遂の成否―ドイツ連邦通常裁判所刑事部大法廷決定 BGHSt 39, 221を手がかりとして―」東北法学14号（1996年）1頁以下、山中敬一『中止未遂の研究』（2001年）223頁以下参照。本事例は「懲戒事例（Denkzettelfall）」などと呼ばれている。

つ、刃渡り12センチメートルのナイフで腹部を刺したが、その突き刺し行為後に被害者の身体からナイフを抜いて、そのまま立ち去り、医師の治療を受けなければ、遅くとも24時間後には死亡していたと考えられるような傷害を被害者に負わせたという事案において、以下のように述べた。すなわち「さらなる行為実行を放棄するという決意は、法律上の構成要件要素の実現にまで限定され」、「それを越えるような『構成要件外の動機や意図、目的』については、未遂の可罰性を根拠づける刑法典22条も、それとは鏡像的に中止による不処罰を可能にする刑法典24条も、考慮には入れていない」[41]。そして「行為者に対し、さらなる行為実行の単なる中止を越えて、『褒賞に値する放棄』または『〔褒賞に値する〕後退』を要求することは、刑法典24条1項1文第1選択肢には何の拠り所も見られないものである」[42]、と。このように述べて、構成要件外の目的達成により中止した場合に、たとえそれが悪い動機から中止した場合であったとしても、外部的または内心的強制状況の不存在という意味での任意性が存在している限り、24条の適用を阻害する理由はない、としたのである。そしてさらに刑事部大法廷は、「このことは有害な、刑事政策上憂慮すべき結論に至るものではない」として、終了未遂の成立範囲および失敗未遂 (fehlgeschlagener Versuch) という概念[43]の射程について考慮すること、そして被害者保護の観点からの有意義性について指摘した[44]。特に最後に述べた被害者保護の観点に基づく論拠は、事実上、刑事政策説への回帰ともいえる現象であった。すなわち刑事政策説においては「どんな理由からでもよいからとにかく結果を回避すべし」という考え方の下で、広く中止犯は認められてきたのであり、刑事部大法廷決定にも「被害者を保護するためであれば、どんな悪い動機からでもいいから結果を不発生にすべし」との価値判断が見られたからであ

---

(41) BGHSt 39, 230.
(42) BGHSt 39, 231.
(43) 「失敗未遂 (fehlgeschlagener Versuch)」に関しては、園田寿「「欠効未遂」について」関西大学法学論集32巻3・4・5合併号 (1982年) 59頁以下、斉藤誠二「フランクの公式に対する疑問と失効未遂」判例タイムズ589号 (1986年) 2頁以下、同「いわゆる失効未遂をめぐって」警察研究58巻1号 (1987年) 3頁以下、同3号 (1987年) 3頁以下、金澤真理「不作為態様の中止―失敗未遂の検討を経て―」山形大学法政論叢15号 (1999年) 1頁以下、江藤隆之「欠効未遂の概念について」明治大学大学院法学研究論集23号 (2005年) 1頁以下を参照。特に失敗未遂に関する詳細なドイツ判例分析として、金澤・前掲「不作為態様の中止」9頁以下を参照。
(44) BGHSt 39, 231f..

る。

　以上のような点から、中止犯制度の根拠論の意義、議論すべき争点が明らかになる。すなわち、中止犯の根拠論は、例えば中止犯の成立範囲を法律の文言どおりに広く認めるものか、それとも何らかの規範的観点の下で、その成立範囲を限定的に捉えるのか、という、中止犯の成立範囲そのものの広さに関わって議論されるべきものであることになるわけである。ドイツにおける中止犯の根拠論は、まさにこのような形で、「中止犯の成立範囲」と結びついてなされてきたのである。中止犯の成立範囲を規範的に好ましい者のみに限りたいがために、その根拠論を規範的に設定し、また逆に中止犯の成立範囲を、結果回避（被害者保護）の点から、あるいは刑法典の文言から、あえて限定しないために、単純に刑事政策的な結果発生回避の奨励として設定する、という具合に、中止犯の成立範囲とその根拠論は連動しているのである。

第2章　日本における中止犯論の展開のまとめ[45]

　ではこのようなドイツにおける議論に対して、日本では中止犯論はどのような歴史的経過をたどってきたのであろうか。この点に関しては、ドイツに比べて日本においては、特に昭和期以降は、法律の文言とは乖離したような形で、中止犯の議論が行われてきたと言わざるを得ない側面がある。既に日本における中止犯論の歴史的特徴については、第1部第4章において検討を加えたが、そこで得られた帰結をここで再び振り返っておきたい。

　日本の明治13年刑法典は周知の如く、編纂に深く関与したボアソナードの影響により、フランス刑法の影響の強いものであった。すなわち明治13年刑法典112条は、「意外ノ障礙若クハ舛錯ニ因リ」結果を生じなかった者だけが未遂犯であるとし、そうでない者、すなわち自己の意思で結果を生じさせなかった者を、そもそも未遂犯の範疇から外して規定していた[46]。

　しかしこの明治13年刑法典成立の直後から、再び刑法を改正しようとする動きが見られることになる。この明治13年刑法典から明治40年刑法典への改正の動きの中における、中止犯に関しての変化は、単純なフランス型の規定形式からドイツ型の規定形式への変化というだけではなく、二段階の変化を伴うものであった。すなわちまず第一段階として、明治23年草案以降、いわゆる加重的未遂の場合に内部に含まれた既遂犯としての処罰についての明文規定を置いたことが挙げられる[47]。すなわち、殺人を行おうとして切りつけて傷害を負わ

---

(45)　日本における中止犯論の歴史については、野村稔『未遂犯の研究』（1984年）31頁以下、野澤充「中止犯論の歴史的展開（一）（2）（3）」立命館法学280号51頁以下、同281号31頁以下、同282号91頁以下などを参照。

(46)　明治13年刑法典の112条は、未遂犯に関する以下のような規定であった。
　「罪ヲ犯サントシテ已ニ其事ヲ行フト雖モ犯人意外ノ障礙若クハ舛錯ニ因リ未タ遂ケサル時ハ已ニ遂ケタル者ノ刑ニ一等又ニ二等ヲ減ス」
　これはまさにフランス型の中止犯の規定形式であり、「中止犯ではないこと」が未遂犯成立の要件とされていたのである。

(47)　これについて詳しくは野澤・前掲「中止犯論の歴史的展開（2）」立命館法学281号32頁以下（本書第1部第3章第1節）を参照。

せたものの、その後にその殺人行為を中止した者に対して、既に生じた既遂犯罪としての傷害罪の罪責を問い得るかという点に関して、明治13年刑法典の下での学説に争いがあったため、その明文規定を置くこととしたのである。さらにその後、第二段階として、明治30年刑法草案から明治33年刑法改正案へと移行する際に、未遂犯の成立要件から「中止ではないこと」を要求する文言を削除した[48]。これは、特に立法者の考えとして、例えば平沼騏一郎により、本人の意思により既遂とならなかった場合を、その他の場合と区別するのは根拠のないことであり、中止の場合も未遂犯の場合に組み入れるべきとされた[49]ことに基づくものと言える。これにより日本も中止犯と未遂犯の関係構造に関して、フランス型の規定形式から、ドイツ型の規定形式へと移行することとなった。すなわちドイツの1871年ライヒ刑法典と同様に、中止犯の場合も未遂犯が成立していることを前提とするようになったのである。しかし1871年ドイツライヒ刑法典が「未遂としては」不処罰である、と規定したことにより、加重的未遂の場合にその内部に含まれた既遂犯としては処罰できる、という解釈を可能にし、その限度での処罰を認めていたのに対して、日本の明治33年刑法改正案ではそのような中止未遂に対して刑罰の必要的減免を認める、という法律効果を採用し、これにより、日本では刑罰の免除まで認めるか、それとも刑罰の減軽にとどめるかを裁判官の裁量により判断できるようにしたのである。すなわち、明治30年刑法草案までは中止犯の法律効果は「現ニ生シタル結果ニ従テ之ヲ罰ス」という形式であったため、「実際に結果を生じた者」、つまり殺人を中止した場合に、実際にその途中経過として傷害結果を負わせた者しか（その傷害罪として）処罰できなかったのであるが、明治33年刑法改正案においては裁判官の裁量で、「結果は生じてはいないものの規範的観点からは不処罰に値しない者」に対しても刑を科すことができるようになったのである[50]。よっ

---

(48) この点に関する経緯について詳しくは野澤・前掲「中止犯論の歴史的展開（2）」立命館法学281号34頁以下（本書第1部第3章第1節）を参照。
(49) 平沼騏一郎講述『刑法汎論』（出版年不明であるが、1903―1904〔明治36―37〕年頃の出版と思われる）192頁。詳しくは野澤・前掲「中止犯論の歴史的展開（2）」立命館法学281号43頁（本書第1部第3章第2節（1））を参照。
(50) この点について、詳しくは野澤・前掲「中止犯論の歴史的展開（2）」立命館法学281号36頁（本書第1部第3章第1節）、47頁以下および70頁注104（本書第1部第3章第2節（2）a）注249）、同「中止犯論の歴史的展開（3）」282号127頁（本書第1部第4章第1節）、同「中止犯論の歴史的展開（5・完）」立命館法学291号203頁以下を参照。

てこのような明治33年刑法改正案の中止犯規定の法律効果を引き継いだ現行の明治40年刑法典においても同様の裁判官の裁量は認められているわけである。

また具体的な中止犯成立要件の中でも、とりわけ任意性の要件については、日本では昔から、その要求されるべき任意性の内容を規範的観点から限定しようとする傾向が強かったことがうかがわれた。明治13年刑法典の編纂過程における日本人起草者の誤解により、明治10年の日本刑法草案は「真心悔悟ニ因テ」という文言で任意性の内容を限定していた。これは後の刑法審査局による中止犯規定の削除により、半ば偶然に回避された。その後明治13年刑法典が成立し、刑法学が進展するにつれて、中止犯における任意性の内容は限定されないものであるという考え方が広まっていった。しかしそれでは中止犯自体の成立範囲は広いものとなり、中止犯の恩典に値しないような者も中止犯の範疇に含まれることになる。これに対処するために、前述のように裁判官に刑罰の減軽と刑罰の免除を選択できるようにすることで、規範的に好ましくない中止者に対しても裁判官の裁量による相応の処罰を可能にしたのである。しかし泉二新熊に始まり、牧野英一により確立した、任意性に関して「社会一般の通念により判断する」という基準は、事実上、裁量的・恣意的に任意性判断を行うことを可能にしたために、中止犯の成立範囲を法律の文言が予定しているよりも限定してしまうことにつながったのである。

そしてこのような任意性要件に関する議論の流れとも関連して、明治40年刑法典制定以後の議論状況として、とくに中止犯制度の根拠論について、ドイツと同様に、日本でもこの中止犯の成立範囲を広く認めていく見解と、狭く限定していく見解の対立の歴史があったことがうかがわれる。すなわち、明治から昭和の戦前期まで、学説では刑事政策説が圧倒的な多数説であった[51]。この刑事政策説の考え方によれば、中止犯という法律制度の根拠はまさに「自止の奨励」であり、「とにかく結果を回避すること」が求められるため、悪い動機から中止した者に対しても中止犯の成立は当然に認められるべきであった。実際、立法者の一人である平沼騏一郎は、刑法の編纂過程の議論の中で、中止犯

---

(51) すなわち、磯部四郎、束野俊一、泉二新熊、小疇傳、勝本勘三郎、岡田庄作、山岡萬之助、富田山壽、小野清一郎など。具体的な出典とその記述については、野澤・前掲「中止犯論の歴史的展開（２）」立命館法学281号49頁および70頁以下（本書第１部第３章第２節（２）b)）を参照。

の法律効果を必要的減免ではなく必要的免除にすべきではないかと質問した花井卓蔵に対する答弁として、以下のように返答しているのである。すなわち、「……最モ氣ノ毒ナ場合、即チ真ニ悔悟ヲシテ中止シタト云フヤウナ場合ハ、其刑ヲ全ク免除スルコトガ出来ルノデアル、サリナガラ中止犯ニハイロイロアリマシテ、必シモ悔悟致シタ者バカリデナイ、或ハ怖レテ止メル者モアル、或ハ利益ノ観念カラ中止スル者モアル、是等ノ者マデ免除ノ恩典ヲ與ヘル必要ハナイ、斯ウ云フ考カラ致シマシテ、是〔ハ〕裁判官ノ裁量ニ一任致シタノデアリマス、……」(52)と。このように立法者意思によっても、明治40年刑法典は、刑事政策説に対応するように、悪い動機から行われた場合も含む広い範囲に対して、中止犯を認めていたのである。

やがて大正期から昭和期に入る頃になると、牧野英一や宮本英脩らが、上記のような広く中止犯の成立を認める刑事政策説に対抗して規範主義説ともいうべき学説を主張した(53)。これらの見解は規範的観点から中止犯の成立範囲を限定的に捉えようとするものであったが、しかし結果として多くの支持を得るまでには至らなかった。

その後、戦後になって新たに、中止犯の法的性格論、すなわち体系的位置づけ論(54)を用いて中止犯の根拠論を説明しようとする試みが行われるようになった。まず違法減少消滅説が、危険性の喪失の点や、悔悟によってはその成立範囲を限定しないような点から、主張され始め(55)、そしてこれに対抗する形で、責任減少消滅説が、規範的意識の具体化や中止行為に示される行為者の人

---

(52) 内田文昭=山火正則=吉井蒼生夫編著『刑法〔明治40年〕(7) 日本立法資料全集27巻』(1996年) 57頁、倉富勇三郎・平沼騏一郎・花井卓蔵監修、高橋治俊・小谷二郎編、松尾浩也増補解題『増補刑法沿革綜覧』(1990年) 1783頁。この点について詳しくは、野澤・前掲「中止犯論の歴史的展開 (2)」立命館法学281号38頁 (本書第1部第3章第1節) を参照。

(53) 牧野英一『日本刑法上巻総論〔重訂版〕』(1941〔昭和16〕年) 316頁、同『刑法総論』(1949〔昭和24〕年) 361頁、同『刑法総論下巻〔全訂版〕』(1966〔昭和41〕年) 642頁、宮本英脩『刑法大綱』(1935〔昭和10〕年) 184頁以下。

(54) 中止犯の「法的性格 (Die rechtliche Natur)」論は、中止犯の「体系的位置づけ (systematische Einordnung)」論と同じ内容を指し示すものである。この点に関する検討については、野澤・前掲「中止犯論の歴史的展開 (3)」立命館法学282号97頁以下および142頁注57、注58、注60、注61 (本書第1部第3章第2節 (2) c)) を参照。

(55) 瀧川春雄・宮内裕・平場安治『刑法理論学総論』(1950〔昭和25〕年) 208頁以下〔平場安治執筆〕、平場安治『刑法総論講義』(1961〔昭和36〕年) 140頁以下、平野龍一「中止犯」『刑事法講座第二巻』(1952〔昭和27〕年) 404頁以下 (平野龍一『犯罪論の諸問題 (上) 総論』(1981年) 144頁以下に所収)。

格的態度の点から、主張されるようになった(56)。

　しかし中止犯の成立範囲に関わる論点である中止犯制度の根拠論において、戦後になってから「法律説」を標榜するこれらの学説が主張されたことは、結果として別の側面において意味をもつことになった。

　前述のように、もともと「法律説」は、フランス刑法や明治13年刑法典のような「中止犯の場合には未遂犯も成立していない」規定を前提として、そのような未遂犯規定の条文構造を単純に指摘して、文理解釈により中止犯の不可罰性を導き出すというものであった。それは条文上、未遂と中止がどのような関係にあるかという、未遂と中止の関係構造を示す学説に過ぎず、「刑事政策説」のように、「なぜ法律がそのように中止犯を優遇しているのか」ということを直接に示すものではなかったのである。不処罰を理由づけるアプローチの方法としては、そもそも次元の異なるものだったのである。

　そしてやがて明治40年刑法典が成立し、中止犯の場合にも未遂犯が成立していることが前提とされるようになって、1871年ライヒ刑法典が成立したときのドイツと同様、日本でももはや法律説は根拠論として主張されるには困難なものとなった。この結果、「なぜ法律がそのように中止犯を優遇しているのか」ということを示す根拠論である刑事政策説のみが「根拠論」として残ることになった点も、1871年ライヒ刑法典ができた当時のドイツの状況と同様である。また同時に中止犯の場合にも未遂犯が成立していることを前提とする規定形式となったため、中止犯の体系的位置づけは一身的刑罰減少消滅事由説が採られた。しかし前述のような根拠論のアプローチの違いが明確に意識されなかったがために、法律説がフランス刑法典や明治13年刑法典のような規定形式を前提とすることが理解されないままとなり、法律説は中止犯を犯罪成立要件の内部に関わらせる学説としてのみ記憶されていった。法律説はその内容上、中止の場合にそもそも未遂犯としての犯罪成立要件を欠落させる考えであることも、しだいに意識されないようになっていった。やがて刑事政策説と一身的刑罰減少消滅事由説が圧倒的に支持された結果、中止犯の一身専属性がその法的性格論、すなわち体系的位置づけ論と共犯の従属性の議論に基づいてなされるべき

---

(56)　香川達夫「中止未遂の法的性格」刑法雑誌5巻2号（1954〔昭和29〕年）228頁以下（香川達夫『中止未遂の法的性格』（1963〔昭和38〕年）97頁以下に所収）、団藤重光『刑法綱要総論』（1957〔昭和32〕年）270頁。

であることも意識されなくなった。そして戦後になって、このような共犯問題の視点を欠いたまま、「法的性格（体系的位置づけ）論」であるところの違法減少消滅事由説ないし責任減少消滅事由説が、「根拠論」の議論における説明の試みとしてなされるようになった。その際に、現行法からはもはや採りにくいはずの学説である「法律説」という看板が、犯罪論体系内で中止犯を検討するという意味をこめてか、刑事政策説（一身的刑罰減少消滅事由説）に対抗して再び使用された。しかしこの結果、この戦後に突如として主張されるようになった法律説は、その内容上の問題性、とりわけ共犯に対する避けられない影響に関して明確に意識することなく主張されることになった。

　本来、法律説を採用するということは、その未遂犯としての成立要件を欠落させるものであり、これは正犯者のみが中止した場合に、その狭義の共犯者にもその正犯者の中止の効果が影響することを意味する。事実、中止犯の場合には未遂犯も成立しないとしていた明治13年刑法典の条文の下では、正犯者のみが中止した場合も、その狭義の共犯にも正犯者の中止の効果は及ぶものと考えられていた(57)。それにもかかわらず、現在の法律説ではこのような狭義の共犯への影響はないものとしている。このように共犯への影響を明確に意識することなく、また結果的に「違法か」「責任か」という法的性格論の部分だけが強調され、「なぜ違法が減少するのか」「なぜ責任が減少するのか」という本来争うべき根拠論に関する議論の部分が見えにくくなったために、そもそも根拠論が何のために、何について争われるべきなのかという点までも、解りにくくしてしまうことになったのである。

　ここに、「①根拠論を議論しているつもりで法的性格論（体系的位置づけ論）を議論してしまっている」、そして「②法律説の法的性格論としての本質を見誤っている」という、現在の日本の中止犯論の混乱を特徴づける二つの事実が浮かび上がるのである。

---

(57) 実際にこのような考え方から、明治13年刑法典の未遂犯規定を前提にした上で、正犯が中止した場合にその教唆犯を不処罰とする旨を明らかにするものとして、江木衷、谷野格、小疇傳、平沼騏一郎、さらに正犯が中止した場合にその従犯を不処罰とする旨を明らかにするものとして、江木衷、富井政章、岡田朝太郎、谷野格、小疇傳、平沼騏一郎が挙げられる。これらの見解の具体的な出典とその記述内容については、野澤・前掲「中止犯論の歴史的展開（3）」立命館法学282号92頁および134頁以下（本書第1部第3章第2節（2）c)）を参照。

第3章　今後の日本の中止犯論のあるべき方向[58]

　さて、このような日本の中止犯論の混乱状況を打破するためには、どのように考えるべきなのであろうか。それにはまず、日本の中止犯論において争われているとされている学説——すなわち「刑事政策説」と「法律説」——の定義内容、つまりその主張される内容と、その学説が主張されることによりもたらされる効果・帰結を、それぞれ正確に理解することが必要である。そしてその主張内容（定義内容）から、その学説がどのような論点に関わるものなのかを検討する必要がある。まず最初に、これまでの検討によって明らかになった「『中止犯の根拠論』を検討することの意味」について再度確認した上で、以下、それぞれの定義内容と、あるべき議論形式について、順に検討していく。

第1節　「中止犯の根拠論」の意義

　以上までの、特にドイツにおける中止犯論の検討をとおして、中止犯の根拠論というのは、それ自体が中止犯の成立範囲を方向づけるべきものでなければならない、ということが明らかになった。これはある意味で当然のことである。「なぜそのような法律制度が存在するのか」ということこそが、その法律制度の対象とする範囲に直接的に影響するからである。そしてその成立範囲を画する上での「枠」となり得るものが、まさに「法律の文言」なのである。法律の文言において、任意性を限定するのか、立証責任を誰に負わせるのか、未終了未遂に限定するのかなどの判断を、立法者が、基準となる「枠」として、法律の文言に提示するのである。

---

(58)　既に野澤・前掲「中止犯論の歴史的展開（5・完）」立命館法学291号（2004年）207頁以下、野澤充「日本の中止犯論の問題点とあるべき議論形式について」神奈川法学38巻2・3合併号（2006年）138頁以下、および野澤充「中止犯の理論的構造について」刑法雑誌49巻2・3合併号（2010年）31頁以下においても、同様の中止犯論のあるべき方向性の検討を行っており、参照されたい。また、松宮孝明編『ハイブリッド刑法総論』（2009年）223頁以下〔野澤充執筆部分〕も参照。

とするならば、現行法の「枠」を越えて、その法律制度が適用される場面を設定しようとする場合には、そうしようとする者に何らかの説明責任が生じる。とりわけ被告人にとって有利な規定である中止犯の規定を狭く解釈しようとする場合には、その「枠」を超える解釈が罪刑法定主義違反に当たらない、ということまでいえるような説明が必要である。だからドイツでは、根拠論にまで立ち返って、刑罰目的説や褒賞説を主張しなければならなかった。その制度の対象とする範囲そのものを修正することにより、文言の「枠」を越えることが罪刑法定主義違反には当たらないと言えるようにしたかったのである(59)。

さて、現在の日本における法律説がこのような条文を意識した上で、しかも中止犯の成立範囲を視野に入れて主張されているかというと、それは非常に疑問であると言わざるを得ない。ただ単純に「責任が減少する」「違法性が減少する」と述べているにすぎないのである(60)——しかもなぜそんなことを説明しなければならないのかという明確な意識なしに。刑法犯罪論体系そのものから演繹して中止犯の根拠論を述べることには、大した意味はない。この根拠論では直接に、まさに中止犯の成立範囲を方向づける形での説明が、必要なのである。

そして第2節で詳細に検討するように、このような現在の日本における法律説は、それを主張することによりもたらされる意味を誤解していると言わざるを得ない。そもそも法律説は未遂と中止の関係構造にかかわる見解なのであって、それは法的性格論（体系的位置づけ論）に関連するものであるといえるわけだが、肝心のその法的性格論（体系的位置づけ論）としての法律説がもつ意味が実質的にほとんど理解されていないのである。中止犯の根拠論を検討するのであれば、その中では、その成立範囲を方向づけるべき内実を持たねばならないのに、定義上、法的性格論（体系的位置づけ論）としての内容しか持ち得ない法律説には、そもそもそれがない(61)。それでいて、法律説の一番の特徴である

---

(59) この点については、後述結論第3章第5節も参照。
(60) もちろん全ての学説がそのように述べるわけではない。一部の学説は、きちんと「なぜそういう法効果を伴うのか」「どういう範囲に中止犯を認めるべきなのか」を説明し得る論拠を提示している。最初に日本で、現在あるような形での法律説を主張した平場安治も、前述のように、このような論拠を示していた。前述第1部第3章および第4章参照。
(61) ただし前の注でも述べたように、一部の法律説は、「なぜそういう法効果を伴うのか」「どう

共犯への影響については、影響はないという。これは法律説の定義にも反するものといえるのである(62)。この法律説の定義の観点からの検討を次に行うことにする。

第2節 「法律説」の法的効果の正確な理解

まず何より、法律説と呼ばれる学説の正確な内容把握を行うべきである。特に「法律説」に関する現在の日本における大きな誤解は、「法律説を採用したとしても、中止犯の場合にも何ら未遂犯の成立は問題なく認められる」と考えられている点である。犯罪論体系の中で中止犯の効果がもたらされるとする法律説では、「中止犯の場合には未遂犯すらも成立していない」ことになる。本来、法律説は、フランス型の未遂犯の規定形式を予定しているものである。だからこそ、中止犯の場合には「未遂犯も成立していない」ことになり、未遂犯としての法律上の成立要件が欠けることになる、と説明するのである。すなわち、未遂犯の成立要件として「中止犯でないこと」が要求されるようになるはずなのである。1810年フランス刑法典の影響を受けて作られた明治13年刑法典の下では、むしろそのように考えるのが素直である。だが現行法ではどうか。日本の現行刑法典43条本文と但書の構造は、実際のところ、その文言上、ドイツ刑法典22条と24条の関係構造よりも、はるかに法律説に親しみやすいものではある(63)。しかしその場合には、未遂犯が成立する場合には「中止犯ではな

いう範囲に中止犯を認めるべきなのか」を説明し得る論拠をあわせて提示している。しかし「法律説」であることは、定義としては「中止犯の場合には未遂犯も成立していないとする考え方」であることのみがその内容となるのであり、それ以上の「なぜそういう法効果を伴うのか」「どういう範囲に中止犯を認めるべきなのか」の内容説明を必然的にあわせ持つものではない。よって、「法律説を採用する」ということだけでは、「中止犯の成立範囲」を指し示す内容をもたず、それだけでは根拠論とはなり得ないことになるのである。

(62) 後述結論第3章第2節参照。
(63) 後述するように、同じ条文に規定されているので、法律説を採用するためには、前述（第2部第4章参照）のように1871年ライヒ刑法典の下でベルナーが行ったような解釈をしたとしても、ベルナーほどには苦しくはない。43条本文と43条但書とが一体となって、ようやく「未遂」という概念が明らかにされている、と解釈することは、十分ありうるものである。また43条本文は未遂という状態について直接に規定する定義規定とも言えるが、逆にそうではないとも解釈し得るので、明確に未遂の「概念規定」としての22条をもつドイツよりはそのように——中止犯の場合には未遂犯もそもそも成立していないと主張して——法律説を採用する解釈の余地が大きいといえる。

いこと」の立証が必要なはずである(64)。法律説においては、「中止犯ではないこと」が証明されない限り、未遂犯としての犯罪成立要件が満たされたかどうかというのはまだ明らかにならないことになる。だが現在日本において主張されている法律説には、このような発想は全くない。判例においても(65)、学説においても(66)、「中止犯の場合にも未遂犯は成立している」ことが、当然の前提とされているのである。これは現在の刑法典43条の文言からすれば、そのように解釈すべきものと言えるし、実際、立法者も、中止犯の場合にも未遂犯が成立していることを前提としていた(67)のである。しかしもしそうならば中止犯の場合には未遂犯としての法律上の成立要件は何も欠けてはいないのであり、これは「法律説」と呼ばれるべきものではない。

ただし条文の解釈として、直前の未遂行為とその後の中止行為とを合わせて考察する「全体的考察」により、未遂行為自体の違法性や責任などの犯罪成立要件が事後的な中止行為により影響を受け、全体としての未遂行為と中止行為を合わせた行為に対して（中止犯としての）優遇された効果がもたらされる、と考えることは可能である(68)。前述したように、現在の日本の刑法典の43条本文は、ドイツの刑法典の22条のように未遂犯の明確な「概念規定」とされているわけではなく、日本では中止犯と未遂犯が同じ条文の中に「本文」と「但書」という形で規定されているため、この但書と本文を合わせて未遂の概念を規定しているのだと捉えて、「中止犯の場合にはそもそも未遂犯も成立してい

---

(64) この点については、結論第1章を参照。
(65) 大判明治44年10月12日刑録17輯1672頁（第1部第3章第2節（3）参照）。
(66) 団藤・前掲『刑法綱要総論〔第三版〕』356頁など。
(67) 前述第1部第3章第1節および第2節（1）（野澤・前掲「中止犯論の歴史的展開（2）」立命館法学281号（2002年）32頁以下および39頁以下）を参照（特に平沼騏一郎の見解を参照）。
(68) 明確にこのような全体的考察に基づいての中止犯の理論構成を行う学説として、日本においては大場茂馬『刑法総論下巻』（1918年）806頁以下、清水一成「中止未遂における「自己ノ意思ニ因リ」の意義」上智法学論集29巻2・3号（1986年）236頁以下、金澤真理「中止未遂における刑事政策説の意義について（一）（二・完）」法学（東北大学）63巻（1999年）655頁以下、64巻（2000年）53頁以下（特に64巻78頁以下参照）、同じく金澤真理「中止未遂とその法的性格」刑法雑誌41巻3号（2002年）29頁以下。ドイツにおいては、Dietrich Lang-Hinrichsen, Bemerkungen zum Begriff der „Tat" im Strafrecht, unter besonderer Berücksichtigung der Strafzumessung, des Rücktritts und der tätigen Reue beim Versuch und der Teilnahme (Normativer Tatbegriff), in Festschrift für Karl Engisch, 1969, S. 353ff.（本論文の紹介として、刑法読書会「カールエンギッシュ記念論文集の紹介（八）ラング＝ヒンリクセン『刑法における所為概念についての覚書』」（中山研一紹介）法学論叢89巻3号（1971年）58頁以下参照）など。

ない」と法律説的に解釈する余地は十分にある[69]。

　しかし、このような解釈が支持されるべきものなのかは、疑問の余地が大きい。現在の刑法の犯罪論は、あくまでも行為者が行った行為に対する評価としての「行為違法・行為責任」をその対象としている。すなわち、本来、犯罪行為後の事情というものは犯罪論そのものの中で考慮されるものではなく、情状酌量などのような量刑事情としてのみ考慮され得るものなのである。そして、「行為違法・行為責任」を犯罪論体系がその対象としている以上、その「行為」以後の事情、すなわち「中止」は、その「行為違法・行為責任」に影響するものではない。つまり「中止行為」は、「犯罪行為（＝未遂行為）」後に行われるものであり、その直前までの未遂行為についての「行為違法・行為責任」は、厳然と存在しているのである。これは、窃盗犯が既遂後に窃取物を被害者に返却したとしても、窃盗罪という「（違法性と責任を備えた）犯罪行為」の事実が無くならないのと同じである。しかし全体的考察を採用して未遂行為と中止行為を一括して評価することは、中止行為の直前まで存在していた未遂行為の「行為違法・行為責任」を――その事実が存在していたにもかかわらず――無かったことと評価する考え方なのである。ここで、まさに前期法律説が批判を浴びた存在論的な疑問に突き当たるのである。1851年のプロイセン刑法典は、フランス型の未遂犯・中止犯の規定形式を採用していたものの、まさにこのような事実に関する存在論的な疑義から批判され、1871年のドイツライヒ刑法典ではもはやフランス型の未遂犯・中止犯の規定形式は採用されなかったのである[70]。

　仮にもしこの「行為違法・行為責任」の概念そのものを、従来のものとは異なって事後的なものまで含むのだ、とするならば、それは自らの犯罪論体系における「違法」と「責任」の意義を従来のものとは根本から異なるものに修正することになる。「責任」概念をそのように修正するのはともかく[71]、「違法」

---

(69) 少なくとも、43条に未遂犯の概念規定を持ち、43条と46条にそれぞれ分離して未遂犯の規定と中止犯の規定が置かれていた1871年ドイツライヒ刑法典の下で、「46条において示されている未遂の可罰性についての規定は、43条とは外見上は分離しているけれども、可罰的な未遂の概念の内部に残ったままなのである」（Albert Friedrich Berner, Lehrbuch des Deutschen Strafrechtes, 18. Aufl., 1898, S. 165 Fn. 1）として無理に法律説的解釈を行ったベルナーよりは、日本の現行法においてこのような解釈を採ることは苦しくはない。

(70) 本書の結論第1章の前述箇所を参照。なおこの点について詳しくは、野澤・前掲「中止犯論の歴史的展開（5・完）」立命館法学291号147頁以下（本書第2部第3章第6節）を参照。

概念までもそのように修正することは、これは覚悟を要する主張である。

　さらに、上記のような「全体的考察」による評価方法を、「行為違法・行為責任」とは別個の「違法・責任」に関するものである、とする考え方もあるかもしれない[72]。しかし、「行為違法・行為責任」とは別個の要素としての「違法・責任」とは、具体的にどのような点に意味のあるものなのか不明確と言わざるを得ない。犯罪論体系上に意味のある「違法・責任」というものは、それは「行為違法・行為責任」そのものであると考えざるを得ない。それ以外に「違法・責任」がかかわるものがあるとすれば、それは量刑上の要素としての「量刑違法・量刑責任」といえるかもしれない。しかし、まず第一に、そのような「『量刑違法・量刑責任』のみが減少するにとどまるのだ」という主張が、そもそも「法律説」の名に値するものなのかが極めて疑わしい。前述のとおり、法律説は「中止犯の場合には未遂犯としての法律上の成立要件が欠けることになる」ということをその内容とするものなのであるから、「犯罪行為としては何ら影響ないが、量刑には影響する」というのであれば、やはりその場合には未遂犯という犯罪としての法律上の成立要件は完全に充足されているのであり、これは「法律説」と呼ばれるべき内容を全く備えていないことになる。さらに、仮に「法律説」という看板を捨てたとしても、中止犯の場合をそのような「量刑違法・量刑責任」のみに関わる場合であるとする考え方自体にも、疑問がある。まず前提として、「量刑違法・量刑責任」のみに関わる場合なのだとするのであれば、それは体系的位置づけ論としては端的にはもはや一身的刑罰減軽消滅事由説の主張なのであって、その「一身的刑罰減軽消滅事由説（の主張）である」点を踏まえずに、ことさらに「違法」「責任」という概念を強調するのは、学説の主張としてミスリーディングであり、詭弁的な主張といえる。そして量刑上のものでしかないとする考え方それ自体にも批判が存在するのであり、実際、前述のような全体的考察により未遂行為と中止行為を一体のものとして捉える「一体化説（Einheitstheorie）」に対しては、ドイツでは「中止を単に量刑上の視点として理解するもの」[73]とか、「中止を量刑規定とし

---

(71)　犯罪論体系における責任の概念そのものを変更・修正して捉える方法は、──現段階で筆者がそれを採用するわけではないが──あり得る方法の一つではある。だが中止犯論の説明のためだけに犯罪論体系を変更・修正することは、派生的作用が大きすぎるようにも思われる。

(72)　岡本・前掲「中止未遂における減免根拠に関する一考察」284頁注11参照。

(73)　Hans-Heinrich Jescheck/Thomas Weigend, Lehrbuch des Strafrechts Allgemeiner Teil,

てのみ理解し、そしてそれにより不処罰についての説明を何ら提供し得ない」[74]という批判がなされている。中止犯規定は、その由来からすれば「未遂と中止の関係構造」に基づいて未遂犯の成立要件そのものに影響する規定である以上、量刑規定（＝刑罰論）としてだけのものではなく、犯罪論にかかわる規定である。このような観点からは、中止犯規定をそのような単なる量刑規定と捉えることには、なおやはり抵抗感が残るのである。

そして解釈論として法律説を主張する場合に最も批判され得る点は、正犯のみが中止行為を行った場合に、何ら中止行為を行っていないその狭義の共犯者にまで中止の効果が及んでしまう点である[75]。本来の法律説によれば、中止犯の場合には未遂犯の（法律上の）成立要件が欠ける以上、共犯の従属の対象となるべき正犯が存在しないことになり、共犯の従属性により共犯も不成立となるのである。そしてとりわけ「責任減少（消滅）説」を採る場合にはともかく、「違法減少（消滅）説」や「違法・責任減少（消滅）説」などの違法性段階にかかわるような形での法律説を採用する場合には、制限従属形式を前提とするのであれば、狭義の共犯者への影響は絶対に避けられない[76]。すなわち、責任の評価のみが影響を受けると考えるのであればともかく[77]、違法性の評価も影響を受けると考えるのであれば、共犯の要素従属性に関して制限従属性説が圧倒的支持を受けている現在の日本においては、確実にその正犯の中止による効果は共犯にも及ばざるを得ないのである。

---

5. Aufl., 1996, S. 540.

(74) Christian Jäger, Der Rücktritt vom Versuch als zurechenbare Gefährdungsumkehr, 1996, S. 5.

(75) これについては、第１部第３章第２節、および同第４章で既に詳細に述べた。

(76) このような観点から、この共犯の論点を意識した上で違法減少（消滅）説を否定し、責任に関わるものとする結論を導く文献として、香川達夫『刑法講義〔総論〕第三版』（1995年）307頁、同じく香川・前掲『中止未遂の法的性格』76頁以下および177頁以下、山中敬一『刑法総論II』（1999年）712頁など。

(77) 本来、刑法上の評価の対象は「行為責任」であるべきであり、その事後的な変動はあり得ないはずではあるが、犯罪論体系における「責任」の概念を「答責性」と同様に捉え直して、「責任」段階での評価は「行為責任」にとどまるものではなく、事後の事情等も考慮に入れ得る、として考えるのであれば、これは十分にあり得る考え方であり、なおかつ共犯の要素従属性に関して制限従属性説を採用すれば、何ら中止行為を行っていない狭義の共犯者に中止の効果は及ばず、「中止の効果の一身専属性」も維持できる。しかし前述したように、中止犯論のためだけに犯罪論体系における「責任」概念を修正してしまうのは、やや派生的影響が大きすぎるようにも思われる。

しかしこの点に関して、日本において戦後に主張されている法律説は、そのほとんどが「中止の効果は一身専属的なものであって、正犯のみが中止した場合に狭義の共犯者にその中止の効果が及ぶことはない」と主張している。それは「責任減少説」の立場からだけではなく、共犯の要素従属性に関して制限従属性説を採用すれば狭義の共犯にも中止の効果が及ばざるを得ないはずの「違法減少説」や「違法・責任減少説」の立場からも主張されている。

　具体的には例えば、まず「違法の個別化」や「人的不法論」の見地から「違法の連帯性」というテーゼの絶対性を否定することに基づいて、中止行為を行った者のみにその効果を及ぼそうとする見解がある(78)。しかし、「違法の連帯性」の絶対性が否定されるべきということと、正犯のみの中止の効果が共犯には及ばないということは、論理的には全く別の問題である。そもそも共犯の従属性におけるこの制限従属性説と極端従属性説の争いは、「狭義の共犯が成立し、かつ、可罰性を有するためには、正犯の行為がどの程度に犯罪の要件を具備することを必要とするのか」(79)に関する争いなのであるから、あくまでもそこでは「共犯の成立のための必要条件」が問題となっているにすぎず、「正犯に発生したどの事由が共犯に及ぶか」という議論ではない(80)。「違法の連帯性を否定するということ」とは「正犯に違法があるからといって共犯に違法があるとは限らない」ことを示すにとどまり、正犯のみの中止の場合のような「正犯の違法が無い（ないしは減少している）からといって共犯の違法が無い（ないしは減少している）とは限らない」ことを示すものではないのである。これこそがまさに共犯の「連帯性」の観点と「従属性（必要条件）」の観点の違いなのである。

　これと同様に、未遂犯の構造論を手がかりにした上で、「……『任意』の『中止行為』固有の機能によって、既に存在している不法・責任が遡及的に『なかったこと』にされるという評価を受け、一身的に刑の減免が考慮される

---

(78)　川端博『刑法総論25講』（1990年）277頁以下、内田文昭『刑法概要中巻（犯罪論２）』（1999年）397頁、町田行男『中止未遂の理論』（2005年）61頁以下など。

(79)　川端・前掲『刑法総論講義第２版』529頁以下。

(80)　この点でまさにいわゆる「誇張従属形式」は他の従属形式と性格を異にしていると言われているのである。松宮孝明『刑法総論講義〔第３版〕』（2004年）262頁以下、同じく松宮孝明「共犯の「従属性」について」立命館法学243・244号（1995年）302頁以下（同『刑事立法と犯罪体系』（2003年）247頁以下に所収）、Max Ernst Mayer, a. a. O., S. 391参照。

と考えるのであれば……、その効果が共犯者にも『連帯』する……とは考えられない。行為不法・責任の充足それ自体が一身的なものであることとパラレルに考えれば、『任意』の『中止行為』という要件（「マイナス構成要件」）の充足による行為不法・責任の軽減という効果もまた一身的なものなのである」(81)とする見解も、「連帯」という単語を使用していることからも明らかなように、「共犯の従属性（必要条件）」の議論と「共犯の連帯性」の議論を混同している。このような見解が、あわせて共犯独立性説、ないしは要素従属性における最小限従属性説を採用するのであれば、確かに正犯の中止の効果は狭義の共犯には及ばないであろうが、共犯の従属性を前提にして、要素従属性における制限従属性説を採用する限りは、狭義の共犯を処罰するための要件である正犯の違法性がそもそも減少（ないしは消滅）している以上、狭義の共犯もその影響をうけることになるのである(82)。これはあくまでも共犯の従属性に関する論点なのであり、制限従属性説を前提にした上で「違法減少説」ないし「違法・責任減少説」を採用する場合には、たとえ未遂犯における構造論においてどのような解釈論を展開しようとも、避けられない帰結なのである。

また、「……違法減少説に対しては、正犯の違法減少は共犯者に連帯的に働くので、中止犯の一身専属的効果に反する、という批判がなされてきた。この批判は、多くの教科書に載っているおなじみのものであるが、根拠のないものである。違法の連帯性の根拠は因果的共犯論にあり、違法が連帯的に働くのは、各共犯者の行為と発生した違法（法益侵害またはその危険）の間に因果性が認められる限りにおいてである。中止行為に関与していない共犯者は、中止行為による「違法減少」と何ら因果性を有していないのであるから、その者に中止犯の効果が及ばないのは当然のことである」とする見解(83)も、やはり同様に「連帯」という単語を使用していることからもうかがわれるように、「共犯の従属性（必要条件）」の議論と「共犯の連帯性」の議論を混同している。因果的共犯論の考え方を前提にしたとしても、要素従属性に関して――上記の見解の主

---

(81) 照沼亮介『体系的共犯論と刑事不法論』（2005年）70頁注127。
(82) 共犯の従属性を前提とした上で、例えば正犯者の行為が正当防衛であったことにより、要素従属性が欠ける場合には、そもそも狭義の共犯は成立しないことになるのであり、それが「連帯する」などとは言わない。この点からも、このような見解が「共犯の連帯性」の話と「共犯の従属性（必要条件）」の話を混同・誤解していることが明らかといえる。
(83) 佐伯仁志「未遂犯論」法学教室304号（2006年）133頁。

張者の要素従属性に関する見解とは異なって[84]——もし仮に制限従属性説をとるのであれば、正犯が構成要件に該当する違法な行為をしていない場合には従属の対象となる正犯の行為が存在せず、その行為に対する狭義の共犯も不処罰にならざるを得ない。すなわちそもそも正犯者が構成要件に該当する違法な行為を行っていないのであれば、制限従属性説を前提とする限り、正犯の行為に対する共犯者の因果関係とは全く関係なしに、そもそも処罰されるべき共犯が成立しないことになるのである。これは「連帯性」の問題ではなく、「従属性」の問題なのである。とするならば、その共犯の従属の対象となるべき「正犯の構成要件該当性および違法性」において、とくにその正犯の違法評価が中止犯であることによって減少するのであれば、やはり同様に共犯にもその効果が影響せざるを得ないことになるのである。上記のような見解はこの「連帯性」の論点と「従属性」の論点を混同するものであって、全く根拠のないものなのである。

　さらに、日本の中止犯の法律効果が完全に不処罰ではなく「免除」にとどまるものであり、「有罪判決の一種」であることから、中止者の行為は中止により違法性が減少しても違法であることには変わりなく、「自己の意思による中止という主観的要素が、違法性の評価に影響をあたえ違法性が減少をするのであ」り、「中止者個人の主観的要素はその行為者の行為の違法性の強弱に影響をあたえるのみであ」るから、「他の共犯者の行為の違法性にそのまま、影響をおよぼすものではない」とする見解もある[85]。しかしこの見解も「違法の

---

(84)　佐伯仁志は要素従属性に関して、最小従属性説を採る（「共犯論（１）」法学教室305号（2006年）49頁以下参照）。そして最小従属性説を採用すれば、違法減少説を採用したとしても、正犯のみの中止は狭義の共犯に中止の効果をもたらすことにはなりにくい（ただし「法律説」を標榜すると、再び狭義の共犯への中止の効果がもたらされ得ることになる。「（本来の）法律説」を前提にすると、「中止犯の場合には未遂犯としての法律上の成立要件（構成要件）が欠けることになる」ので）。すなわち逆に言えば、佐伯仁志の見解においては、「因果的共犯論」の作用によって狭義の共犯に中止の効果が及ばなくなるのではなくて、要素従属性に関して「最小従属性説」を採用したことによって狭義の共犯に中止の効果が及ばなくなるのである。しかしこのような見解に対しては、そもそも「最小従属性説を採用すること」そのものが批判されてしかるべきであろう。自らの子供の外科手術を医師に依頼した父親に対して、傷害罪の教唆犯が原則的に成立し得るとすることは、まさに「木を見て森を見ず」（山中敬一『刑法総論［第２版］』（2008年）802頁）の結論であると言わざるを得ない。共同正犯の事例における違法の相対性を念頭においての主張であるようにも見受けられるが、そもそも要素従属性の問題は本来的には狭義の共犯における論点であり、共同正犯においてこれを問題にする必然性もない（山中敬一『刑法総論［第２版］』（2008年）801頁以下）。

連帯性の否定」から結論を導く見解と同様に、「従属性（必要条件）」の観点と「連帯性」の観点を混同しているものと思われる。「人的違法論」[86]を強調して違法性判断を個別的に行うとしても、「共犯の正犯に対する従属」は結局（制限従属性説を採用する限り）要求するのである[87]から、「従属性（必要条件）」と「連帯性」の誤解についての批判が同様に当てはまる。また「違法が減少したとしても違法であることに変わりがない」とするなら、これは最初から結論として中止犯の体系的位置づけを違法性段階で扱う必要がないと言っているに等しい。正犯者が犯罪を中止し、その正犯者の違法性が減少することに基づいて、その正犯者の刑が「必要的減免」という優遇を受けるということは、すなわち正犯者も「違法であることには変わりがない」けれども、中止による「違法性の減少に基づいて」優遇される、とするのであろう。だとするならばその狭義の共犯者にとっても、従属の対象となるべき正犯者の行為は、確かに「違法であることには変わりがない」けれども、しかし正犯者の中止により、その狭義の共犯者もその従属の対象となる正犯行為の「違法性の減少に基づいて」優遇される、ということになるのである。まさにその「中止に基づいて減少した違法の部分」が、「共犯の従属性」により影響してしまう、ということがここで問題となっているのである[88]。

　また、違法減少説を前提としつつ中止未遂の一身専属性を説明するために、障礙未遂の場合の違法性のメルクマールを「法益侵害の危険性」と「犯罪中止義務ないしは結果防止義務に対する義務違反性」としつつ、中止未遂の場合の違法性のメルクマールを「法益侵害の危険性」のみであるとすることで、両者は違法性の構造に違いがあり、「義務違反性はその義務を履行した者のみに欠けるから、中止未遂効果の一身専属性も説明できる」とする見解もある[89]。

---

(85) 板倉宏「共犯と中止犯」『刑法判例百選Ⅰ総論』（1978年）201頁。ちなみに板倉宏のこの部分の記述は、1964年の板倉宏「共犯と中止犯」『刑法判例百選』（1964年）91頁から、板倉宏「共犯と中止犯」『刑法判例百選（新版）』（1970年）103頁、板倉・前掲「共犯と中止犯」『刑法判例百選Ⅰ総論』201頁、そしてさらには板倉宏「中止犯」『刑法基本講座第4巻』（1992年）44頁に至るまで、その表現において何ら変化していない。
(86) 板倉・前掲『百選Ⅰ』（1978年）201頁。
(87) 板倉宏『刑法総論』（2004年）306頁。
(88) このことは、いわゆる「違法・責任減少説」に対しても当てはまる。すなわち、違法性の全体ではなくて一部のみが減少するのである、と説明したとしても、まさにその「中止に基づいて減少した違法の部分」が、「共犯の従属性」により、その狭義の共犯に影響してしまう、ということが問題となるのである。

しかしこのような障礙未遂と中止未遂の構造論そのものについても疑問が残る[90]し、また前述のような違法の連帯性と従属性（必要条件）に関する混同がここでも存在するように思われる。すなわち、義務履行により正犯が中止未遂となっても、その効果が違法性に現れる限り、狭義の共犯の従属の対象となる正犯の違法性が減少する以上は、制限従属性説では共犯に影響が及ばざるを得ないのである。

同様に、「行為の規範違反性の評価がその行為者の中止行為によってその者との関係でのみある程度『帳消し』になる（すなわち、一定の法益侵害行為を禁止する規範に違反した者が、侵害されようとしている法益を保全する行為をしたときには、規範的一般予防の必要性が減少し、その者の行為の規範違反性の評価が軽くなる）」[91]とする考えに対しても、同様に正犯者の中止が行為の規範違反性の評価の減少を意味し、そしてその「行為の規範違反性の評価の減少」を「違法性阻却事由に準ずる事態」[92]とするのであれば、まさに共犯の従属性（必要条件）の前提となる正犯者の違法性が中止により影響されることになるのであるから、制限従属性説を採る限り共犯に影響が及ばざるを得ない。

そして、「中止未遂は中止行為をその本質的要素とするものである以上、中止行為を行なって結果を防止しえた者のみが特典にあずかれる」[93]とするのも、同様に狭義の共犯の従属性（必要条件）の観点を誤解（もしくは看過）するものである。正犯者が中止行為を行って結果を防止できた場合に、その中止が正犯者の違法性に影響するのであれば、それはとりもなおさず共犯の従属性の前提である正犯の違法性への影響であり、必然的に狭義の共犯に影響せざるを得ない。ここでの問題は「共犯を処罰するための前提となる正犯の違法性に、中止による効果が影響するか否か」が問題なのであって、「中止行為を行ったのは誰か」が問題となっているわけではない。

また、共犯の処罰根拠論を前提にして、可罰性借用説は否定されるべきであり、「共犯が処罰されるのは、それ自体可罰的な行為だからである」とした上

---

(89) 野村稔『未遂犯の研究』（1984年）452頁以下、同じく野村稔『刑法総論補訂版』（1998年）357頁以下。
(90) 浅田和茂「紹介・野村稔著『未遂犯の研究』」犯罪と刑罰2号（1986年）142頁以下参照。
(91) 井田・前掲『刑法総論の理論構造』280頁。
(92) 井田・前掲『刑法総論の理論構造』280頁。
(93) 清水・前掲「中止未遂における「自己ノ意思ニ因リ」の意義」237頁。

で、「もしそうだとすると、中止によって正犯の違法性が喪失したとしても、それによって共犯独自の違法性の消失が認められない限り、中止の効果は共犯には及ばないことになる」[94]、とするものもある。そしてその上で、「中止未遂とは、すでに述べたように、行為者みずから、一旦生ぜしめた違法な状態を再び消滅させたことである。……そこで、もし教唆の違法性が喪失したというためには、教唆者みずから、自己の教唆行為によって生ぜしめた正犯の実行行為の着手という状態を再び消滅させたこと、換言すれば彼の正犯に対する教唆の効果を解消させた、という事実が認められなければならない。しかし、正犯が中止したに過ぎない場合、教唆者に右の事実を認めることはできない。なぜならば、正犯が教唆によって着手した実行行為を放棄したのは、正犯じしんの意思に由るものであって、教唆者の行為に由るものではないからである」[95] と述べて、中止行為を行っていない狭義の共犯者には共犯独自の違法性の消失が見られない以上、中止犯の効果は及ばない、と主張する考え方もある。しかし、共犯独立性説を採用するならばともかく、現在多く支持されている共犯従属性説では、「教唆行為とそれに基づく正犯の実行行為の着手があって始めて、処罰に値する違法性が生ずる」[96] ものとされている。そして、正犯者の中止により正犯行為に「違法減少（消滅）」が見られるとするのであれば、狭義の共犯者の従属の対象となるべき「正犯者の違法性」が中止により「減少」することになるのであるから、狭義の共犯者にその影響は必然的に及ぶことになる。例えば、第三者が渡した武器を使用して正犯者が正当防衛行為をした場合に、「正当防衛行為は正犯者自身しか行っていない」ことを理由として、武器を渡した者に幇助犯の成立が認められるべきなのであろうか。また、自分の息子の手術を医師に依頼して手術行為を行ってもらった父親には、「医師しか正当業務行為である手術行為をしていない」ことを理由として、傷害罪の教唆犯が成立すると考えられるのであろうか。いずれの場合も、狭義の共犯の成立は、「従属の対象となるべき正犯の違法行為が存在しない」ことを理由として、否定されるべきであろう。そして、「法律説」という、未遂行為と中止行為の一括評価を前提にした考え方を採用している限り、同様のことは中止犯の場合に

---

(94) 町田・前掲『中止未遂の理論』62頁。
(95) 町田・前掲『中止未遂の理論』62頁以下。
(96) 町田・前掲『中止未遂の理論』62頁。

も当てはまる。「法律説」を採用すれば、従属の対象となる正犯行為は、未遂行為だけではなく、中止行為をも合わせた全体の行為ということになる。この全体的な正犯行為について、「違法性が減少する」と評価する以上は、正犯者のみが中止行為をした場合の、その正犯に対する狭義の共犯者は、正当防衛行為を行った正犯者に対する狭義の共犯者と同様に、正犯の影響を受けざるを得ないのである。すなわち上述のような共犯の処罰根拠論による考え方も、「共犯の連帯性」と「共犯の従属性（必要条件）」の観点を混同しているものであり[97]、何らかの形で正犯への共犯の従属性を前提にしている限りは、狭義の共犯者への正犯の中止の影響は避けられないのである。

　そして最近では、特に「違法・責任減少説」の立場から、「違法性の減少のみならず、責任の減少もなければ中止未遂の効果を認め得ないのであるから、任意に中止していない共犯に中止未遂の効果が及ぶことはないと考える」[98]とか、「違法減少および責任減少があるばあいに中止犯の法的効果がみとめられるのであるから、共犯の制限的従属性説をとったとしても、正犯の中止行為の効果が共犯に及ばないことは当然である」[99]として、共犯への影響はないとする考え方が主張されている。しかしこのように「違法・責任減少説」が「違法と責任の両方ともが減少しなければその法的効果は発生しない」というのであれば、それは実は「責任減少説」の主張内容とさほど変わらない。なぜならば、体系的位置づけ論（法的性格論）というのは、当該行為が「不法」の評価を受け得るものなのか否か、またはその「不法」な行為が「非難」を受け得るものなのか否かという、結論としての「法的効果」だけを問題にするものであって、その内部的構成要素を分析するためのものではないからである。「違法・責任減少説」が「責任も減少しなければ中止犯の効果は発生しない」と主張するのであれば、その考えによれば中止犯は違法段階においては何ら法的効果を持つものではなく、責任段階になって初めてその法的効果が現れるものなのであり、それはまさに「責任減少説」の主張内容と異ならないのである。そうであるならば、「違法・責任減少説」と呼ばれる見解が、なぜ「違法」の部分を

---

[97]　共犯の処罰を根拠づけるための議論（共犯の処罰根拠論）と、共犯の処罰のために必要な前提条件の議論（共犯の従属性）は区別しなければならない。前者はあくまでも「共犯側の問題」であるのに対し、後者は共犯成立のための「正犯側の問題」なのである。

[98]　金澤・前掲「中止未遂とその法的性格」40頁。

[99]　川端・前掲『刑法総論講義第2版』476頁以下。

わざわざ殊更に体系的位置づけ論において主張しようとするのかが、疑問視されねばならないであろう[100]。中止犯の効果が、一部でも違法性に影響すると考えるのであれば、その部分は狭義の共犯に影響せざるを得ないであろう[101]し、また一部分だけでは何の効果も違法性には影響しないというのであれば、法的効果が責任減少としてしか現れない以上、それをわざわざ「違法・責任減少」などと「違法性」の部分を合わせて述べる必然性・必要性は全く無いのである。

このように、日本における戦後の法律説は、いずれも「法律説」の名の下に、しかも学説によっては正犯者の違法性にその中止の効果が影響するとしておきながら、それでいて共犯者にはその中止の影響はない、と説明しようとしてきた[102]。しかし、それはもはや法律説ではない。最初に述べたように、法

---

[100] ここにも「中止犯の根拠論」と「中止犯の体系的位置づけ論(法的性格論)」が混同されて議論されてきたことが、おそらく影響しているように思われる。中止犯の成否そのものにかかわる説明、すなわち根拠論に関する説明を、「違法性」「責任」という犯罪論の体系的位置づけの要素を用いて行おうとすれば、「違法性」「責任」のいずれも犯罪成立のためには欠かせない要素であることから、それに対応する形で、両者とも減少する場合でなければ中止犯としては認められない、という説明に傾くのかもしれない。例えば「違法性と有責性が肯定されなければ犯罪が成立しないように、違法減少と責任減少という両方の要件が充足されない限りは中止犯を肯定することはできない」(井田良『講義刑法学・総論』(2008年) 424頁)などという表現にも、そのような発想が見てとれる。しかしこれは論理学的にも完全に誤りである(両方とも減少する(ないしは欠ける)場合でなくても、例えば心神喪失や心神耗弱の場合を考えればわかるように、その行為についての犯罪の成否(当該行為の犯罪としての法的性格)は影響をうけ得る。すなわち上掲の「犯罪の成立には違法性と有責性が必要なので、中止犯の成立には違法減少と責任減少の両方とが必要」という表現は、論理学における基本定理であるド・モルガンの法則を全く理解できていないか、もしくは必要条件と十分条件の違いが理解できておらず両者を混同していることを端的に示すものである)し、また本文中にも述べたとおり、そのように主張しなければならない必要性があるものでもない。

[101] 植松正・川端博・曽根威彦・日高義博『現代刑法論争Ⅰ〔第二版〕』(1997年) 308頁〔曽根威彦執筆部分〕。

[102] このような「法律説を採用したとしても狭義の共犯者にその中止の効果は及ばない」という考え方を明確に示して、日本で広まるきっかけを作ったのは、板倉宏である。板倉宏は、「中止犯」綜合法学5巻9号(1962年) 44頁以下において違法減少説と責任減少説を両方とも採用する「違法・責任減少説」を主張し、さらに板倉・前掲「共犯と中止犯」『刑法判例百選』(1964年) 91頁において「中止未遂の法的性格を刑事政策説によっても、違法性ないし責任減少説によっても、その一身専属的効果を導き出せる」と明確に述べ、そしてその後の判例百選においてもほぼ同内容の主張をしていく(板倉・前掲「共犯と中止犯」『刑法判例百選(新版)』(1970年) 103頁、板倉・前掲「共犯と中止犯」『刑法判例百選Ⅰ総論』(1978年) 201頁)。その後、板倉宏はいわゆる総合説(違法・責任減少説と刑事政策説を合わせた学説)へと変化するが(藤木英雄・板倉宏『刑法案内』(1980年) 251頁以下、板倉宏『刑法』(1988年) 199頁、板倉・前掲「中止犯」『刑法基本講座第4巻』(1992年) 42頁以下)、なおも中止犯の一身専属性は維持できると主張し

律説を採用することの意義は、「中止犯」となった場合には最初から未遂犯としての法律上の成立要件が欠けていて、何ら処罰できない、と評価するところにあったのである。そしてこのような法律説の定義から、法律説を採用した場合には、当然に何ら中止行為をしていない狭義の共犯者にも、その正犯者の中止の効果は及ぶものと考えざるを得ないのである。上に挙げたような数々の苦しい説明(103)を見てもうかがえるように、法律説(とりわけ違法減少説)において、共犯への影響を否定しようとすることは、ある言葉の定義に完全に反する内容をその言葉の中に見出そうと試みるものであり、「犬という種類の猫がいる」という説明を試みるのにも等しい、元来無理なことなのである。

そして、実はもともと日本においても、このような本来の形の「法律説」は過去に実際に存在していたのである。すなわち前述のように(104)、明治13年刑法典の未遂犯規定である112条は、フランス型の未遂犯・中止犯規定形式を採用しており、未遂犯が成立するためには「中止犯ではないこと」が要件とされていたのである。そしてひとたび「中止犯である」ことになった場合には、「未遂犯も成立していない」ことになり、それは正犯者の行為の犯罪性を失わせてしまうものである以上、「その狭義の共犯にも中止犯の効果は影響し、共犯の従属性に基づいて不処罰となる」と考えられていたのである。明治13年刑法典の下では正犯者の中止が狭義の共犯者の不処罰をもたらすとする考え方が圧倒的通説であり、そのような結論を疑問視することすらなかったのである(105)。このような学説の考えが変化するのは、明治40年刑法典が制定され、中止犯の場合にも未遂犯が成立していることを前提とする法規定が作られて以

ている(板倉・前掲「中止犯」『刑法基本講座第4巻』44頁)。とりわけ、判例百選という基礎文献において、10年以上にもわたり「違法減少説・責任減少説によったとしても中止犯の一身専属性を維持できる」と述べられていたことが、「法律説を採用したとしても中止犯の効果の一身専属性には問題がなく、正犯のみが中止したとしてもその狭義の共犯者に中止の効果は及ばない」とする、重大な誤解を広めることへのきっかけを作り出したものと思われる。

(103) とくに注意すべきなのは、中止犯の体系的位置づけ論を違法性段階にもかかわるものとする学説(「違法減少説」や「違法・責任減少説」など)が「狭義の共犯には中止の効果は及ばない」ことを説明する際に、ほとんど共通して「共犯の従属性(必要条件)」の定義内容を看過もしくは無視する点である。本文中に説明した学説のいずれもが、この点でつまずいていると言える。

(104) 本書の結論第2章の前述箇所を参照。なおこの点について詳しくは、野澤・前掲「中止犯論の歴史的展開(3)」立命館法学282号92頁以下(本書第1部第3章第2節(2)c))を参照。

(105) 詳しくは野澤・前掲「中止犯論の歴史的展開(3)」立命館法学282号92頁(本書第1部第3章第2節(2)c))を参照。筆者が調べた限りでは、明治13年刑法典の下でこのような結論を否定している文献は一つもなかった。

降のことである[106]。すなわち、「中止の効果の一身専属性」は決して自明のものではなく、「未遂と中止の関係構造」に左右され得るものだったのである。

　以上のように、日本の現行刑法典は、中止犯に関して法律説を採用しやすい規定形式にはなっていない[107]。ただ解釈論として法律説を採用することは可能ではあるが、その場合には法律説の本来の意義を伴うものであるべきである。すなわち、法律説は「中止犯の場合には未遂犯すらも成立していない」とする、「未遂と中止の関係構造」に関する学説なのであるから、正犯のみが中止した場合にも、その中止はその狭義の共犯に影響するものと考えるべきなのである。正犯がいまだ実行の着手に至らない場合の、その教唆犯が、実行従属性の観点から不処罰である、というのと、正犯が中止した場合の、その教唆犯が、要素従属性の観点から不処罰である（もしくは正犯と同様の優遇効果をうける）、というのが、それほど変わらないと考えることができるのであれば、この結論自体もとくにひどく奇妙な帰結であるようには思われない[108]。実際に100年前まではわが国でもそのように考えられていたのであるし、フランスでは現在でもそのような規定形式を採用している。さらにドイツにおいても、わざわざ解釈によってそのような帰結を導く考え方が存在していたのである[109]。何より

---

[106]　野澤・前掲「中止犯論の歴史的展開（3）」立命館法学282号92頁以下（本書第1部第3章第2節（2）c)）参照。

[107]　このことから、本当の意味で法律説を支持する立場から、フランス型の未遂犯・中止犯規定形式に変えるべきであるとする立法論が主張されることがあってもおかしくはない。現に、平野龍一は、1958年2月5日に開催された第50回刑法改正準備会において、「故意の犯罪の実行に着手し、自己の意思によらないで、とげなかったときは未遂犯とする。」という私案（昭和33・1・20平野案）を出している（最高裁判所事務総局『刑法改正関係参考資料「準備草案第一次案（総則）」』(1959年) 34頁、ただし原典に当たることができなかったため、金澤真理「中止未遂の体系的位置づけに関する覚書――刑事政策説批判を出発点として――」東北法学16号 (1998年) 104頁からの引用による）。これはまさに、フランス型の未遂犯・中止犯の規定形式そのものであり、平野龍一が法律説（違法減少説）を主張していたこととつじつまの合うことなのである。

[108]　もっとも、日本の現行刑法典の下で、筆者はこのような「正犯者が中止により優遇効果をうけるのであれば、その狭義の共犯者も優遇効果をうけるべきである」とする見解を採るつもりがあるわけではない。筆者は、そもそも現行刑法典43条を前提にする限り、法律説は採りづらいと考えている。立法者も中止犯を一身的刑罰減軽消滅事由として考えていたことは、立法資料からも明らかであり、何よりも解釈によってその立法者意思と異なる見解、すなわち法律説を採る必要性――おそらく、正犯のみが中止した場合にその狭義の共犯にも中止の効果を及ぼすことができる、という点こそが、法律説を採用する必要性と言えるのだと思われるが――を、現在において感じない。

[109]　古くには、例えばベルナーは前述のように「正犯者の任意的な中止は、正犯者だけではなく、その教唆者をも不処罰にするのである」(Albert Friedrich Berner, Lehrbuch des Deuts-

390　結　論

も、「法律説」を標榜しておきながら共犯には影響しないなどと説明することの方が、論理的にはよほど奇妙な帰結といえる。

第3節　「刑事政策説」の定義内容の正確な理解

また、同様の内容に関する誤解は法律説に対してだけに存在するものではない。近年の刑事政策説に対する批判[110]の多くは、「刑事政策説」という名前をもつこの学説が指し示す内容についての誤解が原因となっているものが非常

---

chen Strafrechtes, 18. Aufl., 1898, S. 165) としていたし、ビンディンクも、正犯が中止した場合にはその狭義の共犯者も不処罰となるべきであると主張していた (Karl Binding, Grundriß des Gemeinen Deutschen Strafrechts Allgemeiner Teil, 1890, 4. Aufl., S. 106f.; ders., Grundriss des Deutschen Strafrechts Allgemeiner Teil, 1902, 6. Aufl., S. 126)。また、シュヴァルツェも1871年ライヒ刑法典46条の解釈において、その46条の「Täter」は幇助者や教唆者を含まないものではない（＝幇助者や教唆者自身も自ら中止行為を行い得る）という記述の後に、「正犯者によって開始された、結果を回避するような行動のみが、教唆者や幇助者に不処罰をもたらし得るのではない」、と述べていた (Friedrich Oskar Schwarze, Commentar zum Strafgesetzbuch für das Deutsche Reich, 3. Aufl., 1873, S. 129)。このことから、シュヴァルツェは正犯のみが中止した場合にはその狭義の共犯にも中止の効果が及ぶものと考えていたようである。そしてこれらのベルナー、ビンディンク、シュヴァルツェの主張は、いずれも1871年ドイツライヒ刑法典成立後に、「解釈論として」出されたものであった。条文上は未遂の概念規定（1871年刑法典43条）があるためにそのようには読めないにもかかわらず、わざわざそのような解釈をしてまで、そのような帰結を導くことが求められたのである。これは、「正犯者が中止により不処罰になるのであれば、その狭義の共犯者も不処罰になるべきなのだ」という価値判断が存在していたことを示すものといえる。またこのような価値判断は近年においても全く主張されなくなっている見解ではなく、例えば消極的構成要件の理論から、「中止が未遂の消極的概念要素として分類される場合には、正犯の中止における関与者行為は、現行法によれば原則的には不処罰となる教唆未遂または関与未遂として評価されることになる」(Reinhard von Hippel, Untersuchungen über den Rücktritt vom Versuch, Zugleich ein Beitrag zur allgemeinen Versuchslehre, 1966, S. 71) としたり、着手未遂における中止に限定してではあるが、これは「一身的刑罰阻却事由ではなくて、構成要件消滅事由なのである」とし、「……それにより、Aの行為計画を認識して拳銃を調達した幇助者Gもまた、故殺未遂の幇助犯（刑法212条、22条、23条1項、27条）としては処罰される必要はないのである。そのような幇助者は、単に故殺を手伝うことを試みたのであり、そしてそのような未遂でしかない幇助は、刑法30条……によっても可罰的ではないものとされているのである」(Helmut Frister, Strafrecht Allgemeiner Teil, 4. Aufl., 2009, S. 304) として、着手未遂の正犯者の中止が狭義の共犯者にも影響して不処罰にする――ただし独立教唆犯（30条）が成立する場合を除く――ことを正面から認めたりする見解が見られる。なお近年のこれらの見解について詳しくは、本書第1部第3章第2節（2）c）注341も参照。

(110)　刑事政策説に対する、これまでの数多くの批判に対する検討については、城下裕二「中止未遂における必要的減免について―「根拠」と「体系的位置づけ」―」北大法学論集36巻4号（1986年）207頁以下を参照。また本書においても、第1部第3章第2節（2）b）（立命館法学281号（2002年）59頁以下）においてある程度まで述べた。

に多く見受けられるからである。刑事政策説とは、要は「自止の奨励」ということであり、「今行われている犯罪の結果発生をとにかく回避すべし」という考えの下に中止犯制度は設けられているのである、とする考え方である。このような考え方からは、任意性の内容を限定的・規範的に捉えることなく、悪い動機から中止した者に対しても中止犯の成立を認めるべきことになる。そしてそれは中止犯制度の由来・制度趣旨そのものを説明し、中止犯の成立範囲を直接に画する内容をもつものであるから、まさに「中止犯の根拠論」における学説といえるのである。

よく言われる刑事政策説に対する批判として、例えば「ドイツとは異なり法律効果が不処罰ではないから犯罪防止の効果は少ない」[111]といわれることがある。しかし法律効果については不処罰であると言われるドイツでも、加重的未遂の場合には内部に含まれた既遂犯として処罰され得る[112]のだから、「不処罰ではないから」というのが特に反論になるわけではない。

また「犯人が全員中止規定を知っているわけではない」とか「法律学を学んだ者の数を過大評価するものである」という批判[113]も有効なものではない[114]。犯罪結果が刑法上好ましくないと評価されるのが当然であるのと同様に、犯罪結果の回避が刑法上好ましいと評価されるのが当然であるというに過

---

(111) 団藤重光『刑法綱要総論〔第三版〕』(1990年) 361頁、平野・前掲「中止犯」404頁 (平野・前掲『犯罪論の諸問題 (上) 総論』143頁に所収)、川端・前掲『刑法総論講義第2版』472頁、曽根威彦『刑法総論〔第三版〕』(2000年) 252頁、町田・前掲『中止未遂の理論』14頁以下など。

(112) この点について詳しくは、香川・前掲『中止未遂の法的性格』131頁以下、虫明満『包括一罪の研究』(1992年) 289頁以下などを参照。

(113) Max Ernst Mayer, Der allgemeine Teil des deutschen Strafrechts, 2. Aufl., 1923, S. 370 Fn. 7 usw.. 日本では、香川・前掲『中止未遂の法的性格』51頁、団藤・前掲『刑法綱要総論〔第三版〕』361頁以下、川端・前掲『刑法総論講義第2版』472頁、曽根・前掲『刑法総論〔第三版〕』252頁、西田典之『刑法総論』(2006年) 293頁など。

(114) なお、このような批判に対して「中止犯の規定を知っているような人は少ないことはたしかであるが、規定を具体的に知らなくても、犯罪を中止すれば、中止しなかった場合よりも寛大な取扱いを受けるであろうということも、一般人の常識になっているのではあるまいか」(板倉宏『刑法総論』(2004年) 133頁) と反論する考えもある。しかし刑事司法が「一般人の常識」に基づいて運用されるものではなく、「各種刑事法規およびその解釈、刑事法理論」に基づいて運用されるものである以上、このような「一般人の常識」を前提に中止犯規定の根拠づけを行おうとするのは、問題のある方法であり、表現の上でも全くもって語弊のある表現と言わざるを得ない。むしろ、「具体的な個々の刑罰法規が知られていなくても、(違法性の意識 (の可能性) すらももたらさないような場合を除いて) その刑罰法規に違反した者を処罰できるのと同様に、中止犯という優遇法規が知られていなくても、その中止犯の要件を満たした者に中止犯規定を適用できる」という具合に、刑罰法規の運用とパラレルに考えるべきなのである。

ぎず、それは「中止犯規定の存在を知っているかどうか」に左右されるものではないのである[115]。実際、ある規定が「政策的」な規定だと考えられている場合に、その規定の適用の可否が「その者が当該政策的規定の存在を知っていたかどうか」に左右されるようなことがあり得るのであろうか。そのようなことはないであろう。ある規定が「政策的」であるということは、「その規定を知っているかどうかにその規定の適用が左右される」ということを意味するわけではないのである[116]。

また「『刑事政策』というのは刑法の一般原理であってそれ自体からは何の中身も出てこない」[117]とする批判もあるが、何度も述べているように、刑事

---

[115] この点につき、町田・前掲『中止未遂の理論』14頁以下は、ドイツの学説は上記のマックス・エルンスト・マイヤーのように「中止未遂の規定を知る者にしかその効果は期待できず、そして行為者が全員中止規定を知っているわけではない」ということを論拠に刑事政策説を否定しているが、フランスでは刑事政策説はなお支持されているとしつつ、「もし中止の規定を知って犯罪を止めた事例があれば、教科書等において紹介されていると思われるが、それがないところをみると、やはりフランスにおいてもこうした規定は犯罪防止の機能を果たしていないのであろう」として、「もし立法者が真に犯罪防止の効果を狙って中止犯の規定を置いたものだとするならば、彼の意図した刑事政策は必ずしも成功したものとはいいえないであろう」(町田・前掲15頁以下)とする。しかしこれは「刑事政策説」を、「中止犯規定の適用はその中止犯規定の存在を知っているか否かに左右される」とする学説であると捉えるものであり、これは根本的な誤解に基づくものである。法律の条文というものは、それが処罰規定であれ、優遇規定であれ、当該法律規定の適用を受ける者がその内容・存在を個別具体的にまで知っていなければその者に対して適用できないようなものではない。規定を知っているかどうかによって当該規定の適否が完全に左右されるのであれば、それこそ刑法典の制定自体が「法律学を学んだ者の数を過大評価するもの」と言われかねないであろう(井田良『刑法総論の理論構造』(2005年)278頁も参照)。ドイツにおいて広くなされている刑事政策説に対するこのような批判は、刑事政策説というものの内容上の誤解に基づくものと言わざるを得ないのである。

[116] このような「刑事政策的」な規定としてよく挙げられるものとしては、自首(42条)、偽証罪や虚偽告訴罪における自白による刑の減免規定(170条、173条)、身の代金目的略取誘拐罪における解放減軽規定(228条の2)などがある。例えば自首制度(42条)は「捜査機関の便宜」という政策的趣旨による規定であると解されている(団藤・前掲『刑法綱要総論〔第三版〕』525頁、大塚仁・河上和雄・佐藤文哉・古田佑紀編『大コンメンタール刑法〔第二版〕第3版』(1999年)445頁〔増井清彦執筆〕など)が、その規定の適用の可否は「自首規定を知っているかどうか」が関わるものではない。自首規定を知らない者が自首をしたとしても、自首規定が適用できる条件が存在しさえすればその規定を適用するであろう。これは「法律の条文」というものの性質上、当然に導かれることなのであり、「政策的な規定かどうか」とは全く関係がない。なおこの点については、既に城下裕二「中止未遂における必要的減免について──「根拠」と「体系的位置づけ」──」北大法学論集36巻4号(1986年)208頁以下、山口厚『問題探究刑法総論』(1998年)225頁、浅田和茂『刑法総論』(2005年)389頁、井田良『刑法総論の理論構造』(2005年)277頁以下、佐伯仁志「未遂犯論」法学教室304号(2006年)130頁にも指摘のあるところである。

[117] 金澤真理「中止未遂における刑事政策説の意義について(二・完)」法学(東北大学)64巻

政策説は「どんな理由からでも、誰でもよいからとにかく結果発生を回避して欲しい」ということがその中身として重要なのであるから、中身が無いわけでは決してないのである。

「刑事政策」という語を「量刑」と同視したりする見解[118]や、「刑事政策説」を「一身的刑罰減軽(消滅)事由説」と同視したりするような見解[119]も、

(2000年)62頁、84頁以下など。「刑法の規定が政策的意義を有するのは当然のことであり、それが中止犯規定に固有の性格を示すものとはいえない」とする井田・前掲『刑法総論の理論構造』278頁もほぼ同旨といえる。なおこの点につき、野澤・前掲「中止犯論の歴史的展開(5・完)」立命館法学291号215頁注18(本書結論第3章第5節注141)も参照。

[118] 岡本勝「中止犯論の現状と展望」現代刑事法5巻1号(2003年)30頁、同「中止未遂における減免根拠に関する一考察」『刑事法学の現実と展開―齊藤誠二先生古稀記念』(2003年)283頁など。なお、岡本・前掲「中止未遂における減免根拠に関する一考察」論文は中止未遂の成立根拠と減免根拠を分離し(同289頁以下)、特に裁量的免除の可否が問題となる場合には中止行為に内在する違法・責任減少の事情だけではなく、より一般的な量刑事情を考慮すべきであり、刑法43条但書の免除の部分に「情状により」という文言を読み込むべきである(同291頁以下、284頁注17)と主張する。これは解釈論としてはあり得る主張といえるが、しかし「刑法四三条但書における免除の部分に『情状により』という文言が記されていないのは、情状に基づくのは自明のことであるゆえの単なる文章の綾と考えるべきである」(同284頁注17)として、文言上からそのような解釈が当然に導かれると主張する点については、「自明」であることの根拠がないために、説得的な論拠を欠くものと思われる。とくに、「情状により」という文言を「未遂行為および中止行為に関する事情以外の一般的な量刑事情を全て考慮して」という内容で理解するのであれば(同287頁参照)、免除の場合にのみなぜそのような一般的量刑事情まで考慮すべきなのかを示す必要があるものと思われる。そして何より、刑法43条但書の法律効果の文言についての刑法典制定時の実際の経緯が全く踏まえられておらず、「文章の綾」で片づけられている点に強く疑問を感じる。なお刑法43条但書の法律効果の文言についての刑法典制定時の経緯については、本書の結論第2章において、またより詳細には、野澤・前掲「中止犯論の歴史的展開(2)」立命館法学281号36頁、47頁以下および70頁注104において既に検討した。

[119] 香川・前掲『中止未遂の法的性格』52頁が「刑事政策説は中止未遂をもつて刑の免除事由とする」とするのも、この「刑事政策説」と「一身的刑罰減軽(消滅)事由説」を混同していることの現れと考えられる。また浅田・前掲『刑法総論』389頁が「これ〔筆者注：刑事政策説〕を犯罪論体系に組み入れるとすれば、一身的刑罰阻却減軽事由と解することになろう」とするのも、——「犯罪論体系に組み入れるとすれば」という表現から両者を別物と評価していることがうかがわれるものの——同様の混同(もしくは論理関係の誤解)が見て取れる。さらに江藤・前掲「中止未遂の法的性格について」58頁以下が、「我が国における従来の刑事政策説は、……『体系的位置づけ』における人的刑罰減免事由説をも包含するものとして理解されてきたのであ」る、とするのも、同じく「刑事政策説」と「一身的刑罰減軽(消滅)事由説」の混同が現れているといえる。この点について、「これ〔筆者注：刑事政策説が人的刑罰減免事由説をも包含するものとして理解されてきたこと〕は、法律説論者が刑事政策説に対して、中止未遂の考察は、犯罪論体系内において法的になされるべきであり、体系外でとらえる刑事政策説は妥当ではない、とする趣旨の批判を加えてきたことからも明らかであろう」(江藤・前掲「中止未遂の法的性格について」59頁)とするが、それはそのような批判を行う文献が刑事政策説の定義づけを同じく誤っていることの事実証明にしかならない。本文中にも述べたとおり、「刑事政策説を採用すること」と「一身的刑罰減軽消滅事由説を採用すること」とは、決して論理関係にはない。実際、

同様に定義上の誤解をするものである。「刑事政策説」にいうところの「刑事政策」は、量刑を行うことそのものではなくて、中止犯の成立範囲そのものにかかわる内容——すなわち「自止の奨励」——をもつものであり、また前述のようにこのような見解は、そもそも中止犯規定が量刑規定（＝刑罰論）としてだけではなく犯罪論にかかわる規定であることを見過ごしているものであるといえる。また「一身的刑罰減軽（消減）事由説」は、中止犯の成立が認められた後の、その法的効果が現れる段階での考え方を示すものであるから、それは「中止犯の体系的位置づけ（法的性格）」にかかわる内容の学説であって、中止犯の成立範囲そのものにかかわる内容をもつ刑事政策説とは、その内容とするところを異にしている。この点につき、「刑事政策説を採用する場合には必然的に一身的刑罰減軽消減事由説に至ることになる」のであるから「両者は同じもの」とするのであれば、これは1810年フランス刑法典の下でのフランスや1851年プロイセン刑法典の下でのドイツ（プロイセン）、そして明治13年刑法典の下での日本において、刑事政策説が支持されていた[120]にもかかわらず、中止の効果が一身的なものとしては考えられてはいなかった[121]事実を看過することになる。「刑事政策説を採用すること」は、「一身的刑罰減軽消減事由説を採用すること」と決して論理関係にはない。後述するように[122]、前者はあくまでも、「中止犯の成立範囲」そのものにかかわる学説なのであり、まさに「中止犯の根拠論」における学説であるが、これに対して後者は「未遂と中止の関係構造」にかかわる学説なのであり、これは「中止犯の体系的位置づけ論（法的性格論）」における学説なのである。

　　　この点の誤解に基づいて「『刑事政策説』は中止を『体系外』でとらえる学説である」とまで明確に指摘する文献は、実は日本語文献においてもそれほど多くはないのである。
(120)　この点に関して、フランスについては Roger MERLE/André VITU, Traité de droit criminel, t. 1, 7ᵉ édition, 1997, p. 637, n°502 ; Gaston STEFANI/Georges LEVASSEUR/ Bernard BOULOC, Droit pénal général, 17ᵉ édition, 2000, p. 217 ; Jacques-Henri ROBERT, Droit pénal général, 5ᵉ édition, 2001, p. 219 etc.. 日本語文献としては末道康之『フランス刑法における未遂犯論』（1998年）133頁以下、町田・前掲『中止未遂の理論』15頁以下、香川・前掲『中止未遂の法的性格』48頁などを参照。ドイツ（プロイセン）については Berner, 1. Aufl. (a. a. O.), S. 156f. 日本に関しては野澤・前掲「中止犯論の歴史的展開（一）」立命館法学280号62頁以下（本書第1部第2章第2節（1）c））において、既に詳細な検討を行った。
(121)　1810年フランス刑法典も、1851年プロイセン刑法典も、日本の明治13年刑法典も、いずれもいわゆる「フランス型の未遂犯・中止犯の規定形式」を採用したのであり、正犯のみが中止した場合であっても、その中止の効果は狭義の共犯にも及ぶものと考えられていた。
(122)　本書結論第3章第4節参照。

さらには「刑事政策説」の「刑事政策」という言葉の中身に「一般予防」や「特別予防」の内容を読み込む見解[123]も、実は定義上の誤解をするものである。刑罰の正当化根拠論における「一般予防」とは、例えば積極的一般予防論によれば刑罰による一般人への規範強化を内容とするものであるから、既に犯罪に足を踏み入れた者を名宛人とするものではないのであって、「どんな理由からでもよいから犯罪者が結果を回避すれば中止犯とする」ような刑事政策説の考え方とはそもそも対象の方向がずれているし、むしろ悪い動機から中止した者にも中止犯の特典を認めるような刑事政策説の考え方は、そのような「一般予防」に資するものとは言えないと思われる。また「特別予防」の考え方も、悪い動機から中止した者に対しても中止の特典を与えるような刑事政策説の考え方とはそぐわないものである。これらの「一般予防」や「特別予防」の観点は、前述のようにむしろ「刑罰目的説」の考え方において、その中止犯の成否の判断の際に基準とされるべきものといえる。

　これに加えて、「褒賞」の内容を「刑事政策」という言葉の中身に読み込む見解[124]も、同様の誤りを犯している。「褒賞」とは、それを受けるにふさわしい者が受けるということを前提にしており、悪い動機から中止した人間に対しても中止犯の成立を認める「刑事政策説」の考え方とはそぐわないのであり、そのような観点からはむしろこれは前述のような「褒賞説」として別の考え方であると評価すべきことになる[125]。

　また、「刑が減軽されるべき場合と免除されるべき場合とを区別する理由を

---

[123]　平野・前掲「中止犯」404頁以下（平野・前掲『犯罪論の諸問題（上）総論』143頁に所収）、伊東研祐「積極的特別予防と責任非難——中止犯の法的性格を巡る議論を出発点に」『刑事法学の課題と展望——香川達夫博士古稀祝賀——』(1996年) 275頁（刑事政策説を「刑の減免利益の事前提示による機会形成的な誘導という意味での（消極的）一般予防的発想に基づく」ものとする)、和田俊憲「中止犯論——減免政策の構造とその理解に基づく要件解釈——」刑法雑誌42巻3号 (2003年) 4頁以下（「積極的視点に立つ減免根拠論」として「予防政策説」を掲げる）など。

[124]　西田・前掲『刑法総論』293頁など。

[125]　ちなみにこの褒賞説と前述の刑罰目的説の違いは、その刑罰の正当化根拠において応報刑論に比重を置くか、むしろ目的刑論を重視するかによるものといえる。すなわち、刑罰を犯罪に対する「報い」としてとらえる応報刑論からは、犯罪結果を回避して中止した者に対しては、それに対する「褒美（ほうび）」、すなわち刑罰の優遇が認められるべきである、ということになる。これに対して目的刑論は、刑罰の正当化根拠を「一般予防」ないしは「特別予防」の観点から説明するので、そのような刑罰の目的からすればもはや刑罰が必要ではなくなった中止犯には、刑罰の優遇が認められるべきである、とするのである。

刑事政策説は説明できない」と言われることも多い[126]が、「中止犯の根拠論」においては「(ある事例について)中止犯が成立するべきか否か」がまさに議論されるのであるから、中止犯の根拠論において減軽されるべき場合と免除されるべき場合とが区別できなくても、それ自体は何ら構わないわけである。「減軽されるべき場合と免除されるべき場合とを区別するための基準をどのように考えるべきか」については、それ自体を、根拠論とは別の論点として議論すれば足りる[127]。この「免除と減軽の区別基準」が根拠論から説明できればそれに越したことはないが、もし「説明できないから根拠論としては成り立たない」[128]と言うのであれば、それはまさに根拠論で何が争われるべきかを誤解していることに基づくものといえる[129]。

　このように、近年言われる刑事政策説に対する批判は、いずれもその「刑事政策」という単語の内容に対する誤解に基づくものである。確かに「刑事政策」という単語は多義的に使われる傾向があり、このため最近は、上述のような「刑事政策」という単語による誤解を避けるために、刑事政策説を「奨励説」と言い換える試みが行われており[130]、これは刑事政策説の正確な理解の

---

[126] 団藤・前掲『刑法綱要総論〔第三版〕』361頁、川端・前掲『刑法総論講義第2版』472頁、曽根・前掲『刑法総論〔第三版〕』252頁、井田・前掲『刑法総論の理論構造』278頁、西田・前掲『刑法総論』293頁。ただし団藤重光は、偽証罪の自白による刑の減免規定(170条)の解説の中で、「中止犯に関する私見が政策説を完全に排除しているのは、逆の方向に行きすぎているとおもう」(団藤重光編『注釈刑法(4)』256頁〔団藤重光執筆〕)と述べている。

[127] この点については、金澤真理「中止未遂の体系的位置づけに関する覚書」東北法学16号(1998年)113頁も参照。なおこの区別に関する歴史的見地からの検討については、本書の結論第2章において前述した。すなわち、明治30年刑法草案までは中止犯の法律効果は「現ニ生シタル結果ニ従テ之ヲ罰ス」という形式であったのが、明治33年刑法改正案においては「其刑ヲ減免ス」という形式になった。このように明治30年刑法草案では「実際に結果を生じた者」しか処罰できなかったのが、明治33年刑法改正案においては裁判官の裁量で、「結果は生じてはいないものの規範的観点からは不処罰に値しない者」に対しても刑を科すことができるようになったのである。詳しくは野澤・前掲「中止犯論の歴史的展開(2)」立命館法学281号36頁、47頁以下および70頁注104を参照。

[128] 団藤・前掲『刑法綱要総論〔第三版〕』361頁は、「政策的考慮は事前においてのみ可能なのに、減免の裁量は事後的であるから、わが刑法のような規定のもとでは、政策説は論理的に成り立たないとさえいってよいであろう」と述べる。これが「刑事政策説」の内容に関する誤解に基づくものであることは、本文中にも述べたとおりである。

[129] なおこの点について、城下・前掲「中止未遂における必要的減免について」209頁は、身の代金目的略取誘拐予備罪における実行の着手前の自首(228条の3但書)を例に挙げて中止犯規定と対比し、「減軽又は免除する」という法律効果が、必ずしも違法減少説・責任減少説に依拠しなくては説明できないものではない点を指摘する。

[130] 金澤真理「中止未遂における刑事政策説の意義について(二・完)」法学(東北大学)64巻

ために望ましいものと考えられる[(131)]。

第4節 「中止犯の根拠論」と「中止犯の法的性格論（体系的位置づけ論）」の分離

以上の検討から、「刑事政策説（奨励説）」という学説と「法律説」という学説のそれぞれの正確な定義内容が明らかになった。そしてその検討結果から、「刑事政策説（奨励説）」と「法律説」が、全く次元の異なる問題点を対象とする学説であることが浮き彫りになってくる。

すなわち、「刑事政策説（奨励説）」はあくまでも、「とにかく犯罪の結果発生は回避されるべきなので、どんな理由からでも、誰でもよいから結果発生を回避させた者には、中止犯としての優遇を認める」ということをその内容としている。そうであるならば、「刑事政策説（奨励説）」からは、当然に中止犯の成立範囲は広く認められてしかるべきことになる。たとえ悪い動機から中止した者であっても、例えばある人間に対する強盗の際に、金銭をより多く持っていそうな人間が通りかかったので、最初の人間に対する強盗行為を中止した場合[(132)]も、ともかくも最初の人間への強盗の被害結果は回避されたので、中止

(2000年) 64頁以下、塩谷毅「中止犯」法学教室279号 (2003年) 65頁など。また、ドイツにおいては「黄金の橋説 (Die Lehre von der goldenen Brücke)」と言い換えられているようである。Vgl. Claus Roxin, Strafrecht Allgemeiner Teil Bd. II, 2003, S. 482ff.; Georg Freund, Strafrecht Allgemeiner Teil, 1998, S. 296 usw..

(131) ただし、この「奨励説」という表現も、場合によっては誤解を招き得るものではある。「中止犯規定を犯罪行為中止の『奨励』のためだとする考え方は、法律学を学んだ者の数を過大評価するものである」というような、前述した全くの的外れな批判を呼び起こし得るものだからである。中止犯規定の、中止行為を奨励するという動機づけを一般市民に対して形成する能力は、処罰規定の、犯罪行為を回避するという動機づけを一般市民に対して形成する能力——それは刑罰の正当化根拠論にも関連するものであろう——とさほど変わらない。ここで「奨励説」という学説が指し示そうとしているのは、自由意思に基づいて（強制によることなく）中止した場合であれば、（規範的観点によって限定することなく）広く中止犯の成立を認める、という（立法者などの）姿勢そのものなのである。それが結果的に、「立法者は中止を広く『奨励』している」という形で表現されることになるのである。ここでもやはり、「奨励説」と呼ばれる学説の内容の正確な理解が必要であるといえよう。

(132) この事例は、Claus Roxin, Über den Rücktritt vom unbeendeten Versuch, Festschrift für Ernst Heinitz, 1972, S. 262に挙げられている事例である。なお、中止犯の根拠論に関して「刑罰目的説」を採用するロクシンは、このような事例における最初の人間に対する強盗未遂罪について、当然に中止未遂の成立を認めない。

犯が認められることになる。このように、「刑事政策説（奨励説）」は、中止犯の制度趣旨そのものを説明する学説であり、その内容に基づいて中止犯の成立範囲そのものが左右されるものといえる。これこそが、まさに「中止犯の根拠論」なのである。中止犯の根拠論は、中止犯の成立範囲の広さそのものに関わる議論としてなされるべきなのである。

これに対して、「法律説」は「未遂と中止の関係構造」に関わる学説であるといえる。「中止犯が成立する場合に、未遂犯は成立しているか？」——この命題に対して「否」と答えるのが法律説なのである。前述のとおり、「法律説」によれば、未遂犯が成立するためには「中止犯ではないこと」が要件とされるのであり、もしひとたび「中止犯である」ことが認められれば、その際には「未遂犯の成立もなかった」ことになる。フランス型の中止犯の規定形式を採用していた場合には、このような点から中止犯の不可罰性を簡単に指摘することができた。未遂犯の成立も無くなる以上、中止犯の場合を処罰するための根拠規定は——加重的未遂の場合を除いて——当然に全く無くなってしまう。だが、このような形で「中止犯が不処罰となる」ということを指摘できるのは、フランス型の中止犯の規定形式であったればこそ、そのように言い得たのである[133]。すなわち、そのような規定形式の前提がない状況においては、「法律説

---

[133] 本書の結論第1章の前述箇所、およびより詳しくは、野澤・前掲「中止犯論の歴史的展開（5・完）」立命館法学291号144頁以下（本書第2部第3章第5節）を参照。1851年プロイセン刑法典が制定される以前は、中止犯の不処罰根拠として、「刑事政策説」を挙げる学説が多く見られる（Paul Johann Anselm Feuerbach, Kritik des Kleinschrodischen Entwurfs zu einem peinlichen Gesetzbuche für die Chur=Pfalz=Bayrischen Staaten, 2. Teil, 1804, S.102f.; Carl Joseph Anton Mittermaier, Beiträge zur Lehre vom Versuche der Verbrechen, Neues Archiv des Criminalrechts 1. Bd(1816) 2. St., S. 200f.; Carl Ernst Jarcke, Handbuch des gemeinen deutschen Strafrechts, 1. Bd., 1827, S. 217f.; Anton Bauer, Lehrbuch des Strafrechtes, 1833, S. 110. usw.. 法律説としての理論構成を前提にしつつ、刑事政策説を根拠論として掲げるものとして Heinrich Albert Zachariä, Die Lehre vom Versuche der Verbrechen, 2. Theil, 1839, S. 246）。しかし1851年プロイセン刑法典の制定以降、刑事政策説を正面から根拠論として挙げる学説は、急速に減少する。それは、中止犯の不処罰根拠として法律説を前面に掲げる学説が増えるから（Hugo Hälschner, Das preussische Strafrecht, 2. Teil, 1858, S. 199 ; Jodocus Dedatus Hubertus Temme, Lehrbuch des Preußischen Strafrechts, 1853, S. 277f. usw.）であり、これは1851年プロイセン刑法典などのフランス型の未遂犯の規定形式を採用する制定法ができたことと無関係ではなかった。「任意的な中止はそもそも、どのような動機から生じたものであれ同様に、本質的に刑罰消滅事由なのである、すなわち多くの者が考えるような、単に刑事政策の考慮からのみではなくて、法律の根拠からのものなのである」（Karl Gustav Geib, Lehrbuch des Deutschen Strafrechts, 2. Bd., 1862, S. 311f.）という表現からも分かるように、1851年プロイセン刑法典のようなフランス型の未遂犯の規定形式の下では、刑事政策説を根拠論として持ち

を採用すること」そのものは「中止犯の不処罰根拠」とは決してなり得ない[134]。そのような状況においては、「法律説」は未遂犯・中止犯規定に対する「解釈」として、「中止犯の場合には、未遂犯としての犯罪成立要件――構成要件[135]か、違法性か、責任か――が欠けている(ないしは減少している)ものと解釈すべきである」ということを主張する一つの学説でしかない。すなわちこれは、「中止犯となった場合には、犯罪論体系の中のどの段階でその中止犯としての法的効果がもたらされるものと考えるべきか」について説明を行う学説であり、これこそが、まさに「中止犯の法的性格論(体系的位置づけ論)」における学説といえるのである。中止犯の法的性格論(体系的位置づけ論)は、中止犯の成立がひとたび認められた場合に、そのことが犯罪論体系上、どのような効果をもたらすものなのかを議論するものなのである。「中止犯の根拠論」が中止犯の成立範囲そのものを左右し、そして中止犯が成立することが確定した後に、その「中止犯であること」がどのような効果をもたらすか――そもそも構成要件該当性すらも無いと考えるのか、むしろ違法性が減少・消滅すると考えるのか、違法性は変わらないが責任のみが減少・消滅すると考えるのか、さらに違法性および責任も変わらずに犯罪が成立するが一身的に刑罰が減少・消滅すると考えるのか――が、「中止犯の法的性格論(体系的位置づけ論)」によって左右されるのである。

以上のような点から、「中止犯の根拠論」と「中止犯の法的性格論(体系的位

出さずとも、「法律上処罰するための要件が欠けてしまう」と言ってしまえば、それで中止犯は当然に全面的に不処罰になり得たのである。このように1851年以降、1871年のドイツライヒ刑法典制定の時期まで、刑事政策説を主張せず、法律説のみの理論構成を行う見解が増加するが、1871年ドイツライヒ刑法典の制定と共に法律説はほとんど支持されなくなり、刑事政策説が再び根拠論として前面に現れることとなったのである(本書の結論第1章の前述箇所、およびより詳しくは、野澤・前掲「中止犯論の歴史的展開(5・完)」立命館法学291号181頁以下(本書第2部第4章第1節)を参照)。すなわち、法律説が根拠論として機能し得たのは、フランス型の未遂犯・中止犯の規定形式が制定法上採用されていた時期のみなのである。このような「条文解釈」としての根拠論の考察を抜きに、「法律説」を主張することは、無意味なことと思われる。

(134) 本書の結論第3章第2節においても説明したように、「解釈論として」法律説を採用することは十分に可能ではある。しかし――条文の規定形式が法律説を前提とした規定形式になっていないがために――中止犯の不処罰根拠として直接に持ち出すことはできない、ということなのである。

(135) 「法律説」とは、何度も述べるように「未遂犯としての法律上の成立要件が欠けることになる」という見解なのであるから、すなわちこの「中止犯の場合には(未遂犯としての)構成要件該当性が失われる」という見解こそが、本来の「法律説」の考え方なのである。フランス型の未遂犯・中止犯規定も、まさにそれに対応したものであるといえる。

置づけ論)」を区別して議論すべきことが明らかになる(136)。中止犯の根拠論は、中止犯の成立範囲の広さそのものに関わる議論なのである。すなわち、「なぜ中止犯が通常の未遂犯に比べて優遇されるのか」を検討することにより、中止犯制度の存在意義を明らかにし、よって中止犯の成立範囲を画する基準を導き出すという意義があるのである。これに対して、「違法か責任か」といった議論は、「中止犯の優遇による効果が犯罪論体系のどの部分で現れるのか」という点を明らかにすることで、中止犯の法律効果の体系的位置づけ論としての意味合いを持つのである。それは「違法性」や「責任」などの点で通常の未遂犯と共通するのか、しないのかということの検討である以上、中止犯の「法的性格」論、すなわち「体系的位置づけ」論とも表現できる。

　従来の議論はこの両者を混同することにより、混乱した状況にあったといえる。「中止犯の根拠論」と、「中止犯の体系的位置づけ論(法的性格論)」は、区別して検討される必要があるのである(137)。

---

(136)　この点に関して、山中敬一『中止未遂の研究』(2001年) 22頁以下は、「『根拠』問題と『体系』問題というドイツにおける問題の立て方」が「目的論的説明と範疇論的説明に対応している」と指摘し、「『根拠』に関する理論たる刑事政策説、報奨説、刑罰目的説はすべて、中止犯を不可罰とするのは『〜のためである』という説明を行っている。これに反して、『体系』問題に関する説明は『〜だからである』という因果的説明を与えている」とした上で、「このことは、体系内的説明のみでは、中止規定の根拠に関してその本質を捉え切れないという意識があることを示しているように思われる」と述べている。「中止犯の根拠論」と「中止犯の法的性格論(体系的位置づけ論)」の議論の方向性の違いがここにも指摘されているといえる。

(137)　これにより、この「根拠論」と「体系的位置づけ論(法的性格論)」を区別しないで検討するのは、それ自体として検討手法が誤っているものと言わざるを得ないのである。さらにこの点に関して、「『根拠論』と『体系的位置づけ論(法的性格論)』を区別しつつも、従来の説明手法どおり、『体系的位置づけ論(法的性格論)』をもって『根拠論』を説明すればよいという考え方」(例えば、「根拠論と体系的位置づけ論とに問題を振り分けて論じなくとも、中止未遂の法的性格の問題に両者の問題は包含されており、単に方法論が異なるにすぎず、あえて両者の問題を切り離す必要はない」という考え方)も、本文中において数々指摘してきたような日本の現在の中止犯に関する議論の問題点を看過するものである。法的性格論を以て根拠論を説明することにより、何らかの独自の意義がそこで見いだされてきたのであれば、その手法も悪くはない。しかし既に本書序論でも説明してきたように、その手法によって何らかの有意義な帰結が導かれたことはなく、むしろ両論点の混同を招き、中止犯論そのものを混乱に陥らせていたというのが現状なのである。「違法が減少するのである」と主張することそのものによって、(責任が減少することとは異なる)中止犯の成立範囲を画する何らかの帰結が出てくることはなかったのであり、「責任減少」の主張についてもほぼ同様であった(あったとしても、例えば序論第2章注28で挙げた「任意性の主観説・客観説の対立を、違法減少説を採用するか責任減少説を採用するかの対立に結びつける考え方」のように、別な観点——すなわち前者の対立は任意性の判断基準を行為者基準で行うか一般人基準で行うかという問題に過ぎず、その中止犯の法的効果(体系的位置づけ論)と論理関係に立つわけではない——からの帰結を「違法減少」「責任減少」からの帰結で

第 3 章　今後の日本の中止犯論のあるべき方向　　401

　「刑事政策説（奨励説）」と「法律説」という、方向性の全く異なる学説を同一次元の論点において扱うことは、これ以上の議論の混乱を避けるためにも、もはやめるべきである(138)。このような「根拠論」と「法的性格論（体系的位置づけ論）」の分離は、実は従来からその必要性が主張されてきたことである(139)が、「刑事政策説（奨励説）」と「法律説」の歴史的意義を検討する中で、

　　あると強引に結びつけて主張されたものでしかなかった）。「違法が減少するということによって、通常の未遂犯と中止犯との違法性の差異を説明することができる」という見解もあるかもしれないが、それは「中止犯は違法性が減少するから違法性が減少する」と述べているだけなのであり、それは結論を以て理由（根拠）を述べるものであって、まさにトートロジーそのものなのである。そこまでして法的性格論を以て根拠論を説明することを主張するのであれば、「中止犯は違法性が減少するのであるから共犯にも影響する」などとして、本来の「法的性格論」が持つ論理的に派生する帰結まで合わせて述べる必要がある。ところがその本来の帰結までは全く述べることなく（この点について後述注147も参照）、しかも前述のようなトートロジーで満足していたがために、中止犯の根拠論は中止犯の具体的帰結に影響しない、全く閉じた、無意味な議論とされてしまっていたのである。中止犯の根拠論を、法的性格論によって説明する手法そのものが、もはや問題をはらむものと言わざるを得ないのである。そしてこのように混乱を招くような、問題をはらむものでしかない手法を、その検討手法から帰結される具体的な意義・利点も示すことなく、日本において今までそう議論してきたのだからそのままでよいとするのは、もはや学問的誤謬を糊塗するものでしかないであろう。

(138)　江藤・前掲「中止未遂の法的性格をめぐる諸議論の方法論的研究」94頁以下においても、ドイツにおける中止未遂の免除根拠と体系的位置づけに関する議論を参考にして、両者を区別して検討している。そして山中・前掲書『中止未遂の研究』および城下・前掲論文「中止未遂における必要的減免について——「根拠」と「体系的位置づけ」——」を取り上げた上で、例えば城下論文については「方法論として減免根拠と体系的位置づけを区別することに意味がある、すなわち『減免根拠論』と『体系的位置づけ論』はその論じている次元がことなるものであるという指摘であると理解すれば、まさに正当であるといえる」として、肯定的な評価を行っており（江藤・前掲「中止未遂の法的性格について」57頁以下が「『減免根拠』と『体系的位置づけ』を区別して考える見解には疑問がある」として、「我が国の議論は『減免根拠』と『体系的位置づけ』を密接不可分のものとして論じてきたといえるのであり、あえてこれを切り離すことに特別の意味はない」とした点は、ここで既に修正されているようである）、ここでも「中止犯の根拠論」と「中止犯の法的性格論（体系的位置づけ論）」の議論の方向性の違いが意識されているものといえる。しかし、「刑の免除根拠論と体系的位置づけ論には論理的必然関係がある」（江藤・前掲「中止未遂の法的性格をめぐる諸議論の方法論的研究」93頁）とする点には、疑問がある。確かに、論理関係に基づいて、特定の根拠論の学説から体系的位置づけ論における学説上の帰結を導くことは可能ではあると思うが、それは学説上の主張ないし理論展開として「可能である」、というだけであって、「根拠論におけるA説を採用した場合には、体系的位置づけ論においては必ずA'説を採用しなければならない」、という関係には、必ずしもないのである。現に、根拠論において刑罰目的説を採用しつつ、体系的位置づけ論において答責性消滅事由説（ロクシン）を採ることも人的刑罰消滅事由を採ることも可能であることが指摘されている（江藤・前掲「中止未遂の法的性格をめぐる諸議論の方法論的研究」93頁）し、また、刑事政策説を採用したからといって一身的刑罰減軽消滅事由説を採らねばならないわけではないことについては、前述のとおり（本書の結論第1章および結論第3章第3節も参照）、フランスにおいて刑事政策説が通説とされつつ、未遂犯規定が中止犯の効果を一身的なものとしていないことからも明らかである。

そのように分離して議論することがむしろ本来あるべき形であったことが明らかになったといえる。

第5節　あるべき中止犯論の議論形式

そして前述のように、ドイツにおいて「中止犯の根拠論」に関して争われたのは、好ましい動機により取りやめたわけではないが、ともかくも結果を発生させなかった者に中止の特典を与えるべきか否かについてであった。このような観点からすれば、日本とドイツの状況は実はさほど変わらない。任意性について、その内容を限定していない以上、そのような者に中止の特典を認めるべきか否かは、任意性に関する文言が同じ内容をもつものであるがために、ドイツにおいてだけではなく、実は日本でも問題となるのである。「自己の意思により」悪い動機から犯罪を中止した者に対して、日本の43条但書の文言からは、実は中止犯の成立を認めざるを得ない。この点については、立法者までもが明確に認めていることである[140]。中止犯は、法律の文言上、悪い動機から自己の意思により中止した者を含むのであり、これは立法者も認めていることなのである。このように、法律の文言の要件を満たしている以上、たとえ悪い動機からであっても、中止犯の成立を認めることは仕方がない。それが結論として妥当でないと言うならば、――まさにドイツにおいてボッケルマンやロクシンがそうしたように――中止犯の根拠論にまで立ち返って、「中止犯は規範的に好ましい者に限るべきであり、そのような悪い動機から中止した者を中止犯制度はそもそも対象とはしていない」と主張して争わなければならないのである。このように中止犯制度の根拠論にまで立ち返ることで、被告人に有利な規定の運用を限定的に解するこのような考え方は、罪刑法定主義違反とのそしりを避けようとしているのである。すなわち、中止犯の成立範囲そのものが問

---

(139)　城下裕二「中止未遂における必要的減免について――「根拠」と「体系的位置づけ」――」北大法学論集36巻4号（1986年）203頁以下など。
(140)　本書の結論第2章の前述箇所、およびより詳しくは、野澤・前掲「中止犯論の歴史的展開（2）」立命館法学281号38頁以下（本書第1部第3章第1節）を参照。すなわち、悪い動機から中止行為に及んだ者も、「自己の意思による」ものである限り、中止犯に含まれると立法者も考えていたのであり、立法者はそれを見越して、法律効果における「減軽」の部分を設定したのである。

題となる「中止犯の根拠論」においては、やはり日本においても、「刑事政策説（奨励説）」と、「刑罰目的説」または「褒賞説」が争われるべきなのである(141)。

　これらの学説の中で、とくに「刑事政策説（奨励説）」に対しては、「そのように広い範囲で中止犯を認める刑事政策説（奨励説）が支持され得るものなのか」とか、「そのような者に中止の恩典を認めるのはいかがなものか」という印象をうけるかもしれない。しかしドイツにおいても中止犯の場合には「未遂としては」不処罰となるに過ぎないのであるから、実際に発生した既遂犯としては処罰し得ることになる。日本においては、刑罰免除だけでなく、減軽の規定がある。ドイツでは「未遂犯が成立して、しかし未遂犯としては処罰されずに内部の既遂犯として処罰される」ことになり、日本では「未遂犯が成立して、その未遂犯として、裁判官の裁量により減軽にとどめられて処罰される」のである(142)。「そのような量刑以前に、そのような者を中止犯として認めるこ

---

(141) このように「刑事政策説（奨励説）」と「刑罰目的説」を中止未遂の根拠論における学説としたとしても、「中止未遂の存在理由を純粋な刑事政策に求めるとき、中止未遂を認めるか否かの結論は必ずしも一義的に導出されない」（金澤真理「中止未遂における刑事政策説の意義について（二・完）」法学（東北大学）64巻（2000年）62頁）とか、刑罰目的説が依拠する「刑罰目的」について、「その目的は極めて多岐にわたり、帰一するところがな」く、また「目的が設定されたからといって、そこから直接に中止未遂の成否の結論が演繹されるわけではない」（同83頁）とも言われることがある。これはある程度は確かにそのとおりで、刑事政策説（奨励説）が中止犯の成立を否定する場合である「外部的または内心的強制状況」の場合について、どのような場合がその強制にあてはまるのか、曖昧であるという指摘はなされている（Manfred Maiwald, Psychologie und Norm beim Rücktritt vom Versuch, in Gedächtnisschrift für Heinz Zipf, 1999, S. 266f.; Christian Jäger, Das Freiwilligkeitsmerkmal beim Rücktritt vom Versuch, ZStW Bd. 112, 2000, S. 788ff.）。し、刑罰目的説も、その規範的発想ゆえに恣意的判断に陥りやすく、「誰の目から見た合理性を基準にするか」が問題となる場面がでてくる（特に任意性において規範的考察説を採用するとこれが前面に現れる。Vgl. Jäger, a. a. O., S. 788ff.）。しかしこれらの学説はそれぞれ全く中身の無いものでは決してなく、単純化して言うならば、中止未遂の成立範囲について「緩やかに広く考える説」と「（規範的に）厳格に狭く考える説」があるという対比状況の方向づけがある限りは、それらの説の根拠論としての意義は全く失われない。明確化すべきポイントも「（もはや任意とはいえない）強制状況とはどのような場合か」「規範とは、誰の目から見た、どのようなレベルのものか」という具合に、既に絞られているのであり、十分に根拠論として有意義なものと考える。少なくとも、「中止犯の法律効果に関する学説」として次元の異なるものである「違法減少」「責任減少」などの「中止犯の法的性格論（体系的位置づけ論）」によって無理にこじつけて説明するよりは、中止犯の成立範囲を説明する「中止犯の根拠論」として、はるかに望ましい内容をもつものと言える。

(142) ちなみにフランスでは「未遂犯が成立せず、内部の既遂犯が成立して処罰される」ことになる。

とが妥当でない」というのであれば、まさにここで刑事政策説（奨励説）を否定し、刑罰目的説か褒賞説を採用して、「そんな人間をそもそも中止犯制度は対象とはしていない」と言えばよいのである。だが現在の日本の刑法典43条但書が——とくに任意性の文言に関して——そもそも刑事政策説（奨励説）に合致した文言となっている以上、このように解することは、やはり罪刑法定主義違反ではないかと批判されても仕方がない。

そうであれば、任意性の文言に関して、「悔悟して」などのような形で限定主観説を採用するように立法論を展開するのも一つの方法[143]ではある[144]。しかし、そもそも中止犯制度が本来、「行為者の反省や悔悟」などというものを予定して作られた制度ではなく、そのような規範的に肯定できる内心的事情がある場合に限定されるものとして生じた制度ではない[145]以上、法律要件においてこのような規範的な観点から限定する文言を置くことは、そのこと自体が中止犯制度そのものに対する誤謬といっても過言ではない。これまで詳細に検討してきて明らかとなった本来の中止犯制度の趣旨からすれば、どのような理由からであれ、自発的に犯罪結果が途中で取りやめられさえすれば、それは中止犯制度がもともと予定している事例そのものであり、中止犯を認めてよいことになる。ここに、単なる酌量減軽事由などの他の量刑事由とは決定的に異なる中止犯制度の意義が存在しているといえるのである[146]。ましてや、立法

---

[143] 例えば、1940〔昭和15〕年の改正刑法仮案の中止犯規定（23条）は、「自己の意思による場合」と「悔悟した場合」とで法律効果を区別した。第1部第3章第2節（立命館法学281号（2002年）124頁以下）参照。

[144] なお同様の点から、日本においてもし法律説をそれでも主張したいのであれば、明治13年刑法典がそうであったように、フランス型の規定形式を採用するよう立法論を展開するのが一貫しているように思われる。もちろんその場合には、共犯への影響も視野に入れて立法論を展開しなければならないであろう。

[145] 前述第2部第1章第3節および結論第1章参照。本来の中止犯制度の由来からすれば、あくまでも「犯罪客観要件の不存在および犯罪主観要件の不存在」がありさえすれば、中止犯としては認められてしかるべきなのである。その点からすれば、そこに「反省・悔悟」を要求する必然性はない。過去のドイツの領邦国家法などにおいて見られた限定主観説的な考え方に基づく立法は、未遂犯論・中止犯論の理論的な構造から導かれるものではなく、むしろ古い中世期の量刑規定または量刑概念において、「悔悟していること」が刑罰減軽事由として扱われたこと（この点については第2部第2章参照）の名残として、その延長線上に捉えられたものであるといえる。

[146] 逆にいえば、そのような「行為者の反省や悔悟」といった内心的事情については、もしそれが中止犯の枠内にあるならば、例えば「刑罰の免除を認めるか認めないか」といった量刑の点で考慮すれば足りるのである。そしてもし仮に中止犯としての枠外であったとしても、そのような事情はもともと一般的量刑の部分で考慮すれば足りるものなのである。将来的にはこのような

論ではなく、解釈論として、「自己の意思により」という文言の内容を「行為者の反省や悔悟により」として限定して解釈することなど、罪刑法定主義違反を犯してまで本来の中止犯制度の趣旨を蔑ろにするものであって、あり得ないものと考えざるを得ないのである。

そして、上記のような「中止犯の根拠論」に基づいて中止犯の成立範囲が確定された後で、中止犯が認められた場合のその法律効果の問題、すなわち「中止犯の体系的位置づけ論（法的性格論）」が別次元の論点として出てくるのである。このような法律効果の問題は、いったん中止犯が成立した場合に、その中止犯の効果が犯罪論体系のどの段階で現れるのかに関わる議論、すなわち中止犯の体系的位置づけ論においてこそ争われるべきものであり、それは根拠論とは一線を画する形で議論されるべきなのである。そしてここで、中止犯の体系的位置づけ論として、未遂の犯罪が完全に成立していることを前提にした「一身的刑罰減軽（消滅）事由説」を採用するか、もしくは「責任減少（消滅）事由説」か「違法減軽（消滅）事由説」のような「法律説」を採用するかが争われるのである。その際には、もちろん正犯のみが中止した場合にはその狭義の共犯に影響が及ぶのか否かを考慮に入れた上で、結論を導く必要があるものと思われる[147]。

以上のような検討を通して、日本の中止犯論における議論形式の問題点を浮き彫りにした上で、中止犯に関する議論のあるべき方向性をある程度示すことができたものと思われる[148]。このような考え方が、中止犯の成立範囲に着目

「一般的量刑規定」を作ることも、立法として考えるべきであり、実際に改正刑法草案48条はこのような一般的量刑規定を置いている。

[147] このような観点から、逆にいえば、「違法減少」「責任減少」といった概念を用いて「中止犯の法的性格」について論ずる論考や、「未遂（と中止）の理論構造」について検討する論考において、このような「狭義の共犯への影響に関する問題点」について触れないものは、そのことだけで、それ自体として参照する価値がないものといえる。「中止犯の法的性格（体系的位置づけ論）」というものは、まさにこのような狭義の共犯への影響を視野に入れて展開されるべきものなのであり、この点を考慮・検討しないのであれば、どれほど「中止犯の法的性格」と称して検討したとしても、また中止未遂における「違法性の減少」などを帰結したとしても、何の意味も持たないのである。

[148] 筆者の考えとしては、とりあえず条文に忠実なものであることから、根拠論としては刑事政策説（奨励説）が支持されるべきであろうし、また法的性格論（体系的位置づけ論）としては一身的刑罰減軽消滅事由説が──共犯問題に関して最も差し障りがないので──支持されるべきであろうように思われる。悪い動機から中止した者に対しても中止犯の成立を認めることに異論はあるかもしれないが、本文中でも述べたように、「中止犯の成立を認めた上で、減軽にとどめる」

した形での中止犯の根拠論、および中止犯であることに基づくその法的効果に着目した形での中止犯の体系的位置づけ論のそれぞれにおける有意義な議論のための手がかりとなれば幸いである。

だけで十分である。立法者もそのような運用を前提にして現行の中止犯規定における減軽に関する部分の文言を作成したのである。何よりも「自己の意思」で中止して、実際に結果が不発生となったのだから、そのような中止行為は被害者保護にも資するものであったと言えるであろう。また「実務においては障礙未遂のほとんどの場合に減軽がなされているのであり、中止未遂において免除とならない領域を広く認めることは、『中止犯の成立を認めるか否か』という論点自体を無意味にしてしまいかねない」との批判も考えられるが、まさにそのように未遂犯の処罰を任意的減軽にとどめ、なおかつ中止犯の成立を広く認めつつ刑罰を必要的減免としたのが立法者の意思なのである。立法者は「中止犯の成否」という論点に関しては裁判官の裁量の余地を大きくは認めない（＝「概念に対する裁量は小さい」）としつつ、その量刑上の範囲において障礙未遂の量刑と重なる部分を十分に作って、結果的に量刑上の裁判官の裁量の余地を十分に認めるもの（＝「量刑に対する裁量は大きい」）としていたのである。これに対して異論があると言うならば、もはや新たな何らかの立法論を展開するか、さもなくば逆にそもそも実務において「免除」が認められる場合が、その裁量上、不当に狭いことを批判すべきである。現に明治40年刑法典施行以降、これまで中止未遂の成立が認められた公刊物登載判例は、現在まで大審院判例が３件、最高裁判例が０件、高裁判例が12件、地裁・簡裁判例が22件ある（後掲参考資料５参照）が、そのうち免除が認められたのはわずか２件（和歌山地判昭和35年８月８日下刑集２巻７・８号1109頁、和歌山地判昭和38年７月22日下刑集５巻７・８合併号756頁）のみである。

補　論

予備罪の中止について──予備罪に対する中止犯規定の類推適用の可否──

第1章　はじめに

　この補論は、「予備罪の中止」、すなわち「予備罪に対して刑法43条但書の中止犯規定を類推適用（準用）[1]することができるか」という、「論議も略ぼ（ほぼ）盡されて居る観がある」[2]問題点について扱うものである。解釈論の枠内にとどまろうとする限り、確かにこの論点に関しては、その「論議もほぼ尽されている観がある」という表現はあながち間違っていない。しかし結論からいえば、この問題点について解釈論の枠組み内での論理的かつ整合的で妥当な解決は不可能であるといわざるを得ない。この補論の前半で日本の学説および判例の概略を検討したあとに、そのような解釈論的な枠組みでの解決が不可能である理由について示し、さらに後半においては、それを踏まえた上での立法論も視野に入れた形での理論の展開を示していきたい。

---

(1)　「準用」といった場合、「準用する」という文言の規定があることによって、他の規定がその箇所にも適用されることを意味する（林修三『法令用語の常識』（1975年）25頁以下、林修三『法令解釈の常識』（1975年）130頁以下）。ここではそのような「『準用する』という規定のあるべきところに、そういう明文がないので、解釈によって、『準用する』という規定があるようにこれを補ってゆく」場合なので、この場合は類推適用と呼ぶべきである。この点については齊藤誠二『予備罪の研究』（1971年）322頁注152も参照。なお刑法解釈論において罪刑法定主義の観点から許されない「類推適用」は、被告人に不利益なものに限られる（団藤重光『刑法綱要総論〔第三版〕』（1990年）60頁など参照）のであり、被告人に有利な類推適用は罪刑法定主義に違反しない点について争いはないものと考えられる。

(2)　草野豹一郎「予備罪と刑法第四十三条但書の規定」同『刑事判例研究第五巻』（1940年）270頁、斉藤誠二「予備罪と中止」藤木英雄・板倉宏編『刑法の争点（新版）』（1987年）111頁。

第2章　日本における学説および判例の概観

第1節　学説および判例

　この「予備罪の中止」というテーマは、日本においては「刑の不均衡をどのように処理するのか」という観点から問題視され、その解決が求められるものとされている。すなわち、実行の着手以後に未遂の段階で中止した場合には中止未遂となり、刑罰が必要的に減軽されるだけでなく、場合によっては免除も受ける可能性があるにもかかわらず、実行の着手以前に、すなわち予備罪のみが成立した段階で以後の犯罪の継続を中止した場合には、中止犯規定が未遂犯規定の但書として、未遂犯のみを予定して規定されているがゆえに、その適用を受けず、免除の可能性が潰えてしまうという「刑の不均衡」をどのように解決すべきかが議論の中心におかれているのである。

　そして予備罪に対する中止犯規定の類推適用の可否に関する学説としては、大きく分けて（1）類推適用否定説、（2）類推適用肯定説、（3）二分説が主張され、またそのそれぞれにおいてその理由などの点でさらに学説が分かれている。

　（1）類推適用否定説は、その内容に応じて、Ⓐ全面的に類推適用を否定して、刑の不均衡をやむなしとし、立法的解決によるべきとする説[3]、Ⓑ予備罪規定に免除規定の存在しない基本犯の中止未遂には、免除の可能性を排除する説[4]、Ⓒ予備罪と基本犯の罪数関係を吸収関係（吸収一罪）ではなく包括一罪

---

[3]　正田満三郎『刑法における犯罪論の批判的考察』（1962年）32頁以下、青柳文雄『刑法通論Ⅰ総論』（1965年）346頁、中野次雄『刑法総論概要〔第三版補訂版〕』（1997年）135頁以下、西田典之『刑法総論』（2006年）300頁以下など。強盗予備罪に関連してではあるが、藤木英雄「強盗予備罪」団藤重光編『注釈刑法（6）各則（4）』（1966年）109頁（なお藤木英雄『刑法講義総論』（1975年）265頁も参照）。また、山口厚『刑法総論〔第2版〕』（2007年）288頁以下は、「準用に積極的に反対する必要は存在しないが、準用を肯定することには解釈として困難があるといえよう」とする。

[4]　泉二新熊「予備罪及ヒ陰謀罪ニ付テ」法学新報27巻3号（1917年）41頁以下、江家義男「中

捉え、基本犯が中止犯として免除になった場合にはその予備罪の罪責が問われることになるとする説(5)に分かれる。

（2）類推適用肯定説は、基本的に予備罪に対しても中止犯規定の類推適用を全面的に認めるものの、その際の法律効果の運用の方法によって学説が分かれ、Ⓐ類推適用の際の基準刑を基本犯の既遂罪に求め、免除または減軽を適用し、減軽の場合は通常の予備罪の刑との衡量を行う説(6)、Ⓑ類推適用の際の基準刑を基本犯の既遂罪に求め、免除のみを適用する説(7)、Ⓒ類推適用の際の基準刑を予備罪に求め、免除または減軽を適用する説(8)に分かれる。

止犯」日本刑法学会編『刑法演習〔総論〕』（1955年）87頁。
（5）　植松正『再訂刑法概論Ⅰ総論』（1974年）333頁以下、永野義一「予備罪と中止未遂」研修440号（1985年）119頁以下、虫明満「優位法の中止未遂と劣位法による処罰」香川法学10巻3・4号（1991年）269頁以下（同『包括一罪の研究』（1992年）所収318頁以下）。
（6）　牧野英一「予備行為ノ中止」法学協会雑誌35巻2号（1917年）135頁以下（同『刑法研究第二巻』（1921年）132頁以下に所収）、同じく牧野英一「予備行為の中止」同『刑法研究第八巻』（1939年）318頁以下、同じく牧野英一『刑法総論下巻〔全訂版〕』（1959年）651頁以下、木村亀二〔阿部純二増補〕『刑法総論〔増補版〕』（1978年）369頁以下、前野育三「予備罪の諸問題」中山研一他編『現代刑法講座第3巻』（1979年）155頁以下、高窪貞人・奈良俊夫・石川才顕・佐藤芳男共著『刑法総論〔全訂版〕』（1997年）176頁以下〔佐藤芳男執筆〕、野村稔『刑法総論　補訂版』（1998年）371頁以下、福田平『全訂刑法総論〔第四版〕』（2004年）238頁以下、大塚仁『刑法概説（総論）〔第四版〕』（2008年）264頁、曽根威彦『刑法総論［第四版］』（2008年）232頁など。減軽の場合の衡量を行うかについて明確にはしないものの、基準刑を既遂罪の刑に求めるものとして、佐藤司『刑法総論講義（第二版）』（2000年）150頁、堀内捷三『刑法総論〔第2版〕』（2004年）249頁以下（ただし堀内捷三「予備の中止」『刑法判例百選Ⅰ総論』（1978年）170頁以下、同「予備の中止」『刑法判例百選Ⅰ総論（第二版）』（1984年）156頁以下においては（2）Ⓑ説が採られていた）など。
（7）　宮本英脩「予備罪ト実行着手前ノ中止」京都法学会雑誌11巻11号（1916年）122頁以下、同『刑法大綱』（1935年）186頁、平野龍一「中止犯」日本刑法学会編『刑事法講座第二巻〔刑法Ⅱ〕』（1952年）418頁以下（同『犯罪論の諸問題（上）総論』（1981年）所収158頁以下）、中山研一『刑法総論』（1982年）439頁以下、大野平吉『概説犯罪論総論下巻補訂版』（1994年）43頁以下、鈴木茂嗣『刑法総論〔犯罪論〕』（2001年）181頁、内藤謙『刑法講義総論（下）Ⅱ』（2002年）1318頁以下、川端博『刑法総論講義〔第2版〕』（2006年）481頁以下、井田良『講義刑法学・総論』（2008年）433頁以下、大谷實『刑法講義総論〔新版第3版〕』（2009年）395頁以下など。
（8）　草野豹一郎「予備行為の中止」同『刑事法学の諸問題第二巻』（1952年）56頁以下、小野清一郎「刑法総則草案と中止犯」『刑罰の本質について・その他』（1955年）295頁以下、吉田常次郎「予備行為の一部中止」『刑事法判例研究』（1956年）123頁以下、下村康正「予備行為の中止」法学新報66巻5号（1959年）335頁以下（『刑事法学論集―林頼三郎博士追悼論文―』（1960年）480頁以下に所収）、城下裕二「「予備の中止」について」札幌学院法学8巻2号（1992年）18頁以下、清水洋雄「予備・陰謀」阿部純二他編『刑法基本講座第4巻』（1992年）57頁以下、森下忠『刑法総論』（1993年）177頁以下、荘子邦雄『刑法総論〔第三版〕』（1996年）436頁以下、内田文昭『改訂刑法Ⅰ（総論）〔補正版〕』（1997年）262頁以下、岡野光雄『刑法要説総論』（2001年）262頁、斎藤信治『刑法総論［第五版］』（2003年）233頁、上林邦充「中止犯の要件に関する

そして（3）二分説は、予備罪の内部で中止犯規定を類推適用するもの（非独立罪）と類推適用しないもの（独立罪）に分ける考え方である。ただしこの考え方の中でも、どのような基準により中止犯規定の類推適用の可能な予備罪と不可能な予備罪を分けるのかという点に関して、見解が分かれている[(9)]。

これに対して判例においては、予備罪に対して中止犯規定を（類推）適用することについては、一貫して否定的である。大判大正5年5月4日刑録22輯685頁は、「刑法第二百一條ノ予備罪ハ其着手前自己ノ意思ニ依リ之ヲ止メタルトキハ之ヲ罰スヘキモノニアラスト雖モ一旦同條ノ予備行為ニ着手シ其幾分ヲ為シタルトキハ其後ニ至リ假令任意之ヲ中止シタリトスルモ同條ノ制裁ヲ免ルルコトヲ得サルモノトス」として、殺人予備罪について中止犯規定の（類推）適用を否定した[(10)]。この判決においては、殺人予備罪には情状による刑の免除規定があるために、刑罰において「權衡ヲ失スルカ如キ虞アルコトナシ」という点も理由として挙げられていたため、刑罰の不均衡を失しない殺人予備罪に関してだけの判断なのか、予備罪一般に対する判断なのかが不明確であった。その後、大判昭和3年10月9日大審院裁判例3巻刑事判例15頁も、同じく殺人予備罪に関して、「殺人ノ目的ヲ以テ日本刀ヲ携帯前記事務所附近ニ到リタル以上ハ直ニ殺人予備罪ハ成立シ縱令其ノ後同被告人ニ於テ犯意ヲ抛棄シタリトスルモ同罪ノ成立ニ何等ノ影響ヲ及ホスコトナケレハ」問題なく殺人予備罪が成立すると認めた。最高裁においても、最判昭和24年5月17日裁集刑10号

基礎的研究」群馬大学社会情報学部研究論集11巻（2004年）237頁以下、大嶋一泰『刑法総論講義』（2004年）412頁以下、齊藤信宰『新版刑法講義〔総論〕』（2007年）399頁以下、浅田和茂『刑法総論〔補正版〕』（2007年）399頁以下、金澤真理「予備の中止」『刑法判例百選Ｉ総論（第6版）』（2008年）146頁以下、川﨑一夫『刑法総論（犯罪論）』（2009年）207頁以下など。

（9）香川達夫『中止未遂の法的性格』（1963年）152頁以下、同じく香川達夫『刑法講義〔総論〕第三版』（1995年）317頁以下、齊藤誠二・前掲『予備罪の研究』315頁以下、今上益雄「予備罪の諸問題」東洋法学25巻1号（1981年）119頁以下、西原春夫『刑法総論改訂版〔上巻〕』（1991年）316頁以下、立石二六『刑法総論〔補正版〕』（2004年）268頁以下、佐久間修『刑法総論』（2009年）339頁以下など。

（10）さらに同判決においては、「同條ノ予備行為ヲ為シタル上進テ殺人ノ実行ニ着手シ其後ニ至リ任意之ヲ中止シタルトキハ同法第四十三條ニ依リ第百九十九條又ハ第二百條ノ刑ヲ減軽シテ處罰スルカ若クハ其刑ヲ免除スルニ止リ其予備ノ行為ヲ為シタル點ニ對シ別ニ第二百一條ノ刑ヲ科スヘキ筋合ノモノニアラス何トナレハ殺人ノ目的ヲ以テ其予備ヲ為シ進テ其実行ニ着手シタル後任意之ヲ中止シタルトキハ法律ハ之ヲ任意未遂罪トシテ處分スルモノナレハ更ニ之ヲ殺人予備トシテ處罰スヘキ理由ナキヲ以テナリ」として、殺人未遂罪が中止によって中止未遂となった場合には、その当該殺人未遂の中止犯が成立して刑罰の減軽または免除を受けるに止まるのであって、それとは別個に殺人予備罪が成立すべきものではないとの判断も示されている。

177頁は強盗予備の事実について「……既に予備としては既遂になつて居るのである。従つて其以後の行為を中止したからといつて未遂にはならない。原審が中止未遂の法条を適用しなかつたのは当然である。……」として中止犯規定の（類推）適用を否定し、さらに最大判昭和29年1月20日刑集8巻1号41頁は、「……強盗予備の行為をした事実は十分これを認めることができる。故に強盗の意思がなかつたとの主張は理由がなく、又予備罪には中止未遂の観念を容れる余地のないものであるから、被告人の所為は中止未遂であるとの主張も亦採ることを得ない。」として、予備罪には中止犯規定の（類推）適用は、全般的に認められないものであることを判示した。また、いくつかの特別法上における予備罪についても、判例においては同様に中止犯規定の（類推）適用が否定されている(11)。そしてこのような判例の立場に対しては、前述の「刑の不均衡」の点からの学説の強い批判が向けられるのである。

第2節　学説の問題点

しかしそもそもこのような「刑の不均衡」を問題とし、それを解決するためだけにバランス論的にのみ解釈論を展開すること自体に、強い疑問を感じざる

---

(11)　大判大正13年10月10日刑集3巻657頁（外国ニ於テ流通スル貨幣紙幣銀行券証券偽造変造及模造ニ関スル法律（明治38年法律66号）第4条の偽造変造予備罪）は、「明治三十八年法律第六十六號第四條ハ同法第一條所定ノ……目的ヲ以テ器械又ハ原料ヲ製造シ授受シ若ハ準備スル等ノ行為ニ因リテ成立シ偽造又ハ變造ノ目的ヲ遂行シタルト否トニ因リ本罪ノ消長ヲ来スコトナケレハ縦令被告人等カ銀行券ノ偽造ヲ中止シタリトスルモ之カ為ニ右銀行券製造ノ目的ヲ以テ偽造ノ用ニ供スル器械原料ヲ準備シタル犯罪ノ成立ヲ阻却スヘキニ非ス」とした。また福岡高判昭和26年10月13日高刑集4巻10号1297頁（関税法76条（現在の関税法111条）の免許を受けないで貨物の密輸出入を為した罪の予備罪）は「……免許を受けないで貨物の輸出入をなした罪の外、同罪の未遂乃至は予備行為たる貨物の密輸出、入を図つた罪をも独立罪としているのであるから、貨物の密輸出、入を図つたときは、たとえ、犯人においてその目的とした密輸出、入行為をその意思により中止し、遂げなかつた場合と雖、密輸出、入を図つた罪は完成し、これに中止未遂の観念を容れる余地はないものといわなければならない」とした。さらに仙台高判昭和29年2月16日高刑判特36号58頁（関税法76条（現在の関税法111条）の免許を受けないで貨物の密輸出入を為した罪の予備罪）も、「〔所論は〕予備罪として独立の域に達していない予備の中止未遂であると主張するもので、それは予備罪の実行に着手しこれを遂げないことが自己の意思に基く場合の意味に解されるのであるが、予備は犯罪行為の発展過程として着手以前のものである以上、予備罪につき実行の着手ということは考え得られないわけであり、苟も犯人において予備行為に出るときは、その計画せられた諸準備がすべて整つたと否とを問わず予備罪は完全に成立し、そこに障碍未遂とか中止未遂とかいう観念を挟む余地はないものと解さねばならない」としている。

を得ない。法律規定上からは実際としてこの刑の不均衡は必然的に出てくるものであり、それを払拭するためだけに解釈論を展開することが可能なのであれば、立法者がそのように立法したという事実そのものを「刑罰のバランス論」の点だけから解釈論が無視しても構わないことにもなりかねない。よってここでは、立法者による制度趣旨に準拠するか、もしくは理論的見地からの制度のあり方に準拠する必要があるのである。まずは立法者意思（制度趣旨）を簡単に検討した後、さらに理論的見地からの考え方について検討していく。

(1) 立法者の制度趣旨

そもそも立法者は、この強盗予備罪などにおいて生じる「予備罪の中止」事例での刑の不均衡をどのように考えていたのであろうか。とくに、例えば内乱予備罪には自首による免除規定が置かれ、また放火予備罪や殺人予備罪では「情状による刑の免除」の規定がわざわざ置かれているのに対し、強盗予備罪にはこれらの明文が存在せず、刑の不均衡は確実な形で発生するものといえる。とりわけ放火予備罪・殺人予備罪と、強盗予備罪の規定の差異がどのような理由によるものかが問題とされねばならない。

旧刑法や明治23年改正刑法草案には放火予備罪も殺人予備罪も強盗予備罪も存在しなかった[12]。明治28年刑法草案および明治30年刑法草案になって初めて殺人予備罪[13]および強盗予備罪[14]の規定が見られるようになる[15]。その後、法典調査会第三部の検討を経た後の明治33年刑法改正案には殺人予備罪も強盗予備罪も規定が見られなくなる[16]が、明治34年刑法改正案には放火予備罪[17]、殺人予備罪[18]、そして強盗予備罪[19]の規定が見られ[20]、明治35年刑法

---

(12) 内田文昭＝山火正則＝吉井蒼生夫編著『刑法〔明治40年〕(1―Ⅲ) 日本立法資料全集20‐3巻』(2009年) 158頁以下、および、倉富勇三郎ほか編・松尾浩也増補解題『増補刑法沿革綜覧』(1990年) 72頁以下参照。

(13) 明治28年刑法草案は256条、明治30年草案は260条に規定があり、いずれも「人ヲ殺スノ豫備又ハ陰謀ヲ爲シタル者ハ監視ニ付スルコトヲ得」という文言である。

(14) 明治28年刑法草案は301条、明治30年草案は305条に規定があり、いずれも「強盗ノ豫備又ハ陰謀ヲ爲シタル者ハ監視ニ付ス」という文言である。

(15) 内田文昭＝山火正則＝吉井蒼生夫編著『刑法〔明治40年〕(2) 日本立法資料全集21巻』(1993年) 171頁、179頁。

(16) 内田ほか編著・前掲『刑法 (2)』488頁以下、および492頁。

(17) 132条に規定があり、「第百二十七條及ヒ第百二十八條第一項ノ罪ヲ犯ス目的ヲ以テ其準備ヲ爲シタル者ハ一年以下ノ懲役ニ處ス但情状ニ因リ本刑ヲ免除シテ監視ニ付スルコトヲ得」という

改正案もそれとほぼ同内容の規定であった[21]。その明治35年刑法改正案が提出された第16回帝国議会の貴族院刑法改正案特別委員会において、「準備」の文言が「予備」に修正された[22]点以外は、とくに修正はされていない。

　その後、監視刑を撤廃した明治39年刑法改正案が作成され[23]、それにおいても同様に放火予備罪[24]、殺人予備罪[25]、強盗予備罪[26]の規定がおかれていた。明治39年12月12日の第20回法律取調委員会委員総会において、放火予備罪に関し、富井委員が法定刑の上限を３年にしたいと主張し、古賀委員が３年で

　　文言である。その「刑法改正案参考書」（刑法改正案の理由書）においては、「第百三十二條ハ建造物、船舶、鑛坑ノ如キハ人ノ住居若クハ現在スル虞アリ且重要ナル財産ナルカ故ニ之ニ放火スルカ如キ重大ナル犯罪ハ其準備行為ヲ罰シ危險ヲ未然ニ防遏スルニ必要トスレハナリ」（内田文昭＝山火正則＝吉井蒼生夫編著『刑法〔明治40年〕（３－Ⅰ）日本立法資料全集22巻』（1994年）116頁）とされている。

(18)　237条に規定があり、「謀殺ノ目的ヲ以テ其準備ヲ為シタル者ハ一年以下ノ懲役ニ處ス但情狀ニ因リ本刑ヲ免除シテ監視ニ付スルコトヲ得」という文言である。「刑法改正案参考書」においては、「第二百三十七條ハ新ニ設ケタル規定ニシテ謀殺ノ如キ情狀ノ重キ罪ニ對シテハ啻ニ其未遂ヲ罰スルノミナラス尚其準備行為ヲ處罰シ以テ危害ヲ未然ニ防止スルノ必要アリ是レ未タ着手ニ至ラスト雖モ會社〔筆者注：「社會」の誤り？〕ノ狀態ヲシテ危險ナラシムルコト普通ノ犯罪ニ異ナラサレハナリ然レトモ往往ニシテ其情狀輕キモノアルカ故ニ本刑ヲ免シテ監視ニ付スルコトヲ得セシメ以テ實際ニ適切ナラシメタリ」（内田ほか編著・前掲『刑法（３－Ⅰ）』142頁）とされている。

(19)　275条に規定があり、「強盗ノ目的ヲ以テ其準備ヲ為シタル者ハ一年以下ノ懲役ニ處ス但情狀ニ因リ本刑ヲ免除シテ監視ニ付スルコトヲ得」という文言である。「刑法改正案参考書」においては、「第二百七十五條ハ新ニ設ケタル規定ニシテ強盗罪ノ準備行為ヲ罰スルモノナリ其理由ハ第二百三十七條ノ下ニ述ヘタルト同一ナリ」（内田ほか編著・前掲『刑法（３－Ⅰ）』153頁以下）とされている。

(20)　内田ほか編著・前掲『刑法（３－Ⅰ）』46頁、54頁、57頁以下、倉富ほか編『増補刑法沿革綜覽』181頁、195頁、200頁。

(21)　内田文昭＝山火正則＝吉井蒼生夫編著『刑法〔明治40年〕（４）日本立法資料全集24巻』（1995年）44頁、52頁、56頁、倉富ほか編『増補刑法沿革綜覽』455頁、469頁、474頁。

(22)　放火予備罪については菊池武夫の提案によるものであり、殺人予備罪と強盗予備罪については奥山政敬の提案によるものであった。内田ほか編著・前掲『刑法（４）』452頁、524頁、548頁参照。

(23)　この「監視刑の撤廃」に関しては、とくに予備罪との関連では、内田ほか編著・前掲『刑法（４）』562頁以下、倉富ほか編『増補刑法沿革綜覽』1215頁以下の富井政章の主張も参照。

(24)　122条に規定があり、「第百十七條又ハ第百十八條第一項ノ罪ヲ犯ス目的ヲ以テ其豫備ヲ為シタル者ハ一年以下ノ懲役ニ處ス」という文言であった（内田文昭＝山火正則＝吉井蒼生夫編著『刑法〔明治40年〕（６）日本立法資料全集26巻』（1995年）136頁）。

(25)　221条に規定があり、「前二條ノ罪ヲ犯ス目的ヲ以テ其豫備ヲ為シタル者ハ一年以下ノ懲役ニ處ス」という文言であった（内田ほか編著・前掲『刑法（６）』143頁）。

(26)　261条に規定があり、「強盗ノ目的ヲ以テ其豫備ヲ為シタル者ハ一年以下ノ懲役ニ處ス」という文言であった（内田ほか編著・前掲『刑法（６）』147頁）。

416　補論　予備罪の中止について

はなくて2年ならばどうかと述べたのを受けて、花井委員が修正案として、法定刑の上限を2年とした上で「但情状ニ因リ其刑ヲ免除スルコトヲ得」の文言を追加することを提案し、賛成多数により可決された[27]。その後の法律取調委員会委員総会においては、殺人予備罪については異議が出なかった[28]が、強盗予備罪については富井委員から法定刑の上限を2年に修正する提案が出され、賛成多数により可決された[29]。そしてこれらの改正案が第23回帝国議会に提出され、明治40年刑法改正案となり、その中では114条に放火予備罪[30]、202条に殺人予備罪[31]、238条に強盗予備罪[32]の規定がおかれていた。まず放火予備罪に関して、明治40年2月8日の貴族院刑法改正案特別委員会において、富井政章により、「其刑ヲ免除ス」という文言を「其刑ヲ免除スルコトヲ得」という文言に修正するよう提案がなされ、可決された[33]。さらに殺人予備罪に関して、明治40年2月12日の貴族院刑法改正案特別委員会において、またも富井政章により、放火予備罪との対比から、法定刑と但書の部分について殺人予備罪にも同様の規定を設けることが提案され、これが賛成多数で可決さ

---

(27)　内田ほか編著・前掲『刑法（6）』212頁。しかし後述のように、明治40年刑法改正案の段階では「但情状ニ因リ其刑ヲ免除ス」という文言になっていた。この点の経緯は明らかにできなかった。

(28)　内田ほか編著・前掲『刑法（6）』236頁。

(29)　内田ほか編著・前掲『刑法（6）』246頁。

(30)　「第百九條又ハ第百十條第一項ノ罪ヲ犯ス目的ヲ以テ其豫備ヲ為シタル者ハ二年以下ノ懲役ニ處ス但情状ニ因リ其刑ヲ免除ス」という文言であった（内田ほか編著・前掲『刑法（6）』269頁、倉富ほか編『増補刑法沿革綜覧』1573頁）。その理由書においては、「第百十四條ハ建造物、艦船、鑛坑ノ如キハ人ノ住居若クハ現在スル虞アリ且重要ナル財産ナルヲ以テ之ニ放火スルカ如キ重大ナル犯罪ハ其準備行為ヲ罰シテ其危害ヲ未然ニ防遏スルコトヲ必要トスレハナリ」（内田ほか編著・前掲『刑法（6）』329頁）とされている。

(31)　「前二條ノ罪ヲ犯ス目的ヲ以テ其豫備ヲ為シタル者ハ一年以下ノ懲役ニ處ス」という文言であった（内田ほか編著・前掲『刑法（6）』276頁、倉富ほか編『増補刑法沿革綜覧』1586頁）。その理由書においては、「第二百二條ハ新ニ設ケタル規定ニシテ殺人ノ如キ情状ノ重キ罪ニ對シテハ啻ニ其未遂ヲ罰スルノミナラス尚ホ其準備行為ヲモ處罰シ以テ危害ヲ未然ニ防止スルノ必要アリ是未夕著手ニ至ラストト雖モ準備ヲ為シタル者ヲ處罰スル所以ナリトス然レトモ往往ニシテ情状軽キモノアルヲ以テ僅ニ一年以下ノ懲役ヲ科スルコトトセリ」（内田ほか編著・前掲『刑法（6）』352頁）とされている。

(32)　「強盗ノ目的ヲ以テ其豫備ヲ為シタル者ハ二年以下ノ懲役ニ處ス」という文言であった（内田ほか編著・前掲『刑法（6）』279頁、倉富ほか編『増補刑法沿革綜覧』1590頁）。その理由書においては、「第二百三十八條ハ新ニ設ケタル規定ニシテ強盗罪ノ準備行為ヲ罰スルモノナリ其理由ハ第百十四條及ヒ第二百二條ニ付キ述ヘタルト同一ナリトス」（内田ほか編著・前掲『刑法（6）』362頁）とされている。

(33)　内田ほか編著・前掲『刑法（6）』436頁、倉富ほか編『増補刑法沿革綜覧』1716頁。

れた(34)。しかし強盗予備罪に関しては同様の提案もなされず、そのまま可決され(35)、現行法の規定として成立した。

　これらの経緯からどのような趣旨がうかがわれるといえるか。まず「但情状ニ因リ其刑ヲ免除スルコトヲ得」という「情状による刑の免除」については、政府委員の倉富勇三郎が「……ソレカラ但書ノ適用スルト云フ場合ハ是ハ放火罪ニ付イテハ随分種々ナ状況ガアリマス、實際放火ヲ遂ゲテモ尚ホ重イ刑ニ處セラレヌト云フ事情ノアルモノガ澤山アリマス、例ヘバ男女間ノ關係デ或ハ離婚ヲサレタトカ或ハ嫉妬トカ云フヤウナコトカラ遂ニ火ヲ放ツト云フコトモ實際ニ例ガ澤山アリマス、是等ノ事例ヲ想像シテ見ルト假令豫備ハシテモ如何ニモ罰スルノハ氣ノ毒デアルト云フコトガ生ジ得ルト思ヒマス、サウ云フ場合ニ但書ノ適用ガアリマセウ」(36)と述べていることが参考になるものと思われる。すなわち、――規定の文言からも当然にうかがわれることではあるが――この情状による刑の免除の規定は刑罰を科すのが気の毒であるような特殊な事情がある事例を予定する量刑規定であり、それは必ずしも中止した事例だけを指すものではないのである。よって、「予備罪の中止」の事例に対処するためにこの「情状による刑の免除」の規定を用いることは、当然のことながら解釈論として可能ではあるものの、本来的ではないことに注意すべきである。すなわち、「殺人予備罪には情状による刑の免除の規定があるから、殺人予備罪に関しては予備罪の中止は問題ない（既に解決されている）」という言説は、所詮場あたり的な対応（解釈）によるものでしかなく、およそ一般的に「予備罪の中止」の問題に対処するものではない以上、解釈論としても解答を導き出したことになっていないのである。「予備罪の中止」の議論は、このような特殊な量刑規定に解消されることなく、もっと一般化されて検討されるべき問題なのである。

　さらに自首についても、明治27年の刑法改正審査委員会の決議録において、以下のような記述が見られるのである。すなわち、内乱予備罪の検討に際して、「……因之更ニ豫備陰謀ノ中止ハ之ヲ罰ス可キ乎否及ヒ其自首ハ如何ス可

---

(34) 内田ほか編著・前掲『刑法（6）』457頁以下、倉富ほか編『増補刑法沿革綜覧』1735頁以下。
(35) 内田ほか編著・前掲『刑法（6）』460頁。
(36) 内田ほか編著・前掲『刑法（6）』402頁、倉富ほか編『増補刑法沿革綜覧』1678頁。

キ乎ニ付キ　第一説　豫備又ハ陰謀ハ既ニ其一事ニ依リ罪ヲ成立スルモノトス故ニ本問ノ要ハ豫備又ハ陰謀カ罪セラル、カ否ヲ云フニア〔ラ〕スシテ中止シタルトキモ尚ホ之ヲ罰スルヤ否ニ在リ即チ其中止ハ豫備陰謀ニ對スルモノニアラスシテ暴動ニ對スルモノトナルナリ之ヲ以テ假令中止ヲ為スモ豫備陰謀ハ之ヲ罰セサルヘカラス然レノモ自首ヲ為シタルトキハ特別ノ理由ニ因リ之ヲ寛假ス可シ實際ニ於テ中止ヲ為ス程ノ者ハ必ス自首シテ減免ヲ受ケントス故ニ自首ヲ為サ〔サ〕ル程ノ反逆ナルモノハ之ヲ寛假スルノ必要ナシ……」とした上で、「……審議ノ末第一説ノ趣旨ニ依リ中止スルモ猶ホ自首セサルモノハ罰スルコトニ決ス……」とされた(37)。つまり、予備罪の中止については、たとえ中止したとしても予備罪として処罰されるのであり、ただ自首した場合には特別の理由から優遇するべきものとされたのである。また、自首に関していえばそもそも刑法42条にその一般規定が存在するのであり、自首制度と中止制度が趣旨を異にする別の制度である以上、内乱予備罪などにおける特別な自首規定が「予備罪の中止」の事例にとって意義を持つわけではないのである。

　以上のような点から、立法者はこの「予備罪の中止」の事例における「刑の不均衡」を全く考慮していなかったか、もしくは（とくに「情状による刑の免除」の規定のない）強盗予備罪などは重く処罰されて当然のもの(38)であり、すなわち（1）類推適用否定説の中の、Ⓑ予備罪規定に免除規定の存在しない基本犯の中止未遂には、免除の可能性を排除する説のように考えていたのではないかと思われる。よって立法者意思がこのようなものであったことを前提にするならば、その次にはこれを踏まえて、予備罪に対して中止犯規定を類推適用することについての理論的な可否が、正面から検討されなければならないことになる。次に、このような理論的見地からのアプローチについて検討していくことにする。

---

(37)　内田ほか編著・前掲『刑法（2）』108頁。
(38)　内田ほか編著・前掲『刑法（6）』411頁以下、倉富ほか編『増補刑法沿革綜覧』1686頁以下。「殺人予備罪が1年以下の懲役（＝富井政章による修正提案前の法定刑）で、強盗予備罪が2年以下の懲役であるのは権衡を失しているのではないか」との奥山政敬の質問に対する、政府委員の倉富勇三郎の答弁を参照。すなわち倉富勇三郎は、殺人予備の事例が強盗予備に比べて少ない点、また立法の沿革においても、新律綱領にも「強盗途ニ在リテ捕ニ就キタルトキハ」云々という規定があったことを挙げて、「此場合ハ頻々起ルユエ随ッテ之ヲ取締ルニモ少シ重ヶ刑ヲ科スル必要ガアラウ、斯様ナ見込ノ為ニ刑ノ権衡ガ違ッテ居ルノデアリマス」として、強盗予備罪の法定刑を意図的に重くしていることを説明した。

(2) 理論的見地からの考え方

　上述のように、立法者は「予備罪の中止」の事例における「刑の不均衡」を全く考慮していなかったか、もしくは予備罪規定の存在する犯罪類型は重く処罰されて当然であると考えていたことがうかがわれる。しかし後者については、現在においてこのような価値判断が望ましくないとされているからこそ、この「予備罪の中止」という論点が刑罰のバランス論的な形で実際に展開されているといえる。そうであるならば、今度は解釈論によって現在において望ましい価値判断へと補正することが理論的に可能なのかどうかということを検討しなければならない。また前者についても、法理論の深化により明らかとなったこのような問題点を、解釈論によって補うことが理論的に可能なのかどうかが検討される必要があることになる[39]。

　すなわちここで必要となってくるのは、「予備罪に対して『中止犯規定を』類推適用することができるか」という問題、つまり「中止犯規定がそのような類推適用を許す趣旨のものであったのか」という点の検討であり、その際にはまず「中止犯という制度がそもそもどのような事象を対象として設けられたものであったのか」を考慮しなければならない。さらにそれに加えて、「『予備罪に対して』中止犯規定を類推適用することができるか」という問題、つまり「予備罪に対してそのような類推適用が許される要素があるのか」という点の検討が必要であり、その際には「理論的に予備罪という犯罪類型がどのような性質をもつのか」という点を考慮しなければならないのである[40]。

　まず「中止犯という制度がそもそもどのような事象を対象として設けられたものであったのか」という点、すなわち「中止犯という法制度の射程」については、既に歴史的観点、つまり中止犯制度の由来の観点から、筆者はその対象となる事象について明らかにした[41]。それによれば、そもそも中止犯制度は、

---

(39) この点について、Karl Engisch, Einführung in das juristische Denken, 11. Aufl., 2010, S. 162ff. も参照。

(40) 香川達夫も「基本的には、予備罪の性格に関する正しい認識の欠如が、異なつた帰結をもたらす原因ともなつている。……単に科刑の当否からではなく、予備罪をもつて独立罪と解するか修正形式として理解するかといつた、その本質論に解決の緒口が求められなければならない」（香川・前掲『中止未遂の法的性格』154頁）とし、また城下裕二も、同様の趣旨から「この問題については、予備罪の本質、あるいは中止未遂の法的性格といった視点からの演繹的論証がより重要であるように思われる」（城下・前掲「「予備の中止」について」1頁）として、このような分析的アプローチを行っている。

「結果不発生なので客観的要件が無い」けれども「故意はあるので主観的要件はある」という状態を未遂犯とし、それに対応する形で「客観的要件が無い」とともに「自己の意思により中止したので悪い意思（故意）という主観的要件も無くなった」ので、未遂犯としても処罰する要件を失ったために不処罰にする、というところから出発している。古い時代の結果責任の考え方を克服し、犯罪を客観的側面からだけではなく、主観的側面をも視野に入れた上で捉える北イタリア法学の考え方からは、本来、犯罪が処罰されるためには、その客観的要件および主観的要件のいずれもが完全に満たされる必要がある。このような前提からは、「客観的要件（＝犯罪結果）が生じなかった」ものの、「主観的要件（＝犯罪意思）は存在したまま」であり、そのような「現出するに至りたる基たる悪しき意思」[42]を対象として処罰されるべき状況が「未遂犯」として想定されたのである。このような考え方に基づき、初期の未遂犯の概念は「客観的要件（犯罪結果）は存在しない」が「主観的要件（犯罪意思）は存在したまま」の状態のものに限られるのであって、「自己の意思により犯罪結果がもたらされなかった場合」のように、既に「主観的要件（犯罪意思）も失われてしまった」ような場合には、未遂犯としての処罰の要件を欠くものと考えられたのである。つまりこの初期の未遂犯の成立には「自己の意思によらずに結果が発生しなかったこと」、すなわち「中止犯ではないこと」が要件として求められ、中止犯である場合にはもはや未遂犯の成立もないものとされたのである[43]。

---

(41) 野澤充「中止犯論の歴史的展開――日独の比較法的考察――（一）～（5・完）」立命館法学280号（2001年）34頁以下、同281号（2002年）31頁以下、同282号（2002年）91頁以下、同288号（2003年）148頁以下、同291号（2004年）113頁以下、野澤充「日本の中止犯論の問題点とあるべき議論形式について」神奈川法学38巻2・3合併号（2006年）117頁以下。本書ではとくに結論第1章を参照。

(42) これはカロリナ刑事法典の未遂犯規定である178条の日本語訳（塙浩「カルル五世刑事裁判令（カロリナ）」『フランス・ドイツ刑事法史』（1992年）所収220頁）に見られる表現である。このカロリナ刑事法典における未遂概念は、「主としてイタリア学派によって発展させられた理論に基づいている」（Friedrich Schaffstein, Die allgemeinen Lehren vom Verbrechen in ihrer Entwicklung durch die Wissenschaft des gemeinen Strafrechts, 1930, S. 158）ものであった。

(43) これは現在のフランスにおける未遂犯・中止犯の規定形式と同じものである。現行フランス刑法第121-5条は、「実行の着手によって表明され、行為者の意思とは独立した事情を理由にしてのみ、中断され、またはその結果が欠けてしまったときに、未遂が構成される。」と規定し、中止犯である場合には未遂犯の成立もなく、したがって処罰規定がないために不処罰となると考えられているのである。なおこの点について、野澤・前掲「中止犯論の歴史的展開――日独の比較法的考察――（5・完）」立命館法学291号199頁以下、野澤・前掲「日本の中止犯論の問題点とあるべき議論形式について」神奈川法学38巻2・3合併号121頁以下（本書結論第1章）も参

このような中止犯概念の由来を前提とするのであれば、中止犯規定の適用のためには、まず何よりも「結果の不発生」、すなわち「客観的要件の不存在」という状況が必要といえる。つまり、「客観的要件が存在してしまった状況」である既遂犯は、そもそも中止犯の概念が射程とするものではないのであって、必然的に中止犯規定の適用は排除されるのである。中止犯規定が未遂犯にだけ特化して規定されているのはこのことに由来している。よってこのような観点から、既遂犯に中止犯規定を適用することは、その直接適用が規定上形式的に排除されているだけではなく、類推適用も実質的な観点から排除されるべきものとされていると考えざるを得ない[44]。中止犯が未遂犯にのみ付随する形で制度化されていて、既遂犯を含めた犯罪類型全般に対しての制度となっていないのは、理由なく、偶然的にそのようになったのではなく、むしろ制度の由来からすれば理論上、必然的なものなのである。

そしてこれを踏まえた上で、「予備罪には中止犯規定の類推適用が許される要素はあるのか」という点の検討のために、「理論的に予備罪という犯罪類型がどのような性質をもつのか」という点を検討しなければならない。この点に関しては、古くから予備罪を「独立罪（delictum sui generis）」とするか「非独立罪」とするか、という観点で議論がなされてきた。前述の（3）二分説も、予備罪をこの二種類に分類した上で、類推適用の可否をこの独立性の有無に依拠させるのであり、予備罪の本質がここで問題となっているといえる。

前述のように、多くの日本の見解が予備罪に対して、中止犯規定の類推適用を認める。その際に一つの見解として、予備罪を「修正された構成要件」とし

照。
(44) このような観点から、「既遂犯となった場合であっても、行為者がその事情を知らない限り、結果を防止するような真摯な努力を行った時はなお中止未遂として取り扱うべきである」というような牧野英一（牧野英一『日本刑法』（1917年）165頁以下、同じく牧野英一『日本刑法上巻総論〔重訂版〕』（1941年）315頁以下、同じく牧野・前掲『刑法総論下巻〔全訂版〕』（1959年）645頁以下参照）の見解は、中止犯における学説としては全く成り立ち得ないものである。また同様に、責任減少説を採用した場合には「中止行為をしたときは、それが成功せず結果が発生してしまった場合も、同じ取り扱い（筆者注：中止犯として認める）をするのが一貫するであろう」（平野龍一『刑法総論II』333頁）と、責任減少説に対して批判する見解も存在する。しかし既遂犯に対して中止犯規定を類推適用することは、そもそも法規定が予定していないことである（平野・前掲『刑法総論II』334頁）だけでなく、「中止犯」という概念の生成過程を見てもあり得ないことと言わざるを得ない（野澤・前掲「中止犯論の歴史的展開（5・完）」立命館法学291号199頁以下および同211頁注2（本書結論第1章）参照）以上、このような批判は、批判としてそもそも的を射たものではないことになる。

て、基本となる犯罪を修正した非独立的なものとして扱う見解が見られる[45]。そして、通常の既遂犯罪を基本犯として、その構成要件に修正を加えて、その発展段階にある犯罪状況として「未遂」、さらには「予備」という状況を想定し、処罰の対象となし得るものと考え、これにより「修正された構成要件」である予備罪の「非独立性」から、同じく「非独立性」を持つ未遂犯について中止犯による優遇がある以上、そのさらに前段階である予備罪についても中止犯規定による優遇を認めるべきであるとする見解がある[46]。

他方で、予備罪の「独立性」を強調する見解も存在する。これは、予備罪に対して中止犯規定の類推適用を認めつつ、その場合の基準刑に関して、「従属予備罪であっても、基本犯が不成立のときに成立が認められる独立の罪であ」り、「予備罪に法定減軽が加えられているとしても、予備罪自体に刑が定められているのである」ことから、予備罪を基準として減軽または免除を行うべきである（(2) 類推適用肯定説の©説)、とするのである[47]。

しかし、予備罪はその予定する行為態様に関して基本犯罪とは全く別個の独立した行為態様を内容として、個別に各則において法定刑が規定されている。そして中止犯規定は刑法43条但書において未遂犯のみを対象として定められているものであり、「未遂犯について中止規定の優遇があり得る以上、そのさらに前段階である行為にも中止規定の優遇を認めるべき」とする「非独立性」の観点からの説明は、「偽造私文書行使罪（161条1項）の未遂（同2項）について中止規定の優遇があり得る以上、そのさらに前段階である私文書偽造既遂罪（159条）にも中止規定の優遇を認めるべき」とするのと何ら変わらないのでは

---

(45) 平野・前掲「中止犯」419頁（同・前掲『犯罪論の諸問題（上）総論』所収159頁）など。このような見解は、中止犯規定の類推適用を認めつつ、あくまでも予備罪の処罰規定は「基本犯となる既遂犯の要件および法定刑を修正したもの」と捉えるので、前述の（2）Ⓐ説または（2）Ⓑ説に結びつきやすいといえる。

(46) 堀内捷三「予備の中止」『刑法判例百選Ⅰ総論』（1978年）170頁、同「予備の中止」『刑法判例百選Ⅰ総論（第二版）』（1984年）156頁、香川・前掲『中止未遂の法的性格』162頁以下など。ただし、香川達夫は前述のように（3）二分説を採用しつつ、非独立罪としての予備罪への類推適用の際の基準刑については（2）Ⓑ説と同様に既遂罪であると考える（香川・前掲『中止未遂の法的性格』170頁以下）。

(47) 川﨑一夫・前掲『刑法総論（犯罪論）』208頁、前田雅英『刑法総論講義［第4版］』（2006年）168頁、立石・前掲『刑法総論［補正版］』269頁など。ただし前述のように、立石二六は（3）二分説を採用し、非独立罪としての予備罪への類推適用の際の基準刑について（2）Ⓒ説と同様に予備罪であると考える（立石・前掲『刑法総論［補正版］』269頁）。

ないかとの疑問がある[48]。またその一方で「独立性」を強調する見解に対しては、もし本当にこれらの予備罪が独立した性質をもつものであるならば、「修正された構成要件」である未遂犯に対してのみの適用を前提とする中止犯の規定が「独立した構成要件」である予備罪規定に適用されることについて、そもそも疑問視すべきであるように思われる[49]。

このように、予備罪に「非独立性」があるとする見解も、「独立性」があるとする見解も、そのいずれかの側面のみを強調する場合には、理論的整合性を欠く解釈となりやすい。このような観点から、「独立性」および「非独立性」の性質に関して、予備罪とされている犯罪類型の中でも相互に程度の差をもつという論拠により、「予備罪」とされている犯罪類型を「独立罪」としての予備罪と「非独立罪」としての予備罪に分類する前述の（3）二分説の考え方が出てくることになる。しかしこのような二分説の考え方は、その分類の基準が明確かつ理論的な根拠をもってなされ得るものとはいえず[50]、またその点でやはり理論的整合性を欠くことは否めないのである。

このような観点からすれば、「全ての予備罪について独立・非独立という二面性を承認することになる」[51] として、全ての予備罪に「『独立性』の側面と

---

(48) 予備罪の多くが目的犯の形式を取っており（刑法113条、201条、237条などを参照）、基本となる犯罪の発展的前段階であるこのような予備罪に対して中止犯規定の類推適用が可能であるならば、少なくとも、同じく何らかの別犯罪の実行を目的とする目的犯に対しても、その客観的成立要件と主観的成立要件が同種の構造をもつ以上、同様に中止犯規定の類推が可能であることを認めざるを得なくなると考えられるのである。

(49) 後述するように、「独立した犯罪」としての「既遂犯」に中止犯規定の類推適用が認められないことについては、学説も判例も一致しているといってよい。

(50) 例えば私戦予備罪（93条）に関して、基本犯となる犯罪類型（「私戦罪」）が刑法典の規定として存在しないことから、これは独立予備罪であるとする見解が見られる（香川・前掲『中止未遂の法的性格』168頁以下、齊藤誠二・前掲『予備罪の研究』264頁以下、今上・前掲「予備罪の諸問題」125頁以下、西原・前掲『刑法総論改訂版［上巻］』316頁、立石・前掲『刑法総論［補正版］』269頁など）。また、通貨偽造準備罪（153条）に関して、「当該行為の性質上、中止犯の効果を及ぼすだけの理由がない」（佐久間・前掲『刑法総論』340頁）として、中止犯規定の類推適用を否定する見解もある。さらに、内乱予備罪（78条）に関して、法定刑の点から実質的に基本犯（内乱罪、77条）と同一に評価されているとして、これも独立予備罪であるとする見解がある（香川・前掲『中止未遂の法的性格』168頁以下、齊藤誠二・前掲『予備罪の研究』264頁以下）。また、凶器準備集合・結集罪についても、これを独立予備罪であるとする見解も見られる（齊藤誠二・前掲『予備罪の研究』265頁以下）。このように、二分説の内部においても、「いずれを独立予備罪とし、いずれを非独立予備罪と解するか」という点に関しては見解が激しく分かれるのであり、予備罪内部でその独立性・非独立性によって明確な線引きを行うことは困難ないしは不可能なことなのである。

『非独立性』の側面の両方の性質がある」のだという主張は、傾聴に値するものといえる[52]。予備罪には独立的側面も非独立的側面も見られるのだとする点は、ある意味、予備罪の規定されている状況の本質を的確に指摘するものともいえる。

しかしそうだとする場合には、次の問題が出てくる。すなわちこのような考え方からすれば、「『独立性』の側面と『非独立性』の側面の両方の性質がある」犯罪類型が予備罪であることになるが、これに対して各則におけるそれ以外の通常の犯罪類型（既遂犯としてだけ評価されている規定）は、逆に言えばそのような両方の性質を併せ持つものではない犯罪類型（すなわち「独立性」の側面のみをもつ犯罪類型）であることになる。しかしこのような観点から既遂犯として考えられている犯罪類型の全てについて、「予備罪と同様の『非独立性』はない」ということは本当に言えるのであろうか。例えば、前述のように、偽造私文書行使罪（161条1項）に対する関係で言えば、そのさらに前段階の行為を対象とする私文書偽造罪（159条）は、「（その『非独立性』ゆえに）予備罪である」ことになるのであろうか。また身の代金要求罪（225条の2第2項）に対する関係で言えば、その前段階行為を対象とする身の代金目的拐取罪（225条の2第1項）は予備罪であることになるのであろうか。いずれの場合においても、それらは「予備罪」としては評価されず、通常の「既遂犯」が規定されていると見るのが一般的であろう[53]。すなわち、既遂犯とされている犯罪の中にも、時系列

---

(51) 城下・前掲「「予備の中止」について」20頁。
(52) 城下・前掲「「予備の中止」について」20頁および25頁。同様の趣旨が見られるものとして、内田文昭・前掲『改訂刑法Ⅰ（総論）〔補正版〕』262頁、酒井安行「予備の中止」『刑法判例百選Ⅰ総論（第三版）』(1991年) 150頁、同「予備の中止」『刑法判例百選Ⅰ総論（第四版）』(1997年) 146頁など。酒井安行は「ア・プリオリな独立・非独立論から直ちに結論を抽出することは困難なように思われる」とする（酒井・前掲「予備の中止」『刑法判例百選Ⅰ総論（第三版）』150頁）。
(53) この点に関して、「私文書偽造罪と偽造私文書行使罪や、身の代金目的拐取罪と身の代金要求罪は、それぞれ牽連犯の関係にあるのだから、吸収関係（吸収一罪）にある予備罪とその後の基本犯罪とは異なるのであり、それらの前段階の犯罪を予備罪として扱うことはありえない」として批判する見解も考えられる。しかしこれは「罪数関係から犯罪類型の性質を決定づけようとする」ものであり、アプローチとしての手順が逆であるといえる。本来、罪数関係こそが、まさに各犯罪類型の性質から導かれてその結論を決定づけられるべきものである。すなわち「予備罪である」ことを前提にして「牽連犯にはならない」とすることはありえても、逆に「牽連犯である」ことから「予備罪ではない」ことを導くと、結局「予備罪である」という犯罪類型の性質の決定のために「罪数関係」をその資料として用いることになり、これは単なる循環論法に陥っているといえるのである。その場合には、結局、『予備罪』と、『予備罪ではない前段階犯罪』の

的な関係でいえば「既遂」と「予備」の状態をそれぞれ犯罪類型化したといえるものが見られる[54]のであり、このような場合の前段階の犯罪類型を全て「予備罪」として分類することはできないのである。そして実際、予備罪について扱う論稿においても、「そもそも『予備罪』として検討されるべき犯罪はどの犯罪なのか」という基準自体に関して争いがあり、学説も分かれているのである[55]。

これは「予備罪が各則において独立に規定されている」ことから、「予備罪にも独立罪としての側面がある」ことを前提とする限り、「予備罪」と「（通常の犯罪である）既遂罪」との区別は相対的なものでしかないことを示すものであり[56]、すなわち、「予備罪である」ということの明確な、そしてそれでいて結論の差に意味があるような基準が出されない限り、通常の各則の犯罪類型の一

区別基準」はまったく明らかにならないことになってしまう。
(54) とくに、いわゆる「切り縮められた二行為犯（verkümmert zweiaktige Delikte）」においては、このような形での既遂犯の犯罪類型が作られやすい。この「切り縮められた二行為犯」については、Claus Roxin, Strafrecht Allgemeiner Teil, Bd. I, 4. Aufl., 2006, §10 Rn. 84 u. Rn. 128 ; Hans-Heinrich Jescheck/Thomas Weigend, Lehrbuch des Strafrechts Allgemeiner Teil, 5. Aufl., 1996, S. 266 ; Günther Jakobs, Strafrecht, Allgemeiner Teil, 2. Aufl., 1991, 6. Abschn. Rn. 93 u. s. w. を参照。
(55) 齊藤誠二・前掲『予備罪の研究』63頁以下は、凶器準備集合罪・結集罪（208条の3）を予備罪の一種とするが、例えば香川・前掲『刑法講義〔総論〕第三版』284頁以下はこれを予備罪に含めない。その一方で、香川達夫『刑法講義〔各論〕第三版』（1996年）251頁は、通貨偽造準備罪（153条）を予備罪に含めないが、齊藤誠二・前掲『予備罪の研究』65頁は「学説は、……通貨偽造準備罪……が、現行刑法の規定する予備罪である、という点においては、その所見を一つにしている」とする。また、私戦予備罪（93条）を予備罪に含めない見解（宮本英脩『刑法大綱』（1935年）488頁、佐伯千仭『四訂刑法講義（総論）』（1981年）294頁）や、逃走援助罪（100条）、多衆不解散罪（107条）、出水危険罪（123条後段）、往来危険罪（125条）も予備罪に含める見解（泉二新熊『日本刑法論上巻』（1927年）548頁以下など）もある。さらに、わいせつ物販売目的所持罪（175条）、多衆不解散罪（107条）、あへん煙販売目的所持罪（136条）、あへん煙吸食器具販売目的所持罪（137条）、偽造通貨等収得罪（150条）、不正電磁的記録カード所持罪（163条の3）も予備罪であるとする見解もある（菊地慶彦「予備罪の分析——とくにその処罰根拠論を中心として——」法学政治学論究61号（2004年）426頁以下）。このように、「そもそも予備罪がどの犯罪類型を指すのか」という点自体に意見の相違が見られ、その判断基準も大きく異なっているのである。
(56) もちろん相対的なものなので、犯罪類型によっては「非独立的側面」の強い犯罪類型（一般的に「予備罪だ」として評価されることに争いのない犯罪類型）もあり、また逆に「独立的側面」しかないような犯罪類型（一般的に既遂罪としてしか評価されない犯罪類型）もあるということなのである。そしてその「予備罪」と「既遂罪」の両者の間に、明確な線引きを行って区別することが、「独立性」「非独立性」の性質が各犯罪類型ごとに相対的なものである以上、困難であるということなのである。

部を「予備罪」というカテゴリーによって取り出すことには、意味がないのである[57]。さらに総則規定との関係では、「予備罪である」ということに基づく一般的・普遍的な効果は、それらが一般的・普遍的に総則規定の下に置かれてその法律効果が規定されている[58]のでもない限り、無いのであり、予備罪においては、個別の各則の犯罪類型がそれぞれ設定されているに過ぎないと評価せざるを得ないのである。

この点に関して、「予備罪は自己の犯罪の前段階・準備段階行為をその対象とするものであり、各則の既遂罪構成要件と予備罪構成要件を相対化して区別せず考えることは、予備罪が本来的には「自己予備」のみを対象としていることにそぐわないではないか」、すなわち「自己予備に限る」という、一般的に予備罪に認められている内容が失われるのではないかとの批判も考えられうる。しかし、実際上ある犯罪の前段階行為として設定されている犯罪類型の中で、全ての犯罪が自己予備とされているわけではない。通貨偽造準備罪は他人

[57] この点について、前述の罪数論の観点から、ある犯罪とその前段階犯罪の罪数関係が、牽連犯になるものや吸収一罪になるものなどに分かれるので、この区別こそが予備罪を他の犯罪類型と区別する意義であるとする考えもありうるかもしれない。しかしそもそも前述のように、罪数関係は犯罪類型の性質から決まるものであって、「予備罪である」ということの決定的な要素を別の観点から定義づけない限り、循環論法に陥ることになる。さらに罪数論における分類方法やその法律効果が、学説上も現段階では複雑かつ多岐に分かれており、特に予備罪と基本犯の罪数関係に関しても詳細に見るとその見解は統一的ではなく（成立上も一罪なのか、解釈論上の科刑上一罪なのか、さらに成立上一罪だとしても、成立する犯罪が何らかの事情で処罰されない場合に、成立しなかったはずの犯罪が再び復活し得るのか、など。なお、（傍論ではあるが）判例において、包括一罪の関係に立つ二罪のうち、重い罪が中止犯となり刑が免除される場合には、軽い罪について処罰されることを示唆するものとして、大阪高判昭和33年11月18日高刑集11巻9号573頁参照）、この罪数関係の区別をもって「予備罪かどうか」の基準とすることはできない。現時点では、この罪数関係が牽連犯になったり吸収一罪になったりする点については、各犯罪類型ごとの各則的差異の段階にとどまるのであり、総論的な一般化の段階にまでは残念ながら至ってないものと評価せざるを得ないのではないかと考えられる。この罪数論の問題については、今回はとりあえずこの程度にとどめ、今後も検討すべき課題とさせて頂きたい。なお、本稿での検討対象とした「予備罪」は、形式的に「予備」または「準備」という行為態様が単純に文言上予定されている犯罪類型を指すものとしており、本稿ではそれ以上の意義があるものとは考えていないことになる。

[58] 例えば過去には1813年バイエルン刑法典における未遂規定などはこのような規定の方法を採っていた。すなわち「実行の着手」の概念を持たず、現在の未遂にあたる「近い未遂」と、現在の予備にあたる「遠い未遂」を両方とも処罰の対象としていたのである。この点については、野澤・前掲「中止犯論の歴史的展開——日独の比較法的考察——（4）」立命館法学288号（2003年）175頁および198頁注2（本書第2部第3章第1節（1））参照。なお総則規定による予備の規定化または一般的処罰の例については、中森喜彦「予備行為の処罰」法学論叢116巻1＝6号（1985年）532頁以下などを参照。

予備も含むとするのが一般的な見解である。このことから、逆に「通貨偽造準備罪は『予備罪』には含まれない」とする見解もあり得るかもしれない[59]。しかしもしそのようにいえるのであれば、そもそもそこでいう「予備罪」というものの定義をどうするのか、そしてその定義に意味があるのかがやはり逆に問われなければならない。このことから示されるように、結局予備罪と称されるものの中でもその独立的性質と非独立的性質は相対的なレベルで各犯罪類型ごとに個別的に考えられているのが現実なのである。とするならば、そこでいう独立的性質と非独立的性質の程度の問題は、刑法各論的な「各犯罪類型における個別の要件」に解消される程度のものでしかないことになる。例えば、当該犯罪類型において成立要件の1つとされている「目的」の中に「自己の犯罪として犯す目的」という内容を読み込むなど、刑法各論的な個別の成立要件としての内容上の特色として要求されるべきであり、「『予備罪だから』いわゆる自己予備の場合だけが予定されている」などとして総則的発想から演繹的に帰結できるものではない[60]と考えるべきなのである[61]。

すなわちこのような観点からは、予備罪の構成要件は、とくに客観的な行為態様については基本となる既遂犯罪とは全く別の行為態様をその内容とするものであり、なおかつ基本犯罪の構成要件に従属するものでもない。未遂犯は、基本となる既遂犯罪の成立要件のうち、「結果の発生（ないしは因果関係）」の部分のみをその成立要件から外す形でも成立するものとして、まさに成立要件が

---

[59] 例えば、香川達夫『刑法講義〔各論〕第三版』（1996年）251頁。

[60] 基本犯罪と予備罪の罪数関係についても、同様のことが言える。殺人既遂罪・殺人未遂罪に対して殺人予備罪は吸収関係（吸収一罪）にある、といわれるが、これは「殺人既遂罪・殺人未遂罪」と「殺人予備罪」の罪数関係はそのように考えられる、という各論的配慮によるものであり、「予備罪であるがゆえに基本犯との関係は吸収関係（吸収一罪）になる」という総論的配慮によるものではないのである。実際、予備罪と基本犯の罪数関係を吸収関係（吸収一罪）ではなく包括一罪と捉え、基本犯が中止犯として免除になった場合にはその予備罪の罪責が問われることになるとする説（前述の（1）類推適用否定説のⒸ説）も存在するということが、予備罪と基本犯罪の罪数関係が総則的発想から演繹的に帰結できるものではないことを示していると思われる。

[61] この点について、島田雅子「予備罪考」法学新報96巻1・2号（1989年）176頁（同じく山本雅子『実質的犯罪論の考察』（2007年）所収203頁）は「（予備罪と既遂罪の関係は）目的従属性にあるといい得るのみである。この目的従属性は予備罪を目的犯たらしめるものとして法的に構成されるのである。従って、一定の既遂罪との直接のつながりを示すこの目的は当該予備罪の範疇にとり込まれることとなり、両者は基本構成要件とそこから生ぜしめられる修正構成要件であるという法的関係を失う。両者はむしろ目的に対する手段であるという関係で把握されていくべきであろう」とする。

「修正されて」いるものである。すなわち行為態様においては既遂犯も未遂犯も同じ事実を対象としており、とくに結果犯においては結果発生（ないしは因果関係）の有無がその両者を分けているにすぎない。しかし予備罪はその基本となる犯罪とは全く別個の行為態様を対象としており、もはや「修正」では済まされない、別態様の犯罪といえる[62]。

　また、共犯のように、正犯の実行行為を前提として、それに従属して処罰の対象となり得るものでもない。現在一般的な見解である共犯従属性説の考え方からは、共犯行為がなされたとしても、それのみで処罰の対象となり得るものではなく、正犯の実行を待って処罰の対象となり（実行従属性）、また正犯が犯罪としての一定の内容を備えていることを要求している（要素従属性）[63]。これらの正犯側の要件が満たされて、なおかつ共犯としての要件も満たされることで初めて共犯は成立するのであり、これは「正犯の要件」に修正を加えた要件（例えば「その正犯行為を教唆する」、など）が要求されているといえる。しかし予備

---

(62)　この点について、中谷瑾子「予備罪に関する一考察」法学研究38巻10号（1965年）19頁以下、および島田雅子・前掲「予備罪考」159頁以下（同じく山本雅子・前掲『実質的犯罪論の考察』所収186頁以下）を参照。中谷瑾子は、小野清一郎『犯罪構成要件の理論』（1953年）による構成要件の理論に大きく依拠した上で、「（この構成要件の理論を前提にするならば）予備罪は結局構成要件の修正形式という枠をはみ出すことになるというべきではなかろうか」（中谷・前掲「予備罪に関する一考察」23頁）と主張する。また山本雅子（島田雅子）はフィンケの見解（Martin Fincke, Das Verhältnis des Allgemeinen zum Besonderen Teil des Strafrechts, 1975）に依拠して、「予備罪の構成要件は、既遂罪の構成要件と重なり合う部分を全く有しない。構成要件を行為の定型であると考えるならば、この二つの構成要件は完全に別個のものであるといわなければならないであろう」（島田雅子・前掲「予備罪考」176頁（同じく山本雅子・前掲『実質的犯罪論の考察』所収203頁））とし、さらに予備罪について総則規定がない点を捉えて、「総則規定が不存在であるという事実には単なる立法政策を越える意思表明があるというべきである。我刑法を例にとっていえば、犯罪の開始は実行の着手を基点とするものであり、予備行為は例外なく不処罰であるというのが立法者の意思である。したがって、各則に於いて、予備行為の形態を持つ行為が犯罪とされている場合には、それは決して当該行為を予備行為として処罰の対象としているのではない。いいかえれば、それはむしろ全く別の視点からみられて、そこに固有の中核となり得る不法が認められるとして処罰の対象とされるのである。但し、勿論、そのことをもって、予備罪が総則規定を特に排除する程の特別犯であるとすることにはならない。……」（島田雅子・前掲「予備罪考」178頁以下（同じく山本雅子・前掲『実質的犯罪論の考察』所収205頁以下））として、予備罪が固有の不法内容をもつ、独立した犯罪であるとする（ただし、予備罪のこのような独立犯としての性質を強調しながら、「中止犯規定の類推適用は例外的に認められるものと解する」とする。島田雅子・前掲「予備罪考」181頁（同じく山本雅子・前掲『実質的犯罪論の考察』所収208頁）参照）。

(63)　平野・前掲『刑法総論II』343頁以下、松宮孝明『刑法総論講義［第4版］』（2009年）280頁以下など参照。

罪には同様のことは当てはまらない。確かに「目的犯」の形式で基本犯罪の実行が予定されている犯罪類型も見られる。しかしそれらはその目的とされた犯罪の成立要件に従属するものではない。すなわち基本犯罪にまで結局として至らなかったとしても、予備罪はその成立要件を満たす限りにおいて、独立して十分に成立しうるのである。

　よって予備罪は、それ自体が独立した犯罪類型として、各則に個別に規定された通常犯罪として扱われるべきであり、「修正された構成要件」とすべきものではないことになる[64]。つまり、「予備罪も一つの独立した犯罪類型として規定されたもの」であることになる。すなわちこれはそのような「準備行為および準備結果」を客観的構成要件とするような「既遂犯」なのである。よって、このような予備罪に中止犯規定の類推適用を認めることは、つまりは、「既遂犯に対する中止犯規定の類推適用の可能性」を認めることになる。だが、これはおそらく多くの学説[65]および判例[66]によって否定されているところである。例えば具体例として、ある書店で本を万引きし、その店舗を出て数百メートル離れた段階で「やはり盗みはよくない」と思い直し、店舗に戻って店主に万引きした本を返却したような場合[67]に、通説・判例によればこのような状況では本を取得したといえるので既に窃盗既遂に達している以上、当然のこ

---

(64)　このような観点から、「予備」と「予備罪」は区別しなければならない。前者は犯罪の実行行為段階からみたその前段階の行為状況をさすものである。そしてこれが「実行の着手」にも至っていない以上、未遂犯処罰規定があったとしても「不処罰」であるという前提がある。これを独立に処罰の対象とするとき、それが「予備罪」と称されることになるのだが、それは独立した犯罪類型を各則に必要とするのであり、特定の犯罪構成要件の「修正」として規定されるわけではない（この点について同様の趣旨から「予備罪」と「予備犯」を分けるべきとする島田雅子・前掲「予備罪考」161頁および183頁注1（同じく山本雅子・前掲『実質的犯罪論の考察』所収188頁および210頁注1）も参照）。よって、例えば「予備罪を原則として不処罰とし、例外的に処罰する」などという表現は、実行の着手に至らない「予備」が不処罰であるのは当然であり、かつ「予備罪」が原則としてそのように処罰されるべきものとして規定されている事実を踏まえると、「予備」という概念のつもりで「予備罪」という言葉を使用していることがうかがわれ、この両者が区別できていないことを示すものであり、表現として適切なものではない。

(65)　団藤・前掲『刑法綱要総論〔第三版〕』365頁（ただし立法論としては既遂後にも中止犯を認めるべきとする。362頁および366頁参照）、平野・前掲『刑法総論II』334頁など。

(66)　大判昭和3年11月5日大審院裁判例3巻刑事判例43頁、大判昭和13年6月14日刑集17巻438頁、最判昭和23年11月2日刑集2巻12号1443頁、名古屋高裁金沢支部判決昭和26年2月12日高刑判時30号32頁、広島高裁岡山支部判決昭和28年2月12日高刑判特31号65頁など。

(67)　類似の事案で、店舗内で窃取した本を、その直後に元の棚に返却した場合に、既に窃盗既遂罪であって中止未遂の観念を容れるべき余地がないとされた事例として、前掲の広島高裁岡山支部判決昭和28年2月12日高刑判特31号65頁を参照。

とながら中止犯は成立せず、43条但書は適用されない。せいぜい酌量減軽 (66条) が問題となるべき事案とされるであろう。しかし自己の意思によりその既遂結果を解消し、法益侵害状況を事後的に回復したような場合に、「それは既遂犯だから」という極めて形式的な理由だけで「中止犯規定の類推適用の可能性」を否定しつつ、その一方で同じく「既遂犯」としての性質をもつ予備罪に対しては「中止犯規定の類推適用の可能性」を肯定するのは、明らかな矛盾であり、理論的根拠を欠くものといわざるを得ない。「予備罪」と「既遂罪」との区別が実際上各則において相対化されており、また相対化されざるを得ない以上、片方にだけ類推適用を肯定することには理由がなく、類推適用の可能な犯罪類型と不可能な犯罪類型の区別は困難であるといわざるを得ないのである。

　さらに既遂も含めた全体に対して類推適用をすべきとする見解については、それは中止犯制度の由来の観点から問題がある。前述のように、「客観的要件が満たされていない」状況を前提として初めて「中止犯」という概念が考慮できたのであり、「客観的要件が満たされている」状況である既遂犯に対しては、中止犯規定の適用は、形式的にも実質的にも排除されているのである。実際、今でも「中止犯」の規定は「未遂犯」に特化して、とくに規定が置かれている。よって「客観的要件がある」場合にも「中止犯」の規定の類推適用を認めるような見解は採用できない。

　事実、「予備罪」と「既遂罪」が相対化されていることは、現在の日本の刑法典にも現れているといえる。刑法163条の4は「支払用カード電磁的記録不正作出準備罪」として、その第1項に「第百六十三条の二第一項の犯罪行為の用に供する目的で、同項の電磁的記録の情報を取得した者は、三年以下の懲役又は五十万円以下の罰金に処する。情を知って、その情報を提供した者も、同様とする。」と規定して「支払用カード電磁的記録不正作出罪」(163条の2) の予備行為を処罰対象としつつ、刑法163条の5は、「第百六十三条の二及び前条第一項の罪の未遂は、罰する。」として、その「準備行為 (予備行為)」の「未遂犯」を処罰する規定を置いているのである。これはとくに、従来までの考え方として「予備に未遂は存在しない」といわれていた考え方[68]を覆すもので

---

(68) 正田・前掲『刑法における犯罪論の批判的考察』31頁以下、牧・前掲「予備行為の中止」同『刑法研究第八巻』332頁など。なおこの点については齊藤誠二・前掲『予備罪の研究』287頁

ある[69]。確かに犯罪の実行の着手以前の段階を指し示す用語としての「予備」には、未遂の状態というものは考えにくい。しかしそれがひとたび「予備罪」などとして独立した犯罪類型となった場合には、その犯罪類型を達成するつもりで行為が行われたものの、しかしその犯罪類型の既遂段階にまでは至らなかった、という意味での「未遂」は考えられ得るのである。

また歴史的にみても、このような現象は多く見られるところのものであった。例えば、「偽罪（falsum）」を出発点とする詐欺罪は、その犯罪類型の発展過程の中で事前的・予備的行為態様である文書の偽造行為を予定しつつ、やがてそれが文書偽造罪として分離し、独立した犯罪類型となっていったのである[70]。ある犯罪の、実質的には前段階にあたるような行為態様が、やがて独立して別の犯罪類型を構成するようになることは、現象としてあり得ないことではなかったのである。

以上のような点を踏まえると、予備罪は通常の既遂罪と何らかわることなく、独立に犯罪類型化された犯罪であり、いわば既遂罪そのものということができる。そして既遂罪に対する中止犯規定の類推適用は、中止犯規定の沿革からも中止犯規定の解釈上も認められない以上、「予備罪に対して刑法43条但書の中止犯規定の類推適用は、全面的に認められない」という結論に至ることになる。だがその場合には、前述の「刑の不均衡」という問題が現れることになる。もちろん、本来はこのような問題を解釈論において解決することこそが、

　以下も参照。
(69) さらにこれらの支払用カード電磁的記録不正作出準備罪の犯罪類型に関して言えば、その「予備罪の中止」の場合において、前述のような（2）類推適用肯定説は、不合理な結論をもたらす。電磁的記録の情報取得行為の実行の着手後、情報取得前に（既遂前に）未遂に終わった場合には、163条の5により、163条の4の未遂として処罰されることになる（減軽されるとして、1年6月以下の懲役または25万円以下の罰金）。そして、この情報取得がなされれば、163条の4の既遂として3年以下の懲役または50万円以下の罰金により処罰される。ところが、電磁的記録の情報取得後に（既遂後に）、さらなる支払用カード電磁的記録不正作出（162条の2第1項）の行為を開始せずに中止した場合（＝予備罪の中止）には、前述の（2）Ⓐ説または（2）Ⓑ説によれば、この法定刑に加えて免除の可能性が出てくることになり、さらに（2）Ⓒ説によれば163条の4を基準刑として、そこから減軽・免除することになるので（1年6月以下の懲役もしくは25万円以下の罰金、または免除）、（2）Ⓒ説においては明らかに法定刑のアンバランスが生じることになるのである。
(70) このような文書偽造罪の生成過程については、成瀬幸典「文書偽造罪の史的考察（一）～（三）」法学60巻1号（1996年）123頁以下、同60巻2号（1996年）94頁以下、同60巻5号（1996年）110頁以下を参照。

法律解釈論を行う刑法学者の役割であるといえるであろう。しかしこの問題においては、その解釈論内部では理論的な解決に限界があり、どのような説明を試みても理論的欠点や不備が生じうるものといえる。このような状況の下では、むしろ今後の立法としてどのような解決方向に向かうべきなのかを、（当然のことながら）理論的に支えられた形で指し示すことも、刑法学の研究者として求められる役割であると考えられる。

　この点で、20世紀初頭からほぼ同様の「予備罪に対する中止」の問題を抱えていたドイツが、やがて立法論的観点からどのような制度設計の方向に動いていったかが参考になるものと考えられる。学説における解釈論の枠内での努力と、それが立法論における新たなる制度、すなわちいわゆる「行為による悔悟 (Tätige Reue)」[71]制度への結実に結びつくまでの流れについて検討し、立法論をも含めた日本の今後の理論的発展の方向性を示したい。

---

(71)　この「Tätige Reue」という語の訳について、「有効な悔悟」「積極的悔悟」という訳が当てられる場合も多いが、とりあえず仮の訳として本書では直訳的に「行為による悔悟」と訳出した。「Tätige Reue」に関する包括的な検討（ドイツにおける議論状況およびその日本での導入可能性・必要性）については、別稿に譲ることにする（Morten Blöcker, Die Tätige Reue, 2000なども参照）。なお、日本における数少ない「行為による悔悟」制度の一つとして考えられる、身の代金目的拐取罪における解放減軽規定（刑法228条の2）について包括的な検討を行った筆者の論考として、野澤充「略取誘拐罪における解放減軽規定（刑法228条の2）について」犯罪と刑罰19号（2009年）141頁以下を参照。

第3章　ドイツにおける考え方

　ドイツにおいても、日本と同様の予備罪の中止の問題が生じることがあった。すなわち例えば現行のドイツ刑法234条aは拉致罪（Verschleppung）を規定しているが、その第3項において、包括的な予備罪処罰の規定が存在する[72]。このような予備罪規定[73]に対して、中止犯規定（ドイツ刑法24条、旧規定では46条）が適用されるかが問題となることがあった。

第1節　ドイツにおける学説

　このような予備罪規定に対して中止犯規定が類推適用可能かどうかについ

---

[72]　ドイツ刑法234条aの拉致罪の規定の文言は以下のとおりである。
　　§234a　拉致
　　（1）他者を、策略、脅迫もしくは暴行によって、この法律の場所的適用領域外の地域に移送し、またはその地域へ赴くようにさせ、またはその地域から戻るのを妨げ、そしてそれにより、政治的な理由から迫害され、そしてその際に法治国家的原則と矛盾して暴力的処置もしくは専断的な処置によって身体もしくは生命への侵害を被り、自由を剥奪され、またはその職業的なもしくは経済的な地位においてひどく侵害される危険にその者をさらした者は、1年以上の自由刑に処する。
　　（2）それほど重大ではない場合においては、その刑罰は、3月以上5年以下の自由刑とする。
　　（3）当該行為の予備は、5年以下の自由刑または罰金刑に処する。

[73]　ドイツ刑法における予備罪処罰規定（「予備（Vorbereitung）」という行為態様が文言上形式的に含まれている犯罪類型）としては、前述の拉致予備罪（234条a第3項）のほか、侵略戦争の予備罪（80条）、内乱の企行の予備罪（83条）、国家を危殆化するような重大な暴力行為の予備罪（89条a第1項ないし第6項）、通貨または有価証券の偽造予備罪（149条第1項）、データの探知および傍受の予備罪（202条c第1項）、公式証明書の偽造予備罪（275条第1項および第2項）、データ改竄予備罪（303条a第3項）、コンピューター破壊工作予備罪（303条b第5項）、爆発犯罪または放射線犯罪の予備罪（310条）、航空交通および海上交通への襲撃予備罪（316条c第4項）などが挙げられる。このうち、83条に対しては83条aが、89条a第1項ないし第6項に対しては89条a第7項が、149条第1項に対しては149条第2項および第3項が、202条c第1項に対しては第2項（ただし149条第2項および第3項の準用）が、275条第1項および第2項に対しては第3項（ただし149条第2項および第3項の準用）が、303条a第3項および303条b第5項に対しては202条cの準用（これによる149条第2項および第3項の準用）が、310条に対しては314条aが、316条c第4項に対しては320条が、それぞれ「行為による悔悟（Tätige Reue）」規定として用意されている。

て、ドイツにおいても古くから学説が争われていた[74]。ここでもやはり（1）類推適用否定説[75]、（2）類推適用肯定説、（3）二分説[76]が主張されていたのである。そして（1）類推適用否定説と（2）類推適用肯定説が主に対立し

---

(74) ドイツにおける以前の学説のこのような論争状況については、下村・前掲「予備行為の中止」法学新報66巻5号349頁以下（『刑事法学論集―林頼三郎博士追悼論文―』473頁以下）が詳細な検討を行っている。また、城下・前掲「「予備の中止」について」4頁以下のドイツの各学説の箇所も参照。

(75) Franz von Liszt/Eberhard Schmidt, Lehrbuch des Deutschen Strafrechts, 26. Aufl., 1932, S. 319 ; Max Ernst Mayer, Der allgemeine Teil des deutschen Strafrechts, 2. Aufl., 1923, S. 369 usw.. 例えばリスト／シュミットは、「予備行為または未遂行為が特別な刑罰によって規定されている場合、もしくは処罰において企行犯罪または未遂犯罪が既遂犯罪と同様に扱われている場合……には、その逆のものが規定されていないからには、中止は刑罰を消滅させる効果を持たない」とする。またリストの古い版においては、「（オルスハウゼンの見解によれば）中止は、処罰の際における同様の扱いが問題となる場合ではなくて、独立した軽罪の設置が問題となる場合にのみ、排除される、とする。しかしこれは決定的な観点ではない。むしろ決定的なのは、それ自体として与えられており、かつこのような場合にも存在している未遂行為の可罰性が、明文かつ特別な法律の規定によってのみ排除され得るのであるが、そのような規定がここでは欠けている、という考慮である」（Franz von Liszt, Lehrbuch des Deutschen Strafrechts, 10. Aufl., 1900, S. 195, Fn. 5）としていた。マックス・エルンスト・マイヤーも、「独立して刑罰の下におかれている未遂行為または予備行為の中止は、何ら効果を持たない」とし、46条の直接適用可能性または類推適用可能性を主張する見解に対して、「彼らは、正当な判断を行う願望に多かれ（例えばFrank）少なかれ（例えばAllfeld）屈することによって、相互にかなり逸脱している。しかしそれはますます実定法に反することになる、なぜなら46条の意味における「未遂」は、技術的にこのような概念に従うもののみであるからである（当然に80条も）」と批判する。

(76) Philipp Allfeld, Lehrbuch des Deutschen Strafrechts Allgemeiner Teil, 9. Aufl. des von Hugo Meyer begründeten Lehrbuch, unter Berücksichtigung der neuesten Gesetzgebung vielfach verändert, 1934, S. 203f.; Justus Olshausen, Kommentar zum Strafgesetzbuch für das Deutsche Reich, 7. Aufl., 1905, 1. Band, §46 Nr. 5 ; Reinhard Frank, Das Strafgesetzbuch für das Deutsche Reich, 18. Aufl., 1931, S. 93 usw. アルフェルトは、「任意的な中止の処罰消滅事由は、その独特の性質に従って、未遂行為または予備行為が特別な犯罪として取り扱われている場合にまで拡張されるべきではない、そして「企行」がそのようなものとして処罰の下に置かれている場合にも同様に拡張されるべきではない。そうではあるがしかし（内乱、86条におけるように）予備行為がそのようなものとして（一般的に）処罰の下に置かれている場合には、それは適切に使用されることになる」として、独立した特別の犯罪の場合には、46条は適用不可能だが、一般的な予備行為が例外的に刑罰の下におかれている場合には、適用可能性がある、とする。またオルスハウゼンも、「……重罪または軽罪の未遂または予備が例外的に形式的に独立した重罪または軽罪の構成要件へと高められた場合には、その（46条の）規定は適用がない。……それに対して、法律上の規定による重罪または軽罪の構成要件の作成と関連して、それにより独立した重罪または軽罪が創出されること（86条を参照）なく、例外的に予備も同様に刑罰の下に置かれている場合には、「大から小への論証（argumento a majore ad minus）」により、重罪または軽罪の予備への46条の適用可能性が認められるべきである」、として、46条の適用可能な予備罪と適用不可能な予備罪を分ける。またフランクも、「……その遂行後に不処罰となるような中止（46条）が不可能であろうことも、同様にわずかにしか、予備行為の可罰性からは導かれ得ない。それでもやはり可罰的な予備行為は始められたということが引き合いに出される場合には、その

ている状況であったのが、このような状況が徐々に変化していく。すなわち、（２）類推適用肯定説の内容として主張されたのは、当初は「刑法46条の中止犯規定を類推すべきである」とした主張であった(77)。しかしやがてこのような主張はなされなくなり、代わって主張されるようになったのが、「刑法49条ａ第３項および第４項の規定を類推すべきである」という主張であった。この刑法49条ａは、重罪の教唆の未遂（同第１項）および重罪の協定または受諾、予備（同第２項）を処罰するものであり、そのような行為形態の犯罪行為のさらなる継続を中止した場合の優遇について定めたのが同第３項および第４項であった(78)。この重罪の前段階行為を処罰する場合の中止犯規定である49条ａ

ことは、未遂が開始されたあとでは、もはや未遂を不処罰に中止し得ない、という主張と同様の意味をもつ。実際、中止は未遂の開始前または開始後のいずれに行われても構わないので、中止は予備行為にもまた不処罰を生じるのである。このことは「大から小への論証（argumentum a maiori ad minus）」からも生じる」として、予備罪への46条の適用可能性を広く認めつつ、「未遂犯罪または予備犯罪とは対照的であるのが、独立罪（delictum sui generis）である」として、46条の適用可能性を「予備が独立罪（delictum sui generis）として評価されるべきではない限りにおいて」（Reinhard Frank, Das Strafgesetzbuch für das Deutsche Reich, 15. Aufl., 1924, S. 95）認めるべきものとする。

(77) Ernst Beling, Grundzüge des Strafrechts, 11. Aufl., 1930, S. 69. 例えばベーリンクは、「刑法46条はその根拠から、未遂が刑法43条による出現形式として打ち出される場合に対してのみならず、未遂が「独立罪（delictum sui generis）」にまで高められた場合に対しても当てはまり、そして独立した犯罪類型にまで形成されている予備行為（例えば刑法86条）に対しては、ますますもって当てはまることになる――ただし争いがある」とする。下村・前掲「予備行為の中止」法学新報66巻５号349頁以下（『刑事法学論集―林頼三郎博士追悼論文一』473頁以下）には、他の同様の主張をするものとして、クラウトハンマー（Karl Krauthammer, Der Rücktritt vom Versuch, 1932）、コッホ（Gerhard Koch, Der Rücktritt vom formell vollendeten Delikt, 1939）、ライプチガーコンメンタール第７版（ナーグラー）などが挙げられている。

(78) 1975年の刑法総則全面改正前のドイツ刑法49条ａの規定の文言は以下のとおりである。
　§49a
　（１）重罪として刑罰が科せられている行為を実行するように他の者を決意するよう試みた者は、重罪の未遂に対して適用される規定（44条）により処罰される。
　（２）重罪として刑罰が科せられている行為を約束し、そのような行為を実行することについての他の者の申し出を承諾し、または自ら重罪を行う意思を表明した者も、同様に処罰される。
　（３）自発的に、
　１．その者が他の者を、重罪として刑罰が科せられている行為へと決意するよう試みたあとで、もしくはこれについての他の者の申し出を承諾したあとで、この行為を阻止した、
　２．重罪として刑罰が科せられている行為の約束後に、そのような行動を放棄し、かつその行為を阻止した、
　３．その者が自ら重罪を行う意思を表明した、その明言を取り消した
　者は、この規定によっては処罰されない。
　（４）その者の中止行動がなくとも行為がなされないままであった、またはその者の先行する

第3項および第4項を、各則における予備罪について類推適用しようとしたのである[79]。

　その後、刑法総則規定の全面改正により、刑法49条ａ第3項および第4項は、新しい刑法31条に引き継がれることになった[80]。その後においても、予備罪の中止の場合には、刑法31条を類推適用しようとする見解が多く見られるのであり、刑法24条の通常の未遂犯に対する中止犯規定を類推適用しようとする見解は、全く見られないのである[81]。

　　態度に関わりなく行為が実行された場合には、実行を阻止しようとするその者の任意かつ真摯な努力で十分である。
　　この49条ａの規定は、1975年の刑法総則全面改正後においても、30条および31条としてほぼ同様の規定がなされた（その文言は後掲）。これらの関与の未遂処罰規定および中止規定に関する詳細な検討は、今後の課題としたい。
(79)　Hans Welzel, Das Deutsche Strafrecht, 11. Aufl., 1969, S. 199 usw..
(80)　1975年の刑法総則全面改正後の30条および31条の規定の文言は以下のとおりである。
　　§30　関与の未遂
　（１）他の者を、重罪を犯すように、またはその者を教唆するように決定づけようと試みた者は、重罪の未遂に関する規定に従って罰せられる。ただし、その刑罰は49条１項に従って減軽され得る。23条３項は準用される。
　（２）賛同した者、他の者の申し出を受け入れた者、または、重罪を犯すようにもしくはその者を教唆するように他の者と申し合わせた者は、同様に罰せられる。
　　§31　関与の中止未遂
　（１）任意に、
　１．他人を重罪へと決定づける試みを放棄し、そしておよそ存在する、他人がその行為を犯す危険を阻止する者、
　２．その者が重罪に賛同した後で、その意図を放棄した者、または
　３．その者が重罪の実行を約束し、もしくは他の者の重罪の実行の申し込みを受け入れた後で、行為を阻止した者
　　は、30条に従って罰せられることはない。
　（２）行為が中止者の中止関与なしにも行われないままであった場合、または行為がその者の以前の態度から独立して犯された場合には、行為を阻止しようとするその者の任意かつ真摯な努力は、その者の不処罰に十分である。
(81)　「行為による悔悟」規定のおかれていない予備罪である拉致予備罪（234条ａ）の中止の場合に、31条を類推適用すべきとするものとして、Thomas Fischer, Strafgesetzbuch und Nebengesetze, 56. Aufl., 2009, §234a, Rn. 13 ; Reinhart Maurach/Friedrich-Christian Schroeder/Manfred Maiwald, Strafrecht Besonderer Teil, Teilband 1, 8. Aufl., 1995, S. 156 ; Karl Lackner/Kristian Kühl, Strafgesetzbuch Kommentar, 26. Aufl., 2007, §234a, Rn. 6 ; Albin Eser, in : Adorf Schönke/Horst Schröder, Strafgesetzbuch Kommentar, 26. Aufl., 2001, §234 a, Rn. 15. usw.. いずれの見解も、後述のBGHSt 6, 85. を引用し、その見解の論拠としている。また、Heike Neuhaus, Die strafbare Deliktsvorbereitung unter besonderer Berücksichtigung des §234a Abs. 3 StGB, 1993, S. 242f. は、31条、311条ｃ第３項第２号（現在の314条ａ第３項第２号）の規範の「法類推」が行われるべきであるとする。

このような考え方に加えて、もう一つのアプローチがなされるようになったことが重要である。それは、いわゆる「行為による悔悟（Tätige Reue）」規定を個別におくことによって、それぞれの予備罪規定について、犯罪の実行段階に達しないままに犯行の継続を止めた場合に、優遇する規定をおく、という方法である。例えば1969年6月25日の第1次刑法改正法により削除される前の決闘罪（205条）[82] は、決闘を挑む行為やこのような挑みに応ずる行為のような、いわば決闘行為の予備段階の行為も処罰の対象となっていた（201条）[83] が、この201条には中止の場合の規定が独立に設けられていた（204条）[84]。このような形で、個別に各則の予備罪ごとに、それぞれの中止となる場合を定めて、立法的に解決していくアプローチが現れるようになったのである。

そしてこの考え方はさらに解釈論的な展開がなされ、すなわち法律上「行為による悔悟」規定が定められている予備罪だけでなく、そのような規定を持たない予備罪に対しても、その別の犯罪に対して規定されている「行為による悔悟」規定を類推適用していこうとする見解へと至ることになった。例えばイェシェック／ヴァイゲントは、「特別な中止規定が、固有の処罰構成要件にまで形作られた予備行為に対して適用される」として関与の中止未遂（31条）、内乱予備の中止（83条a第2項）、爆発物犯罪の予備における行為の放棄または危険

---

(82) 1969年6月25日の第1次刑法改正法により削除される前の、ドイツ刑法205条の決闘罪の規定の文言は以下のとおりである。
　§205
　決闘は3月以上5年以下の禁錮に処する。
(83) 1969年6月25日の第1次刑法改正法により削除される前の、ドイツ刑法201条（決闘の申し込み罪）の規定の文言は以下のとおりである。
　§201
　死に至る武器を用いての決闘の申し込み、ならびにそのような申し込みの受諾は、6月以下の禁錮に処する。
　すなわちこれは、205条が予定する決闘行為の、前段階行為（予備行為）としての行為態様を処罰の対象とする予備罪であったといえる。
(84) 1969年6月25日の第1次刑法改正法により削除される前の、ドイツ刑法204条（決闘の中止）の規定の文言は以下のとおりである。
　§204
　決闘の申し込みおよび受諾の刑罰、ならびに決闘の仲介者の刑罰は、当事者が決闘をその開始前に任意に放棄した場合には、科せられない。
　すなわちこれは、201条の予備罪が成立した後に、最終的に犯罪の実行の着手に至ることを任意に放棄した場合（すなわち「予備罪の中止」）について、刑罰を科さない旨を個別に規定したものであり、「予備罪の中止」に対処するための「行為による悔悟」規定の一つの典型的な例であったといえる。

の回避（311条c第3項第2号、現在の314条a第3項第2号）、航空機に対する攻撃の予備の中止（316条c第3項、第4項、現在の320条第3項第2号）の規定を挙げた上で、「特別規定が欠けているような同様の事例へのこれらの規定の類推適用は、必要なものである」としている[85]。またシェンケ／シュレーダー（エーザー）も、「当該行為が既遂に達した……場合には、中止はいずれにせよ24条によっては考慮に入れられない。しかしながら刑法典は特定の（形式的な）既遂犯に対して例外的に中止の道を開いており（例えば31条、83条a、149条2項、264条5項、314条a……）、それらは部分的には24条と同様の原理に基づくものである。このような規定の選択は、明らかに偶然的な事情の原理と何ら変わらない原理に基礎をおくものである……がゆえに、対応する中止規定が欠けている（例えば234条a第3項、257条、265条、323条c、334条3項におけるように）限りにおいて、当該状況に応じて31条、83条a、306条eの規定は類推適用が見られる……が、しかし24条の規定は類推適用が見られない……。」として、31条または「行為による悔悟」規定の類推適用を肯定する[86]。さらにシュトラーテンベルトも、「24条の中止規定は、犯罪がまだ完成していない限りにおいてのみ、介入するものである。その際に、ほとんどみな一致して学説は、形式的な既遂の時点を十分なものと評価するのであって、実質的な既遂……の時点を十分なものとは評価しない。このような解決にとって、実際、22条ないし24条が原則的に、形式的に未遂として、構成要件に該当する不法の部分的実現として現れる態度の種類にのみ関連していることは、有利な材料を提供する。しかし事物の観点からは、なぜ行為者が本来の不法結果を阻止したかどうかではなく、しばしば任意に十分なものと定められた形式的な既遂の時点の前に行為者が中止したかどうかに刑罰の免除が依存すべきなのか、ということは、ほとんど理解され得べきものではないであろう。それゆえにそもそも少なくとも、実質的にまだ完成していない犯罪の中止への24条の類推適用は、求められるものであろう」としつつ、「しかしながらこれに対して、法律において、既に本来の不法結果の惹起の予備または未遂を（形式的に）完成した犯罪として取り扱う場合において、

---

[85] Hans-Heinrich Jescheck/Thomas Weigend, Lehrbuch des Strafrechts Allgemeiner Teil, 1996, 5. Aufl., S. 548.
[86] Albin Eser, in : Adorf Schönke/Horst Schröder, Strafgesetzbuch Kommentar, 26. Aufl., 2001, §24, Rn. 116.

ときどき特別な中止規定があるということは、その存在が、立法者は24条をここでは適用不可能なものと評価したという、正反対の帰結を強制することになる。このような特別規定は、その優遇において規定どおり、24条よりもはるかに狭いものであり、その限りでその規定は、刑罰を減軽させ、または刑罰を放棄する可能性のみを開くのである（例えば83条 a、84条5項、129条4項、129条 a 第5項、314条 a、320条、330条 b を参照）。これに際して、少なくとも、ここで予定された法定刑の減軽を、類推という方法で、犯罪の形式的既遂以後ではあるが、しかし実質的な既遂以前である段階で行われた中止に対して一般的に拡張することを要求することが許されるであろう。……」として、「行為による悔悟」規定の存在が24条の類推適用の可能性を否定するものであり、そのような観点から、少なくとも「行為による悔悟」規定の類推適用が認められるべきであるとする[87]。

しかしその一方で、このような「行為による悔悟」規定の類推適用を否定する見解もある[88]。ライプチガーコンメンタール第11版（リリー／アルブレヒト）は、「犯罪が形式的に完成している場合には、本来的な予備行為または未遂行為が独立して刑罰の下におかれている場合（例えば149条、234条 a 第3項、306条 f、310条、316条 c 第4項）においても、24条の適用は排除される」[89]として、24条の類推適用を排除しつつ、さらに「立法者が明文での中止の可能性または行為による悔悟の規定を予定していた場合にのみ、不処罰または刑罰減軽が考慮に入れられ得る。……各則の個々の特別規定も24条の中止規定も、異なる構成要件に類推して適用され得ない。それに対して、中止規定の選択に明らかに偶然性の原理でしかないような原理が基礎におかれており、企行犯においては立法者が23条2項による処罰減軽の可能性のみを排除しようとしていたというこ

---

(87) Günter Stratenwerth, Strafrecht Allgemeiner Teil Ⅰ, 4. Aufl., 2000, S. 291f.
(88) 古くは、Reinhard Frank, Das Strafgesetzbuch für das Deutsche Reich, 18. Aufl., 1931, S. 100f. において、「例外的に、独立した犯罪の際にも、形式的に既遂となった後に生じたような、本来的な侵害の回避は中止と同等の立場におかれる、すなわち163条、310条、ライヒ公課法374条。158条も参照。……この規定の類推による拡張は排除される。とりわけ、当該「意図」が外部的構成要件の向こう側に存在している状況に関連がある場合に、構成要件の充足による既遂は生じ、なおかつそれゆえに当該意図の実現が欠けているにもかかわらず、刑罰を消滅させるような中止は不可能であるということは、強く保持されなければならない」として、この種の「行為による悔悟」規定を他の規定へ類推適用することが排除されていた。
(89) Hans Lilie/Dietlinde Albrecht, in : LK-StGB, 11. Aufl., §§22-24 StGB, 2003, §24, Rn. 348.

と、もしくは各則の規定が24条の一般的な効力に関して何も変えようとしていないということを部分的にでも主張しようとするのであれば、それは各則における行為による悔悟の規定が部分的に24条とは異なって形作られ、そして互いに一部において根本的に区別されるということを十分に考慮に入れていないことになる。同様に、当該規定において『内在的な原理も何ら基礎におかれない』。……法的安定性の原則からも、そして犯罪の実質的無価値の原則からも、類推適用は与えられない。同時に、24条がその限りにおいても適用されるべき場合には、それは各則における規定を必要としない。しかしながら24条は明文で、22条、23条の意味における未遂犯罪に限定されている」、として、明文での準用または「行為による悔悟」規定が独自に規定されているのでもない限り、そのような中止状況に対する優遇は認められず、類推適用も排除されるべきと主張するのである(90)。

以上のような観点から、ドイツの学説の方向性の特色を検討すると、まず①現在において予備罪の中止の場合に、未遂犯に対する中止犯規定である刑法24条を類推適用しようとする見解は存在しないということである。ほとんど全ての学説が、この点で共通している。さらに②31条の「関与の中止未遂」に関する規定を類推適用しようとする見解が多数であり、また一部には他の予備罪などに規定された「行為による悔悟」規定を類推適用しようとする見解も見られることが挙げられる。そしてこの関連では、立法論として、③個別に「行為による悔悟」規定を各予備罪に規定することで対処する傾向がみられるのも大きな特色であるといえる。そしてこのような学説の方向性について大きな影響力を与えたのが、ドイツにおける判例の考え方であった。次にドイツ判例の大まかな流れを検討する。

第2節　ドイツにおける判例(91)

ドイツの判例においても、当初は（1）類推適用否定説が採られていた。す

---

(90) Hans Lilie/Dietlinde Albrecht, in : LK-StGB, 11. Aufl., §§22-24 StGB, 2003, §24, Rn. 349. ただしライプチガーコンメンタール第11版（リリー／アルブレヒト）は、「各則の個々の特別規定」および「24条の中止規定」の類推適用を否定しているので、「31条の規定」の類推適用については必ずしも排除していない。

(91) ドイツにおける判例については、下村・前掲「予備行為の中止」法学新報66巻5号345頁以

なわち、ライヒ裁判所1884年4月29日第2刑事部判決[92]において問題となったのは、偽証へのそそのかし罪（刑法159条）の中止であった。事案は、最初に証人Bに対して虚偽の事実に関する証言を依頼した後で、彼が既に他の証人を見つけることができたので、その証人Bの証言を全く必要としなくなったことをそのBに後に知らせたというものである。この事案に関して被告人の側から、偽証のそそのかしの企行の中止が存在するのであり、抗告人の有利になるような刑法46条からの不処罰事由が適用されなければならなかった、との主張がなされたが、以下のような理由からその主張が退けられた。すなわち、「……偽証へのそそのかし（刑法159条）という、結果の無い企行の重罪は、歴史的に、かつてこのような行為が不処罰であると認識していた未遂の理論からのプロイセン刑法130条の自己発展において、進捗する法意識が、それをその公共への危険性を理由として刑罰の下におくことを強く求めることによって、展開されてきたものであることは争われ得るものではないだろう……したがって今やまさにもはや犯罪未遂が問題となっているのではなくて、既遂犯罪が問題となっているのであって、そのような既遂犯罪へは、単純にその未遂理論との遺伝的関連性を考慮することで、その原則を容易に適用させることがあってはならないのである。刑法159条の犯罪の性質は、むしろ第一にそれ自体から評価されなければならず、そしてこのような観点から、刑法46条はそれには決して適用され得ないとするのが正しいと判断されなければならない。刑法46条の不処罰根拠は、正犯者が既に可罰的な行為の実行を開始したが、しかし意図された犯罪がなお既遂には達していない場合に、行為の既遂への促進が、したがってそれによりもたらされた法秩序のより重大な破壊への促進が、行為の放棄または結果の阻止に対して不処罰が保証されることにより、減少されねばならないという刑事政策的考慮に基づいている。そしてそれによって、未遂の既遂への進展は阻止されるべきなのである。しかし、このことが刑法159条において事実そうであるように、法律が特別の要件の下に未遂の存在を重大な犯罪であるとみなしたがゆえに、法律は、それを未遂の体系から引き離して取り出し、そして新しい犯罪の種類として、教唆が成功して虚偽の宣誓が成し遂げられたかどうか、つまりは教唆の従属的性質を全く問題にすることなく、特別な

下（『刑事法学論集―林頼三郎博士追悼論文―』469頁以下）も参照。
(92) RGSt 10, 324.

刑罰を科す気になったのであれば、単に刑法46条の条件が存在しているがゆえに、独立した既遂犯としての刑法159条の行為の意図的な取り扱いを再び消滅させ、そして当該犯罪行為を、まさに遠ざけられるべきであった未遂行為のカテゴリーの中に戻す、などということは問題になり得ない。そのような承認のためには、積極的な法規定を必要としたであろう、だがそれは存在しないのである」、と。

このように、刑法159条が完成した既遂犯罪である以上、未遂を前提とする刑法46条の適用は認められないものであるとされたのである。ただ、この刑法159条はいわゆる「企行犯（Das Unternehmensdelikt）」[93]として、未遂が既遂と同等に処罰される、特殊な犯罪類型として規定されたものである[94]ことを前提に、立法者がそのように規定したものであった場合には、未遂犯のみを対象とする46条の適用がそのことによって排除される、としたものであった。よっ

---

[93] この「企行犯」とは、本文中にもあるとおり、未遂を既遂と同等に処罰の対象とする犯罪類型のことを指す。すなわち、何らかの結果が生じた段階で処罰の対象とするのではなく、当該結果が生じうる行為を「試みた」段階で、既に既遂と同等の状況になったと評価するのである。現在ではドイツ刑法11条1項6号に定義規定がおかれており（「行為の企行とは、その未遂および既遂を指す。」）、刑法典の中のいくつかの犯罪類型がこのような企行犯として規定されていると考えられている。これについては詳しくは、Horst Schröder, Die Unternehmensdelikte, Tübinger Festschrift für Eduard Kern, 1968, S. 457ff.; Gereon Wolters, Das Unternehmensdelikt, 2001を参照。

[94] なお、この判決が出た当時のこの刑法159条の文言は以下のとおりであった。
§159
他の者を偽証の実行へとそそのかすことを試みた者は、5年以下の重懲役に、そして他の者を宣誓代わりの虚偽の確認の故意による発表へとそそのかすことを試みた者は、1年以下の軽懲役に処する。
この規定は試みる（unternehmen）という表現を用いることにより、いわゆる「企行犯」として規定されているものと考えられた。その後、1943年5月29日および1944年1月20日の法改正により、以下のような文言に改正された。
§159
重罪における、結果なき教唆および他の予備行為の処罰に関する規定（49条a）は、宣誓無き虚偽の証言、偽証、および宣誓代わりの虚偽の確認の故意による発表の全ての事例に対して準用される。
すなわちこの159条は、制定当時は前述の「企行犯」の形式で規定されていたのであるが、法改正により、独立教唆犯規定の特別規定の形式をとることになったのである。当時の刑法49条aによれば、本来は重罪に対する独立教唆犯のみが対象となっていたものの、偽証関連の犯罪に関しては、正犯行為が軽罪として評価される場合にも広くその独立教唆行為を処罰する必要から、このような規定がおかれたものと考えられる。そしてこの49条aの準用という考え方によれば、まさにこの偽証へのそそのかし罪の中止行為に対しては、46条の未遂犯の中止規定ではなく、49条a第3項および第4項の、独立教唆犯の中止規定が対応することになるのである。

て、純粋な意味での「予備罪」への中止犯規定の適用を否定したものとはいいにくい側面もあった[95]。

これに対して、各則上の予備罪についての中止犯規定の適用を正面から問題とした判例が、戦後のドイツ連邦裁判所の判決に現れた。ドイツ連邦裁判所1954年4月7日第6刑事部判決[96]は、拉致予備罪（刑法234条ａ第3項）を行いつつも、結局として拉致の実行に出ることを止めた事案について、「被告人がその計画を共同決意にもとづいて実行しようとした……場合においては、まず第一に刑法49条ａが適用可能なのである。すなわち、刑法234条ａの規定は、その刑法49条ａの背後に隠れなければならないのである」、として、複数人で234条ａ第3項に該当する行為を行った場合には49条ａ第1項または第2項が適用されるのであって、234条ａ第3項が適用されるのは、単独正犯の場合のみに限られるとした。その上で連邦裁判所は、「刑法49条ａは、第3項および第4項において予備行為の不処罰を予定している」のであり、それが検討されなければならないが、被告人が「場合によっては単独で行動し、なおかつそれゆえにその態度が刑法234条ａ第3項によってのみ評価されるべきであった限りにおいても、その者にその原則により不処罰は認められ得る」として、刑法234条ａ第3項によってのみ評価されるべき事案の場合にも刑法49条ａ第3項または第4項が類推適用され得るとしたのである。

すなわち、「むろん、刑法46条1号もしくは2号の直接適用、または刑法49条ａ第3項および第4項の直接適用は排除されている。前者の規定は未遂にのみ適用されるものである。刑罰の下に置かれている予備行為の未遂は考えられない、なぜならそのような未遂はその本質によれば、実行行為のさらなる予備と何ら異ならないであろうからである。……しかしながら刑事部は、刑法234条ａ第3項の場合において――刑法典の他の規定（例えば49条ｂおよび151条）とは異なって、特定の予備行為を選び出しておらず、なおかつその予備行為を

---

(95) 昔のドイツにおける「Conatus」の概念は、未遂状態だけではなく予備状態も含む概念であり、「企行（Unternehmen）」の概念に近いものではあった。Vgl. Schaffstein, Die allgemeinen Lehren vom Verbrechen in ihrer Entwicklung durch die Wissenschaft des gemeinen Strafrechts（a. a. O.), S. 157f.. 現在の刑法11条1項6号のような「企行」に関する概念規定ができる以前、すなわち1934年4月24日改正で当時の刑法87条に「刑法典の意味における企行は、既遂および未遂である。」という規定が設けられる以前は、この「企行（Unternehmen）」の内容に予備段階も含むとする見解があった。Schröder, Die Unternehmensdelikte (a. a. O.), S. 458.

(96) BGHSt 6, 85.

特別の規定の下においている——、被告人の有利になるような刑法49条ａ第３項および第４項を準用しての適用は何ら妨げられるものではないという見解である。／法律はいくつかの規定において、可罰的な犯罪行為の任意的な中止において、このような方法で結果の発生が阻止された場合には、不処罰を認める意思を示している。それにより、行為者に向けられている責任非難は、償いの必要性がもはや存在しない限りにおいて減少され得る。その上、刑法規定によって追求された、共同生活を攪乱から守るという目的もまた、脅威となる侵害の回避に役立つ行為者の行為が支援されることを要求している。このような考えは刑法46条の規定を考慮し、そして可罰的な予備行為の領域においては刑法49条ａ第３項および第４項、49条ｂ第３項、82条および90条第３項を顧慮するのである。／刑法234条ａ第３項においては同種の規定を欠いている。そのことから、それが意識的になされないままとされたということは推論され得るものではない。刑罰の下に置かれた態度の特別な危険性もまた、このような方向への助言を何ら与えない。なぜなら法秩序を高い程度に危殆化する未遂には、刑法46条が直接に適用され、そして刑法234条ａ第１項の重罪の共同予備に際しても、既に説明したように、刑法49条ａ第３項および第４項により不処罰が認められるからである。単独で行動する行為者に対して、刑法234条ａ第１項の重罪の予備の任意的な中止の優遇を拒絶しようとする場合には、首尾一貫していないであろうし、法律によって普段追求されている目的とも一致しないであろう。／もっとも、そのような不処罰となる中止にとって決定的な原則は、刑法46条から読み取られることはできない。むしろその限りにおいて、刑法49条ａ第３項および第４項を準用しての適用が与えられる。このような規定は、刑法234条ａ第３項と同様に、可罰的な予備行為を取り扱うものであり、そしてこのような特別事例に適合しようとする規定を含んでいるのである。その上その49条ａは、説明したように、複数人の合意による共同作業に際しては、刑法234条ａ第３項の代わりを引き受けるものなのである。それゆえに、どのような要件の下で行為者が、刑法234条ａ第３項によって可罰的である予備行為の不処罰となる中止に際して不処罰なままでなければならないのかという問題に対しては、同様に刑法49条ａ第３項および第４項を用いるのが適切なのである」、として、刑法234条ａ第３項の予備罪を中止した場合についても、刑法49条ａ第３項および第４項の中止犯規定が類推適用され得る

としたのである。
　ここで注目すべきは、連邦裁判所は、予備罪に対する中止犯規定の類推適用を認めつつも、その際には刑法46条の未遂犯に対する中止犯規定の類推を排除し、ここで類推されるべき規定を刑法49条 a 第 3 項および第 4 項の中止規定であるとしている点である。すなわち、このような複数人関与の場合の予備行為については刑法49条 a 第 2 項が規定し、そしてそれに対応する中止行為に関する内容を刑法49条 a 第 3 項および第 4 項が規定しているのであって、このような観点から予備罪の中止という現象に対して類推適用の可能性があるのは、未遂犯の中止規定である46条ではなく、同様の状況を想定している49条 a 第 3 項および第 4 項なのであることが明確に示されているのである。
　さらにその後、前述した企行犯について、例えば不真正企行犯[97]の一つとされている「救助の不作為罪（刑法330条 c）[98]」について、連邦裁判所1960年 4 月 8 日第 4 刑事部判決[99]は、以下のようにして、46条の通常の未遂犯に対す

---

(97)　「真正企行犯」と「不真正企行犯」の違いは、「真正企行犯」がその犯罪類型の条文の文言中に「unternehmen」という表現を用いており、企行犯であることが文言上からも明らかなものであるのに対し、「不真正企行犯」においては、その条文の文言中に「unternehmen」という表現が用いられず、例えば「攻撃する（tätlich angreifen）」といった表現を用いることで、「攻撃しさえすればその犯罪の構成要件充足には十分となるのであって、その攻撃によって何らかの別の結果が生じたことまでは要求しない」という解釈を認めるものである。すなわち不真正企行犯の構成要件は、「企行の概念がそこに浮かび上がることなしに、しかしながら同様の構造原理を提示するような構成要件」であり、「行為者の特定の傾向の行動を、実際上の結果をもっていたことを必要とせずに刑罰の下に置くような全ての構成要件」（unten Schröder）がそうであることになる。詳しくは Vgl. Schröder, Die Unternehmensdelikte（a. a. O.）, S. 464ff.; Jescheck/Weigend, Lehrbuch des Strafrechts Allgemeiner Teil（a. a. O.）, S. 267 u. S. 526f..
(98)　当時の刑法330条 c の条文は以下のとおり。
　　§330c
　　事故または公共の危険または緊急状況に際し、この救助が必要であり、かつ当該状況によればその者にこの救助が期待され得るものであり、とりわけ自らへの重大な危険なく、かつ他の重要な義務を侵害することなく可能であったにもかかわらず、救助をなさなかった者は、1 年以下の軽懲役または罰金刑に処する。
　　この規定は、「救助をなさない（nicht Hilfe leistet）」ことによって成立するものとされ、そこから何らかの別の結果が生じたことまでを条文上要求していないことから、「不真正企行犯」と解されているのである（Vgl. Detlev Sternberg-Lieben/Bernd Hecker, in: Adorf Schönke/Horst Schröder, Strafgesetzbuch Kommentar, 28. Aufl., 2010, §323c, Rn. 2; Thomas Fischer, Strafgesetzbuch und Nebengesetze, 57. Aufl., 2010, §323c, Rn. 2 usw.）。なお、現在のドイツ刑法における救助の不作為罪は刑法323条 c に規定があり、刑罰の「軽懲役」が「自由刑」に変更されている以外は、全く同一内容である。
(99)　BGHSt 14, 213.

る中止犯規定だけではなく、49条ａ第３項および第４項や他の規定に存在する「行為による悔悟」規定の類推適用をも排除した。すなわち、「……刑法330条ｃの犯罪行為は当該事案においては、被告人がガソリンスタンドを通り過ぎて、自分の車の前照灯の破片を取り除くために製紙工場の敷地に車を乗り入れたときに、既に既遂となっていたので、たとえ被告人がその後に再び事故現場へと戻り、そしてそこで──もっとも、効果のないものではあるが──被害者の面倒を見たとしても、不処罰となるような中止は排除される。この場合に行為による悔悟の基本思想が不処罰となる効果を伴って用いられるべきであるという、シェンケ／シュレーダーによって主張された見解は、同様に賛成され得るものではない。なぜなら立法者は優遇措置を特定の処罰構成要件に対してのみ、特別な刑事政策的考慮から予定した（他には刑法49条ａ第４項、158条、公課法410条参照）のであり、そしてその他の犯罪行為への準用での適用は、刑事政策的に望ましくない帰結へと至るであろうからである」、と。

さらに真正企行犯である「囚人反乱罪（Gefangenenmeuterei、刑法122条）」[100]についても、連邦裁判所1960年11月22日第５刑事部判決[101]は、やはり以下のようにして46条の通常の未遂犯に対する中止犯規定だけではなく、49条ａ第３項および第４項や他の規定に存在する「行為による悔悟」規定の類推適用を排除した。

すなわち、「不処罰となる中止未遂に関する刑法46条の規定は、刑法122条第２項に対する軽罪は既遂となったが、しかし脱出は未遂でしかなかった場合には、適用はされない。刑法46条は、法律が未遂をそのようなものとして刑罰によって処罰している未遂行為に対してのみ適用されるのであるが、しかし刑法

---

(100) 当時の刑法122条の条文は以下のとおり。
　　　§122
　　　（１）被拘禁者が、徒党を組み、力を合わせて、施設公務員もしくはその監督の受託者を攻撃し、その反抗を達成した場合、またはそれらの者を作為もしくは不作為へと強要することを試みた場合には、反乱により６月以上の軽懲役に処する。
　　　（２）被拘禁者が、徒党を組み、力を合わせて、暴力的な脱出を試みた場合も、同様とする。
　　　（３）それらの反乱者が、施設公務員もしくはその監督の受託者に対して暴行を行った場合には、10年以下の重懲役に処する。警察監視の許可も宣告され得る。
　　　この122条の真正企行犯としての規定は、刑法施行法（1974年３月２日）により121条へと変更され、また文言も変更されて「unternehmen」という表現を用いなくなったことから、現在では少なくとも真正企行犯ではなくなったことになる。

(101) BGHSt 15, 198.

122条第2項におけるように、行為者が既遂犯罪行為により処罰されるのと同様に規定されている未遂行為に対しては適用されない。そのことは、上告趣意書もまた否定していない。しかし上告趣意書は、刑法49条a第3項および第4項、82条および89条第3項の規定が準用して適用されなければならないであろうという見解なのである。そのことに、刑事部は賛成できない。／刑法49条a第3項および第4項の規定は、刑法49条a第1項および第2項において規定された種類の行為によって準備されている、計画された重罪の不処罰となる中止、すなわち予備行為の中止のみに関係するものである。当該規定がこのような予備行為の中止について規定していることは、刑法122条第2項の意味における脱出未遂の中止に対しては——類推適用であっても——適用されない。このことは既に、単なる予備行為が脅かされた法益を、未遂行為におけるよりも通常はわずかにしか強く危険にさらすものでしかないという考慮を許さないものである。上告趣意書が指摘しているBGHSt 6, 85の判決は、それと正反対のことを何ら明らかにするものではない。その判決は、それがここで考慮に入れられる限りにおいて、刑法234条a第3項の事例への刑法49条a第3項および第4項の適用のみについて取り扱うものである。しかしこの規定は刑法49条a第1項および第2項と同様に、未遂行為について規定したものではなく、単に予備行為について規定したものである。／刑法82条および89条第3項もまた、刑法122条第2項の意味における脱出未遂には準用して適用され得ない。刑法82条において述べられている80条の規定、刑法89条第3項が適用される刑法89条1項の規定、および刑法122条第2項は、確かに共通して、それぞれのこのような規定において「企行」が既遂犯罪行為として刑罰を科せられており、その際には行為者が、企行が目指している結果を達成したか、達成しようと試みたに過ぎないかは、重要ではない。しかしながらこのことだけでは、刑法82条、89条第3項の規定を刑法122条第2項の事例に準用して適用することを正当化はしない。そのような類推適用に対しては、刑法122条第2項の意味における脱出未遂を、規定によって保護された法益に対して共通して持つ効果が妨げになるのである。／刑法122条は囚人の拘置を保護するものではない。囚人の単なる脱出が刑罰を科せられているのでもない。囚人が、刑法122条において規定された特別な要件の下で脱出し、または脱出しようとした場合にのみ、その者の態度は可罰的なのである。これによれば、刑法122条第2項によって

保護された法益は、そのようなものとしての拘置ではなくて、隔離設備が損壊されないことなのである。……しかし刑法122条の手段によって行われた脱出未遂は、通常、既にそれによって隔離設備が損壊されていることを意味し、すなわち保護された法益が既に侵害されているのである。判決の事実認定によれば、ここでもまたそうであったのである。刑法80条および89条第1項の事例に対して、このことは当てはまらない。それらの規定は連邦共和国およびそのラントの憲法に合致した秩序、および国土に合致した秩序の存在を保護しようとするものである。このような規定の意味における未遂行為は、このような秩序の変更に向けられたものであり、一般的にまだ保護された法益の侵害をもたらすのではなく、これを危険にさらすのみなのである」、と。このようにして、刑法122条第2項の真正企行犯に対しては、刑法46条の通常の未遂犯に対する中止犯規定だけではなく、49条a第3項および第4項や他の規定に存在する「行為による悔悟」規定の類推適用も排除されるとしたのである。

ただし、これらの連邦裁判所1960年4月8日判決も連邦裁判所1960年11月22日判決も、いずれも「企行犯」に関して、刑法46条だけでなく、刑法49条第3項および第4項、さらには他の「行為による悔悟」規定の類推適用がいずれも否定されるとしたものであって、「予備罪」の問題ではないことに注意を要する。すなわち、「企行犯」は「未遂が既遂と同置されている犯罪類型」なのであり[102]、その内容として「予備」の部分を含むものとしては考えられていないからである。しかし以下の点に関してはやはり参考になるものと考えられる。

①既に既遂犯と同様に規定されている犯罪類型に対しては、刑法46条（現行刑法24条）の中止犯規定は類推適用されない。すなわち、「既に既遂となっていたので、……不処罰となるような中止は排除される」[103]とか、「刑法46条は、法律が未遂をそのようなものとして刑罰によって処罰している未遂行為に対してのみ適用されるのであるが、しかし刑法122条第2項におけるように、行為者が既遂犯罪行為によって処罰されているのと同様に規定されている未遂行為に対しては適用されない」[104]という表現に、その趣旨がうかがわれるのであ

---

[102] ドイツ刑法典11条1項6号の定義規定を参照。
[103] BGHSt 14, 217.
[104] BGHSt 15, 199.

る。あくまでも、刑法46条は、未遂犯を対象としており、その未遂犯の刑罰の優遇を規定したものである。よって、当該対象行為が既遂と評価される以上は、その行為には、刑法46条の趣旨は及ばず、直接適用はおろか類推適用も排除されるのである。この点は、刑法234条a第3項の予備罪に関する判例も、「そのような不処罰となる中止にとって決定的な原則は、刑法46条から読み取られることはできない」[105]と明確にこれを示していた。

　②刑法典における、他の「行為による悔悟」規定の類推適用も否定されるべきである。すなわち「立法者は優遇措置を特定の処罰構成要件に対してのみ、特別な刑事政策的考慮から予定したのであり、そしてその他の犯罪行為への準用での適用は、刑事政策的に望ましくない帰結へと至るであろう」[106]として、「行為による悔悟」規定は各則において個別に、犯罪類型ごとに特別な配慮から規定したものである以上、そのような規定を他の犯罪構成要件に転用することは、その個別的な配慮についての立法の趣旨を没却することになる、としたのである。

---

[105] BGHSt 6, 88.
[106] BGHSt 14, 217.

第 4 章　結　論

　以上のような検討を踏まえて、予備罪の中止に関して、どのように考えていくべきであろうか。
　まず前提として、第 2 章第 2 節の「学説の問題点」でも中止犯規定の制度趣旨の観点から批判したとおり、未遂犯を対象とする中止犯規定の類推適用の可能性は、ありえないものと考えざるを得ない。これを認めるのであれば、全ての既遂犯に対し、中止犯規定の類推適用の可能性を開いてしまうことになる。未遂犯を対象とする中止犯規定は、その由来に鑑みると、そのようなことを許容して構わない制度ではない。実際、ドイツにおいて現在は、刑法24条の類推適用の可能性は全く考えられていない。それはドイツの初期の判例においても既に否定されたことだったのである。
　そうすると、ドイツにおいて「予備罪の中止」事例への類推適用の可能性のある規定は、「31条」か、もしくは「他の犯罪類型に対する行為による悔悟規定」ということになる。しかし後者のやり方は、個別に犯罪類型ごとに「行為による悔悟」規定を定めた立法の趣旨を没却することになりかねない。現在の規定のやり方としては、「行為による悔悟」の規定は、各犯罪類型ごとにその成立要件を異にする形でそれぞれ定められており[107]、そのような規定が、全く犯罪構成要件の異なる別の犯罪類型に転用可能であるというのは、不自然な解釈といえる。このような観点から、ドイツにおいては「予備罪の中止」の事

---

(107)　例えば日本の身の代金目的拐取罪（刑法225条の 2 ）に相当するドイツ刑法239条 a の恐喝的誘拐罪には、その 4 項に行為による悔悟規定がおかれているが、その際には「行為者が得ようとした給付を断念したこと」や「被害者をその生活領域に帰らせたこと」が要件とされている。とくに「給付の断念」要件が要求されているのは、人身の自由に対する罪と恐喝罪の結合犯的性格をもつ恐喝的誘拐罪であればこそ、誘拐後に予定される恐喝行為が断念されることが求められているといえる。よってドイツ刑法239条 a 第 4 項の「行為による悔悟」規定を他の略取誘拐罪に類推適用することはできないのであり、すなわちこのような個別的な成立要件の配慮がなされている「行為による悔悟」規定を、安易に他の類似犯罪類型の事例に類推適用することは許されないのである。なおこの点については、野澤充「略取誘拐罪における解放減軽規定（刑法228条の 2 ）について」犯罪と刑罰19号141頁以下、とくに注42および注109も参照。

例に対しては31条の類推適用がなされるべきとする見解が圧倒的多数となったのである。これは、31条が前提とする30条の態様が、複数人関与の予備的態様の事例をも射程にしていることからも、認められるべきものといえる。

しかし問題は、日本にはこれに対応する規定が存在しないことである。以上までの検討を前提とする限り、日本においては「予備罪の中止」の問題についての解釈論での解決はほぼ絶望的なものといわざるを得ない。しかし、仮に解釈論での解決が不可能であったとしても、いや逆にそうであるからこそ、このような検討を踏まえた上での、今後のあるべき立法論を考える必要がある(108)。

まずドイツ刑法31条と同様に規定を作ることが考えられる。しかし関与の未遂行為を独立して処罰すること自体、そもそも好ましいことであるとは言いがたい以上、ドイツ刑法31条に類似した一般規定をおくことも、望ましいとはいいがたいものである(109)。

そうであるならば、やはり個別に各則に規定をおいて、当該犯罪類型の成立要件が満たされ、いわゆる「既遂」と評価される状態になって以降も、何らかの形でさらなる法益侵害または法益危殆化を回避した場合に、刑罰を優遇する規定をおくことが望ましいものといえる。その際には、「予備罪」だけにとど

---

(108) ちなみに戦後の日本の刑法改正作業においては、1961〔昭和36〕年の「改正刑法準備草案」においても1974〔昭和49〕年の「改正刑法草案」においても、総則規定には「予備罪の中止」に直接に対応する規定は設けられなかった。これは、「……予備の中止未遂の問題があるが、この点は、学説上争いのあるところであり、これを暫らく学説判例の発展にまかせ、敢えて立法的解決を図らなかったわけである。」(法務省刑事局『改正刑法準備草案 附同理由書』(1961年) 110頁〔日沖憲郎執筆〕)とか、「……審議の過程では、予備罪の中止に関する規定の要否についても検討されたが、現行法の解釈上、予備罪に第四三条但書の準用があるかどうかについて争いがあるだけでなく、これを積極に解する説の間でも、軽減又は免除の対象となる刑が予備罪の刑であるか、既遂の刑であるかについて見解が分かれており、いずれかの考え方に従って立法化を試みるのは適当でないこと、予備罪の中には、予備一般を罰するものと騒動予備(第一六八条)のように限定した予備行為のみを罰するものとがあり、両者は区別して考える必要があること、予備行為をした後に犯意を放棄したかどうかの認定が困難であることなどから、予備罪の中止に関する規定は設けないこととされた。」(法務省刑事局編『法制審議会 改正刑法草案の解説』(1975年) 69頁)として、学説の争いに委ねるべきであること、および規定方法や事実認定についての困難さから規定を設けないこととされたのである。

(109) そもそもドイツ刑法31条は30条の規定を前提としつつ、その中止態様についての優遇を定めたものである以上、30条がない状態での31条類似の規定の立法を考えることは、それ自体が意味がないといえる。また、総則的・包括的な予備罪処罰の規定も、望ましいものではないばかりか、実際の運用にも耐えないものと考えられる。

まらず、抽象的危険犯や、他の犯罪の事前的段階を予定する犯罪構成要件に、それぞれ規定を設けることが望ましい。これが、「行為による悔悟（Tätige Reue）」制度なのであり、このような制度を活用することにより、さらなる犯罪結果の進展を回避し、ひいては被害者保護につながる場合も考えられ得るものといえる[110]。

そして実際、ドイツではこのような「行為による悔悟」規定による個別的な優遇による犯罪結果回避の方策が進んでいるといえるのである[111]。処罰段階

---

[110]　ドイツ刑法における、具体的な予備罪に関連する「行為による悔悟」規定の例として、参考となるものとしては、83条（内乱の企行の予備罪）に対する83条a、89条a第1項（国家を危殆化するような重大な暴力行為の予備罪）に対する89条a第7項、149条第1項（通貨または有価証券の偽造予備罪）に対する149条第2項および第3項、310条（爆発犯罪または放射線犯罪の予備罪）に対する314条a第3項第2号などが挙げられるかと思われる。具体的には、例えば149条は以下のような規定である。
　　§149　通貨または有価証券の偽造予備
（1）
1．原版、版面、印刷組版、印刷版、ネガ、活字型、コンピュータープログラム、もしくはその性質上、行為の実行のために適切であるような同様の装置
2．通貨もしくは公的な有価証券の製造のためのものであり、そして模造に対してとくに保護されているような種類の紙と同じであるか、もしくは見間違えるほど酷似している紙、または
3．ホログラム、もしくは偽造に対抗して保護するのに役立つその他の構成要素
を製造し、自らにもしくは他者に調達し、売りに出し、保管し、または他者に譲渡することによって、通貨または有価証券の偽造の予備行為をした者は、その者が通貨偽造の予備をした場合には、5年以下の自由刑または罰金刑に処し、その他の場合には2年以下の自由刑または罰金刑に処する。
（2）行為者が任意に
1．準備された行為の実行を放棄し、かつその者によって惹起された、他者が当該行為をさらに準備し、もしくはそれを実行する危険を回避し、または行為の既遂を阻止し、かつ、
2．偽造手段を、それがなお存在しており、かつ偽造のために役立ち得る限りにおいて、破壊し、利用不可能にし、その存在を官庁に申告し、またはそれを官庁に引き渡した
場合には、第1項によっては処罰されない。
（3）行為者の行動がなくとも、他者が当該行為をさらに準備し、もしくはそれを実行する危険が回避され、または行為の既遂が阻止された場合には、このような目的を達成するための行為者の任意かつ真摯な努力は、第2項第1号の要件の代わりとして十分である。
　　そしてこの149条第2項および第3項は、202条c（データの探知および傍受の予備罪）、263条a第3項（コンピューター詐欺予備罪）、275条（公式証明書の偽造予備罪）などにも準用されているのである（202条c第2項、263条a第4項、275条第3項参照）。

[111]　ドイツ刑法典中の「行為による悔悟」の規定の例としては以下のとおり。直接に「行為による悔悟」の内容を規定する（準用ではない）条文として、例えば83条a、84条第5項、87条第3項、89条a第7項、98条第2項、129条第6項、142条第4項、149条第2項および第3項、158条、239条a第4項、261条第9項および第10項、264条第5項、264条a第3項、265条b第2項、266条a第6項、298条第3項、306条e、314条a、320条、330条bなど。準用規定の条文と

の早期化や厳罰化が進行しつつあるといわれる日本の刑事立法において、もちろん当然のことながら、そのような刑事立法の是非そのものも検討されるべきである[112]が、そのような早期化や厳罰化に対応しての優遇制度、すなわちさらなる犯罪結果の進行を回避した者を、その点を考慮して優遇する法制度が、もっと検討されるべきであると考える。

して、例えば85条第3項（84条第5項を準用）、99条第3項（98条第2項を準用）、129条a第7項（129条第6項を準用）、152条、152条a第5項、152条b第5項（以上3つは149条第2項および第3項を準用）、163条第2項（158条第2項および第3項を準用）、202条c第2項（149条第2項および第3項を準用）、239条b第2項（239条a第4項を準用）、275条第3項（149条第2項および第3項を準用）など。

(112) そもそも、ある犯罪類型の予備段階を対象とする処罰規定をおくこと自体について、本来、熟慮が必要である。予備罪を新たに立法する場合には、ある犯罪行為の実行の着手以前の前段階行為の部分を取り出して処罰の対象とする、ということになるのであろうが、果たして実際の裁判の場でそのような犯罪事実の立件が可能なのかどうかという、実際上の起訴可能性・公判維持可能性を考慮すべきである。とくにどのような客観的事実を対象として犯罪行為態様とするのかが明確にならないような包括的な犯罪類型を設定することは、それ自体全く無意味なことである。なおこの点について塩見淳「犯罪成立時期の包括的な早期化について」『鈴木茂嗣先生古稀祝賀論文集［上巻］』(2007年) 501頁以下なども参照。

おわりに──立法論のための指針──

　結論第3章において展開した「今後の日本の中止犯論のあるべき方向」は、解釈論としてのあるべき議論の道筋について示すものであった。しかしこれは本来それにとどまるものではなく、そのような解釈論上の議論に基づく理論的な成果を踏まえた上で、その理論からの新たな立法論（規定の提案）を示すことが、将来的にはさらに必要とされるべきものであろう。ある規定の解釈論上の問題点を検討し、その問題点を解消するための考え方を理論的に構築し、それを立法論へと展開して、最終的に法規定に還元する、という一連のサイクルは、まさに法律学の重要な役割の一つと考えられるからである[1]。

（1）　この点に関して、かつての20世紀におけるドイツの刑法改正の動き（本書第2部第4章第2節）と、同じ時期における日本の刑法改正の動き（本書第1部第3章第2節（4））を比較した場合に、「具体的な問題点の解消」ということについての意識の差を感じずにはいられない。例えばドイツにおいては、まさに「不能未遂の場合における中止犯規定の適用可能性」という（判例を契機とした）具体的な問題点に直面し、それを解決するために、そのような不能未遂の場合においても中止犯として認められるための規定を特別に作った。そしてその特別規定が、理論的な展開を背景に、「失敗未遂の場合にも、同様の状況なのであるから同じ特別規定の適用を認めてもよいのではないか」、さらに「結局として中止行為と中止結果との間に因果関係がない場合全体に、同様の特別規定が適用されるとすればよいのではないか」、そして最終的には「結果が発生したとしても、中止行為者のもともとの犯罪行為とその結果との因果関係が断絶しているのであれば、その中止行為者は『未遂犯』なのであって、そうであるからには同じ状況であるその特別規定の適用可能性を認めるべきではないか」といったように、具体的な事例を念頭に置きながら、各状況における評価の矛盾が生じないように、そしてそれによる解釈上の疑義ができるだけ生じないように、理論的に支えられた形で立法草案の規定内容が展開されていったのである。これに対して、日本の刑法改正においては、──少なくとも中止犯規定の部分に関する議論については──同様の具体的な事例を念頭に置いた問題意識があったとは言い難いといえる。「中止行為と結果不発生との間に因果関係がない場合であっても、行為者の努力を責任軽減の要素とみてよいことに変わりはない」というような理論的な観点からの演繹──しかもその演繹は論理的なものではない（第1部第3章第2節（4）注502参照）──から、中止行為と中止結果との因果関係がない場合の規定を置くことに、どれほどの意味があったのかは疑わしい。ここではまさに具体的事例を念頭に、「そのような状況に置かれた者はどうすればよかったのか」、「そのような状況に置かれた者が～～という行動をとった場合に、その行動をどう評価したらよいか」ということを理論的に検討しなければならないのであって、具体的事例を念頭に置かない理論展開など、無意味なものでしかないと言わざるを得ないのである。このような日本とドイツの意識の差は、日本においては解釈論と立法論の区別が混乱している──解釈論としてはどこまで可能なのか（どこからは解釈論として不可能なのか）ということをあまり意識せず、また立法論としてし

このような観点から、将来の中止犯規定に関する立法論のために理論的に検討しておかなければならないのは、なによりもまず①共犯における中止の問題である。また、②中止行為と結果不発生との間に因果関係がない場合の問題も検討する必要があろうし、③「予備罪の中止」の問題を含めた、「行為による悔悟」制度の検討も必要であろう。③については補論の部分でその制度の検討の必要性について既に述べたので、ここでは①と②について、その問題点を示し、今後の立法論のための指針を示したいと考える。

まず①共犯における中止[2]の問題は、2つの問題に分けて考察することが必要である。すなわち、「複数人関与者中の1人が中止犯となった場合に、他の共犯者にその中止犯の効果が及ぶか」という問題と、「実行しない『狭義の共犯者』自身も中止犯となることが可能なのか」という問題である。

前者の問題については、「他の共犯者」が「狭義の共犯者」である場合には、「中止犯の法的性格論（体系的位置づけ論）」において「一身的刑罰減軽消滅事由説」を採用すれば、正犯者が中止犯であることは他の（狭義の）共犯者には影響しないことになる[3]。法律説などの他の学説を採用した場合には結論が異なることになる点については、前述のとおりである[4]。「法的性格論（体系的位置づけ論）」は、まさにこの帰結を導くための議論なのである。

「他の共犯者」が「共同正犯者」である場合にも、「中止犯の法的性格論（体系的位置づけ論）」において「一身的刑罰減軽消滅事由説」を採用すれば、同様に他の共同正犯者には中止犯としての効果は影響しないことになる。しかしこの場合にはそもそもその前提として、「共同正犯者中の1人が中止犯として認められるためには、その者はどのような行動をとる必要があるか」という、

か成り立ち得ない考え方を「解釈論として」提示する（しかもそれは学説だけにとどまらず、判例においてさえも同様の傾向が見られる）――という状況が一因にあるようにも感じられる。
(2) 共犯における中止を扱った論考としては、西田典之「共犯の中止について」法学協会雑誌100巻2号（1983年）1頁以下、相内信「共犯からの離脱、共犯と中止犯」『刑法基本講座第4巻』（1992年）247頁以下、原口伸夫「共犯者の中止未遂」『日本刑事法の理論と展望上巻――佐藤司先生古稀祝賀』（2002年）351頁以下などを参照。
(3) 狭義の共犯者自身にも中止犯が認められ得ること――すなわち後者の問題に関してその可能性を認めること――を前提にするならば、ある狭義の共犯者が中止犯であることも、他の狭義の共犯者には影響しないであろうし、もちろんその正犯者にも影響しないであろう。これも「中止犯の法的性格論（体系的位置づけ論）」において「一身的刑罰減軽消滅事由説」を採用したことによる当然の帰結である。
(4) 本書第1部第4章、結論第3章第2節参照。

「共同正犯における中止」のための要件の問題がある。この点は日本の現行規定からは必ずしも明確ではなく、また判例においても共同正犯者中の中止は時折問題となり得る[5]ことから、その要件を明確化していくことが必要ではないかと考えられる[6]。

そして後者の問題については、このような狭義の共犯者自身が自ら中止行為を行った際の中止犯規定の準用可能性という問題は、ドイツにおいてライヒ刑法典の制定以降、判例で問題とされた点の一つであった。すなわち、その文言上主体が「Täter（正犯者）」に限定されている46条を狭義の共犯者に対しても適用できるかが問題となったのである。この点につきライヒ裁判所は、刑事政策説の観点から、結果が回避できるのであれば正犯が中止しても共犯が中止しても同様に評価すべきという発想により、その準用（類推適用）を認める、という結論に結びつけた。

しかしこのような形で準用（類推適用）を認めるとしても、実行行為を行いつつある正犯者と、行為態様を異にする教唆犯や幇助犯において、中止犯の成立要件が全く同じわけにはいかない。そのため、20世紀のドイツの刑法草案の中止犯規定において最も議論され、その要件が精緻化されていったのが、複数人関与の場合の中止犯成立の要件であった[7]。

（5）　例えば最判昭和24年12月17日刑集3巻12号2028頁など。

（6）　ただし「共同正犯における中止」に関しては、現行刑法規定の解釈論だけでもある程度は対処できないことはない。「犯罪の実行に着手して」「これを遂げなかった」共同正犯者が、「自己の意思により」「犯罪を中止した」という要件を充たす限りにおいて、中止犯の成立は認められることにはなる。しかし例えば着手未遂の段階においては、単独正犯の場合には単なる「犯罪行為継続の不実行」で中止行為として認められるであろうが、共同正犯の場合にも着手未遂の段階において、同様に共同正犯者中の1名の「犯罪行為継続の不実行」だけでその者に中止行為の存在が認められる、とすることは、そのような結論を望ましくないと評価する見解も多いであろう。また犯罪を阻止するのに本来効果的な行動をとったけれども、全く別の要因から犯罪結果が不発生となった場合──共同正犯者中の1名の中止行為が結果不発生との因果関係をもたない場合──、もしくは同様に犯罪を阻止するのに本来効果的な行動をとったけれども、残念ながら他の共同正犯者がそれを押し切ることによって結局犯罪結果が達成されてしまった場合──共同正犯者中の1名の中止行為が結果不発生との因果関係をもたないが、そもそも他の要因から結果が発生してしまった場合──などに、それぞれの中止行為をどのように評価するかも検討が必要であろう。そしてこのように「共同正犯における中止」について、その検討した帰結が上記の現行の中止犯規定の文言以上の要件を共同正犯者における中止犯成立のために要求するものとなるのであれば、それはもはや立法論として展開されるべきもの──既に解釈論の枠を超えているもの──といえるのである。

（7）　第2部第4章第2節参照。

実は同様の問題は、日本の刑法43条にも存在する。「犯罪」の「実行に着手」したことを前提とする43条は、正犯者のみを予定するものだからである。しかし、当然のことながら教唆犯や幇助犯にも中止の可能性を認めることは必要であり、このような複数人関与の場合の中止犯要件を理論的に検討した上で、立法的にも整備していくことが、今後の課題として検討されるべきである。

そして②中止行為と結果不発生との間に因果関係がない場合の問題も検討していく必要があるものと思われる[8]。犯罪行為と犯罪結果との間に因果関係を要求するという一般的な刑法の帰属体系の考え方を前提とするのであれば、同様の因果関係を中止行為と結果不発生（中止結果）との間にも要求するのが自然な帰結であろう[9]。ただ、これを前提にすると、結果を防止するに足りる十分な中止行為をきちんと行ったものの、そのような中止行為を原因としてではなく犯罪結果が不発生となった場合には、全面的に中止犯成立の可能性が閉ざされてしまうことになる。

そこでこの点について、例えば被害者保護の観点から犯罪結果回避を奨励する法制度としての中止犯制度の趣旨からするならば、中止行為が結果不発生をもたらすべき客観的な性質を備えていたのであれば、別の原因から結果が不発生となったとしても、同様の効果を認めることが考えられてもよいのではないかということが検討されるべきことになる。もちろん、日本の現行の中止犯規定からはこのような結論を解釈論で直接に導くことは不可能である[10]が、それを予定する立法を施すことにより、中止行為を行って犯罪結果を回避するよ

---

(8) ただしこの検討の前提として、「中止犯成立の要件として、中止行為と結果不発生との間に因果関係を要求するか否か」という問題の検討が必要である。もしこれを不要と解するのであれば、そもそも現行法の解釈として、中止行為と結果不発生との間に因果関係がない場合にも中止犯の成立が認められることになるのであって、上述のような問題は初めから存在しないことになる（必然的に、この点に関する立法論の展開も、解釈論で対処できるものであるとする以上、全く不必要なものということになる）。

(9) この点は、ドイツにおける1927年草案の理由書においても、「中止者の〔中止〕行動は、犯罪行為の阻止または結果の防止に対して、因果関係のあるものでなければならない」、として、明確に両者の間に因果関係を必要とすることが当然のこととされていた。前述第2部第4章第2節参照。

(10) 上述の「中止犯成立の要件として、中止行為と結果不発生との間に因果関係をそもそも要求しない」という立場は、事実上、このような結論を解釈論で導いてしまおうとするものである。しかし本文中にも述べたとおり、「行為」と「結果」との間の関係に関して「因果関係を要求する」という帰属原理を、犯罪論の側面では採用しておきながら、同じ理屈が中止犯論の側面では採用できない、とすることの合理的な説明は、困難であると考えられる。

う努力し行動した者に対して、具体的な要件を追加した上で[11]評価する特別規定を新たに設けることも検討すべきなのである[12]。ドイツ刑法における24条第1項第2文や同条第2項第2文などの、このような結果不発生との因果関係を欠く中止行為者の取り扱いの規定は考慮に値するものであって、日本においても今後は立法論として議論・検討し、もし必要であればその理論的成果を立法に還元して、規定を整備していくべきであると考えられるのである。

　以上のような点が今後、立法論として考慮・検討されるべきものの例として考えられる。無意味なトートロジーなどではなく、実際において有意義・有益といえる議論の今後の展開を期待するものである。

---

(11)　ここで、このような「特別な中止犯」の事例における（因果関係の）代替的・追加的要件として、「真摯な努力」が行われたことを要件として要求することが考えられるのである。このような「真摯性」の要件は、「特別な中止犯」の場合に限定して考慮されるべきものなのであって、「通常の中止犯」の場合に一般化されるべきものではないのである（本書第2部第4章第2節を参照）。なお、そもそもこのような「特別の中止犯」の事例において、「その成立のためにどのような要件が要求されるべきなのか」ということ自体、いろいろと議論される必要があると思われる。「真摯性」という評価的な内容の要件をそもそも要求するのかどうか、またその場合にその具体的な内容は、行為者の主観的・内心的な部分にのみ係るのか、もしくは実際に行為者がとった「中止行動」が「本来ならば結果を回避するような内容を客観的にもつようなものであった」という客観的な部分を指すものなのか、などについて、さらなる検討が必要だからである。

(12)　ただし、その前提として、「そもそもそのように中止行為と結果不発生との間に因果関係をもたなかった者を、中止犯と同等に優遇する必要性があるのか」という価値判断自体が議論され、検討される必要があるかとは思われる。「その者の中止行動が（結果不発生という）成果を出していないのであれば、評価する必要はないだろう」という考え方も、価値判断としてはあり得るからである。しかしこのような価値判断を前提にするならば、刑法典は、「結果的に成功しないのであれば、中止行動などやっても無駄です」という評価をしていることを示すことになる。これは「とにかく犯罪結果の発生を回避させる」ことを奨励するという中止犯の根拠論の考え方からはそぐわないものとなる。また未遂段階においてその中止行動が結果発生を回避する可能性が五分五分であった、もしくはさらには一割程度でしかなかったような場合に、行為者が「それでも結果発生回避の努力をしてみよう」と努力する行動をとることを、――仮に最終的に別の要因から結果不発生となったとしても――事実上切り捨ててしまう評価を与えることにもなる（ただし、もちろん一般的な量刑上でそれを考慮することは可能であろうが）。そのような価値判断が望ましいといえるのかは、疑問なしとはしないのである。以上のような観点から、具体的な事例に対する価値判断検討として、「中止行動と結果不発生との間に因果関係がある場合（通常の中止犯の事例）」と、「結果不発生となったものの、中止行動と結果不発生との間に因果関係がない場合（失敗未遂の場合や第三者による阻止が結果不発生との間に因果関係をもつ場合）」、および「結果は発生したが、そもそも当該犯罪結果発生が中止行動者の従前の犯罪行為とは完全に独立してなされたため犯罪成立要件としての因果関係をもたず（よって「未遂犯」としての評価は前提となる）、また中止行動は本来結果を回避するべきものであった場合（いわゆる「共犯関係からの離脱」などの事例）」との比較検討が必要となるように思われる。

【参考資料１】

　　日本の刑法典・刑法草案における中止犯規定の変遷

※各表題の右側の括弧内は出典を示す。
「１-資料３」……明治13年刑法典以前のものについては西原春夫＝吉井蒼生夫＝藤田正＝新倉修編著『旧刑法〔明治13年〕日本立法資料全集』の巻号と資料番号を、明治40年刑法典以前のものについては内田文昭＝山火正則＝吉井蒼生夫編著『刑法〔明治40年〕日本立法資料全集』の巻号と資料番号を指す。
「『諸案』」……早稲田大学鶴田文書研究會編『刑法審査修正關係諸案』（1984年）
「『刑法審査修正案註解』」……鶴田皓旧蔵『刑法審査修正案註解第一編寫本』
「沿革」……倉富勇三郎ほか編・松尾浩也増補解題『増補刑法沿革綜覧』（1990年）

▽日本帝国刑法初案（1876〔明治９〕年４月）（１-資料１）
　第37条
　　犯罪ノ設備ヲ為スト雖モ未タ行ハス若クハ已ニ行フト雖モ事意外ニ出テ遂〔ケ〕サルニ非ス自ラ悔悟停止スル者ハ未遂犯罪ノ限ニ在ラス
▽日本刑法草案（改正刑法名例案）（1876〔明治９〕年５月17日）（１-資料２）
　（１-資料１に同じ）
▽井上毅「初案」修正意見（１-資料３）
　第29條
　　犯罪ノ設備ヲ為シ〆未タ行ワザルノ前若クハ已ニ行フト雖モ未タ遂ケザルノ前悔悟〆自ラ止ム者ハ論スル「勿シ其事ニ遭ヒ中コロ止ム者ハ此ノ限ニ在ラズ
　（これ（1876年後半）以後の草案は、ボアソナードの主導のもとに編纂される）
▽大日本刑法草案（２-資料２）
　第98（112）條
　　重罪ヲ犯サントシテ已ニ着手シ其犯状顕然タリト雖モ犯人意外ノ障碍ニ依リ之ヲ中止シタル時ハ第71（79）條ニ記スル例ニ照シ已ニ行テ遂ケタル罪ニ二等又ハ三等ヲ減ス
　第99（113）條
　　重罪ヲ犯サントシテ已ニ其所為ヲ盡スト雖モ犯人意外ノ外錯ニ依リ其目的ヲ遂ケサル時ハ第71條ニ記スル例ニ照シ已ニ遂ケタル罪ニ一等又ハ二等ヲ減ス
　第100（114）條
　　若シ真心悔悟ニ依リ其犯サントセシ所為ヲ中止シ又ハ已ニ所為ヲ盡スト雖モ其目的ヲ遂ケサル時ニ現ニ加タル毀損傷害ノ外其罪ヲ論セス
▽日本刑法教師元稿不定按　第一巻（２-資料３）

【参考資料１】

　第　條

　重罪ヲ犯サントセシ端緒ニ於テ其犯狀顯然ニシテ止タ犯人意外ノ景況ニヨリ之ヲ中止シタルトキハ已ニ行フテ遂ケタル重罪ニ第　條ニ從ヒ二等ヲ減シ刑ニ處ス

　第　條

　犯サントセシ所行ヲ已ニ遂ルト雖モ犯人ノ意外ノ景況ニヨリ其目的タル重罪ヲ誤機シタルトキハ已ニ行フテ遂ケタル重罪ニ第　條ニ從ヒ一等ヲ減シ刑ニ處ス

　第　條

　若シ本心ヨリ其犯サントセシ所行ヲ中止シ又犯サントセシ所行ハ已ニ遂ルト雖モ其目的タル重罪ヲ本心ヨリ誤機スルトキハ現ニ犯シタル害ヲナシタル罪ニ非サレハ刑ニ處ス可カラス

▽日本帝国刑法草案（２-資料５）

（２-資料３に同じ）

▽日本刑法草按　第一稿（1876〔明治９〕年12月）（２-資料７）

　第112條

　重罪ヲ犯サントシテ已ニ着手シ其犯狀顯然タリト雖モ犯人意外ノ障碍ニ依リ之ヲ中止シタル時ハ第79條ニ記載スル例ニ照シ已ニ行テ遂ケタル罪ニ二等又ハ三等ヲ減ス

　第113條

　重罪ヲ犯サントシテ已ニ其所爲ヲ盡スト雖モ犯人意外ノ舛錯ニ依リ其目的ヲ遂ケサル時ハ第79條ニ記載スル例ニ照シ已ニ遂ケタル罪ニ一等ヲ減ス

　第114條

　若シ真心悔悟ニ依リ其犯サントセシ所爲ヲ中止シ又ハ已ニ所爲ヲ盡スト雖モ其目的ヲ遂ケサル時ハ現ニ加ヘタル毀損傷害ノ外其罪ヲ論セス

▽日本刑法草案　第二稿（1877〔明治10〕年６月）（２-資料９）

　第123條

　重罪ヲ犯サントシテ已ニ着手シ其事ヲ行ヒ未タ遂ケサルノ際本犯意外ノ障礙ニ依リ之ヲ中止シタル時ハ已ニ行テ事ヲ遂ケタル者ノ刑ニ二等又ハ三等ヲ減ス

　第124條

　重罪ヲ犯サントシテ已ニ其所爲ヲ盡スト雖モ事後意外ノ舛錯ニ依リ其目的ヲ遂ケサル時ハ已ニ遂ケタル者ノ刑ニ一等又ハ三等ヲ減ス

　第125條

　重罪ヲ犯サントシテ已ニ其事ヲ行ヒ又ハ所為ヲ盡スト雖モ本犯ノ真心悔悟ニ依テ自ラ之ヲ遂ケサル時ハ止タ現ニ加ヘタル毀傷損害ノ罪ヲ論ス

▽日本刑法草案　完（２-資料10）

　第125條

　重罪ヲ犯サントシテ已ニ其事ヲ行ヒ未タ遂ケサルノ際本犯意外ノ障礙ニ因リ之ヲ中止シタ

ル時ハ已ニ行テ事ヲ遂ケタル者ノ刑ニ二等又ハ三等ヲ減ス

第126條

重罪ヲ犯サントシテ已ニ其所為ヲ盡スト雖モ事後意外ノ舛錯ニ因リ其目的ヲ遂ケサル時ハ已ニ遂ケタル者ノ刑ニ一等又ハ二等ヲ減ス

第127條

重罪ヲ犯サントシテ已ニ其事ヲ行ヒ又ハ所為ヲ盡スト雖モ本犯ノ真心悔悟ニ因テ自ラ之ヲ遂ケサル時ハ止タ現ニ加ヘタル毀傷損害ノ罪ヲ論ス

▽日本刑法草案（2-資料13）

　（2-資料10と同じ）

▽確定日本刑法草案　完（1877〔明治10〕年11月）（2-資料14）

　（2-資料10と同じ）

▽日本刑法草案　（1877〔明治10〕年11月30日　司法卿から太政官に上申）

　（2-資料10と同じ）

▽刑法再訂本第一編（1878〔明治11〕年5月）（『諸案』）

　第115條

　重罪ヲ犯サントシテ已ニ其事ヲ行フト雖モ本犯意外ノ障礙ニ因リ未タ遂ケサル時ハ已ニ遂ケタル者ノ刑ニ一等又ハ二等ヲ減ス

　第116條

　重罪ヲ犯サントシテ已ニ其所為ヲ盡スト雖モ事後意外ノ舛錯ニ因リ其目ヲ遂ケサル時ハ已ニ遂ケタル者ノ刑ニ一等ヲ減ス

▽司法省ヨリ廻送　刑法修正案（1878〔明治11〕年7月3日）（『諸案』）

　第112條

　重罪ヲ犯サントシテ已ニ其事ヲ行フト雖モ本犯意外ノ障礙若クハ舛錯ニ因リ未タ遂ケサル時ハ已ニ遂ケタル者ノ刑ニ一等又ハ二等ヲ減ス

▽刑法草案修正稿本（1878〔明治11〕年10月〔1-参考〕）（『諸案』）

　第112條

　罪ヲ犯サントシテ已ニ其事ヲ行フト雖モ本犯意外ノ障礙若クハ舛錯ニ因リ未タ遂ケサル時ハ已ニ遂ケタル者ノ刑ニ一等又ハ二等ヲ減ス

▽刑法審査修正第二稿（1879〔明治12〕年3月〔1-参考〕）（『諸案』）

　第112條

　罪ヲ犯サントシテ已ニ其事ヲ行フト雖モ本犯人意外ノ障礙若クハ舛錯ニ因リ未タ遂ケサル時ハ已ニ遂ケタル者ノ刑ニ一等又ハ二等ヲ減ス

▽刑法審査修正案（1879〔明治12〕年6月25日〔1-参考〕）（『刑法審査修正案註解』）

　（変更なし）

【参考資料１】

▼明治13年刑法典（1880〔明治13〕年7月17日）
　（変更なし）

▽明治23年草案（1890〔明治23〕年）（沿革 S. 88）
　第102条
　罪ヲ犯サントシテ已ニ其實行ニ著手スト雖モ犯人意外ノ障礙若クハ舛錯ニ因リ遂ケサルモノハ未遂犯ト為ス
　第105条
　罪ヲ行フノ際犯人自ラ中止シ又ハ其所為ヲ盡スモ自ラ効果ヲ缺カシメタルトキハ止タ現ニ生シタル害ニ従テ之ヲ罰ス
▽刑法改正審査委員会決議録（1894〔明治27〕年4月）（2-資料2）
　第78条
　犯罪ノ實行ニ著手シ意外ノ障礙若クハ舛錯ニ因リ之ヲ遂ケサル者ハ其刑ヲ減軽ス
　未遂罪ヲ罰スル場合ハ各本條ニ於テ之ヲ定ム
　第79条
　犯罪ノ實行ニ著手シ自己ノ意思ニ因リ之ヲ止メタルトキハ現ニ生シタル結果ニ従テ之ヲ罰ス
▽明治28年草案（1895〔明治28〕年12月）（2-資料3）
　（2-資料2と同じ；78条→59条、79条→60条）
▽明治30年草案（1897〔明治30〕年12月）（2-資料4）
　（2-資料2と同じ；78条→58条、79条→59条）
▽明治33年「刑法改正案」2編308条（1900〔明治33〕年始め）（2-資料15）
　第58条
　犯罪ノ實行ニ著手シ之ヲ遂ケサル者ハ其刑ヲ減軽スルコトヲ得
　未遂罪ヲ罰スル場合ハ各本條ニ於テ之ヲ定ム
　第59条
　犯罪ノ實行ニ著手シ自己ノ意思ニ因リ之ヲ止メタルトキハ其刑ヲ減免ス
▽明治34年「刑法改正案」（1901〔明治34〕年2月）（3-資料1、沿革 S. 170）
　第55条
　犯罪ノ實行ニ著手シ之ヲ遂ケサル者ハ其刑ヲ減軽スルコトヲ得但自己ノ意思ニ因リ之ヲ止メタルトキハ其刑ヲ減軽又ハ免除ス
▽明治35年「刑法改正案」2編299条（第16回帝国議会、1902〔明治35〕年1月）（4-資料1、沿革 S. 444）
　（3-資料1と同じ）

【参考資料1】 463

▽明治35年「刑法改正案」（第16回帝国議会衆議院送付、1902〔明治35〕年2月）（5-資料19）

（3-資料1と同じ）

▽明治35年「刑法改正案」2編298条（第17回帝国議会、1902〔明治35〕年12月）（5-資料44）

（3-資料1と同じ；55条→54条）

▽明治39年「刑法改正案」2編289条（1906〔明治39〕年10月）（6-資料40）

（3-資料1と同じ；55条→47条）

▽明治39年「刑法改正案」2編265条（1906〔明治39〕年12月）（6-資料64、沿革 S. 1563）

第43条

犯罪ノ實行ニ著手シ之ヲ遂ケサル者ハ其刑ヲ減軽ス但自己ノ意思ニ因リ之ヲ止メタルトキハ其刑ヲ減軽又ハ免除ス

▽明治40年「刑法改正案」（貴族院修正可決案、1907〔明治40〕年2月）（7-資料73）

（3-資料1と同じ）

▽明治40年「刑法改正案」（衆議院修正可決案、1907〔明治40〕年2月）（7-資料87）

（6-資料64、沿革 S. 1563と同じ）

▼明治40年「刑法」2編264条（1907〔明治40〕年4月）（7-資料96）

（3-資料1と同じ）

▽昭和2年「予備草案」（泉二新熊草案、1927〔昭和2〕年4月）

第22条

犯罪ノ実行ニ着手シ之ヲ遂ケサル者ハ未遂犯トシ其ノ刑ヲ減軽スルコトヲ得

犯罪ノ実行ニ着手シタル者自己ノ意思ニ因リ之ヲ中止シ又ハ結果ノ発生ヲ防止シタルトキハ其ノ刑ヲ減軽又ハ免除ス

結果ノ発生スルコト不能ナリシ場合又ハ行為既ニ終了シタルモ其ノ結果発生セサリシ場合ニ於テ犯人其ノ結果ヲ防止スヘキ真摯ナル努力ヲ為シタルトキハ前項ノ例ニ依ル但シ犯人其ノ事情ヲ知リタル後ハ此ノ限ニ在ラス

▽昭和6年「起草委員会草案」（1931〔昭和6〕年9月）

第23条

自己ノ意思ニ因リ犯罪ノ実行ヲ中止シ又ハ結果ノ発生ヲ防止シタル者ハ其ノ刑ヲ減軽又ハ免除ス悔悟ニ出テタルトキハ之ヲ罰セサルコトヲ得

結果ノ発生スルコト不能ナル場合又ハ行為終了スルモ結果発生セサル場合ニ於テ行為者其ノ事情ヲ知ラスシテ結果ヲ防止スル為真摯ナル努力ヲ為シタルトキハ前項ノ例ニ依リ結果ノ発生シタル場合ニ於テ行為者其ノ事情ヲ知ラスシテ結果ヲ防止スル為真摯ナル努力ヲ為シタルトキ亦同シ

【参考資料１】

▽昭和15年「改正刑法仮案」(1940〔昭和15〕年)
　第23条
　　自己ノ意思ニ因リ犯罪ノ實行ヲ中止シ又ハ結果ノ発生ヲ防止シタル者ハ其ノ刑ヲ減軽又ハ免除ス悔悟ニ出テタルトキハ之ヲ罰セサルコトヲ得
　　結果ノ發生スルコト不能ナル場合又ハ行為終了スルモ結果發生セサル場合ニ於テ行為者其ノ事情ヲ知ラスシテ結果ヲ防止スル為眞摯ナル努力ヲ為シタルトキハ前項ノ例ニ依ル

▽昭和36年「改正刑法準備草案（確定稿）」(1961〔昭和36〕年12月)
　（中止犯）
　第24条
　　①自己の意思によつて犯罪の実行を中止し、又は結果の発生を防止した者は、その刑を軽減し、又は免除する。
　　②行為者が、結果の発生を防止するに足りる真剣な努力をしたときは、他の事情によつて結果が発生しなかつた場合においても、前項と同じである。

▽昭和49年「改正刑法草案」(1974〔昭和49〕年５月)
　第24条（中止犯）
　　①自己の意思によつて、犯罪の実行を中止し、又は結果の発生を防止したため、これを遂げなかつた者は、その刑を軽減し、又は免除する。
　　②行為者が結果の発生を防止するに足りる努力をしたときは、結果の発生しなかつたことが他の事情による場合であつても、前項と同じである。

【参考資料２】
ドイツ・フランスの刑法典・刑法草案における未遂犯・中止犯規定の参考条文対訳集

※各表題の右側の記号は原文の出典を示す。
　Ⓚ…各法典・草案の原典コンメンタール等
　Ⓢ…Melchior Stenglein（Hrsg.）, Sammlung der deutschen Strafgesetzbücher, 1857-58, 1. Bändchen-3. Bändchen
　Ⓔ…Werner Schubert（Hrsg.）; Entwurf eines Strafgesetzbuches für den Norddeutschen Bund vom Juli 1869 und Motive zu diesem Entwurf, 1992; Werner Schubert（Hrsg.）; Strafgesetzbuch für den Norddeutschen Bund, Entwurf vom 14. 2. 1870（Reichstagsvorlage）, 1992の北ドイツ連邦刑法典第１草案・第３草案理由書から
　Ⓖ…Jürgen Regge, Werner Schubert（Hrsg.）, Gesetzrevision（1825-1848）, I. Abteilung Straf-und Strafprozeßrecht, Bd. 1-6, 1981-1996
　Ⓜ…Michael Peter Müller, Die geschichtliche Entwicklung des Rücktritts vom Versuch bis zum Inkrafttreten des neuen StGB-AT 1975, 1995
　Ⓑ…Arno Buschmann, Textbuch zur Strafrechtsgeschichte der Neuzeit, 1998
　Ⓗ…Reinhold Herzog, Rücktritt vom Versuch und thätige Reue, 1889

※基本的に中止犯そのものに関する規定については全て挙げた。
中止犯に関連する周辺規定（通常の未遂犯の規定、加重的未遂に関する規定など）は、一部の草案・法律においてだけしか挙げていない。よって、ドイツ型の中止犯の規定形式が採られている場合においても、通常の未遂犯に関する規定が挙げられていない場合がある。留意して頂きたい。

【Preußen, Deutschland】
▼ Bambergische Halsgerichtsordnung, 1507　Ⓑ
Straff vnderstandner misstat ; 204. Jtem So sich yemant einer misstat mit etlichen scheinlichen wercken, die zu volnbringung der misstat dienstlich sein mögen, vnderstet vnd doch an volbringung derselbigen misstat durch andere mittel wider seinen willen verhindert wirdt : solicher böser will, darauss etliche wercke, als obstet, volgen, ist peynlich zu straffen, Aber in einem fall herter dann in dem andern, angesehen gelegenheyt vnd gestalt der sach : darumb söllen, söllicher straff halb, die vrteyler Rats pflegen, wie die an leyb oder leben geschen sol.

【プロイセン・ドイツ】
▼1507年バンベルク刑事法典
　　第204条
　企行せられたる非行に関する刑罰。204条　さらに、何者かが、ある非行を、その非行の完遂に役立ちうる若干の外観しうる所業をもって企行するも、当該非行の完遂につきては、他の邪魔が入りたるために、彼の意思に反して妨げらるるときは、若干の所業が上述のごとくに現出するに至りたる基たる悪しき意思が、刑事刑をもって罰せらるべし。されど、その事件の状況および形態により、ある場合には、しからざる場合に比し一層峻厳たることあるがゆえに、かかる刑罰を課するためには、判決発見人たちは、刑罰は身体または生命にいかに科せらるべきやにつきて、鑑定を依頼すべし。

▼ Peinliche Halsgerichtsordnung Kaiser Karls V., 1532 ⓑ
Straff vnderstandner missetat ; 178. Jtem so sich jemandt eyner missethatt mit etlichen sceynlichen wercken, die zu volnbringung der missethatt dienstlich sein mögen, vndersteht, vnnd doch an volnbringung der selben missethat durch andere mittel, wider seinen willen verhindert würde, solcher böser will, darauß etlich werck, als obsteht volgen, ist peinlich zu straffen, Aber inn eynem fall herter dann inn dem andern angesehen gelegenheit vnd gestalt der sach, darumb sollen solcher straff halben die vrtheyler, wie hernach steht, radts pflegen, wie die an leib oder leben zu thun gebürt.

▼ Allgemeines Landrecht für die Preußischen Staaten, 1794 ⓑ II. 20. 43
§43 Wer aus eigner Bewegung von der Ausführung des Verbrechens absteht, und dabey solche Anstalten trifft, daß die gesetzwidrige Wirkung gar nicht erfolgen kann ; ingleichen der, welcher durch zeitige Entdeckung der Mitschuldigen, und ihres Vorhabens, die Ausführungdesselben hintertreibt, kann auf Begnadigung Anspruch machen.
▽ Entwurf des Criminal-Gesetz-Buches für die Preußischen Staaten, 1827 ⓖ
§85 Wer, ohne durch eine äußere Ursach dazu veranlaßt zu seyn, vielmehr aus eigenem Antribe, von der Vollendung einer schon begonnenen verbrecherischen Handlung völlig absteht, und, wo dies nöthig ist, solche Anstalten trifft, daß die schädliche Wirkung nicht eintreten kann, der soll mit Strafe verschont werden.
　Ist jedoch die Versuchshandlung schon ein für sich bestehendes Verbrechen, so wird die Strafe dieses letzteren dadurch nicht zugleich aufgehoben.
▽ Entwurf des Straf-Gesetz-Buches für die Preußischen Staaten, 1828 ⓖ
§57 Wer aus eignem Antriebe, von der Vollendung eines schon begonnenen Verbrechens völlig absteht, und, wo dies nöthig ist, solche Anstalten trifft, daß die beabsichtigte schädliche Wirkung nicht eintreten kann, der soll mit Strafe verschont werden.
　Ist jedoch die Versuchshandlung schon ein für sich bestehendes Verbrechen, so wird die Strafe dieses letzteren dadurch nicht zugleich aufgehoben.
▽ Entwurf des Straf-Gesetz-Buches für die Preußischen Staaten, Erster Theil. Criminal-Straf-Gesetze, 1830 ⓖ
§58 Wer aus eignem Antriebe von der Vollendung eines schon begonnenen Verbrechens völlig absteht, und, wo dies nöthig ist, solche Anstalten trifft, daß die beabsichtigte schädliche Wirkung nicht eintreten kann, der soll mit Strafe verschont werden.
　Ist jedoch die Versuchshandlung schon ein für sich bestehendes Verbrechen, so wird

▼1532年カロリナ刑事法典
　第178条
企行せられたる非行に関する刑罰。178条　さらに、何者かが、ある非行を、その非行の完遂に役立ちうる若干の外観しうる所業をもって企行するも、当該非行の完遂につきては、他の邪魔が入りたるために、彼の意思に反して妨げらるるときは、若干の所業が上述のごとくに現出するに至りたる基たる悪しき意思が、刑事刑をもって罰せらるべし。されど、その事件の状況および形態により、ある場合には、しからざる場合に比し一層峻厳たることあるがゆえに、かかる刑罰を課するためには、判決発見人たちは、身体または生命に刑罰を科するにはいかにせば相当なりやにつきて、後述のごとくに〔＝第219条〕訴訟記録送付による鑑定を求むべし。
▼1794年プロイセン一般ラント法
　第２部第20章第43条
自己の活動で犯罪の実行を中止し、違法な効果が何ら起こらないように措置を講じる者、ならびに共犯者および計画の時宜を得た暴露により犯罪の実行を阻止する者は、恩赦を請求することができる。
▽1827年プロイセン国刑法草案
　第85条
（１）外部的な原因によってそのように動機づけられたのではなくして、むしろ自発的に、既に開始された犯罪行為の完成を完全に取りやめ、そして必要な場合には、侵害結果が発生し得ないように措置をとった者は、刑罰を免じられる。
（２）しかし未遂行為が既にそれ自体として存在している犯罪である場合には、この後者の刑罰はそれによって同時には消滅しない。
▽1828年プロイセン国刑法草案
　第57条
（１）自発的に、既に開始された犯罪の完成を完全に取りやめ、そして必要な場合には、意図していた侵害結果が発生し得ないように措置をとった者は、刑罰を免じられる。
（２）しかし未遂行為が既にそれ自体として存在している犯罪である場合には、この後者の刑罰はそれによって同時には消滅しない。
▽1830年プロイセン国刑法草案
　第58条
（１）自発的に、既に開始された犯罪の完成を完全に取りやめ、そして必要な場合には、意図していた侵害結果が発生し得ないように措置をとった者は、刑罰を免じられる。
（２）しかし未遂行為が既にそれ自体として存在している犯罪である場合には、この後者の刑罰はそれによって同時には消滅しない。

die Strafe dieses letzteren dadurch nicht zugleich aufgehoben.

▽ Revidirter Entwurf des Strafgesetzbuches für die Königl. Preußischen Staaten, Erster Theil. Kriminal-Strafgesetze, 1833　Ⓖ

§56 Wer aus eigenem Antriebe von der Vollendung eines schon begonnenen Verbrechens völlig absteht, und, wo dies nöthig ist, solche Anstalten trifft, daß die beabsichtigte schädliche Wirkung nicht eintreten kann, der soll mit Strafe verschont werden.

Ist jedoch die Versuchshandlung schon ein für sich bestehendes Verbrechen ; so wird die Strafe dieses letztern dadurch nicht zugleich aufgehoben.

▽ Revidirter Entwurf des Strafgesetzbuches für die Königlich-Preußischen Staaten, 1836　Ⓖ

§59 Wer aus eigenem Antriebe von der Vollendung eines schon begonnenen Verbrechens völlig absteht, und, wo dies nöthig ist, solche Anstalten trifft, daß die beabsichtigte schädliche Wirkung nicht eintreten kann, der soll mit Strafe verschont werden.

Ist jedoch die Versuchshandlung schon ein für sich bestehendes Verbrechen, so wird die Strafe dieses letztern dadurch nicht aufgehoben.

▽ Entwurf des Strafgesetzbuchs für die Preussischen Staaten, nach den Beschlüssen des Königlichen Staatsraths, 1843　ⒼⓂ

§55 Der Versuch eines Verbrechens wird strafbar, sobald derselbe durch eine solche äußere Handlung sich offenbart hat, welche schon als Ausgang der Ausführung des beabsichtigten Verbrechens zu betrachten ist.

§62 Wer aus eigener Bewegung von der Vollendung eines schon begonnenen Verbrechens absteht, und, wo dies nöthig ist, solche Anstalten trifft, daß die beabsichtigte schädliche Wirkung nicht eintreten kann, der soll mit Strafe verschont werden.

Ist jedoch die Versuchshandlung schon ein für sich bestehendes Verbrechen, so wird die Strafe dieses letzteren dadurch nicht zugleich aufgehoben.

▽ Revidirter Entwurf des Strafgesetzbuchs für die Preußischen Staaten. Vorgelegt von dem Ministerium der Gesetz-Revision, 1845　Ⓖ

§42 Wenn der Vorsatz, ein Verbrechen zu begehen, in solchen Handlungen offenbar geworden ist, welche einen Anfang der Ausführung des Verbrechens enthalten, so sind diese Handlungen als Versuch zu bestrafen, in sofern die Ausführung durch äußere Umstände, unabhängig von dem Willen des Thäters, verhindert worden ist.

Handlungen, durch welche die Ausführung eines Verbrechens nur vorbereitet, aber noch nicht angefangen worden, sind nicht als Versuch zu betrachten und zu bestrafen.

▽ Entwurf des Strafgesetzbuchs für die Preußischen Staaten, von der Königlichen

▽1833年プロイセン王国刑法修正草案
　　第56条
（1）自発的に、既に開始された犯罪の完成を完全に取りやめ、そして必要な場合には、意図していた侵害結果が発生し得ないように措置をとった者は、刑罰を免じられる。
（2）しかし未遂行為が既にそれ自体として存在している犯罪である場合には、この後者の刑罰はそれによって同時には消滅しない。

▽1836年プロイセン王国刑法修正草案
　　第59条
（1）自発的に、既に開始された犯罪の完成を完全に取りやめ、そして必要な場合には、意図していた侵害結果が発生し得ないように措置をとった者は、刑罰を免じられる。
（2）しかし未遂行為が既にそれ自体として存在している犯罪である場合には、この後者の刑罰はそれによっては消滅しない。

▽1843年プロイセン刑法典草案
　　第55条
犯罪が既に意図された犯罪の実行の出発点として考察されるべきであるような外部的行為によって明らかにされた場合には直ちに、その犯罪の未遂は可罰的である。
　　第62条
（1）自らの心理的な動きから、既に開始された犯罪の完成を取りやめ、そして必要な場合には、意図していた侵害結果が発生し得ないように措置をとった者は、刑罰を免じられるべきである。
（2）しかし未遂行為が既にそれ自体として存在している犯罪である場合には、この後者の刑罰はそれによっては消滅しない。

▽1845年プロイセン刑法修正草案
　　第42条
（1）犯罪を実行する故意が、犯罪の実行の着手を含む行為において明らかになった場合には、その実行が外部的な事情によって、行為者の意思によらずして阻止されたのではない限りにおいて、この行為は未遂として処罰され得る。
（2）それにより犯罪の実行は準備されたに過ぎないが、しかしなお着手されていない行為は、未遂としては考察され得ず、処罰され得ない。

▽1846年プロイセン刑法草案

【参考資料 2】

Immediat-Kommission dem Plenum des Staatsraths vorgelegt, 1846 ⓖ

§40 Der Versuch soll straflos bleiben, wenn der Thäter aus eigener Bewegung von der Vollendung des Verbrechens absteht, und, wo dies nöthig ist, solche Anstalten trifft, wodurch die beabsichtigte schädliche Wirkung verhindert wird.

Wenn jedoch die vorgenommene Versuchshandlung als solche bei einzelnen Verbrechen besonders mit Strafe bedroht ist, oder wenn sie ein selbstständiges Verbrechen enthält, so soll dieselbe dennoch bestraft werden, auch wenn das beabsichtigte Verbrechen aus eigener Bewegung des Thäters nicht zur Ausführung gekommen ist.

▽ Entwurf des Strafgesetzbuchs für die Preußischen Staaten. Zur Vorlegung an die vereinigten Ständischen Ausschüsse bestimmt, 1847 ⓖ

§42 Der Versuch soll straflos bleiben, wenn der Thäter aus eigener Bewegung von der Vollendung des Verbrechens absteht, und, wo dies nöthig ist, solche Anstalten trifft, wodurch die beabsichtigte schädliche Wirkung verhindert wird.

Wenn jedoch die vorgenommene Versuchshandlung als solche bei einzelnen Verbrechen besonders mit Strafe bedroht ist, oder wenn sie ein selbständiges Verbrechen enthält, so soll dieselbe dennoch bestraft werden, auch wenn das beabsichtigte Verbrechen aus eigener Bewegung des Thäters nicht zur Ausführung gekommen ist.

〔Entwurf des Gesetzes über die Einführung des Strafgesetzbuches für die Preußischen Staaten〕

C. Vorschriften für den Bezirk des Rheinischen Appellationsgerichtshofes zu Köln.

§ XIX An die Stelle des §40 des gegenwärtigen Strafgesetzbuchs tritt folgende Bestimmung：

"Der Versuch ist strafbar, wenn der Vorsatz, das Verbrechen zu verüben, in einem Anfang der Ausführung desselben offenbar geworden ist und die Vollendung nur durch äußere, von dem Willen des Thäters unabhängige Umstände verhindert worden ist…"

▽ Entwurf des Strafgesetzbuchs für die Preußischen Staaten, 1848

§25 Der Versuch ist nur dann strafbar, wenn derselbe durch Handlungen, welche einen Anfang der Ausführung enthalten, an den Tag gelegt und nur durch äußere, von dem Willen des Thäters unabhängige Umstände verhindert worden oder ohne Erfolg geblieben ist.

▽ Entwurf eines allgemeinen deutschen Strafgesetzbuchs, 1849

§24 Der Versuch ist nur dann strafbar, wenn derselbe durch Handlungen, welche einen Anfang der Ausfuehrung enthalten, an den Tag gelegt und nur durch aeußere, von dem Willen des Taeters unabhaengige Umstaende gehindert worden oder ohne Erfolg geb-

第40条
（1）行為者が自らの心理的な動きから、犯罪の完成を取りやめ、そして必要な場合には、意図していた侵害結果が阻止される方法で措置をとった場合には、未遂は不処罰のままとなる。
（2）しかし行われた未遂行為がそれ自体として個々の犯罪において特別に刑罰が科せられている場合、またはその行為が独立した犯罪を含んでいる場合には、たとえ意図した犯罪が行為者自らの心理的な動きから実行へと至らなかったとしても、それにも関わらずその行為は処罰される。
▽1847年プロイセン刑法草案
　　第42条
（1）行為者が自らの心理的な動きから、犯罪の完成を取りやめ、そして必要な場合には、意図していた侵害結果が阻止される方法で措置をとった場合には、未遂は不処罰のままとなる。
（2）しかし行われた未遂行為がそれ自体として個々の犯罪において特別に刑罰が科せられている場合、またはその行為が独立した犯罪を含んでいる場合には、たとえ意図した犯罪が行為者自らの心理的な動きから実行へと至らなかったとしても、それにも関わらずその行為は処罰される。
〔プロイセン刑法の施行に関する法律草案〕
C．ケルン・ライン控訴審裁判所の管轄地域のための規定
　　第19条
現行刑法典40条の代わりに、以下の規定が適用される。
「犯罪を行う故意が、その犯罪の実行の着手において明らかになり、なおかつその既遂が外部的な、行為者の意思によらない事情によってのみ阻止された場合に、未遂は可罰的である。……」

▽1848年プロイセン刑法草案
　　第25条
未遂が実行の着手を含む行為によって明らかにされ、そして外部的な、行為者の意思によらない事情によってのみ、阻止された、または結果がないままとなった場合にのみ、その未遂は可罰的である。
▽1849年全ドイツ刑法草案
　　第24条
未遂が実行の着手を含む行為によって明らかにされ、そして外部的な、行為者の意思によらない事情によってのみ、阻止された、または結果がないままとなった場合にのみ、その未遂

lieben ist.

▼ Strafgesetzbuch für die Preußischen Staaten, 1851 ⓈⒺⓂⒷ

§31 Der Versuch ist nur dann strafbar, wenn derselbe durch Handlungen, welche einen Anfang der Ausführung enthalten, an den Tag gelegt und nur durch äußere, von dem Willen des Täters unabhängige Umstände gehindert worden oder ohne Erfolg geblieben ist.

▽ Entwurf eines Strafgesetzbuches für den Norddeutschen Bund (Entwurf Friedberg (Entwurf I), im Juli 1869) ⓂⒺ

§37 Ein strafbarer Versuch liegt vor, wenn der Entschluß zur Verübung eines Verbrechens oder Vergehens durch Handlungen, welche einen Anfang der Ausführung enthalten, an den Tag gelegt und die Vollendung des Verbrechens oder Vergehens nur durch äußere, von dem Willen des Thäters unabhängige Umstände gehindert oder unterblieben ist.

▽ Entwurf eines Strafgesetzbuches für den Norddeutschen Bund (Entwurf 1. Lesung, November 1869)

§40 (1) Wer den Entschluß, ein Verbrechen oder Vergehen zu verüben, durch Handlungen, welche einen Anfang der Ausführung dieses Verbrechens oder Vergehens enthalten, bethätigt hat, soll, wenn das beabsichtigte Verbrechen oder Vergehen nicht zur Vollendung gekommen ist, wegen Versuchs bestraft werden.

(2) Der Versuch eines Vergehens wird jedoch nur in den Fällen bestraft, in welchen die Gesetze dies ausdücklich bestimmen.

(3) Der Versuch einer Uebertretung ist straflos.

§43 Der Versuch bleibt straflos, wenn der Thäter die Ausführung der beabsichtigten That aufgegeben hat, ohne daß er an dieser Ausführung durch Umstände gehindert worden ist, welche von seinem Willen unabhängig waren.

▽ Entwurf eines Strafgesetzbuches für den Norddeutschen Bund (Entwurf 2. Lesung (Entwurf II), December 1869)

§41 (1) Wer den Entschluß, ein Verbrechen oder Vergehen zu verüben, durch Handlungen, welche einen Anfang der Ausführung dieses Verbrechens oder Vergehens enthalten, bethätigt hat, ist, wenn das beabsichtigte Verbrechen oder Vergehen nicht zur Vollendung gekommen ist, wegen Versuchs zu bestrafen.

(2) Der Versuch eines Vergehens wird jedoch nur in den Fällen bestraft, in welchen das Gesetz dies ausdücklich bestimmt.

§44 Der Versuch als solcher bleibt straflos, wenn der Thäter

は可罰的である。
▼1851年プロイセン王国刑法典
　　第31条
未遂が実行の着手を含む行為によって明らかにされ、そして外部的な、行為者の意思によらない事情によってのみ、阻止された、または結果がないままとなった場合にのみ、その未遂は可罰的である。
▽1869年北ドイツ連邦刑法典第1草案（フリートベルク草案、1869年7月）
　　第37条
重罪もしくは軽罪の犯行への決意が実行の着手を含む行為によって明らかにされ、なおかつ重罪もしくは軽罪の既遂が外部的な、行為者の意思によらない事情によってのみ阻止された、または発生せずにすまされた場合には、可罰的な未遂が存在する。

▽1869年北ドイツ連邦刑法典第1読会草案（1869年11月）
　　第40条　（1）重罪または軽罪を行う決意を、この重罪または軽罪の実行の着手を含む行為によって、行為に表した者は、その意図された重罪または軽罪が既遂へと至らなかった場合には、未遂として処罰されるべきものである。
（2）しかしながら軽罪の未遂は、法律がこれを明文で規定している場合にのみ処罰される。
（3）違警罪の未遂は、不処罰である。
　　第43条
行為者が、意図された行為の実行を、その者の意思によらない事情によって阻止されたのではなくして放棄したときは、その未遂は不処罰のままである。

▽1869年北ドイツ連邦刑法典第2草案（第2読会草案、1869年12月）
　　第41条　（1）重罪または軽罪を行う決意を、この重罪または軽罪の実行の着手を含む行為によって、行為に表した者は、その意図された重罪または軽罪が既遂へと至らなかった場合には、未遂として処罰され得る。
（2）しかしながら軽罪の未遂は、法律がこれを明文で規定している場合にのみ処罰される。
　　第44条
行為者が、
1．意図された行為の実行を、その者の意思によらない事情によって阻止されたのではなくして放棄した、または

【参考資料2】

1. die Ausführung der beabsichtigten Handlung aufgegeben hat, ohne daß er an dieser Ausführung durch Umstände gehindert worden ist, welche von seinem Willen unabhängig waren, oder
2. zu einer Zeit, zu welcher die Handlung noch nicht entdeckt war, den Eintritt des zur Vollendung des Verbrechens oder Vergehens gehörigen Erfolges durch eigene Thätigkeit abgewendet hat.

▽ Entwurf eines Strafgesetzbuches für den Norddeutschen Bund (Entwurf III, 14. Februar 1870) Ⓔ

§44 Der Versuch als solcher bleibt straflos, wenn der Thäter
1. die Ausführung der beabsichtigten Handlung aufgegeben hat, ohne daß er an dieser Ausführung durch Umstände gehindert worden ist, welche von seinem Willen unabhängig waren, oder
2. zu einer Zeit, zu welcher die Handlung noch nicht entdeckt war, den Eintritt des zur Vollendung des Verbrechens oder Vergehens gehörigen Erfolges durch eigene Thätigkeit abgewendet hat.

▼ Strafgesetzbuch für den Norddeutschen Bund, 1870 Ⓗ

§46 (Gleiche Worte wie Entwurf III §44)

▼ Strafgesetzbuch für das Deutsche Reich, 1871 Ⓗ

§43 Wer den Entschluß, ein Verbrechen oder Vergehen zu verüben, durch Handlungen, welche einen Anfang der Ausführung dieses Verbrechens oder Vergehens enthalten, bethätigt hat, ist, wenn das beabsichtigte Verbrechen oder Vergehen nicht zur Vollendung gekommen ist, wegen Versuches zu bestrafen.

Der Versuch eines Vergehens wird jedoch nur in den Fällen bestraft, in welchen das Gesetz dies ausdrücklich bestimmt.

§46 Der Versuch als solcher bleibt straflos, wenn der Täter
1. die Ausführung der beabsichtigten Handlung aufgegeben hat, ohne daß er an dieser Ausführung durch Umstände gehindert worden ist, welche von seinem Willen unabhängig waren, oder
2. zu einer Zeit, zu welcher die Handlung noch nicht entdeckt war, den Eintritt des zur Vollendung des Verbrechens oder Vergehens gehörigen Erfolges durch eigene Tätigkeit abgewendet hat.

▽ Vorentwurf zu einem Deutschen Strafgesetzbuch. Bearbeitet von der hierzu bestellten Sachverständigen-Kommission. 1909

2．行為がなお露見していない時に、重罪もしくは軽罪の既遂に固有の結果の発生を、自己の行動によって阻止した

ときは、その未遂はそのようなものとしては不処罰のままである。

▽1870年北ドイツ連邦第3刑法草案
　　第44条
行為者が、
1．意図された行為の実行を、その者の意思によらない事情によって阻止されたのではなくして放棄した、または
2．行為がなお露見していない時に、重罪もしくは軽罪の既遂に固有の結果の発生を、自己の行動によって阻止した

ときは、その未遂はそのようなものとしては不処罰のままである。

▼1870年北ドイツ連邦刑法典
　　第46条
(1870年第3刑法草案第44条と文言は同じ)

▼1871年ドイツライヒ刑法典
　　第43条　(1)重罪または軽罪を行う決意を、この重罪または軽罪の実行の着手を含む行為によって、行為に表した者は、その意図された重罪または軽罪が既遂へと至らなかった場合には、未遂として処罰され得る。
(2)しかしながら軽罪の未遂は、法律がこれを明文で規定している場合にのみ処罰される。
　　第46条
行為者が、
1．意図された行為の実行を、その者の意思によらない事情によって阻止されたのではなくして放棄した、または
2．行為がなお露見していない時に、重罪もしくは軽罪の既遂に固有の結果の発生を、自己の行動によって阻止した

ときは、その未遂はそのようなものとしては不処罰のままである。

▽1909年ドイツ刑法準備草案
　　第77条　任意的な中止と行為による悔悟

§77 Freiwilliger Rücktritt und tätige Reue. Die Strafbarkeit des Versuchs fällt weg, wenn der Täter freiwillig die Ausführung aufgegeben oder den Eintritt des zur Vollendung gehörigen Erfolges abgewendet hat.

▽ Gegenentwurf zum Vorentwurf eines deutschen Strafgesetzbuchs, 1911

§30 Freiwilliger Rücktritt und tätige Reue. (Gleiche Worte wie Vorentwurf 1909 §77)

▽ Entwurf der Strafrechtskommission, 1913

§31 Rücktritt. Wegen Versuchs wird nicht bestraft, wer freiwillig die Ausführung aufgegeben oder den Eintritt des zur Vollendung gehörigen Erfolgs abgewendet hat. Konnte der Versuch nicht zur Vollendung führen, so genügt das ernstliche Bemühen, den Erfolg abzuwenden.

Dies gilt nicht, soweit der Versuch als Unternehmen (§12 Nr. 4) mit der gleichen Strafe bedroht ist wie die vollendete strafbare Handlung.

▽ Entwurf von 1919

§25 Rücktritt. Wegen Versuchs wird nicht bestraft, wer freiwillig die Ausführung aufgegeben hat.

Wegen Versuchs wird ferner nicht bestraft, wer freiwillig den Eintritt des zur Vollendung gehörigen Erfolgs abgewendet hat. Konnte der Versuch nicht zur Vollendung führen, so genügt das ernstliche Bemühen, den Erfolg abzuwenden.

▽ Gustav Radbruchs Entwurf eines Allgemeinen Deutschen Strafgesetzbuches. 1922

§24 Rücktritt. Wegen Versuchs wird nicht bestraft, wer aus freien Stücken die Ausführung aufgibt oder verhindert.

Wegen Versuchs wird ferner nicht bestraft, wer den zur Vollendung gehörigen Erfolg aus freien Stücken abwendet. Konnte der Versuch nicht zur Vollendung führen oder war er schon fehlgeschlagen, so genügt, solange der Täter das nicht weiß, das ernstliche Bemühen, den Erfolg abzuwenden.

▽ Amtlicher Entwurf eines Allgemeinen Deutschen Strafgesetzbuchs. 1925 Ⓑ

§24 Rücktritt. (Gleiche Worte wie Radbruchs Entwurf 1922 §24)

▽ Entwurf eines Allgemeinen Deutschen Strafgesetzbuchs, 1927

§27 Rücktritt. Wegen Versuchs wird nicht bestraft, wer aus freien Stücken die Ausführung aufgibt oder bei Beteiligung mehrerer verhindert.

Wegen Versuchs wird ferner nicht bestraft, wer aus freien Stücken den zur Vollendung gehörigen Erfolg abwendet.

行為者が任意に実行を放棄した、または既遂となる結果の発生を防止した場合には、当該未遂の可罰性は失われる。

▽1911年ドイツ刑法準備草案対案
　　第30条　任意的な中止と行為による悔悟
（1909年準備草案第77条と同じ）
▽1913年委員会草案
　　第31条　中止
（１）任意に実行を放棄した、または既遂となる結果の発生を防止した者は、未遂としては処罰されない。未遂が既遂へと至り得ない場合には、結果を防止する真摯な努力で十分である。
（２）未遂が企行（12条4号）として可罰的な既遂行為と同じ刑罰が科されている限りにおいて、これは適用されない。
▽1919年草案
　　第25条　中止
（１）任意に実行を放棄した者は、未遂としては処罰されない。
（２）さらに、任意に既遂となる結果の発生を防止した者も、未遂としては処罰されない。未遂が既遂へと至り得ない場合には、結果を防止する真摯な努力で十分である。

▽1922年ラートブルフ草案
　　第24条　中止
（１）自発的に、実行を放棄した、または阻止した者は、未遂としては処罰されない。
（２）さらに、既遂となる結果を自発的に防止する者も、未遂としては処罰されない。未遂が既遂へと至り得ない、またはその未遂が既に失敗に終わった場合には、行為者がそのことを知らない限りにおいて、結果を防止する真摯な努力で十分である。

▽1925年草案
　　第24条　中止
（1922年ラートブルフ草案第24条と同じ）
▽1927年草案
　　第27条　中止
（１）自発的に、実行を放棄した、または複数人の関与において実行を阻止した者は、未遂としては処罰されない。
（２）さらに、自発的に既遂となる結果を防止した者も、未遂としては処罰されない。

Unterbleibt die Ausführung oder der Erfolg ohne Zutun des Zurücktretenden, so genügt, solange er das nicht weiß, zu seiner Straflosigkeit sein ernstliches Bemühen, die Ausführung zu verhindern oder den Erfolg abzuwenden.

▽ Entwurf eines Allgemeinen Deutschen Strafgesetzbuches (Entwurf Kahl), 1930
§27 Rücktritt. (Gleiche Worte wie Entwurf 1927 §27)

▽ Entwurf eines Deutschen Strafgesetzbuchs, 1936
§10 Tätige Reue. Der Richter kann die Strafe des Täters oder Teilnehmers nach freiem Ermessen mildern oder von seiner Bestrafung absehen, wenn er es freiwillig und endgültig aufgibt, die begonnene Straftat durchzuführen, und bei Beteiligung mehrerer an der Straftat ihre Vollendung verhindert. Dasselbe gilt für denjenigen, der den Erfolg der Straftat freiwillig und endgültig abwendet.

Bemüht sich der Täter oder Teilnehmer freiwillig und ernstlich, die Vollendung oder den Erfolg der Straftat zu verhindern, so gilt dasselbe, wenn nicht sein Bemühen, sondern ein anderer Umstand die Vollendung oder den Erfolg der Straftat verhindert.

Verstößt der Täter durch den Beginn der Tat zugleich gegen ein anderes Strafgesetz, so kann der Richter die Vergünstigung auch auf diese Rechtsverletzung erstrecken, wenn sie nicht ins Gewicht fällt.

▽ Entwurf des Allgemeinen Teils eines Strafgesetzbuchs, nach den Beschlüssen der Großen Strafrechtskommission in erster Lesung (abgeschlossen im Dezember 1956)
§27 Rücktritt (1) Wegen Versuchs wird nicht bestraft, wer freiwillig die weitere Ausführung der Tat aufgibt oder die Vollendung der Tat verhindert.

(2) Sind an der Tat mehrere beteiligt, so wird wegen Versuchs nicht bestraft, wer freiwillig die Vollendung der Tat verhindert.

(3) Unterbleibt die Vollendung der Tat ohne Zutun des Zurücktretenden oder wird die Tat unabhängig von seinem früheren Verhalten begangen, so genügt zu seiner Straflosigkeit sein freiwilliges und ernsthaftes Bemühen, die Vollendung der Tat zu verhindern.

▽ Entwurf eines Strafgesetzbuchs, nach den Beschlüssen der Großen Strafrechtskommission in erster Lesung zusammengestellt und überarbeitet vom Bundesministerium der Justiz, 1959
§28 Rücktritt (Gleiche Worte wie Entwurf 1956 §27)

▽ Entwurf eines Strafgesetzbuchs (E1959 II), nach den Beschlüssen der Großen Strafrechtskommission in zweiter Lesung zusammengestellt und überarbeitet vom Bundes-

（3）中止者の中止行動がなくとも当該実行もしくは結果がなされない場合には、その中止者がそのことを知らない限りにおいて、当該実行を阻止しようとする、または当該結果を防止しようとするその者の真摯な努力は、その者の不処罰に十分である。

▽1930年草案（カール草案）
　　第27条　中止
(1927年草案第27条と同じ)

▽1936年草案
　　第10条　行為による悔悟
（1）正犯者もしくは狭義の共犯者が着手された犯罪行為の遂行を任意にかつ終局的に放棄し、そして犯罪行為への複数人の関与に際してその既遂を阻止する場合には、裁判官は、正犯者もしくは狭義の共犯者の刑罰をその自由な裁量により減軽し得るか、もしくはその処罰を免除することができる。同様のことは、犯罪行為の結果を任意にかつ終局的に回避した者にも適用される。

（2）正犯者もしくは狭義の共犯者が任意にかつ真摯に犯罪行為の完成または結果を阻止するよう努力した場合には、その者の努力ではなくて、他の事情が犯罪行為の完成または結果を阻止した場合にも、同様に適用される。

（3）正犯者が実行の着手によって同時に他の刑罰法規に違反する場合には、裁判官は、それが重要ではない場合には、この法侵害にも優遇措置を拡張することができる。

▽1956年総則草案
　　第27条　中止
（1）任意に、それ以降の行為の実行を放棄した、またはその行為の完成を阻止した者は、未遂としては処罰されない。

（2）複数人が行為に関与している場合に、任意にその行為の完成を阻止した者は、未遂としては処罰されない。

（3）中止者の中止行動がなくともその行為の完成がなされない、または行為がその者の以前の態度から独立して犯された場合には、行為の完成を阻止しようとするその者の任意かつ真摯な努力は、その者の不処罰に十分である。

▽1959年草案
　　第28条　中止
(1956年総則草案第27条と同じ)

▽1959年第2草案
　　第28条　中止

ministerium der Justiz, 1959

§28 Rücktritt (1) Wegen Versuchs wird nicht bestraft, wer freiwillig die weitere Ausführung der Tat aufgibt oder die Vollendung der Tat verhindert.

(2) Sind an der Tat mehrere beteiligt, so wird wegen Versuchs nicht bestraft, wer freiwillig die Vollendung der Tat verhindert.

(3) Wird die Tat ohne Zutun des Zurücktretenden nicht vollendet oder wird sie unabhängig von seinem früheren Verhalten begangen, so genügt zu seiner Straflosigkeit sein freiwilliges und ernsthaftes Bemühen, die Vollendung der Tat zu verhindern.

▽ Entwurf eines Strafgesetzbuches (E 1960)
§28 Rücktritt (Gleich Worte wie E 1959 II §28)

▽ Entwurf eines Strafgesetzbuches (E 1962)
§28 Rücktritt (Gleich Worte wie E 1959 II §28)

▽ Alternativ-Entwurf eines Strafgesetzbuches, 1966
§26 Rücktritt (1) Wegen Versuchs wird nicht bestraft, wer freiwillig die weitere Ausführung der Tat aufgibt oder deren Vollendung verhindert.

(2) Sind an der Tat mehrere beteiligt, so wird wegen Versuchs nicht bestraft, wer seinen Tatbeitrag freiwillig rückgängig macht.

(3) Bleibt die Tat aus anderen Gründen unvollendet oder der geleistete Tatbeitrag wirkungslos, so ist straflos, wer sich freiwillig und ernsthaft bemüht, zurückzutreten.

▽ Alternativ-Entwurf eines Strafgesetzbuches, 2. Aufl., 1969
§26 Rücktritt (1) Wegen Versuchs wird nicht bestraft, wer freiwillig die weitere Ausführung der Tat aufgibt oder deren Vollendung verhindert.

(2) Sind an der Tat mehrere beteiligt, so wird wegen Versuchs nicht bestraft, wer freiwillig seinen Tatbeitrag rückgängig macht oder die Vollendung verhindert.

(3) Bleibt die Tat aus anderen Gründen unvollendet oder der geleistete Tatbeitrag wirkungslos, so ist straflos, wer sich freiwillig und ernsthaft bemüht, zurückzutreten.

▼ Strafgesetzbuch, 1975

§22 Begriffsbestimmung. Eine Straftat versucht, wer nach seiner Vorstellung von der Tat zur Verwirklichung des Tatbestandes unmittelbar ansetzt.

§24 Rücktritt. (1) Wegen Versuchs wird nicht bestraft, wer freiwillig die weitere

（1）任意に、それ以降の行為の実行を放棄した、またはその行為の完成を阻止した者は、未遂としては処罰されない。
（2）複数人が行為に関与している場合に、任意にその行為の完成を阻止した者は、未遂としては処罰されない。
（3）中止者の中止行動がなくともその行為が完成しなかった、または行為がその者の以前の態度から独立して犯された場合には、行為の完成を阻止しようとするその者の任意かつ真摯な努力は、その者の不処罰に十分である。

▽1960年草案
　　第28条　中止
（1959年第2草案第28条と同じ）
▽1962年草案
　　第28条　中止
（1959年第2草案第28条と同じ）
▽1966年草案対案
　　第26条　中止
（1）任意に、それ以降の行為の実行を放棄した、またはその完成を阻止した者は、未遂としては処罰されない。
（2）複数人が行為に関与している場合に、その行為寄与を任意に取り消した者は、未遂としては処罰されない。
（3）行為が他の理由から完成されないままである場合、または為された行為寄与が効果の無いままである場合に、中止しようと任意かつ真摯に努力した者は不処罰である。
▽1969年草案対案第2版
　　第26条　中止
（1）任意に、それ以降の行為の実行を放棄した、またはその完成を阻止した者は、未遂としては処罰されない。
（2）複数人が行為に関与している場合に、任意にその行為寄与を取り消した者、またはその完成を阻止した者は、未遂としては処罰されない。
（3）行為が他の理由から完成されないままである場合、または為された行為寄与が効果の無いままである場合に、中止しようと任意かつ真摯に努力した者は不処罰である。
▼1975年ドイツ刑法典
　　第22条　概念規定　自らの行為の表象により、直接に構成要件の実現に着手した者は、犯罪行為の未遂を行ったものである。
　　第24条　中止

Ausführung der Tat aufgibt oder deren Vollendung verhindert. Wird die Tat ohne Zutun des Zurücktretenden nicht vollendet, so wird er straflos, wenn er sich freiwillig und ernsthaft bemüht, die Vollendung zu verhindern.

(2) Sind an der Tat mehrere beteiligt, so wird wegen Versuchs nicht bestraft, wer freiwillig die Vollendung verhindert. Jedoch genügt zu seiner Straflosigkeit sein freiwilliges und ernsthaftes Bemühen, die Vollendung der Tat zu verhindern, wenn sie ohne sein Zutun nicht vollendet oder unabhängig von seinem früheren Tatbeitrag begangen wird.

【Bayern】

▼ CODEX JURIS BAVARICI CRIMINALIS DE ANNO MDCCLI, 1751　Ⓑ　1. Theil, 1. Capitul

§22 Wann die freywillige Angebung vor der Denunciation oder Special-Inquisition, entweder von dem Thäter selbst aus Reumüthigkeit, oder von dessen leiblichen Eltern, mittels desselben gerichtlicher Uberliferung, von freyer That beschiehet ; so ist es zwar ein milderender Umstand, welcher jedoch in Capital-Verbrechen nur von der härteren Todes-Straff, oder dem Zusatz liberiret. Wird aber allenfalls durch eine solch freywillig und aufrichtige Angab dem gemeinen Weesen, oder dem Fisco ein erprießlicher Dienst geleistet, oder unbekannte gefährliche Complices entdecket ; so ist der Angeber nicht nur der Milde, sondern gar einer Belohnung würdig.

§23 Bloße Reumüthigkeit wirket mehr nicht, als daß das genus mortis einigermaßen abgeändert werden mag. Welches jedoch so leichterdings nicht geschehen soll, sondern wann es der Inquisit zu lang damit anstehen läßt, und seine wahre Reu nicht gleich anfänglich bey dem ersten gütlichen Constituto, mittls einer aufrichtiger Bekanntnuß, zu Tage legt.

▽ Entwurf eines peinlichen Gesetzbuches für die kurpfalzbaierischen Staaten, 1802　Ⓜ

§58 Hat jemand ein Verbrechen angefangen, aber dessen Vollendung freiwillig unterlassen, so ist ihm wegen des nächsten Versuchs vom Richter vor versammeltem Gerichte ein Verweis zu erteilen.

▽ Entwurf des Gesetzbuchs über Verbrechen und Vergehen für das Königreich Baiern, 1810　Ⓚ

§60 Ein Versuch ist vorhanden, wenn eine Person in der Absicht, ein Verbrechen zu begehen, äusserliche Handlungen vorgenommen hat, welche auf Vollbringung oder Vorbereitung desselben gerichtet sind.

（1）任意に、さらなる行為の実行を放棄した、またはその完成を阻止した者は、未遂としては処罰されない。中止者の中止行動がなくともその犯罪行為が完成しなかった時に、その者が行為の完成を阻止するよう任意かつ真摯に努力した場合には、その者は不処罰となる。
（2）複数人が行為に関与している場合に、任意にその完成を阻止した者は、未遂としては処罰されない。しかしその行為が、その者の中止関与がなくとも完成しなかった場合、またはその者の以前の行為寄与から独立して犯された場合には、行為の完成を阻止しようとするその者の任意かつ真摯な努力は、その者の不処罰に十分である。

【バイエルン】
▼1751年バイエルン刑法
　第1章第1節第22条　（自首規定）
密告もしくは特別の尋問以前における任意的な申告が、改悛に基づき行為者自身により、もしくはその実の両親により、その裁判上の慣習を用いて、任意的な行為で行われた場合には、確かにそれは減軽する事情ではあるが、しかし財産犯罪においては、より過酷な死刑、ないしは付加刑からのみ自由にする。しかし万一そのような任意かつ誠実な申告によって、公共組織もしくは国庫に賞賛されるような働きが達成された、または知られていない危険な共犯者を明らかにした場合には、申告者は減軽のみならず、報酬にも全く以って値する。
　第1章第1節第23条　（酌量事由、一般的未遂規定無し）
単なる改悛はもはや効果を持たない、ただし殺人に関する罪はある程度は修正され得る。しかしそのようなことは、奇妙にも審問がそれによりあまりに長期に遅滞させられ、そしてその者の真の悔悟が最初の平和的な裁判の際に、最初の誠実な告白により、まず最初に明らかにされなかった場合には、容易に行われるべきものではない。

▽1802年プファルツ選帝候国バイエルン刑法草案
　　第58条
ある者が犯罪を着手したが、その既遂を任意に行わないままにする場合には、その者は近い未遂を理由として、集められた裁判において裁判官により戒告を受ける。
▽1810年バイエルン王国における重罪と軽罪に関する法典草案
　　第60条
（1）ある者が重罪を実行する意図で、その重罪の遂行または予備へと向けられた外部的な行為を行った場合には、未遂が存在している。
（2）しかしながら、次のような場合にはその未遂は全ての刑罰を免れる。Ⅰ、外部的な行

Der Versuch ist jedoch von aller Strafe frei : I. wenn die äussere Handlung mit dem dadurch beabsichtigten Verbrechen in gar keinem Zusammenhange war, so, daß dieses nach dem Laufe der Natur schlechterdings nicht daraus entstehen konnte ; II. wenn der Handelnde an der Vollbringung nicht blos durch äussere Hindernisse, durch Unvermögenheit oder Zufall verhindert wurde, sondern freiwillig, aus Gewissensregung, Mitleid oder auch Furcht vor Strafe von dem Unternehmen abgestanden ist ; welches leztere jedoch nicht vermuthet wird.

Wer zwar die Vollbringung freiwillig, jedoch in dem Vorsaze aufgegeben hat, zu anderer Zeit, an anderem Orte, an einer anderen Person, oder auf andere Art die Uebertretung auszuführen, ist eben so zu strafen, als wenn er wider Willen an der Vollbringung wäre verhindert worden.

§61 Straflose Versuche solcher Verbrechen, worauf Todes- oder Kettenstrafe, Zucht- oder Arbeitshaus gesetzt ist, haben gleichwohl die Anordnung besonderer persönlicher Polizei Aufsicht zur Folge.

§65 Enthält der Versuch selbst schon ein vollendetes Verbrechen, so sind die vorhin bestimmten Strafen des Versuches mit Schärfung anzuwenden, wenn nicht die ordentliche Strafe des in dem Versuche enthaltenen vollendeten Verbrechens schwerer ist, in welchem Falle die leztere nebst Schärfung in Anwendung kommt.

▼ Strafgesetzbuch für das Königreich Baiern, 1813　Ⓢ Ⓜ Ⓑ

§57 Ein Versuch ist vorhanden, wenn eine Person, in der Absicht ein Verbrechen zu begehen, äusserliche Handlungen vorgenommen hat, welche auf Vollbringung oder Vorbereitung desselben gerichtet sind.

§58 Der Versuch ist von aller Strafe frei : wenn der Handelnde an der Vollbringung nicht durch äußere Hindernisse, durch Unvermögenheit oder Zufall verhindert wurde, sondern freiwillig, aus Gewissensregung, Mitleid oder auch Furcht vor Strafe von dem Unternehmen abgestanden ist ; welches letztere jedoch nicht vermuthet wird.

Wer zwar die Vollbringung freiwillig, jedoch in dem Vorsatze aufgegeben hat, zu anderer Zeit, an anderem Orte, an einer anderen Person, oder auf andere Art die Uebertretung auszuführen, ist ebenso zu strafen, als wenn er wider Willen an der Vollbringung wäre verhindert worden.

§59 Straflose Versuche solcher Verbrechen, worauf Todes- oder Kettenstrafe, Zucht- oder Arbeitshaus gesetzt ist, haben gleichwohl die Anordnung besonderer persönlicher Polizeiaufsicht zur Folge.

§63 Enthält der Versuch selbst schon ein vollendetes Verbrechen, so sind die vorhin

為がそれにより意図された重罪と全くもって関連がなくなったが故に、この重罪が自然の経過に従っては全くもってそれからは発生し得なかった場合、Ⅱ、行為者がその遂行に関して、単に外部的妨害のためや、もしくは無能力や偶然のためにより阻止されたのではなくして、任意に、良心、同情または処罰に対する怖れによっても、その実行を見合わせた場合。ただし後者に挙げた内心的事情は推定されない。

（3）確かにその遂行を任意に、しかし他の時間に、他の場所で、他の者に関して、または他の手段で犯罪を実行する意図で断念した者は、その意思に反して遂行が阻止されたであろう場合と同様に処罰され得る。

　第61条

死刑もしくは鎖刑、懲役施設刑もしくは矯正施設刑が科せられるような犯罪の不処罰となるような未遂は、それにもかかわらず特別な一身的警察監視の命令を結果として伴う。

　第65条

未遂それ自身が既に既遂の犯罪を含んでいる場合に、未遂の中に含まれる既遂の犯罪の規定上の刑罰がより重くないときには、先に規定された未遂の刑罰が加重して適用されるべきである。そのような場合には、既遂犯罪の刑罰は加重された未遂の刑罰とともに適用される。

▼1813年バイエルン王国刑法典

　第57条

意図的に重罪を実行する者が、その重罪の遂行または予備に向けられた外部的な行為を行った場合には、未遂が存在している。

　第58条

（1）行為者がその遂行に関して、外部的妨害のためや、または無能力や偶然のためにより阻止されたのではなくして、任意に、良心、同情または処罰に対する怖れによっても、その実行を見合わせた場合には、その未遂は全ての刑罰を免れる。ただし後者に挙げた内心的事情は推定されない。

（2）確かにその遂行を任意に、しかし他の時間に、他の場所で、他の者に関して、または他の手段で犯罪を実行する意図で断念した者は、その意思に反して遂行が阻止されたであろう場合と同様に処罰され得る。

　第59条

死刑もしくは鎖刑、懲役施設刑もしくは矯正施設刑が科せられるような犯罪の不処罰となるような未遂は、それにもかかわらず特別な一身的警察監視の命令を結果として伴う。

　第63条

bestimmten Strafen des Versuches mit Schärfung anzuwenden, wenn nicht die Strafe des in dem Versuche enthaltenen vollendeten Verbrechens schwerer ist, in welchem Falle die leztere nebst Schärfung in Anwendung kommt.

▽ Entwurf des Strafgesetzbuchs, 1822 Ⓚ

§96 Der Versuch wird straflos, wenn die Vollendung des bezielten Verbrechens nicht durch Zufall, Unvermögenheit oder äußere Hindernisse unterblieben, sondern der Thäter von dem Unternehmen freiwillig, es sey aus Gewissensregung, Mitleid oder Furcht vor Strafe, abgestanden ist.

▽ Feuerbachs Entwurf zu einem Strafgesetzbuch für das Königreich Bayern, 1824 Ⓜ

§26 Enthält der Versuch selbst schon ein vollendetes Verbrechen, so sind die vorhin bestimmten Strafen mit Schärfung anzuwenden, wenn nicht die Strafe des in dem Versuche enthaltenen vollendeten Verbrechens schwerer ist, in welchem Falle die letztere nebst Schärfung in Anwendung kommt.

§27 Wenn die Vollendung des Verbrechens nicht bloß durch Untauglichkeit der gebrauchten Mittel und Werkzeuge oder durch Zufall, Gewalt und andere äusere Ursachen verhindert oder vereitelt wird, sondern der Verbrecher aus eigenem Antriebe, aus Mitleid, Reue oder auch Furcht vor Strafe sein Unternehmen aufgibt, so ist derselbe, außer im Falle des Art. 26 keiner Strafe unterworfen.

▽ Revidierter Entwurf des Straf-Gesetzbuches, 1827 ⓀⓂ

§90 Der Versuch wird straflos, wenn die Vollendung der bezielten That nicht durch Zufall, Unvermögenheit oder äußere Hindernisse unterblieben, sondern der Täter von dem Unternehmen freywillig, es sey aus Gewissensregung, Mitleid oder Furcht vor Strafe, abgestanden ist.

▽ Entwurf des Strafgesetzbuches, 1831 ⓀⓂ

§45 Ist jedoch in dem vorbemerkten Falle die Vollführung der beabsichtigten That nicht aus Zufall oder wegen äußerer Hindernisse unterblieben, sondern der Handelnde freiwillig, es sey aus Gewissensregung, aus Mitleid oder aus Furcht vor der Strafe, von dem Unternehmen abgestanden, so findet Strafe nicht, wohl aber Stellung unter besondere Polizeiaufsicht statt.

▼ (Nach der Abänderung durch Art. 8 Abs. 2 des Gesetzes vom 29. Aug. 1848) Ⓜ

§58 Der Versuch ist von aller Strafe frei : wenn der Handelnde an der Vollbringung nicht durch äußere Hindernisse, durch Unvermögenheit oder Zufall verhindert wurde, sondern freiwillig, aus Gewissensregung, Mitleid oder auch Furcht vor Strafe von dem Unternehmen abgestanden ist.

未遂それ自身が既に既遂の犯罪を含んでいる場合に、未遂の中に含まれる既遂の犯罪の刑罰がより重くないときには、先に規定された未遂の刑罰が加重して適用されるべきである。そのような場合には、既遂犯罪の刑罰は加重された未遂の刑罰とともに適用される。

▽1822年バイエルン刑法典草案

　第96条

目指された犯罪の完成が、偶然の事情、無能力、または外部的障害によって起こらなかったのではなくて、行為者がその実行を任意に、すなわち良心、同情、または処罰に対する怖れから取りやめた場合には、その未遂は不処罰となる。

▽1824年バイエルン王国刑法典フォイエルバッハ草案

　E24の1巻3章26条

未遂それ自身が既に既遂の犯罪を含んでいる場合に、未遂の中に含まれる既遂の犯罪の刑罰がより重くないときには、先に規定された刑罰が加重して適用されるべきである。そのような場合には、既遂犯罪の刑罰は加重された刑罰とともに適用される。

　E24の1巻3章27条

犯罪の完成が、使用された手段や武器が役に立たなくなったことによって、もしくは偶然の事情、暴行、そしてその他の外部的原因によって、単に阻止されまたは挫折したのではなくて、犯罪者が自らの動機から、同情、悔悟、処罰に対する怖れから、その計画を放棄した場合には、26条の場合を除いては、その者は処罰を受けない。

▽1827年バイエルン王国刑法典修正草案

　第90条

目指された行為の完成が、偶然の事情、無能力、または外部的障害によって起こらなかったのではなくて、行為者がその実行を任意に、すなわち良心、同情、または処罰に対する怖れから取りやめた場合には、その未遂は不処罰となる。

▽1831年バイエルン王国刑法典草案

　第45条

前述の状況〔犯罪行為の未遂の際〕において意図された行為の実行が、偶然の事情から、またはその他の障礙のために発生しなかったのではなくて、行為者が任意に、すなわち良心、同情、または処罰に対する怖れからその計画を放棄した場合には、刑罰は行われないが、しかし特別な警察監視の下に置かれる。

▼1848年改正バイエルン王国刑法典

　第58条

（1）行為者がその遂行に関して、外部的妨害のためや、または無能力や偶然のためにより阻止されたのではなくして、任意に、良心、同情または処罰に対する怖れによっても、その実行を見合わせた場合には、その未遂は全ての刑罰を免れる。

Wer zwar die Vollbringung freiwillig, jedoch in dem Vorsatze aufgegeben hat, zu anderer Zeit, an anderem Orte, an einer anderen Person, oder auf andere Art die Uebertretung auszuführen, ist ebenso zu strafen, als wenn er wider Willen an der Vollbringung wäre verhindert worden.

▽ Entwurf des Gesetzbuches über Verbrechen und Vergehen für das Königreich Bayern, 1854 Ⓚ

§37 Wer in der Absicht, ein Verbrechen zu verüben, eine Handlung vorgenommen hat, welche schon einen Anfang der Ausführung desselben enthält, soll, wenn das Verbrechen nicht zur Vollendung gekommen ist, wegen Versuchs dieses Verbrechens bestraft werden.

Ist jedoch der Thäter von der Vollführung der beabsichtigten That freiwillig und gänzlich abgestanden, so bleibt der Versuch straflos.

▽ Entwurf eines Strafgesetzbuches für das Königreich Bayern, 1860 Ⓚ

§48 (Gleiche Worte wie StGB für das Königreich Bayern 1861 §47)

▼ Strafgesetzbuch für das Königreich Bayern, 1861 Ⓔ

§47 Der Versuch eines Verbrechens ist vorhanden, wenn Jemand in der Absicht, ein Verbrechen zu verüben, eine Handlung vorgenommen hat, welche schon den Anfang zur Ausführung des Verbrechens enthält, und die Vollendung des letzteren nur wegen äußerer, vom Willen des Thäters unabhängiger Umstände unterblieben ist.

Die Bestimmung des Absatzes 1. findet auch auf Vergehen und Uebertretungen entsprechende Anwendung.

【Württemberg】

▽ Entwurf eines Strafgesetzbuches für das Königreich Württemberg, 1823 Ⓚ

§41 Der Versuch, sofern er kein eigenes vollendetes Verbrechen oder Vergehen enthält (Art. 46), ist straflos: wenn der Handelnde an der Vollbringung erweislich nicht durch äussere Hindernisse, durch Unvermögenheit oder Zufall verhindert wurde, sondern freiwillig, sey es aus Gewissensregung, Mitleid oder Furcht vor Strafe, von dem Unternehmen abstand.

Wer zwar die Vollbringung freiwillig, jedoch in dem Vorsatze aufgegeben hat, zu anderer Zeit, an anderem Orte, an einer anderen Person, oder auf andere Art die That auszuführen, ist ebenso zu strafen, als wenn er wider Willen an der Vollbringung wäre gehindert worden.

（2）確かにその遂行を任意に、しかし他の時間に、他の場所で、他の者に関して、または他の手段で犯罪を実行する意図で断念した者は、その意思に反して遂行が阻止されたであろう場合と同様に処罰され得る。

▽1854年バイエルン王国における重罪と軽罪に関する法典草案
　第37条
（1）犯罪を行う意図で、既にその犯罪の実行の着手を含む行為を行った者は、その犯罪が既遂に至らなかった場合には、この犯罪の未遂として処罰される。
（2）しかし行為者が意図した行為の遂行を任意に、そして完全に取りやめた場合には、未遂は不処罰なままである。

▽1860年バイエルン刑法典草案
　第48条
（1861年バイエルン王国刑法典第47条と同じ）

▼1861年バイエルン王国刑法典
　第47条
（1）ある者が重罪を実行する意図で、既に重罪の実行の着手を含んだ行為を試み、そしてその行為の既遂が、外部的な、行為者の意思によらない事情によってのみ為されないままとなった場合には、重罪の未遂が存在する。
（2）第1項の規定は軽罪や違警罪にも適用される。

【ヴュルテンベルク】
▽1823年ヴュルテンベルク王国刑法草案
　第41条
（1）行為者がその遂行を明らかに外部的な妨害、無能力または偶然によって阻止されたのではなくて、任意に、すなわち良心、同情または処罰に対する怖れからその実行を見合わせた場合には、その未遂は、その未遂が固有の既遂の重罪または軽罪を含んでいない限りにおいて（46条）、不処罰となる。
（2）確かにその遂行を任意に、しかし他の時間に、他の場所で、他の者に関して、または他の手段で行為を実行する意図で断念した者は、その意思に反して遂行が阻止されたであろう場合と同様に処罰され得る。

▽ Entwurf eines Straf=Gesetzbuchs für das Königreich Württemberg, 1832 Ⓚ

§58 Der Versuch ist straflos, wenn der Thäter an Vollführung der That nicht durch zufällige, von seinem Willen unabhängige Umstände gehindert worden, sondern freiwillig, sey es aus Gewissensregung, Mitleid oder Furcht vor Strafe von dem Unternehmen abgestanden ist.

　Enthält aber ein solcher Versuch ein für sich bestehendes Verbrechen oder Vergehen; so trifft den Thäter nur die durch letztere verwirkte Strafe.

▽ Entwurf eines Straf-Gesetz-Buches für das Königreich Württemberg, 1835 Ⓚ

§67 Der Versuch ist straflos, wenn der Thäter an Vollführung der That nicht durch zufällige, von seinem Willen unabhängige Umstände gehindert worden, sondern freiwillig, sey es aus Gewissens-Regung, Mitleid oder Furcht vor Strafe von dem Unternehmen abgestanden ist.

　Enthält aber ein solcher Versuch ein für sich bestehendes Verbrechen, so trifft den Thäter die hiedurch verwirkte Strafe.

▽ Entwurf des Straf-Gesetz-Buches für das Königreich Württemberg. Stuttgart 1838, abgeändert nach den von beiden ständischen Kammern vor der Vertagung gesetzten Beschlüssen. ⓀⓂ

§67 Der Versuch ist straflos, wenn der Thäter an Vollführung der That nicht durch zufällige, von seinem Willen unabhängige Umstände gehindert worden, sondern freiwillig, sey es aus Gewissensregung, Mitleid oder Furcht vor Strafe, von dem Unternehmen abgestanden ist.

　Ist ein Verbrechen ausnahmsweise schon in seinen Vorbereitungshandlungen mit Strafe bedroht (Art. 57), so kommt hinsichtlich solcher Handlungen vorstehende Bestimmung gleichfalls zur Anwendung.

　Enthält der Versuch oder die Vorbereitungshandlung ein für sich bestehendes Verbrechen, so trifft den Thäter die hiedurch verwirkte Strafe.

▼ Strafgesetzbuch für das Königreich Württemberg, 1839 ⓀⓈ

§73 Der Versuch ist straflos, wenn der Thäter an Vollführung der That nicht durch zufällige, von seinem Willen unabhängige Umstände gehindert worden, sondern freiwillig, sey es aus Gewissensregung, Mitleid oder Furcht vor Strafe, von dem Unternehmen abgestanden ist.

　Ist ein Verbrechen ausnahmsweise schon in seinen Vorbereitungshandlungen mit Strafe bedroht (Art. 63), so kommt hinsichtlich solcher Handlungen vorstehende Bestimmung gleichfalls zur Anwendung.

▽1832年ヴュルテンベルク王国刑法草案
　　第58条
（1）行為者が行為の遂行を、偶然の、その行為者の意思によらない事情によって阻止されたのではなくて、任意に、すなわち良心、同情または処罰に対する怖れからその実行を見合わせた場合には、その未遂は不処罰となる。
（2）しかしその未遂がそれ自体として存在している重罪または軽罪を含んでいる場合には、後者により実現される刑罰のみが行為者に科せられる。

▽1835年ヴュルテンベルク王国刑法草案
　　第67条
（1）行為者が行為の遂行を、偶然の、その行為者の意思によらない事情によって阻止されたのではなくて、任意に、すなわち良心、同情または処罰に対する怖れからその実行を見合わせた場合には、その未遂は不処罰となる。
（2）しかしその未遂がそれ自体として存在している重罪を含んでいる場合には、これにより実現される刑罰は行為者に科せられる。

▽1838年ヴュルテンベルク王国刑法草案
　　第67条
（1）行為者が行為の遂行を、偶然の、その行為者の意思によらない事情によって阻止されたのではなくて、任意に、すなわち良心、同情または処罰に対する怖れからその実行を見合わせた場合には、その未遂は不処罰となる。
（2）犯罪が例外的に既にその予備行為を処罰している場合（57条）には、その予備行為に関して、上述の規定は同様に適用される。
（3）未遂または予備行為が、それ自体として存在している重罪を含んでいる場合には、これにより実現される刑罰は行為者に科せられる。

▼1839年ヴュルテンベルク王国刑法典
　　第73条
（1）行為者が行為の遂行を、偶然の、その行為者の意思によらない事情によって阻止されたのではなくて、任意に、すなわち良心、同情または処罰に対する怖れからその実行を見合わせた場合には、その未遂は不処罰となる。
（2）犯罪が例外的に既にその予備行為を処罰している場合（63条）には、その予備行為に関して、上述の規定は同様に適用される。
（3）未遂または予備行為が、それ自体として存在している重罪を含んでいる場合には、こ

【参考資料２】

Enthält der Versuch oder die Vorbereitungshandlung ein für sich bestehendes Verbrechen, so trifft den Thäter die hiedurch verwirkte Strafe.
▼ Gesetz v. 13. August 1849 zur Reform des Strafgesetzbuches für das Königreich Württemberg. Ⓢ
§10 Die gesetzliche Strafdrohung begreift auch, vorbehaltlich der im Gesetze bestimmten Ausnahmen, die Strafe des Versuchs, sofern die Ausführung des beabsichtigten Verbrechens angefangen und nur durch zufällige oder von dem Willen des Thäters unabhängige Umstände aufgehalten worden ist, oder die Wirkung verfehlt hat…

【Sachsen】
▽ Entwurf eines Criminalgesetzbuches für das Königreich Sachsen. 1824. Ⓚ
§183 Wer von der Unternehmung einer vorbereiteten, oder auch von der Vollendung einer schon begonnenen verbrecherischen Handlung blos aus Reue, da ihn ein Abscheu vor der That, oder die Furcht vor der darauf gesetzten Strafe ergriff, abstand, der soll mit aller Strafe verschont werden.
§184 Ist jedoch die vorbereitende Handlung, oder das Beginnen der verbrecherischen That schon ein für sich bestehendes Verbrechen, so wird die Strafe desselben dadurch nicht aufgehoben.
▼ Königlich Sächsisches Criminalgesetzbuch von 1838　ⓈⓂ
§28 Ein Verbrecher, der von einem bereits begonnenen verbrecherischen Unternehmen, ohne durch äußere Umstände gehindert worden zu sein, freiwillig wieder absteht, ist höchstens mit einjähriger Arbeitshausstrafe zu belegen, insofern nicht dasjenige, was er zu der Ausführung des Verbrechens schon gethan hat, an und für sich eine verbrecherische Handlung in sich begreift und als solche eine größere Strafe nach sich zielt.
▽ Entwurf eines Strafgesetzbuches für das Königreich Sachsen. 1853　Ⓜ
§42 Strafbarer Versuch. Der nicht beendete Versuch eines Verbrechens（Art. 38）ist straflos zu lassen, wenn der Verbrecher sein Vorhaben, ohne an der Ausführung desselben durch äußere Umstände gehindert worden zu sein, gänzlich wieder aufgegeben hat….
▼ Strafgesetzbuch für das Königreich Sachsen, 1855　ⓈⒺ
§44 Strafloser Versuch. Der nicht beendigte Versuch eines Verbrechens（Art. 40）ist straflos zu lassen, wenn der Verbrecher sein Vorhaben, ohne an der Ausführung desselben durch äußere Umstände gehindert worden zu sein, gänzlich wieder aufgegeben hat. Ist in dem, was der Verbrecher zur Ausführung des von ihm beabsichtigten Verbrechens gethan hat, eine an sich selbst strafbare That enthalten, so wird die Bestrafung der

れにより実現される刑罰は行為者に科せられる。

▼1849年ヴュルテンベルク王国刑法改正法
　　第10条
法律上の法定刑は、法律において規定された例外を除いて、意図された重罪の実行が着手され、なおかつ偶然の、または行為者の意思によらない事情によってのみ、阻止された、またはその効果が失敗した限りにおいて、未遂の刑罰をも含む。……

【ザクセン】
▽1824年ザクセン王国刑事法典草案
　　第183条
準備された犯罪行為の実行を、または既に開始された犯罪行為の完成をも、単に悔悟から、その者が行為に対する嫌悪の念、またはそれに規定された刑罰への怖れに襲われたが故に、取りやめた者は、全ての刑罰を免れるべきである。
　　第184条
しかし準備行為、または犯罪行為の開始が既にそれ自体として存在している犯罪である場合には、その存在している犯罪の刑罰は、それによっては消滅されない。
▼1838年ザクセン王国刑事法典
　　第28条
既に着手された犯罪計画を、外部的事情によって阻止されること無しに、任意に再び取りやめた犯罪者は、その犯罪の実行へと既に着手したことが、それ自体として犯罪となる行為を中に含んでおらず、かつそのような犯罪としてより大きな刑罰を導くものではない限りにおいて、最長でも１年の労役刑を科せられるべきである。
▽1853年ザクセン王国刑法典草案
　　第42条　可罰的な未遂
犯罪の未終了未遂（38条）は、犯罪者がその計画を、外部的事情によって実行そのものが阻止されること無しに、完全に再び放棄した場合には、不処罰にされるべきである。……
▼1855年ザクセン王国刑法典
　　第44条　不処罰の未遂
犯罪の未終了未遂（40条）は、犯罪者がその計画を、外部的事情によって実行そのものが阻止されること無しに、完全に再び放棄した場合には、不処罰にされるべきである。行為者によって意図された犯罪の実行へと着手したことにおいて、それ自体として独自に可罰的な行為を含んでいる場合には、含まれた犯罪の処罰はこの条文の規定によって排除されることは

letzteren durch die Bestimmung dieses Artikels nicht ausgeschlossen.

【Hannover】
▽ Entwurf eines Strafgesetzbuches für das Königreich Hannover, 1825（zitiert nach Anton Bauer, Entwurf eines Strafgesetzbuches für das Königreich Hannover, Mit Anmerkungen, 1826）
§39 A. Straflose Versuchshandlungen.
Die auf Ausführung eines Verbrechens gerichteten Handlungen bleiben straflos：
1） wenn sie an und für sich erlaubt, als bloße Vorbereitungen zur Ausführung eines Verbrechens anzusehen sind；vorbehaltlich dessen, was in Ansehung der Gehülfen bestimmt wird（Art. 84）；
2） wenn zwar schon ein wirklicher, an sich strafbarer Versuch vorhanden, jedoch der Handelnde, vor dessen Beendigung, ohne dazu durch ein äußeres Hinderniß oder durch Zufall genöthiget zu seyn, aus freiem Antriebe völlig abgestanden ist, und daß dieses geschehen sey, durch äußere Handlungen an den Tag gelegt hat.

Sollte aber die Versuchshandlung schon an sich irgend eine andere Uebertretung enthalten, so tritt die dadurch verwirkte Strafe ein.

▼ Allgemeines Criminal-Gesetzbuch für das Königreich Hannover, 1840 Ⓚ Ⓢ
§34 A. Straflose Versuchshandlungen.
Die auf Ausführung eines Verbrechens gerichteten Handlungen bleiben straflos：
1） wenn sie an und für sich erlaubt, als bloße Vorbereitungen zur Ausführung eines Verbrechens anzusehen sind；vorbehaltlich dessen, was in Hinsicht der Anstifter (Art. 55), des Complotts (Art. 59) und der Gehülfen (Art. 71) bestimmt ist；
2） wenn sie in solchen durchaus unwirksamen Handlungen bestanden, welchen aus Aberglauben eine übernatürliche Wirkung beigelegt ward；
3） wenn zwar ein nicht beendigter Versuch bereits vorhanden ist, jedoch der Handelnde, ohne dazu durch ein äußeres Hinderniß, oder durch Zufall genöthigt zu sein, aus freiem Antriebe von der beabsichtigten That völlig abgestanden ist.

Sollte aber die Versuchshandlung schon an sich irgend eine andere Uebertretung enthalten, so tritt die dadurch verwirkte Strafe ein.

【Hessen】
▽ Entwurf eines Gesetzbuchs über die Bestrafung der Verbrechen und Vergehen für das Großherzogtum Hessen, 1831 Ⓚ

ない。

【ハノーファー】
▽1825年ハノーファー王国刑法典草案
　　第39条　不処罰となる未遂行為
重罪の実行に向けられた行為は、次のような場合には不処罰のままである。
1）その行為がそれ自体としては重罪の実行に対する単なる予備として評価されることが許される場合、ただし幇助を顧慮して規定されている場合（84条）を除く。
2）確かに既に実在する、それ自体可罰的な未遂が存在しているが、しかし行為者がその終了の前に、外部的障礙によってもしくは偶然の事情によってそれを強制されること無しに、任意的な動機から完全に取りやめ、そしてこれが行われたことが外部的な行為によって明らかにされた場合。
しかし未遂行為が既にそれ自体、なにか他の違反行為を含んでいる場合には、それによって現実化した刑罰が発生する。

▼1840年ハノーファー王国刑法典
　　第34条　不処罰となる未遂行為
重罪の実行に向けられた行為は、次のような場合には不処罰のままである。
1）その行為がそれ自体としては重罪の実行に対する単なる予備として評価されることが許される場合、ただし教唆犯（55条）、共謀（59条）、そして幇助（71条）の点に関して規定されている場合を除く。
2）迷信から超自然的な効果を付与するような、全く効果のない行為が存在した場合。
3）確かに終了していない未遂が既に存在しているが、しかし行為者が、外部的障礙によって、もしくは偶然の事情によってそれを強制されること無しに、任意的な動機から意図された行為を完全に取りやめた場合。
しかし未遂行為が既にそれ自体、なにか他の違反行為を含んでいる場合には、それによって現実化した刑罰が発生する。

【ヘッセン】
▽1831年ヘッセン大公国重罪と軽罪の処罰に関する法典草案
　　第56条

§56 Der Versuch eines Verbrechens oder Vergehens ist alsdann strafbar, wenn
1． durch eine äußere Handlung oder durch eine Unterlassung, welche zur Erreichung des beabsichtigten Zwecks oder Erfolgs dienen konnte, ein Anfang der Vollbringung (nicht der blossen Vorbereitung) gemacht worden ist ; und wenn
2． das Verbrechen oder Vergehen zu denjenigen gehört, bei welchen im zweiten Theile dieses Gesetzbuchs die Bestrafung des Versuchs ausdrücklich vorgeschrieben ist.

Aber selbst in diesen Fällen darf der Versuch nicht bestraft werden, wenn der Thäter nicht wegen physischer Unvermögenheit oder wegen eines äußeren Hindernisses, sondern freiwillig und vor der Versuchsbeendigung von dem beabsichtigten strafbaren Unternehmen zurückgetreten ist.

▽ Entwurf eines Strafgesetzbuchs für das Großherzogthum Hessen, 1836　Ⓚ

§56 Der Versuch eines Verbrechens oder Vergehens ist alsdann strafbar, wenn
1． durch eine äußere Handlung oder durch eine Unterlassung, welche zur Erreichung des beabsichtigten Zwecks oder Erfolgs dienen konnte, ein Anfang der Vollbringung gemacht worden ist, und wenn
2． das Verbrechen oder Vergehen zu denjenigen gehört, bei welchen im zweiten Buche des ersten Theils dieses Gesetzbuchs die Bestrafung des Versuchs ausdrücklich vorgeschrieben ist.

Aber selbst in diesen Fällen darf der Versuch nicht bestraft werden, wenn der Thäter nicht wegen physischer Unvermögenheit oder wegen eines äußeren Hindernisses, sondern freiwillig und vor der Versuchsbeendigung von dem beabsichtigten strafbaren Unternehmen zurückgetreten ist.

▽ Entwurf eines Strafgesetzbuchs für das Großherzogthum Hessen, 1837, Nach Vortrag über den Entwurf eines Strafgesetzbuchs für das Großherzogthum Hessen, 1837.　Ⓚ

§58d Die unternommenen Versuchshandlungen als solche sind straflos, wenn der Thäter nicht wegen physischer Unvermögenheit oder wegen eines äusseren Hindernisses, sondern freiwillig und vor der Versuchsbeendigung von der Vollführung des beabsichtigten Verbrechens abgestanden ist.

　Enthalten diese Versuchshandlungen jedoch selbst ein eigenes Verbrechen, so tritt die hier durch verwirkte Strafe ein.

▽ Entwurf eines Strafgesetzbuchs für das Großherzogthum Hessen. Uebergeben an die zweite Kammer der Stände des Großherzogthums Hessen. Darmstadt, den 22. April 1839　Ⓚ

(keine Regelung über den Rücktritt vom Versuch)

（1）重罪または軽罪の未遂は、次のような場合には可罰的である。
1．意図された目的もしくは結果の達成に役立ち得たような外部的な行為、または不作為によって、（単なる予備ではなく）遂行の開始がなされた場合、なおかつ
2．その重罪または軽罪が、この法典の第二部において未遂の処罰が明文で指示されている重罪または軽罪に属している場合。
（2）しかしこのような場合においてでも、行為者が身体的な無能力または外部的な阻止を理由としてではなくて、任意にかつ未遂の終了前に意図された可罰的な実行を断念した場合には、未遂は処罰され得ない。

▽1836年ヘッセン大公国刑法典草案
　第56条
（1）重罪または軽罪の未遂は、次のような場合には可罰的である。
1．意図された目的もしくは結果の達成に役立ち得たような外部的な行為、または不作為によって、遂行の開始がなされた場合、なおかつ
2．その重罪または軽罪が、この法典の第一部第二巻において未遂の処罰が明文で指示されている重罪または軽罪に属している場合。
（2）しかしこのような場合においてでも、行為者が身体的な無能力または外部的な阻止を理由としてではなくて、任意にかつ未遂の終了前に意図された可罰的な実行を断念した場合には、未遂は処罰され得ない。

▽1837年ヘッセン大公国刑法典参事院修正草案
　第58条d
（1）行為者が身体的な無能力または外部的な阻止を理由としてではなくて、任意にかつ未遂の終了前に意図された重罪の達成を取りやめた場合には、その着手された未遂行為は未遂としては不処罰である。
（2）しかしながらこの未遂行為がそれ自身固有の重罪を含んでいる場合には、これにより現実化した刑罰が発生する。

▽1839年ヘッセン大公国刑法典草案
（中止犯に関する規定なし）

【参考資料２】

▽ Bericht der zur Begutachtung des Entwurfs eines Strafgesetzbuchs für das Großherzogthum Hessen gewählten Ausschüsse I. und II. Kammer, Juli 1840
§65 Der Versuch ist straflos, wenn der Thäter an Vollführung der That nicht wegen physischen Unvermögens oder anderer zufälliger, von seinem Willen unabhängiger Umstände, sondern freiwillig, seye es aus Gewissensregung, Mitleid oder Furcht vor Strafe, von dem Unternehmen abgestanden ist.
§65a Enthalten die Versuchshandlungen ein eignes Verbrechen, so tritt die hierdurch verwirkte Strafe ein; insofern nicht die Strafe des Versuchs bedeutender seyn sollte.

▼ Strafgesetzbuchs für das Großherzogthum Hessen (Hessen-Darmstadt), 1841 ⓢⒺ
§69 Der noch nicht beendigte Versuch, als solcher, ist straflos, wenn der Thäter nachweist, daß er nicht wegen physischen Unvermögens oder anderer zufälliger, von seinem Willen unabhängiger Umstände, sondern freiwillig und aus Reue von dem Unternehmen, und zwar gänzlich abgestanden ist.

【Baden】
▽ Entwurf eines Straf-Gesetzbuchs für das Großherzogthum Baden. Nach den Berathungen der Grossherzoglichen Gesetzgebungs-Commission. Karlsruhe 1836. Ⓚ
§103 Ist der Thäter nach unternommenen Versuchshandlungen wegen eingetretener Reue oder aus irgend einem anderen Beweggrunde von der wirklichen Vollführung der That freiwillig wieder abgestanden, so sind die Versuchshandlungen als solche straflos.
 Enthalten sie jedoch selbst ein eigenes Verbrechen, so tritt die hierdurch verwirkte Strafe ein.
▽ Entwurf eines Strafgesetzbuchs für das Großherzogthum Baden. Karlsruhe 1839. Ⓚ
§105 Ist der Thäter nach unternommenen Versuchshandlungen wegen eingetretener Reue oder aus irgend einem anderen Beweggrunde von der wirklichen Vollführung der That freiwillig wieder abgestanden, so sind die Versuchshandlungen als solche straflos.
 Enthalten sie jedoch selbst ein eigenes Verbrechen, so tritt die hierdurch verschuldete Strafe ein.

▽ Entwurf eines Strafgesetzbuchs für das Großherzogthum Baden, nach den Beschlüssen der Kommission der zweiten Kammer der Landstände, 1840 Ⓚ
§105 (Freiwilliges Aufgeben des versuchten Verbrechens.) Hat der Thäter nach unternommenen Versuchshandlungen wegen eingetretener Reue oder aus irgend einem andern

▽ヘッセン大公国刑法典草案の検討のための上院および下院の合同委員会の報告書（1840年）

　第65条

行為者が行為の遂行に関して、身体的な無能力、またはその他の偶然の、その者の意思によらない事情によってではなくして、任意に、すなわち良心、同情または処罰に対する怖れによって、その実行を取りやめた場合には、未遂は不処罰である。

　第65条 a

未遂行為が固有の犯罪を含んでいる場合には、その未遂の刑罰がより大きなものとなるべきものではない限りにおいて、この固有の犯罪により科せられる刑罰が生じる。

▼1841年ヘッセン大公国（ヘッセン・ダルムシュタット）刑法典

　第69条

身体的な無能力、またはその他の偶然の、その者の意思によらない事情によってではなくして、任意かつ悔悟して、実行を、それも完全に放棄したということを行為者が証明した場合には、その未終了未遂は未遂としては不処罰である。

【バーデン】

▽1836年バーデン大公国刑法草案

　第103条

（1）行為者が、着手された未遂行為後に発生した悔悟を理由として、または何かその他の動機から、現実化した行為の遂行を任意に再び取りやめた場合には、当該未遂行為は未遂としては不処罰である。

（2）しかしながらその未遂行為がそれ自身固有の犯罪を含んでいる場合には、これにより現実化した刑罰が発生する。

▽1839年バーデン大公国刑法草案

　第105条

（1）行為者が、着手された未遂行為後に発生した悔悟を理由として、または何かその他の動機から、現実化した行為の遂行を任意に再び取りやめた場合には、当該未遂行為は未遂としては不処罰である。

（2）しかしながらその未遂行為がそれ自身固有の犯罪を含んでいる場合には、これにより負責される刑罰が発生する。

▽1840年バーデン大公国刑法草案

　第105条　未遂犯罪の任意的な放棄

（1）行為者が、着手された未遂行為後に発生した悔悟を理由として、または何かその他の動機から、重罪の遂行の前に任意に再び放棄した場合には、当該未遂行為は未遂としては不

Beweggrunde vor der Vollführung das Verbrechen freiwillig wieder aufgegeben, so sind die Versuchshandlungen als solche straflos.

Enthalten sie jedoch selbst ein eigenes Verbrechen, so tritt die hiedurch verschuldete Strafe ein.

§105a (Abwendung des Erfolgs.) Hat der Thäter nach beendigter Unternehmung das Eintreten des strafbaren Erfolgs selbst abgewendet, und das Verbrechen freiwillig wieder aufgegeben, so ist er ebenfalls straflos.

▼ Strafgesetzbuch für das Großherzogthum Baden, 1845　Ⓢ Ⓔ

§117 (Freiwilliges Aufgeben des versuchten Verbrechens.) Hat der Thäter nach einem nicht beendigten Versuche das Verbrechen freiwillig wieder aufgegeben, so sind die Versuchshandlungen als solche straflos. Enthalten sie jedoch selbst ein eigenes Verbrechen, so tritt die hiedurch verschuldete Strafe ein.

§118 (Abwendung des Erfolgs durch den Thäter.) Hat der Thäter nach beendigtem Versuche das Eintreten des strafbaren Erfolgs selbst abgewendet und das Verbrechen freiwillig wieder aufgegeben, so gilt dies als Strafmilderungsgrund.

【anderen】

▼ Strafgesetzbuch für die Herzoglich＝Oldenburgischen Lande, 1814　Ⓢ

§45 Ein Versuch ist vorhanden, wenn eine Person, in der Absicht, ein Verbrechen zu begehen, äusserliche Handlungen vorgenommen hat, welche auf Vollbringung oder Vorbereitung desselben gerichtet sind.

§46 Der Versuch ist von aller Strafe frei : wenn der Handelnde an der Vollbringung nicht durch äußere Hindernisse, durch Unvermögenheit oder Zufall verhindert wurde, sondern freiwillig, aus Gewissensregung, Mitleid oder auch Furcht vor Strafe von dem Unternehmen abgestanden ist, welches letztere jedoch nicht vermuthet wird.

　Wer zwar die Vollbringung freiwillig, jedoch in dem Vorsatze aufgegeben hat, zu anderer Zeit, an anderem Orte, an einer anderen Person, oder auf andere Art die Uebertretung auszuführen, ist eben so zu strafen, als wenn er wider Willen an der Vollbringung wäre verhindert worden.

§47 Straflose Versuche solcher Verbrechen, worauf Todes- oder Kettenstrafe, Zucht- oder Arbeitshaus gesetzt ist, haben gleichwohl die Anordnung besonderer persönlicher Polizeiaufsicht zur Folge.

§51 Enthält der Versuch selbst schon ein vollendetes Verbrechen, so sind die vorhin bestimmten Strafen des Versuches mit Schärfung anzuwenden, wenn nicht die Strafe des

処罰である。
（２）しかしながらその未遂行為がそれ自身固有の犯罪を含んでいる場合には、これにより負責される刑罰が発生する。

　　第105条 a　結果の回避
行為者が着手行為の終了後に可罰的な結果の発生を自ら回避し、なおかつ犯罪を任意に再び放棄した場合には、同様に当該行為者は不処罰である。

▼1845年バーデン大公国刑法典
　　第117条　未遂犯罪の任意的な放棄
行為者が、未終了未遂後に重罪を任意に再び放棄した場合には、当該未遂行為は未遂としては不処罰である。しかしながらその未遂行為がそれ自身固有の犯罪を含んでいる場合には、これにより負責される刑罰が発生する。

　　第118条　行為者による結果の回避
行為者が未遂行為の終了後に可罰的な結果の発生を自ら回避し、なおかつ犯罪を任意に再び放棄した場合には、これは刑罰減軽事由とする。

【その他】
▼1814年オルデンブルク公国刑法典
　　第45条
意図的に重罪を実行する者が、その重罪の遂行または予備に向けられた外部的な行為を行った場合には、未遂が存在している。

　　第46条
（１）行為者がその遂行に関して、外部的妨害のためや、または無能力や偶然のためにより阻止されたのではなくして、任意に、良心、同情または処罰に対する怖れによっても、その実行を見合わせた場合には、その未遂は全ての刑罰を免れる。ただし後者に挙げた内心的事情は推定されない。
（２）確かにその遂行を任意に、しかし他の時間に、他の場所で、他の者に関して、または他の手段で犯罪を実行する意図で断念した者は、その意思に反して遂行が阻止されたであろう場合と同様に処罰され得る。

　　第47条
死刑もしくは鎖刑、懲役施設刑もしくは矯正施設刑が科せられるような犯罪の不処罰となるような未遂は、それにもかかわらず特別な一身的警察監視の命令を結果として伴う。

　　第51条
未遂それ自身が既に既遂の犯罪を含んでいる場合に、未遂の中に含まれる既遂の犯罪の刑罰

in dem Versuche enthaltenen vollendeten Verbrechens schwerer ist, in welchem Falle die leztere nebst Schärfung in Anwendung kommt.

▼ Criminalgesetzbuch für das Herzogthum Braunschweig, 1840　Ⓢ

§69 Straffrei soll sein:

1) Der Thäter, welcher von der begonnenen Ausführung des Verbrechens aus freiem Antriebe völlig absteht, insofern nicht die bereits unternommene Handlung an sich strafbar ist;

2) der Anstifter, vertragsmäßige Theilnehmer oder Gehülfe, welcher von dem verbrecherischen Vorhaben zurücktritt (§51), wenn die Ausführung desselben unterblieben ist;

3) der Mitschuldige, der zu einer Zeit, wo noch der Vollführung des Verbrechens vorgebeugt werden konnte, von diesem und seinen Genossen der Obrigkeit, bevor sie eingeschritten, Anzeige macht.

▼ Criminalgesetzbuch für das Herzogthum Sachsen＝Altenburg, 1841　Ⓢ

§28 Ein Verbrecher, der von einem bereits begonnenen verbrecherischen Unternehmen, ohne durch äußere Umstände gehindert worden zu sein, freiwillig wieder absteht, ist höchstens mit einjähriger Arbeitshausstrafe zu belegen, insofern nicht dasjenige, was er zu der Ausführung des Verbrechens schon gethan hat, an und für sich eine verbrecherische Handlung in sich begreift und als solche eine größere Strafe nach sich zieht.

▼ Strafgesetzbuch für das Herzogthum Nassau, 1849　Ⓢ

§65 Der noch nicht beendigte Versuch, als solcher, ist straflos, wenn der Thäter nicht wegen physischen Unvermögens oder anderer zufälliger, von seinem Willen unabhängiger Umstände, sondern freiwillig und aus Reue von dem Unternehmen, und zwar gänzlich abgestanden ist.

▽ Entwurf eines Strafgesetzbuchs für die Herzogthümer Schleswig＝Holstein. Altona 1849　Ⓚ

§52 Wenn der Handelnde freiwillig und nicht wegen äußerer Hindernisse oder anderer zufälliger Umstände seine verbrecherische Absicht aufgegeben hat und von der Vollendung des Verbrechens abgestanden ist, auch, insofern dies nöthig, solche Anstalten getroffen hat, daß die früher beabsichtigte schädliche Wirkung nicht eintreten kann, so sind die Versuchs-Handlungen straflos. Machen sie jedoch schon ein selbständiges Verbrechen aus, so tritt die dadurch verwirkte Strafe ein.

▽ Entwurf eines Strafgesetzbuchs für Kurhessen (Kurfürstentum Hessen-Kassel) von 1849　Ⓚ

がより重くないときには、先に規定された未遂の刑罰が加重して適用されるべきである。そのような場合には、既遂犯罪の刑罰は加重された未遂の刑罰とともに適用される。
▼1840年ブラウンシュバイク公国刑事法典
　　第69条
次の者は不処罰となることになる。
1．既に実行された行為がそれ自体可罰的ではない限りにおいて、開始された犯罪の実行を任意的な動機から完全に取りやめた行為者、
2．その実行がなされないままであった場合における、犯罪的な意図を中止した教唆犯、契約による共犯もしくは幇助犯（51条）、
3．まだ犯罪の遂行が防止され得た時点において、この犯罪およびその仲間に関して役所に、それらの機関が介入する前に、申告をなした共犯者。

▼1841年ザクセン＝アルテンブルク公国刑事法典
　　第28条
既に着手された犯罪計画を、外部的事情によって阻止されること無しに、任意に再び取りやめた犯罪者は、その犯罪の実行へと既に着手したことが、それ自体として犯罪となる行為を中に含んでおらず、かつそのような犯罪としてより大きな刑罰を導くものではない限りにおいて、最長でも1年の労役刑を科せられるべきである。
▼1849年ナッサウ公国刑法典
　　第65条
行為者が、身体的な無能力、または他の偶然の、その者の意思によらない事情によってではなくして、任意かつ後悔して、実行を、それも完全に放棄した場合には、その未終了未遂は未遂としては不処罰である。
▽1849年シュレスヴィヒ・ホルシュタイン公国刑法典草案
　　第52条
行為者が任意にかつ外部的阻止もしくはその他の偶然の事情によってではなくして、その者の犯罪的な意図を放棄し、かつ重罪の既遂を取りやめた場合には、これがもともと意図されていた侵害結果が発生し得ないような、必要な措置をとった限りにおいても、その未遂行為は不処罰である。しかしながらそれが既に独立して重罪を形成している場合には、それによりもたらされた刑罰は生じる。

▽1849年クールヘッセン（ヘッセン・カッセル選帝候国）刑法典草案
　　第103条　未遂犯罪の任意的な放棄

§103（Freiwilliges Aufgeben des versuchten Verbrechens.）Hat der Thäter nach einem nicht beendigten Versuche das Verbrechen〔〕wieder aufgegeben, so sind die Versuchshandlungen als solche straflos, wenn der Thäter nicht durch äussere, von seinem Willen unabhängige Umstände bestimmt, sondern freiwillig und aus Reue von dem Unternehmen, und zwar gänzlich, abgestanden ist. Enthält jedoch die Versuchshandlung für sich ein eigenes Verbrechen, so tritt die hierdurch verwirkte Strafe ein.

§104（Abwendung des Erfolgs durch den Thäter.）Hat der Thäter nach beendigtem Versuche das Eintreten des strafbaren Erfolgs selbst abgewendet und das Verbrechen freiwillig wieder aufgegeben, so gilt dies als Strafmilderungsgrund.

▼ Thüringisches Strafgesetzbuch, 1850　Ⓢ Ⓔ

§26 Wer von einer bereits angefangenen verbrecherischen Unternehmung, ohne durch äußere Umstände gehindert worden zu sein（Art. 23 Nr. 1）, freiwillig wieder absteht, ist straflos, sofern nicht dasjenige, was er schon zur Ausführung des Verbrechens gethan hat, als ein besonderes Verbrechen strafbar ist.

 Hat der Thäter dagegen alles gethan, was von seiner Seite zur Vollendung des beabsichtigten Verbrechens nothwendig war（Art. 23 Nr. 2）, und hat das Verbrechen dadurch freiwillig wieder aufgegeben, daß er selbst das Eintreten des zur Vollendung des Verbrechens gehörigen Erfolges abgewendet hat, so soll ihm dieses nur zur Minderung der Strafe des Versuches gereichen und er nach den im Art. 24 für den Fall des Art. 23 Nr. 4 aufgestellten Regeln bestraft werden.

▽ Entwurf eines Straf=Gesetzbuches für die freie und Hansestadt Lübeck, 18??　Ⓚ

§34 Der Versuch ist nur dann strafbar, wenn derselbe durch Handlungen, welche einen Anfang der Ausführung enthalten, an den Tag gelegt und nur durch äußere, von dem Willen des Thäters unabhängige Umstände gehindert worden oder ohne Erfolg geblieben ist.

▼ Strafgesetzbuch für Freie und Hansestadt Lübeck, 1863　Ⓔ

§29 Der Versuch ist nur dann strafbar, wenn derselbe durch eine Handlung, welche den Anfang der Ausführung eines Verbrechens enthält, an den Tag gelegt und nur durch äußere, von dem Willen des Thäters unabhängige Umstände entweder die Ausführung gehindert worden oder der Versuch ohne Erfolg geblieben ist.

▽ Entwurf eines Strafgesetzbuchs für Freie und Hansestadt Bremen, 1868　Ⓔ

§69 Der Versuch, als solcher, bleibt in allen Fällen straflos, wenn der Thäter von der Vollführung der beabsichtigten That freiwillig und gänzlich abgestanden ist.

行為者が、未終了未遂後に犯罪を〔〕再び放棄した場合には、行為者が外部的な、その者の意思によらない事情によって決定したのではなくて、任意かつ後悔して、実行を、それも完全に放棄した時には、当該未遂行為は未遂としては不処罰である。しかしながら未遂行為がそれ自体として固有の犯罪を含んでいる場合には、これにより科せられる刑罰が発生する。
　第104条　行為者による結果の回避
行為者が着手行為の終了後に可罰的な結果の発生を自ら回避し、なおかつ犯罪を任意に再び放棄した場合には、これは処罰減軽事由とする。

▼1850年テューリンゲン刑法典
　第26条
（1）既に開始された犯罪の実行を、外部的な事情によって阻止されたのではなくして（23条1号）、任意に再び取りやめた者は、その者が既に犯罪の実行のために行ったことが、特別な犯罪として可罰的なものとされていない限りにおいて、不処罰である。
（2）それに対して、行為者がその者の側から、意図された犯罪の既遂のために必要不可欠であった全てのことを行ったが、そしてその者が自ら、犯罪の既遂に属する結果の発生を回避したことにより、犯罪を任意に再び放棄した場合には、このことはその者に、未遂の刑罰の減軽のみをもたらすべきであり、そしてその者は23条4号の場合のための24条において提示された規定に従って処罰される。

▽18??年リューベック自由都市刑法草案
　第34条
未遂が実行の着手を含む行為によって明らかにされ、そして外部的な、行為者の意思によらない事情によってのみ阻止された、ないしは結果がないままとなったばあいにのみ、その未遂は可罰的である。
▼1863年リューベック自由都市刑法典
　第29条
未遂が犯罪の実行の着手を含む行為によって明らかにされ、そして外部的な、行為者の意思によらない事情によってのみ、その実行が阻止された、またはその未遂が結果がないままとなった場合にのみ、その未遂は可罰的である。
▽1868年ブレーメン自由都市刑法草案
　第69条
行為者が意図された行為の遂行を任意かつ完全に取りやめた全ての場合において、その未遂はそのようなものとしては不処罰のままである。

▼ Criminalgesetzbuch für Freie und Hansestadt Hamburg, 1869　Ⓔ

§36 Freiwilliges Abstehen vom Versuche. Wenn der Thäter von der angefangenen Ausführung des Verbrechens aus Freien Antriebe völlig absteht, so bleibt der Versuch straffrei. Ist jedoch das Geschehene schon an sich mit Strafe bedroht, so kommt diese zur Anwendung.

【France】

▼ Code Pénal 1810

Art. 2 Toute tentative de crime qui aura été manifestée par des actes extérieurs et suivie d'un commencement d'exécution, si elle n'a été suspendue ou n'a manqué son effet que par des circonstances fortuites ou indépendantes de la volonté de l'auteur, est considérée comme le crime même.

〔après révision par L. 28 avr. 1832〕

Art. 2 Toute tentative de crime qui aura été manifestée par un commencement d'exécution, si elle n'a été suspendue ou si elle n'a manqué son effet que par des circonstances indépendantes de la volonté de son auteur, est considérée comme le crime même.

▼ Code Pénal 1992

Art. 121-5 La tentative est constituée dès lors que, manifestée par un commencement d'exécution, elle n'a été suspendue ou n'a manqué son effet qu'en raison de circonstances indépendantes de la volonté de son auteur.

▼1869年ハンブルク自由都市刑法典
　　第36条　未遂の任意的な中止
行為者が開始された犯罪の実行を、自発的に完全に取りやめた場合には、未遂は不処罰のままである。しかし事件経過が既にそれ自体として刑を科せられるものである場合には、この刑が適用される。

【フランス】
▼1810年フランス刑法典
　　第2条　外部的行為によって表明され、実行の着手をともなうあらゆる重罪の未遂は、偶然の、または行為者の意思とは独立した事情によってのみ、中断され、またはその結果が欠けてしまった場合には、重罪と同様にみなされる。
〔1832年改正後の規定〕
　　第2条　実行の着手によって表明されたあらゆる重罪の未遂は、行為者の意思とは独立した事情によってのみ、中断され、またはその結果が欠けてしまった場合には、重罪と同様にみなされる。

▼1992年フランス刑法典
　　第121-5条　実行の着手によって表明され、行為者の意思とは独立した事情を理由にしてのみ、中断され、またはその結果が欠けてしまったときに、未遂が構成される。

【参考資料3】
中止犯関連日本語文献一覧

※原則として、教科書・体系書、書評論文・紹介論文、翻訳資料については挙げていない。御了承頂きたい。
※末尾の［判］は、（日本の）判例評釈・判例紹介を意味する。

相内信「共犯からの離脱、共犯と中止犯」『刑法基本講座第４巻』（1992年）247頁以下
青柳文雄「判例から見た中止犯」警察学論集25巻6号（1972年）1頁以下
浅田和茂「紹介・野村稔著『未遂犯の研究』」犯罪と刑罰2号（1986年）142頁以下
　──「中止犯」刑法の基本判例（1988年）56頁以下
足立勝義「障がい未遂と認むべき一事例」『最高裁判所判例解説刑法篇昭和32年度版』（1957年）437頁以下［判］
安達光治「犯行途中での計画遂行の放棄と実行の着手時期・中止未遂」判例セレクト2008（2009年）31頁［判］
荒川雅行「結果防止行為の真摯性」『刑法判例百選Ⅰ総論（第三版）』（1991年）148頁以下［判］
　──「結果防止行為の真摯性」『刑法判例百選Ⅰ総論（第四版）』（1997年）144頁以下［判］
飯塚敏夫「四　放火罪と最近の判例」『刑法論攷』（1934年）450頁以下［判］
板倉宏「中止犯」綜合法学5巻9号（1962年）44頁以下
　──「共犯と中止犯」『刑法判例百選』（1964年）90頁以下［判］
　──「共犯と中止犯」『刑法判例百選（新版）』（1970年）102頁以下［判］
　──「共犯と中止犯」『刑法判例百選Ⅰ総論』（1978年）200頁以下［判］
　──「中止犯」『刑法基本講座第４巻』（1992年）34頁以下
井田良「中止犯」現代刑事法3巻5号（2001年）95頁以下
　──「《対談》中止犯論の現在と課題」現代刑事法5巻1号（2003年）4頁以下
伊東研祐「共犯と中止犯」『刑法判例百選Ⅰ総論（第二版）』（1984年）186頁以下［判］
　──「積極的特別予防と責任非難」『刑事法学の課題と展望──香川達夫博士古稀祝賀』（1996年）265頁以下
　──「未完成犯罪（未遂・予備・陰謀）その２、その３」法学セミナー624号（2006年）89頁以下、法学セミナー625号（2007年）92頁以下
　──「未遂犯論（特集刑法典の百年）」ジュリスト1348号（2008年）40頁以下
伊藤渉「未遂犯」法学教室278号（2003年）97頁以下

井上宏「強盗事件において中止未遂の成立を認めた一事例」研修550号（1994年）45頁以下〔判〕

井上正治「共犯者中一人は中止し他の者が目的を遂げた場合」刑法雑誌2巻1号（1951年）234頁以下〔判〕

――「障がい未遂と認むべき一事例」法律のひろば18巻4号（1965年）48頁以下〔判〕

今上益雄「中止未遂と実行々為の終了の時点」東洋法学9巻2・3号（1965年）121頁以下〔判〕

植松正「恐怖心に基く犯罪実行の中止」『刑事法学研究第一巻』（1949年）229頁以下〔判〕

――「行為終了後の結果防止行為と中止犯」判例評論83号（1965年）147頁以下〔判〕

内田文昭「いわゆる実行未遂につき中止犯が認められた事例」判例タイムズ609号（1986年）20頁以下〔判〕

江口三角「フランス刑法小史」愛媛大学紀要（社会科学）3巻1号（1958年）25頁以下

――「フランス刑法における未遂犯」愛媛大学紀要（社会科学）5巻3号（第一分冊）（1966年）1頁以下

江藤隆之「中止未遂の法的性格について」明治大学大学院法学研究論集20号（2003年）57頁以下

――「中止未遂の法的性格をめぐる諸議論の方法論的研究」明治大学大学院法学研究論集21号（2004年）81頁以下

――「着手未遂と実行未遂の概念について」明治大学大学院法学研究論集22号（2005年）79頁以下

――「欠効未遂の概念について」明治大学大学院法学研究論集23号（2005年）1頁以下

――「ドイツ刑法24条におけるFreiwilligkeitの意義」宮崎産業経営大学法学論集18巻2号（2009年）55頁以下

――「不能未遂の中止」宮崎産業経営大学法学論集19巻1号（2009年）95頁以下

――「中止未遂における任意性の概念について」桃山法学16号（2010年）1頁以下

大塚裕史「中止犯の法的性格と成立要件」アーティクル228号（2005年）60頁以下

大沼邦弘「中止における中止の任意性」『刑法学3 総論の重要問題Ⅲ』（1978年）86頁以下

大山弘「着手中止と実行中止の区別」法学セミナー545号（2000年）106頁〔判〕

大谷實「中止未遂を認めた事例」昭和52年重要判例解説（1977年）158頁以下〔判〕

――「着手未遂と実行未遂」『刑法解釈論集Ⅰ』（1984年）179頁以下〔判〕

――「中止未遂を認定した事例」法学セミナー382号（1986年）110頁〔判〕

――「殺人未遂と中止犯」法学セミナー増刊最新判例演習室1988（1988年）160頁以下〔判〕

岡本勝「中止犯論の現状と展望」現代刑事法5巻1号（2003年）29頁以下

――「中止未遂における減免根拠に関する一考察」『刑事法学の現実と展開―齊藤誠二先生古稀記念』（2003年）277頁以下
奥村正雄「中止行為の任意性」『刑法判例百選Ⅰ総論（第6版）』（2008年）140頁以下［判］
小田直樹「強姦の中止未遂が認められた事例」判例セレクト'97（1998年）35頁［判］
小野清一郎「刑法総則草案と中止犯」『刑罰の本質について・その他』（1955年）275頁以下
香川達夫「――驚愕によつて犯行を中止した場合と中止未遂――」判例研究（東京大学判例研究会）3巻3号（1949年）73頁以下［判］
　　――「加重的未遂について」金沢大学法文学部論集法経篇1巻（1953年）25頁以下
　　――「中止未遂の法的性格」刑法雑誌5巻2号（1954年）75頁以下
　　――「中止犯」『総合判例研究叢書　刑法3』（1956年）61頁以下
　　――「中止未遂に関する法制の変遷」金沢大学法文学部論集法経篇3巻（1956年）15頁以下
　　――「中止未遂の法的性格に関する学説の系譜」金沢法学2巻2号（1957年）46頁以下
　　――「障がい未遂と認むべき一事例」警察研究30巻5号（1959年）98頁以下［判］
　　――「第二部　批判　中止犯」刑法雑誌11巻1・2号（改正刑法準備草案）（1961年）74頁以下
　　――『中止未遂の法的性格』（1963年）
　　――「1964年オーストリア刑法草案における未遂犯処罰規定」学習院大学法学部研究年報4巻（1968年）1頁以下
　　――「中止犯」『判例コンメンタール8　刑法Ⅰ増補版』（1982年）422頁以下
門田成人「被害者の言葉による誤信と中止行為の任意性」法学セミナー574号（2002年）105頁［判］
金澤真理「未終了未遂の意義」法学（東北大学）57巻4号（1993年）115頁以下
　　――「中止未遂の成否――ドイツ連邦通常裁判所刑事部大法廷決定 BGHSt. 39, 221を手がかりとして――」東北法学14号（1996年）1頁以下
　　――「中止未遂の体系的位置づけに関する覚書」東北法学16号（1998年）83頁以下
　　――「不作為態様の中止――失敗未遂の検討を経て――」山形大学法政論叢15号（1999年）1頁以下
　　――「中止未遂における刑事政策説の意義について（一）（二・完）」法学（東北大学）63巻5号（1999年）39頁以下、64巻1号（2000年）53頁以下
　　――「殺人未遂につき中止未遂を認めた一事例」現代刑事法2巻2号（2000年）73頁以下［判］
　　――「中止犯」刑法の争点［第3版］（2000年）92頁以下
　　――「不作為による中止の成否―中止行為を否定した事例」判例セレクト'00（2001年）

　　　　31頁［判］
　　――「中止未遂とその法的性格」刑法雑誌41巻3号（2002年）29頁以下
　　――「中止行為の任意性」『刑法判例百選Ⅰ総論（第五版）』（2003年）138頁以下［判］
　　――『中止未遂の本質』（2006年）
　　――「積極的結果防止行為と結果防止へ向けた真摯な努力」山形大学紀要（社会科学）36巻2号（2006年）25頁以下
　　――「中止犯」刑法の争点（2007年）92頁以下
　　――「構成要件の段階的充足と故意の帰属（一）」山形大学法政論叢40号（2007年）1頁以下
　　――「予備の中止」『刑法判例百選Ⅰ総論（第6版）』（2008年）146頁以下［判］
　　――「被告人が被害者に自動車を衝突させた上、刃物で刺し殺すとの計画を立てていたが、刃物で突き刺すことを断念した場合の殺人罪の実行の着手時期と中止未遂の成否」刑事法ジャーナル12号（2008年）70頁以下［判］
　　――「中止行為の任意性について」山形大学法政論叢47号（2010年）1頁以下
　　――「未遂の理論構造と中止未遂」『理論刑法学の探究4号』（2011年）71頁以下
神垣英郎「中止犯における結果発生防止のための積極的な行為」警察時報56巻1号（2001年）49頁以下［判］
川端博「中止犯」別冊法学セミナー司法試験シリーズ 刑法〔新版〕（1983年）111頁以下
　　――「中止犯（中止未遂）」『刑法総論25講』（1990年）269頁以下
　　――「中止未遂の法的性格」法学教室137号（1992年）26頁
　　――「中止犯（2）（3）」別冊法学セミナー司法試験シリーズ 刑法〔第三版〕（1993年）116頁以下
　　――「中止犯の法的性格」『現代刑法論争Ⅰ〔第二版〕』（1997年）295頁以下
　　――「《対談》中止犯論の現在と課題」現代刑事法5巻1号（2003年）4頁以下
川俣幸子「わが国における未遂論の発展の推移」明治大学大学院法学研究論集9号（1998年）161頁以下
河村博「中止未遂について」研修436号（1984年）51頁以下［判］
　　――「中止未遂の認められた一事例」捜査研究33巻12月号（1984年）15頁以下［判］
上林邦充「中止犯の法理に関する基礎的研究」群馬大学社会情報学部研究論集10巻（2003年）217頁以下
　　――「中止犯の要件に関する基礎的研究」群馬大学社会情報学部研究論集11巻（2004年）227頁以下
吉川経夫「中止未遂」『続判例百選』（1960年）12頁以下［判］
　　――「中止未遂」『続判例百選〔第二版〕』（1965年）144頁以下［判］

──「中止未遂」『刑事裁判の諸論点（吉川経夫著作選集第5巻）』（2001年）193頁以下［判］

金尚均「殺意をもって女性の頸部を絞め付けて数度にわたって失神させ、死亡したものと誤信した後に反省して、行為を続行しなかったことについて、中止未遂を認めた事例」速報判例解説1号（2007年）189頁以下［判］

木村栄作「恐喝罪の中止犯」警察学論集25巻11号（1972年）185頁以下［判］

──「結合犯の中止」研修298号（1973年）71頁以下［判］

木村亀二「中止未遂と悔悟」佐藤教授退職記念『法及政治の諸問題』（1939年）337頁以下

──「中止未遂の概念」法学（東北大学）8巻2号（1939年）1頁以下

──「中止未遂と悔悟」『刑法の基本概念』（1949年）297頁以下

──「中止未遂の概念」『刑法の基本概念』（1949年）245頁以下

木村静子「中止犯」日本刑法学会編『刑法講座4』（1963年）21頁以下

──「中止犯　改正刑法準備草案第二四条」『刑法改正の諸問題　竹田直平博士・植田重正博士還暦祝賀』（1967年）62頁以下

──「中止犯」西原春夫他編『判例刑法研究4 未遂・共犯・罪数』（1981年）49頁以下

木村光江「中止犯論の展望」研修579号（1996年）3頁以下

──「中止犯の一考察」東京都立大学法学会雑誌39巻1号（1998年）61頁以下

草野豹一郎「放火犯人の消火行為と中止犯」『刑事判例研究第1巻』（1934年）60頁以下［判］

──「結果防止の努力と中止未遂」法学新報48巻10号（1938年）94頁以下［判］

──「殺人未遂か、殺人中止か」『刑事判例研究第4巻』（1939年）106頁以下［判］

──「放火罪と中止犯」『刑事判例研究第4巻』（1939年）122頁以下［判］

──「結果防止の努力と中止未遂」『刑事判例研究第5巻』（1940年）83頁以下［判］

──「豫備罪と刑法四十三條但書の規定」『刑事判例研究第5巻』（1940年）269頁以下

──「未遂犯」『刑法改正上の重要問題』（1950年）193頁以下

熊谷烝佑「共犯からの離脱」『刑法判例百選Ⅰ総論』（1978年）202頁以下［判］

黒木忍『中止未遂の諸問題』（1989年）

──「中止未遂の基本問題（一）」宮崎産業経営大学法学論集11巻1号（1999年）77頁以下

──「中止未遂の基本問題―中止未遂の法的性格―」『三原憲三先生古稀祝賀論文集』（2002年）441頁以下

小疇傳「罪ノ未遂」法政新誌7巻4号（1903年）17頁以下

──「中止犯」法政新誌7巻5号（1903年）32頁以下

小林憲太郎「刑罰に関する小講義（改）」立教法学78号（2010年）31頁以下

──「事例11」島田聡一郎・小林憲太郎『事例から刑法を考える〔第2版〕』（2011年）

207頁以下

斎藤信治「実行未遂と着手未遂」『刑法判例百選Ⅰ総論（第 6 版）』（2008年）142頁以下［判］

斉藤誠二「中止未遂を寛大に扱う根拠」刑法の争点（1977年）97頁以下
　——「中止したが結果が発生した場合」刑法の争点（1977年）100頁
　——「予備罪と中止」刑法の争点（1977年）101頁
　——「中止未遂の法的性格をめぐって（1）」筑波法政 9 号（1986年）1 頁以下
　——「フランクの公式に対する疑問と失効未遂」判例タイムズ589号（1986年）2 頁以下
　——「中止未遂を寛大に扱う根拠」刑法の争点（新版）（1987年）105頁以下
　——「中止行為の態様」刑法の争点（新版）（1987年）108頁以下
　——「中止したが結果が発生した場合」刑法の争点（新版）（1987年）110頁
　——「予備罪と中止」刑法の争点（新版）（1987年）111頁
　——「いわゆる失効未遂をめぐって（上）（下）」警察研究58巻 1 号（1987年）3 頁以下、58巻 3 号（1987年）3 頁以下

斉藤豊治「実行未遂と着手未遂」『刑法判例百選Ⅰ総論（第三版）』（1991年）146頁以下［判］
　——「実行未遂と着手未遂」『刑法判例百選Ⅰ総論（第四版）』（1997年）142頁以下［判］

斉藤信宰「中止未遂について」東北学院大学論集法律学18号（1981年）1 頁以下
　——「中止未遂の問題点」中央学院大学総合科学研究所紀要13巻 1 号（1997年）1 頁以下

斎野彦弥「中止未遂の因果論的構造と中止故意について」『田宮裕博士追悼論集下巻』（2003年）587頁以下

佐伯仁志「未遂犯論」法学教室304号（2006年）120頁以下

酒井安行「予備の中止」『刑法判例百選Ⅰ総論（第三版）』（1991年）150頁以下［判］
　——「予備の中止」『刑法判例百選Ⅰ総論（第四版）』（1997年）146頁以下［判］

坂本英雄「結果防止の努力と中止未遂」法律論叢17巻 8 号（1938年）87頁以下［判］

佐瀬昌三「恐怖心に因る中止と障害未遂」法学志林39巻 8 号（1937年）116頁以下［判］
　——「中止犯」法学志林40巻 2 号（1938年）59頁以下［判］

佐藤淳子「不作為犯の中止未遂　ドイツ刑事判例研究（48）」比較法雑誌34巻 4 号（2001年）91頁以下

佐藤拓磨「中止未遂の任意性を肯定した一事例」刑事法ジャーナル10号（2008年）115頁以下［判］

佐藤昌彦「中止犯」警察研究51巻 7 号（1980年）3 頁以下

澤登俊雄「中止犯」刑法の判例第二版（1973年）104頁以下［判］

塩谷毅「中止犯」法学教室279号（2003年）64頁以下

塩見淳「中止の任意性」判例タイムズ702号（1989年）75頁以下
——「中止行為の構造」『中山研一先生古稀祝賀論文集第3巻』（1997年）247頁以下
——「不作為による中止の可否」平成11年重要判例解説（2000年）150頁以下［判］
島田聡一郎「重要条文コンメンタール5　未遂」法学教室261号（2002年）23頁以下
島田美小妃「殺人未遂の中止、殺人と妊娠中絶の限界　ドイツ刑事判例研究（74）」比較法雑誌43巻2号（2009年）271頁以下
清水一成「中止未遂における「自己ノ意思ニ因リ」の意義」上智法学論集29巻2・3号（1986年）165頁以下
——「実行未遂と着手未遂の限界」『判例によるドイツ刑法（総論）』（1987年）156頁以下
——「中止未遂における任意性、中止未遂の法的性格」『判例によるドイツ刑法（総論）』（1987年）163頁以下
——「不能犯と中止未遂」『判例によるドイツ刑法（総論）』（1987年）172頁以下
——「中止行為の任意性」『刑法判例百選Ⅰ総論（第三版）』（1991年）144頁以下［判］
——「中止行為の任意性」『刑法判例百選Ⅰ総論（第四版）』（1997年）140頁以下［判］
——「中止未遂に関する近時の判例の動向」現代刑事法5巻1号（2003年）47頁以下
——「予備の中止」『刑法判例百選Ⅰ総論（第五版）』（2003年）144頁以下［判］
——「共犯と中止犯」『刑法判例百選Ⅰ総論（第6版）』（2008年）198頁以下［判］
下村康正「フランス刑法に於ける未遂犯について」法学新報58巻12号（1951年）105頁以下
——「予備行為の中止」法学新報66巻5号（1959年）335頁以下
正田満三郎「未遂犯における中止の意義とその共犯への適用（1）（2）（3完）」判例評論44号（1962年）1頁以下、46号（1962年）1頁以下、47号（1962年）4頁以下
——「未遂犯における中止の意義とその共犯への適用」『刑法における犯罪論の批判的考察』（1962年）121頁以下
——「中止未遂犯再考」『犯罪論或問』（1969年）79頁以下
——「犯罪論或問第三　教唆者の実行阻止と中止未遂犯の教唆」『犯罪論或問』（1969年）116頁以下
——「犯罪論或問第四　中止未遂犯と結果的加重犯」『犯罪論或問』（1969年）121頁以下
城富次「中止未遂」『刑事判例評釈集1巻』（1938年）169頁以下［判］
——「徴発規避罪の成立」『刑事判例評釈集1巻』（1938年）216頁以下［判］
城下裕二「中止未遂における必要的減免について——「根拠」と「体系的位置づけ」」北大法学論集36巻4号（1986年）173頁以下
——「「予備の中止」について」札幌学院法学8巻2号（1992年）1頁以下
——「中止未遂の減免根拠をめぐる近時の理論動向」『誤判救済と刑事司法の課題——渡部保夫先生古稀記念』（2000年）569頁以下

────「結果防止行為の真摯性」『刑法判例百選Ⅰ総論（第五版）』（2003年）142頁以下［判］

────「中止未遂における任意性について」『罪と罰・非情にして人間的なるもの────小暮得雄先生古稀記念論文集』（2005年）43頁以下

末道康之『フランス刑法における未遂犯論』（1998年）

鈴木彰雄「殺人の中止未遂　西ドイツ刑事判例研究（6）」比較法雑誌23巻2号（1989年）140頁以下

────「着手未遂と実行未遂の区別について」関東学園大学法学紀要1号（1991年）19頁以下

────「実行中止における第三者の関与」関東学園大学法学紀要2号（1991年）1頁以下

────「謀殺の実行中止　西ドイツ刑事判例研究（13）」比較法雑誌25巻1号（1991年）97頁以下

────「中止未遂の任意性　ドイツ刑事判例研究（18）」比較法雑誌26巻2号（1992年）137頁以下

────「未必的な殺意がある場合の中止未遂　ドイツ刑事判例研究（22）」比較法雑誌27巻2号（1993年）145頁以下

────「中止未遂　ドイツ刑事判例研究（24）」比較法雑誌27巻4号（1994年）223頁以下

────「強姦の中止未遂　ドイツ刑事判例研究（27）」比較法雑誌28巻3号（1994年）183頁以下

────「放火罪における「積極的悔悟」と火災の危険の将来の罪の成否　ドイツ刑事判例研究（34）」比較法雑誌30巻3号（1996年）187頁以下

────「強盗致死の中止未遂」関東学園大学法学紀要16号（1998年）261頁以下

────「ドイツ刑事判例研究（十五）　失効未遂に当たらないとされた事例」名城ロースクール・レビュー12号（2009年）245頁以下

鈴木一永「中止意思について」早稲田大学大学院法政論集135号（2010年）101頁以下

曽根威彦「中止の任意性」法学セミナー436号（1991年）122頁［判］

────「中止犯における違法と責任」研修594号（1997年）3頁以下

────「中止犯の法的性格」『現代刑法論争Ⅰ〔第二版〕』（1997年）302頁以下

園田寿「「欠効未遂」について」関西大学法学論集32巻3・4・5合併号（1982年）59頁以下

高橋則夫『刑法における損害回復の思想』（1997年）（第1章、四）

瀧川幸辰「従犯と幇助行為の中止」『刑事法判決批評第一巻』（1937年）131頁以下［判］

────「中止未遂と結果防止の努力」民商法雑誌8巻4号（1938年）166頁以下［判］

────「徴発令における規避罪と中止未遂」民商法雑誌8巻5号（1938年）187頁以下［判］

竹田直平「中止犯と障碍未遂」法と経済（立命館出版部）8巻1号（1937年）123頁以下［判］

伊達秋雄「中止犯」法律のひろば11巻2号（1958年）52頁以下［判］

―――「中止未遂と障がい未遂との区別」法学セミナー23号（1958年）80頁以下［判］

立石雅彦「着手未遂と実行未遂の区別について（1）（2）」三重法経39号（1977年）61頁以下、42号（1978年）137頁以下

對馬直紀「中止行為について」明治大学大学院紀要法学篇30集（1993年）135頁以下

―――「被害者の言動を契機に、被害者を病院に搬送し救命措置を講じさせた事案につき、殺人の中止未遂を認めた事例」現代刑事法5巻2号（2003年）56頁以下［判］

富田一成「中止未遂の法的性格に関する日本の学説の予備的考察」国士舘法研論集9号（2008年）95頁以下

―――「中止未遂の法的性格に関する日本の「区分説」について」国士舘法研論集10号（2009年）101頁以下

内藤謙「中止犯（一）（二）（三）」法学教室110号（1989年）73頁以下、112号（1990年）86頁以下、113号（1990年）68頁以下

長岡龍一「中止未遂の法的性格と窃盗の既遂時期」LawSchool35号（1981年）42頁以下

中神正義「殺人の中止未遂を認めた裁判例」研修460号（1986年）41頁以下［判］

中空壽雅「中止未遂の法的性格と成立要件――行為無価値論の立場から――」現代刑事法5巻1号（2003年）34頁以下

中谷瑾子「中止未遂の法的性格」ジュリスト300号（1964年）296頁以下

―――「中止犯」『刑法判例百選』（1964年）76頁以下［判］

―――「中止犯」『刑法判例百選（新版）』（1970年）86頁以下［判］

―――「中止犯」『刑法判例百選Ⅰ総論』（1978年）165頁以下［判］

―――「中止犯」『刑法判例百選Ⅰ総論（第二版）』（1984年）152頁以下［判］

長田秀樹「スウェーデン刑法における中止未遂」創価大学比較文化研究12巻（1994年）185頁以下

永野義一「中止未遂（中止犯）の成否」研修423号（1983年）109頁以下

―――「予備罪と中止未遂」研修440号（1985年）93頁以下［判］

中野正剛「明治（前期）に於ける我が国の未遂論について（一）～（六・完）」国学院法政論叢11輯（1990年）29頁以下、12輯（1991年）27頁以下、13輯（1992年）21頁以下、17輯（1996年）29頁以下、18輯（1997年）53頁以下、19輯（1998年）53頁以下

―――「未遂犯思想の形成史」国学院法政論叢15輯（1994年）149頁以下

―――『明治時代の未遂論について』（2001年）

―――「1号裁判員裁判（沖縄）を素材に――中止未遂の要件の解釈と裁判員との評議を考

える」沖縄法学39号（2010年）1頁以下
中村邦義「数個の不作為犯における中止未遂　ドイツ刑事判例研究（64）」比較法雑誌39巻1号（2005年）301頁以下
中山研一「中止犯の本質と性格」LawSchool52号（1983年）76頁以下
中山研一・浅田和茂・松宮孝明『レヴィジオン刑法2（未遂犯論・罪数論）』（2002年）128頁以下
奈良俊夫「実行未遂と着手未遂」『刑法判例百選Ⅰ総論』（1978年）168頁以下［判］
── 「実行未遂と着手未遂」『刑法判例百選Ⅰ総論（第二版）』（1984年）154頁以下［判］
名和鐵郎「結果防止行為の真摯性」『刑法判例百選Ⅰ総論（第6版）』（2008年）144頁以下［判］
西田典之「共犯と中止」『刑法学3総論の重要問題Ⅲ』（1978年）169頁以下
── 「共犯の中止について」法学協会雑誌100巻2号（1983年）1頁以下
── 「共犯と中止」『判例によるドイツ刑法（総論）』（1987年）179頁以下
西村克彦「中止未遂とはなにか」判例時報298号（1962年）2頁以下
── 「中止未遂とは何か」『犯罪形態論序説』（1967年）23頁以下
── 「中止犯再論」『犯罪形態論序説』（1967年）41頁以下
── 「未遂罪の構造」『罪責の構造〔新版〕』（1991年）188頁以下
── 「中止未遂について」『無罪の構造〔新版〕』（1991年）357頁以下
西村秀二「「早まった結果惹起」について」富大経済論集46巻3号（2001年）115頁以下
西山富夫「ドイツ刑法思想の発展と未遂・不能犯（一）（二）（三）」名城法学4巻2号（1954年）1頁以下、4巻3・4号（1954年）26頁以下、5巻1号（1955年）15頁以下
── 「結果発生の危険の惹起と中止未遂」法律のひろば18巻10号（1965年）49頁以下［判］
二本柳誠「中止犯」曽根威彦・松原芳博編『重点課題刑法総論』（2008年）201頁以下
野崎和義「中止未遂と行為者の錯誤　ドイツ刑事判例研究（20）」比較法雑誌26巻4号（1993年）93頁以下
野澤充「中止犯論の歴史的展開──日独の比較法的考察──（一）（2）（3）（4）（5・完）」立命館法学280号（2001年）34頁以下、同281号（2002年）31頁以下、同282号（2002年）91頁以下、同288号（2003年）148頁以下、同291号（2004年）113頁以下
── 「日本の中止犯論の問題点とあるべき議論形式について──「刑事政策説」および「法律説」の内容・意義・法的効果に関連して」神奈川法学38巻2・3合併号（2006年）117頁以下
── 「中止犯の理論的構造について」刑法雑誌49巻2・3合併号（2010年）31頁以下

——「予備罪の中止について——予備罪に対する中止犯規定の類推適用の可否」立命館法学327・328合併号（2010年）586頁以下
野村稔『未遂犯の研究』（1984年）
　　——「中止犯」大塚仁他編『大コンメンタール刑法第二巻』（1989年）895頁以下
濱邦久「総説」「中止犯」『刑事法重点講座　理論と実際　未遂』（1982年）1頁以下、227頁以下
原口伸夫「共犯からの離脱」東海大学文明研究所紀要第21号（2001年）91頁以下
　　——「共犯者の中止未遂」『日本刑事法の理論と展望上巻——佐藤司先生古稀祝賀』（2002年）351頁以下
　　——「実行未遂の中止行為」桐蔭法学11巻1号（2004年）1頁以下
原田保「共犯と中止犯」『刑法判例百選Ⅰ総論（第三版）』（1991年）196頁以下［判］
　　——「共犯と中止犯」『刑法判例百選Ⅰ総論（第四版）』（1997年）196頁以下［判］
平田友三「中止犯における任意性」研修354号（1977年）83頁以下［判］
平野龍一「中止犯」日本刑法学会編『刑事法講座第2巻刑法Ⅱ』（1952年）403頁以下
　　——「中止犯」『犯罪論の諸問題（上）総論』（1981年）142頁以下
　　——「中止未遂の法的性格」『犯罪論の諸問題（上）総論』（1981年）162頁以下
平良木登規男「未遂罪その2・中止未遂」警察公論1997年3月号85頁以下
藤井紀雄「驚愕による中止未遂」法学セミナー増刊セミナー法学全集5刑法Ⅰ（1973年）215頁以下［判］
藤永幸治「殺人の中止犯を認めた二つの裁判例」研修365号（1978年）67頁以下［判］
堀内捷三「予備の中止」『刑法判例百選Ⅰ総論』（1978年）170頁以下［判］
　　——「予備の中止」『刑法判例百選Ⅰ総論（第二版）』（1984年）156頁以下［判］
本間一也「中止犯（1）」別冊法学セミナー　司法試験シリーズ　刑法〔第三版〕（1993年）114頁以下
前田源四郎「中止未遂に関する心理学的考察」犯罪心理学研究第26巻特別号（1988年）64頁以下
前田雅英「中止犯」警察学論集48巻12号（1995年）153頁以下
牧野英一「刑事判例研究四　障礙未遂と中止未遂との区別」『刑法研究7巻』（1939年）390頁以下
　　——「刑事判例研究七　中止行為の真摯性」『刑法研究7巻』（1939年）449頁以下
　　——「刑事判例研究八　犯罪の発見を恐れたることと中止犯」『刑法研究7巻』（1939年）456頁以下
　　——「障礙未遂と中止未遂」『刑法研究8巻』（1939年）258頁以下
　　——「中止犯における中止性」『刑法研究8巻』（1939年）280頁以下

――「中止犯と中止の真摯性」『刑法研究8巻』（1939年）295頁以下
――「中止犯と中止の任意性」『刑法研究8巻』（1939年）306頁以下
――「予備行為の中止」『刑法研究8巻』（1939年）318頁以下
――「著手未遂と実行未遂」『刑法研究8巻』（1939年）335頁以下
町田行男『中止未遂の理論』（2005年）
町野朔「中止犯における「止メタ」の意義」LawSchool 7号（1979年）105頁以下
松原芳博「中止犯」法学セミナー673号（2011年）100頁以下
美濃部達吉「徴発忌避罪の成否」国家学会雑誌52巻10号（1938年）127頁以下［判］
虫明満「優位法の中止未遂と劣位法による処罰」香川法学10巻3・4号（1991年）239頁以下
――『包括一罪の研究』（1992年）
武藤眞朗「共犯と中止犯」『刑法判例百選Ⅰ総論（第五版）』（2003年）192頁以下［判］
村木保久「謀殺未遂の中止犯　ドイツ刑事判例研究（57）」比較法雑誌37巻2号（2003年）265頁以下
安田拓人「中止犯」伊藤渉他『アクチュアル刑法総論』（2005年）265頁以下
安富潔・橋本雄太郎「日本刀で肩部を一撃したのち、攻撃を中止した場合において、殺人の中止未遂が認められた事例」法学研究（慶應）50巻10号（1977年）89頁以下［判］
安平政吉「改正案『刑法総則』について（一）（二）（三）」台法月報26巻4号（1932年）1頁以下、5号（1932年）1頁以下、7号（1932年）7頁以下
山内義廣「中止犯――中止未遂の法的性格についての一試論」千葉敬愛経済大学研究論集30号（1986年）133頁以下
――「着手未遂の中止における任意性の判断について」千葉敬愛経済大学研究論集31号（1987年）215頁以下
――「実行未遂における結果発生防止の努力と中止未遂の成否」敬愛大学研究論集35号（1989年）215頁以下［判］
――「刑法四三条の「自己ノ意思ニ因リ」の判断基準について――最近の下級審判例の流れを中心に――」千葉大学教養部研究報告A-26（1993年）331頁以下
――「大審院時代における中止未遂の任意性の判断基準について」敬愛大学研究論集57号（1999年）237頁以下
――「着手中止における意思の任意性の判断について」『刑事法学の現代的展開―斎藤静敬先生古稀祝賀論文集』（2005年）323頁以下
山口厚「中止犯」町野朔他著『考える刑法』（1986年）274頁以下
――「中止犯」法学教室194号（1996年）97頁以下
――「中止犯」『問題探究刑法総論』（1998年）219頁以下

山田利行「自己の意思により犯罪を中止したものであるとして、殺人の中止未遂を認めた事例」研修659号（2003年）13頁以下［判］
山中敬一「中止犯――その法的性格および任意性の概念について」『現代刑法講座第五巻現代社会と犯罪』（1982年）345頁以下
　――「着手中止と実行中止」関西大学法学論集34巻3・4・5合併号（1984年）195頁以下
　――「中止行為の要件」判例タイムズ528号（1984年）55頁以下
　――「強姦罪の中止未遂における「自己ノ意思ニ因リ」の意義」法学セミナー458号（1993年）128頁［判］
　――「中止犯における「自己の意思により」の意義について」『刑事法学の課題と展望香川達夫博士古稀祝賀』（1996年）309頁以下
　――「着手中止と実行中止の要件について」関西大学法学論集49巻5号（1999年）22頁以下
　――「中止犯の減免根拠に関する考察」『宮澤浩一先生古稀祝賀論文集第二巻』（2000年）437頁以下
　――『中止未遂の研究』（2001年）
山本和昭「最初の攻撃に失敗し、次の攻撃を断念した場合と中止犯の成否」研修346号（1977年）49頁以下［判］
山本輝之「中止未遂の法的性格と成立要件――結果無価値論の立場から――」現代刑法5巻1号（2003年）40頁以下
吉浦正明「中止未遂について」研修603号（1998年）101頁以下
吉澤三枝「中止犯をめぐる諸問題」司法研究所紀要（日本大学）11巻（1999年）41頁以下
吉田常次郎「驚愕によつて犯行を中止した場合と中止未遂」刑法雑誌1巻2号（1950年）216頁以下［判］
　――「発覚の恐れと未遂」『刑事法判例研究』（1956年）112頁以下［判］
　――「第三者の協力に依る結果防止と中止犯」『刑事法判例研究』（1956年）117頁以下［判］
　――「予備行為の一部中止」『刑事法判例研究』（1956年）123頁以下［判］
　――「共犯と中止犯」『刑事法判例研究』（1956年）165頁以下［判］
　――「中止犯」法曹時報11巻4号（1959年）1頁以下
　――「犯罪の不完成」『刑法上の諸問題』（1962年）1頁以下
米山哲夫「中止未遂と償いの思想」早稲田大学大学院法研論集29号（1983年）309頁以下
和田俊憲「殺人未遂における被害者の言動と中止の任意性」判例セレクト2002（2003年）30頁［判］

──「実行未遂と着手未遂」『刑法判例百選Ⅰ総論（第五版）』（2003年）140頁以下［判］

──「中止犯論──減免政策の構造とその理解に基づく要件解釈──」刑法雑誌42巻3号（2003年）1頁以下

──「殺人未遂において要求される作為態様による中止行為の前提条件としての危険の判断基準」刑事法ジャーナル4号（2006年）79頁以下［判］

──「未遂犯（特集刑法典施行一〇〇年）」法律時報81巻6号（2009年）33頁以下

渡邊一弘「殺人未遂につき中止犯の成否が問題となった二事例」研修591号（1997年）3頁以下［判］

綿引紳郎「強姦の障碍未遂と認められた事例」判例タイムズ190号（1966年）100頁以下［判］

【参考資料4】
中止犯関連ドイツ語文献一覧

Ahmed, Adam ; Rücktritt vom versuchten unechten Unterlassungsdelikt, 2007

Allfeld, Philipp ; Der Rücktritt vom Versuch nach geltendem Recht und dem Entwurf eines Allgemeinen Deutschen Strafgesetzbuchs von 1927 (Reichstagsvorlage), in Festgabe für Reinhard v. Frank, Bd. II, 1930, S. 74-105

Amelung, Knut ; Zur Theorie der Freiwilligkeit eines strafbefreienden Rücktritts vom Versuch, ZStW Bd. 120 2008, S. 205-245

Anders, Ralf Peter ; Zur Möglichkeit des Rücktritts vom erfolgsqualifizierten Versuch, GA 2000, S. 64-76

Angerer, Veronika ; Rücktritt im Vorbereitungsstadium, 2004

Arndt, Hans ; Der freiwillige Rücktritt bei den Unternehmungsdelikten, 1932

Arzt, Gunther ; Zur Erfolgsabwendung beim Rücktritt vom Versuch, GA 1964, S. 1-9

Bach, Joachim ; Rücktritt vom Versuch und Erfolgseintritt, 1977

Bacher, Andreas ; Versuch und Rücktritt vom Versuch beim erfolgsqualifizierten Delikt - zugleich ein Beitrag zum Begriff der Tat, 1999

Backhaus, Herbert ; Rücktritt und tätige Reue des Gehilfen nach §27 AE 1927, 1934

Backmann, Leonhard; Strafbarkeit des vor Tatbeginn zurückgetretenen Tatbeteiligten wegen vollendeter Tat? - BGHSt 28, 346, JuS 1981, S. 336-343

Baer, Albert ; Rücktritt und tätige Reue bei untauglichem Versuch, 1910

Bar, Carl Ludwig von ; Zur Lehre von Versuch und Theilnahme am Verbrechen, 1859

──Gesetz und Schuld im Strafrecht, Band II, Die Schuldnach dem Strafgesetze, 1859, S. 485-573

Barthel, Claus ; Bestrafung wegen Vollrauschs trotz Rücktritts von der versuchten Rauschtat?, 2001

Bauer, Wolfram ; Der strafbefreiende Rücktritt vom unbeendeten Versuch - ein Problem der subjektiven „Geschäftsgrundlage" (Tatgrundlage), wistra 1992, S201-208

──Die Bedeutung der Entscheidung des Großen Strafsenats des BGH vom 19. 5. 1993 für die weitere Entwicklung der Lehre vom strafbefreienden Rücktritt, NJW 1993, S. 2590-2592

Bauer, Wolfram ; Außertatbestandsmäßige Handlungsziele beim strafbefreienden Rücktritt - Zugleich Anmerkung zu BGH vom 24. 6. 1993 - 4 StR 33/93 = MDR 1993, 995, MDR 1994, S. 132-133

Baumgarten, J.; Die Lehre vom Versuch der Verbrechen, 1888

Behrendt, Herbert; Der Rücktritt des Täters vom Versuch und seine Wirkung auf die Strafbarkeit der Teilnahme, 1912

Berger, Hans-Peter; Der fehlgeschlagene Versuch – eine entbehrliche Rechtsfigur?, 2001

Bergmann, Matthias; Einzelakts-oder Gesamtbetrachtung beim Rücktritt vom Versuch?, ZStW Bd. 100 1988, S. 329-358

—— Die Milderung der Strafe nach §49 Abs. 2 StGB, 1988

Berz, Ulrich; Formelle Tatbestandsverwirklichung und materialer Rechtsgüterschutz, 1986

Binding, Karl; Das bedingte Verbrechen, GS Bd. 68 1906, S. 1-26

Blöcker, Morten; Die Tätige Reue, 2000

Bloy, René; Die dogmatische Bedeutung der Strafausschließungs-und Strafaufhebungsgründe, 1976

—— Zurechnungsstrukturen des Rücktritts vom beendeten Versuch und Mitwirkung Dritter an der Verhinderung der Tatvollendung - BGHSt31, 46 und BGH NJW 1985, 813, JuS 1987, S. 528-535

—— BGH, Beschl. v. 13. 1. 1988, JR 1989, S. 69-72

Bockelmann, Paul; Wann ist der Rücktritt vom Versuch freiwillig?, NJW 1955, S. 1417-1421

Borchert, Uwe/Hellmann, Uwe; Die Abgrenzung der Versuchsstadien des §24 Abs. 1 Satz 1 StGB anhand der objektiven Erfolgstauglichkeit, GA 1982, S. 429-450

Boß, Hendrik; Der halbherzige Rücktritt, 2002

Bottke, Wilfried; Strafwissenschaftliche Methodik und Systematik bei der Lehre vom strafbefreienden und strafmildernden Täterverhalten, 1979

—— Zur Freiwilligkeit und Endgültigkeit des Rücktritts vom versuchten Betrug, JR 1980, S. 441-444

—— BGH, Urt. v. 23. 8. 1979, JA 1981, S. 62-64

—— Mißlungener oder fehlgeschlagener Vergewaltigungsversuch bei irrig angenommenem Einverständnis? Zugleich Besprechung von BGH, Urteil vom 24. 6. 1993 - 4 StR 33/93, JZ 1994, S. 71-75

—— Untauglicher Versuch und freiwilliger Rücktritt, 50 Jahre Bundesgerichtshof Festgabe aus der Wissenschaft Band IV, 2000, S. 135-176

Brand, Christian/Wostry, Thomas; Kein Rücktritt vom beendeten 》fehlgeschlagenen《 Versuch?, GA 2008, S. 611-624

Brand, Dominik/Fett, Thorsten ; BGH, Urt. v. 15. 5. 1997, NStZ 1998, S. 507-508

Brandis, Franz ; Der Rücktritt vom Versuch in seiner Bedeutung für die Teilnahme, 1907

Brockhaus, Matthias ; Die strafrechtliche Dogmatik von Vorbereitung, Versuch und Rücktritt im europäischen Vergleich, 2006

Buri, Maximilian Georg Wilhelm Carl Theodor Gottfried von ; Ueber das Wesen des Versuchs, GA Bd. 25 1877, S. 265-317

Burkhardt, Björn ; Der „Rücktritt" als Rechtsfolgebestimmung, 1975

Busch, Richard ; Zur Teilnahme an den Handlungen des §49a StGB, in FS für Reinhart Maurach, 1972, S. 245-256

Chang, Han-Chul ; Rücktritt vom vollendeten Delikt bei der Beteiligung mehrerer, 1993

Choh, Chen-yo ; Die Selbstanzeige im chinesischen Strafrecht, 1991

Cohn, Ludwig ; Die Grundsätze über den Thatbestand der Verbrechen und der heutige Gattungsbegriff des Versuches, 1889

Dahlmann, Ernst ; Der freiwillige Rücktritt vom Versuch, 1911

Dohna, Alexander Graf zu ; Die Freiwilligkeit des Rücktritts vom Versuch im Lichte der Judikatur des Reichsgerichts, ZStW Bd. 59 1940, S. 541-548

Dopffel,; Zur Lehre vom Rücktritt vom Versuch, GS Bd. 94 1927, S. 422-428

Dornseifer, Gerhard ; Der in Not geratene Giftmischer, JuS 1982, S. 761-766

Dreher, Eduard ; BGH, Urt. v. 9. 3. 1967, MDR 1967, S. 934-935

―― BGH, Urt. v. 11. 6. 1968, JR 1969, S. 105-107

―― BGH, Urt. v. 8. 12. 1970, NJW 1971, S. 1046-1048

Eisenmann, Ernst ; Die Grenzen des strafbaren Versuchs, ZStW Bd. 13 1893, S. 454-536

Engel, Fritz ; Der Rücktritt von Vorbereitungshandlung und Versuch im künftigen Strafrecht, 1936

Exner, Thomas ; Versuch und Rücktritt vom Versuch eines Unterlassensdelikts, Jura 2010, S. 276-281

Fabel, Thomas ; Geldwäsche und tätige Reue, 1997

Fad, Frank ; Die Abstandnahme des Beteiligten von der Tat im Vorbereitungsstadium, 2005

Fahrenhorst, Horst ; Der Rücktritt vom Versuch, 1928

Fahrenhorst, Irene ; BGH, Urt. v. 10. 4. 1986, NStZ 1987, S. 277-279

―― Fehlschlag des Versuchs bei weiterer Handlungsmöglichkeit?, Jura 1987, S. 291-294

Fedders, Christian ; Tatvorsatz und tätige Reue bei Vorfelddelikten, 2002

Feltes, Thomas ; Der (vorläufig) fehlgeschlagene Versuch, GA 1992, S. 395-426

Frank, Reinhard ; Vollendung und Versuch, Vergleichende Darstellung des deutschen und ausländischen Strafrechts, Allgemeiner Teil (VDA), V. Band, 1908, S. 163-268

Fuhrmann, Arnold ; Der Rücktritt vom Versuche, 1903

Geilen, Gerd ; Sukzessive Zurechnungsunfähigkeit, Unterbringung und Rücktritt - BGHSt23, 356, JuS 1972, S. 73-79

—— Zur Abgrenzung zwischen beendetem und unbeendetem Versuch, JZ 1972, S. 335-343

Geppert, Klaus ; BGH, Urt. v. 21. 1. 1993, JR 1994, S. 71-75

Glaeser, Heinrich ; Kritische Betrachtung des „Freiwilligen Rücktritts", 1933

Goldschmidt, James ; Die Lehre vom unbeendigten und beendigten Versuch, 1895

Gores, Claus-Jürgen ; Der Rücktritt des Tatbeteiligten, 1982

Görner, Erich ; Die tätige Reue nach dem geltenden Recht und den Entwürfen zum Strafgesetzbuch (1909, 1911, 1913, 1919, 1925, 1927), 1927

Gössel, Karl Heinz ; Über den fehlgeschlagenen Versuch, ZStW Bd. 87 1975, S. 3-43

Grasnick, Walter ; volens-nolens - Methodologische Anmerkungen zur Freiwilligkeit des Rücktritts vom unbeendeten Versuch - , JZ 1989, S. 821-830

Greeve, Gina ; Zielerreichung im Eventualversuch und in anderen Versuchsformen, 2000

Griessmaier, Kurt ; Der Rücktritt des Teilnehmers vom Versuch, 1934

Gropengießer, Helmut ; BGH, Urt. v. 21. 1. 1993, StV 1994, S. 18-21

Grünwald, Gerald ; Zum Rücktritt des Tatbeteiligten im künftigen Recht, in FS für Hans Welzel, 1974, S. 701-718

Günther, Hans-Ludwig ; Partieller Rücktritt vom Versuch und Deliktswechsel, in Gedächtnisschrift für Armin Kaufmann, 1989, S. 541-554

Gündel, Gerhard ; Der Rücktritt von der versuchten Rauschtat beim Vollrauschtatbestand, 2003

Gutmann, Alexander Peter ; Die Freiwilligkeit beim Rücktritt vom Versuch und bei der tätigen Reue, 1963

Haft, Fritjof ; Der Rücktritt des Beteiligten bei Vollendung der Straftat, JA1979, S. 309-313

—— BGH, Urt. v. 1. 3. 1994, NStZ 1994, S. 535-537

Handschuh, Adolf ; Versuch und Rücktritt bei einer mit Strafe bedrohten Vorbereitungshandlung, 1936

Hardtung, Bernhard ; Versuch und Rücktritt bei den Teilvorsatzdelikten des §11 Abs. 2 StGB, 2002

Hassemer, Winfried ; BGH, Urt. v. 9. 10. 1979, JuS 1980, S. 383-384

―― BGH, Urt. v. 1. 2. 1989, JuS 1989, S. 936-937

Hatzig, Karl ; Über den Rucktritt vom Versuch und die sogenannte thätige Reue nach gemeinem Strafrecht und dem Reichsstrafgesetzbuch, 1897

Hauf, Claus-Jürgen ; Rücktritt vom Versuch-Diskussion ohne Ende, 1993

―― Der Große Senat des BGH zum Rücktritt vom unbeendeten Versuch bei außertatbestandlicher Zielerreichung, MDR 1993, S. 929-931

―― Neuere Entscheidungen zur Mittäterschaft unter besonderer Berücksichtigung der Problematik der Aufgabe der Mitwirkung eines Beteiligten während der Tatausführung bzw. Vor Eintritt in das Versuchsstadium, NStZ 1994, S. 263-266

―― Die aktuelle Rücktrittsproblematik: Straffreiheit bei Verzicht auf „neuen Anlauf" nach zuvor erfolglos gebliebenen Teilakten ‐ Zugleich auch eine Besprechung von BGH,Urt. v. 1. 3. 1994 ‐ 1StR 33/94 ‐ , wistra 1995, S. 260-262

―― Die neuere höchstrichterliche Rechtsprechung zu Versuch und Rücktritt, JA 1995, S. 776-780

―― BGH, Urt. v. 2. 11. 1994, JR 1996, S. 28-30

Havekost, Manfred ; Die Wiedergutmachung des Schadens als Strafaufhebungsgrund im deutschen und österreichischen Strafrecht, ZRP 1980, S. 308-310

Heckler, Andreas ; Beendeter Versuch bei fehlender Vorstellung des Täters über die Folgen seines Tuns?, NJW 1996 S. 2490-2492

―― Die Ermittlung der beim Rücktritt vom Versuch erforderlichen Rücktrittsleistung anhand der objektiven Vollendungsgefahr, 2002

Heger, Martin ; Die neuere Rechtsprechung zum strafbefreienden Rücktritt vom Versuch (§24 StGB), StV 2010 S. 320-325

Hegler, August ; Subjektive Rechtswidrigkeitsmomente im Rahmen des allgemeinen Verbrechensbegriffs, in Festgabe für Reinhard v.Frank, Bd. I, 1930, S. 251-338

Heinitz, Ernst ; Streitfragen der Versuchslehre, JR 1956, S. 248-252

Heins, Bernhard ; Der Rücktritt des Mitthäters, 1890

Heintschel-Heinegg, Bernd von ; Versuch und Rücktritt, ZStW Bd. 109 1997, S. 29-57

Henkel, Heinrich ; RG, v. 28. 5. 1937, JW 1937, S. 2375-2378

Hepp, Ferd. Carl Theodor ; Versuche über einzelne Lehren der Strafrechtswissenschaft, 1927, S. 256-368

Herzberg, Rolf Dietrich ; Der Rücktritt durch Aufgeben der weiteren Tatausführung, in FS für Günter Blau, 1985, S. 97-121

―― Beendeter oder unbeendeter Versuch : Kritisches zur neuen Unterscheidung des

BGH, NJW 1986, S. 2466-2471

—— Grund und Grenzen der Strafbefreiung beim Rücktritt vom Versuch, in FS für Karl Lackner, 1987, S. 325-366

—— Gasamtbetrachtung und Einzelakttheorie beim Rücktritt vom Versuch : Entwurf einer Synthese, NJW 1988, S. 1559-1567

—— Die Not der Gesamtbetrachtungslehre beim Rücktritt vom Versuch, NJW 1989, S. 197-200

—— Problemfälle des Rücktritts durch Verhindern der Tatvollendung, NJW 1989, S. 862-871

—— Rücktritt vom Versuch trotz bleibender Vollendungsgefahr?, JZ 1989, S. 114-121

—— Zum Grundgedanken des §24 StGB, NStZ 1989, S. 49-55

—— Theorien zum Rücktritt und teleologische Gesetzesdeutung, NStZ 1990, S. 172-173

—— Aufgeben durch bloßes Aufhören? Der BGH im Dilemma einer Theorie - BGH, NStZ 1989, 525 ; 1990, 30 ; 1990, 77, JuS 1990, S. 273-278

—— Strafverzicht bei bedingt vorsätzlichem Versuch? - Zugleich ein Beitrag zur Entlastung des §24 StGB - , NStZ 1990, S. 311-318

—— Grundprobleme des Rücktritts vom Versuch und Überlegungen de lege ferenda, NJW 1991, S. 1633-1642

—— BGH, Beschl. v. 26. 11. 1990, JR 1991, S. 158-161

—— Der Rücktritt vom Versuch als sorgfältiges Bemühen, in FS für Günter Kohlmann, 2003, S. 37-51

Herzog, Reinhold ; Rücktritt von Versuch und thätige Reue, 1889

Hohmann, Walter ; Rücktritt vom Versuch und tätige Reue, 1931

Hruschka, Joachim ; Zur Frage des Wirkungsbereichs eines freiwilligen Rücktritts vom unbeendeten Versuch, JZ 1969, S. 495-499

Italiener, Fritz ; Der Rücktritt vom Versuch in seiner Bedeutung für die Teilnahme nach dem Deutschen Reichsstrafgesetzbuche, 1909

Jäger, Christian ; Der Rücktritt vom Versuch als zurechenbare Gefährdungsumkehr, 1996

—— Der Rücktritt vom erfolgsqualifizierten Versuch, NStZ 1998, S. 161-165

—— Das Freiwilligkeitsmerkmal beim Rücktritt vom Versuch, ZStW Bd. 112 2000, S. 783-810

Jakobs, Günther ; Die Bedeutung, des Versuchsstadiums für die Voraussetzungen eines strafbefreienden Rücktritts - BGH, NJW 1980, 195, JuS 1980, S. 714-718

―― BGH, Beschl. v. 13. 1. 1988, JZ 1988, S. 518-520

―― Rücktritt als Tatänderung versus allgemeines Nachtatverhalten, ZStW Bd. 104 1992, S. 82-104

Janke, Anna Elena ; Die Täterfreundlichkeit des Bundesgerichtshofs beim Rücktritt von versuchten Tötungsdelikten, 2007

Jescheck, Hans-Heinrich ; BGH, Urt. v. 14. 4. 1955, MDR 1955, S. 561-563

Joussen, Fritz ; Der freiwillige Rücktritt vom Versuch einer Straftat unter besonderer Berücksichtigung der Rechtsprechung des Reichsgerichts und des Amtlichen Entwurfs eines Allgemeinen Deutschen Strafgesetzbuchs 1925, 1927

Kadel, Bertold ; BGH, Urt. v. 10. 4. 1986, JR 1987, S. 116-119

―― Die neuere Rechtsprechung des Bundesgerichtshofs zum unbeendeten, beendeten und fehlgeschlagenen Versuch, ÖJZ 1987, S. 269-273

Kampermann, Markus ; Grundkonstellationen beim Rücktritt vom Versuch, 1992

Kemsies, Herbert ; Die tätige Reue als Schuldaufhebungsgrund, 1929

Kienapfel, Diethelm ; BGH, Urt. v. 3. 12. 1982, JR 1984, S. 70-74

―― Probleme des unvermittelt abgebrochenen Versuchs, in „Strafrecht, Starfprozeßrecht und Kriminologie" FS für Franz Pallin, 1989, S. 205-220

Klarenaar, Wilhelm ; Der Rücktritt des Teilnehmers vom Versuch nach geltendem Recht und den sechs Entwürfen, 1928

Klöterkes, Natascha ; Rücktritt und Irrtum, 1995

Knörzer, Sybille ; Fehlvorstellungen des Täters und deren „Korrektur" beim Rücktritt vom Versuch nach §24 Abs. 1 StGB, 2008

Koch, Gerhard ; Der Rücktritt vom formell vollendeten Delikt, 1939

Koepnick, Otto ; Welchen Einfluß hat der Rücktritt eines der an der Tat Beteiligten auf deren Strafbarkeit?, 1920

Kolster, Hubertus ; Die Qualität der Rücktrittsbumühungen des Täters beim beendeten Versuch, 1993

Kostuch, Bernhard-Tobias ; Versuch und Rücktritt beim erfolgsqualifizierten Delikt, 2004

Kracht, Heinz ; Die Entwicklung des strafrechtlichen Versuchsbegriffs in der deutschen Gesetzgebung seit der Mitte des 18. Jahrhunderts, 1978

Krämer, Peter ; Der Rücktritt vom Versuch nach dem Entwurf von 1927, 1930

Krauß, Detlef ; Der strafbefreiende Rücktritt vom Versuch, JuS 1981, S. 883-890

Krauthammer, Karl ; Der Rücktritt vom Versuch, 1932

Krug, August Otto ; Die Lehre vom Versuche der Verbrechen, 1854

Kudlich, Hans/Hannich, Kai A.; BGH, Urt. v. 15. 5. 1997, StV 1998, S. 369-372

Kudlich, Hans ; Grundfälle zum Rücktritt vom Versuch, JuS 1999, S. 240-245, 349-356, 449-452

Küper, Wilfried ; OLG Karlsruhe, Beschl. v. 27. 5. 1977, NJW 1978, S. 956-957

―― Versuchs- und Rücktrittsprobleme bei mehreren Tatbeteiligten, JZ 1979, S. 775-787

―― BGH, Urt. v. 3. 12. 1982, JZ 1983, S. 262-268

―― Der Rücktritt vom „erfolgsqualifizierten Versuch", JZ 1997, S. 229-234

―― Der Rücktritt vom Versuch des unechten Unterlassungsdelikts, ZStW Bd. 112 2000, S. 1-43

Küpper, Georg ; Freiwilligkeit des Rücktritts, in Grenzen der normativierenden Strafrechtsdogmatik, 1990, S. 179-195

―― Rücktritt vom Versuch eines Unterlassungsdelikts - BGH, NStZ1997, 485, JuS 2000, S. 225-230

Kusch, Roger ; BGH, Beschl. v. 7. 9. 1993, NStZ 1994, S. 131-132

Kütterer-Lang, Hannah ; Versuch der Anstiftung und Rücktritt - BGH, NJW2005, 2867, JuS 2006, S. 206-208

Lackner, Karl ; BGH, Beschl. v. 13. 1. 1988, NStZ 1988, S. 404-406

Lampe, Ernst-Joachim ; Rücktritt vom Versuch „mangels Interesses" - BGHSt35, 184, JuS 1989, S. 610-616

Lang, Friedrich ; Der Rücktritt vom Versuch bei Teilnahme und mittelbarer Täterschaft, 1915

Lang-Hinrichsen, Dietrich ; Bemerkungen zum Begriff der „Tat" im Strafrecht, in FS für Karl Engisch, 1969, S. 353-379

Lehmann, Barbara ; Die Bestrafung des Versuchs nach deutschem und amerikanischem Recht, 1962

Leimgruber, Oscar ; Rücktritt und tätige Reue im schweizerischen Strafrecht, 1916

Lenckner, Theodor ; Probleme beim Rücktritt des Beteiligten, in FS für Wilhelm Gallas, 1973, S. 281-306

Lew, In-Mo ; Freiwilligkeit beim Rücktritt vom Versuch und theoretische Bedeutung, 1991

Lewisch, Peter ; Zur Endgültigkeit und Freiwilligkeit beim Versuchsrücktritt, ÖJZ 1990, S. 396-403

Linke, Laura ; Der Rücktritt vom Versuch bei mehreren Tatbeteiligten gemäß §24

Absatz 2 StGB, 2010

Maiwald, Manfred ; Das Erfordernis des ernsthaften Bemühens beim fehlgeschlagenen oder beendeten Versuch (§24 Abs. 1 Satz 2 StGB), in FS für E. A. Wolff, 1998, S. 337-359

―― Psychologie und Norm beim Rücktritt vom Versuch, in GS für Heinz Zipf, 1999, S. 255-270

Martin, Sigmund P.; BGH, Urt. v. 14. 5. 1996, JuS 1997, S. 178-179

Marx, Karl ; Der freiwillige Rücktritt vom Versuch nach geltendem Recht und nach den Entwürfen, 1929

Mayer, Hans-Walter ; Privilegierungswürdigkeit passiven Rücktrittsverhaltens bei modaler Tatfortsetzungsmöglichkeit, 1986

―― Zur Frage des Rücktritts vom unbeendeten Versuch ; BGH, MDR 1983, 328 - ein Schritt in die richtige Richtung, MDR 1984, S. 187-190

―― Nochmals : Gesamtbetrachtung und Einzelakttheorie beim Rücktritt vom Versuch, NJW 1988, S. 2589-2590

Mayer, Max Ernst ; Versuch und Teilnahme, Die Reform des Reichsstrafgesetzbuchs, Band I, 1910, S. 331-372

Meyer, Oswald ; Der freiwillige Rücktritt vom Versuch nach geltendem Recht, dem Vorentwurf (§77) und dem Gegenentwurf (§30), 1914

Mitsch, Wolfgang ; Der Rücktritt des angestifteten oder unterstützten Täters, in FS für Jürgen Baumann, 1992, S. 89-100

Müller, Hans H.; Der Rücktritt vom Versuch in seiner Bedeutung für die Teilnahme, 1934

Müller, Michael Peter ; Die geschichtliche Entwicklung des Rücktritts vom Versuch bis zum Inkrafttreten des neuen StGB-AT 1975, 1995

Muñoz-Conde, Francisco ; Theoretische Begründung und systematische Stellung der Straflosigkeid beim Rücktritt vom Versuch, ZStW Bd. 84 1972, S. 756-778

―― Der mißlungene Rücktritt: Eine Wiederkehr der Erfolgshaftung?, GA 1993, S. 33-40

Müntzer, Désiré ; Rechtsgeschichtliche Beiträge zur Lehre vom freiwilligen Rücktritt und der tätigen Reue, 1912

Murmann, Uwe ; Rücktritt vom Versuch bei Gleichgültigkeit des Täter? - BGHSt40, 304, JuS 1996, S. 590-593

―― Versuchsunrecht und Rücktritt, 1999

Müssig, Bernd ; Rücktritt bei Versuchsbeginn?, JR 2001, S. 228-232

Neubacher, Frank ; Der halbherzige Rücktritt in der Rechtsprechung des BGH, NStZ 2003, S. 576-581

Nolden, Waltraud ; Der Rücktritt vom Versuch nach §24 I 1 StGB als Wertungsfrage zwischen ultima ratio und Regelvorschrift, 1996

Ostermeier, Peter ; Die Verhinderung des Rücktritts durch Zwang oder Täuschung, 2006

Otparlik, Siegfried ; Nicht mehr rücktrittsfähiger Versuch, Passiv rücktrittsfähiger Versuch, Aktiv rücktrittsfähiger Versuch, 1996

Otto, Georg Ernst ; Vom Versuch der Verbrechen, 1854

Otto, Harro ; Fehlgeschlagener Versuch und Rücktritt, GA 1967, S. 144-153

―― Kausaldiagnose und Erfolgszurechnung im Strafrecht, in FS für Reinhart Maurach, 1972, S. 91-105

―― Versuch und Rücktritt bei mehreren Tatbeteiligten, JA 1980, S. 641-647, 707-712

―― Fehlgeschlagener Versuch und Rücktritt, Jura 1992, S. 423-431

―― Rücktritt und Rücktrittshorizont, Jura 2001, S. 341-346

Pahlke, Bernd ; Rücktritt bei dolus eventualis, 1993

―― Rücktritt nach Zielerreichung, GA 1995, S. 72-75

Pawelke, Max ; Der Rücktritt des Täters vom Versuch in seiner strafrechtlichen Bedeutung für Anstifter und Gehilfen, 1912

Prosch, Erich ; Der Rücktritt vom Versuch in seiner Bedeutung für die Teilnahme, 1904

Puppe, Ingeborg ; Der halbherzige Rücktritt, NStZ 1984, S. 488-491

―― Zur Unterscheidung von unbeendetem und beendetem Versuch beim Rücktritt - Zugleich eine Besprechung der Entscheidung des BGH vom 22. 8. 1985 - 4StR326/85 - NStZ1986, 25, NStZ 1986, S. 14-18

―― BGH, Urt. v. 20. 9. 1989, NStZ 1990, S. 433-435

―― BGH, Beschl. v. 27. 10. 1992, JZ 1993, S. 358-363

―― BGH, Urt. v. 2. 11. 1994, NStZ 1995, S. 403-405

Ranft, Otfried ; Zur Abgrenzung von unbeendetem und fehlgeschlagenem Versuch bei erneuter Ausführungshandlung - BGH - Urt. v. 10. 4. 86 - 4StR89/68 ＝ NJW1986, 2325-, Jura 1987, S. 527-534

―― BGH, Urt. v. 19. 7. 1989, JZ 1989, S. 1128-1129

Rau, Ingo ; Ernsthaftes Bemühen beim Rücktritt nach §24 Abs. 1 S. 1 StGB?, 2002

Rengier, Rudolf ; BGH, Urt. v. 10. 4. 1986, JZ 1986, S. 963-966

―― BGH, Urt. v. 12. 11. 1987, JZ 1988, S. 930-933

Riebes, Otto ; Die Freiwilligkeit beim Rücktritt vom Versuch nach reichsdeutschem, österreichischem Recht und nach dem Entwurf, 1931

Römer, Hans-Jürgen ; Fragen des „Ernsthaften Bemühens" bei Rücktritt und tätiger Reue, 1987

—— Vollendungsverhinderung durch „ernsthaftes Bemühen" - Überlegungen zur Harmonisierung der Rücktrittsvorschriften, MDR 1989, S. 945-948

Rotsch, Thomas ; Rücktritt durch Einverständnis, GA 2002, S. 165-176

Roxin, Claus ; Der Anfang des beendeten Versuchs, in FS für Reinhart Maurach, 1972, S. 213-233

—— Über den Rücktritt vom unbeendeten Versuch, in FS für Ernst Heinitz, 1972, S. 251-276

—— Gedanken zum „dolus generalis", in FS für Thomas Würtenberger, 1977, S. 109-128

—— Über den Tatentschluß, in GS für Horst Schröder, 1978, S. 145-166

—— Tatentschluß und Anfang der Ausführung beim Versuch, JuS 1979, S. 1-13

—— Der felgeschlagene Versuch, JuS 1981, S. 1-9

—— BGH, Urt. v. 22. 8. 1985, JR 1986, S. 420-427

—— BGH, Beschl. v. 19. 5. 1993, JZ 1993, S. 894-898

—— Der Rücktritt bei Beteiligung mehrerer, in FS für Theodor Lenckner, 1998, S. 267-286

—— Die Verhinderung der Vollendung als Rücktritt vom beendeten Versuch, in FS für Hans Joachim Hirsch, 1999, S. 327-343

Rudolphi, Hans-Joachim ; BGH, Urt. v. 3. 12. 1982, NStZ 1983, S. 360-364

—— Rücktritt vom beendeten Versuch durch erfolgreiches, wenngleich nicht optimales Rettungsbemühen - Zugleich eine Besprechung der Entscheidung des BGH vom 1. 2. 1989 - 2StR703/88 - , NStZ 1989, S. 508-514

—— BGH, Beschl. v. 26. 11. 1990, JZ 1991, S. 524-527

Salm, Karl ; Das versuchte Verbrechen, 1957

Sancinetti, Marcelo A.; Subjektive Unrechtsbegründung und Rücktritt vom Versuch, 1995

Schäfer, Rüdiger ; Die Privilegierung des „freiwillig-positiven" Verhaltens des Delinquenten nach formell vollendeter Straftat, 1992

Schall, Hero ; Zum Rücktritt vom Versuch bei bedingtem Tötungsvorsatz und wiederholbarer Ausführungshandlung trotz Zielerreichung - BGH, NStZ 1990, 30, JuS 1990, S. 623-630

Scheinfeld, Jörg ; Der strafbefreiende Rücktritt vom Versuch in der Fallbearbeitung, JuS

2002, S. 250-254

――Gibt es einen antizipierten Rücktritt vom strafbaren Versuch?, JuS 2006, S. 397-400

――Rücktritt vom Tötungsversuch - Besprechung der BGH-Urteile 2 StR 149/04（LG Köln）vom 29. 9. 2004 und 4 StR 326/04（LG Bochum）vom 25. 11. 2004, NStZ 2006, S. 375-400

――Der Tatbegriff des §24 StGB, 2006

Scheurl, Guntram von ; Rücktritt vom Versuch und Tatbeteiligung mehrerer, 1972

Schliebitz, Matthias ; Die Erfolgszurechnung beim „misslungenen" Rücktritt, 2002

Schlögel, Anton ; Der freie Wille beim Rücktritt vom Versuch, 1943

Schlüchter, Ellen ; Normkonkretisierung am Beispiel des Rücktrittshorizonts, in FS für Jürgen Baumann, 1992, S. 71-87

Schmitz, Willy ; Der freiwillige Rücktritt vom Versuch nach dem Vorentwurf zu einem deutschen Strafgesetzbuch verglichen mit dem geltendem Recht, 1912

Schmitz-Otto, Josefine ; Die tätige Reue nach vollendetem Delikt im Strafgesetzbuch für das Deutsche Reich, 1916

Schoetensack, August ; Verbrechensversuch, in Festgabe für Reinhard v. Frank, Bd. II, 1930, S. 55-73

Schröder, Horst ; Die Freiwilligkeit des Rücktritts vom Versuch, MDR 1956, S. 321-324

――Grundprobleme des Rücktritts vom Versuch, JuS 1962, S. 81-87

――Die Koordinierung der Rücktrittsvorschriften, in „Beiträge zur gesamten Strafrechtswissenschaft" FS für Hellmuth Mayer, 1966, S. 377-391

Schröder, Christian ; Rücktritt vom ewig währenden Versuch?, JA 1999, S. 560-564

Schroeder, Friedrich-Christian ; Rücktritt vom Versuch - OLG Karlsruhe, NJW 1978, 331, JuS 1978, S. 824-825

――BGH, Beschl. v. 28. 10. 1998, JR 1999, S. 295-297

Schroth, Hans-Jürgen ; Rücktrittsnorm und außertatbestandliche Zweckerreichung, GA 1997, S. 151-161

Schuch, Wilhelm ; Ist der beendigte Versuch subjektiv oder objektiv zu bestimmen und welche Folgelungen ergeben sich daraus für den Rücktritt vom Versuch bei Täter und Teilnehmer, 1930

Schuh, Ewald ; Der Rücktritt vom Versuch und seine Bedeutung für die Teilnahme, 1910

Schumann, Antje ; Zum Standort des Rücktritts vom Versuch im Verbrechensaufbau, 2006

Schünemann, Bernd ; Die deutschsprachige Strafrechtswissenschaft nach der Strafrechtsreform im Spiegel des Leipziger Kommentars und des Wiener Kommentars; 2. Teil: Schuld und Kriminalpolitik, GA 1986, S. 293-352

Schwab, Eduard; Der Rücktritt vom Versuch in seiner Bedeutung für die Teilnahme, 1904

Schwarze, Fr.; Ueber das freiwillige Abstehen bei dem Versuche des Verbrechens, insbesondere des Meineids, GA Bd. 2 1854, S. 429-446

Seeger, Hermann; Die Ausbildung der Lehre vom Versuch der Verbrechen in der Wissenschaft des Mittelalters, 1869

Seier, Jürgen; Rücktritt vom Versuch bei bedingtem Tötungsvorsatz - BGH, StrVert 1988, 201, JuS 1989, S. 102-106

Sellner, Dieter; Durchbruch der Lehre vom Verbrechensversuch im Sächsischen Strafrecht als Ausfluß der Rezeption, 1961

Sonnen, Bernd-Rüdiger; Fehlgeschlagener Versuch und Rücktrittsvoraussetzungen, JA 1980, S. 158-160

Spohr, Ludwig; Rücktritt und tätige Reue, 1926

Streng, Franz; Tatbegriff und Teilrücktritt - Zugleich eine Besprechung zum Urteil des BGH vom 23. 8. 1983 - 5StR408/83 - , JZ 1984, S. 652-656

―― BGH, Urt. v. 13. 2. 1985, NStZ 1985, S. 358-361

―― Schlud ohne Freiheit? Der funktionale Schuldbegriff auf dem Prüfstand, ZStW Bd. 101 1989, S. 273-334

―― Rücktritt und dolus eventualis, JZ 1990, S. 212-220

―― Handlungsziel, Vollendungsneigung und „Rücktrittshorizont", NStZ 1993, S. 257-262

―― BGH, Urt. v. 24. 6. 1993, NStZ 1993, S. 581-584

―― Teilrücktritt und Tatbegriff, JZ 2007, S. 1089-1093

Treplin, Heinrich; Der Versuch - Grundzüge des Wesens und der Handlung, ZStW Bd. 76 1964, S. 441-472

Treuherz, Hansachim; Das Problem der Straflosigkeit beim Rücktritt vom Versuch insbesondere beim untauglichen Versuch, 1934

Ulsenheimer, Klaus; Grundfragen des Rücktritts vom Versuch in Theorie und Praxis, 1976

―― Zur Problematik des Rücktritt vom Versuch erfolgsqualifizierter Delikte, in FS für Paul Bockelmann, 1979, S. 405-419

―― BGH, Urt. v. 14. 2. 1984, JZ 1984, S. 852-854

Vitt, Elmar ; BGH, Urt. v. 24. 6. 1993, JR 1994, S. 198-201

Vogler, Theo ; Versuch und Rücktritt bei der Beteiligung mehrerer an der Straftat, ZStW Bd. 98 1986, S. 331-354

Walter, Michael ; Der Rücktritt vom Versuch als Ausdruck des Bewährungsgedankens im zurechnenden Strafrecht, 1980

―― Bestimmung der Freiwilligkeit beim Rücktritt vom Versuch, GA 1981, S. 403-411

Weidemann, Jürgen ; Zur Bedeutung der Vorsatzart bei der Frage der Versuchsbeendigung, NJW 1984, S. 2805-2806

―― Der 〉Rücktrittshorisont〈 beim Versuchsabbruch, GA 1986, S. 409-416

Wein, Hermann ; Rücktritt vom Versuch und tätige Reue, 1909

Weinert, Nicole ; Vorbereitungsdelikte und tätige Reue, 2005

Weinhold, Ina Elisabeth ; Rettungsverhalten und Rettungsvorsatz beim Rücktritt vom Versuch, 1990

Wilda, Wilhelm Eduard ; Geschichte des deutschen Strafrechts, 1. Band, 1842, Neudruck 1960, S. 598-608

Willer, Ralf ; Die unvollendete Straftat im Strafrecht der Russländischen Föderation, 2009

Wolter, Jürgen ; Der Irrtum über den Kausalverlauf als Problem objektiver Erfolgszurechnung, ZStW Bd. 89 1977, S. 649-705

Wolters, Gereon ; Der Rücktritt beim 》erfolgsqualifizierten Delikt《, GA 2007, S. 65-79

Wörner, Liane ; Der fehlgeschlagene Versuch zwischen Tatplan und Rücktrittshorizont, 2009

Yamanaka, Keiichi ; Betrachtungen zum Rücktritt vom Versuch anhand der Diskussion in Japan, ZStW Bd. 98 1986, S. 761-792

―― Betrachtungen über den Strafbefreiungsgrund des Rücktritts vom Versuch, in FS für Claus Roxin, 2001, S. 773-789

Zachariä, Heinrich Albert ; Die Lehre vom Versuche der Verbrechen, 2. Teil, 1839

―― Von dem Versuche der Verbrechen, GA Bd. 3 1855, S. 162-180, S. 289-305, GA Bd. 5 1857, S. 577-597

Zaczyk, Rainer ; BGH, Urt. v. 23. 8. 1983, NStZ 1984, S. 216-217

Zeime, F.; Der Rücktritt vom Versuch, insbesondere seine Beziehungen zum Begriff der Gefahr in der Versuchslehre, 1908

Zwiehoff, Gabriele ; Das Rücktrittsverhalten beim beendeten Versuch, StV 2003, S. 631-635

【参考資料5】

中止犯関連日本判例一覧

※明治40年刑法典の下での、中止犯に関する主要な判例のみを挙げた。「何らの問題なく中止犯の成立が認められた事例」も含む一方で、同罪領域の論点に関する判例（例：予備罪の中止に関する判例、共同正犯の中止における中止犯の事例など）を含み、また被告人が中止犯を主張したが事実認定上そのような事案そのものが認められなかったような事案も含めなかった。

※罪名については、放火罪は各体による区別をせずに表記した。また中止未遂が問題となった罪名のみを挙げたので、他に成立した犯罪はなかった。このため、当該犯罪について中止未遂が認められたとしても、併合罪などによりより最終的な量刑上には大きな影響を与えなかった事例も含まれている点に注意を要する。

※○：中止未遂成立、×：中止未遂不成立

[大審院・最高裁判例]

		罪名	中止成否	着手実行	理由および備考
(D1) 大判明治44年10月12日	刑録17輯1672頁	放火	×		
(D2) 大判大正2年2月7日	法律評論2巻刑法27頁	恐喝	×		
(D3) 大判大正2年11月18日	刑録19輯1212頁	殺人	×		
(D4) 大判大正11年12月13日	刑集1巻11号749頁	詐欺	○		
(D5) 大判大正15年3月30日	大審院判例拾遺1巻刑事判例21頁	放火	×		「恐怖ノ念ヲ生シ」
(D6) 大判大正15年4月13日	大審院判例拾遺1巻刑事判例31頁	放火	○		
(D7) 大判大正15年12月14日	法律新聞2661号15頁	放火	○		「大變ナコトラシテ仕舞ツタ」
(D8) 大判昭和2年6月25日	刑集6巻7号231頁	詐欺	×		
(D9) 大判昭和2年7月4日	大審院裁判例2巻刑事判例17頁	放火	○		「頓ニ悔悟シ」
(D10) 大判昭和2年10月25日	法律新聞2762号11頁、法律評論16巻刑	放火	×		

【参考資料5】

		法322頁			
(D11)	大判昭和4年9月17日	刑集8巻446頁	放火	×	
(D12)	大判昭和6年12月5日	刑集10巻668頁	放火	×	
(D13)	大判昭和7年4月18日	刑集11巻380頁	放火	×	
(D14)	大判昭和7年6月29日	刑集11巻985頁	放火	×	
(D15)	大判昭和7年10月8日	刑集11巻1444頁	放火	×	
(D16)	大判昭和9年6月21日	刑集13巻852頁	尊属殺人	×	
(D17)	大判昭和9年9月17日	刑集13巻1178頁	詐欺	×	
(D18)	大判昭和10年6月8日	刑集14巻637頁、大審院裁判例9巻刑事判例80頁	詐欺	×	
(D19)	大判昭和12年3月6日(1)	刑集16巻272頁	殺人	×	
(D20)	大判昭和12年6月25日	刑集16巻998頁	放火	×	「自ラ之ニ当ラサル場合ハ少クトモ犯人自身之カ防止ニ当リタルト同視スルニ足ルヘキ程度ノ努力ヲ拂フヲ要アルモノトス」
(D21)	大判昭和12年9月21日	刑集16巻1303頁、法律新聞4207号16頁	放火	×	
(D22)	大判昭和12年12月22日	刑集16巻1690頁	放火	×	
(D23)	大判昭和13年4月19日	刑集17巻336頁	殺人	既遂	「眞摯ナル態度」

（1）刑集16巻272頁に「昭和十一年……同年三月六日第三刑事部判決」とあることから本判決の判決日付を「昭和11年3月6日」としたものもあるが、大審院刑事判例集第十六巻索引の末尾の「大審院刑事判例正誤」によれば「同年三月六日第三刑事部判決は同十二年三月六日第三刑事部判決の誤」とあるので、これに従う。

【参考資料5】

(D24) 大判昭和21年11月27日	刑集25巻2号55頁	窃盗	×	
(S25) 最判昭和24年7月9日	刑集3巻8号1174頁	強姦致死	×	
(S26) 最判昭和26年9月18日	裁集刑53号35頁	殺人	×	
(S27) 最決昭和32年9月10日(2)	刑集11巻9号2202頁	尊属殺人	×	「被告人の良心の回復又は悔悟の念に出でたもの（ではない）」
[高裁判例]				
(K1) 東京高判昭和25年11月9日	高刑判特15号23頁	自殺幇助	×	
(K2) 高松高判昭和26年1月25日	高刑判特17号1頁	強盗	×	
(K3) 名古屋高判昭和26年2月24日	高刑判特27号28頁	恐喝	×	
(K4) 仙台高判昭和26年9月26日	高刑判特22号73頁	強姦	×	
(K5) 東京高判昭和26年12月24日	高刑判特25号115頁、東高刑時報1巻14号211頁	放火	×	
(K6) 高松高判昭和27年10月16日	高刑集5巻12号2134頁	強姦	×	
(K7) 仙台高判昭和28年1月14日	高刑判特35号2頁	殺人	×	
(K8) 福岡高判昭和29年5月29日	高刑判特26号93頁	殺人	○	「反省悔悟した」
(K9) 東京高判昭和30年3月22日	高刑裁特2巻6号172頁、東高刑時報6巻3号69頁	尊属殺人	×	
(K10) 東京高判昭和31年1月17日	高刑集9巻1号9頁、高刑裁特3巻1・2合併号16頁、東高刑時報7巻1号12頁、判時72号24頁、判タ56号75頁	強盗	×	

(2) この決定の原審である判例（K9）（東京高裁昭和30年3月22日判決、高刑裁特2巻6号172頁＝東高刑時報6巻3号69頁）も参照。

【参考資料5】 541

(K11)	東京高判昭和31年6月1日	高刑裁特3巻12号608頁、東高刑時報7巻6号229頁、判タ60号63頁	強盗	×		
(K12)	東京高判昭和31年6月20日	高刑裁特3巻13号646頁、東高刑時報7巻7号249頁	強盗	×		
(K13)	大阪高判昭和33年6月10日	高刑裁特5巻7号270頁	殺人	○		「愛情の念から」
(K14)	大阪高判昭和33年12月9日	高刑集11巻10号611頁、高刑裁特5巻12号499頁、判時175号35頁	準強姦	○		「同情して」
(K15)	東京高判昭和34年2月16日	東高刑時報10巻2号119頁	窃盗	×		
(K16)	福岡高判昭和35年7月20日	下刑集2巻7・8合併号994頁、判時237号36頁	強盗	○		「憐憫の情を催した」
(K17)	札幌高判昭和36年2月9日	下刑集3巻1・2合併号34頁	強姦	×		
(K18)	東京高判昭和39年8月5日	高刑集17巻6号557頁、東高刑時報15巻7・8合併号173頁、判タ166号145頁	強姦	×		
(K19)	大阪高判昭和44年10月17日	判タ244号290頁	殺人	×	実行	「（実行未遂の場合）真摯な努力」
(K20)	大阪高判昭和45年4月8日	判時623号108頁	殺人	×		
(K21)	東京高判昭和47年3月13日	東高刑時報23巻3号41頁、判タ278号392頁	恐喝	×		「（実行未遂の場合？）真剣な努力」
(K22)	東京高判昭和51年7月14日	判時834号106頁	殺人	○	着手	「とどめをさすのを見るにしのびなかった」
(K23)	福岡高判昭和61年3月6日	高刑集39巻1号1頁、判時1193号152頁、判タ600号143頁、高刑裁速昭和61	殺人	○	実行	「反省、悔悟の情などから」真摯な「他人の助力の場合」真摯な

【参考資料５】

				行為
			着手	
(K24) 東京高判昭和62年7月16日	判時1247号140頁、判タ653号205頁、高刑裁速昭和62年87頁	殺人	○	「れんびんの情を催して」「反省、後悔の念」
(K25) 大阪高判昭和62年12月16日	判タ662号241頁	窃盗	×	
(K26) 名古屋高判平成2年1月25日	判タ739号243頁	殺人	○	「愛情の念が生じた」
(K27) 名古屋高判平成2年7月17日	判タ739号243頁	殺人	○ 実行	「かわいそうになり」「（実行未遂の場合）真摯な努力」
(K28) 福岡高判平成11年9月7日	判時1691号156頁、高刑裁速平成11年170頁	殺人	× 実行	
(K29) 東京高判平成13年4月9日	高刑裁速平成13年50頁	放火	×	
(K30) 札幌高判平成13年5月10日	判タ1089号298頁	殺人	○	「憐憫の気持ち」
(K31) 名古屋高判平成19年2月16日	判タ1247号342頁、高刑裁速平成19年369頁	殺人	○	「一種の隣憫の情が湧いたが若しくは自己の行動についての自責の念」
(K32) 東京高判平成19年3月6日	(公刊物未登載、刑事法ジャーナル10号115頁参照)	強姦	○	「服役を覚悟してまで強引に犯行を継続したくない」

[地裁・簡裁判例]

(C1) 甲府地判昭和33年1月24日	一審刑集1巻1号87頁	殺人	○	
(C2) 小倉簡判昭和33年2月24日	刑集12巻15号3508頁	窃盗	○	
(C3) 前橋地判昭和33年3月5日	一審刑集1巻3号345頁	殺人	× 実行	
(C4) 横浜地判昭和33年6月17日	一審刑集1巻6号911頁	昏睡強盗	○	「敢行する勇気が出ず」
(C5) 宇都宮地判昭和33年11月19日	一審刑集1巻11号1855頁	強姦	×	

【参考資料5】 543

	裁判所・年月日	出典	罪名	○/×		備考
(C6)	福岡地飯塚支判昭和34年2月17日	下刑集1巻2号399頁	強姦	×		「あおれを催し」
(C7)	神戸地判昭和34年5月18日	下刑集1巻5号1239頁、判時204号7頁	強盗強姦	○		
(C8)	佐賀地判昭和35年6月27日	下刑集2巻5・6号938頁、判時230号34頁	加重逃走	×		
(C9)	和歌山地判昭和35年8月8日	下刑集2巻7・8号1109頁	強姦	○		免除
(C10)	東京地判昭和37年3月17日	下刑集4巻3・4合併号224頁、判時298号32頁	殺人	○	実行	「(他人の助けの場合)真摯な努力」
(C11)	新潟地長岡支判昭和38年5月17日	下刑集5巻5・6合併号51頁	殺人	×	実行	
(C12)	和歌山地判昭和38年7月22日	下刑集5巻7・8合併号756頁	放火	○		免除、「俄かに悔悟の念にかられ」
(C13)	東京地判昭和38年10月7日	判タ155号96頁	放火	×	実行	「(実行未遂の場合?)真摯な努力」
(C14)	東京地判昭和40年4月28日	下刑集7巻4号766頁、判時410号16頁	殺人	○	実行	「反省悔悟した」「(他人の助力の場合)真摯な努力」
(C15)	東京地判昭和40年12月10日	下刑集7巻12号2200頁	殺人	○	実行	「反省にもとづく」「(他人の助力の場合)真摯な努力を払った」
(C16)	大阪地判昭和42年11月9日	判タ218号264頁	放火	×	実行	「(実行未遂の場合)真摯な努力」
(C17)	東京地判昭和43年11月6日	下刑集10巻11号1113頁	強姦	×		

544 【参考資料5】

(C18) 大阪地判昭和44年12月12日	判時598号98頁、判タ249号278頁	強姦	○		「可哀そうになって」「通常人があえてなしうるのに、行為者はなすことを欲しないという意思」「実行未遂の場合?」真摯な努力
(C19) 横浜地川崎支判昭和52年9月19日	刑月9巻9・10合併号739頁、判時876号128頁	殺人	○		
(C20) 宮崎地都城支判昭和59年1月25日	判タ525号302頁	殺人	○	実行	「反省し」「(他人の助力の場合)真摯な努力」
(C21) 大阪地判昭和59年6月21日	判タ537号256頁	殺人	×	実行	「隣憫の情から」
(C22) 東京地判平成2年5月15日	判タ734号246頁	殺人	○		
(C23) 大阪地判平成2年10月17日	判タ770号276頁	強姦	×		「被害者に対する隣憫、同情等の内心的要因〔に基づくものではない〕」
(C24) 浦和地判平成4年2月27日	判タ795号263頁	強姦	○		「犯罪遂行の実質的障害となる事情に遭遇したわけではなく、通常であればこれを継続して所期の目的を達したであろうと考えられる場合」
(C25) 青森地十和田支判平成5年7月16日	(公刊物未登載、研修550号45頁参照)	強盗	○		「反省、悔悟の情」
(C26) 東京地判平成7年10月24日	判時1596号125頁	殺人	×	実行	「隣憫の情」
(C27) 東京地判平成8年3月28日	判時1596号125頁	殺人	○	実行	「大変なことをしたと思って……中止行為に出ると限らない」「(他人の助力の場合)真摯な努力」「悪いことをした」「通常人が」

(C28)	横浜地判平成 8 年10月28日	判時1603号159頁	放火	○		「火の勢いに驚愕して」
(C29)	大阪地判平成 9 年 6 月18日	判時1610号155頁、判タ976号254頁	強姦	○		「被害者を妊娠させることを可哀想に思い、姦淫することが怖くなって」
(C30)	横浜地判平成10年 3 月30日	判時1649号176頁	殺人	○		「血のぬくもり」に驚愕」「被害者の謝罪に犯意を喪失」
(C31)	東京地判平成14年 1 月16日	判時1817号166頁	強姦	×		
(C32)	東京地判平成14年 1 月22日	判時1821号155頁	殺人	×		
(C33)	大阪地判平成14年11月27日	判タ1113号281頁	殺人	○	実行	「反省悔悟し」「外部的障害によるのではなく、内部的原因によって」「(実行未遂の場合) 真摯な努力」
(C34)	大阪地判平成16年10月 1 日	判時1882号159頁、判タ1240号306頁	強姦	○		「可愛そうになって」
(C35)	和歌山地判平成18年 6 月28日	判タ1240号345頁	強姦	×		「反省、悔悟、憐憫等の心情に基づくもの[ではない]」
(C36)	青森地弘前支判平成18年11月16日	判タ1279号345頁	殺人	○	着手	「反省する気持ち」

著者紹介

野澤　充（のざわ　みつる）
1974年　富山県に生まれる
1998年　立命館大学法学部卒業
2004年　立命館大学大学院法学研究科博士課程後期
　　　　課程修了
　　　　博士（法学）
現　在　神奈川大学法学部准教授

中止犯の理論的構造

2012年2月20日　初版第1刷発行

著　者　野澤　充
発行者　阿部耕一

〒162-0041　東京都新宿区早稲田鶴巻町514番地
発 行 所　株式会社　成文堂
電話 03(3203)9201(代)　FAX 03(3203)9206
http://www.seibundoh.co.jp

製版・印刷　シナノ印刷　　　製本　弘伸製本
☆乱丁・落丁本はお取り替えいたします☆
©2012 M. Nozawa　　Printed in Japan
ISBN978-4-7923-1933-5　C3032　検印省略

定価（本体9000円＋税）